ChatGPT 실무적용

SCM/물류 데이터분석

이 책은 연세대학교 경영연구소의 '전문학술저서 및 한국기업경영연구 총서' 프로그램의 지원을 받아 출간되었습니다.

ChatGPT 실무적용

SCM/물류 데이터분석

정승환, 황종원 지음

환각 오류는 디지털 빙산이다. 개선 기회로 활용해야 한다.

연세대학교 경영학과 SCM 전공 교수와 삼성그룹 SCM 6 시그마 MBB 컨설턴트 공저

엑셀 데이터 시각화, SCM 수준진단, 물동량 분석, 재고관리, SCFI 예측모형, 선진 사례

연세대학교 출판문화원

ChatGPT 실무적용

SCM/물류 데이터분석

2024년 9월 2일 초판 1쇄 발행

지은이 정승환, 황종원
펴낸곳 연세대학교 출판문화원
주소 서울특별시 서대문구 연세로 50
등록 1955년 10월 13일(제9-60호)
전화 02) 2123-3378~80
팩스 02) 2123-8673
전자우편 ysup@yonsei.ac.kr
홈페이지 http://press.yonsei.ac.kr
인쇄 네오프린텍(주)

ISBN 978-89-6850-885-1(93320)

값 35,000원

머리말

"자꾸 틀린 질문만 하니까 맞는 대답이 나올 리가 없잖아" 박찬욱 감독의 영화 '올드보이'에서 나오는 대사이다. ChatGPT의 활용법에 대한 명쾌한 답변이다. 이 대사는 개인 또는 조직이 혁신을 추진하는 데 있어서 문제의 본질에 대한 중요성을 강조하는 대사이기도 하다. 같은 맥락에서 이 책도 SCM/물류 데이터분석 역량을 왜 확보하여야 하는지 먼저 논의한다. 그리고 ChatGPT, 엑셀, 파이썬, 통계, 머신러닝 등 데이터분석 기법을 설명한다.

ChatGPT가 자주 언급은 되지만, ChatGPT를 기업 실무에 어떻게 적용하고, 어떤 역량을 확보하여야 하는지는 대부분 모르는 것 같다. 기업 실무자 또는 학생 들의 SCM/물류 데이터분석 역량을 강화하고자 하는 바가 이 책의 목적이다. 이는 SCM/물류 데이터분석 ChatGPT적용 사례에 대해 엑셀, ChatGPT, 파이썬 및 코랩 등의 실습을 통해 이루어진다. 엑셀, ChatGPT, 파이썬, SCM/물류, 통계와 머신러닝에 대한 핵심 활용법이 이 한권의 책에 서술되어 있다. 그리고 글로벌 신진기업의 생성형 AI 활용사례도 설명한다.

저자는 삼성그룹, 현대자동차그룹, 한국타이어그룹, 보건복지부 등 국내 주요 대기업의 SCM과 물류 컨설팅 그리고 물류 AI 데이터분석 업무를 다년간 수행하였다. 대학에서 다년간 비즈니스 데이터분석에 관련된 강의와 논문을 발표하였다. 실무에 꼭 필요한 데이터분석이라고 생각한 내용을 이 책에서 기술한다.

SCM/물류관련 이슈가 발생하면 SCM/물류 실무자는 엑셀을 활용하여 단순한 데이터분석 및 통계 정도는 수행하여 대책을 보고한다. 하지만 대다수 많은 기업에서 SCM/

물류 실무자가 SCM/물류관련 이슈를 해결하기 위해서 직접 통계 및 머신러닝 모형을 개발하는 경우는 매우 드물다. 이유는 모형을 개발하기 위해서는 통계 이론, 머신러닝, 모형 개발방법론, 파이썬 코드, 도메인지식 등을 사전에 확보하고 있어야 한다. 대부분은 이러한 사전지식을 학습하다가 지친다. 대부분의 교과서는 이론 중심이다. 실무에서 활용할 SCM/물류 데이터분석의 예제를 다루는 도서는 찾기 어렵다. 현실에서 직면하게 되는 SCM/물류 데이터분석 업무를 중심으로 책을 서술한다.

1) 이론보다는 실무적용 중심으로 서술

2) SCM/물류 현황분석 핵심 개념 설명과 실습

3) 실무에 꼭 필요한 통계와 머신러닝을 수식없이 개념 중심으로 설명

4) 실무예제를 중심으로 실습하면서 통계와 머신러닝 개념을 이해

5) 엑셀의 시각화 도구, 분석 기능, 해 찾기 실습

6) ChatGPT의 환각(Hallucination, 할루시네이션) 오류와 질문 수정 방안

7) 초보자도 파이썬 코드를 자연스럽게 이해하도록 설명

8) ChatGPT가 작성한 파이썬 코드를 수정하면서 실습

9) 3개 실무 분석 프로젝트 수행을 통한 데이터분석 역량 확인

독자의 학습 목표에 대한 KPI(Key Performance Index)는 명확한다. KPI는 독자가 이 책을 학습한 후 "아래 세가지 프로젝트 중 하나를 선택하여 논리적인 보고서를 스스로 제출할 수 있는가"이다. 프로젝트1. [물류센터 설계] 과거 물동량 실적을 분석하여 미래의 입출고량과 재고량을 제시하시오. 프로젝트2. [재고통제 시스템] 과거 출하량과 공급 리드타임을 분석하여 안전재고, 발주점 및 발주량을 제시하시오. 프로젝트3. [운임시황예측] 물류비 경영계획 수립과 운임협상을 위한 미서안 SCFI 월별 전망치를 제시하시오. 언급한 세가지 주제는 유통업체, 제조업체, 물류업체에서 당면하는 이슈이다. 이 책은 독자가 세가지 프로젝트를 스스로 수행할 수 있도록 하기 위해 필요한 개념과 기법을 가능한 알기 쉽게 설명하고, 예제를 통해 실습해보고자 한다.

이 책은 총 5부로 구성되어 있다. 그래프, 통계, 머신러닝으로 구성된 세가지 분석기법과 일관된 SCM/물류 예제를 통해 SCM/물류 데이터분석을 설명하고 있다.

제1부는 "SCM/물류 데이터분석 개요"이다. SCM/물류 데이터분석 역량의 의미에 대해 기술한다. 그리고 첫 번째 분석기법인 그래프를 엑셀로 실습한다. 기업에서 가장 많

이 사용하는 데이터분석 도구가 엑셀이다. 여러가지 사정으로 ChatGPT와 파이썬을 사용할 수 없고, 엑셀만을 사용할 환경이 있을 수 있다. 많은 독자들이 엑셀의 기본 기능만 알고 있다. 엑셀이 방대한 데이터를 처리하는 데 한계가 있지만, 엑셀의 훌륭한 데이터분석 기능을 활용하더라도 업무에 많은 도움이 될 것이다. ChatGPT와 코랩의 접속 환경을 구축하고, 핵심 파이썬 코드를 설명한다.

제2부는 "SCM 혁신과 수준진단 시각화"이다. 총체적인 경영혁신 활동인 SCM을 설명한다. 기업의 SCM 운영 수준을 파악하는 데 도움이 되는 다음 5개의 핵심 SCM 개념을 설명한다. 판매가격 하락과 공급 리드타임 분석, 주 단위 PSI와 비즈니스 리듬 동기화, RTF차질과 계획대로 실행, 월말 편중과 실 수요 기반 수요관리 그리고 수요예측 정확도와 SCM 역량을 그래프로 분석할 것이다. 이 때 1부에서 학습한 엑셀의 그래프 기능과 ChatGPT를 사용한다. 그리고 데이터의 E2E(End To End) 연계와 SCM 운영기준 정립의 중요성을 강조한다.

제3부는 "재고통제 시스템과 통계 기초"이다. 두 번째 분석기법은 통계이다. 통계는 데이터분석의 기초이다. 제1부에서 다룬 물류센터의 물동량 분석 예제를 가지고 재고통제 시스템에서 정규분포의 변동성을 분석한다. 재고에 대한 통제는 SCM/물류에서 핵심 주제이다. 특히 정규분포의 변동성에 대해 자세히 설명하는 이유는 안전재고 수준 결정과 밀접한 관계가 있기 때문이다. 이를 기반으로 일 단위 후보충 모형을 개발한다.

파이썬 코드에 익숙하고 프로그램을 작성할 수 있다면, 독자는 엑셀의 한계를 넘어설 수 있다. SCM 데이터분석에 다양한 분석 기법을 적용할 수 있고 보다 스마트하게 업무를 처리할 수 있다. 하지만 파이썬 코드를 모른다고 걱정하지 말자. ChatGPT가 많은 도움을 줄 것이며 코드를 해석할 수준이면 된다. 정확히는 ChatGPT가 코드 초안을 작성하고, 독자는 코랩에서 코드를 검증하고 약간의 수정만 할 수 있으면 된다. 파이썬 코드에 대한 진입 장벽이 너무나도 낮아졌다. 누구나 SCM 데이터분석 업무에 ChatGPT를 활용하여 파이썬 코드를 작성할 수 있다. ChatGPT의 환각 오류를 확인하고 수정하기 위해서는 파이썬 코드에 대한 해석이 필요하다.

제4부는 "해운 운임시황예측과 머신러닝"이다. 세 번째 분석기법인 예측 모형을 학습한다. SCFI 운임시황 예측을 위한 다양한 머신러닝 모형을 개발하고, 장단점을 실습을 통해 확인한다. 제1부와 2부에서도 언급한 SCM은 미래의 가시성 확보를 통해 바른 방

향으로 의사결정의 속도를 향상시키는 혁신 활동이다. 데이터분석의 목적 중 하나도 미래의 가시성 확보에 있다. SCFI 운임시황 예측을 실습 예제로 선택한 것은 리스크가 더욱 증대되는 현재의 경영환경을 반영하며, 미래 가시성 확보의 중요성을 강조하고자 하는 의도이다. SCFI 운임시황은 수출입 기업의 물류비에 절대적 영향을 미친다. 이로 인해 선진기업은 SCFI 운임시황을 예측하여 물류 경영계획 수립 및 운임협상 등에 활용하고 있다.

제5부는 "분석모형의 실무적용"이다. 저자가 적용한 데이터분석과제 방법론을 소개하고, 복합 SCFI 예측모형 개발을 정리한다. 조별 발표와 멘토링을 위한 3개의 데이터분석 실무 프로젝트를 소개한다. 프로젝트를 주어진 납기 내에 인자와 모형을 선정하고, 프로젝트 세부 범위를 정하는 것은 합리적 의사결정이 필요하다. 프로젝트 수행과 발표를 통해 커뮤니케이션 역량을 멘토에게 자랑하자. 왜 커뮤니케이션 역량과 합리적 의사결정역량을 향상시켜야 하는가? 커뮤니케이션 역량과 합리적 의사결정 역량이 슬기로운 조직생활의 기본이기 때문이다. 그리고 마지막으로 국내외 기업의 생성형 AI 적용사례를 기술한다.

이 책은 기업에서 실질적으로 고민하는 주요 이슈를 ChatGPT를 활용하여 데이터분석을 할 수 있다는 것을 보여준다. 이를 통해 SCM/물류에 대한 도메인 지식도 넓히면서 데이터분석 기법과 도구를 학습할 수 있다. 학교에서 이론적으로 배운 통계와 머신러닝이 SCM/물류 실무에서 어떻게 적용되는지를 확인하기 바란다. 이러한 과정을 통해 통계 등 학생들은 학교 수업에 보다 충실해야 한다는 생각을 할 수 있을 것이다.

이 책에서 다루는 주제와 영역이 너무 넓다. 일부 주제는 아쉽게도 메시지만 언급한다. 각 주제에 대한 학문적 차원의 보다 심오한 내용은 전문서적을 참조하기 바란다. 한 가지는 자신한다. 학문적 차원이 아니라 기업 실무적 차원에서는 정말 필요한 책이다. 이 책과 ChatGPT 4.0을 참조하면 웬만한 데이터분석은 가능하다.

환각 오류는 디지털 빙산이다! 꾸준히 데이터를 E2E(End To End) 연계하여 자신의 SCM 운영기준을 정립하는 기업만이 환각 오류없이 LLM을 제대로 활용하여 지속가능한 성장을 할 수 있을 것이다. 개인도 마찬가지이다.

다양한 SCM/물류 혁신과 데이터분석을 경험하도록 기회를 제공한 삼성SDS SCM사업단과 물류사업부에 무한한 감사를 드린다. 성결대학교 글로벌물류학부 전준우교수님과 중앙대학교 국제물류학과 김태영교수님에게 감사한다. 마지막으로 이 책이 독자 여러분과 대한민국 기업의 데이터분석 역량과 SCM/물류 경쟁력 강화에 도움이 되었으면 한다. 열린 마음과 긍정의 디오니소스적 사고로 아는 만큼만 보이는 신비로운 이 세상을 대면하였으면 한다.

Oh! My Cello! Dreaming of Pablo Casals......
2024년 6월 18일
황종원, 정승환 드림

목차

[제1부 SCM/물류 데이터분석 개요]

제2부 SCM 혁신과 수준진단 시각화

[제3부 재고통제 시스템과 통계 기초]

이 책에서 설명한 ChatGPT 요청내용, 실습용 엑셀자료, 예제 코드,
프로젝트 정보는 다음 사이트에서 내려받을 수 있다.

https://github.com/jackhstar/SCMLogisticsAnalysis

※ 이 책의 모든 파이썬 코드는 ChatGPT가 생성한 코드이다.

※ 파이썬 코드와 실행 결과값이 같이 나타난 도표는 모두 코랩에서 실행한 내용이다(아닌 경우 ChatGPT라고 표시)

※ 코랩에서 실행한 결과값은 모두 ChatGPT가 제공한 파이썬 코드를 실행한 결과이다.

※ 도표 내용을 실습할 수 있는 ChatGPT요청 내용, 엑셀 기준 정보 및 파이썬 코드에 대한 정보는 공유 사이트에 저장된 해당 도표 번호와 관련된 파일명으로 구분할 수 있다.

※ (컬러가 지원되는 e-Book에서) 파란색 테두리가 있는 도표는 모두 ChatGPT에 요청한 내용이거나 ChatGPT가 답변한 내용이다. 흑백 하드북에서 표현되지 않는 그래프 색깔은 제공한 파이썬 코드를 실행하여 확인할 수 있다.

※ 설명의 용이성을 위해 ChatGPT 답변 또는 파이썬 코드의 일부 내용만 발췌하여 게재하기도 하였다. 전체 내용은 공유 사이트에 업로드한 해당 내용 관련 파이썬 코드의 전문을 참조하기 바란다.

※ ChatGPT 화면은 대부분 Data Analysis 화면이며, ChatGPT 4o출시 전후의 화면 혼재되어 있다.

※ 첨부한 경제지표는 참조 자료이며, 실제와 다를 수 있다. 경제지표는 이 책의 실습 외 다른 용도의 사용을 금지한다.

※ 새로운 예제, 추가 정보 및 이 책의 오타 수정 내용은 위 사이트로 공유될 수 있다.

※ 참조자료의 공유 사이트는 아래 QR 코드로 접근할 수 있다.

제1부

SCM/물류 데이터분석 개요

제1장

SCM/물류 데이터분석 역량

많은 분들이 ChatGPT를 어떻게 활용해야 하는지를 질문하기 전에, 왜 굳이 SCM/물류 데이터분석 역량을 확보하여야 하는지를 먼저 질문한다. 저자가 가장 먼저 듣고 싶은 멋진 질문이다. 어떤 주제에 대한 데이터분석 요청을 받았을 때도 마찬가지이다. 데이터분석을 어떻게 할 지를 고민하기에 앞서서, 고객에게 해당 주제에 대한 데이터분석의 배경과 목적을 먼저 질의하고 확인해야 한다.

"데이터 사이언스와 SCM"은 기업이 불확실한 미래에 대비하고 지속가능한 성장을 위해서 반드시 필요한 혁신방안이기 때문이다. 반드시 필요한 혁신방안인 이유를 1장에서 설명한다. 데이터 사이언스의 데이터분석 프로세스, 데이터 사이언스와 SCM의 지향점, SCM/물류 데이터분석 역량의 구성 요소, 데이터분석과 SCM혁신의 핵심 키워드 등을 설명한다.

1장에서는 "Why?"에 대한 답변을 하였다면, 2장부터는 "How?"에 대한 답변을 한다. 통계, 머신러닝, 엑셀, ChatGPT, 파이썬, 코랩 등 데이터분석 도구와 SCM을 어떻게 잘 활용해야 하는지를 설명한다. 대부분의 독자는 특히 ChatGPT를 잘 활용하고자 이 책을 선택하였을 것이다. SCM/물류 데이터분석에서 ChatGPT를 잘 활용하기 위해서는 우선 SCM/물류 데이터분석을 왜 하는지를 먼저 이해해야 한다. "Why?"에 대한 확인이 결국 좋은 질문의 시작이기 때문이다.

데이터 사이언스와 데이터분석 프로세스를 이해하자

데이터 사이언스(Data Science)는 데이터 마이닝(Data Mining)과 유사하게 정형, 비정형 형태를 포함한 다양한 데이터로부터 지식과 인사이트를 추출하는 과정에서 과학적 방법론, 프로세스, 알고리즘, 시스템을 동원하는 융합 분야다(위키백과). 빅 데이터(Big Data)가 생성되면서 주목을 받는 분야이다. IDC 조사에 따르면 전 세계 기업들이 1년 간 사용할 수 있는 데이터는 2025년에는 160 Zetta Byte에 달할 것으로 전망된다(https://conference.etnews.com/conf_info.html?uid=242). 여기서 1 Zetta Byte는 1,024 Exta Byte이다. 1 Exta Byte는 대략 2억개의 고화질 영화를 저장할 수 있으며, 하루에 한 편의 영화를 신청한다면 약 547,000년 동안 신청할 수 있는 정보량이다.

2017년 5월 6일, 'The Economist'는 "Data is the new oil"이라는 제목의 기사를 발표하여 데이터가 새로운 시대의 가장 중요한 자원이라고 주장했다.

- ✓ 데이터는 기업이 고객과 시장을 이해하고, 새로운 제품과 서비스를 개발하고, 효율성을 높이는 데 도움을 준다.
- ✓ 데이터는 석유와 같이 추출, 정제 및 활용될 수 있다.

도표 1-1. Data is the new oil

출처: https://www.economist.com/leaders/2017/05/06/the-worlds-most-valuable-resource-is-no-longer-oil-but-data

이 비유는 데이터가 경제와 기술 발전을 주도하는 핵심 자원으로, 석유가 산업 혁명에서 했던 역할과 유사하다는 점을 강조하고 있다. 초기에는 기술 산업에서의 독점과 반독점 문제를 비교하기 위해 사용되었지만, 이제는 데이터에 기반한 차별화된 서비스, 개인화된 맞춤형 서비스, 인공지능의 학습 등 원가절감과 고객 서비스 혁신을 가능케하는 잠재력과 경쟁우위를 보다 광범위하게 나타내는 대표적인 표현이 되었다.

SCM(Supply Chain Management, 공급망 관리) 및 물류에서 데이터 사이언스가 중요하게 여겨지는 이유와 적용 분야는 아래와 같다.

1) SCM은 기본적으로 데이터에 기반하여 운영되는 체계다.

2) 가시성에 기반하여 의사결정을 하기 위해서는 데이터분석이 기본이다.

3) 물동데이터에 숨겨진 패턴과 통찰을 발견하는 것도 SCM/물류 혁신활동이다.

- ✓ 대규모 데이터의 증가: SCM 및 물류 분야에서는 주문, 배송, 재고, 고객 정보 등 방대한 양의 데이터가 생성된다. 데이터 사이언스를 활용하여 이러한 대량의 데이터를 분석하고 관리함으로써, 보다 정확하고 신속한 의사결정을 지원할 수 있다.
- ✓ 비즈니스 의사결정의 데이터 기반화: SCM과 물류에서 데이터 기반의 의사결정은 물류센터의 CAPA 산정, 재고수준 최적화, 효율적인 물류 네트워크 설계, 비용 절감 등을 가능하게 한다. 데이터 사이언스는 공급망 전체의 성능을 분석하고, 최적화된 결정을 내리는 데 필수적이다.
- ✓ 경쟁 우위 확보: 데이터분석을 통해 SCM 및 물류 영역에서의 경쟁 우위를 확보할 수 있다. 이는 배송 시간 단축, 비용 절감, 고객 만족도 향상 등을 통해 이루어질 수 있다.
- ✓ 고객 이해 및 경험 개선: 고객의 주문 패턴, 선호도, 피드백 등의 데이터를 분석하여, 맞춤형 서비스를 제공하고 고객 경험을 향상시킬 수 있다.
- ✓ 혁신적인 솔루션 개발: 데이터 사이언스는 SCM과 물류에서 새로운 전략을 개발하고, 프로세스를 혁신하는 데 중요한 역할을 한다. 예를 들어, 고급 분석 기법을 활용하여 보다 효율적인 공급망 모델을 개발할 수 있다.
- ✓ 예측모델링과 리스크 관리: 데이터 사이언스를 통해 수요, 공급 및 배송 시간에 대한 예측을 개선하고, 잠재적 위험을 사전에 감지하여 리스크를 관리할 수 있다.
- ✓ 자동화와 효율성 향상: 데이터분석을 통해 공급망과 물류 프로세스를 자동화하고 최적화하여, 작업의 정확도를 높이고 시간 및 비용을 절감할 수 있다.
- ✓ 다양한 분야에서의 적용 가능: SCM과 물류는 다양한 산업 분야에 걸쳐 있으며, 데이터 사이언스는 이들 분야에서 맞춤형 솔루션을 제공하여 각 산업의 특성에 맞게 최적화할 수 있다.

이러한 이유들로 인해 데이터 사이언스는 오늘날 기업과 조직의 핵심 역량 중 하나로 인식되며, 지속적으로 관심과 투자를 받고 있다. SCM/물류에서 핵심적인 경쟁력 강화 도구로 자리 잡고 있으며, 이를 통해 원가를 절감하고 서비스를 차별화하는데 중요한 역할을 하고 있다. 석유를 정제해서 쓰듯, 데이터도 정제해서 써야 한다. 이러한 정제 과정이 데이터분석 프로세스이다. 데이터분석 프로세스는 여러 단계로 구성되며, 각 단계는 특정한 기술과 세부 방법론을 필요로 한다.

✓ 데이터 수집(Data Collection): 다양한 소스로부터 데이터를 수집한다. 이는 웹사이트, 사내 데이터베이스 및 자료 보관함, 공공 데이터 등 다양한 형태가 될 수 있다.

✓ 데이터 정제 및 준비(Data Cleaning and Preparation): 수집된 데이터는 종종 불완전하거나 형식이 일치하지 않을 수 있다. 데이터 정제는 이러한 문제를 해결하고, 데이터를 분석에 적합한 형태로 변환하는 과정이다.

✓ 탐색적 데이터분석(Exploratory Data Analysis, EDA): 데이터의 기본적인 통계와 패턴을 이해한다. 이는 데이터 시각화 및 간단한 통계 분석을 포함한다.

✓ 모델링 및 알고리즘(Modeling and Algorithms): 머신러닝이나 통계적 방법을 사용해 데이터에서 패턴을 찾고 예측모형을 만든다. 예를 들어, 회귀분석(Regression), 클러스터링(Clustering), 심층 학습(Deep Learning)과 같은 기술이 사용된다.

✓ 평가 및 검증(Evaluation and Validation): 생성된 모형의 성능을 평가하고 검증한다. 이는 모형이 실제 데이터에 잘 적용될 수 있는지 확인하는 중요한 단계이다.

✓ 결과 해석 및 응용(Interpretation and Application): 모형의 결과를 해석하고, 이를 비즈니스 결정과 전략에 통합한다.

✓ 배포 및 유지 관리(Deployment and Maintenance): 모형을 실제 환경에 배포하고, 지속적으로 데이터를 업데이트하며 모형을 관리한다.

데이터분석 프로세스는 과거 데이터 마이닝과 KDD(Knowledge Discovery in Databases)에서 확장된 프로세스이다. 가치 있는 통찰을 얻고자 패턴을 추론하는 데이터 마이닝은 전체 KDD 프로세스에서 가장 중요한 단계이다[6]. 데이터분석 프로세스와 데이터 사이언스는 분석대상과 개념이 확대되고, 다양한 분야에 적용되면서 생산성 증대를 통한 비용 절감, 차별화된 서비스를 통한 매출 향상 및 새로운 비즈니스 기회 발굴 등 다양한 혜택을 제공하고 있다.

데이터 사이언스와 SCM은 불확실성에서 가치창출을 지향한다

최근 들어 비즈니스 환경에서의 불확실성이 증가한다고 한다. 불확실성은 다양한 형태로 나타날 수 있으며, 예측 불가능한 상황과 파급 효과로 인해 발생하는 어려움을 말한다. 불확실성의 주요 원인은 예측할 수 없는 시장 변화, 기술 발전, 경제적 요인 또는 정치적 변동 등이 있다. 불확실한 비즈니스 환경에서 성공하기 위해 기업들은 창의적인 문제 해결 방식, 지속적 기술혁신 그리고 예측할 수 없는 미래에 대비하기 위한 도구들을 갖추어야 한다.

데이터 사이언스와 SCM은 예측할 수 없는 미래에 대비하기 위한 도구라고 할 수 있다. 데이터 사이언스는 비즈니스 또는 미래의 불확실성과 그 해소 방안이 빅 데이터에 숨어 있다고 가정한다. 이는 빅 데이터의 V's의 효율적 관리와 관련이 있다. "빅 데이터의 V's"는 대규모 데이터의 특징을 설명하는 용어로, 데이터의 양과 관리의 복잡성을 나타낸다. 처음에는 3V(Volume볼륨, Velocity속도, Variety 다양성)로 시작했지만, 시간이 지나면서 추가적인 V's가 포함되어 현재는 다음과 같은 여러 V's로 구성된다:

- ✓ 볼륨(Volume): 데이터의 양을 의미한다. Big Data는 일반적으로 매우 큰 데이터 세트를 말하며, 이는 기가바이트에서 페타바이트 또는 그 이상의 범위를 의미한다.
- ✓ 속도(Velocity): 데이터가 생성되고 수집되는 속도를 나타낸다. 이는 실시간 또는 거의 실시간 데이터 스트리밍을 포함할 수 있으며, 이러한 빠른 속도로 데이터를 처리하고 분석하는 능력이 중요하다.
- ✓ 다양성(Variety): 데이터가 가질 수 있는 다양한 형태나 유형을 의미한다. 이는 구조화된 데이터(예: 데이터베이스의 숫자 및 날짜), 비구조화된 데이터(예: 텍스트, 이미지, 비디오) 및 반구조화된 데이터(예: JSON, XML 파일)를 포함한다.
- ✓ 진실성(Veracity): 데이터의 정확성, 신뢰성 및 품질을 나타낸다. 데이터가 부정확하거나 오류가 있으면 분석 결과에 부정적인 영향을 미친다.
- ✓ 가치(Value): 데이터에서 얻을 수 있는 가치를 나타낸다. 데이터가 아무리 많거나 빠르고 다양해도, 그것을 통해 비즈니스나 조직에 실질적인 가치를 제공하지 못한다면 의미가 없다.

도표 1-2. 빅 데이터의 V's

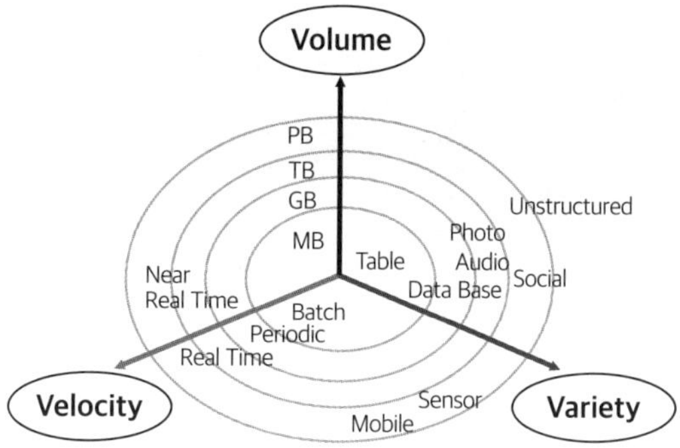

데이터 사이언스에서는 이러한 요소들을 이해하고 적절히 관리하는 것이 중요하다. 데이터의 양과 복잡성이 증가함에 따라, 이러한 V's를 고려한 효율적인 데이터 관리 및 분석을 통해 예측할 수 없는 미래에 대해 인사이트를 도출하여 비즈니스 의사결정에 활용하는 것이 데이터 사이언스이다.

SCM에서는 "APS(Advanced Planning & Scheduling System)와 정보"가 미래의 불확실성에 대한 해결 방안이라고 할 수 있다. 여기서는 "의사결정 속도(Velocity)"와 "정보가 실물을 대체한다는 개념"의 중요성을 설명한다. SCM 실무자라면 APS와 ERP의 특징은 반드시 구분할 수 있어야 한다(이하 하이브리드 SCM[7] 참조). ERP(Enterprise Resource Planning)는 기업의 거래업무를 체계적으로 관리하고 효율적으로 처리할 수 있게 도와주는 시스템이다. 기업 업무의 중추(Backbone) 역할을 수행하며 과거 및 현재의 물동과 현금의 가시성을 제공한다. 반면, APS는 공급망 통합을 목적으로 수요예측과 공급망 제약을 고려하여 최적의 자원운영계획을 수립한다. 이를 통해 미래의 물동 가시성을 제공하여 바람직한 방향으로 신속한 의사결정을 할 수 있도록 지원하는 의사결정 지원 시스템(Decision Support System, DSS)이다.

도표 1-3은 미래 가시성(Visibility)을 기반으로 의사결정 속도(Velocity)를 향상시키는 의사결정 시스템인 APS를 설명하고 있다. APS가 잘 운영되기 위해서는 사전에 실적정보(과거와 현재의 가시성)를 관리하는 ERP와 기준정보를 관리하는 MDM(Master Data Management) 시스템이 잘 운영되어야 한다.

도표 1-3. 의사결정지원 시스템 APS

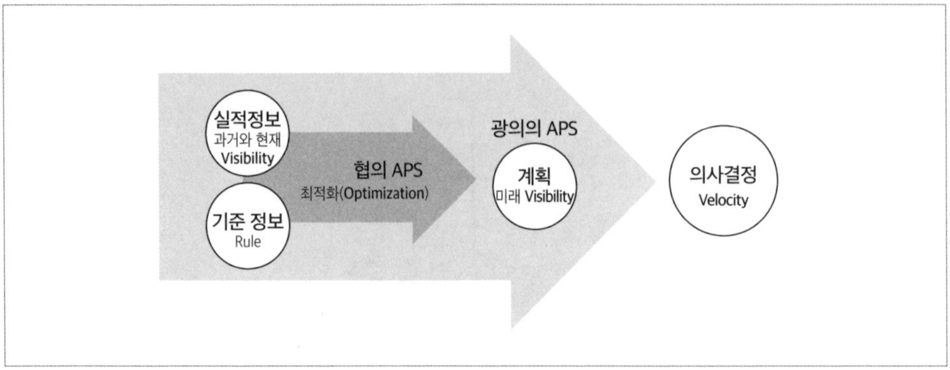

협의의 APS는 공급망 내 자원의 글로벌 최적화를 지원하는 시스템이지만, 광의의 APS는 공급망 내 물동의 미래 가시성을 제공하여 바람직한 의사결정의 속도(Velocity)를 향상시키는 의사결정지원 시스템이다. Velocity는 단순히 얼마나 빨리 움직이는지를 의미하는 것이 아니라 바람직한 방향까지 포함한다. 반면, Speed는 단순히 기업의 운영 효율성을 의미하며 자동화, 표준화와 같이 기업이 업무를 빠르게 처리하도록 하다.

고객에게 제품을 안정적으로 납품할 수 있다는 점을 설득하려면 자본을 투자하여 생산한 실물 제품을 제시하는 것이 일반적이다. 미래의 신규 주문을 확보하기 위해 고객과 신뢰 관계에 따라 세 가지 접근 방법을 사용할 수 있다. 첫째, 생산된 재고를 제시하고 고객과 협상하는 방법이다. 둘째, 재고는 없지만 투자한 설비(공장 또는 물류센터 등)를 제시하여 고객과 협상하는 방법이다. 셋째, 재고와 투자한 설비는 없지만 신뢰할 만한 정보를 제공하여 고객을 설득하는 방법이다. 이 방법은 꾸준한 노력으로 신뢰 관계가 형성된 고객에게 적용 가능한 전략으로, 전략적 협업 관계에 있는 기업 간에 발생한다.

불확실한 시장 환경에서 이처럼 "정보"는 실물 재고나 실물 제조 설비를 대신하여 고객에게 안정적으로 납품할 수 있다는 "신뢰"를 제공할 수 있다. 이처럼 SCM에서 생성된 정보는 과잉 투자로 인한 투자 비용 발생의 리스크를 감소시킬 수 있다. 정보가 자산을 대체하도록 하는 것이 SCM 혁신이다(도표 1-4 참조).

도표 1-4. 정보가 실물을 대체하도록 하는 SCM 혁신

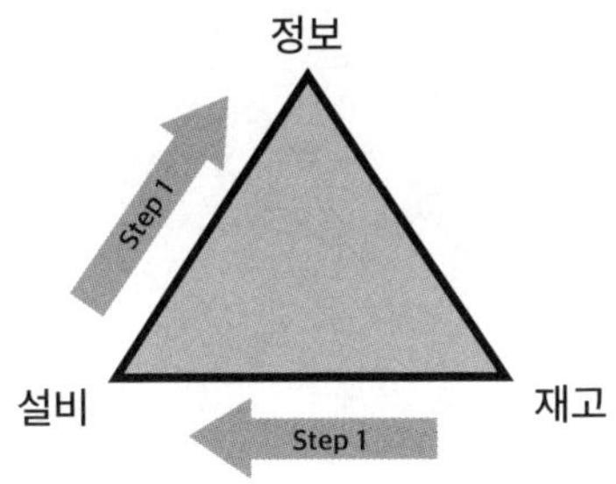

이와 같이 데이터 사이언스와 SCM의 공통점은 미래의 불확실성을 데이터 분석을 통해 감소시키고, 바람직한 의사결정의 속도를 향상시키며, 정보가 실물을 대체하는 가치를 제공하는 데 있다. 이를 통해 기업은 원가 경쟁력을 확보하고 서비스를 차별화할 수 있다.

데이터분석 자체가 목적이 아니라는 것을 강조하고자 한다. 많은 데이터분석 도서들은 데이터분석 자체 및 기법에 초점을 맞추고 있다. SCM/물류 데이터분석가라면 데이터분석 자체가 목적이 아니라, 자신의 업무가 미래의 불확실성을 해소하고 가치를 창출하기 위한 데이터분석을 하고 있는시를 항상 의심할 필요가 있다. SCM/물류 데이터분석 역량을 강화하고자 한다면 여기에 초점을 맞출 필요가 있다.

데이터분석 역량의 3가지 구성요소를 이해하자

데이터 사이언스의 3가지 구성요소는 데이터, 알고리즘 그리고 컴퓨팅이다. 반면 데이터분석 역량의 3가지 구성요소는 기술적 역량, 비즈니스 이해력(물류/SCM 도메인 지식) 그리고 의사소통 능력이다. 따라서 SCM/물류 실무자가 데이터분석 역량을 확보하기 위해서는 SCM/물류 도메인에 대한 이해를 바탕으로 기술적 역량과 의사소통 능력을 갖출 필요가 있다.

도표 1-5. 데이터분석 역량의 3가지 구성요소

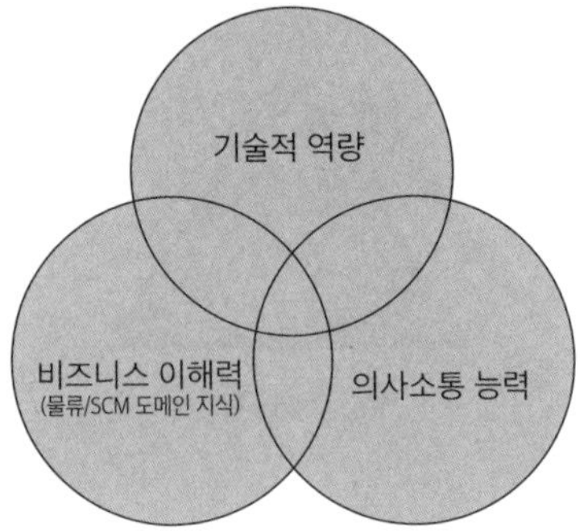

여기서 기술적 역량은 데이터 수집, 전처리, 분석, 시각화 등 앞서 언급한 데이터분석 프로세스에서 필요한 기술적 지식과 숙련도를 의미한다.

- ✓ 프로그래밍 언어: Python, R, SQL 등
- ✓ 데이터분석 도구: SAS, SPSS, Tableau, Power BI 등
- ✓ 통계 및 머신러닝 알고리즘: 회귀분석, 군집분석, 랜덤 포레스트, 딥 러닝 등
- ✓ 데이터베이스 시스템: 관계형 데이터베이스, NoSQL 데이터베이스 등

SCM/물류 지식은 데이터분석 문제를 명확히 정의하고, 데이터분석 결과를 해석하고, 비즈니스 문제 해결에 적용할 수 있는 이해도를 의미한다.

- ✓ 산업 및 시장 지식: 분석 대상 산업 및 시장에 대한 이해
- ✓ 비즈니스 문제 정의: 데이터분석을 통해 해결하고자 하는 비즈니스 문제를 명확히 정의
- ✓ 인자 도출: 도메인 지식을 바탕으로 모형에 반영해야 할 후보 인자의 도출(인과지도)
- ✓ 데이터분석 결과 해석: 분석 결과를 비즈니스 관점에서 해석하고 가치가 있는 정보 추출

의사소통 능력은 요구사항을 수집하고, 데이터분석 절차와 내용을 이해하기 쉬운 방식으로 전달하여 분석과정과 결과를 납득시키고, 비즈니스 이해 관계자들과 효과적으로 소통하는 능력을 의미한다.

- ✓ 분석과제 범위 협의: 데이터분석으로 해결할 수 있는 영역과 그렇지 않은 영역에 대한 구분과 고객 설득, 분석 범위 명확화
- ✓ 데이터 확보: 분석 전 양질의 데이터 확보의 중요성 설득 및 데이터 확보 요청

- ✓ 적용 분석기법 설명: 다수의 후보 기법(머신러닝)의 검토 결과 및 적용 분석기법의 당위성 설명 (분석기법에 대한 폭 넓은 이해)
- ✓ 데이터 시각화: 분석 결과를 도표, 그래프 등 시각 자료를 활용하여 효과적으로 표현
- ✓ 스토리텔링: 데이터분석 결과를 바탕으로 설득력 있는 스토리 구성
- ✓ 분석결과 전달: 분석결과를 이해관계자에게 명확하고 설득력 있게 제시(분석 보고와 발표)
- ✓ 모형의 유지 보수: 지속적인 분석기법의 유지관리 중요성 설득 및 관련 예산 확보

빅 데이터에 대한 이론적 지식 또는 분석 기술은 하드 스킬이라고 할 수 있고, SCM/물류 관련 명확한 문제 정의와 통찰력 있는 분석, 설득력 있는 의견 전달, 다른 분야간 협력은 소프트 스킬이라고 할 수 있다. 데이터분석이 하드 스킬 만을 너무 강조하는 경향이 있다. 빅데이터는 빅데이터일 뿐 중요한 것은 그 데이터를 어떻게 창의적으로 바라볼 것이며, 결국 SCM/물류 프로세스에 어떻게 적용하여 원가를 절감하고 매출을 증대할 것인가이다. 이는 하드 스킬 만으로 해결되지 않는다. 가치창출은 바로 SCM/물류 도메인 지식과 의사소통 능력에서 전달된다. 이 책에서 SCM/물류 도메인 지식은 SCM 혁신(제 1부 3장)과 SCM/물류 예제의 실습을 통해 학습한다. 의사소통 능력을 위해 엑셀을 이용한 데이터 시각화를 설명하고(제 1부 2장), 조별 프로젝트의 발표와 멘토링을 제안한다(제 5부).

위 3가지 역량 중 기술적 역량은 ChatGPT실습을 통해서 가장 빠르게 역량을 확보할 수 있다. 막연하게 어렵다고 생각한 기술적 영역이 ChatGPT를 활용할 수만 있다면 오히려 진입장벽이 낮다는 의미이다. 여러분은 많은 부분을 ChatGPT가 생성한 파이썬 코드를 실행하여 데이터분석을 하게 될 것이다. 이때 좋은 질문을 한다면 좋은 파이썬 코드가 생성된다. 백지에서 파이썬 코드를 작성할 필요가 없다. 좋을 질문에 기반하여 ChatGPT가 바람직한 파이썬 코드를 생성해 준다. 이렇게 생성된 코드를 변경하여 재 사용하면 생산성이 매우 높아진다. 이처럼 여러분의 업무 방식도 변하게 될 것이다.

핵심 키워드는 불확실성, 속도, 가치이다

이 책의 키워드는 Uncertainty, Velocity, Value이다. SCM 혁신은 불확실한 비즈니스 환경에서 기업 자원을 효율적으로 활용하기 위해 바르고 빠른 의사결정을 하여 고객과

기업 가치를 창출하는 총체적인 경영혁신 활동이다. SCM 데이터분석 역량은 "데이터분석을 통해 SCM 혁신을 수행할 수 있는 능력"이라고 할 수 있다.

SCM 혁신에서는 불확실성에 대처하기 위해 변동성을 최소화하고, 예측 정확도를 높이는 것이 중요하다. 이를 위해서는 통계와 머신러닝에 대한 지식이 필요하다. 이 책에서는 안전재고 설정 예제를 통해 SCM/물류에서 요구하는 통계에 대한 기본 지식을 배우고 실습한다(제 3부). 그리고 해운 운임시황 예측 예제를 통해 머신러닝에 대한 개념을 배우고 실습한다(제 4부).

SCM 데이터분석에서 불확실성은 변동성을, 바르고 빠른 의사결정을 위한 수단은 통계와 머신러닝을, 가치는 원가 절감과 서비스 차별화를 의미한다. 기술적 도구인 통계와 머신러닝은 SCM 속도 향상을 위한 기법의 일부일 뿐이다. SCM 혁신에는 APS, CPFR, S&OP, Demand Shaping 등 다양한 SCM 속도 향상 도구들이 있다. 이러한 SCM 혁신기법과 데이터분석 기법을 어떻게 연계하여 SCM 혁신에 적용할 것인가가 우리의 과제이다. 이러한 과제를 제대로 수행함으로써 우리는 SCM/물류 데이터분석의 목적인 "고객, 기업 그리고 자신의 시장 가치향상"이 가능할 것이다.

좋은 질문을 할 수 있는 역량을 키우자

저자는 이번 장의 많은 내용을 일부러 ChatGPT의 도움을 받아서 작성하였다. 최신 트렌드인 AI, LLM, ChatGPT를 독자와 함께 체감하기 위해서이다. 이번 장에서 전달하는 내용에 공감하였는가? 공감하였다면 ChatGPT가 내용을 잘 정리한 것이다. 하지만 독자에게 어떤 메시지를 전달할 것인지에 대한 질문은 저자가 도출한 것이다. 저자가 도출한 질문은 저자의 SCM/물류에 대한 이해와 데이터분석 경험에서 나온 것이다.

ChatGPT가 데이터분석 과정에서 상당히 많은 역할을 할 것이다. 혹시나 ChatGPT가 전달하는 환각 오류를 고객 또는 상급자에게 그대로 보고하게 되면 여러분은 망신을 당할 것이다. 망신을 당하지 않기 위해서는 ChatGPT가 분석한 결과를 여러분의 시각으로 검토할 수 있어야 한다. ChatGPT를 제대로 활용하기 위해서는 결국 여러분도 SCM/물류에 대한 이해와 데이터분석 경험이 필요하다. 우선 자신의 생각을 논리적으로 글로

쓰거나 전달할 수 있어야 한다.

SCM 혁신은 공급망 내에서 발생할 수 있는 또는 발생한 이슈와 문제를 해결하는 활동이다. SCM/물류 관련 이슈와 문제를 해결하는 과정에서 우리는 각자 중요한 가치를 제공하기 위해 노력한다. 해결해야 할 문제가 어려울수록 문제의 본질을 이해하는 것이 중요하다. 문제의 본질을 이해하는 첫 걸음은 좋은 질문을 던지는 데 있다. 좋은 질문은 지적 호기심, 경험, 그리고 SCM/물류 도메인에 대한 지식과 이론에서 비롯된다.

알버트 아인슈타인은 "만약 나에게 문제를 해결할 시간이 한 시간 주어진다면, 나는 문제를 이해하는 데 55분을 쓰고, 해결책을 찾는 데 5분을 쓸 것이다"라고 말했다. 이는 문제의 본질을 이해하는 것이 문제 해결의 핵심임을 강조한다. ChatGPT 덕분에 문제해결의 도구 중 하나인 데이터분석에 대한 진입 장벽이 매우 낮아졌다. 따라서, 좋은 질문을 하기 위해 SCM/물류 도메인에 대한 지식과 이론에 더욱 집중할 필요가 있습니다. 제2부에서 데이터분석을 통해 SCM을 이해하는 시간을 갖도록 한다.

데이터 사이언스 즉, 데이터 과학은 데이터의 구체적인 내용이 아닌 서로 다른 성질의 내용이나 형식의 데이터에 공통으로 존재하는 성질, 또는 그것들을 다루기 위한 기술의 개발에 착안점을 둔다는 특징을 가진다.

데이터 과학을 연구하는 사람을 데이터 과학자(Data Scienctist)라고 하는데 대개 데이터의 특정 추세를 분석하거나 시각화 작업을 중점적으로 다루는 데이터 분석가(Data Analyst)와 비교하여 전문적인 코딩 및 수학적 모델링 지식을 갖추고 알고리즘을 활용한 분석이나 예측 모델 개발을 주로 하는 전문가들을 일컫는 경우가 많다(위키백과).

이 책은 데이터 과학자와 데이터 분석가를 위한 책이다. 이 책에서 SCM/물류 데이터분석가는 2장과 제2부의 데이터분석가를 위한 영역과 제4부의 데이터 과학자를 위한 영역을 모두 커버해야 한다.

제2장

데이터 시각화와 데이터분석 준비

어떤 기업의 SCM/물류에 대한 개선 방안을 제시하기 위해서는 우선 그 기업의 SCM/물류에 대한 현황 파악이 우선이다. 표나 그래프와 같은 시각화 도구는 현황을 파악하는 데 많은 도움을 준다. 예를 들어, 물류센터 설계를 위해서는 사전에 철저한 입출고 물동량 분석이 이루어져야 한다. 이번 장에서는 출하량 분석을 실습 예제로, 엑셀의 [분석도구 팩]을 통해 데이터의 시각화에 대해 실습한다. 기업에서 가장 많이 사용하는 분석도구는 엑셀이다. 엑셀의 숨어 있는 유익한 기능에 익숙해질 필요가 있다.

SCM/물류 데이터분석 역량을 강화하기 위한 최선의 방법은 실습이다. 이 책에서는 데이터분석 도구로 엑셀, ChatGPT, 파이썬 그리고 구글 코랩(이하 코랩)을 사용한다. 이번 장에서는 실습 진행을 위한 기본적인 환경 설정과 사용법을 설명한다. 엑셀은 너무나도 익숙한 도구이므로 기본적인 사용법은 생략하고, ChatGPT와 코랩에 대한 환경설정을 한다. 코랩을 활용하는 이유는 개발환경을 설정할 필요가 없고 구글 계정만 있으면 누구나 사용이 가능하기 때문이다. 프로그램 경험이 전혀 없는 독자를 위해 파이썬 코드의 기본 문법을 간단히 설명한다. 따라서 파이썬에 대한 경험이 있는 독자는 2장 파이썬 코드 설명을 건너 뛰어도 무방하다.

엑셀의 분석도구 팩을 설치하자

데이터가 방대하여 쉽게 파악할 수 없을 때에는 데이터의 정리와 요약을 통해 데이터에 내포된 내용을 쉽고 빠르게 파악할 필요가 있다. 이번 장은 그래프를 이용하여 엑셀로 데이터를 정리한다. 가장 빠른 방법은 엑셀의 [분석도구]를 사용하는 것이다.

TV를 보관하는 물류센터에서 처리한 과거 3개월간의 TV 출하실적정보가 GI.xlsx에 저장되어 있다. 출하실적 데이터를 기반으로 그래프를 만들어보자. 해당 데이터는 10장의 기술통계 분석, 11장의 재고통제 시스템의 실습 예제로도 사용된다.

[엑셀의 추가 기능 설치]

■ 엑셀의 초기 화면 확인하기

- 엑셀의 초기화면의 탭에서 [개발도구]의 유무를 확인. 없다면 아래 단계를 통해 [개발도구]를 설치함

도표 2-1. 엑셀 초기 화면

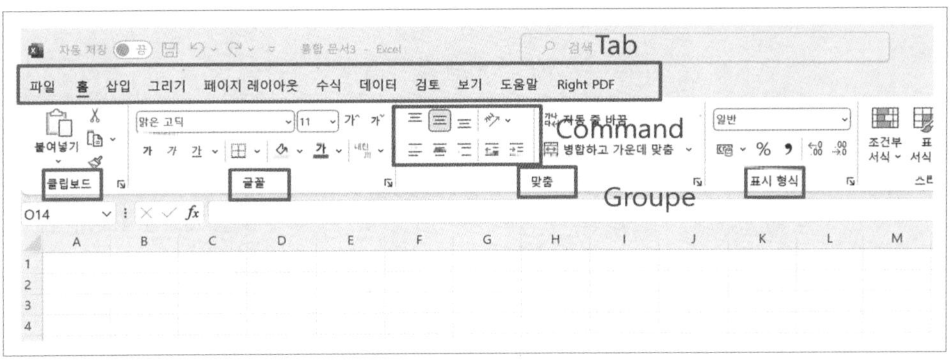

■ 엑셀 초기 화면의 탭에 개발 도구 추가하기

- [파일] 탭 - [옵션] 클릭
- [리본 사용자 지정] 범주 선택 - 기본 탭에서 [개발도구] 체크 - [확인] 클릭

도표 2-2. 엑셀 옵션을 통한 개발도구 확인

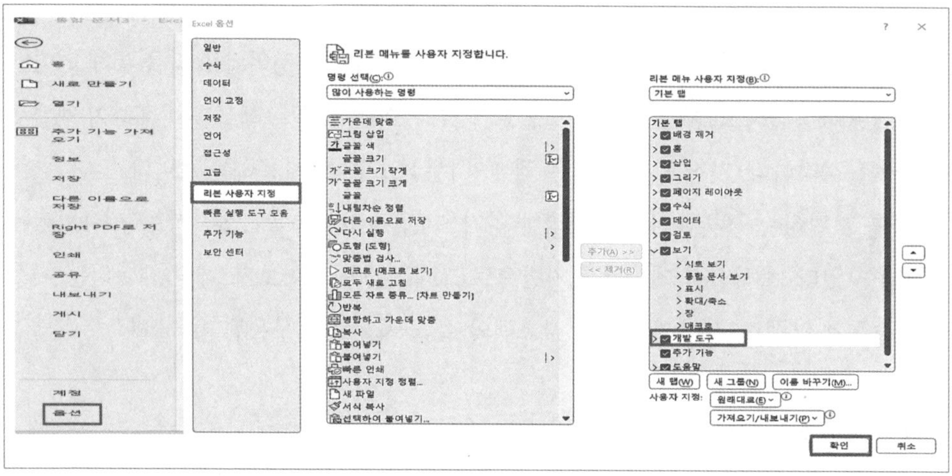

■ 개발 도구에 분석도구 설치하기

- [개발도구] 탭 - [Excel 추가기능] 클릭, [분석도구 팩] 체크 - [확인] 클릭
- [데이터] 탭을 클릭하여 [데이터분석] 기능이 추가된 것을 확인

도표 2-3. 분석 도구 팩 추가기능 설치

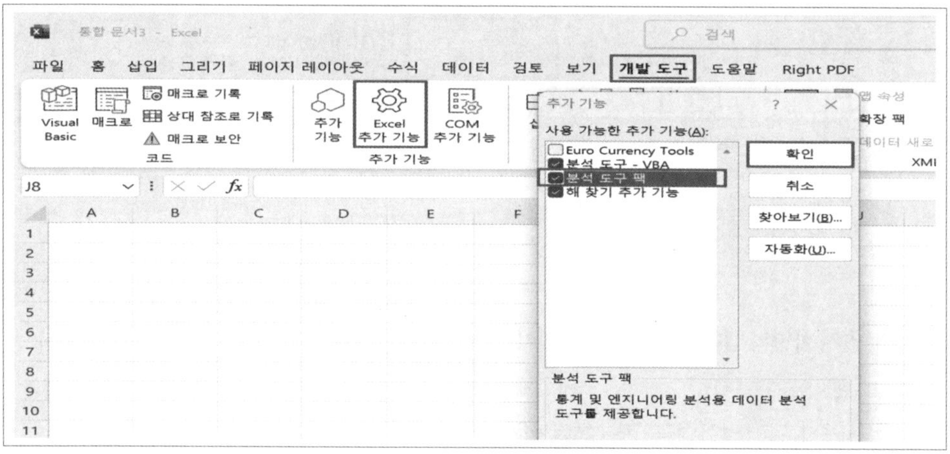

엑셀의 분석도구로 도수분포표 만들기

도수분포표는 관측치를 몇 개의 가능한 계급으로 묶어 정리한 표이다. 계급(Class)이

란 질적자료에서는 범주(Category)를 의미하고, 양적자료에서는 관측치를 적절한 구간으로 나눈 것을 말한다. 작성 절차는 아래와 같다.

- ✓ 데이터의 최댓값, 최솟값, 계급 수에 기초하여 계급의 크기를 정한다.
- ✓ 주어진 데이터의 수로부터 적절한 계급 수를 선택한다.
- ✓ 계급의 크기를 더해가며 각 계급을 정한다.
- ✓ 각 계급에 속하는 관측치의 개수를 세어 도수를 구한다.
- ✓ 도수를 전체 관측치의 개수로 나누어 상대도수를 구한다.

물류센터의 일별 출하량을 대상으로 FREQUENCY 함수를 사용하여 도수분포표를 만들어보자.

[FREQUENCY 함수를 사용한 도수분포표 실습]

■ 일별 출하량 데이터 및 양식 확인

- 일자별 출하실적을 저장한 GI실습전.xlsx 의 '도수분포표' sheet을 열고, 범위와 도수분포표를 작성

도표 2-4. 일별 출하량 분석을 위한 범위와 도수분포표 작성

G8

	A	B	C	D	E	F
1	DAY	GI		범위 양식		
2	2023-07-01	58820		항목	결과	
3	2023-07-02	52000		최대		
4	2023-07-03	54893		최소		
5	2023-07-04	61204		범위		
6	2023-07-05	59337				
7	2023-07-06	45113				
8	2023-07-07	54750				
9	2023-07-08	49243		도수분포표		
10	2023-07-09	49483		계급	최대값	도수
11	2023-07-10	52052				
12	2023-07-11	50720				
13	2023-07-12	57271				
14	2023-07-13	53805				

■ 최댓값과 최솟값을 구하여 데이터 범위 확인하기

- E3셀에 =MAX(B2:B93), E4셀에 =MIN(B2:B93), E5셀에 =E3-E4 입력
- 데이터 범위값 24,113 확인

도표 2-5. 최댓값 산출

E3 | f_x =MAX(B2:B93)

	A	B	C	D	E	F
1	DAY	GI		범위 양식		
2	2023-07-01	58820		항목	결과	
3	2023-07-02	52000		최대	61,348	
4	2023-07-03	54893		최소	37,235	
5	2023-07-04	61204		범위	24,113	
6	2023-07-05	59337				
7	2023-07-06	45113				
8	2023-07-07	54750				
9	2023-07-08	49243		도수분포표		
10	2023-07-09	49483		계급	최대값	도수

■ 범위에 기반하여 계급 구간을 설정하기

- 데이터 범위값 24,113에 대하여 1,000씩 증가하는 25개의 계급 구간을 설정
- 계급의 최댓값을 입력. 즉, E11부터 E35까지 38000, 39000, .., 62000을 입력함
- D11 셀에 1 ~ 38000이라고 작성함
- D12셀에 = E11+1& " ~ "&E12을 입력하고, D12 셀을 클릭한 상태에서 D열 마지막 셀인 D35까지 드래그하여 복사. 여기서 문자열 연결 &는 두 개 이상의 문자열을 연결하는 데 사용. 예를 들어, 다른 셀에 있는 텍스트를 하나의 셀로 결합하려고 할 때 이 기호를 사용할 수 있음

도표 2-6. 범위에 계급 구간을 설정

D12 | f_x =E11+1& " ~ "&E12

	A	B	C	D	E	F
1	DAY	GI		범위 양식		
2	2023-07-01	58820		항목	결과	
3	2023-07-02	52000		최대	61,348	
4	2023-07-03	54893		최소	37,235	
5	2023-07-04	61204		범위	24,113	
6	2023-07-05	59337				
7	2023-07-06	45113				
8	2023-07-07	54750				
9	2023-07-08	49243		도수분포표		
10	2023-07-09	49483		계급	최대값	도수
11	2023-07-10	52052		1 ~ 38000	38000	
12	2023-07-11	50720		38001 ~ 39000	39000	
13	2023-07-12	57271		39001 ~ 40000	40000	
14	2023-07-13	53805		40001 ~ 41000	41000	
15	2023-07-14	50608		41001 ~ 42000	42000	
16	2023-07-15	52219		42001 ~ 43000	43000	
17	2023-07-16	51668		43001 ~ 44000	44000	

■ 계급의 도수를 구하기 위해 FREQUENCY 함수 사용하기

- 도수를 구할 F열의 F11:F35 전체 범위를 선택
- 수식창에 '= FREQUENCY(B2:B93,E11:E35)' 입력 후, Ctrl + Shift + Enter 즉, "배열 수식" 수행 여기서 B2:B93는 GI(출하량)의 전체 범위이고, E11:E35는 최댓값의 전체 범위임

- 값의 범위 내에서 값의 발생 빈도를 계산하여 세로 배열 형태로 반환함

도표 2-7. FREQUENCY 함수와 배열수식

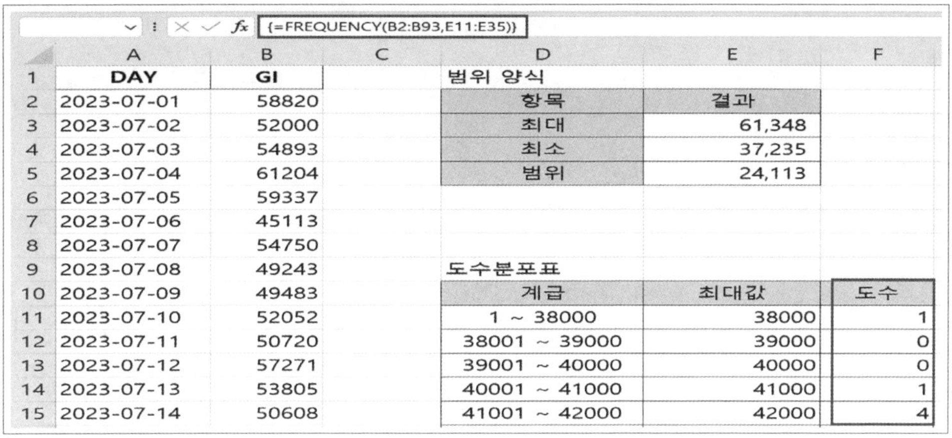

{=FREQUENCY(B2:B93,E11:E35)}

	A	B	C	D	E	F
1	DAY	GI		범위 양식		
2	2023-07-01	58820		항목	결과	
3	2023-07-02	52000		최대	61,348	
4	2023-07-03	54893		최소	37,235	
5	2023-07-04	61204		범위	24,113	
6	2023-07-05	59337				
7	2023-07-06	45113				
8	2023-07-07	54750				
9	2023-07-08	49243		도수분포표		
10	2023-07-09	49483		계급	최대값	도수
11	2023-07-10	52052		1 ~ 38000	38000	1
12	2023-07-11	50720		38001 ~ 39000	39000	0
13	2023-07-12	57271		39001 ~ 40000	40000	0
14	2023-07-13	53805		40001 ~ 41000	41000	1
15	2023-07-14	50608		41001 ~ 42000	42000	4

[피벗테이블을 사용한 도수분포표 실습]

■ 분석할 데이터 선택하기

- A1:B93 범위를 선택 - [삽입] 탭 - [표] 그룹 - [피벗테이블] - [테이블/범위에서] 클릭
- [표 또는 범위의 피벗 테이블] 대화상자에서 [확인] 클릭

도표 2-8. 분석데이터에 대해 피벗 테이블 선택

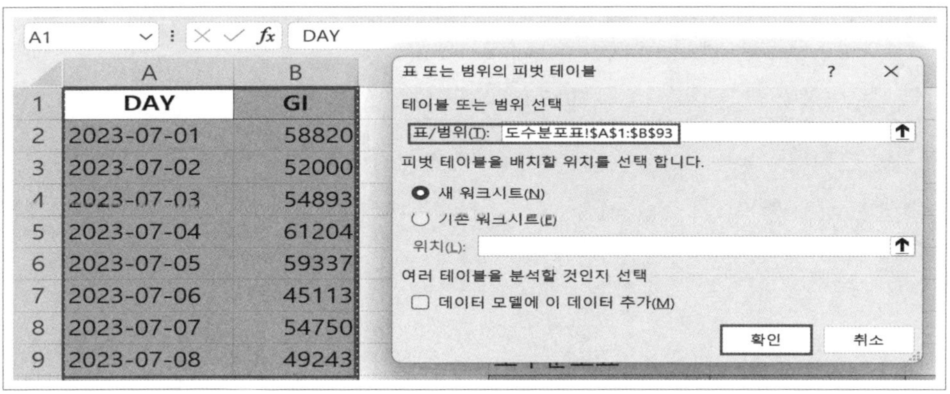

■ 피벗테이블 항목 구성하기

- 피벗테이블 필드 목록 창의 GI 필드를 [행] 영역으로 드래그하여 추가

- 값 영역의 DAY는 [값 필드 설정]에서 선택할 필드의 데이터를 개수를 선택하고 [확인] 클릭

도표 2-9. 분석데이터에 대해 피벗테이블 항목 구성

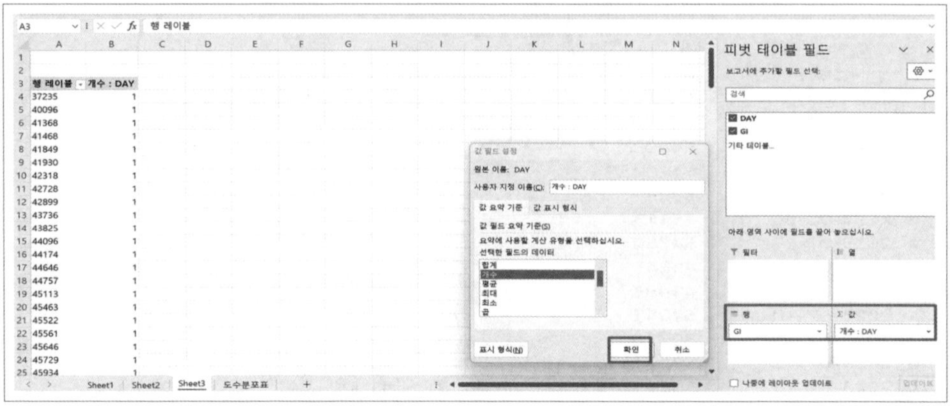

■ 계급 설정하기

- A4셀을 선택 - [피벗테이블 분석] 탭 - [그룹]의 [필드 그룹화] 클릭
- [그룹화] 대화상자에서 GI(출하량)의 시작 = 1또는 최솟값인 37,235, 끝 = 최댓값인 61,348, 단위 = 1,000을 입력 - [확인] 클릭
- 아래 [필드 그룹화] 확인 결과는 FREQUENCY 함수를 사용한 결과와 동일하다는 것을 확인

도표 2-10. 필드 그룹화를 통한 계급의 도수 구하기

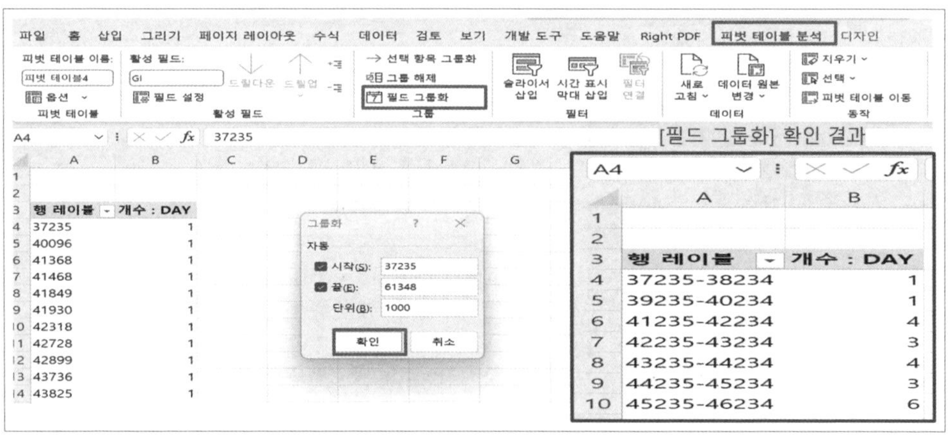

작업한 결과를 GI_도수분포표결과.xlsx로 저장한다. 해당 파일은 10장에서 일별 출하량이 정규분포를 갖는지 등을 판단하는데 재 사용된다.

엑셀로 원형 그래프 만들기

데이터 내의 항목이 전체에 대해 차지하는 비율을 시각적으로 표시하는 데 사용된다. 질적자료의 정리에서 가장 많이 이용된다. 물류센터의 제품군별 출하량과 재고량 비율을 원형 그래프로 만들어 보자.

- ✓ 원형 그래프를 만들 데이터를 선택한다.
- ✓ 엑셀의 '차트 삽입' 메뉴에서 원형 그래프를 선택한다.
- ✓ 제목 추가, 색상 변경, 레이블 추가 등을 통해 그래프를 사용자 정의할 수 있다.

[2차원 원형 그래프 만들기 실습]

■ 분석할 데이터 선택하여 정렬하기

- 제품군별 출하실적과 재고현황을 저장한 제품군_출하실적.xlsx 파일을 열고, 분석범위 확인
- 커서가 A1인 상태에서 Ctrl+A 선택하여 전체 선택하고, Tab을 눌러서 커서를 B1로 이동하여 출하량에 대해서 내림차순으로 정렬함
- [데이터] 탭 - [정렬 및 필터] 그룹 - [정렬] 클릭 - [정렬] 대화상자에서 출하량 내림차순 확인 - [확인]클릭. 그래프에서 제품군을 출하량 기준으로 시계방향으로 내림차순 정렬하여 나타내기 위함

도표 2-11. 분석데이터 정렬

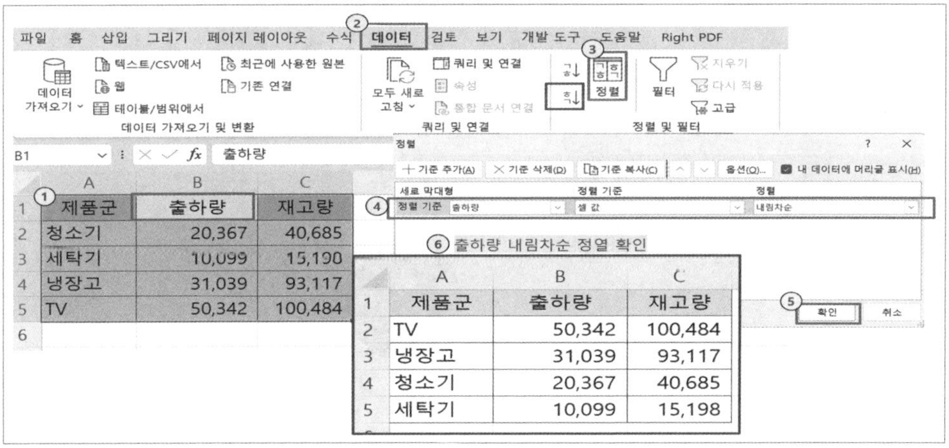

■ 2차원 운형 차트 만들기

- 범위 A1:B5 선택 - [삽입] 탭 - [차트] 그룹 하단 클릭 -[차크 삽입] 대화창에서 [모든 차트], [원형] 선택 - 2차원 원형 선택

- 2차원 원형 차트가 시계방향으로 출하량이 많은 TV - 냉장고 - 청소기 - 세탁기 순으로 나타남

도표 2-12. 2차원 원형 차트 만들기

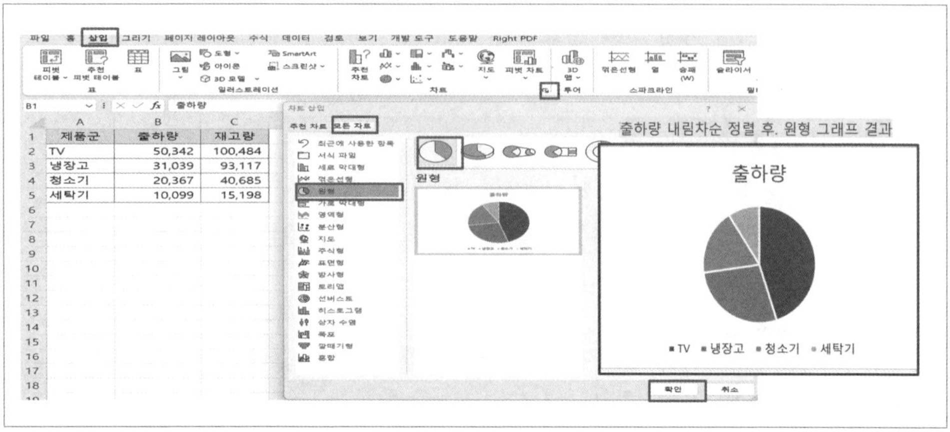

■ 차트 레이아웃 변경하기

- [차트 스타일] 그룹에서 원하는 2차원 원형 스타일을 변경할 수 있음
- 생성된 원형 그래프 클릭 -[차트 디자인] 탭 - [차트 스타일] 그룹의 [스타일8] 선택

도표 2-13. 2차원 원형 차트 스타일 변경

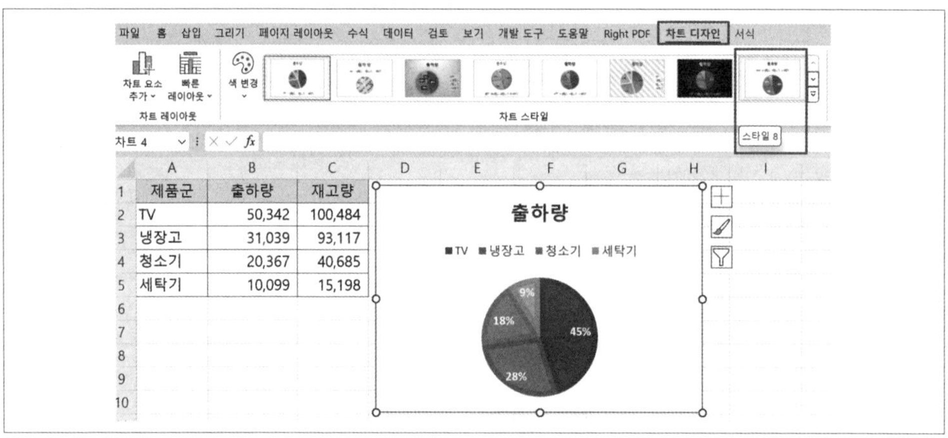

[도넛형 그래프 만들기 실습]

■ 도넛형 차트 만들기

- 제품군별 출하실적과 재고현황을 저장한 제품군_출하실적_실습전.xlsx 파일을 열고, 분석범위 확인

- 커서가 A1:C5 범위의 어느 셀에 있음 - [삽입] 탭 - [차트 그룹] - [원형] - [도넛형] 클릭
- 바깥쪽 원형 그래프: 재고량, 안쪽 원형 그래프: 출하량, 그래프의 데이터 순서는 테이블 순서와 같음

도표 2-14. 도넛형 차트 만들기

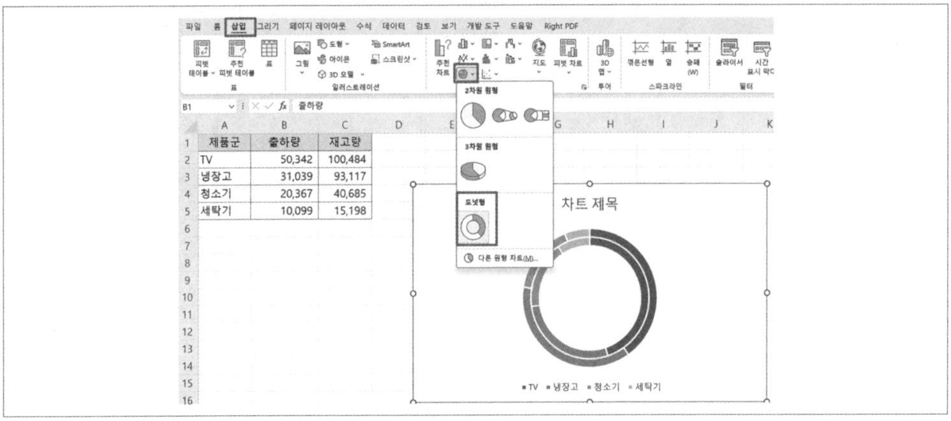

■ 데이디 레이블 서식 바꾸기

- 차트를 선택함
- [차트 디자인] 탭 - [차트 요소 추가] - [데이터 레이블] - [기타 데이터 레이블 옵션] 클릭
- 또는 차트의 우측 상단 오른쪽의 차트요소 ➕ 클릭 - [데이터 레이블] - [기타 옵션] 클릭
- 범례 체크 박스를 선택하지 않으면, 차트에서 범례를 제거할 수 있음

도표 2-15. 데이터 레이블 서식 바꾸기

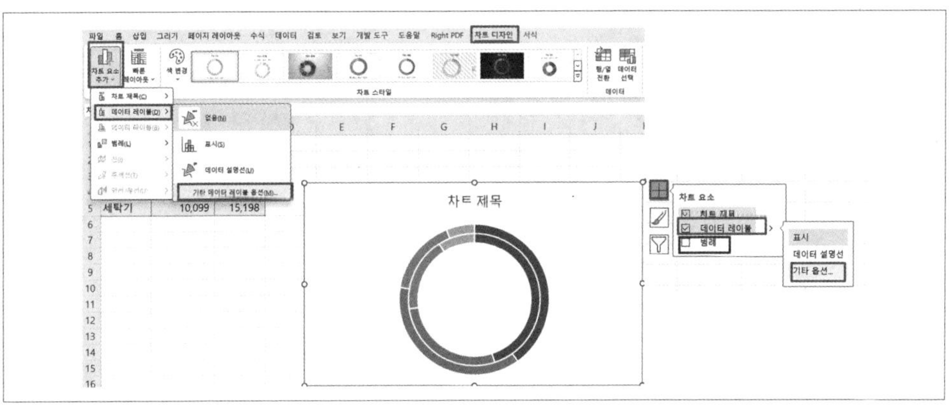

- [데이터 레이블 서식] 창에서 [레이블 옵션]의 [레이블 내용]에서 [항목이름]과 [백분율]의 체크 박스를 클릭
- 항목이름과 백분율이 표시됨을 확인

도표 2-16. 데이터레이블 서식 설정

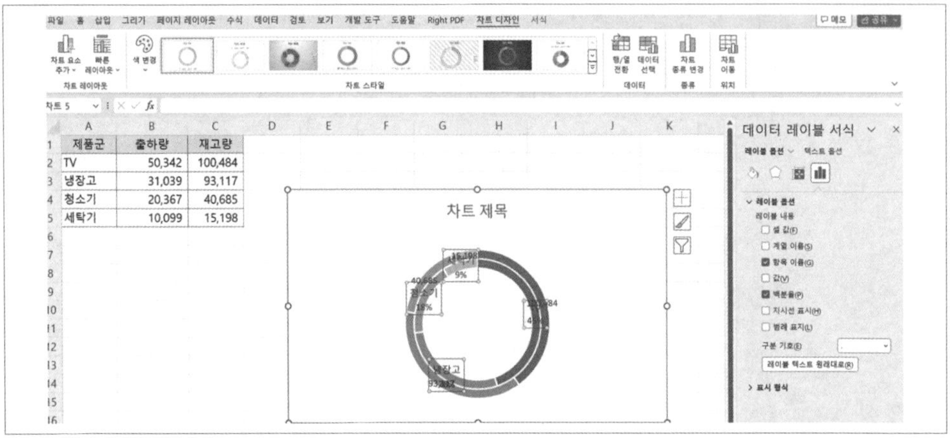

■ 도넛 차트의 구멍 크기 변경하기

- 차트의 도넛 원형을 선택하고 오른쪽 마우스를 클릭
- [데이터 계열 서식] 클릭 - [데이터 계열서식] 대화창에서 [도넛 구멍 크기] 50% 입력하여 조절

도표 2-17. 도넛 차트의 구멍 크기 변경

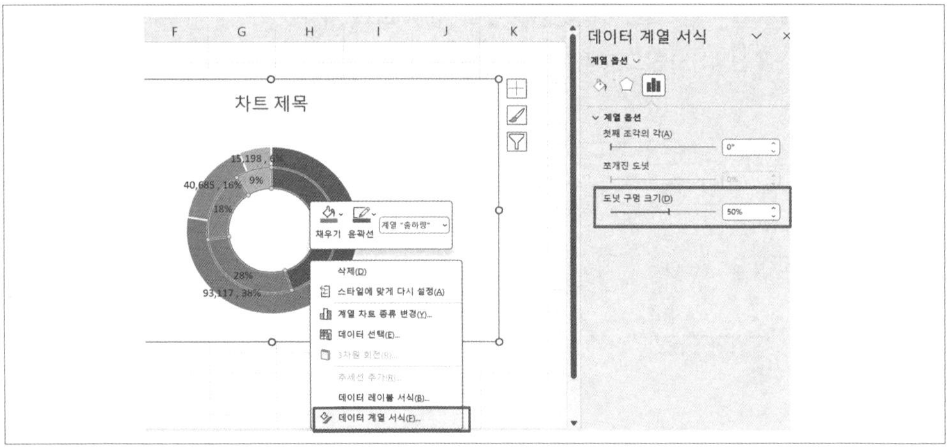

■ 빠르게 레이아웃 변경하기

- 엑셀에서 주어진 템플릿을 선택하여 빠르게 차트의 레이아웃을 변경할 수 있음
- 차트를 선택함, [차트 디자인] - [빠른 레이아웃] - [레이아웃 6] 클릭
- 전체 제품군 중 TV와 냉장고의 재고비율이 높음을 확인. 제품군간 비교에서 냉장고는 출하량에 비하여 재고의 비율이 너무 높고, 세탁기는 출하량에 비해 재고 비율이 낮다는 것을 쉽게 확인 가능

도표 2-18. 빠르게 레이아웃 변경하기

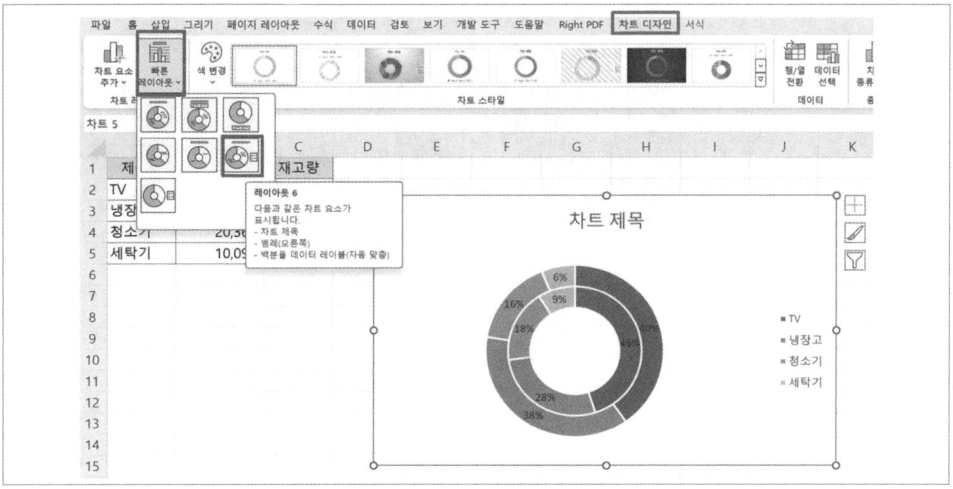

엑셀로 막대 그래프 만들기

막대 그래프(Bar Chart)는 데이터를 막대로 표현하여 다양한 항목들 간의 비교를 용이하게 해주는 시각적 도구이다. 막대 그래프는 주로 범주형 데이터의 크기를 비교할 때 사용되며, 수치적 데이터를 직관적으로 표현할 수 있다. 막대 그래프는 데이터의 패턴이나 추세를 신속하게 식별하는 데 유용하다. 물류센터의 제품군별 출하량의 추세를 빠르게 시각화하는 데 유용한 막대 그래프를 실습하자.

- ✓ 막대 그래프를 만들 데이터를 선택한다.
- ✓ 엑셀의 '차트 삽입' 메뉴에서 막대 그래프를 선택하고, 원하는 스타일을 선택한다.
- ✓ 제목 추가, 색상 변경, 레이블 추기 등을 통해 사용자가 그래프를 정의할 수 있다.

[막대 그래프 실습]

■ 묶은 세로 막대형 차트 만들기

- 제품군별 분기별 출하실적을 저장한 분기별_출하실적.xlsx 파일을 열고, 분석대상 확인
- 커서가 A1:E5 범위의 어느 셀에 있음 - [삽입] 탭 - [차트] 그룹 하단 클릭 -[자료 삽입] 대화창에서 [모든 차트], [세로 막대형] 선택 - [묶은 세로 막대형] 아이콘 - [확인] 클릭
- 분기별로 제품군 출하실적을 명료하게 비교할 수 있음

도표 2-19. 묶은 세로 막대형 차트 만들기

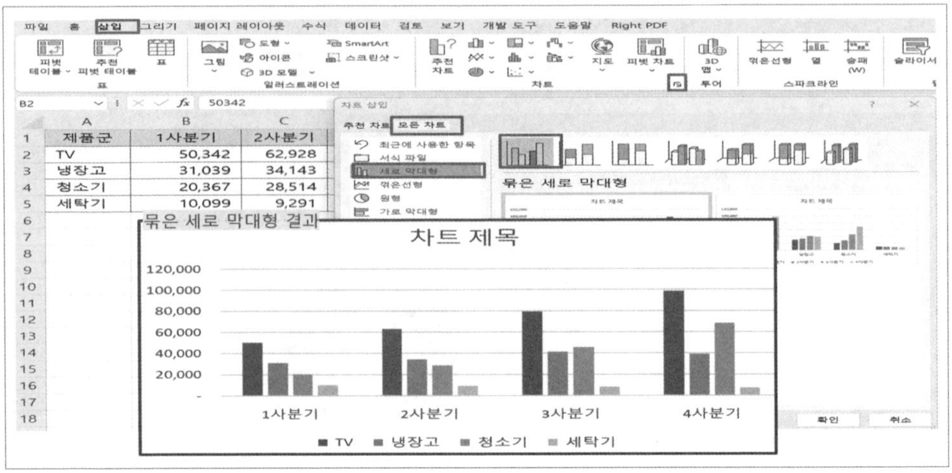

■ 행/열 전환하기

- 범례 항목(계열)과 가로(항목) 축 레이블을 전환
- 차트를 선택 - [차트 디자인] 탭 - [데이터] 그룹 - [행/열 전환] 클릭
- 제품군내 분기별 출하량 추이를 명료하게 비교할 수 있음
- TV와 청소기는 지속 증가, 냉장고는 보합, 세탁기는 지속 감소하는 경향임

도표 2-20. 행/열 전환하기

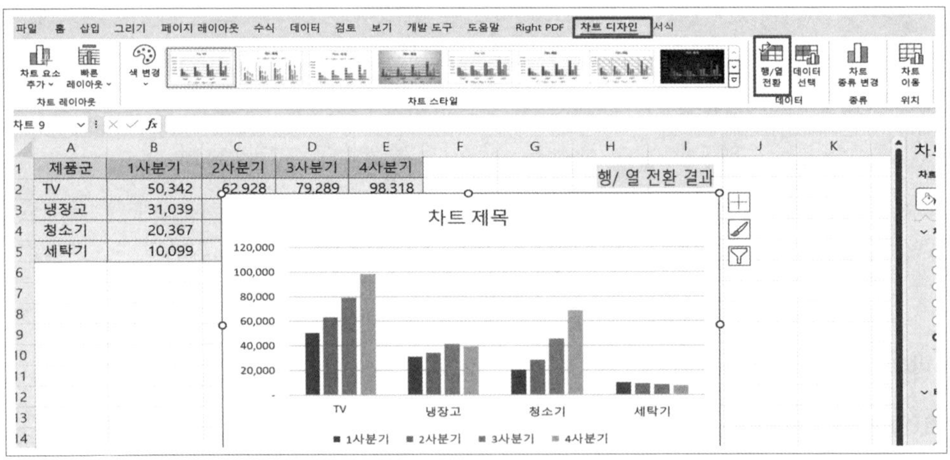

■ 스타일 변경과 데이터 레이블 표시하기

- 차트를 선택 - [차트 스타일] 그룹 - 스타일 13 아이콘 클릭

- 차트를 선택 - 차트요소 클릭 - [데이터 레이블] - [바깥쪽 끝에] 클릭

도표 2-21. 스타일 변경과 데이터 레이블 표시하기

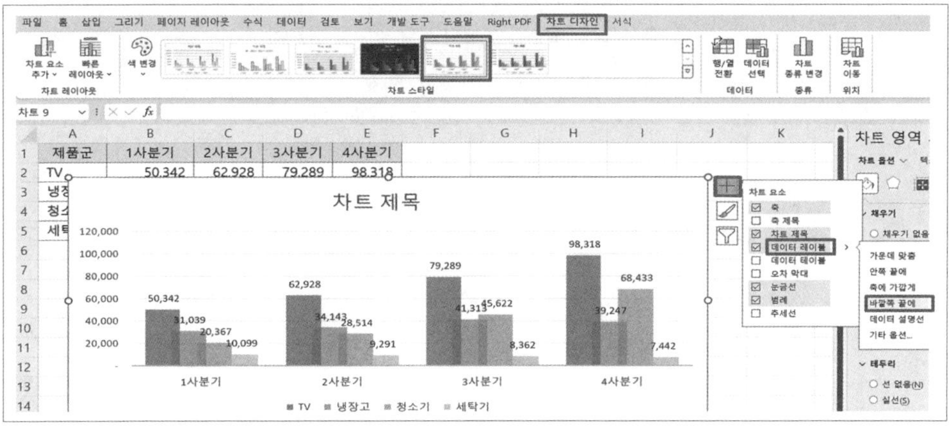

■ 누적 세로 막대형 만들기

- 차트를 선택 - 오르쪽 마우스 클릭 - [차트 종류 변경] - [차트 종류 변경] 대화창에서 [모든 차트] - [세로막대형] - [누적 세로 막대형] 아이콘 - [확인] 클릭
- 분기별 제품군의 누적 출하실적을 누적 세로 막대형 차트로 표시함으로써 전체 출하량의 추이를 확인하면서 제품군별 출하량 추이를 확인할 수 있음

도표 2-22. 누적 세로 막대형 만들기

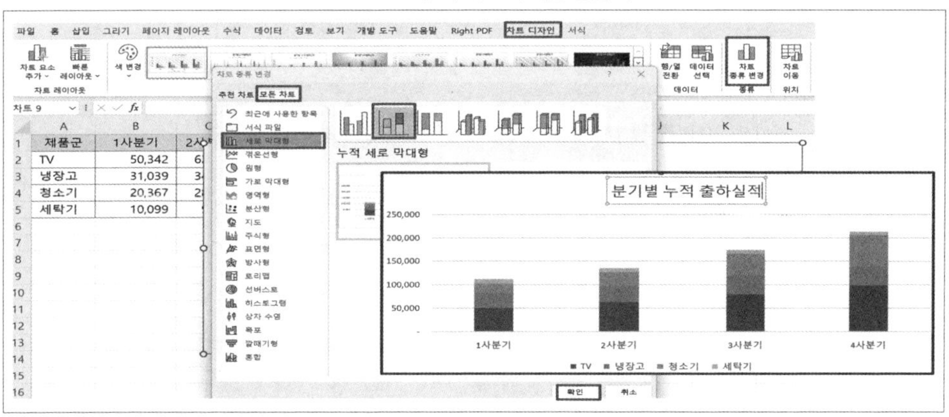

■ 100% 기준 누적 세로 막대형 만들기

- 차트를 선택 - 오른쪽 마우스 클릭 - [차트 종류 변경] 클릭 - [차트 종류 변경] 대화창에서 [모든 차트] -

[세로막대형] - [100% 기준 누적 세로 막대형] 아이콘 - [확인] 클릭

- Y축 레이블이 비율로 표시되어 있음. 각 분기의 출하실적을 100%로 설정해서 제품군별 출하실적의 비중을 보다 분명하게 확인 가능. 냉장고의 출하비중은 감소하지만 청소기의 출하비중은 증가 추세임을 확인

도표 2-23. 100%기준 누적 세로 막대형 만들기

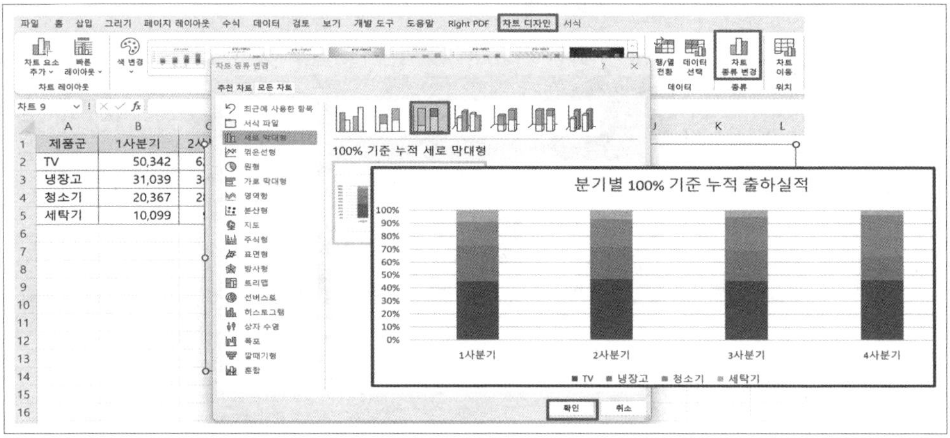

■ 100% 기준 누적 가로 막대형 만들기

- 차트 선택 - 오른쪽마우스 클릭- [차트종류변경] 클릭-[차트종류변경]에서 [모든 차트]- [가로막대형] - [100%기준 누적 가로 막대형] - [확인] 클릭, 오른쪽 마우스 클릭-[데이터선택] - [행/렬 전환] 클릭

도표 2-24. 100% 기준 누적 가로 막대형 만들기

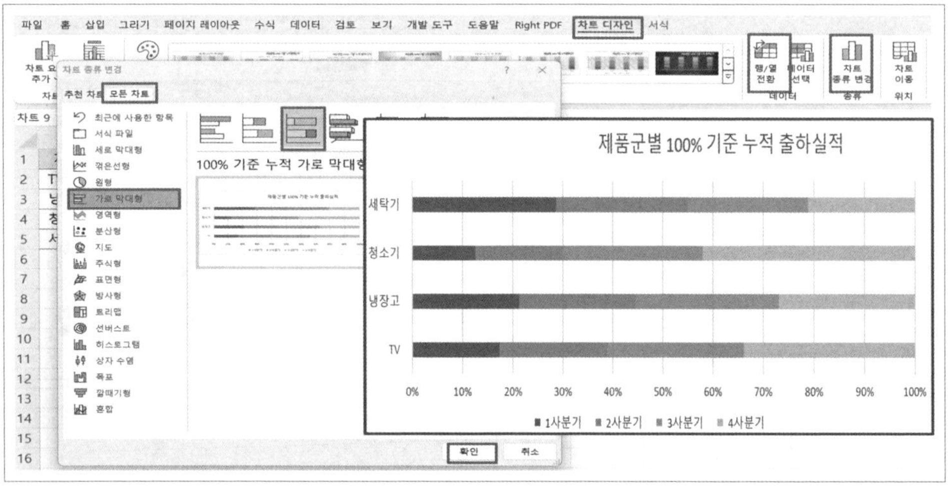

엑셀로 선 도표 만들기

선 도표(Line Chart)는 점으로 표시된 데이터를 꺾은 선 또는 곡선으로 연결하여, 시간에 따른 추세나 데이터 간의 관계를 시각화하는 데 사용된다. 이 도표는 시계열 데이터, 즉 시간의 흐름에 따라 변화하는 데이터를 나타내는 데 특히 유용하다. 물류센터의 일별 출하량의 추세와 패턴을 빠르게 만들 수 있는 선 도표를 실습하자.

✓ 엑셀의 '차트 삽입' 메뉴에서 선 그래프를 선택하고, 원하는 스타일을 선택한다.

✓ 선 도표에는 두 개의 축이 있다. 세로축(Y축)은 일반적으로 수치 데이터를 나타내고, 가로축(X축)은 시간 또는 다른 범주형 데이터를 나타낸다.

✓ 제목 추가, 색상 변경, 레이블 추가 등을 통해 그래프를 사용자가 정의할 수 있다.

[선 도표 실습]

■ **꺾은 선형 차트 초안 만들기**

- 일자별 출하실적을 저장한 일자별_출하실적.xlsx 파일을 열고, 분석 대상 범위 확인
- 커서가 A1:C93 범위의 어느 셀에 있음 - [삽입] 탭 - [차트] 그룹 하단 클릭 -[차트 삽입] 대화창에서 [모든 차트] - [꺾은 선형] - [꺾은 선형] 아이콘 - [확인] 클릭
  (만약, 옆 D열에 다른 값들이 있으면, A~C열 까지만 범위를 지정하여야 함)

도표 2-25. 꺾은 선형 차트 만들기

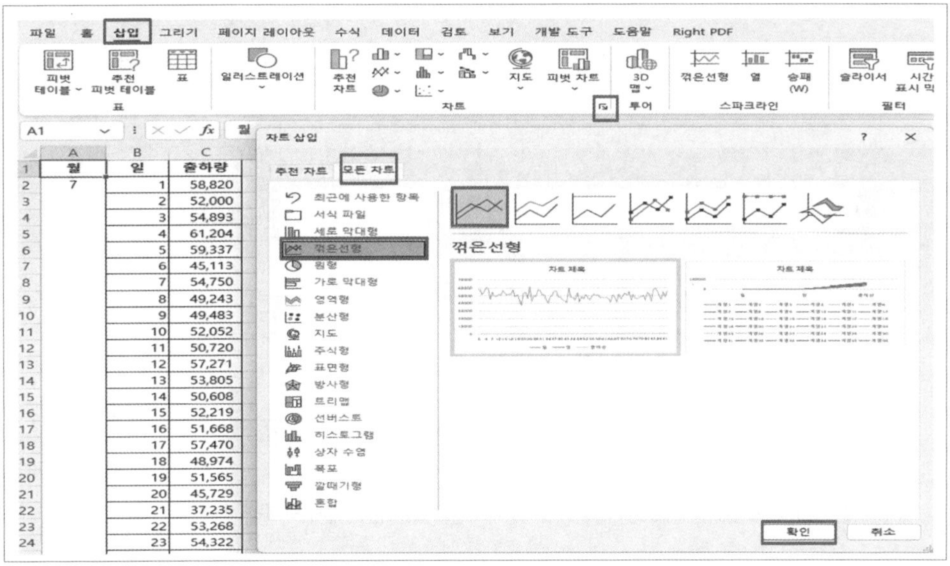

■ 꺾은 선형 차트 데이터 선택하기

- 꺾은 선형 차트 클릭 - 오른쪽 마우스 클릭 - 대화창에서 [데이터 선택] 클릭

도표 2-26. 꺾은 선형 차트 데이터 선택하기

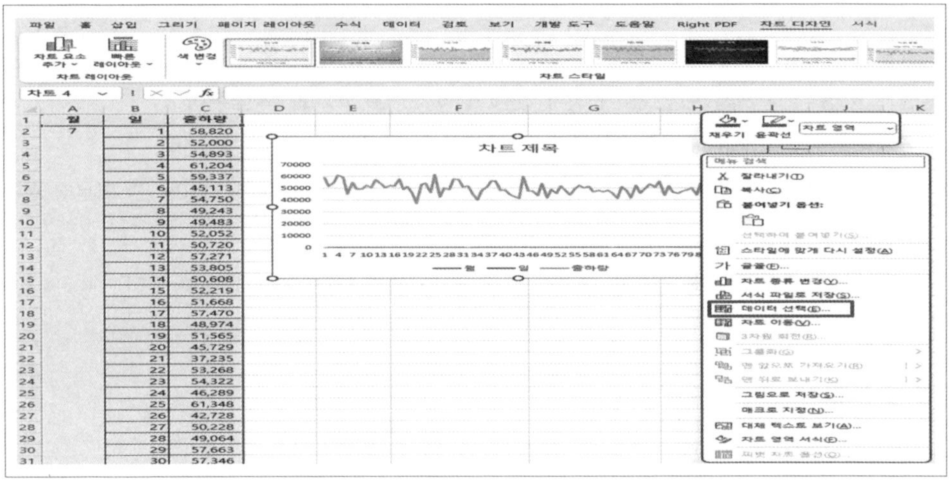

- 도표 2-27의 왼쪽에 나타난 [데이터 원본 선택] 대화창의 범례 항목(계열)에서 월, 일을 선택에서 제외하고 출하량만 선택, 가로(항목) 측 레이블에서 [편집] 아이콘 클릭
- [축 레이블] 대화창에서 가로축에 나타낼 월과 일자 데이터인 A2:B93 범위를 선택(※ 타이틀을 포함하는 A1: B93을 선택하면 안된다. 아래 예시에서 설명)
- 도표 2-27의 오른쪽에 선택한 결과 확인(Y축: 출하량, X축: 월, 일)

도표 2-27. 데이터 원본 선택 대화창과 축 레이블 범위

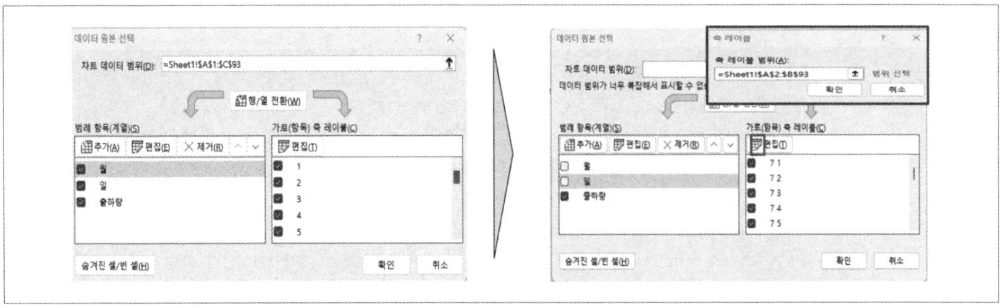

- [확인]을 클릭해서 도표 2-28결과 확인, 범례는 선택하여 범례의 위치 이동 가능
- (조심, 잘못된 예) [축 레이블] 대화창에서 가로축에 나타낼 월과 일자 데이터인 A1:B93 범위를 선택한 경우(도표 2-29의 오른쪽), 가로(항목) 축 레이블에서 월, 일은 선택에서 제외해야 함

도표 2-28. 꺾은 선형 차트 초안

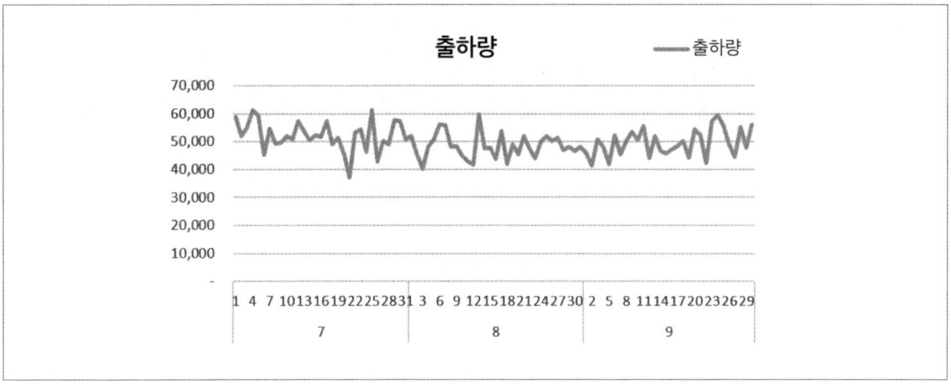

도표 2-29. 축 레이블 범위를 잘못 설정한 예시

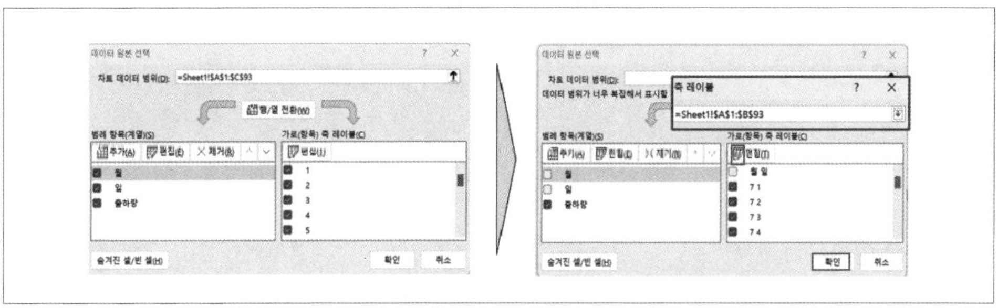

- (조심, 잘못된 예) 도표 2-30과 같이 7/1 출하량이 52,000으로 차트가 만들어짐(실제 58,200). 따라서 [축 레이블]에서 데이터를 선택할 경우, 타이틀을 제외하고 데이터만을 선택해야 함

도표 2-30. 축 레이블 범위를 잘못 설정한 결과 예시

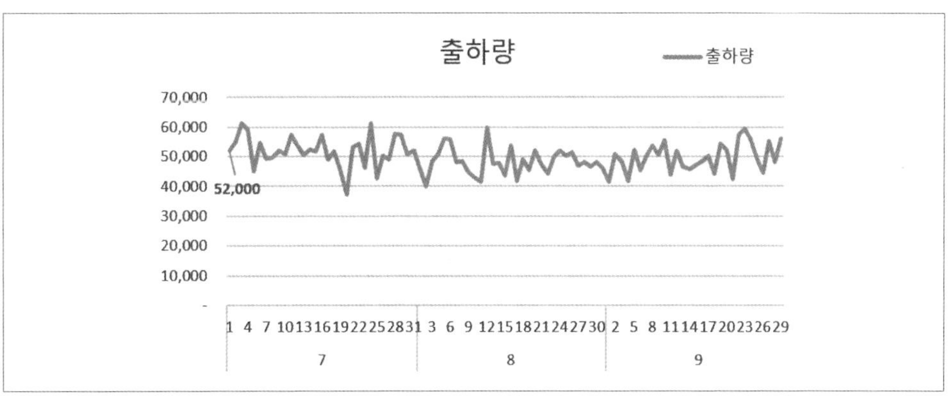

■ 꺾은 선형 차트에서 계열 추가하기

- 위의 출하량 꺾은선 차트에 동일 기간(7/1~ 9/30)의 월별 일별 재고량 데이터의 추세선을 추가하고자 하면, 추가적으로 D열 재고량(= 출하량/3)을 생성하여야 함
- 재고량 D1:D93 범위 선택 후, 해당 재고량 영역 복사(Ctrl + C) - 차트 선택 - 해당 재고량 영역을 차트에 복사하기(Ctrl + V)
- 도표 2-31에서 색상이 다른 재고량이 추가된 꺾은선 차트 확인

도표 2-31. 꺾은 선형 차트에서 계열 추가한 결과

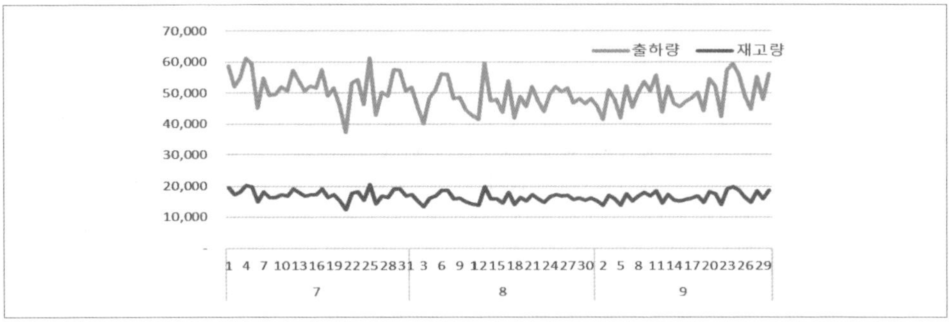

[차트 변경 실습]

■ 영역형 차트로 변경하기

- 위의 출하량/재고량 꺾은선 차트의 도표 영역을 선택 - 오른쪽 마우스 클릭하여 아래 왼쪽 도표가 나타나면, [차트 종류 변경] 클릭 - [차트 종류 변경] 대화창에서 [모든 차트] - [영역형] 선택 - 영역형 아이콘 - [확인] 클릭

도표 2-32. 영역형 차트로 변경하기

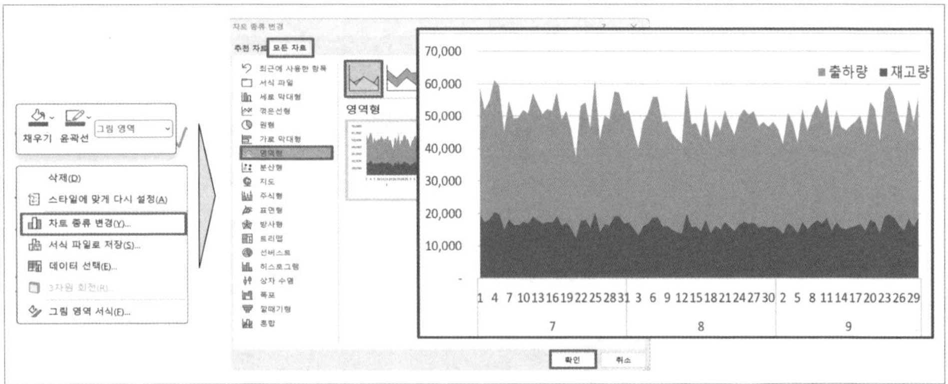

■ **혼합 차트로 변경하기**

- 위의 출하량/재고량 영역형 차트의 도표 영역을 선택 - 오른쪽 마우스 클릭하여 아래 왼쪽 도표가 나타나면, [차트 종류 변경] 클릭 - [차트 종류 변경] 대화창에서 [모든 차트] - [혼합] 선택 - 묶은 세로 막대형 - 꺾은 선형 영역형 아이콘 - [확인] 클릭
- 도표 2-33에서 데이터 계열에 대한 차트 종류에서 출하량은 묶은 세로 막대형, 재고량은 꺾은 선형을 선택하였음

도표 2-33. 혼합형 차트로 변경하기

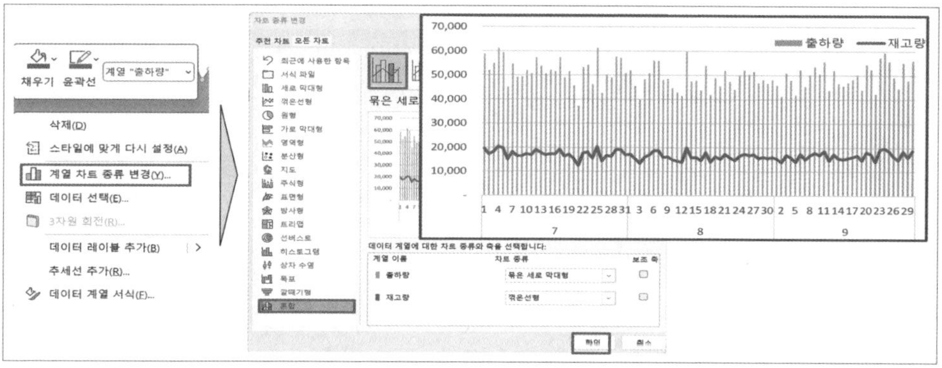

엑셀로 산점도 만들기

선점도(Scatter Plot 또는 XY Chart)는 두 변수 간의 관계를 시각화하는 데 사용되는 그래프 유형이다. 이 그래프는 데이터를 X축과 Y축에 맞춰 표시하여, 변수 간의 상관관계, 패턴, 추세 및 특이점(Outliner)을 확인하는데 유용하다. 물류센터의 출하량과 재고비율(=재고량/출하량)의 연관성을 시각화하는 데 유용한 분산형 차트를 실습하자.

✓ X축과 Y축에 해당하는 두 변수의 데이터를 선택한다.

✓ 엑셀의 '차트 삽입' 메뉴에서 분산형 그래프를 선택하고, 원하는 스타일을 선택한다.

✓ 제목 추가, 색상 변경, 레이블 추가 등을 통해 그래프를 사용자가 정의할 수 있다.

[산점도 실습]

■ **분산형 차트 만들기**

- 출하량과 재고비율 저장한 출하량_재고비율.xlsx 파일을 열고, 분석 대상 범위 확인
- 커서가 A1:B93 범위의 어느 셀에 있음 - [삽입] 탭 - [차트] 그룹 하단 ↘ 클릭 -[차트 삽입] 대화창에서 [모든 차트] - [분산형] - [분산형] 아이콘 - 재고비율이 타이틀에 나타난 도식 - [확인] 클릭

도표 2-34. 분산형 차트 만들기

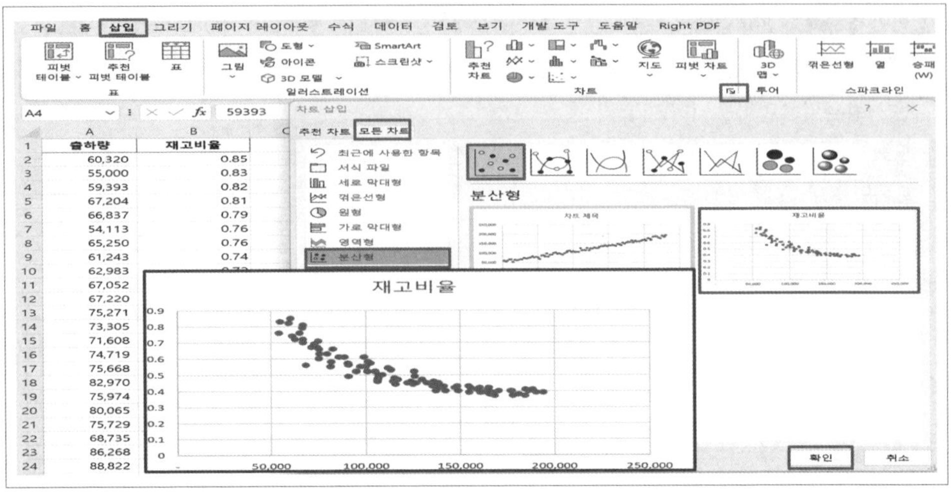

■ 추세선 추가하기

- 분산형 차트에 추세선, 추세선의 수식 및 결정계수를 표시할 수 있음
- 차트를 선택 - 차트요소 [+] 클릭 - [추세선] - [기타옵션] 클릭
- [추세선 서식] 대화창에서 추세선 옵션은 선형, 수식을 차트에 표시, R-제곱 값을 차트에 표시를 선택
- (참조) R은 상관계수를 의미하며, R-제곱 값은 결정계수라고 함. 도표 2-35에서 R 제곱값 0.8058는 "해당 회귀 모델이 출하량과 재고비율 간의 관계에서 전체 데이터의 변동성 중 약 80.58%를 모델이 설명하고 있음"을 의미한다.

도표 2-35. 추세선 서식 선형 설정

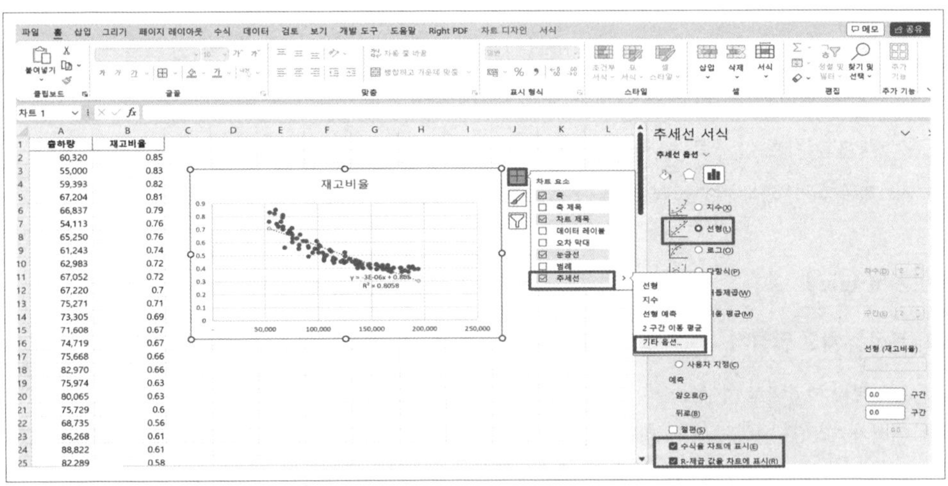

- [추세선 서식] 대화창에서 다른 추세선 옵션을 선택할 수 있으며, 미래 구간을 예측할 수 있음. 예를 들어, 도표 2-36에서 [거듭제곱]을 선택할 경우, 결정계수는 91.43%로 더 높아진다. 앞으로(F)에 미래 출하량 30,000을 입력하면 추가한 구간에 대한 추세선이 연장되는 것을 확인할 수 있음

도표 2-36. 추세선 서식 거듭제곱과 미래 예측 구간 설정

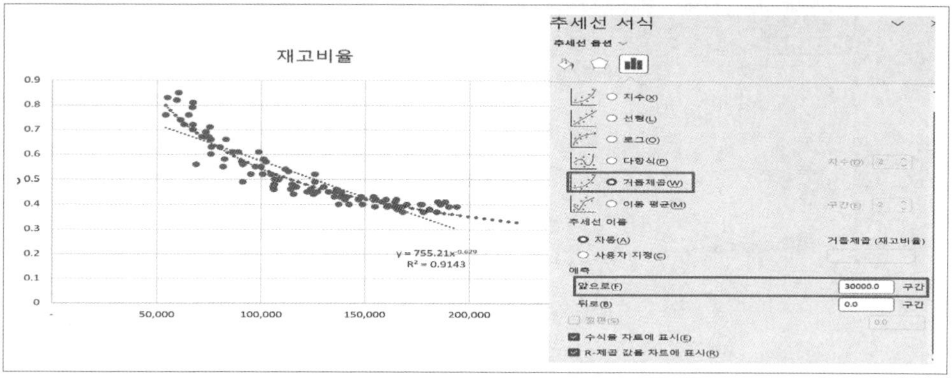

이처럼 두 데이터 간의 연관성을 엑셀의 추세선 서식을 통해 쉽게 파악할 수 있다. 지수, 선형, 로그, 다항식, 거듭제곱, 이동평균 등 다양한 추세선 옵션을 제공하고 있다. 선형 추세선과 결정계수에 대한 자세한 설명은 추후 회귀분석에서 기술한다.

엑셀로 히스토그램 만들기

히스토그램은 도수분포표를 그림으로 표현한 형태이다. 막대의 높이는 상대도수를 의미하며, 관측치의 분포를 파악할 수 있다. 일별 출하량 분포를 히스토그램으로 그려보자.

- ✓ X축과 Y축에 해당하는 두 변수의 데이터를 선택한다.
- ✓ 엑셀의 '차트 삽입' 메뉴에서 묶는 세로 막대형을 선택하고, 꺾은 선형을 추가한다.
- ✓ 제목 추가, 색상 변경, 레이블 추가 등을 통해 그래프를 사용자가 정의할 수 있다.

[히스토그램 실습]

■ 묶은 세로 막대형 차트 만들기

- GI실습전.xlsx의 '히스토그램' sheet를 열고, 분석 대상 전체 범위(Ctrl + A) A1:B26 선택
- [삽입] 탭 - [차트] 그룹 - [추천 차트]- [묶은 세로 막대형] - [확인] 클릭

도표 2-37. 출하량 분포 확인을 위해 묶은 세로 막대형 선택

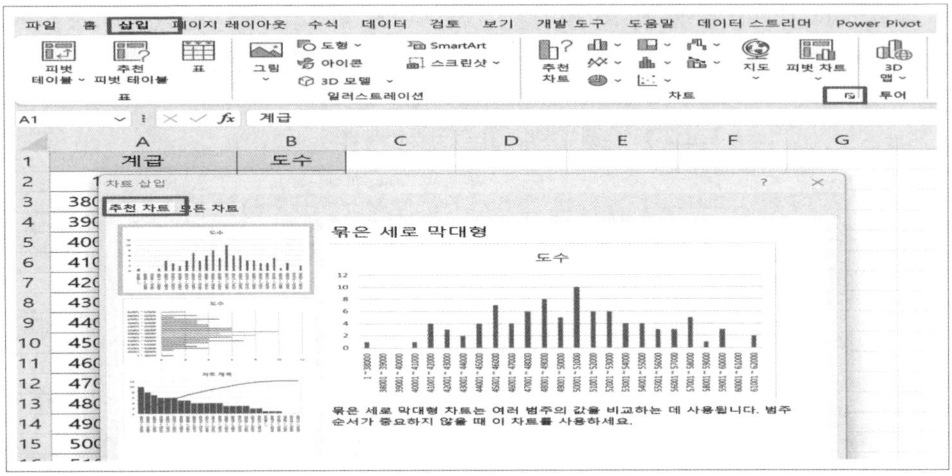

■ 선 그래프 추가하기

- B2:B26 범위 선택하여 복사(Ctrl + C)하고, 추가된 막대 그래프 선택 -붙여넣기(Ctrl+V)
- 다시 추가된 막대 그래프 선택 - 오른쪽 마우스 클릭 - [계열차트 종류 변경] 클릭
- [모든 차트] - [혼합] - 계열2에서 [꺾은 선형] 선택

도표 2-38. 묶은 세로 막대형 그래프에 꺾은 선형 추가하기

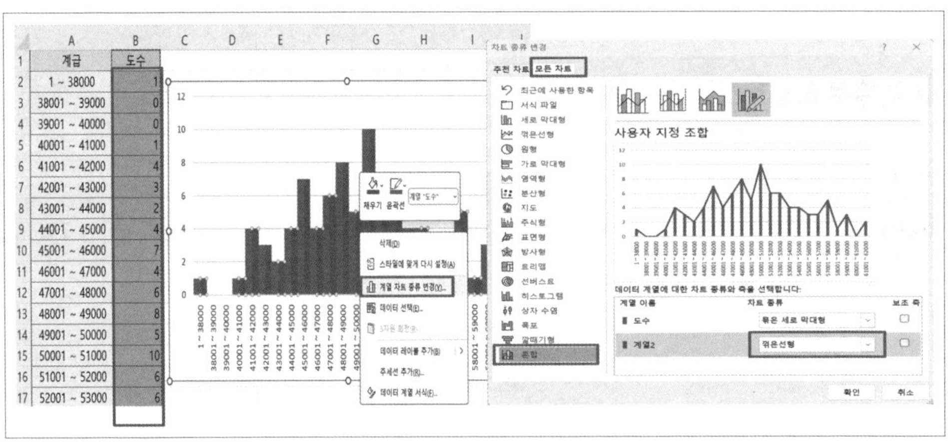

■ 선 그래프를 곡선으로 변경하기

- 꺾은 선형 선택 - 오른쪽 마우스 클릭 - 데이터 계열 서식 선택
- [데이터계열서식] 창에서 [채우기 및 선] 아이콘 선택 - 하단의 [원만한 선] 체크
- 도표 2-39의 하단 그래프 결과 확인

도표 2-39. 선 그래프 완만한 선으로 계열서식 변경

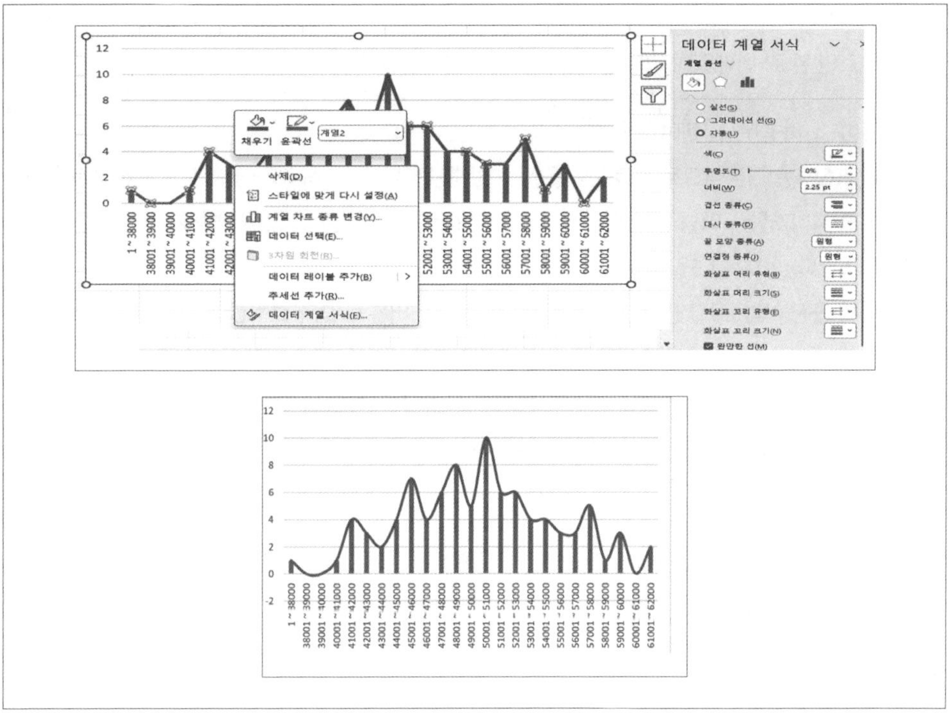

ChatGPT에 접속하자

ChatGPT 4.0을 이용하기 위한 단계별 절차는 아래와 같다. 1) 사이트 접속하기 ▷ 2) 계정 생성 및 로그인 ▷ 3) 서비스 이용권 구매(선택적) ▷ 4) ChatGPT 사용하기 ▷5) 추가설정 및 도움말 단계로 진행된다.

1) 사이트 접속하기

✓ OpenAI 웹사이트 방문: 브라우저의 주소 창에 https://www.openai.com/chatgpt 를 입력하고 엔터를 눌러 OpenAI의 ChatGPT 서비스 페이지로 이동한다.

2) 계정 생성 및 로그인

✓ 로그인 / 가입하기: 페이지 상단 또는 중앙의 "로그인" 또는 "가입하기" 버튼을 클릭한다.

✓ 이메일 사용: 이메일 주소를 입력하고, 필요한 경우 추가 정보(이름, 비밀번호 등)를 입력하여 계정을 생성한다.

✓ 이메일 인증: OpenAI에서 보낸 인증 메일을 확인하고, 메일 내 인증 링크를 클릭하여 계정을 활성화시킨다.

✓ 로그인 완료: 이메일과 비밀번호를 사용하여 로그인한다.

3) 서비스 이용권 구매 (선택적)

✓ ChatGPT는 기본적으로 무료로 사용할 수 있지만, 더 많은 기능이나 우선 접근 권한을 원한다면 유료 서비스를 구매할 수 있다. 구독 플랜인 ChatGPT Plus는 월 20달러(부가세 미포함)에 제공되고 있다(2024년 5월 현재).

✓ 구독 옵션 확인: 로그인 후, "구독" 또는 "프리미엄" 버튼을 찾아 클릭한다.

✓ 플랜 선택: 제공되는 여러 구독 플랜 중에서 필요에 맞는 플랜을 선택한다.

✓ 결제 정보 입력: 결제 방법(신용카드, PayPal 등)을 선택하고 필요한 결제 정보를 입력한다.

✓ 구매 완료: 결제를 확인하고 구독을 완료한다.

4) ChatGPT 사용하기

✓ 채팅 시작: 로그인 상태에서 ChatGPT 인터페이스로 이동한 후, 화면에 보이는 입력 창에 질문이나 대화 내용을 입력한다.

✓ 응답 받기: 입력 후 "Send Message" 버튼을 클릭하면, ChatGPT가 질문한 내용에 대한 답을 생성하여 화면에 표시한다.

5) 추가 설정 및 도움말

✓ 언어 설정: ChatGPT는 다양한 언어를 지원한다. 설정 메뉴에서 언어를 선택할 수 있다.

이 책에서는 도표 2-40처럼Data Analyst ChatGPT를 사용하여 데이터분석을 한다. 이를 위해 Explore GPTs통해 Data Analyst ChatGPT를 메뉴 바에 등록하고, Custom Instructions을 설정한다. 예를 들어 "데이터분석 세계에 오신 것을 환영합니다" 라고 입력하면, 오른쪽 화살표가 활성화되고, 클릭하여 실행하면 입력한 내용이 Data Analyst ChatGPT에 전달된다. 다음 도표의 빨간색 박스는 관련 아이콘을 표시한다.

도표 2-40. Data Analyst 초기화면(GPT-4o 출시 후 변경된 화면)

1) Explore GPTs

ChatGPT Plus는 OpenAI의 구독 서비스 중 하나이며, 사용자에게 추가 기능과 우선 접속 권한 등을 제공한다. "Explore GPTs" 기능은 ChatGPT Plus 구독자가 사용할 수 있는 기능 중 하나로, 사용자가 다양한 목적에 맞춰 특수하게 조정된 여러 ChatGPT 모델을 탐색하고 사용할 수 있게 해준다. 이러한 기능을 통해 사용자는 특정 주제나 작업에 최적화된 GPT 모델을 선택하여 사용할 수 있다.

2) Data Analyst ChatGPT

Data Analyst ChatGPT는 ChatGPT3.5 대비 데이터분석에 특화된 기능을 제공하여, 사용자가 데이터를 더 깊이 있게 분석하고 활용할 수 있도록 지원한다.

- ✓ 데이터 파일 처리: ChatGPT3.5는 파일 업로드를 통한 데이터 처리 기능을 제공하지 않는다. 반면, Data Analyst ChatGPT는 사용자가 Excel, CSV, JSON 등의 파일을 업로드하고 직접 데이터를 불러와 분석을 시작할 수 있는 기능을 제공한다.
- ✓ 고급 데이터분석: ChatGPT3.5는 기본적인 정보 제공 및 단순한 질의 응답에 초점을 맞추고 있어, 통계적 분석, 기계 학습 모델링, 예측 분석 같은 고급 데이터분석 기능을 제공하지 않는다. Data Analyst ChatGPT는 이러한 고급 분석 기법을 적용하고 결과를 해석하는 데 도움을 준다.
- ✓ 시각화 도구: ChatGPT3.5는 텍스트 기반의 응답을 제공하는 데 집중되어 있으며 데이터 시각화 기능은 포함되어 있지 않다. 반면, Data Analyst ChatGPT는 데이터 패턴, 추세, 상관관계를 시각

적으로 표현할 수 있는 다양한 그래프와 차트를 생성할 수 있다.

✓ 코드 생성 및 수정: 일반 ChatGPT 모델은 간단한 코딩 도움이나 코드 예제를 제공하지만, Data Analyst ChatGPT는 데이터분석에 필요한 코드를 직접 생성하고 수정하는 기능을 제공하여, 보다 전문적이고 구체적인 데이터분석 작업을 지원한다.

✓ 질문 기반 분석: 일반 ChatGPT는 주어진 질문에 대해 정보를 제공하거나 설명을 할 수 있지만, Data Analyst ChatGPT는 특정 데이터 질문에 대한 분석을 수행하고, 그 결과를 요약하여 제공한다. 복잡한 데이터에서 필요한 정보를 추출하고 통찰력을 제공하는 데 더 특화되어 있다.

3) Custom Instructions

ChatGPT의 "커스텀 인스트럭션(Custom Instructions)" 기능은 사용자가 특정 사용 사례에 맞게 ChatGPT의 기능을 맞춤 설정할 수 있게 해주는 기능이다. 좌측 하단의 사용자 아이콘을 먼저 클릭하고, "Custom Instructions"를 클릭한다. 첫 번째 칸에는 사용자 자신에 대한 정보를 ChatGPT에 제공한다. 업무관련정보, 개인선호, 특정요구사항 등을 포함한다(아래 예시).

✓ 나는 데이터분석가이다.

✓ 나는 직장인 또는 대학생을 대상으로 데이터분석 수업을 하고 있다.

두 번째 칸에서는 ChatGPT의 응답방식을 맞춤화한다. 응답형식, 상세수준, 특정언어 스타일 등을 기술한다(아래 예시). 하지만 아래의 예시와 같이 설정하여도 항상 한글로 답변을 주는 것은 아니다.

✓ 항상 한글로 답변해주세요.

앞에서 엑셀로 만든 그래프를 이번에는 ChatGPT을 이용하여 GI.xlsx 파일을 업로드하면서 쉽고 빠르게 만들어 보기 바란다.

코랩에 접속하자

구글 코랩(Colab)은 구글이 제공하는 클라우드 기반의 무료 주피터 노트북 환경이다. 주피터 노트북은 데이터분석, 머신러닝, 데이터 시각화, 코드 실행 등을 위한 대화형 툴이며, 코랩은 이러한 기능을 웹 브라우저를 통해 쉽게 접근할 수 있게 한다. 특히, 파이썬

(Python)을 사용하여 개발할 수 있으며, 구글 드라이브와의 통합을 통해 파일을 저장하고 공유하는 것이 간편하다.

코랩은 ChatGPT의 아래와 같은 한계를 극복하는데 도움을 준다. 따라서 ChatGPT를 사용하여 데이터분석을 하는 실무자는 반드시 파이썬 코드를 실행할 수 있는 환경을 구축해야 한다.

1) ChatGPT가 파이썬 코드를 제공하기는 하지만 오픈 AI사의 기술적 문제로 인하여 나타내지 못하는 결과를 코랩에서 확인할 있다.
2) 확률적으로 답하는 ChatGPT 답변을 코랩에 파이썬으로 저장하여 실행하면 매번 확정형 답을 확보할 수 있다.
3) ChatGPT에서 시간이 오래 걸려 실행되지 않는 알고리즘을 코랩에서 실행할 수 있다.
4) 반복적으로 실행하는 ChatGPT에 하는 질문과 ChatGPT의 답변을 코랩에 파이썬 코드로 저장하여 실행하면 빠르세 결과를 확인할 수 있다.
5) 파이썬 코드를 실행하여 그래프의 한글이 깨지는 문제를 해결할 수 있다.

코랩 접속 및 환경 설정 절차는 아래와 같다.

1) 구글 계정 준비

✓ 코랩을 사용하기 위해서는 구글 계정이 필요하다. 계정이 없다면 먼저 구글 계정을 생성한다.

2) 코랩 웹사이트 접속

✓ 웹 브라우저에서 Colab 웹사이트(https://colab.research.google.com/?hl=ko)에 접속한다.

✓ 즐겨찾기에 등록한다.

3) 새 노트북 시작

✓ 노트 열기 창이 뜬다. 죄측 하단의 새 노트를 클릭하여 새로운 주피터 노트북을 생성할 수 있다.

✓ 또는 '파일' 메뉴에서 '새 노트'를 선택할 수 있다.

4) 노트북 설정

✓ 노트북 이름 변경: 열린 노트북 상단의 'Untitled'라고 표시된 부분을 클릭하고 원하는 이름으로 변경할 수 있다.

✓ 구글 드라이브 연동: '파일' 메뉴에서 '드라이브에 사본 저장...'을 선택하여 구글 드라이브에 노

트북을 저장할 수 있다.

5) 라이브러리 설치 및 코드 실행

✓ 필요한 파이썬 라이브러리가 있을 경우, 노트북 셀에 !pip install 라이브러리이름 명령어를 입력하여 설치할 수 있다.

✓ 코드 셀에 Python 코드를 입력하고 실행하려면 셀을 선택하고 셀 왼쪽의 실행 버튼을 클릭하거나, 키보드 단축키 Shift + Enter를 사용한다.

6) 자원 선택

✓ GPU나 TPU 같은 특정 컴퓨팅 자원을 사용하고 싶다면, '런타임' > '런타임 유형 변경'을 선택하고 원하는 하드웨어 가속기를 선택한다.

도표 2-41에서 나타난 구글 코랩에서 파이썬을 실행한다. 아래 빨간색 박스는 관련 아이콘을 표시한다. 좌측 하단 폴더 아이콘을 누르면 분석할 파일을 업로드할 수 있는 폴더 구조가 보인다. "+텍스트"를 클릭하면 텍스트를 입력할 수 있다. "+코드"를 클릭하면 코드를 입력할 수 있다. 동그란 오른쪽 화살표는 현재 실행가능한 셀을 표시한다. 휴지통 아이콘은 코드나 텍스트를 삭제한다.

도표 2-41. 코랩 파이썬 실행 환경

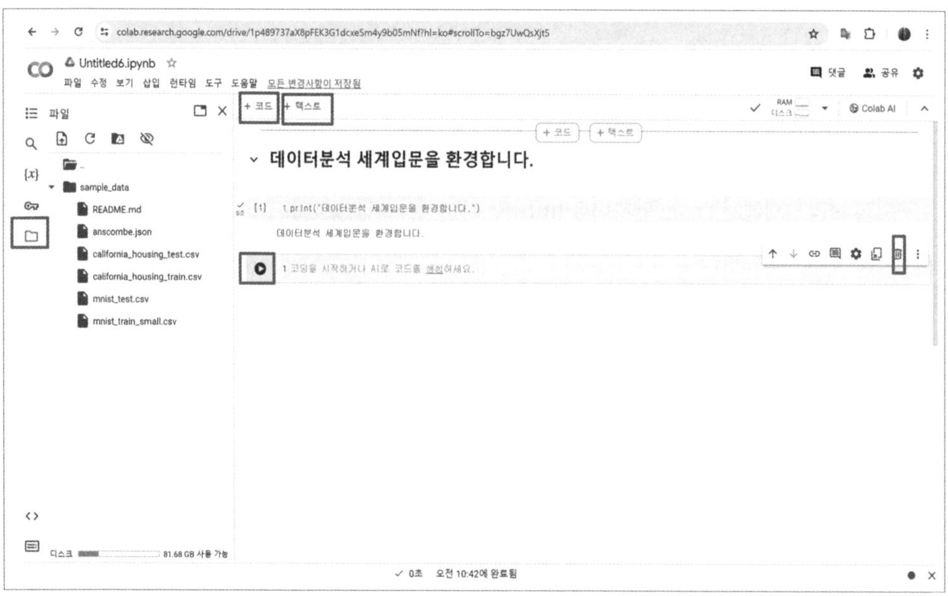

파이썬 기본 문법을 익히자

자료형, 선형회귀분석 예측 모형, 파이썬 핵심 문법을 통해 간단히 파이썬 구문을 이해하자. 과거 간단한 파이썬 학습은 하였으나, 파이썬 코드에 익숙하지 않는 독자를 기준으로 설명한다. 파이썬 첫 경험자도 진도를 따라올 수 있게 설명하고자 한다. ChatGPT를 사용하면서 파이썬 코드를 해석하고, 수정할 수 있는 정도가 학습 목표이다. 지금은 이해가 안 될 수도 있지만 실습을 하면서 하나씩 익히도록 한다. 파이썬 구문에 대한 자세한 내용은 파이썬 전문서적을 참조할 필요가 있다.

눈으로 이 책을 읽는 것이 아니라. 독자 스스로 한 줄 한 줄 코드를 실행하고 결과를 확인하면서 코드를 익히는 것이 코드 능력을 향상시키는 최선의 방법이다.

[ChatGPT를 이용하여 데이터 가공하기]

22장의 프로젝트 1을 수행하기 위한 전처리 작업을 하면서 파이썬 문법을 익히자. 아래 문장을 ChatGPT에 입력하면 데이터 가공 결과와 파이썬 코드를 만들어 준다. 제공해주는 파이썬 코드를 통해 데이터 가공 방법을 이해하자. 파이썬 코드에서 # 기호는 프로그래밍에서 주로 사용되는 주석 표시이며, 그 뒤에 오는 텍스트를 코드의 일부로 실행하지 않고 무시하도록 지시한다.

데이터를 업로드하고 파이썬 코드 확인하기

📎을 클릭하여 제품정보 마스터.xlsx와 물동량PSI.csv를 선택하고 업로드한다. "데이터를 읽어 들이자"라고 ChatGPT 입력창에 입력한다. ⬆을 클릭하여 Chat GPT에 답변을 요청한다. 여기서 물동량PSI.csv는 CSV UTF-8(쉼표로 분리)의 파일 형식으로 저장되어 있다. 도표 2-42와 같이 파란색 테두리가 있는 도표는 모두 ChatGPT에서 실행한 내용이다(모든 요청 및 답변). 이 책에 기술한 파이썬 코드는 모두 ChatGPT가 생성한 것으로 녹색 테두리로 표시한다. 단, 설명의 편의를 위해 파이썬 코드를 ChatGPT에서 복사하여 코랩에서 실행한다.

도표 2-42. 데이터 업로드하고, 요청하는 문장 입력(ChatGPT, GPT-4o 출시 이전 화면)

ChatGPT가 답변한 내용과 업로드한 결과를 도표 2-43에서 확인할 수 있다. 그리고 도표 하단의 [>_]을 클릭하면 파이썬 코드와 실행 결과를 볼 수 있다. 파이썬 코드 창에서 [Copy Code]를 클릭하여 코랩에 복사한다.

도표 2-43. ChatGPT의 파이썬 코드 확인하기

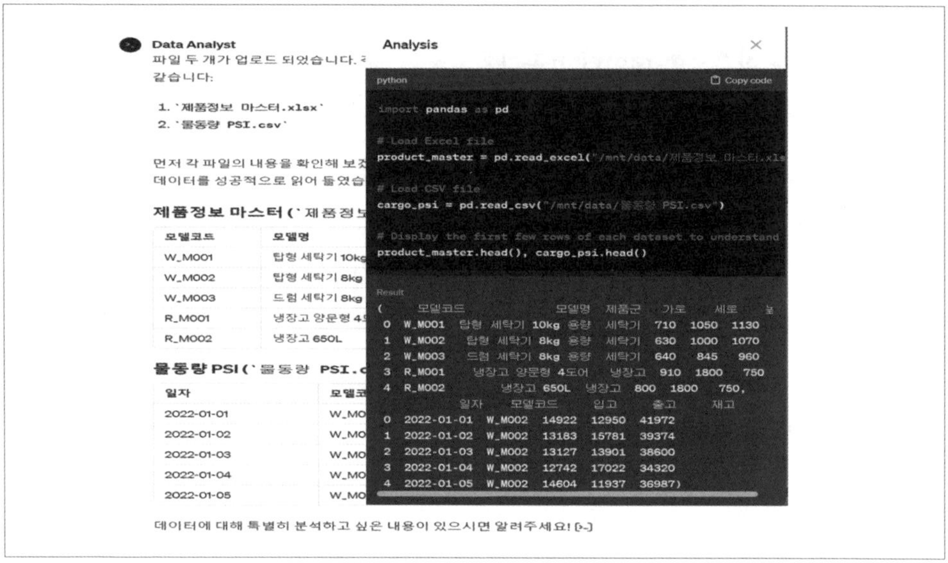

파일을 읽고, 화면에 출력하기

코랩에서 업로드하였다면 아래 파이썬 코드를 실행할 수 있다. 도표 2-44에서 "업로드"를 통해 파일을 업로드하고, "경로복사"를 클릭하고 붙여넣기를 하면 현재 코랩의 작업 폴더 '/content/sample_data'을 확인할 수 있다. 도표 2-44의 파이썬 코드에 나타난 ChatGPT의 파일 경로 'mnt/data'를 현재 코랩의 작업 폴더 '/content/sample_data'로 변경한다. 커서가 위치한 셀에서 Shift + Enter를 쳐서 파이썬 코드를 실행한다. 파일

을 업로드하는 보다 자세한 내용은 4장 "ChatGPT가 생성한 판매가격 하락 파이썬 코드를 실행하자."를 참조하기 바란다.

도표 2-44. 코랩에서 파일 업로드 및 경로 복사

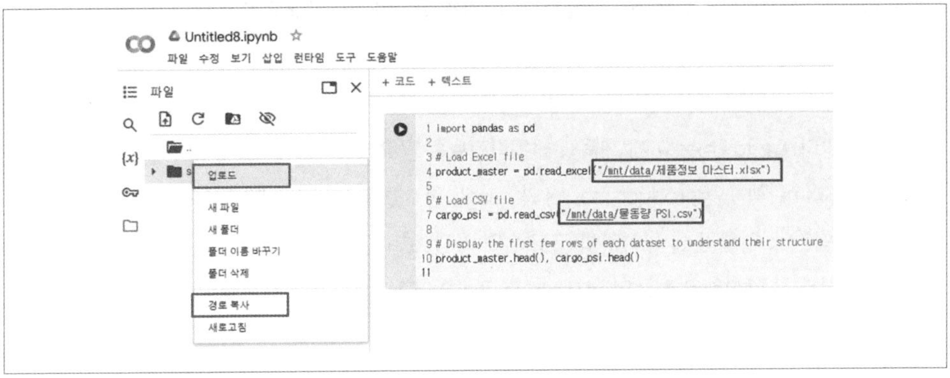

이 책의 파이썬 코드는 모두 ChatGPT가 생성한 코드이며 다음과 같이 주석(#으로 시작하며, 초록색 폰트)을 통해 설명한다. 필요한 추가 설명은 각 도표 하단에 기술한다.

도표 2-45. 엑셀과 csv파일 읽고 첫 다섯 행 확인하기 파이썬 코드(코랩)

```
# pandas 라이브러리를 pd라는 약칭으로 불러온다.
import pandas as pd

# Excel 파일을 읽어서 DataFrame 객체를 생성하여 업로드한 파일의 제품정보를 저장한다.
product_master = pd.read_excel('/content/sample_data/제품정보 마스터.xlsx')

# CSV 파일을 읽어서 DataFrame 객체를 생성하여 제품의 물동량(입고, 출고, 재고)에 관한 정보를 저장한다.
cargo_psi = pd.read_csv("/content/sample_data/물동량 PSI.csv")

# 각 DataFrame 객체의 첫 다섯 행을 출력하다.
product_master.head(), cargo_psi.head()
```

```
(    모델코드            모델명  제품군   가로    세로   높이
 0  W_M001   탑형 세탁기 10kg 용량  세탁기  710  1050  1130
 1  W_M002   탑형 세탁기 8kg 용량   세탁기  630  1000  1070
 2  W_M003   드럼 세탁기 8kg 용량   세탁기  640   845   960
 3  R_M001    냉장고 양문형 4도어   냉장고  910  1800   750
 4  R_M002        냉장고 650L   냉장고  800  1800   750,
            일자    모델코드     입고     출고     재고
 0  2022-01-01  W_M002  14922  12950  41972
 1  2022-01-02  W_M002  13183  15781  39374
 2  2022-01-03  W_M002  13127  13901  38600
 3  2022-01-04  W_M002  12742  17022  34320
 4  2022-01-05  W_M002  14604  11937  36987)
```

✓ pandas는 엑셀의 스프레드시트와 같이 행과 열로 구성된 테이블형태를 지원하는 파이썬의 라

이브러리이다. pandas.함수()의 형태로 사용한다.

✓ pd.read_excel() 함수를 사용하여 지정된 경로의 확장자가 "xlsx", "xls"인 Excel 파일을 읽고, 그 내용을 product_master라는 변수에 저장한다. product_master는 이제 제품의 상세 정보를 담고 있는 pandas의 DataFrame 객체이다. pd.read_excel() 함수의 괄호 안에는 코랩에 업로드한 파일의 위치 정보 '/content/sample_data/제품정보 마스터.xlsx'를 입력한다. 위치정보 앞뒤로 따옴표를 붙인다.

✓ pd.read_csv() 함수를 사용하여 지정된 경로의 csv파일을 읽고, 그 내용을 cargo_psi라는 변수에 저장한다. cargo_psi는 이제 제품의 물동량정보를 담고 있는 DataFrame객체이다.

✓ DataFrame 객체인 product_master의 head() 함수를 호출하여, 데이터프레임의 처음 다섯 행을 출력한다. 이를 통해 데이터의 구조와 몇 가지 초기 행을 빠르게 확인할 수 있다

✓ 실행결과 첫 다섯행은 제품의 상세정보이고, 다음 다섯행은 제품의 물동량 정보이다.

두 개의 테이블 정보 결합하기

"물동량PSI.csv를 기준으로 제품정보 마스터를 결합한다"라고 ChatGPT 입력창에 입력한다. 이때 ChatGPT가 생성한 파이썬 코드를 코랩에서 실행한다.

도표 2-46. 물동량 정보를 기준으로 제품정보 마스터와 결합하기 파이썬 코드(코랩)

```
# 물동량 PSI 데이터와 제품정보 마스터 데이터를 '모델코드'를 기준으로 결합한다.
merged_data = cargo_psi.merge(product_master, on="모델코드", how="left")

merged_data.head()
```

	일자	모델코드	입고	출고	재고	모델명	제품군	가로	세로	높이
0	2022-01-01	W_M002	14922	12950	41972	탑형 세탁기 8kg 용량	세탁기	630	1000	1070
1	2022-01-02	W_M002	13183	15781	39374	탑형 세탁기 8kg 용량	세탁기	630	1000	1070
2	2022-01-03	W_M002	13127	13901	38600	탑형 세탁기 8kg 용량	세탁기	630	1000	1070
3	2022-01-04	W_M002	12742	17022	34320	탑형 세탁기 8kg 용량	세탁기	630	1000	1070
4	2022-01-05	W_M002	14604	11937	36987	탑형 세탁기 8kg 용량	세탁기	630	1000	1070

✓ merge 함수를 사용하여 cargo_psi 데이터와 product_master 데이터를 결합해서 merged_data에 저장한다.

✓ on="모델코드": 두 DataFrame을 병합할 때 사용할 공통 열(Column)이다. 여기서는 "모델코드" 열을 기준으로 병합한다.

✓ how="left": 병합 방식(Join Method)을 지정한다. "left" 조인을 사용한다는 의미이다. 왼쪽 데

이터(cargo_psi)의 모든 행을 포함하고, 오른쪽 데이터(product_master)에서 일치하는 행을 결합한다.

✓ 일치하는 '모델코드'가 없는 경우, 해당 필드는 NaN 값으로 채워진다.

필요한 데이터 칼럼 만들기

물류센터의 설계 작업은 제품의 수량보다는 체적 정보에 기반하여 물류센터의 소요 면적을 계산한다. 따라서 제품의 체적으로 CBM(Cubic Meter)을 계산할 필요가 있다. "CBM 칼럼을 추가한다. CBM = 가로/1000 * 세로/1000 * 높이/1000"를 ChatGPT에 입력한다. 이 때 생성한 파이썬 코드는 다음 도표와 같다.

도표 2-47. 새로운 칼럼 CBM 만들기의 파이썬 코드(코랩)

```
# CBM(세제곱미터)을 계산하고 이를 새로운 칼럼으로 추가하다.
merged_data['CBM'] = (merged_data['가로'] / 1000) * (merged_data['세로'] / 1000) * (merged_data['높이'] / 1000)
# '가로', '세로', '높이' 열의 값을 1000으로 나누어 미터 단위로 변환한 후,
# 이 세 값의 곱을 계산하여 'CBM'이라는 새 칼럼에 저장함
merged_data.head()
```

	일자	모델코드	입고	출고	재고	모델명	제품군	가로	세로	높이	CBM
0	2022-01-01	W_M002	14922	12950	41972	탑형 세탁기 8kg 용량	세탁기	630	1000	1070	0.6741
1	2022-01-02	W_M002	13183	15781	39374	탑형 세탁기 8kg 용량	세탁기	630	1000	1070	0.6741
2	2022-01-03	W_M002	13127	13901	38600	탑형 세탁기 8kg 용량	세탁기	630	1000	1070	0.6741
3	2022-01-04	W_M002	12742	17022	34320	탑형 세탁기 8kg 용량	세탁기	630	1000	1070	0.6741
4	2022-01-05	W_M002	14604	11937	36987	탑형 세탁기 8kg 용량	세탁기	630	1000	1070	0.6741

데이터를 필터링하고 그룹별 합산하기

특정 조건을 만족하는 데이터를 추출하고 그룹별 통계 정보를 추출해보자. "2023년, 모든 냉장고의 월별 모델별 출고 CBM을 월별 합산하여 표시하자. 월을 "2023-01", "2023-02"과 같이 표시한다"라고 ChatGPT에 입력한다.

도표 2-48. 조건을 만족한 데이터의 월별 모델별 출고 CBM을 합산하는 파이썬 코드(코랩)

```
# 2023년도와 '냉장고' 제품군에 해당하는 데이터만 필터링하다.
fridge_data_2023 = merged_data[(merged_data['일자'].str.startswith('2023')) & (merged_data['제품군'] == '냉장고')]
# 'merged_data' 에서 '일자'가 '2023'으로 시작하는 행과 '제품군'이 '냉장고'인 행을 찾아 'fridge_data_2023'에 저장
```

```
# 날짜에서 월 정보를 추출하여 새로운 칼럼 '월'을 추가한다.
fridge_data_2023['월'] = fridge_data_2023['일자'].str.slice(0, 7)

# '일자' 칼럼에서 문자열 슬라이싱을 사용하여 연도와 월만 포함하는 형태로 변환하여 '월' 칼럼을 생성함
# 월별, 모델별로 출고된 제품의 총 CBM을 계산한다.
monthly_model_cbm = fridge_data_2023.groupby(['월', '모델명']).apply(lambda x: (x['출고'] * x['CBM']).sum()).reset_
index()
# 'fridge_data_2023' 데이터를 '월'과 '모델명'으로 그룹화하고, 각 그룹에 대해 출고량('출고')과 CBM을 곱한 후 합계를 계
산함

# 데이터프레임의 열 이름을 보다 이해하기 쉽게 변경하여, 각 열이 무엇을 나타내는지 명확하게 한다.
monthly_model_cbm.columns = ['월', '모델명', '출고 CBM 합계']

monthly_model_cbm  # 최종적으로 계산된 월별, 모델별 출고 CBM 합계를 포함하는 데이터프레임을 출력함
```

	월	모델명	출고 CBM 합계
0	2023-01	냉장고 250L	181075.8348
1	2023-01	냉장고 650L	389566.8000
2	2023-01	냉장고 양문형 4도어	640702.0620
3	2023-02	냉장고 250L	125657.4816
4	2023-02	냉장고 650L	300261.6000

✓ str은 pandas에서 제공하는 문자열 메서드(또는 함수)를 사용하기 위한 접두사이다. DataFrame 또는 Series 내의 문자열에 다양한 문자열 연산을 수행할 수 있게 해준다.

✓ slice(start, stop)은 start 인덱스에서 시작하여 stop 인덱스 전까지의 문자열 부분을 잘라내어 반환한다. Python의 표준 슬라이싱과 동일한 원리로 작동한다.

✓ 여기서 문자열 "2023-01-15"에서 연도와 월만 추출하고자 할 때는 str.slice(0, 7)을 사용할 수 있다. 이는 문자열의 첫 번째 위치(인덱스 0)부터 일곱 번째 위치(인덱스 7 이전까지)까지의 부분, 즉 "2023-01"을 추출하게 된다.

✓ apply(lambda x: (x['출고'] * x['CBM']).sum())는 각 그룹에 대해 출고된 제품의 총 CBM을 계산한다. pandas의 apply 메소드를 사용하여 DataFrame 또는 Series의 각 그룹에 함수를 적용한다. 특히, 여기서 사용된 lambda 함수는 간단하고 일시적인 익명 함수를 정의하는 데 사용된다. 여기서는 앞서 그룹화된 데이터에 대해 특정 연산을 수행하고 결과를 집계한다.

✓ lambda x:에서 x는 그룹화된 데이터의 각 그룹을 나타낸다. groupby를 사용하여 월별 모델별로 데이터를 그룹화하였으므로 x는 각 월과 그룹의 데이터 그룹을 대표한다.

✓ reset_index()는 인덱스를 기본 0부터 시작하는 정수 인덱스로 재설정한다. 다음과 같은 경우에 유용하게 사용된다. 1) 그룹화(groupby) 연산 후 그룹화된 인덱스를 일반 열로 변경하고 싶을 때

2) 데이터 조작 중 인덱스가 더 이상 필요하지 않거나 다른 열로 대체될 때 3) 멀티인덱스에서 특정 레벨의 인덱스를 일반 열로 변환하고자 할 때

날짜와 시간관련 연산 및 데이터 집계

조건을 만족하는 월말 통계정보를 구하자. 예를 들어, "2023년, 모든 냉장고의 월말 재고 CBM을 월별 합산하여 표시하자. 월을 "2023-01", "2023-02"과 같이 표시한다"라고 ChatGPT에 입력한다. 도표 2-49와 같이 녹색 테두리의 파이썬 코드와 테이블 형태의 결과치가 제시되는 도표는 모두 ChatGPT가 생성한 파이썬 코드를 코랩에서 실행한 결과이다. 이하 도표에서 파이썬 코드(코랩)이라는 표시가 생략되어 표현될 수도 있다. 설명이 있는 파란색 테두리의 내용과 별도의 언급이 없는 그래프도 모두 ChatGPT에서 실행한 내용이다.

도표 2-49. 날짜와 시간관련 연산 및 월별 기말 재고 CBM 구하기 파이썬 코드(코랩)

```
# '일자' 열을 datetime 타입으로 변환한다.
fridge_data_2023['일자'] = pd.to_datetime(fridge_data_2023['일자'])
# 'to_datetime' 함수를 사용하여 '일자' 열의 데이터 타입을 datetime 으로 변환하여, 날짜와 시간  연산을 용이하게 함

# 각 월의 마지막 날짜를 구한다.
last_dates = fridge_data_2023.groupby('월')['일자'].max()
# 'groupby'를 통해 '월' 별로 그룹화, 'max' 함수를 사용하여 각 그룹의 최대 날짜(즉, 각 월의 마지막 날짜)를 찾음

# 각 월의 마지막 날짜에 해당하는 데이터를 필터링한다.
last_day_data = fridge_data_2023[fridge_data_2023['일자'].isin(last_dates)]
# 'isin' 함수를 사용하여 '일자'가 'last_dates'에 포함되는 행만 선택, 이는 각 월의 마지막 날에 해당하는 데이터만 추출

# 월별 기말 재고 CBM을 계산한다.
monthly_inventory_cbm = last_day_data.groupby('월').apply(lambda x: (x['재고'] * x['CBM']).sum()).reset_index(name='월말 재고 CBM 합계')
# 'groupby'로 '월' 별로 그룹화한 후 'apply' 함수를 사용하여 각 그룹에 대해 재고와 CBM을 곱한 후 합계를 계산함
# 'reset_index'를 통해 결과를 정리하고, 계산된 합계를 '월말 재고 CBM 합계'라는 새로운 열로 이름을 지정함

# 최종적으로 계산된 월별 기말 재고 CBM을 포함하는 데이터프레임을 출력한다.
monthly_inventory_cbm
```

	월	월말 재고 CBM 합계
0	2023-01	143722.4121
1	2023-02	94808.5371
2	2023-03	114411.1419
3	2023-04	125389.8522
4	2023-05	147093.1272

- ✓ pd.to_datetime() 함수는 pandas 라이브러리에서 제공하는 함수로, 날짜 형식의 문자열을 datetime 객체로 변환하고, 유효하지 않은 데이터는 NaT으로 변환한다.
- ✓ isin() 함수는 pandas 라이브러리에서 제공하는 메서드로, 주로 DataFrame이나 Series에서 값의 존재 여부를 검사할 때 사용된다. 주어진 값 목록에 속하는 요소를 찾아 해당하는 위치에 True, 그렇지 않으면 False를 반환하는 불리언 배열을 생성한다.

[자료형]

아래 기본적인 자료형은 우선 정리할 필요가 있다. 변수란 데이터를 임시적으로 기억하는 메모리 안의 영역을 말하고, 변수에 이름을 붙인 것을 변수명이라고 부른다. 변수명은 대소문자를 구별하며, 숫자로 시작할 수 없다. 변수에 값을 기록할 때는 '변수명 = 값' 형식을 사용한다. 변수는 하나의 값 또는 다른 변수의 값을 가질 수 있다. 변수는 여러 종류의 데이터를 저장할 수 있다. 여러 개의 값이나 변수를 저장하기 위해서는 리스트, 딕셔너리, 튜플 등과 같은 집합 자료형을 사용한다. 변수가 어떤 자료형인지 확인하려면 type(변수명)을 사용한다.

리스트는 다양한 종류의 데이터를 순차적으로 저장할 수 있는 자료형이다. 리스트명 = [원소1, 원소2, 원소3, …]으로 리스트를 생성한다. 리스트 내에서 하나의 원소를 선택할 때는 몇 번째 원소인지를 지정해서 선택할 수 있다. 여기서 "몇 번째'는 인덱스 번호이며, 리스트명[인덱스 번호] 형식으로 사용된다. 리스트 첫 번째 원소에 해당하는 인덱스 번호는 0이며 순서대로 1씩 증가한다. 마지막 원소는 -1이다. 리스트의 길이를 확인할 때는 len(리스트명)을 사용한다. 리스트 원소의 합을 계산할 때는 sum(리스트명)을 사용한다. 리스트명[시작 인덱스 번호: 마지막 인덱스 번호]의 형태로 여러 원소를 구간으로 선택할 수 있다. 콜론(:) 뒷부분에 적히는 인덱스 번호는 포함하지 않고 바로 앞의 인덱스 번호까지만 포함한다. 리스트명[1:4]는 인덱스 1부터 3까지의 원소를 선택하고 인덱스 4는 포함하지 않는다.

딕셔너리는 키와 값의 쌍을 저장하는 자료형으로, 임의의 키 문자열을 사용해 값을 참조한다. 예를 들어, dict_name = {"key1": "value1", "key2": "value2", "key3": "value3"}로 딕셔너리를 생성한다. value = dict_name["key1"]과 같이 값을 조회한다.

[파이썬 문법]

이 절에서는 반복문, 조건문, 함수에 대하여 예제를 통해 학습한다.

반복문

반복문은 동일한 코드를 여러 번 반복해서 실행하는 것을 의미한다. for 문은 프로그래밍에서 반복적인 작업을 수행할 때 사용하는 기본적인 구조 중 하나이다. 각 반복마다 시퀀스의 다음 요소가 for 문 안에 지정된 변수에 할당된다.

도표 2-50. 반복문 파이썬 코드(코랩)

```
# 숫자 리스트를 정의한다.
numbers = [1, 2, 3, 4, 5]

# for 문을 사용하여 리스트의 각 요소를 출력한다.
for number in numbers:
    print(number)
```

```
1
2
3
4
5
```

✓ for 문은 numbers 리스트의 첫 번째 요소부터 시작하여, 리스트의 끝에 도달할 때까지 각 요소를 number 변수에 차례대로 할당하고, print(number) 명령을 수행한다.

조건문

조건문은 프로그래밍에서 특정 조건에 따라 다른 작업을 수행하도록 지시하는 구문이다. 파이썬에서 가장 일반적인 조건문은 if, elif (else if의 약어), 그리고 else이다. 아래 예시는 input() 함수를 사용하여 사용자로부터 나이를 입력 받는다. 입력 받은 값은 문자열이기 때문에 int() 함수를 이용하여 정수형으로 변환한다.

도표 2-51. 조건문 파이썬 코드(코랩)

```
age = int(input("당신의 나이를 입력하세요: "))    # 사용자의 나이를 입력받음

# if 문을 사용하여 조건을 확인한다.
if age < 18:
   print("당신은 미성년자이다")
elif age >= 18 and age < 65:
   print("당신은 성인이다")
else:
   print("당신은 노인이다")
```

```
당신의 나이를 입력하세요: 19
당신은 성인입니다.
```

함수

함수는 프로그래밍에서 특정 작업을 수행하는 코드의 블록이며, 동일한 코드를 반복하여 수행할 경우에 사용한다. def 키워드를 사용하여 정의하고, 입력 값을 받아 처리하고 결과를 반환할 수 있다.

도표 2-52. 함수 파이썬 코드(코랩)

```
# 두 수를 더하는 함수를 정의한다.
def add_numbers(number1, number2):
   result = number1 + number2
   return result

# 사용자로부터 두 수를 입력받는다.
num1 = int(input("첫 번째 숫자를 입력하세요: "))
num2 = int(input("두 번째 숫자를 입력하세요: "))

# 함수를 호출하여 두 수를 더하고 결과를 출력한다.
sum_result = add_numbers(num1, num2)
print("두 수의 합은", sum_result, "이다")
```

```
첫 번째 숫자를 입력하세요: 1
두 번째 숫자를 입력하세요: 2
두 수의 합은 3 입니다.
```

- ✓ def add_numbers(number1, number2):에서 def는 함수를 정의하기 위한 키워드이다. add_numbers는 함수의 이름이고, number1과 number2는 이 함수가 받을 두 개의 매개변수이다.
- ✓ 함수 내부에서는 number1과 number2를 더하여 result 변수에 저장한다.

✓ return result는 함수의 결과로 result 값을 반환한다.

데이터 정규화와 데이터 결합을 이해하자

데이터 정규화와 데이터 결합에 대한 기본적인 개념을 앞 절의 "파이썬 기본 문법을 익히자"에서 언급한 '제품정보 마스터.xlsx'와 '물동량 PSI.csv'파일을 기반으로 설명한다.

1) 데이터 정규화

물동량PSI테이블을 제품정보 마스터 데이터와 결합한 형태인 도표 2-53과 같이 관리한다고 가정하자. 아래 도표는 모두 ChatGPT 화면의 결과이다.

도표 2-53. 제품정보 마스터가 결합된 물동량 PSI 테이블

일자	모델코드	입고	출고	재고	모델명	제품군	가로	세로	높이
2022-01-01	W_M002	14922	12950	41972	탑형 세탁기 8kg 용량	세탁기	630	1000	1070
2022-01-02	W_M002	13183	15781	39374	탑형 세탁기 8kg 용량	세탁기	630	1000	1070
2022-01-03	W_M002	13127	13901	38600	탑형 세탁기 8kg 용량	세탁기	630	1000	1070
2022-01-04	W_M002	12742	17022	34320	탑형 세탁기 8kg 용량	세탁기	630	1000	1070
2022-01-05	W_M002	14604	11937	36987	탑형 세탁기 8kg 용량	세탁기	630	1000	1070

만약에 모델코드 'W_M002'의 '모델명'이 "탑형 세탁기 8kg 용량"에서 "탑형 세탁기 9kg 용량"으로, '가로'와 '세로' 치수가 각각 630에서 650으로, 1000에서 1020으로 변경되었다고 가정하자. 그러면 도표 2-53의 물동량 PSI 테이블의 '모델명', '가로', '세로' 칼럼의 내용도 도표 2-54와 같이 변경하여야 한다.

도표 2-54. 제품정보 마스터의 변경을 반영한 물동량 PSI

일자	모델코드	입고	출고	재고	모델명	제품군	가로	세로	높이
2022-01-01	W_M002	14922	12950	41972	탑형 세탁기 9kg 용량	세탁기	650	1020	1070
2022-01-02	W_M002	13183	15781	39374	탑형 세탁기 9kg 용량	세탁기	650	1020	1070
2022-01-03	W_M002	13127	13901	38600	탑형 세탁기 9kg 용량	세탁기	650	1020	1070
2022-01-04	W_M002	12742	17022	34320	탑형 세탁기 9kg 용량	세탁기	650	1020	1070
2022-01-05	W_M002	14604	11937	36987	탑형 세탁기 9kg 용량	세탁기	650	1020	1070

변경된 제품정보의 내용을 "모델명, 제품군, 가로, 세로, 높이" 칼럼을 가지고 있는 '물동량PSI'(도표 2-53)에 반영하지 않으면 데이터의 일관성과 정확성을 유지할 수 없다. 하지만 '물동량 PSI'가 "일자, 모델코드, 입고, 출고, 재고" 칼럼만으로 구성되어 있었다면, 제품정보 마스터가 수정되더라도 '물동량 PSI'는 변경할 칼럼의 데이터가 없다. 이때 필요한 개념이 "데이터 정규화"이다.

'물동량 PSI' 데이터에서 각 제품의 '모델코드'는 '제품정보 마스터'의 '모델코드'에 종속되어 있다. 만약 '제품정보 마스터'에 있는 '모델명', '제품군', '가로', '세로', '높이' 등의 정보가 '모델코드'를 통해 '물동량 PSI' 데이터에 직접 연결되어 있다면, 이는 "이행적 종속성"을 갖게 된다. 이 경우, '모델코드'가 변경되거나 모델에 관한 정보가 업데이트되면 '물동량 PSI' 데이터에서도 이를 반영하기 위한 복잡한 처리가 필요하다. 이는 데이터 무결성 문제와 갱신 이상을 초래할 수 있다(도표 2-54). 제3정규화를 적용하여 이행적 종속성을 제거하려면, 도표2-54 '물동량 PSI'에서 '제품정보 마스터'의 '모델명', '제품군', '가로', '세로', '높이' 칼럼을 분리할 수 있다. 데이터 정규화는 데이터를 표준화하고 구조화하여 데이터베이스 내의 중복을 최소화함으로써 데이터의 일관성을 유지하는 데 필요하다. 정규화된 데이터베이스는 수정, 삭제, 삽입 시 발생할 수 있는 여러 종류의 이상 현상을 방지하여 데이터 무결성을 보장하기 때문이다. 도표 2-53과 2-54는 비정규화되어 있고, 도표 2-55은 정규화되어 있다고 할 수 있다.

도표 2-55. 정규화된 물동 PSI 테이블

일자	모델코드	입고	출고	재고
2022-01-01	W_M002	14922	12950	41972
2022-01-02	W_M002	13183	15781	39374
2022-01-03	W_M002	13127	13901	38600
2022-01-04	W_M002	12742	17022	34320
2022-01-05	W_M002	14604	11937	36987

2) 데이터 결합

데이터 결합은 두 개 이상의 테이블이나 데이터베이스에서 공통의 열(또는 칼럼)이나 조건을 기반으로 데이터를 통합하는 프로세스이다. 데이터 결합의 종류는 내부 결합(Inner Join), 외부 결합(Full Outer Join), 왼쪽 결합(Left Join), 오른쪽 결합(Right Join)이 있다(도표 2-56 참조)

도표 2-56. 결합의 종류

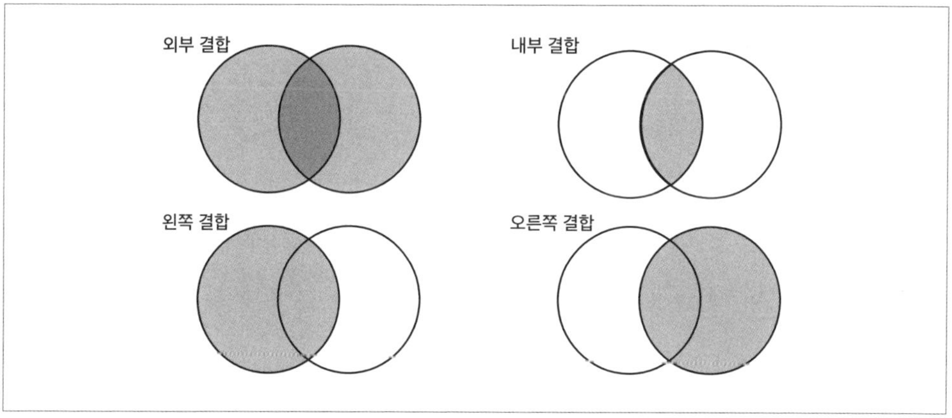

데이터를 결합할 때 중복된 데이터로 인해 정보가 부풀려질 수 있다. 따라서 데이터 결합을 할 때는 주의가 필요하다. '제품정보 마스터.xlsx'에는 입출고 이력이 전혀 없는 모델코드 'T_M004'가 등록되어 있다.

- ✓ 내부 결합 (Inner Join): 두 데이터 모두에서 일치하는 데이터만을 포함한다. 위 예에서는 양쪽 테이블에서 일치하는 데이터만 결과로 포함되기 때문에 NULL값이 전혀 발생하지 않는다.

✓ 외부 결합 (Full Outer Join): 두 데이터 중 하나라도 일치하는 데이터를 포함하며, 위 예에서 매칭되지 않는 부분은 NULL로 표시한다. 물동량 PSI.csv 데이터에 T_M004 모델 코드가 없기 때문에, 이 모델 코드에 대한 입고, 출고, 재고 데이터는 NULL로 나타난다.

일자	모델코드	입고	출고	재고	모델명	제품군	가로	세로	높이
NaN	T_M004	NaN	NaN	NaN	TV 32인치 일반	TV	762	250	508

✓ 왼쪽 결합 (Left Join): 왼쪽 데이터의 모든 데이터를 포함하며, 오른쪽 데이터에서 일치하는 데이터만 결합한다. 물동량 PSI.csv의 모든 모델코드가 제품정보 마스터.xlsx에도 존재하기 때문에 NULL값이 발생하지 않는다.

✓ 오른쪽 결합 (Right Join): 오른쪽 데이터의 모든 데이터를 포함하며, 왼쪽 데이터셋에서 일치하는 데이터만 결합한다. 왼쪽 데이터셋에만 있는 정보는 누락된다. 위 예에서는 물동량 PSI.csv 데이터에 T_M004 모델 코드가 없기 때문에, 이 모델 코드에 대한 입고, 출고, 재고 데이터는 NULL로 나타난다.

일자	모델코드	입고	출고	재고	모델명	제품군	가로	세로	높이
NaN	T_M004	NaN	NaN	NaN	TV 32인치 일반	TV	762	250	508

모델정보 마스터에 모델코드 'T_M004' 'TV 40인치 일반'이 'T_M003'으로 잘못 입력되어 모델코드 'T_M003' 2건이 중복되어 입력되었다고 가정하자. 이런 경우 내부결합을 하더라도 물동량 PSI.csv의 T_M003 레코드가 중복_제품정보 마스터.xlsx의 두 가지 T_M003 레코드(40인치 및 32인치 TV)와 결합되어, 레코드 총 건수가 2배로 증가하여 1,460건이 된다. 정상적으로 모델정보 마스터가 관리되었다면 물동 PSI의 레코드 총 건수는 6,570이다. 도표 2-57은 중복된 레코드를 예시로 보여준다.

도표 2-57. 중복되어 나타나는 물동 PSI

일자	모델코드	입고	출고	재고	모델명	제품군	가로	세로	높이
2022-01-01	T_M003	5002	5010	29992	TV 40인치 일반	TV	914	250	518
2022-01-01	T_M003	5002	5010	29992	TV 32인치 일반	TV	762	250	508
2022-01-02	T_M003	4574	4494	30072	TV 40인치 일반	TV	914	250	518
2022-01-02	T_M003	4574	4494	30072	TV 32인치 일반	TV	762	250	508

이런 현상이 발생하지 않도록 데이터 정규화와 데이터 결합에 주의가 필요하다.

제2부

SCM 혁신과 수준진단 시각화

제3장 SCM 혁신

제4장 판매가격 하락과 공급리드 타임 분석

제5장 주 단위 PSI 추세선과 비즈니스 리듬 동기화

제6장 RTF 차질과 계획 대로 실행

제7장 월말 편중과 실 수요 기반 수요관리

제8장 수요예측 정확도와 SCM 역량

제3장

SCM 혁신

문제 해결의 핵심은 문제의 본질을 이해하는 것이라고 1장에서 강조하였다. 이런 맥락에서 SCM/물류 데이터분석을 잘하기 위해서는 SCM 혁신에 대한 이해가 선행되어야 한다. 3장에서는 SCM을 총체적인 경영혁신 활동으로 정의하고, SCM과 SCM 혁신의 필요성을 설명한다. 그리고 SCM 특징과 SCM 운영 형태를 기술한다. 간략한 설명으로 기술한 내용을 이해하기 어려울 것이다. 관련하여 다양한 SCM 혁신 기법이 있다는 정도만 이해하자. 대부분 내용은 하이브리드 SCM[7]에서 발췌한 것이다. SCM을 단지 물류 활동으로 국한하여 생각한다면 개선의 기회는 찾기 힘들다. 이번 장을 통해서 SCM 혁신이 왜 필요한지를 이해하고, SCM/물류 데이터분석의 역할은 무엇인지를 생각해보자.

SCM은 총체적인 경영혁신 활동이다

책 마다 다양하게 SCM을 정의되고 있으나, 박성칠박사[5]가 정의한 내용에 기반하여 저자도 SCM 컨설팅을 수행하였다. 일부 내용을 수정하여 아래와 같이 설명하고자 한다(도표 3-1 참조). SCM(Supply Chain Management, 공급망 관리)은 고객 요구에 적합한 좋은 제품을 싸게, 제때에 공급할 수 있도록 부품 협력업체, 물류 협력업체, 유통 협력업체, 최종 소비자 및 내부 8대 프로세스(개발, 구매, 제조, 물류, 마케팅, 판매, 서비스, 경영

관리) 등 전체 공급망을 대상으로 전략, 프로세스, 시스템, 조직을 혁신하여 이익을 극대화하는 총체적인 경영혁신 활동이다.

도표 3-1. SCM의 정의

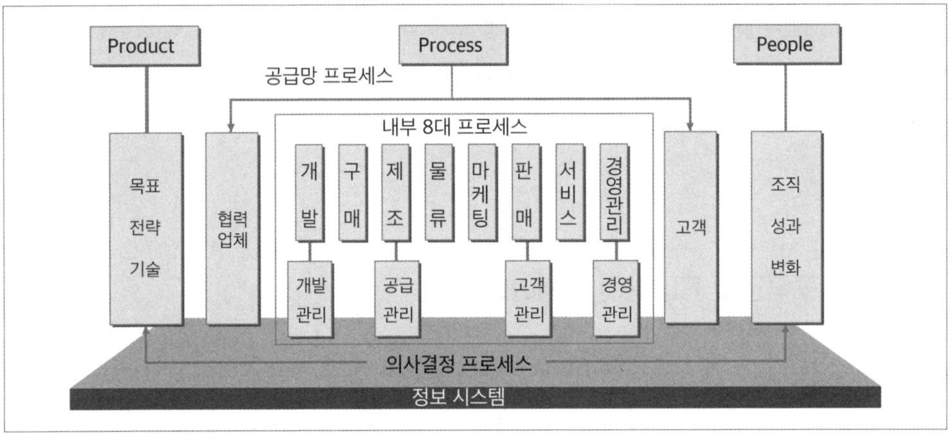

내부 프로세스별 주요 SCM 혁신 활동은 아래와 같다.

- ✓ 개발: 제품, 부품, 자재의 공용화와 표준화, 개발 진척 현황 연계
- ✓ 구매: 장납기 자재 조달 리드타임 단축, 글로벌 최적 구매, 후보충 자재 공급
- ✓ 제조: 팔리는 대로 생산, 정시 정량 생산, 평준화 생산, 유연 생산, 생산 즉시 출하, 직선적 확대
- ✓ 물류: 최적물류망 구축, 적정재고, 후보충, 혼합 수배송, 최적운송비용 계약, 최적라우트 발굴
- ✓ 마케팅: 유통정보 활용 Sell-Out 수요예측, 사업전략 연계 유통채널 전략 및 미래 SCM 전략 설계, 중장기 마케팅 전략/SCM 전략 시뮬레이션
- ✓ 판매: 수요예측 역량 강화, 고객 협업, 글로벌 주문관리 체계, 상물 분리
- ✓ 서비스: 서비스 자재의 직공급
- ✓ 경영관리: SCM 운영과 재무목표 연계를 통한 사업 리스크 감지, SCM 물량 기반 실행계획 수립, SCM 운영 결과의 재무 평가

APICS(American Production and Inventory Control Society)는 SCM을 다음과 같이 정의한다. 경쟁력 있는 인프라를 구축하고 전 세계 물류를 활용하고 수요와 공급을 동기화시키며 글로벌하게 성능을 측정하면서 순 가치를 창출하는 것을 목적으로 하는 공급망 활동의 설계, 계획, 실행, 통제 및 모니터링이다. SCM을 SCS(Supply Chain

Strategy), SCP(Supply Chain Planning), SCE(Supply Chain Execution)와 같이 전략, 계획, 실행으로 구분하기도 한다. 솔루션 제공업체는 SCP 시스템을 SCM 시스템으로 언급하기도 한다.

하지만 저자는 SCM을 아래와 같이 정의하며 그 맥락에서 SCM혁신의 필요성을 설명한다. SCM은 가치사슬에서 본원적 활동들이 독립적으로 수행하여 발생하는 사일로 효과(Silo Effect)를 제거하여 원가절감과 가치창출의 원천을 제공하는 총체적인 경영혁신 활동이다.

SCM은 공급망과 공급망의 경쟁이다

공급사슬(Supply Chain)이란 하나의 사슬에 따라 원자재 공급업체에서 부품 제조업체로, 제품 제조업체로 유통업체로 그리고 최종 소비자로 이동하는 물동의 흐름이다. 이 사슬의 양방향으로 물동, 정보, 자금의 흐름을 그려보는 것이 중요하다. 여기서 공급사슬 참여자는 다수의 업체와 관계를 맺으므로 공급 네트워크라는 용어를 사용하는 것이 더 적절하다고 할 수 있다.

가치사슬(Value Chain)은 제품 또는 서비스의 전체 생명주기 동안의 가치 창출에 중점을 두지만, 공급사슬은 물리적인 제품의 흐름에 중점을 둔다. 하지만 모두 제품이 생산되어 소비자에게 전달되는 과정을 의미한다. 외부 협력업체 및 내부의 프로세스 전체를 관리하고 최적화한다. 이를 통해 효율성을 극대화하며 고객에게 가치를 제공하는 것을 목표로 한다.

SCM은 공급망과 공급망의 경쟁이다. 공급망 간의 경쟁은 기업 간 경쟁에서 공급망을 단위로 경쟁하는 것을 의미한다. 기업이 단순히 제품이나 서비스의 품질과 가격 경쟁력만을 확보하고, 연계된 협력업체의 경쟁력을 확보하지 못하면 궁극적으로 경쟁 우위를 확보할 수 없다. 자신이 참여한 공급망이 비효율적이고 안정적이지 못하기 때문이다.

도표 3-2에서 공급망-1에 속한 생산법인 A는 공급업체 X가 파산한다면 부품을 적기에 공급받지 못하여 제품을 안정적으로 생산하지 못할 것이다. 하지만, 공급망-2에 속한 생산법인 B는 공급업체 X가 파산하더라도 공급업체 Y로부터 부품을 공급받아 제품을

안정적으로 생산할 수 있다. 공급망 리스크 관리 측면에서 공급망-2가 공급망-1보다 경쟁력이 있다. 공급망 간의 경쟁에서 경쟁우위를 확보하기 위해서는 SCM 운영 전략의 개발과 고객 및 협력업체와의 협업이 필수적이다.

도표 3-2. 공급망과 공급망의 경쟁

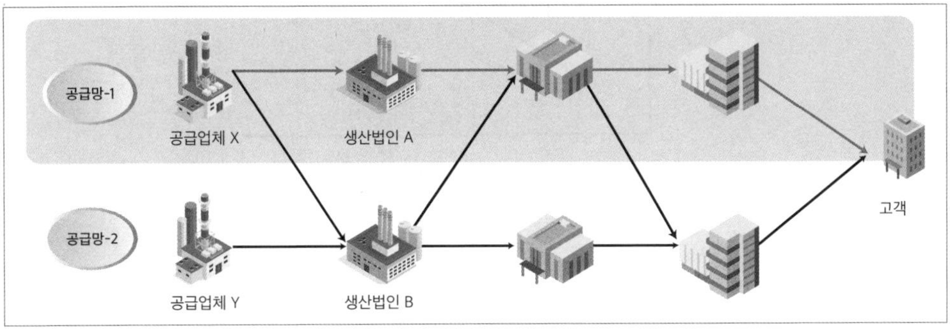

SCM은 일반상품에 경쟁우위의 주요 원천을 제공할 수 있다

"고객은 제품을 사는 것이 아니라 효용을 산다"고 한다. 효용에는 제품 자체의 특징, 이미지, 평판, 물류 서비스를 포함한 고객 경험 등을 의미한다. 가치창조를 통해 제품 자체의 차별화된 기능과 고객 경험이 향상된다. 하지만 시간이 지날수록 제품의 기능과 고객 경험이 경쟁 제품보다 두드러지지 않는다면 제품은 일반상품(Commodity)으로 간주된다. 일반상품일 때는 원가우위 또는 차별화된 서비스가 더 중요하게 된다. 즉 브랜드를 바탕으로 한 경쟁이 점점 더 어렵다는 것이다.

이러한 일반상품은 원가우위를 확보하거나 기술이 아닌 다른 수단을 통한 서비스 차별화를 추구해야 한다(도표 3-3 참조). 하지만 원가우위는 마케팅 수명주기상 초기에 확보하는 것이 필수적이다. 경험곡선과 초기 시장점유율이 중요한 이유이다. 틈새시장으로 이동하는 차별화 서비스는 증분의 제공물을 공급함으로써 고객과의 관계를 증진시키는 과정이라고 할 수 있다. 이 증분의 가치는 물류 서비스, 영업 측면의 교육 및 기술지원 서비스, 판매 애프터 서비스 등이 있다[마틴 크리스토퍼 교수의 세계화시대 물류혁신 전략, 4].

도표 3-3. SCM 혁신의 추진방향

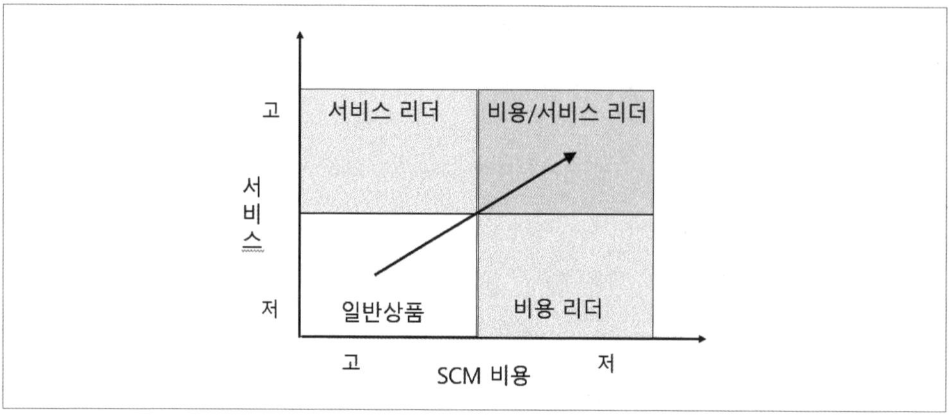

기업의 제품은 일반상품 위치에서 서비스 차별화 또는 SCM 원가우위에 기초하여 보다 안정적인 마켓 포지셔닝을 해야 한다. 마틴 크리스토퍼 교수의 도표 3-3은 SCM 혁신의 추진방향을 보여준다[4]. 시장 상품 위치에 있는 기업은 혁신을 통해 화살표 방향으로 이동해야 한다.

효과적인 SCM이 기업의 지속가능한 성장을 위한 필요충분조건은 아니다. 하지만, 치열한 경쟁으로 일반상품의 위치에 있다면 SCM은 경쟁우위의 주요 원천을 제공할 수 있다. SCM경쟁력은 비용우위와 서비스를 통한 가치우위를 제공한다. 일류 기업은 원가우위와 가치우위 양자를 달성한 기업이다.

SCM 고객 서비스와 SCM 운영 비용은 상충관계이다

SCM고객 서비스는 "시간과 장소의 효용"을 창출하는 고객 서비스이다. SCM 운영 비용은 전체 공급망에서 효용을 창출하는 과정 중 발생하는 총 비용이다. SCM 고객 서비스와 SCM 운영 비용은 상충관계(Trade-off)에 있으며, SCM 활동은 최적점을 찾는 과정이다. 서비스와 비용 사이의 관계는 일반적으로 서비스 수준이 증가할수록 비용은 더욱 가파르게 증가하는 곡선으로 나타난다.

마틴 크리스토퍼 교수의 도표 3-4는 SCM 고객 서비스와 SCM 운영 비용 사이의 관계를 보여준다. 고객의 서비스 수준을 S1에서 S2로 증가시키면 SCM 운영비용도 C1에서 C2로 가파르게 증가한다. SCM 운영 활동은 기존에 구축된 서비스-비용 곡선(As-Is) 상에서 지점 A와 지점 B을 이동하면서 고객 서비스를 충족한다.

도표 3-4. SCM 고객 서비스와 SCM 운영 비용

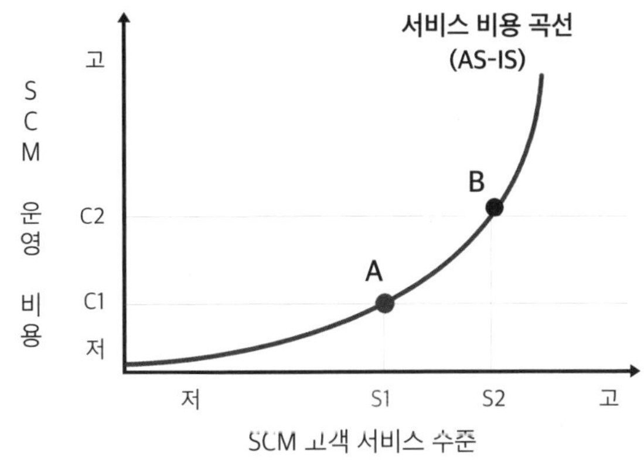

SCM 혁신은 SCM 서비스-비용 곡선을 이동시키는 것이다

도표 3-5에서 동일한 SCM 운영 비용 C2가 발생하지만, 서비스-비용 곡선(As-Is)을 우측으로 이동시킴으로써 SCM 고객 서비스 수준을 S2에서 S3로 높일 수 있다[4]. 서비스-비용 곡선을 이동시키는 활동을 SCM 혁신 또는 SCM 개선 활동이라고 할 수 있다. 이동 폭은 혁신의 정도 및 혁신 성과를 표현한다. 일반적으로 SCM 운영 전략의 변경에서 비롯된 SCM 혁신은 이동 폭이 크며, 공급망 전략의 변경이 없는 SCM 개선은 이동 폭이 좁다. 속도의 향상 SCM 혁신 활동은 서비스-비용 곡선을 오른쪽으로 이동시키는 것이라 할 수 있다.

도표 3-5. 고객 서비스 만족 SCM 혁신 활동과 성과

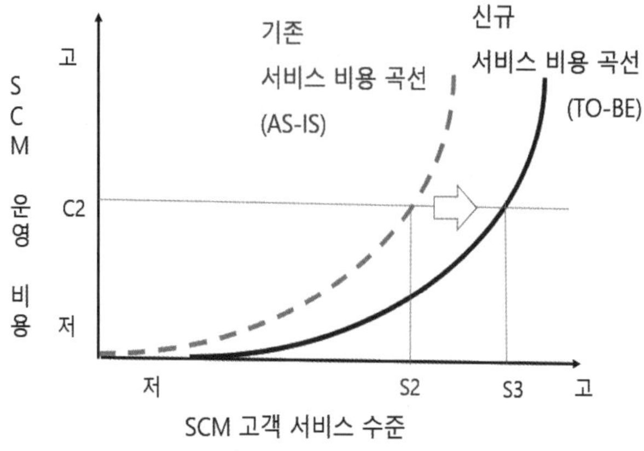

재고는 C2C Cycle Time과 ROA의 최대 적이다

재고는 필요악이라고도 한다. 재고는 위기에 대응하는 SCM 탄력성을 제공하므로 리스크 관리 측면에서는 의미가 있으나, 일상의 운영 환경에서 재무적인 관점에서는 반드시 제거해야 하는 대상이다. SCM의 핵심 성과 지표인 C2C 사이클 타임(Cash To Cash Cycle Time)은 기업이 원재료를 구매하여 제품을 판매하고, 그에 따른 현금을 받기까지의 시간을 나타내는 지표이다. C2C 사이클 타임이 짧을수록 기업은 원금을 빠르게 회수하여 재 투자하거나 다른 운전 자금에 활용할 수 있다.

C2C 사이클 타임 = 재고일수 + 매출채권 회수기간 - 매입채무 변제기간

✓ 재고 일수: 재고 회전 기간, 제품이 재고에 머무르는 평균 일수

✓ 재고자산을 일평균매출액으로 나눈 값

✓ 매출채권 회수일수: 판매가 이루어진 후 현금 수금까지 걸리는 평균 일수

✓ 매입채무 변제기간: 원재료를 구매한 후 실제 지불이 이루어질 때까지의 평균일수

재고를 최소화하면 C2C 사이클 타임이 더 짧아진다. 주문형 생산방식을 채택한 Dell 컴퓨터는 C2C 사이클 타임을 음수로 만들었다. 제품을 생산하기 전에 이미 현금을 받았

기 때문에 판매 이후에 돈을 받는데 걸리는 시간은 음수가 된다. 제품 재고만이 아니라 VMI(Vendor Managed Inventory) 방식으로 자재 재고를 운영하므로 자재 재고도 없다.

재무 성과를 나타내는 중요한 지표 중 하나인 ROA(Return on Assets, 자산이익률)는 순 이익/총 자산이다. ROA가 높을수록 기업은 자산을 효율적으로 활용하여 이익을 창출하고 있다는 것을 의미한다. ROA를 다음과 같이 "수익과 속도의 결합"이라고 해석한다. ROA = 순이익 / 총자산 = (순이익 / 매출액) × (매출액 / 총자산) = 순이익률 × 자산회전율 = 수익성 × 속도 이다. 자산(Asset)인 재고를 최소화해야 ROA를 개선할 수 있고 속도 경영도 실현할 수 있다. 이와 같이 SCM 혁신은 재고 절감을 통해 기업 재무 성과에 기여한다. 즉, SCM은 이러한 현금 흐름의 개선을 통해 기업 시장 가치(Enterprise Market Value)를 향상시킨다.

이와 같이 재고 절감은 C2C 사이클 타임과 ROA 개선에 절대적인 영향을 미친다. 특히 제품 수명 주기가 짧아지는 비즈니스 환경에서 재고 절감을 강조하는 것은 이 책의 핵심 키워드인 속도(Velocity)를 강조하는 것과 맥락을 같이한다. 물론 재고 절감의 중요성은 업종과 시기에 따라 다를 수는 있다.

SCM의 특징과 SCM 운영 형태를 이해해야 한다

"아는 만큼 보인다"라는 말이 있다. 이는 다양한 기업의 SCM To-Be 운영 모습(미래의 개선된 운영 모습)을 이미 이해하고 있다면, 신규 분석 대상 기업의 현재 SCM 운영 현황에서 문제점과 개선 방향을 보다 쉽게 도출할 수 있다는 의미이다. SCM의 특징과 효과적인 SCM 운영 모델을 이해하는 것은 마찬가지이다. 이러한 이해를 바탕으로 SCM 데이터를 분석하고, SCM 운영 모델을 설계할 수 있다면, 보다 나은 의사결정을 내리고 SCM 혁신을 추진할 수 있을 것이다.

저자가 생각하는 모든 기업에 적용되는 SCM의 주요 특징은 다음과 같다. 1) SCM은 불확실성을 싫어한다. 2) SCM은 복잡한 것을 싫어한다. 3) SCM은 돈이 새어 나가는 것을 싫어한다. 4) SCM은 느린 것을 싫어한다. 이러한 공통된 SCM 특징과 각 기업마다의 고유한 특성을 반영하기 위해 SCM은 기업마다 다양한 형태로 구현되고 운영된다[7].

도표 3-6. SCM 운영 형태

Demand vs. Target	SCM 운영 형태	SCM 특징과 운영 모델
Demand Drivern SCM	일반적인 Demand Driven SCM	Sell-In 정보에 기반한 초기 단계의 일반적 SCM 운영 하이테크 기업의 초기 글로벌 오퍼레이션 모델
	실 판매 기반 Demand Driven SCM	후보충을 통한 단납기 지원SCM운영 하이테크 기업의 수요중심 글로벌 오퍼레이션
	시나리오 기반 Demand Driven SCM	Sell-Out 정보를 활용한 마케팅 정책 시나리오 기반 SCM 운영 Demand Shaping
Target Drivern SCM	일반적인 Target Driven SCM	단지 원가 경쟁력 확보를 위한 공급계획 주도 SCM 운영
	시나리오 기반 Target Driven SCM	비즈니스에 대한 전략적 의살결정에 의한 SCM 운영 Inventory Optimization, Profit Optimizatin
	실 판매 기반 Target Driven SCM	Sell-Out 정보 활용과 공급계획 주도는 상충된 개념으로 의미 없음

※ Sell-In(유통판매): 제조업체가 유통업체에게 제품을 판매하는 것, Sell-Out(실 판매): 최종소비자가 구매하여 소비하는 것

도표 3-6에서 Pull 방식인 Demand Driven SCM은 수요 중심의 공급망 운영으로 실제 수요에 기반하여 물자를 관리하는 방식이다. 예측 오차를 최소화하고 실제 고객 수요에 더 효과적으로 대응할 수 있다. 실시간 데이터를 기반으로 한 수요 예측 및 관리는 효율적인 재고 관리와 높은 서비스 수준을 제공할 수 있다. 반면, Push방식인 Target Driven SCM은 목표 중심의 공급망 운영으로 기업의 전략적 목표와 우선 순위에 기반하여 물자를 관리하는 방식이다. 예를 들어, 신제품 출시, 시장 점유율 확대, 손익 확대 및 적정재고 확보 등 기업 목표를 달성하기 위한 공급망 전략을 수립한다. 이는 미래의 비즈니스 목표를 고려하여 조율된 SCM 전략을 제공한다.

실 판매 기반 Demand Driven SCM, 시나리오 기반 Target Driven SCM 그리고 하이브리드 SCM의 특징에 대해 간단히 설명한다[7]. SCM 경험이 적은 독자는 설명하는 내용을 이해하기가 힘들 것이다. 여기서는 관련하여 언급되는 다양한 용어가 있다는 정도만 이해하자. 구체적 내용은 SCM 전문 서적을 참조하기 바란다.

실 판매 기반 Demand Driven SCM은 비즈니스 리듬 동기화, 협업을 통한 통합, 시스템 연계 통합을 강조하고 있다. 이를 위해 주 단위 SCM 운영 체계, 계획 대로 실행 체계, 확정 생산체계, 실수요 기반 수요관리, 합의를 기반으로 한 수요예측, 수요예측과 주

문의 구분관리, CPFR(Collaborative Planning, Forecasting, and Replenishment)을 통한 Sell-Out관리, VMI 관리, 협업의 선택과 집중, APS 등 다양한 SCM 혁신 기법을 적용할 수 있다.

반면, 시나리오 기반 Target Driven SCM은 SCM 운영 전략과 성과지표, Target Driven SCM 그리고 시나리로 기반 SCM을 강조하고 있다. 이를 위해 수요예측, 납기준수율 등 SCM지표관리의 중요성, 수요창출 프로세스, 일 단위 후보충으로 단납기 체계를 구축, 최적 제품 믹스를 제공하는 손익 최적화 시뮬레이션, 글로벌 리스크 사전 감지, 운임예측 시나리오 기반 운임협상, 마케팅 정책 시뮬레이션 등을 적용할 수 있다.

하이브리드 SCM(Hybrid SCM)은 실 판매 기반 Demand Driven SCM과 시나리오 기반 Target Driven SCM을 통합한 SCM이다. 기업의 업종, 공급망 위치, 제품 수명 주기, SCM 운영 시기에 따라 최적 SCM 운영 모델은 다를 수 있다. 기업의 비즈니스 상황에 맞추어 적절한 SCM 운영 모델을 구축해야 한다.

4장부터 8장까지는 저자가 SCM/물류 혁신 활동을 하면서 다수의 기업에서 자주 도출된 주요 SCM 이슈를 설명한다.

- ✓ 판매가격 하락과 공급리드 타임 분석
- ✓ 주 단위 PSI 추세선과 비즈니스 리듬 동기화
- ✓ RTF 대비 RTF 차질과 계획대로 실행
- ✓ 월말 편중과 실 수요 기반 수요관리
- ✓ 수요예측 정확도와 SCM 역량

기업의 SCM 운영 수준을 분석하기 위해서는 위 다섯가지 핵심 주제를 먼저 이해할 필요가 있다. 여러분이 속한 기업의 SCM 운영 수준을 위의 관점으로 분석하고 판단하기 바란다. 물론 업종과 기업의 특성에 따라 SCM 핵심 이슈는 다를 수 있다.

데이터를 통해 SCM 운영 수준을 분석하였다면 데이터 시각화를 통해 보다 설득력 있게 이해관계자에게 설명할 필요가 있다. 2장에서는 엑셀을 통한 데이터 시각화 방법을 설명하였다. 반면 다음의 4장~ 8장에서는 ChatGPT와 파이썬을 통한 데이터 시각화 방안을 기술한다.

좋은 질문은 "통찰력이 있는 질문"과 "논리적이며 매우 구체적인 질문"으로 구분할 수 있다. SCM/물류 데이터분석에서 “통찰력이 있는 질문”은 이번 장에서 설명한 SCM 특징과 SCM 혁신 기법에 대한 이해에서 나온 질문이다. 다양한 기업에 대한 SCM To-Be 운영 모습에 대한 풍부한 경험이 필요하다. 반면 “논리적이며 매우 구체적인 질문”은 데이터분석의 경험에서 나온다. 데이터분석 경험이 부족하면 ChatGPT에 논리적으로 엉성하고 모호한 질문을 하게 될 것이다.

제4장
판매가격 하락과 공급 리드타임 분석

3장에서 SCM 혁신이란 무엇인지를 살펴보았다면, 4장에서는 SCM 혁신 활동에서 설계한 SCM 운영 모델이 기업의 재무적 성과에 미치는 영향을 살펴보자. 비즈니스 환경 변화 및 업종에 맞추어 기업이 어떤 SCM 운영 모델을 설계하고 운영하는지는 매우 중요하다. 이번 장에서는 판매가격의 하락이 큰 업종 특히 하이테크 업종에서의 SCM 운영 모델의 파급효과를 숫자로 확인한다. 그 중심에서는 리드타임(Lead Time)과 재고가 있으며, 모두 속도와 관련된 용어이다.

리드타임과 재고가 재무적 성과에 미치는 영향을 그래프로 설명하고 엑셀로 계산 결과를 확인한다. 그리고 ChatGPT로 동일한 결과가 나오는지 실습하고, ChatGPT가 생성한 파이썬 코드도 학습한다. 이 책의 파이썬 코드는 대부분 ChatGPT가 생성한 코드이다. 생성한 파이썬 코드를 코랩에서 실행하였을 때 에러가 발생하여 수정한 코드도 ChatGPT가 새로 수정한 코드이다. 설명의 편의를 위해 저자가 극히 일부 코드를 수정하거나 각주를 추가한 부분은 있다. 여러분이 가상의 기업 KR에 대해 SCM 운영 수준을 분석하고 개선 방향을 도출해야 한다고 가정하자.

리드타임 관리의 중요성을 이해하자

일부 하이테크 제품의 경우 판매가격은 매년 15~40% 정도 하락하고 있으나, 자재가격 하락율은 판매가격 하락율보다는 상대적으로 낮다. 자재가 상대적으로 긴 조달 리드타임을 갖고 있어서 하락율에 시차가 발생하기 때문이다. 현재의 높은 판매가격에 근거하여 발주한 자재의 리드타임 불일치 기간(Lead Time Mismatch Period)만큼에 해당하는 손실을 제품 판매기업은 감당해야 한다. 리드타임 불일치 기간을 줄일 수 있다면 지불하지 않아도 되는 비용을 지불하고 있는 것이다(하이브리드 SCM[7, p44] 참조).

도표 4-1은 제품의 판매 가격과 자재의 구매 비용간 비 동기화 현상을 설명하고 있다. 기업이 SCM 운영 비용을 최소화하기 위해서는 자재의 구매 시점을 늦추면서 빠르게 생산하고, 최소의 제품재고를 유지하면서 고객에게 빠르게 납품할 필요가 있다.

도표 4-1. 제품의 판매 가격과 자재 구매 비용의 비 동기화

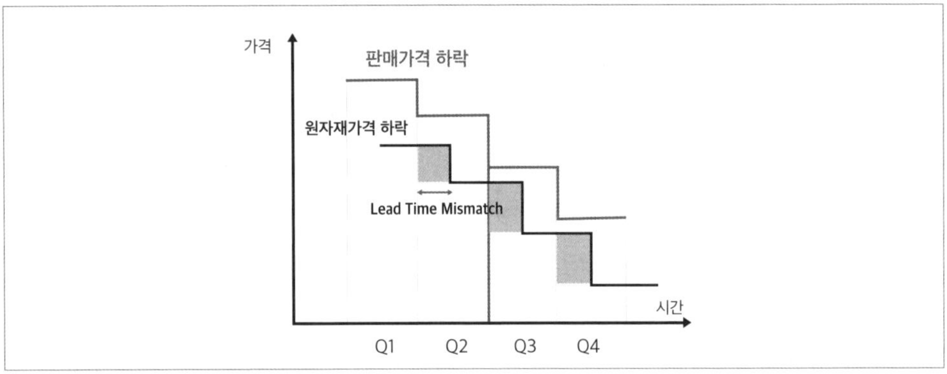

유통업체에 완제품을 납품하는 완제품 제조기업은 공급 리드타임과 유통재고로 인하여 2가지 손해를 감수하여야 한다. 가격보호(Price Protection)와 재고 이자율이다. 가격보호는 제조기업이 유통업체에게 일정 기간 동안의 가격 변동으로 인한 손실을 보상해주는 정책이다. 제조기업과 유통업체 간의 중요한 계약 조건 중 하나로, 유통업체는 재고를 쌓아두는 데 따른 위험을 줄이고, 제품 판매 촉진을 장려할 수 있다. 반면 제조기업은 유통망을 안정시키고, 유통업체와의 신뢰 관계를 유지할 수 있다. 재고 이자율은 리드타임 동안 발생하는 재고에 대한 이자율이다.

가상의 기업 KR은 한국에서 PC를 생산하여 해상으로 미국의 유통업체에 완제품을 공급하고 있다. 제조에서 판매까지 총 공급 리드타임은 21일이며, 여기에는 해상운송으

로 인한 공급 리드타임 14일도 포함하고 있다. 반면 경쟁사 BM은 미국 현지에서 직접 판매를 하고 있다. 제조에서 판매까지 총 공급 리드타임은 3일이다.

이론상으로 완벽한 SCM을 운영하는 기업이라면 낭비 비용은 없다고 가정한다. 공급 리드타임이 없으므로 보유 재고도 없고, 판매가격 하락없이 판매가 가능한 이상적인 상태이다. SCM 혁신을 추진할 때 현실적인 목표 이외에 도전적인 이론상의 타겟 목표를 설정하기도 한다. 도표 4-2는 리드타임과 재고로 인하여 기업 KR과 경쟁사 BM에서 매일 발생하는 낭비 비용을 표현한 것이다.

도표 4-2. 급격한 판매가격 하락에 대한 SCM 운영 수준과 재무성과

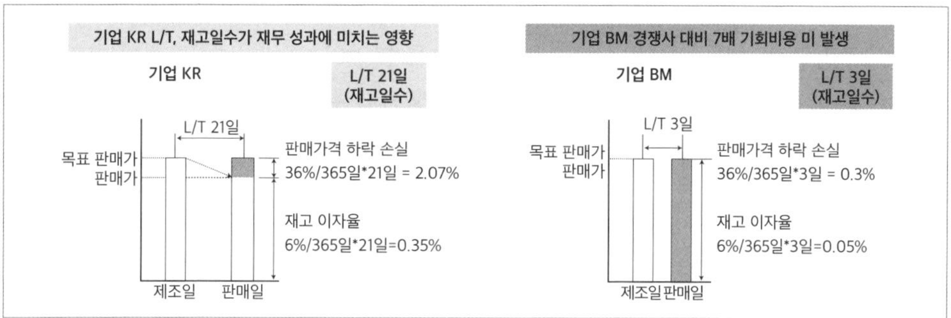

기업 KR은 하나의 제품을 판매할 때마다 발생하는 판매가격 하락 손실액이 목표 판매가의 2.07%이고, 재고 이자율은 0.35%이다. 반면 경쟁사 BM은 판매가격 하락 손실액 비율이 0.3%이고, 재고 이자율은 0.05%에 불가하다. 기업 KR의 공급 리드타임 21일이고 경쟁사 BM의 공급 리드타임은 3일이다. 따라서 기업 KR과 경쟁사 BM의 SCM 운영 수준은 L/T 관점에서 7배 차이가 난다. 이러한 차이는 재무적으로도 총 낭비 비용이 7배 차이로 나타난다. 이러한 수치가 시사하는 바는 기업의 SCM 운영 수준이 높다면 보다 높은 영업이익률을 확보할 수 있다는 것이다.

무엇이 동일한 제품을 제조하는 두 기업의 SCM 운영 수준의 차이를 초래하였는가? 기업의 생산전략과 유통채널이 주요 원인이다. 기업 KR은 MTS(Make-To-Stock, 재고판매) 생산전략을 통해 한국에서 PC를 생산하여 해상으로 미국의 유통업체에 완제품을 공급하고 있다. 반면 경쟁사 BM은 CTO(Configure-to-Order, 조립맞춤생산) 생산전

략을 통해 미국 현지에서 자재를 구매하고 D2C(Direct-To-Customer, 직접판매)를 통해 판매를 하고 있다. SCM 전략의 차이가 SCM 운영 수준의 차이를 초래하였고 영업이익률에까지 영향을 미친다. SCM 전략 수립은 생산전략 및 유통채널의 변화를 반영하여야 한다(하이브리드 SCM[7, p150] 참조). 수립된 SCM 전략은 SCM 운영 모델을 통해 구현된다.

판매가격 하락 이슈를 엑셀로 계산하자

도표 4-3에서는 SCM 전략을 반영한 SCM 운영 모델이 영업 이익에 미치는 일련의 과정을 설명하고 있다. 네모박스에 작성한 내용은 기업의 SCM 운영 모델에 따라 내용이 다를 수 있다. 하얀색 점선 원에 작성한 내용은 모든 기업에 동일하게 적용되는 기준이라고 가정한다. 파란색 실선 원의 내용은 SCM 운영 과정에서 기업 마다 다르게 나타나는 SCM 운영비용을 표현하고 있다. 여기서 계산 과정에 참조한 관련 기준 정보와 계산 결과는 도표 4-4와 같다. 이 책에서 언급한 모든 기준정보와 엑셀 파일은 도표 번호 또는 파일명을 참조하면 공유 사이트에서 확인할 수 있다.

도표 4-3. SCM 운영모델의 파급 효과

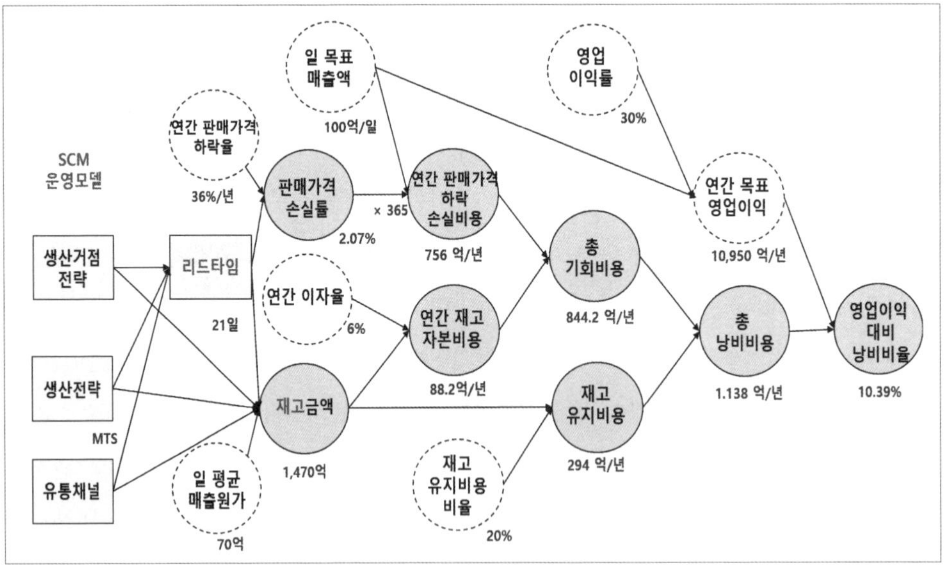

도표 4-4. 리드타임, 판매가격 하락율. 이자율 등 관련 기준정보와 판매가격 하락 계산 결과

기준정보

가상의 기업	리드타임(일)	년 판매가격 하락율(%/년)	이자율(%/년)	평균매출원가(억원/일)	영업이익율(%)	일 목표 매출액(억원/일)	재고 유지비용 비율(%)	년간 목표 영업이익(억원/년)
KR	21	36	6	70	30	100	20	10,950
SY	35	36	6	70	30	100	20	10,950
BM	3	36	6	70	30	100	20	10,950

계산 결과

가상의 기업	일 판매가격 하락율(%/리드타임)	재고 이자율(%)	판매가격 하락 손실(억원/년)	재고금액(억원)	재고 자본비용(억원/년)	총 기회비용(억원/년)	재고 유지비용(억원/년)	영업이익 중 낭비 비율(%)
KR	2.07	0.35	756.0	1,470.0	88.2	844.2	294.0	10.39
SY	3.45	0.58	1,260.0	2,450.0	147.0	1,407.0	490.0	17.32
BM	0.30	0.05	108.0	210.0	12.6	120.6	42.0	1.48

공급 리드타임은 기업 KR과 경쟁사 BM이 각각 21일과 3일로 다르다. 반면 기업 환경과 관련된 다른 파라미터는 모든 기업이 동일하다고 가정한다. 하이테크 제품의 연간 판매가격 하락율 36%, 이자율 연간 6%, 일 평균매출원가 70억원, 영업이익률 30%, 일 목표매출액 100억, 재고유지비용 비율 20%, 연간 목표 영업이익 10,950억원은 모든 기업이 동일하다고 가정한다. 여기서 일 목표 매출액은 판매가격이 하락하지 않는다면 달성할 수 있는 일 매출액이다. 재고유지비용 비율은 재고를 유지보관하기 위하여 투입된 물류센터 임대료, 입출고 처리 비용 등과 관련된 비율이다. 연간 목표 영업이익은 일 목표 매출액 × 365일 ×영업이익률로 계산한 금액이다.

"연간 낭비 비용"은 SCM 이론상으로 완벽한 SCM을 운영하는 기업과 대비하여 발생하는 낭비 비용이라고 가정한다. "연간 낭비 비용" 은 기회비용(억원/년)과 재고 유지비용(억원/년)의 합계이다. 여기서 기회비용은 판매가격 하락 손실 비용(억원/년)과 재고 자본비용(억원/년)의 합계이다. 재고 자본비용은 재고에 투자된 자본의 기회비용으로, 이 자본은 다른 투자 기회에 사용될 수 있었던 자금을 재고에 묶어둠으로써 발생하는 비용이다. 재고일수는 해당 기간 동안의 재고가 몇 일 동안 판매될 수 있는지를 나타내는 지표이다. 재고 금액의 계산식은 "당월 말 재고금액/일평균 매출원가"로 계산한다. 여기서 일 평균 매출원가는 (당월 총 매출원가+차월 총 매출원가)/60(일)로 계산할 수 있다. 재고유지 비용은 보유 중인 재고의 유지에 필요한 비용을 계산한 것이다. 계산식은 "재고 금액 × 재고유지비용 비율/100"이다.

이와 같이 각 기업의 공급 리드타임과 기업 환경 파라미터가 주어진 상태에서 각 기업에서 발생하는 연간 낭비비용은 다음과 같다. 도표 4-4에서 붉은 색으로 표시한 경쟁사 BM의 연간 낭비비용은 164억원이다. 이 금액은 "기회비용 + 재고 유지비용 = G11+H11

= 120.6+42"으로 산출한다. 반면 기업 KR의 연간 낭비 비용은 1,138억원이다. 이 금액은 "기회비용 + 재고 유지비용 = G9+H9 = 844.2+294"으로 산출한다. 연간 목표 영업이익 대비 낭비 비용의 비중이 기업 KR은 10.39%이지만, 경쟁사 BM은 1.48%로 낭비 비용의 비중이 낮다.

기업 KR(도표 4-4의 9행)에 적용한 수식을 예를 들어 설명한다. 공유한 엑셀자료의 수식입력 줄에서 적용한 로직을 확인할 수 있다.

- ✓ 일 판매가격 하락률 또는 판매가격 손실률(%) B9 = (B3/365)*C3 = (21/365) * 36 = 2.07
- ✓ 공급 리드타임에 따라 변하는 판매가격 손실률(%)이 보다 적절한 표현이다. 엑셀과 ChatGPT실습에서는 일 판매가격 하락률로 기술되어 있어도 제대로 계산된다.
- ✓ 재고 이자율(%) C9 = B3*D3/365 = 21*6/365 = 0.35
- ✓ 판매가격 하락 손실(억원/년) D9 = G3*B9/100*365 = 100*2.07/100*365 = 756.0
- ✓ 재고금액(억원) E9 = E3*B3 = 70*21 = 1,470.0
- ✓ 재고 자본비용(억원/년) F9 = E9*D3/100 = 1470*6/100 = 88.2
- ✓ 총 기회비용(억원/년) G9 = D9+F9 = 756+88.2 = 844.2
- ✓ 재고 유지비용(억원/년) H9 = E9*H3/100 = 1,470*20/100 = 294.0
- ✓ 영업이익 중 낭비 비율(%) I9 = (G9+H9)/I3*100 = (844.2+294)/10,950 = 10.39

이 때 적용한 판매가격 하락 로직을 한글로 설명한 내용은 도표 4-5와 같다. 도표 4-5는 ChatGPT에 낭비 비용을 계산하도록 요청한 내용이기도 하다.

도표 4-5. 계산결과에 대한 필드 설명(필드 계산을 위하여 ChatGPT에 입력한 내용)

일 판매가격 하락율(%/일)은 년 판매가격 하락율(%/년)/365와 리드타임(일)을 곱해서 계산한다.
재고 이자율(%)은 리드타임(일)과 이자율(%/년)/365을 곱해서 계산한다.
판매가격 하락 손실(억원/년)은 일 목표 매출액(억원/일)에 일 판매가격 하락율(%/일)/100과 365을 곱해서 계산한다.
재고금액(억원)은 평균매출원가(억원/일)에 리드타임(일)을 곱해서 계산한다.
재고 자본비용(억원/년)은 재고금액(억원)에 이자율(%/년)/100을 곱해서 계산한다.
총 기회비용(억원/년)은 판매가격 하락 손실(억원/년)과 재고 자본비용(억원/년)을 더하여 계산한다.
재고 유지비용(억원/년)은 재고금액(억원)에 재고 유지비용 비율(%)/100을 곱해서 계산한다.
영업이익 중 낭비 비율(%)은 총 기회비용(억원/년)과 재고 유지비용(억원/년) 우선 더한 후에 년간 목표 영업이익(억원/년)을 나누고 100을 곱해서 계산한다.

조달 리드타임과 공급 리드타임 등 리드타임 관리는 이 책에서 강조한 핵심 키워드인 속도(Velocity)와 관련이 있다. 이와 같이 속도는 기업 성과와 직접적인 관련이 있는 것이다. 그리고 SCM 혁신의 대상은 눈에 보이지 않는 기회비용까지 확대시켜야 개선의 기회를 찾을 수가 있다. 이와 같이 리드타임 관리의 중요성을 통해 3장 SCM 혁신에서 언급한 “SCM은 돈이 새어 나가는 것을 싫어한다”와 “SCM은 느린 것을 싫어한다”와 같은 SCM 특징을 이해할 수 있을 것이다.

판매가격 하락 이슈를 ChatGPT에서 확인하자

도표 4-4의 계산결과를 ChatGPT를 통하여 계산할 수 있다. 앞서 정리한 로직 도표 4-5의 내용을 포함하여 도표 4-6처럼 ChatGPT에 판매하락 계산 결과를 요청한다. 이때 첨부한 파일 판매가격_기준정보01.xlsx의 내용은 도표 4-6과 같다. 이것은 기존 도표 4-4의 기준정보와 동일하다. 각 기업의 공급 리드타임은 다르지만, 비교하는 기업의 연간 판매가격 하락율, 연간 이자율, 일 평균매출원가, 일 목표 매출액, 재고 유지비용 비율 및 연간 목표 영업이익은 동일하다고 가정한다.

요청 내용은 구체적이어야 한다. 계산 결과를 테이블 형태로 요청한다. 금액과 비율에 대해서는 소수점 표기 방식을 다르게 지정한다. 도표 4-8의 실행 결과에서 보듯이 소수점 표기 방식은 비교적 원하는 방식으로 표시되었지만, 일부는 일관성이 없다. 이때는 요청 내용을 수정하여 ChatGPT에 재 요청하거나, 코랩에서 파이썬 코드를 직접 수정할 수도 있다.

도표 4-6. 판매가격 하락과 리드타임의 재무적 성과 계산에 대한 ChatGPT 질문 내용

JA **You**

판가하락_기준정보01.xlsx
Spreadsheet

가상의 기업 KR, SY 그리고 BM의 판매가격 하락과 SCM 운영 수준를 분석하고자한다.
판가하락_기준정보01 파일을 읽고, 가상의 기업별 계산한 필드의 계산결과를 테이블 형태로 보여주기 바란다.
계산과정은 한글로 표시하기 바란다.
금액은 소수점 첫째자리까지만 표시한다.
비율은 소수점 둘째자리까지만 표시한다.
계산할 필드에 대한 설명은 아래와 같다.
일 판매가격 하락율(%/일)은 년 판매가격 하락율(%/년)/365와 리드타임(일)을 곱해서 계산한다.
재고 이자율(%)은 리드타임(일)과 이자율(%/년)/365을 곱해서 계산한다.
판매가격 하락 손실(억원/년)은 일 목표 매출액(억원/일)에 일 판매가격 하락율(%/일)/100과 365을 곱해서 계산한다.
재고금액(억원)은 평균매출원가(억원/일)에 리드타임(일)을 곱해서 계산한다.
재고 자본비용(억원/년)은 재고금액(억원)에 이자율(%/년)/100을 곱해서 계산한다.
총 기회비용(억원/년)은 판매가격 하락 손실(억원/년)과 재고 자본비용(억원/년)을 더하여 계산한다.
재고 유지비용(억원/년)은 재고금액(억원)에 재고 유지비용 비율(%)/100을 곱해서 계산한다.
영업이익 중 낭비 비율(%)은 총 기회비용(억원/년)과 재고 유지비용(억원/년) 우선 더한 후에 년간 목표 영업이익(억원/년)을 나누고 100을 곱해서 계산한다.

도표 4-7. 리드타임, 판매가격 하락율, 이자율 등 관련 기준정보

가상의 기업	리드타임(일)	년 판매가격 하락율(%/년)	이자율(%/년)	평균매출원가(억원/일)	영업이익율(%)	일 목표 매출액(억원/일)	재고 유지비용 비율(%)	년간 목표 영업이익(억원/년)
KR	21	36	6	70	30	100	20	10,950
SY	35	36	6	70	30	100	20	10,950
BM	3	36	6	70	30	100	20	10,950

도표 4-8의 ChatGPT의 계산결과는 엑셀의 기존 계산결과인 도표 4-4와 같다는 것을 확인할 수 있다. ChatGPT의 계산결과를 파일로 생성하여 달라고 도표 4-9와 같이 요청한다. 도표 4-9에서 "판가하락_GTP계산결과01다운로드"를 클릭하면 도표 4-10과 같은 엑셀을 다운로드 받을 수 있다.

도표 4-8. 판매가격 하락과 리드타임의 재무적 성과 계산에 대한 ChatGPT 결과

각 계산을 수행하고 결과를 테이블 형태로 정리하겠습니다. 금액은 소수점 첫째 자리까지, 비율은 소수점 둘째 자리까지 표시하겠습니다. [>-]

각 가상 기업(KR, SY, BM)에 대한 계산 결과는 다음과 같습니다:

가상의 기업	일 판매가격 하락율 (%/일)	재고 이자율(%)	판매가격 하락 손실(억원/년)	재고 금액 (억원)	재고 자본비용(억원/년)	총 기회 비용(억원/년)	재고 유지비용 (억원/년)	영업이익 중 낭비 비율(%)
KR	2.07	0.35	756.0	1470	88.2	844.2	294.0	10.39
SY	3.45	0.58	1260.0	2450	147.0	1407.0	490.0	17.32
BM	0.30	0.05	108.0	210	12.6	120.6	42.0	1.48

이 테이블은 요청하신 대로 금액을 소수점 첫째 자리까지, 비율을 소수점 둘째 자리까지 표시하여 정리한 것입니다. [>-]

도표 4-9. 판매가격 하락과 SCM 운영 수준 비교를 위하여 ChatGPT에 엑셀 파일 생성 요청

JA **You**
계산결과를 테이블형태로 판가하락_GPT계산결과01 이라는 파일명으로 만들어 주세요.

Data Analyst
계산 결과를 "판가하락_GPT계산결과01.xlsx" 파일로 저장했습니다. 아래 링크를 통해 다운로드하실 수 있습니다:

판가하락_GPT계산결과01 다운로드 [>-]

도표 4-10. 판매가격 하락과 SCM 운영 수준 비교에 대하여 ChatGPT가 생성한 엑셀 파일

가상의 기업	일 판매가격 하락율(%/일)	재고 이자율(%)	판매가격 하락 손실(억원/년)	재고금액(억원)	재고 자본비용(억원/년)	총 기회비용(억원/년)	재고 유지비용(억원/년)	영업이익 중 낭비 비율(%)
KR	2.07	0.35	756	1470	88.2	844.2	294	10.39
SY	3.45	0.58	1260	2450	147	1407	490	17.32
BM	0.3	0.05	108	210	12.6	120.6	42	1.48

ChatGPT가 생성한 판매가격 하락 파이썬 코드를 실행하자

ChatGPT가 생성한 파이썬 코드를 코랩에서 실행하는 이유는 아래와 같다. 1) 동일한 내용을 반복적으로 수행하기가 용이하다. 2) 동일한 결과를 제공하더라도 ChatGPT의 문제 풀이과정은 매번 변경될 수 있다. 코드를 저장하면 확정된 풀이 과정을 보관할 수 있다. 3) 제공된 코드를 수정하여 다른 용도로 쉽게 변경하여 사용할 수 있다. 4) 수행시간이 오래 걸리는 경우 ChatGPT는 파이썬 코드만 제공한다. 5) ChatGPT의 오류를 쉽게 수정하지 못하는 경우, 코랩에서 바로 파이썬 코드를 수정하는 것이 빠를 수 있다. 6) ChatGPT 화면에서는 그래프에서 한글 깨심 현상이 발생한다.

ChatGPT에 제공하는 파이썬 코드를 실행하기 위해서는 코랩에서 새 노트를 생성한다. 코랩에 접속하고, [파일] - [새 노트]를 클릭한다(도표 4-11 참조).

도표 4-11. 코랩에서 새 노트 생성하기

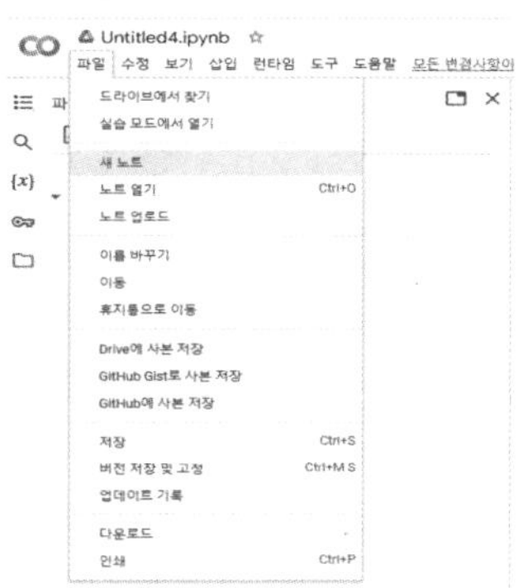

ChatGPT에 제공하는 파이썬 코드를 복사한다. 도표 4-8에서 빨간색 원으로 표시한 [>_]를 클릭하면 업로드한 첨부 파일을 읽어오는 역할을 하는 파이썬 코드를 확인할 수

있다(도표 4-12 참조). [Copy code]를 클릭하여 파이썬 코드를 복사한다. 코랩에서 새 노트의 셀에 붙여 넣는다.

도표 4-12. 업로드한 첨부파일을 읽어오는 역할을 하는 파이썬 코드 영역(ChatGPT)

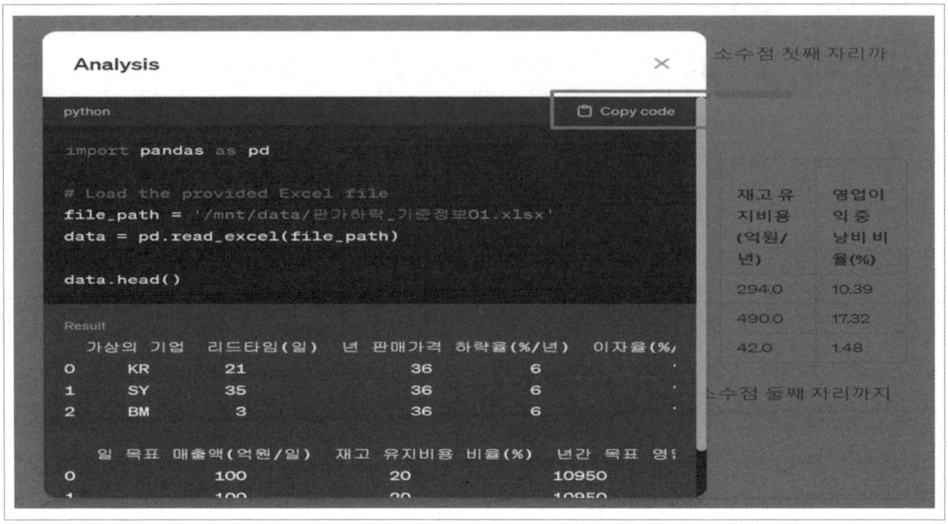

폴더 [폴더 아이콘]를 선택하면 현재의 위치와 파일들을 볼 수 있다. 코랩에서 기준정보 파일을 업로드하기 위해서 추가옵션 [⋮]을 클릭한다(아래 도표 참조). 나타난 팝업 창에서 "업로드"를 선택하고 개인 PC에 저장된 "판매가격_기준정보01.xlsx" 파일을 선택한다.

도표 4-13. ChatGPT 생성 코드 복사 결과와 첨부파일 업로드 과정(코랩)

도표 4-14에서 코랩의 sample_data 폴더 밑에 업로드된 파일을 확인할 수 있다. 코랩의 파이썬 코드에서 "ChatGPT의 저장위치"인 '/mnt/data/판가하락_기준정보01.xlsx'를 "코랩의 저장 위치"인 '/content/sample_data/판가하락_기준정보01.xlsx'로 파일 경로를 수정한다. 그리고 'Ctrl + Enter' 키를 눌러 실행하여 업로드한 엑셀 파일 내용을 확인한다. 도표 4-14의 파이썬 코드는 pandas 라이브러리를 사용하여 엑셀 파일을 읽어 데이터프레임으로 변환하는 과정을 보여준다. ChatGPT가 코드를 해석한 답변 내용으로 파이썬 코드를 자세히 설명한다.

- ✓ file_path라는 변수에 Excel 파일의 경로를 문자열로 저장한다. 이 경로는 코랩의 sample_data 폴더에 있는 판가하락_기준정보01.xlsx 파일을 가리킨다.
- ✓ pd.read_excel() 함수를 사용하여 지정된 경로의 Excel 파일을 읽고, 그 내용을 df라는 변수에 저장한다. df는 이제 파일 내용을 담고 있는 pandas의 DataFrame 객체가 된다.

도표 4-14. 첨부파일 업로드 결과 및 파일 경로 수정(코랩)

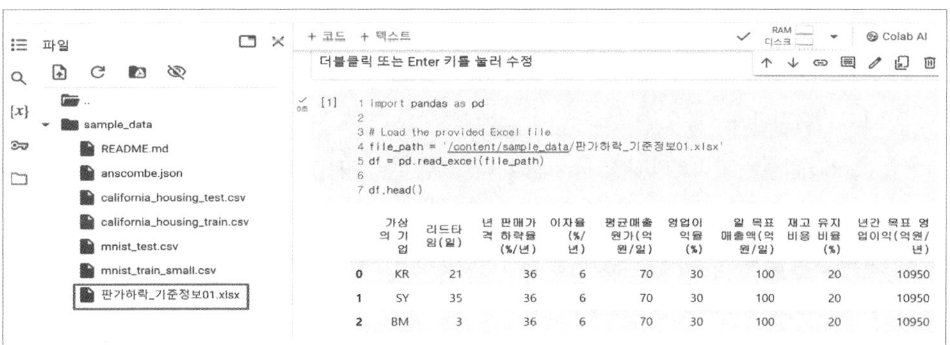

도표 4-15는 판매가격 하락을 계산하고, 소수점 자리를 조정하여 원하는 칼럼만 출력하는 코드이다. 여기서는 한글로 작성된 변수명을 사용한다.

도표 4-15. 판매가격 하락을 계산하는 파이썬 코드(코랩)

```
# 필요한 칼럼을 계산한다.
df['일 판매가격 하락율(%/일)'] = df['년 판매가격 하락율(%/년)'] / 365 * df['리드타임(일)']
df['재고 이자율(%)'] = df['리드타임(일)'] * df['이자율(%/년)'] / 365
df['판매가격 하락 손실(억원/년)'] = df['일 목표 매출액(억원/일)'] * df['일 판매가격 하락율(%/일)'] / 100 * 365
df['재고금액(억원)'] = df['평균매출원가(억원/일)'] * df['리드타임(일)']
df['재고 자본비용(억원/년)'] = df['재고금액(억원)'] * df['이자율(%/년)'] / 100
```

```
df['총 기회비용(억원/년)'] = df['판매가격 하락 손실(억원/년)'] + df['재고 자본비용(억원/년)']
df['재고 유지비용(억원/년)'] = df['재고금액(억원)'] * df['재고 유지비용 비율(%)'] / 100
df['영업이익 중 낭비 비율(%)'] = (df['총 기회비용(억원/년)'] + df['재고 유지비용(억원/년)']) / df['년간 목표 영업이익(억원/년)'] * 100

# 소수점 자리를 조정하여 출력한다.
df_formatted = df.round({'일 판매가격 하락율(%/일)': 1, '재고 이자율(%)': 1, '판매가격 하락 손실(억원/년)': 1,
                '재고금액(억원)': 1, '재고 자본비용(억원/년)': 1, '총 기회비용(억원/년)': 1,
                '재고 유지비용(억원/년)': 1, '영업이익 중 낭비 비율(%)': 2})

df_formatted[['가상의 기업', '일 판매가격 하락율(%/일)', '재고 이자율(%)', '판매가격 하락 손실(억원/년)',
```

	가상의 기업	일 판매가격 하락율(%/일)	재고 이자율(%)	판매가격 하락 손실(억원/년)	재고금액(억원)	재고 자본비용(억원/년)	총 기회비용(억원/년)	재고 유지비용(억원/년)	영업이익 중 낭비 비율(%)
0	KR	2.1	0.3	756.0	1470	88.2	844.2	294.0	10.39
1	SY	3.5	0.6	1260.0	2450	147.0	1407.0	490.0	17.32
2	BM	0.3	0.0	108.0	210	12.6	120.6	42.0	1.48

- ✓ **값의 정밀도 포매팅:** 각 계산된 열의 값을 특정 소수점 자릿수로 반올림한다. 예를 들어, '일 판매가격 하락율(%/일)'은 소수점 첫째 자리까지, '영업이익 중 낭비 비율(%)'은 소수점 둘째 자리까지 반올림된다.
- ✓ round() 함수는 파이썬의 내장 함수 중 하나로, 주어진 숫자를 소수점 이하의 지정된 자리수까지 반올림하는 데 사용된다.
- ✓ **결과 선택 및 표시:** 최종적으로, 특정 열만을 포함하는 새로운 데이터프레임 df_formatted을 생성하고, 이를 출력하여 결과를 보여준다.

도표 4-16은 이제까지 처리한 계산 결과를 엑셀 파일로 코랩의 현재 폴더에 저장하는 과정을 보여준다. 파이썬 코드에서 "ChatGPT의 저장위치"인 '/mnt/data/재고현황_분석결과.xlsx'를 "코랩의 저장 위치"인 '/content/sample_data/재고현황_분석결과.xlsx'로 파일 경로를 수정한다. sample 폴더 하위에 재고현황_분석결과.xlsx 파일을 확인할 수 있다.

- ✓ **Excel 파일로 저장:** df_formatted.to_excel(output_file_path, index=False)는 df_formatted 데이터프레임을 Excel 파일로 저장한다. output_file_path는 저장할 파일의 경로와 이름을 지정한다. index=False 옵션은 데이터프레임의 인덱스를 파일에 포함하지 않도록 한다.
- ✓ **파일 경로 설정:** output_file_path = '/content/sample_data/재고현황_분석결과.xlsx'는 저장

할 Excel 파일의 경로 및 파일명을 output_file_path라는 변수에 저장한다. 이 경우 파일은 /content/sample_data 디렉토리에 재고현황_분석결과.xlsx라는 이름으로 저장된다.

✓ 마지막 줄에 output_file_path를 그대로 출력하여, 사용자가 파일이 어디에 저장되었는지 알 수 있도록 한다.

도표 4-16. 계산 결과 엑셀 파일로 저장(코랩)

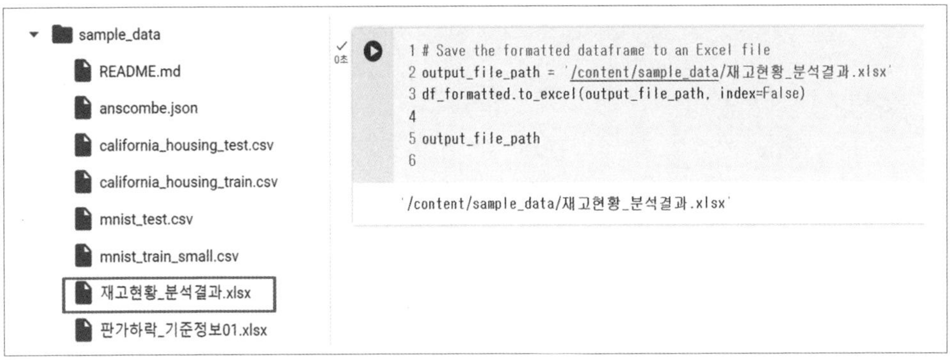

이처럼 ChatGPT가 파이썬 코드를 제공하므로 백지에서 파이썬 코드를 작성할 필요가 없다. 제공된 파이썬 코드가 이해가 안 된다면 ChatGPT에 질의하면 된다. 코랩에서 파이썬 코드를 실행하다가 에러가 발생하면, 에러코드를 ChatGPT에 전달하고 수정을 요청할 수 있다. 파이썬 코드에 대해서 너무 두려워할 필요가 없다. 프로그램에 대한 진입 장벽이 매우 낮아졌다. 문맥을 파악할 수 있을 정도의 파이썬 코드만 익히면 된다.

코랩에서 사용할 수 있는 주요 단축키를 정리하면 아래와 같다.

✓ Ctrl + Enter: 현재 선택된 셀의 코드가 실행되고, 커서는 해당 셀에 그대로 유지된다.

✓ Shift + Enter: 현재 셀을 실행하고 다음 셀로 이동한다. 다음 셀이 없다면 새로운 셀을 생성한다.

✓ Alt + Enter: 현재 셀을 실행하고 그 아래에 새 셀을 삽입한 후, 새 셀로 커서를 이동한다.

✓ Ctrl + /: 셀의 코드를 주석 처리/주석 해제한다. Ctrl + M + F: 찾기 및 바꾸기 패널을 연다.

✓ Ctrl + M + .: 런타임을 재 시작한다. 모든 변수와 함수 정의가 초기화된다.

✓ Ctrl + F9: 노트북의 모든 셀을 실행한다. Ctrl + S: 노트북을 저장한다.

✓ Ctrl + M + A: 현재 셀 위에 새 셀을 추가한다. Ctrl + M + B: 현재 셀 아래에 새 셀을 추가한다.

✓ Ctrl + M + D: 현재 셀을 삭제한다. Ctrl + M + Z: 셀 삭제를 실행 취소한다.

✓ Ctrl + M + M: 마크다운 셀로 변경한다. Ctrl + M + Y: 코드 셀로 변경한다.

제5장

주 단위 PSI와 비즈니스 리듬 동기화

기업의 SCM 운영 수준을 평가할 때 가장 먼저 확인할 항목 중 하나가 PSI(Production, Sales, Inventory)다. P는 생산 또는 입고로 인한 재고의 증가, S는 판매 또는 출고로 인한 재고의 감소, I는 재고를 의미한다. 이번 장에서는 PSI 추세선 확인이 왜 중요한지 설명하면서, 이와 관련된 SCM의 핵심 개념인 비즈니스 리듬 동기화에 대해서도 간단히 기술한다.

2장에서 학습한 그래프 만들기를 엑셀과 ChatGPT로 실습한다. 실습 과정에서 ChatGPT가 생성한 파이썬 코드도 해석한다. 파이썬 코드가 익숙해질 때까지는 파이썬 코드와 주석 전문을 이 책에 싣도록 한다. 여러분이 가상 기업 KR의 SCM 운영 수준을 분석하고 개선 방향을 도출해야 한다고 가정하자.

비즈니스 리듬 동기화를 이해하자

하이브리드 SCM[7, p68]에서 언급한 "SCM은 고객의 비즈니스 리듬과 동기화하여야 한다"의 내용을 기반으로 PSI 분석의 필요성과 분석 방법을 설명한다. 기업 KR은 전사적으로 월 단위 SCM을 운영하고 있다. 월간 실행 생산계획을 기반으로 일일 생산계획을 수립하고 있으며, 주로 수급 차질을 점검할 목적으로 생산 조직과 판매 조직이 매월 참여하는 생판회의를 운영하고 있다. 하지만 주요 안건이 월 단위로 논의되므로, 고객 불만, 품질 등의 이슈가 발생하면 너무 늦게 공유되어 문제가 빠르게 해결되지 않는다. 특히 월 1회 수립한 계획은 시장 및 고객의 수요 변동을 빠르게 반영할 수 없다. 도표 5-1은 주요 고객(기업 A, 기업 B)의 SCM 사이클(Cycle)과 동기화되지 않은 기업 KR의 "SCM 사이클의 채찍 효과(Bullwhip Effect)"를 보여주고 있다.

도표 5-1. 고객과 동기화되지 않은 SCM 운영 주기

월 단위 운영으로는 주중 발생하는 입고-출고-재고 간 불일치 이슈를 파악하기 어렵다. 도표 5-2는 월 단위 PSI 관리와 주 단위 PSI 관리의 차이를 보여주고 있다. 도표 5-2의 상단 그래프는 월별 입고-출고-재고의 변동을 보여주는 PSI(Production, Sales, Inventory) 그래프이다. 도표 5-2의 상단 그래프(월 단위 PSI)에서 검은색 점선인 입고 그래프와 붉은색 실선인 출고 그래프가 비슷한 수준에서 나란히 움직이고, 아래 파란색 실선 재고도 낮게 유지되면서 바람직한 PSI 그래프를 보여주고 있다. 아무 문제가 없어 보인다. 도표 5-2의 하단 그래프는 주별 PSI 그래프이다. 검은색 점선인 입고 그래프와 붉은색 실선인 출고 그래프간 간격이 큰 주차가 자주 나타난다. 파란색 실선인 재고도 변동성이 매우 크다. 월 단위 PSI 그래프에서 보이지 않던 문제점이 주 단위 PSI그래프에서는 보이게 된다.

1장에서 "데이터 사이언스와 SCM은 불확실성에서 가치창출을 지향한다"고 언급한 바 있다. 불확실성은 변동성을 의미하며, SCM/물류에서 혁신의 타겟이다. 변동성은 산포를 의미하며, 대부분의 경우에 산포를 잡으면 나머지는 해결된다고 할 수 있다. SCM 혁신의 순서는 우선 산포를 줄이고 평균을 향상시키는 것이다. 이러한 이유로 산포를 줄이고자 하는 SCM 6시스마 활동이 유행하기도 하였다. 정밀도와 정확도의 관계에서 확인할 수 있듯이, 프로세스 능력 향상의 기본은 산포 감축이라고 할 수 있다.

도표 5-2. 월 단위 vs. 주 단위 PSI(Production-Sales-Inventory) 분석

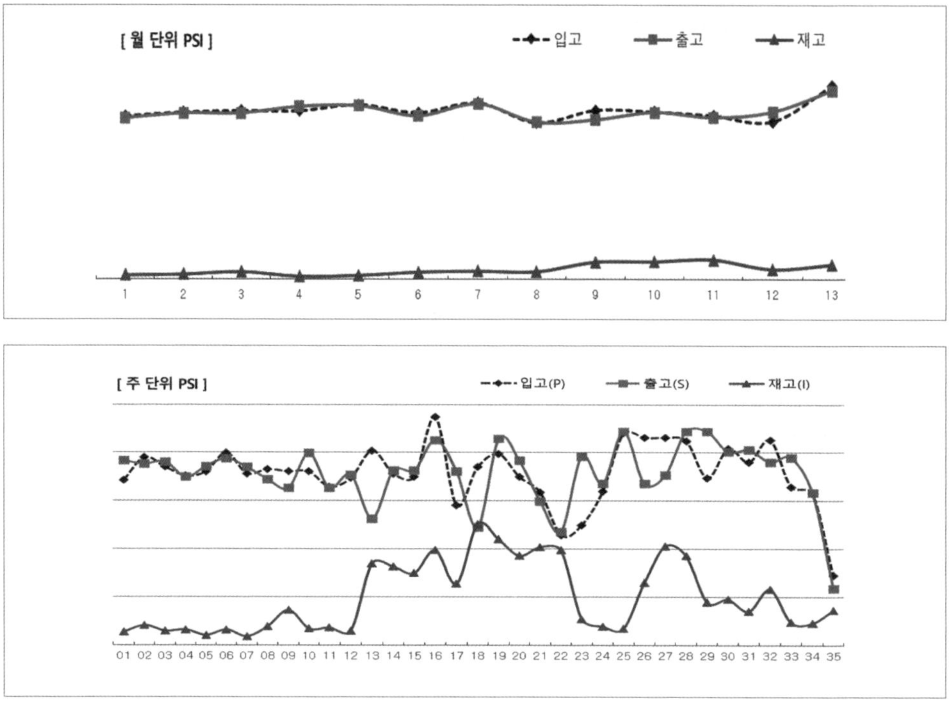

데이터를 월 단위에서 주 단위로, 전체 제품 총량에서 개별 제품 수량으로 세분하여야 숨어있던 SCM 이슈가 나타난다. "The devil is in the details"라는 격언이 SCM 데이터분석에도 적용된다. SCM 데이터를 다양한 그래프를 통해 표현함으로써 보다 명쾌한 메시지를 전달할 수 있다.

주 단위 PSI 추세선을 엑셀의 선 도표로 표시하자

주 단위 PSI의 변동성을 엑셀의 선 도표로 분석한다. 선 도표는 데이터를 꺾은 선 또는 곡선으로 표시하여, 일정 기간 동안의 데이터의 추세나 변화를 관찰하는 데 활용된다. 2장에서 설명한 꺾은 선형 차트, 혼합형 차트 및 영역별 차트로 실습한다. PSI 분석을 하기 위해서는 우선 데이터를 확보해야 한다. 일반적으로는 기업의 PSI 관련 화면에 직접 접속하여 다운로드를 받거나 정보시스템 조직에 요청하여 관련 데이터를 확보한다. PSI

분석은 개별 모델 단위로 분석해야 한다. 여기서는 모델별 주차별 입고, 출고, 재고 합산 데이터를 확보하였다고 가정한다. PSI_DATA.xlsx는 쉽게 설명하기 위하여 특정 모델의 대한 PSI 정보만으로 구성되어 있다.

■ 꺾은 선형 차트 만들기

- PSI_DATA.xlsx 파일을 오픈
- 데이터 범위 선택: A1:D36, 즉 A1을 선택한 상태에서 Ctrl+Shift를 누른 상태에서 화살표 ▶(오른쪽)과 ▼(아래)를 선택하면 표 전체를 선택할 수 있음(셀에서 화살표 키가 작동하지 않는 경우, 키보드에서 Scroll Lock 키를 찾아 눌러 해제)
- [삽입] 탭 - [차트] 그룹 - [모든차트] - [표식이 있는 꺾은 선형] 클릭 - [확인]

도표 5-3. PSI 꺾은 선형 차트 만들기

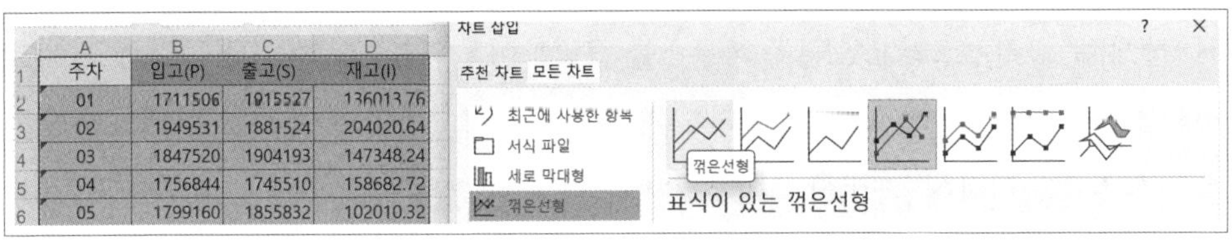

도표 5-4와 같이 주 단위 PSI 결과를 확인할 수 있다. PSI 꺾은 선형 차트를 선택하고 오른쪽 마우스를 클릭하여, 차트 종류에서 [혼합]을 선택하여 혼합형으로 바꾼다(도표 5-5 참조).

도표 5-4. PSI 꺾은 선형 차트 초안

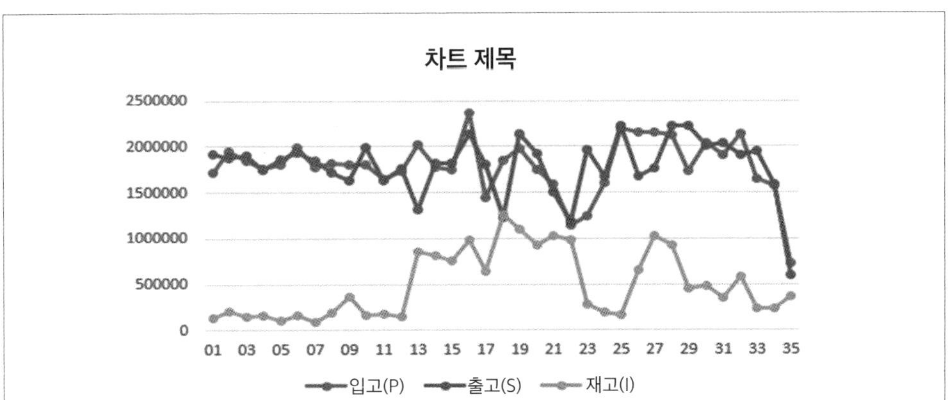

도표 5-5. PSI 혼합형 차트

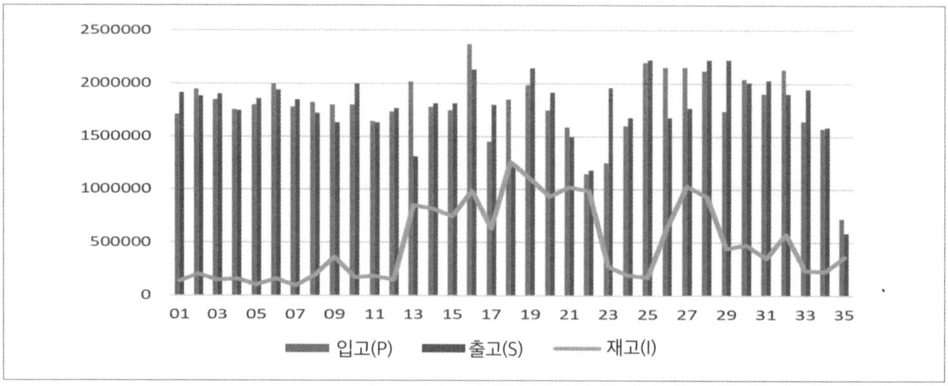

이번에는 도표 5-5의 PSI 혼합형 차트에서 입고(P), 출고(S) 막대 그래프를 삭제한다(차트의 막대 그래프를 클릭한 상태에서 Del 엔터 또는 오른쪽 마우스를 클릭한 상태에서 [삭제]를 클릭). 그리고 오른쪽 마우스를 클릭하여 [계열차트 변경]을 클릭하고, 차트 종류에서 [영역형]을 선택한다. 그래프 아래 영역(예시: 초록색 영역)을 선택하고 오른쪽 마우스를 클릭하여 [데이터 레이블 추가]를 선택한다. 영역형 차트 도표 5-6에서 데이터 레이블이 복잡하게 표시되어 있다. 필요시 각각의 레이블을 선택하여 이동시키거나 폰트 크기를 조절한다. 영역형 차트를 통해 재고의 변동성을 보다 쉽게 확인할 수 있다.

도표 5-6. 영역형 차트에 데이터 레이블 추가

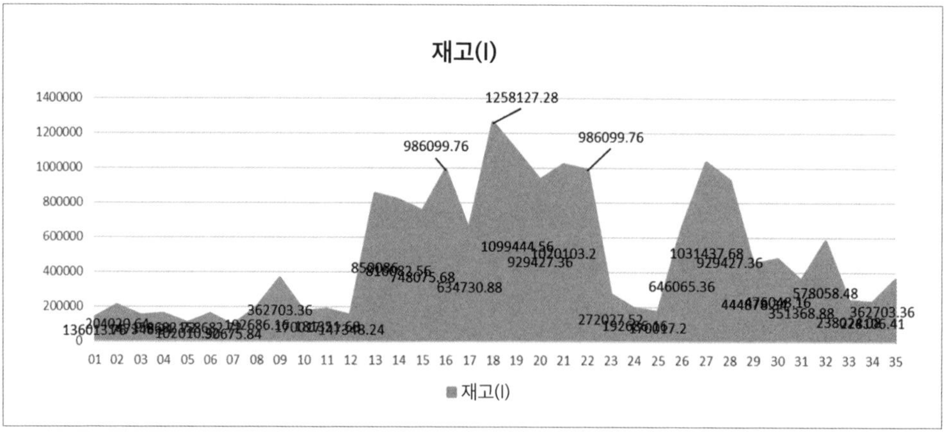

주 단위 PSI 추세선을 ChatGPT로 작성하자

앞 절에서 만든 꺾은 선형 차트, 혼합형 차트, 영역형 차트를 ChatGPT를 활용하여 작성하고, ChatGPT가 작성한 파이썬 코드를 해석하자.

[꺾은 선형 차트]

ChatGPT에 도표 5-7과 같이 PSI_DATA를 업로드하고, 구체적으로 차트 작성 방법을 요청한다. 도표 5-8과 같이 엑셀과 유사한 결과를 확인할 수 있다.

도표 5-7. ChatGPT에 꺾은 선형 차트 작성 요청

PSI_DATA.xlsx
Spreadsheet

Week 필드는 X축으로 하고. P, S 와 I를 Y축으로해서 꺾은 추세선을 그려줘
제목은 Weekly PSI Trend로 표시
P는 파란색. S는 빨간색, I는 녹색으로 표시
범례는 P는 Production(P), S는 Sales(S), I는 Inventory(I)로 정리
Y축값은 천단위씩 콤마를 사용
X축 Week라고 표시

도표 5-8. ChatGPT의 꺾은 선형 차트

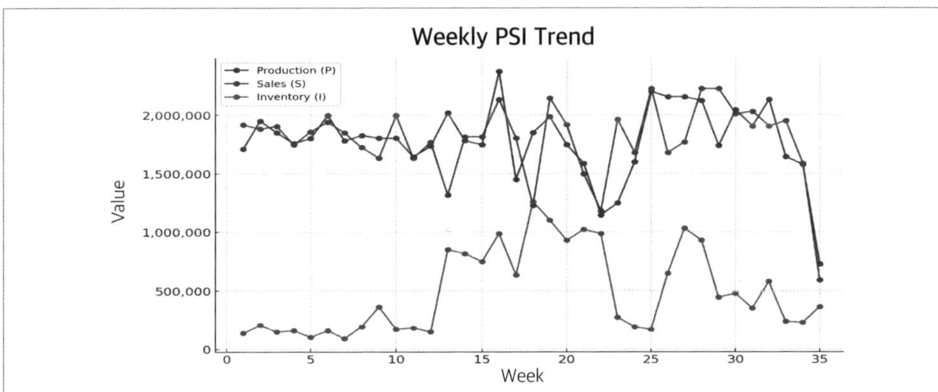

ChatGPT가 작성한 PSI 데이터 업로드 파이썬 코드를 코랩에서 실행하기 위해서는 아래 도표 5-9에서 파일 경로를 '/content/sample_data/PSI_DATA.xlsx'로 수정한다. file_path에 파일 경로가 저장된다. data 객체에 엑셀 정보를 저장한다.

도표 5-9. PSI 데이터 업로드의 파이썬 코드(코랩)

```
import pandas as pd

# 엑셀 파일에서 데이터를 읽어온다.
file_path = '/content/sample_data/PSI_DATA.xlsx'
data = pd.read_excel(file_path)                    # data 객체명 또는 변수명으로 엑셀 정보를 저장한다.

data.head()
```

"new chat"을 열어 재 요청하면 항상 새로운 코드가 생성된다. 엑셀을 저장하는 변수가 data가 아닌 예를 들어, psi_data등 다른 변수명으로 저장되기도 한다. 새로운 코드는 psi_data변수명에 근거하여 이하 모든 코드가 작성된다. 코드가 생성될 때마다 변수명이 변경되면 코드의 일관성이 저해된다. 이를 예방하기 위해서는 도표 6-7의 아래 문장처럼 data = pd.read_excel(file_path)를 명시할 필요도 있다.

도표 5-10은 ChatGPT가 작성한 PSI 꺾은 선형 차트 그리기 코드이다. 단지 주석을 읽으면서 어떻게 코드가 작성되었는지 정도만 확인한다.

도표 5-10. 꺾은 선형 차트의 파이썬 코드

```
# matplotlib.pyplot을 plt로 축약하여 가져온다. 데이터를 그래픽으로 표현하는 데 사용된다.
import matplotlib.pyplot as plt

plt.figure(figsize=(10, 6)) # 그래프의 크기를 가로 10인치, 세로 6인치로 설정한다.

# 'Week' 데이터를 x축으로, 'P', 'S', 'I' 각각을 y축 데이터로 하여 선 그래프를 그린다.
# 각 선에 레이블을 달아 범례에 표시되게 하며, 각각 다른 색상과 마커('o'는 원형 마커)를 지정한다.

plt.plot(data['Week'], data['P'], label='Production (P)', color='blue', marker='o')
plt.plot(data['Week'], data['S'], label='Sales (S)', color='red', marker='o')
plt.plot(data['Week'], data['I'], label='Inventory (I)', color='green', marker='o')

plt.title('Weekly PSI Trend')    # 그래프의 제목을 'Weekly PSI Trend'로 설정한다.
# x축과 y축에 각각 'Week'과 'Value'라는 레이블을 부여한다.
plt.xlabel('Week')
plt.ylabel('Value')

# y축의 값을 천 단위 구분 기호(콤마)를 사용하여 포맷팅한다. 예를 들어, 1000은 '1,000'으로 표시된다.
```

```
plt.gca().get_yaxis().set_major_formatter(plt.FuncFormatter(lambda x, loc: "{:,}".format(int(x))))

plt.legend()  # 그래프의 범례를 표시한다. label 파라미터로 설정된 내용이 범례로 나타난다.

plt.grid(True)  # 그래프에 그리드를 추가한다. 이는 데이터의 위치를 더 명확하게 파악할 수 있도록 도와준다.

plt.show()      # 모든 설정을 완료한 후 그래프를 화면에 표시한다.
```

y축 천 단위를 구분하는 코드에 대한 아래 설명은 건너 뛰어도 전혀 상관없다. 코드에 관심이 있는 독자를 위해 설명하는 것이다.

- ✓ plt.gca()는 "get current axis"의 약자로, 현재 활성화된 축(axes) 객체를 반환한다. 이 객체는 현재 그래프의 축 설정을 조작하는 데 사용된다.
- ✓ set_major_formatter() 메서드는 축의 주요 눈금 레이블의 표시 형식을 설정한다. 이 메서드는 matplotlib.ticker.Formatter 객체를 인수로 받아, 이 객체가 축 눈금 레이블의 포맷을 결정하도록 한다.
- ✓ plt.FuncFormatter는 함수를 사용하여 눈금 레이블의 포맷을 사용자 정의할 수 있도록 해주는 포맷터이다. 이 포맷터는 함수를 인수로 받으며, 이 함수는 각 눈금 레이블의 값(x)과 위치(loc)를 입력받아 포맷된 문자열을 반환한다.
- ✓ 람다 함수(Lambda Function)는 간단한 한 줄 짜리 익명 함수로, lambda 키워드를 사용하여 정의된다. 이 함수는 빠르고 간단한 작업에 유용하게 사용된다. 람다 함수는 일반적으로 다음과 같은 형식을 취한다: lambda arguments: expression
- ✓ 함수 인자 (x, loc)에서 x와 loc는 람다 함수의 두 매개변수이다: x는 포맷터에 의해 처리되는 데이터의 실제 값이다. loc은 데이터의 위치를 나타내지만, 이 경우에는 사용되지 않는다.
- ✓ 함수 본체 ("{:,}".format(int(x)))는 x 값을 정수로 변환하고(int(x)), 그 값을 천 단위 구분 기호가 있는 문자열로 포맷한다. 포맷 스트링 "{:,}"는 숫자에 대해 천 단위 구분자(콤마)를 삽입하도록 지시한다. 예를 들어, x 값이 12345일 경우, 이 표현식은 "12,345"라는 문자열을 반환한다.

[혼합형 차트]

이어서 혼합형 차트를 작성도록 도표 5-11과 같이 ChatGPT에 요청하고 결과를 확인하다. 매우 쉽다. 도표 5-12는 ChatGPT가 생성한 파이썬 코드이다.

도표 5-11. ChatGPT의 PSI 혼합형 차트

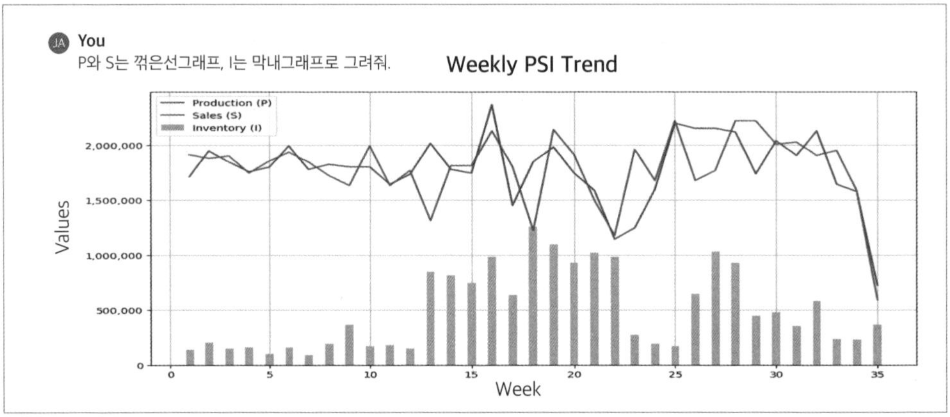

도표 5-12. PSI 혼합형 차트의 파이썬 코드

```
# matplotlib.pyplot을 plt로 축약하여 가져온다. 데이터를 그래픽으로 표현하는 데 사용된다.
import matplotlib.pyplot as plt
# matplotlib의 ticker 모듈을 불러온다. 이 모듈은 축의 틱 포매팅에 사용된다.
import matplotlib.ticker as ticker

plt.figure(figsize=(12, 6))   # 그래프의 크기를 설정한다 (너비 12인치, 높이 6인치).

# 생산량(P)과 판매량(S) 데이터를 선 그래프로 표현한다.
# 'Week' 열을 x축으로, 'P' 열을 y축으로 하여 파란색 선으로 그린다.
plt.plot(data['Week'], data['P'], label='Production (P)', color='blue')
# 'Week' 열을 x축으로, 'S' 열을 y축으로 하여 빨간색 선으로 그린다.
plt.plot(data['Week'], data['S'], label='Sales (S)', color='red')

# 재고량(I) 데이터를 막대 그래프로 표현한다.
# 'Week' 열을 x축으로, 'I' 열을 y축으로 하여 녹색 막대로 그린다.
# 막대의 투명도는 0.6, 너비는 0.4로 설정한다.
plt.bar(data['Week'], data['I'], label='Inventory (I)', color='green', alpha=0.6, width=0.4)

# 그래프의 제목과 x축, y축에 레이블을 추가한다.
plt.title('Weekly PSI Trend')
plt.xlabel('Week')
plt.ylabel('Values')

# y축의 값에 천 단위 구분자(쉼표)를 포맷터를 사용하여 추가한다.
plt.gca().yaxis.set_major_formatter(ticker.StrMethodFormatter('{x:,.0f}'))
```

```
plt.legend()  # 범례를 추가한다. 범례는 각 데이터를 설명하는 데 사용된다.
plt.grid(True)  # 그리드를 표시한다. 이는 데이터의 정확한 위치를 파악하기 쉽게 도와준다.

plt.show()
```

[영역형 차트]

이어서 재고의 레이블을 표시하는 영역형 차트를 아래와 같이 ChatGPT에 요청한다. 아래 실습을 통해 ChatGPT는 매번 답변을 달리하는 확률형 모델이라는 것을 다시 한 번 확인할 수 있을 것이다.

> **You**
> 재고만 영역형 차트로 그려줘.
> 글꼴크기는 10 로해서 데이터레이블을 추가해줘.

위의 요청에 대해서 어떤 경우는 한 번에 차트를 완성해 주기도 하지만, 대부분의 경우에 아래와 같은 메시지를 표시한다.

- ✓ 여전히 같은 문제가 발생하고 있다. 이러한 문제가 발생하는 것은 기본적으로 데이터 유형이 matplotlib에서 지원하지 않기 때문일 수 있다. 하나의 가능한 해결책은 데이터를 명시적으로 float 유형으로 변환하고, 특히 "Week" 열이 정수로 되어 있는데 이를 실수로 변환하는 것이다. 이를 통해 문제를 해결해 보자.
- ✓ 영역 그래프를 생성하는 과정에서 지속적인 문제가 발생하고 있다. 에러 메시지와 데이터 유형을 확인한 결과 문제가 없어 보이지만, matplotlib에서 데이터를 제대로 처리하지 못하고 있는 것 같다. 이 문제를 해결하기 위해 다른 시각화 라이브러리인 plotly를 사용하여 그래프를 그려 보자. plotly는 보다 유연하게 다양한 형태의 데이터를 처리할 수 있다.
- ✓ 다시 한번 웹소켓 연결 문제로 인해 plotly 그래프를 렌더링하는 데 실패했다. 서버 이슈가 지속되고 있는 것으로 보인다. 현재 상황에서 matplotlib를 사용하여 시각화를 다시 시도하거나, 나중에 다시 접속하여 plotly를 사용해보는 것을 추천한다.
- ✓ 웹소켓 연결 문제가 지속적으로 발생하고 있어, 현재로서는 plotly를 통한 시각화를 완료할 수 없다. 이는 서버 측의 문제일 수 있으며, 다른 방법으로 시각화를 시도하거나 나중에 다시 시도하는 것을 권장한다.

위와 같이 오픈 AI 서버에서 종종 에러가 발생한다. 도표 5-13처럼 그래프 작성 라이브러리를 명시해서 요청하여도 마찬가지이다. ChatGPT는 그래프가 아닌 그래프를 작성하는 파이썬 코드를 제공한다. 이러한 이유로 코랩을 사용할 수 있어야 한다.

도표 5-13. ChatGPT가 그래프가 아닌 파이썬 코드를 제공하는 사례

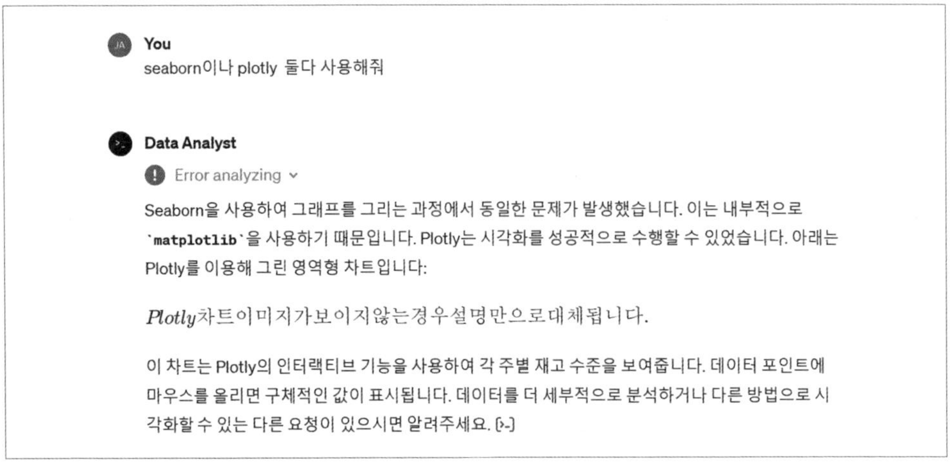

위 도표 5-13을 통해 제공받은 파이썬 코드를 코랩에서 실행한 결과는 도표 5-14와 도표 5-15이다. 도표 5-15의 인터랙티브 기능은 마우스의 포인터를 차트의 데이터에 위치시키면 관련 정보를 상호반응적으로 제공하는 기능이다.

도표 5-14. ChatGPT의 재고 영역형 차트(코랩)

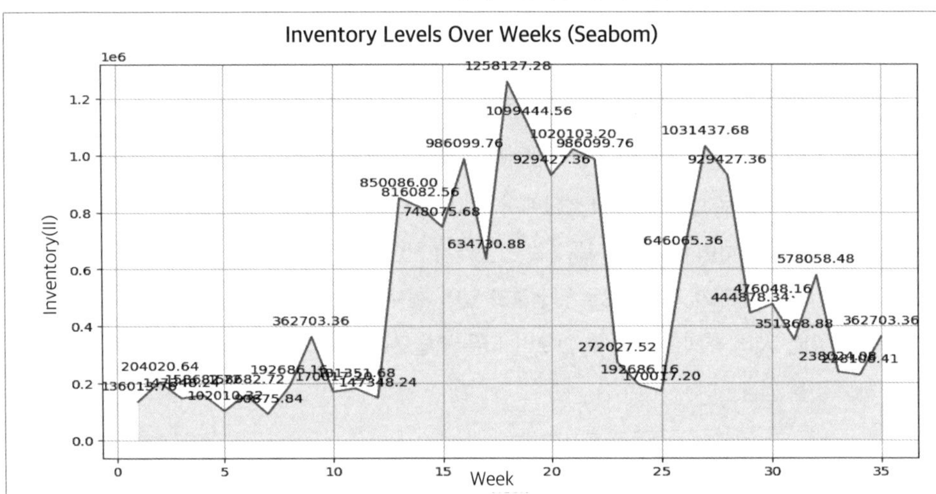

도표 5-15. Plotly의 인터랙티브 기능(코랩)

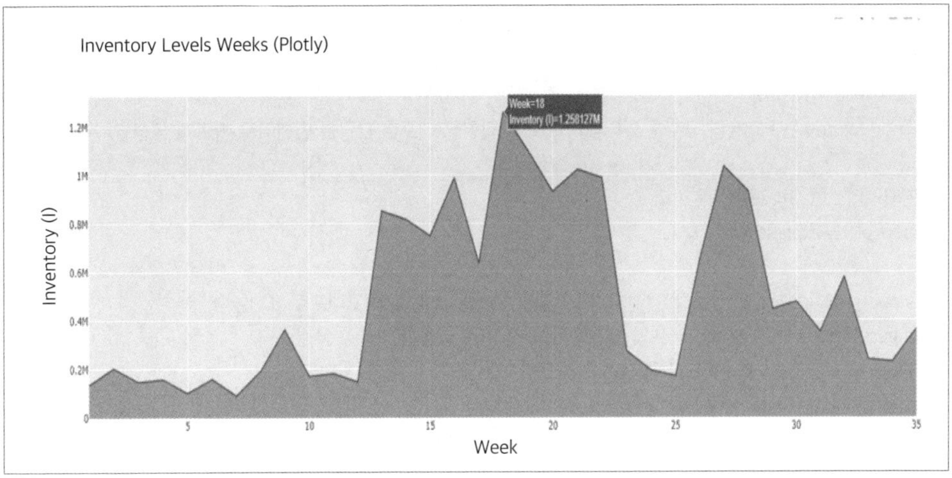

도표 5-16은 ChatGPT가 Plotly로 구현한 영역형 차트의 파이썬 코드이다. for i, txt in enumerate(data['I'])는 for 루프와 enumcrate 함수를 사용하여 for루프 안의 함수 또는 데이터 가공 기능을 반복하는 방법을 보여준다. 중요한 구문이므로 구체적인 요소들과 각각의 역할에 대해 추가한다. 해당 내용은 ChatGPT가 제공한 것이다.

✓ for 루프: 이 루프는 데이터 컬렉션을 반복하여 각 항목에 대해 코드 블록을 실행한다. 여기서는 data['I'] (재고 수치를 포함하는 열)의 각 요소에 대해 반복한다.

✓ enumerate 함수: enumerate는 컬렉션을 반복할 때 현재 요소의 인덱스와 함께 요소 자체를 반환한다. 이 함수는 두 개의 값, 즉 인덱스(i)와 값(txt)을 제공한다.

✓ i: 현재 요소의 인덱스(0부터 시작). 이 인덱스는 데이터 포인트의 위치를 표시하는 데 사용된다.

✓ txt: data['I']에서 현재 반복 중인 실제 값. 이 값은 그래프에 데이터 레이블로 표시된다.

✓ 루프 내용: 루프의 각 반복마다 plt.annotate 함수를 호출하여 그래프의 각 데이터 포인트에 텍스트 주석(데이터 레이블)을 추가한다.

f'{txt:.2f}': txt 값을 소수점 두 자리 형식으로 문자열로 포맷팅한다.

(data['Week'][i], data['I'][i]): 주석을 추가할 위치를 지정한다. x 좌표는 'Week' 열의 i번째 값이고, y 좌표는 'I' 열의 i번째 값이다.

textcoords="offset points", xytext=(0,10), ha='center', fontsize=10: 주석의 위치, 정렬, 폰트 크기 등을 설정한다.

도표 5-16. Plotly로 구현한 영역형 차트의 파이썬 코드

```
# Seaborn은 매트플롯라이브(matplotlib) 기반의 고급 시각화 라이브러리이다.
# 통계적 그래프를 쉽고 아름답게 그릴 수 있도록 설계되었다.
import seaborn as sns
# Plotly Express는 Plotly의 고수준 인터페이스로, 복잡한 그래프를 간단한 명령어로 빠르게 생성할 수 있게 해준다.
# 인터랙티브한 그래프를 지원한다.
import plotly.express as px

# Seaborn 라이브러리를 사용하여 데이터의 'I' 값을 'Week'에 따라 선 그래프로 표현한다.
plt.figure(figsize=(10, 6))  # 그래프의 크기를 10x6 인치로 설정한다.
# 'Week'를 x축으로, 'I'를 y축으로 하는 선 그래프를 그린다.
sns.lineplot(data=data, x='Week', y='I', color='Slateblue')
plt.fill_between(data['Week'], data['I'], color="skyblue", alpha=0.4)  # 선 아래의 영역을 하늘색으로 채운다.
plt.title('Inventory Levels Over Weeks (Seaborn)')  # 그래프의 제목을 설정한다.
plt.xlabel('Week')  # x축의 레이블을 'Week'로 설정한다.
plt.ylabel('Inventory (I)')  # y축의 레이블을 'Inventory (I)'로 설정한다.
plt.grid(True)  # 그리드를 표시하여 데이터의 위치를 더 쉽게 파악할 수 있게 한다.

# 데이터마다 데이터 레이블을 추가한다.
for i, txt in enumerate(data['I']):  # 'I' 열의 각 값과 해당 인덱스에 대해 반복한다.
    # 각 데이터에 레이블을 추가한다.
    plt.annotate(f'{txt:.2f}', (data['Week'][i], data['I'][i]), textcoords="offset points", xytext=(0,10), ha='center', fontsize=10)
plt.show()  # 위에서 설정한 그래프를 표시한다.
# Plotly 라이브러리를 사용하여 인터랙티브한 영역 그래프를 생성한다.
# 'Week'를 x축으로, 'I'를 y축으로 사용하여 영역 그래프를 생성하고 레이블을 설정한다.
fig = px.area(data, x='Week', y='I', title='Inventory Levels Over Weeks (Plotly)', labels={'I': 'Inventory (I)'})
fig.show()  # 생성된 그래프를 표시한다.

plt.show()  # 설정한 모든 옵션으로 그래프를 표시한다.
```

제6장
RTF 차질과 계획대로 실행

5장에서 언급한 고객과 비즈니스 동기화를 실현하기 위해서는 주 단위 SCM 운영체계가 필요하다. 그 중심에는 판매와 제조가 합의한 수치인 RTF가 있다. RTF(Return To Forecast)는 공급가용량으로, 판매와 생산조직이 합의하여 고객에게 약속한 숫자이다. RTF대로 판매조직은 판매하고 생산조직은 생산해야 한다. "정확히 예측하고 약속한 대로 실행한다" 또는 "계획대로 실행해야 한다"는 의미이다. SCM 운영 수준을 평가할 때 RTF에 대한 차질을 우선 분석할 필요가 있다. 계획대로 실행하지 못하는 기업은 많은 이슈를 내포하고 있기 때문이다.

이번 장에서는 이러한 계획대로 실행의 중요성을 설명하고, 엑셀과 ChatGPT를 활용하여 RTF 차질을 분석한다. 그리고 ChatGPT가 제공한 파이썬 코드를 코랩에서 실행하고 해석한다.

계획대로 실행을 이해하자

주 단위 SCM 운영은 더하지도 말고 덜하지도 말고 주 단위 RTF 대로 생산하고 RTF 대로 판매하는 것이다. RTF 대로 생산하기 위해서는 "주간 출하계획 ~ 주간 생산계획 ~ 일일 생산계획 ~ 제조지시 ~ 실적"이 물 흐르듯 계획대로 실행되어야 한다. 계획과 실행의 불일치는 혁신추진 동력 상실로 연결되고, 너무 잦은 생산계획 변경은 생산성 감소 및 품질 이슈를 발생시킨다(하이브리드 SCM[7, p74] 참조).

계획대로 실행이 되는 지를 판단하기 위해서는 주간 RTF(또는 출하계획) 대비 주간 출하실적의 불일치율과 일일 생산계획 대비 제조지시의 불일치율을 분석해야 한다. 도표 6-1은 주간 출하계획 대비 주간 출하실적의 불일치율이 평균 27%, 도표 6-2는 생산계획 대비 제조지시 불일치율이 평균 54%까지 높다는 것을 보여준다.

도표 6-1. 주간 RTF(출하계획) 대비 주간 출하실적의 불일치율

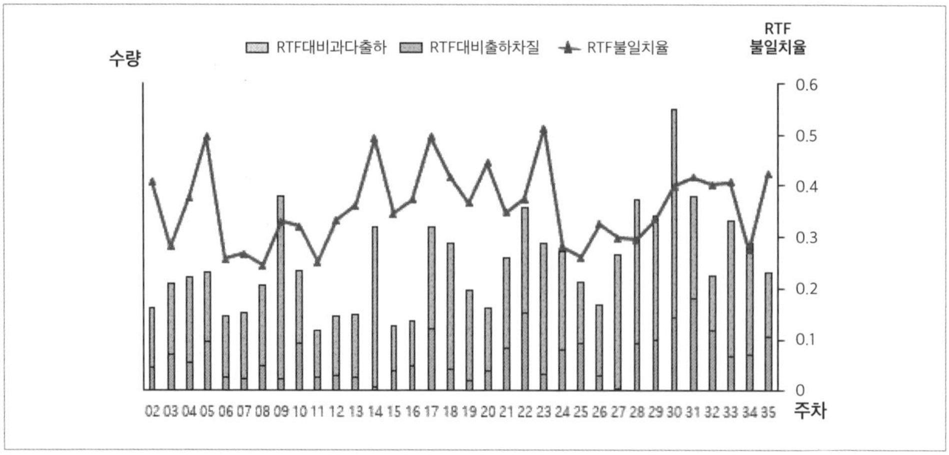

도표 6-2. 일일 생산계획 대비 제조지시 불일치율

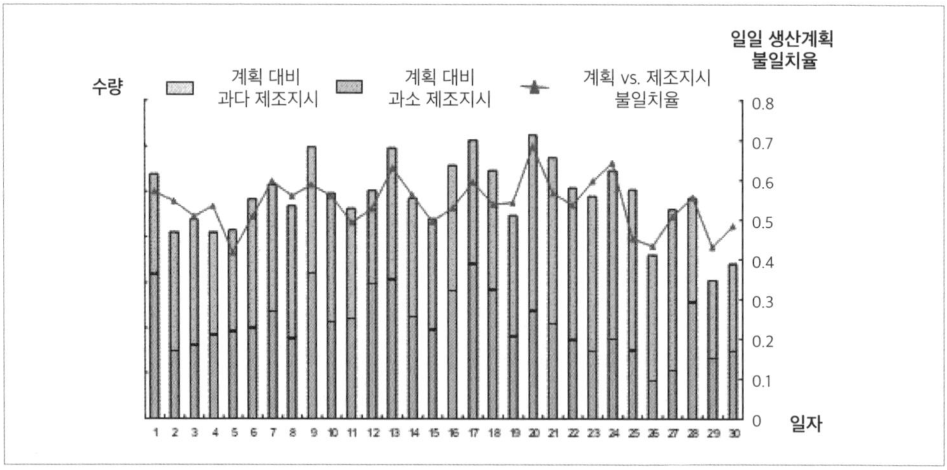

도표 6-1과 도표 6-2의 불일치율은 많은 기업에서 나타나는 수치이다. 이는 글로벌 SCM 운영팀의 생산 가이드와 무관하게 제조 현장이 중심이 되어 생산계획을 변경하여 생산하고 있다고 해석할 수 있다.

계획대로 생산하고 차질이 발생할 경우 문제를 공유하고 개선하는 선 순환 활동이 필요하다. 이를 위해서는 주간 RTF(또는 출하계획) 대비 주간 출하실적의 불일치율, 일일 생산계획 대비 제조지시 불일치율과 같은 SCM 과정 지표의 개발도 검토해야 한다. 여기서 주간 RTF는 주간 출하계획을 의미한다.

RTF 차질을 엑셀 차트로 표시하자

RTF 차질을 엑셀 혼합형 차트를 통해 분석한다(2장, 5장 실습 예제 참조). 모델별 주차별 RTF와 실적 데이터를 확보하였다고 가정한다(RTF_DATA.xlsx). 이 데이터로부터 주차별 RTF 불일치율, 과다출하, 출하차질 정보를 우선 계산해야 한다. 그리고 주차별 데이터로부터 혼합형 차트를 생성한다.

[주차별 모델별 RTF 불일치율 집계]

■ 피벗 테이블 선택

- RTF_DATA.xlsx 파일을 오픈함, E열부터 I열까지 새로운 열을 만듬(도표 6-3 참조)
    - E열: 주차를 의미하며, A열의 주차값 그대로 사용. 예, E2 = A2
    - F열 모델을 의미하며, B열의 주차값 그대로 사용. 예, F2 = B2
    - G열: 실적 - RTF이며 과다출하을 의미하고, 음수이면 0으로 대체. 예, G2 = MAX(D2-C2, 0)
    - H열 : RTF - 실적이며, 출하차질을 의미하고, 음수이면 0으로 대체. 예, H2 = MAX(C2-D2, 0)
    - I 열: RTF 불일치율을 의미하며. (1 - 실적/RTF)의 절대값. 예: I2 = ABS(1- D2/C2)
- 데이터 범위 선택: 새롭게 만든 열에 대해 E1:I1,938 선택, 즉 E1을 선택하고 Ctrl+Shift를 누른 상태에서 화살표 ▶(오른쪽)과 ▼(아래)를 선택하면 표 전체를 선택할 수 있음
- [삽입] 탭 - [표] 그룹 - [피벗테이블] - [피벗 테이블 범위 에서] 클릭
- 피벗 테이블을 배치할 위치로 [기존 워크시트]를 선택하고 저장할 위치 K1을 클릭 - [확인] 클릭

도표 6-3. 주차별 모델별 RTF 불일치율 집계를 위한 피벗 테이블 선택

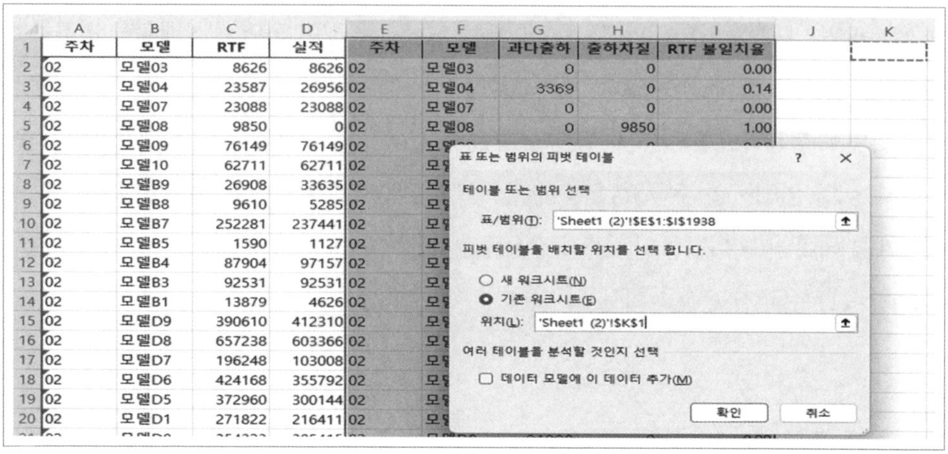

■ 피벗 테이블 필드 설정

- [피벗 테이블 필드] 창에서 [행]에는 [보고서에 추가할 필드 선택]에서 "주차" 선택
- [피벗 테이블 필드] 창에서 [값]에는 [보고서에 추가할 필드 선택]에서 "과다출하", "출하차질", "RTF 불일치율" 선택 - 오르쪽 마우스 클릭하여 [값 필드 설정]을 클릭 - [값 필드 설정] 창에서 [선택할 필드 데이터]는 모두 "평균" 선택 - [확인] 클릭

도표 6-4. 주차별 모델별 RTF 불일치율 집계를 위한 피벗 테이블 필드 설정

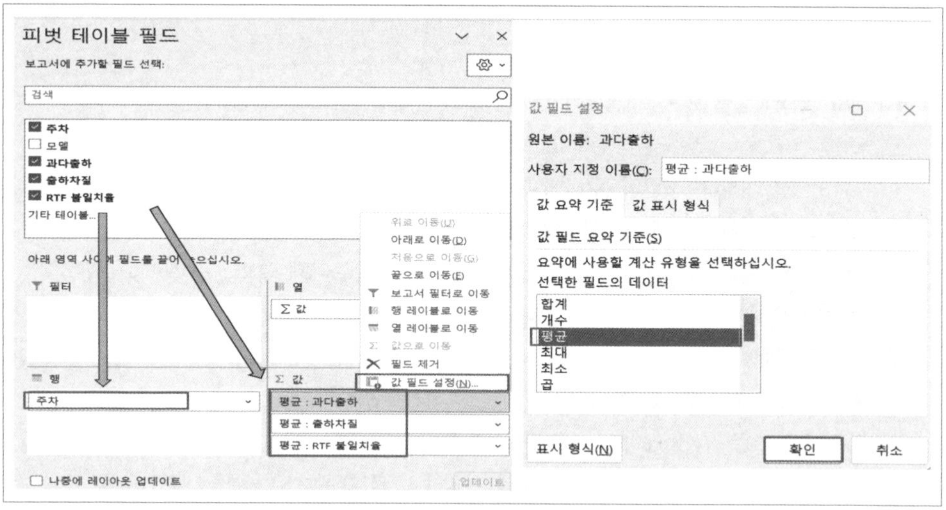

■ [RTF차질 분석 혼합형 차트 만들기]

- 데이터 범위 선택: 피벗 데이터K1:N35 선택 - [삽입] 탭 - [차트] 그룹 - [모든차트] - [혼합] - [사용자 지정 조합] 선택 - 평균: 과다출하, 평균:출하실적 모두 "누적 세로 막대형" 선택, 평균:RTF 불일치율은 꺾은선형 선택 및 보조축 체크

도표 6-5. RTF차질 분석을 위한 혼합형 차트 선택

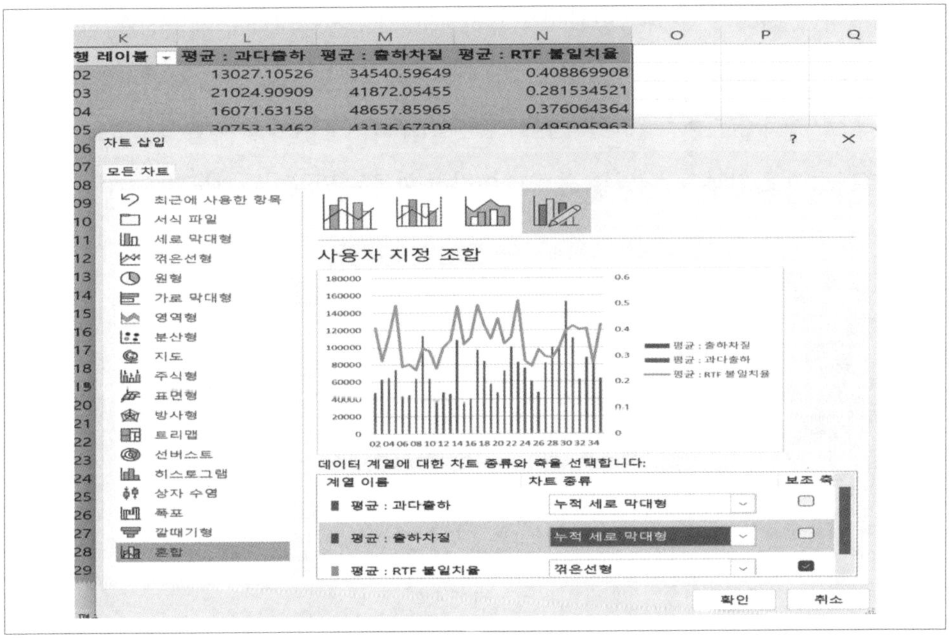

이렇게 생성한 차트에 대해 범례 위치, 그래프의 채우기, 윤곽선의 색을 도표 6-6과 같이 변경한다.

도표 6-6. RTF차질 분석을 위한 혼합형 차트

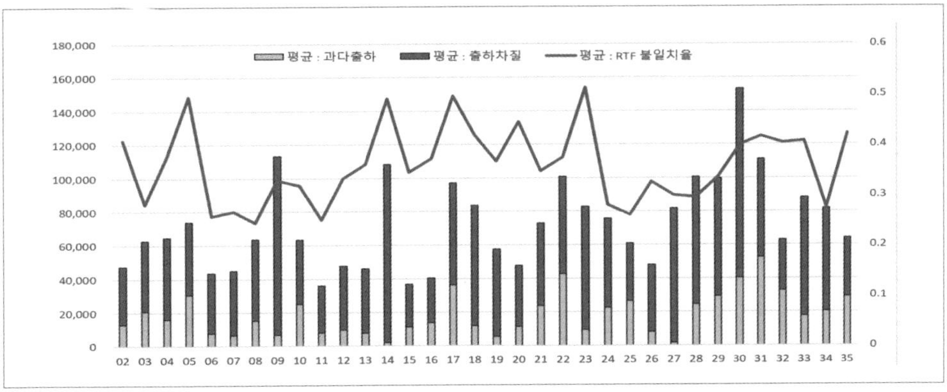

RTF 차질을 ChatGPT로 실습하자

[주차별 과다출하, 출하차질, RTF 불일치율의 집계]

ChatGPT에 도표 6-7과 같이 RTF_DATA.xlsx를 업로드하고, 구체적으로 집계 방법을 기술한다. 한글로 테이블 필드로 정의하고 파이썬 코드에서 사용할 수도 있으나, 영문으로 작성한다. 데이터 처리 시 일관성을 유지하고, 코드에서 보다 쉽게 필드를 참조하기 위해서이다. 이를 위해 "데이터를 읽을 때, 한글명을 영문명으로 변경한다"는 문장을 추가한다. 이 문장이 없으면 "파이썬 코드의 필드와 테이블 A, B의 필드는 영문명을 사용한다"를 추가하여도 전부 또는 일부 필드가 여전히 한글로 만들어지기도 한다.

도표 6-7. ChatGPT에 주차별 과다출하, 출하차질, RTF 불일치율의 집계 요청

RTF_DATA.xlsx
Spreadsheet

주차별 RTF 차질 분석을 위한 테이블 B를 만든다.
테이블 A: 주차별 모델별 과다출하, 출하차질, RTF 불일치율
테이블 B: 주차별 과다출하, 출하차질, RTF 불일치율
파이썬 코드의 필드와 테이블 A, B의 필드는 영문명을 사용한다.
한글명과 영문명은 매핑은 아래와같다.
주차 Week, 모델 MODEL, 과다출하 P, 출하차질 M, RTF 불일치율 R
주차별 모델별 과다출하(P), 출하차질(M), RTF 불일치율을 먼저 계산하고(테이블 A), 이후에 주차별 평균값인 주차별 과다출하, 출하차질, RTF 불일치율을 계산한다(테이블 B).
RTF _DATA.xlsx에 주차별(Week) 모델별(MODEL) RTF(RTF)와 실적(ACTUAL)이 있다.
주차별 모델별 과다출하는 MAX(실적-RTF, 0) 이다.
주차별 모델별 출하차질은 MAX(RTF - 실적, 0) 이다.
주차별 모델별 RTF 불일치율은 (1 - 실적/RTF)의 절대값이다(단위는 %가 아니고 비율이다).
주차(Week)는 02, 03, 04...와 같이 문자형으로 저장하다.
data = pd.read_excel(file_path)를 사용한다.
데이터를 읽을 때, 한글명을 영문명으로 변경한다.
한글로 작성한다.

도표 6-8에서 주차별 모델별 RTF와 실적의 처음 5개의 레코드를 data.head( )를 통해 확인할 수 있다. 이후 도표 6-8과 같은 형태의 결과가 나오는 것은 ChatGPT가 작성한 파이썬 코드를 코랩에서 실행한 경우이다. 이하 파이썬 코드를 코랩 환경에서 실행하였다는 내용을 생략할 수 있다.

도표 6-8. 주차별 모델별 RTF와 실적(코랩, 이하 생략)

```
import pandas as pd

file_path = '/content/sample_data/RTF_DATA.xlsx'
data = pd.read_excel(file_path)
```

```
data.head()
```

	주차	MODEL	RTF	실적
0	2	모델03	8626	8626
1	2	모델04	23587	26956
2	2	모델07	23088	23088
3	2	모델08	9850	0
4	2	모델09	76149	76149

도표 6-9에서 주차별 모델별 과다출하, 출하차질, RTF 불일치율 계산을 확인할 수 있다. 엑셀과 다르게 clip( ) 함수를 사용하여 과다출하, 출하차질을 계산하고 있다. clip( ) 함수는 주로 데이터의 특정 범위를 강제로 제한할 때 활용되며, 이상치나 노이즈를 제어하는 데 유용하게 쓰인다.

도표 6-9. 주차별 모델별 과다출하, 출하차질, RTF 불일치율 계산(코랩)

```
# 한글 필드명을 영문명으로 변경
# '주차', '모델', 'RTF', '실적' 등의 한글 필드명을 각각 'Week', 'MODEL', 'RTF', 'ACTUAL'로 변경한다.
data.columns = ['Week', 'MODEL', 'RTF', 'ACTUAL']

# 테이블 A 생성: 주차별 모델별 과다출하, 출하차질, RTF 불일치율 계산
# 과다출하(P)는 '실적'이 'RTF'보다 클 경우 그 차이를 계산한다. 그 외의 경우는 0으로 처리한다.
# clip(lower=0) 함수는 음수 값이 나오지 않도록 0 이하의 값은 0으로 설정한다.
data['P'] = (data['ACTUAL'] - data['RTF']).clip(lower=0)

# 출하차질(M)은 'RTF'가 '실적'보다 클 경우 그 차이를 계산한다.. 그 외의 경우는 0으로 처리한다.
# 출하차질은 실제 출하가 예상 출하보다 적을 때 발생한다.
data['M'] = (data['RTF'] - data['ACTUAL']).clip(lower=0)

# RTF 불일치율(R)은 '실적'과 'RTF'의 차이의 절대 비율을 나타낸다.
# 계산식은 절대값(|1 - 실적/RTF|)을 사용하여, 비율이 양수로만 나타나게 한다.
data['R'] = abs(1 - data['ACTUAL'] / data['RTF'])

data.head()
```

	Week	MODEL	RTF	ACTUAL	P	M	R
0	2	모델03	8626	8626	0	0	0.000000
1	2	모델04	23587	26956	3369	0	0.142833
2	2	모델07	23088	23088	0	0	0.000000
3	2	모델08	9850	0	0	9850	1.000000
4	2	모델09	76149	76149	0	0	0.000000

ChatGPT 화면에는 정상으로 보이지만, ChatGPT가 생성한 아래 코드를 코랩에서 실행하면 에러가 발생하기도 한다(도표 6-10 참조).

도표 6-10. ChatGPT의 주차별 집계 오류 파이썬 코드(코랩)

```
# 테이블 B 생성: 주차별 평균 과다출하, 출하차질, RTF 불일치율 계산한다.
table_b = data.groupby('Week')['P', 'M', 'R'].mean().reset_index()

table_b.head()
```

```
---------------------------------------------------------------------------
ValueError                                Traceback (most recent call last)
<ipython-input-3-7e4cfbdef522> in <cell line: 2>()
      1 # 테이블 B 생성: 주차별 평균 과다출하, 출하차질, RTF 불일치율 계산
----> 2 table_b = data.groupby('Week')['P', 'M', 'R'].mean().reset_index()
      3
      4 # 결과 확인
      5 table_b.head()

/usr/local/lib/python3.10/dist-packages/pandas/core/groupby/generic.py in __getitem__(self, key)
   1765             # if len == 1, then it becomes a SeriesGroupBy and this is actually
   1766             # valid syntax, so don't raise
-> 1767             raise ValueError(
   1768                 "Cannot subset columns with a tuple with more than one element. "
   1769                 "Use a list instead."

ValueError: Cannot subset columns with a tuple with more than one element. Use a list instead.
```

에러 부분을 복사하여 ChatGPT에 코드 수정을 요청한다. ChatGPT가 수정한 코드가 도표 6-11이다. ['P', 'M', 'R']을 [['P', 'M', 'R']]으로 수정하였다.

도표 6-11. ChatGPT의 주차별 집계 오류를 수정한 파이썬 코드(코랩)

```
# 올바른 문법으로 수정하여 테이블 B 생성
# data.groupby('Week')를 통해 데이터를 'Week' 필드 기준으로 그룹화한다.
# 이는 같은 주차끼리 데이터를 모으는 작업이다.
# [['P', 'M', 'R']]로 필요한 열만 선택하여 그룹별 평균을 계산한다.
# 이는 각 주차별로 'P', 'M', 'R' 값의 평균을 구하는 것이다.
# mean() 함수는 선택된 각 그룹(주차별)의 평균을 계산한다.
# reset_index() 함수를 사용하여 그룹화된 데이터의 인덱스를 초기화한다.
# 이는 데이터프레임이 그룹화에 의해 변경된 인덱스 구조를 일반적인 인덱스 구조로 되돌린다.
table_b_corrected = data.groupby('Week')[['P', 'M', 'R']].mean().reset_index()

# 수정된 결과 확인: 이를 통해 생성된 테이블 B의 첫 5주차 데이터를 빠르게 확인할 수 있다.
table_b_corrected.head()
```

	Week	P	M	R
0	2	13027.105263	34540.596491	0.408870
1	3	21024.909091	41872.054545	0.281535
2	4	16071.631579	48657.859649	0.376064
3	5	30753.134615	43136.673077	0.495096
4	6	7567.678571	35892.946429	0.257563

[['P', 'M', 'R']]는 칼럼 이름들을 리스트 안에 넣음으로써 Pandas에게 이 이름들이 DataFrame 내에서 선택되어야 하는 칼럼들임을 명확하게 알린다. 리스트를 사용함으로써, 반환되는 객체는 DataFrame이 된다. 단일 칼럼 선택 시에는 단일 문자열 ('P')이나 단일 리스트 (['P'])을 사용할 수 있지만(Series와 DataFrame 차이), 여러 칼럼을 선택할 경우 이들을 리스트 안에 넣어야 한다.

✓ Series 반환: data.groupby('Week')['P'] 단일 칼럼을 선택하면 결과는 Series 객체이다.

✓ DataFrame 반환: data.groupby('Week')[['P']] 리스트를 사용해 칼럼을 선택하면, 결과는 DataFrame 객체이다. 이는 여러 칼럼을 선택할 때 필수적이다.

[RTF차질 분석 혼합형 차트 만들기]

생성된 주차별 과다출하, 출하차질, RTF 불일치율 집계결과에 기반으로 혼합형 차트를 생성하도록 ChatGPT에 도표 6-12처럼 요청한다.

도표 6-12. ChatGPT에 RTF차질 분석 혼합형 차트 요청

```
주차별 과다출하, 출하차질, RTF 불일치율에 대한 혼합형 차트를 만든다.
X축은 주차이고 Y축의 왼쪽은 과다출하의 단위이고 오른쪽은 RTF 불일치율의 단위이다.
Y축은 천 단위마다 콤마를 표시하고. Y축 오른쪽은 0부터 0.6까지 표시한다.
Y축 설명은 생략한다.
RTF 불일치율(R)은 표식이 있는 파란색 꺽은 선형이다.
과다출하(P)는 짙은 분홍색이 있는 노란색이고 출하차질(R)은 짙은 초록색이며, 윤곽선은 검은색인
누적 세로 막대형이다.
제목은 "RTF 차질 분석" 이다.
```

ChatGPT 및 코랩의 차트에서 한글이 깨지는 현상이 발생한다. 도표 6-13의 혼합형 차트 코드를 실행하기 전에 한글 폰트를 설치한다. 그리고 세션 다시 시작(Ctrl + M)을 실행한다. 여전히 안 되는 경우 도표 6-14를 실행하고 확인한다.

도표 6-13. 한글 폰트 설치(코랩)

```
# 한글 폰트 설치, ! 명령어는 코랩에서 시스템 명령어를 실행하게 해준다.
    !sudo apt-get install -y fonts-nanum
!sudo fc-cache -fv
!rm ~/.cache/matplotlib -rf
```

도표 6-14. 한글 폰트 재 설치 및 확인하기(코랩)

```
import matplotlib.pyplot as plt
import matplotlib.font_manager as fm

# 폰트 경로를 지정한다.
font_path = '/usr/share/fonts/truetype/nanum/NanumBarunGothic.ttf' # 예시 경로
# 폰트 이름을 가져온다.
font_name = fm.FontProperties(fname=font_path, size=10).get_name()
# Matplotlib의 rcParams에 폰트를 지정한다.
plt.rcParams['font.family'] = font_name

# 테스트용 그래프를 그린다.
plt.figure()
plt.plot([1, 2, 3], [1, 2, 3])
plt.title('테스트')
plt.show()
```

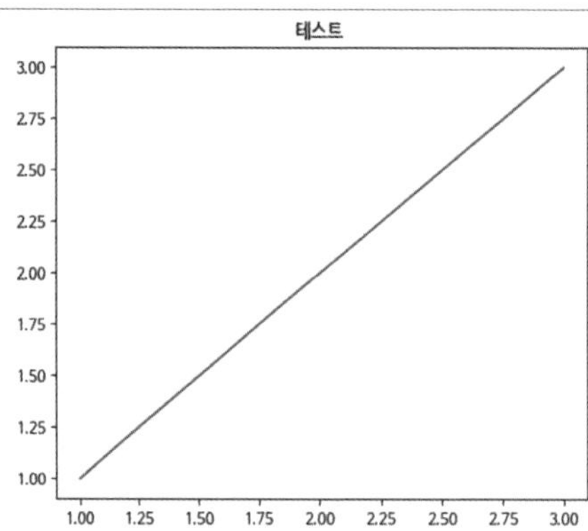

그리고 나서 도표 6-15의 혼합형 차트를 생성하는 파이썬 코드를 실행한다. 도표 6-15 파이썬 코드에서는 y축을 주축(왼쪽 y축) 객체 ax1과 보조축(오른쪽 y 축) 객체 ax2을 만드는 것을 추가 설명한다. 왼쪽 y축을 생성하는 fig, ax1 = plt.subplots(figsize=(10, 6))는 Matplotlib 라이브러리를 사용하여 시각화를 생성할 때 자주 사용되는 구문이다. 오른쪽

y축을 생성하는 ax2 = ax1.twinx( )는 Matplotlib 라이브러리의 매우 유용한 기능으로, 주로 하나의 x-축에 두 개의 서로 다른 y-축을 가진 그래프를 그리고자 할 때 사용된다. 이 함수를 사용하면, 기존 축(객체 ax1)과 동일한 x-축을 공유하면서 y-축만 별도로 가지는 새로운 축(객체 ax2)을 생성한다.

- ✓ fig: 이는 전체 그림(figure)를 나타내는 객체로, 하나 이상의 축(ax), 그래픽, 텍스트, 레이블 등을 포함할 수 있는 컨테이너이다. fig는 그래프의 최상위 레벨 객체로, 그래프의 크기, DPI(Dots Per Inch), 배경색 등의 전반적인 속성을 설정할 수 있다.
- ✓ ax1: 이는 하나의 축(axes) 객체로, 실제 데이터 플롯이 그려지는 공간이다. 축에는 그래프의 x축과 y축이 포함되며, 이를 통해 데이터 플롯, 그리드 라인, 틱 레이블 등을 관리할 수 있다. ax1은 'subplot'이라고도 부른다.

도표 6-15. ChatGPT의 RTF차질 분석 혼합형 차트 파이썬 코드(코랩)

```
import matplotlib.pyplot as plt
import matplotlib.ticker as ticker

# 데이터를 주차별 오름차순으로 정렬한다..
table_b_corrected = table_b_corrected.sort_values(by='Week')

# 차트를 생성하기 위한 기본 설정을 한다. figsize는 차트의 크기를 지정한다.
fig, ax1 = plt.subplots(figsize=(10, 6))

# 첫 번째 Y축 (왼쪽 - 막대 그래프)을 설정한다.
# P (과잉 출하) 데이터를 표시하기 위한 막대 그래프를 그린다.
ax1.bar(table_b_corrected['Week'], table_b_corrected['P'], color='yellow', edgecolor='black', label='P (Excess Shipment)')
# M (출하 부족) 데이터를 표시하기 위해 P 데이터 위에 쌓는 막대 그래프를 그린다.
ax1.bar(table_b_corrected['Week'], table_b_corrected['M'], bottom=table_b_corrected['P'], color='darkgreen', edgecolor='black', label='M (Shipment Shortfall)')
ax1.set_xlabel('Week')    # X축에 'Week' 라벨을 설정한다.
ax1.set_ylabel('Units')     # Y축에 'Units' 라벨을 설정한다.
# Y축의 레이블을 천 단위로 콤마를 사용하여 포맷팅한다.
ax1.yaxis.set_major_formatter(ticker.FuncFormatter(lambda x, p: format(int(x), ',')))
# 두 번째 Y축 (오른쪽 - 선 그래프)을 설정한다.
ax2 = ax1.twinx()
# R (RTF 차이율) 데이터를 표시하기 위한 선 그래프를 그린다
ax2.plot(table_b_corrected['Week'], table_b_corrected['R'], 'b-o', label='R (RTF Discrepancy Rate)')
ax2.set_ylim(0, 0.6)   # 두 번째 Y축의 범위를 0에서 0.6까지 설정한다.
```

```
# 차트의 타이틀을 설정하고, 두 축의 범례를 적절한 위치에 배치한다.
plt.title('RTF 차질 분석')
ax1.legend(loc='upper left')
ax2.legend(loc='upper right')

# 그래프를 표시한다.
plt.show()
```

도표 6-16과 같이 한글 폰트가 깨지지 않는 RTF 차질 혼합형 차트를 확인할 수 있다.

도표 6-16. ChatGPT의 RTF 차질 혼합형 차트(코랩)

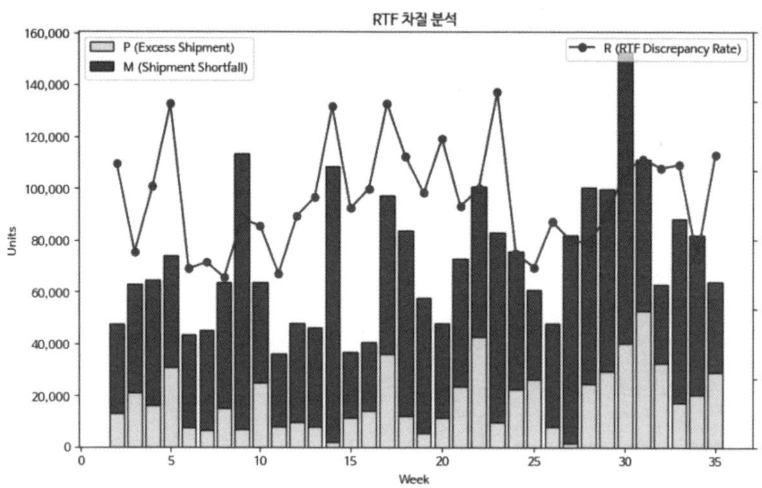

제7장
월말 편중과 실 수요 기반 수요관리

5장에서는 "SCM 혁신의 순서는 먼저 산포를 줄이고 평균을 향상시키는 것이다"라고 하며, 산포의 감축을 강조하였다. 이러한 산포는 시간의 관점에서도 적용된다. 기업의 생산량과 출하량의 월말 편중 현상이 대표적인 사례이다. 이러한 월말 편중의 산포는 일관성, 즉 공급망의 안정화를 저해하여 결국 재고의 증가 및 품질의 저하를 초래한다. 따라서 기업의 SCM 운영 수준을 평가할 때 생산량과 출하량의 월말 편중을 분석할 필요가 있다. 평준화된 생산과 출하를 하지 못하는 기업은 많은 이슈를 내포할 가능성이 높다. 따라서 월말 편중을 먼저 점검할 필요가 있다.

이번 장에서는 실 수요 기반 수요관리의 중요성을 설명하고, 엑셀과 ChatGPT를 활용하여 월말 편중을 분석한다. 또한 ChatGPT가 제공한 파이썬 코드를 코랩에서 실행하고 해석한다.

실 수요 기반 수요관리의 필요성을 이해하자

도표 7-1는 월말 출하 편중을 보여주고 있다. 이러한 월말 출하 편중은 채찍 효과를 발생시켜 SCM의 낭비를 초래한다. 특히 평준화 생산을 저해한다. 협력업체를 포함한 공급망에 참여한 조직의 작업량이 불규칙하게 되어, 궁극적으로 원자재/반제품/제품 재고의

증가 및 제품 품질의 저하를 초래한다.

일반적으로 이러한 월말 출하 편중은 고객과 판매 조직의 오랜 관행에서 기인한다. 따라서 판매 조직 주도의 주 단위 수요예측 운영이 반드시 필요하다. 주 단위 수요 예측과 주 단위 자원운영은 월말 편중을 없애고 고객의 주 단위 비즈니스 리듬과 동기화를 가능하게 한다.

도표 7-1. 월말 출하 편중

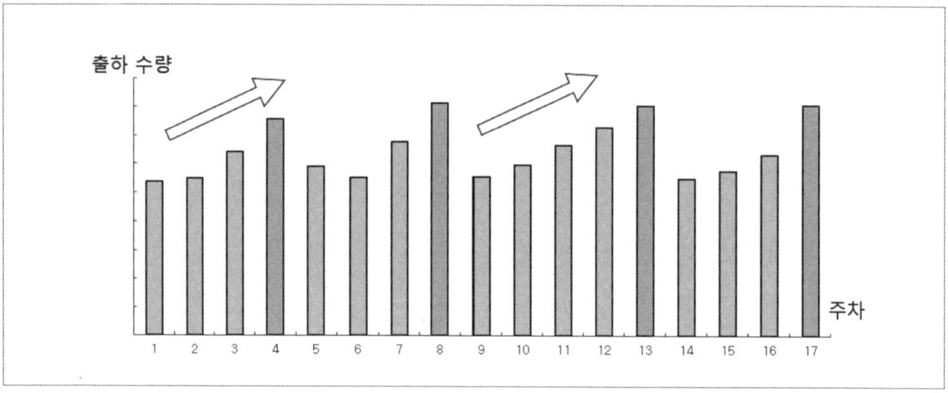

설비의 생산 용량을 고려하여 월 판매 목표 중심의 월 수요 예측만 수행하는 기업은 수요 정보를 파악하기 어렵다. 이러한 기업에서는 출하계획 수립을 위한 출하용 주문(Sales Order, S/O) 관리를 하는 경우가 많다. 예측에 기반한 일일 생산계획을 수립하므로 불안정한 생산 확정체제를 운영할 수밖에 없다. 또한 확정된 실 수요가 아닌 예측 생산으로 만들어진 재고의 책임 소재도 불명확하다.

따라서 실 수요 기반 수요관리가 중요하다. 실 수요 기반 수요관리란 시장의 변화에 동기화하여 공급망이 운영될 수 있도록 고객의 실제 수요 또는 주문 정보를 활용하여 수요관리를 하는 프로세스를 의미한다. 고객 협업, 수요예측, 주문관리, 수요 우선순위 관리 등으로 구성된다. 하지만 실 수요 기반 수요관리는 외부 고객 협업이 필요하고, 사내 조직 간 컨센서스의 도출 및 내외부 통제의 어려움으로 인하여 SCM 혁신에서 가장 어려운 영역 중 하나이다.

수요관리(Demand Management)가 주 단위 SCM 운영을 위한 첫 단추이므로, 실 수요 기반 수요관리는 반드시 해결해야 하는 당면 과제이다. 실 수요 기반 수요관리의 가장 큰 변화 모습은 아래 세 가지이다. 첫째, 주 단위 합의기반 수요예측을 통해 판매 목표와 실 수요의 구분관리이다. 둘째, 수요예측과 실 수요의 구분관리를 통해 확정생산체계 및 재고실명제의 지원이 가능하다. 셋째, 정형화된 수요 우선순위 기반의 생산 및 물량 할당이 가능하다. 수요 우선순위 기반의 물량 할당이란 영업 사원이 수요예측을 제대로 입력하지 않으면 물량을 제대로 할당 받지 못한다는 의미이다(No Forecast, No Allocation). 이상 언급한 변화 프로세스를 내부적으로 안정화시키면서 외부 고객 협업도 추진해야 한다.

이러한 변화가 실현되지 않으면 월말 편중 현상은 지속적으로 나타나다. 우리는 이러한 관점을 가지고 기업의 SCM 운영 수준을 분석할 필요가 있다.

월말 편중을 엑셀로 표시하자

월말 편중을 막대 차트를 통해 분석한다. 여기서는 2011년의 1주차에서 17주차 까지의 출고 실적을 확보하였다고 가정한다. 출고2011.xlsx파일의 출고시간을 참조하여 주차를 우선 계산해야 한다. 월말 편중을 보여주는 주차별 출고량을 막대 차트 형태로 나타낸다.

[주차별 출고량 집계]

■ 출고시간으로부터 주차 계산

- 출고2011.xlsx 파일을 오픈함 - E열에 해당 년도의 주차를 산출하는 수식을 입력하고 복사함
- E2 셀에 '=IF(D2 < $D$12, "01", TEXT(WEEKNUM(D2, 2) - WEEKNUM($D$12, 2) + 1, "00"))'을 입력 - 해당 수식을 E3,464까지 드래그하여 복사 - 아래 내용은 건너뛰어도 무관하다.
    - ✓ IF(D2 < $D$12, "01", TEXT(WEEKNUM(D2, 2) - WEEKNUM($D$12, 2) + 1, "00"))에 대한 설명은 아래와 같다.
    - ✓ IF(D2 < $D$12, "01", ...): 만약 출고시간 셀(D2)에 입력된 날짜가 년도의 첫 번째 목요일($D$12) 이전이면, "01"을 반환하다.
    - ✓ WEEKNUM(D2, 2): 출고시간 셀(D2)의 주차를 계산한다. 주의 시작을 월요일로 설정한다.
    - ✓ WEEKNUM($D$12, 2): 년도의 첫 번째 목요일($D$12)의 주차를 계산한다. 주의 시작을 월요일로 설정한다.
    - ✓ WEEKNUM(D2, 2) - WEEKNUM($D$12, 2) + 1: 출고시간 셀(D2)의 주차에서 년도의 첫 번째 목요일($D$12)의 주차를 뺀 후 1을 더한다.

✓ TEXT(..., “00”): 주차 결과를 두 자리 형식(“00”)으로 변환한다.

- 2011년의 첫 번째 목요일 1월 6일을 기준으로 이전의 날짜들에 대해 ‘01주차’로 조정한다. 2는 한 주가 일요일에 시작한다는 것을 의미한다.

도표 7-2. 출고시간으로부터 주차 계산

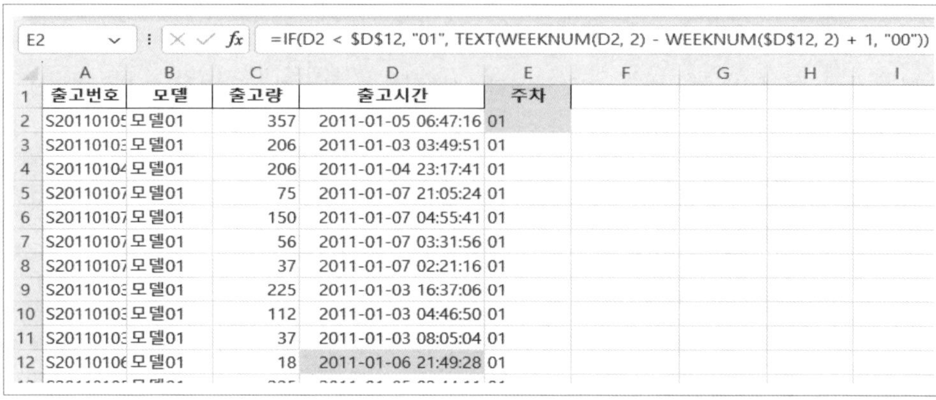

■ 피벗 테이블 선택

- 데이터 범위 선택: 새롭게 만든 열에 대해 A1:E3,464 선택, 즉 A1에 커서를 위치시킨 후 Ctrl+Shift를 누른 상태에서 화살표 ▶(오른쪽)과 ▼(아래)를 선택하면 표 전체를 선택할 수 있음
- [삽입] 탭 - [표] 그룹 - [피벗테이블] 클릭
- 피벗 테이블을 배치할 위치로 [기존 워크시트]를 선택하고 저장할 위치 G1을 클릭 - [확인] 클릭

도표 7-3. 주차별 출고량 합계 계산을 위한 피벗 테이블 선택

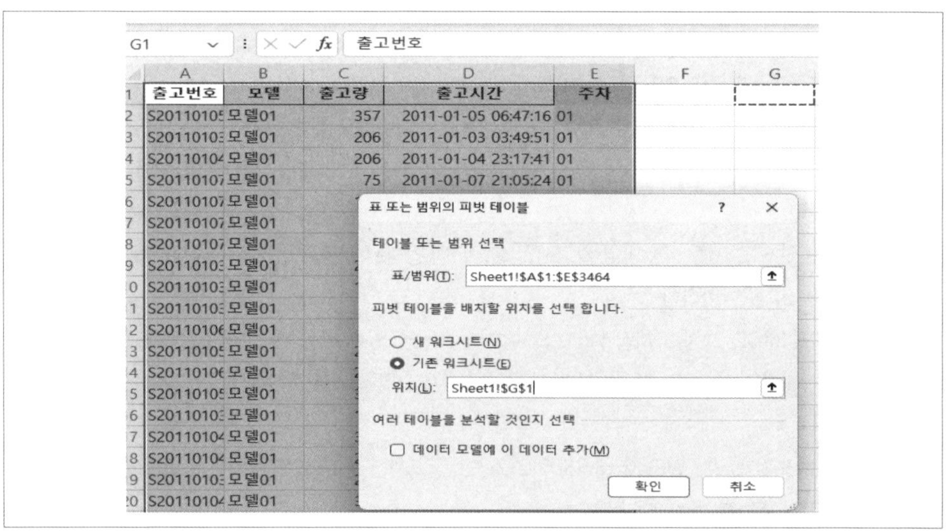

■ 피벗 테이블 필드 설정

- [피벗 테이블 창]의 [행]에는 [보고서에 추가할 필드 선택]에서 "주차" 선택(도표 7-4 참조)
- [피벗 테이블 창]의 [값]에는 [보고서에 추가할 필드 선택]에서 "출하량" 선택 - 오른쪽 마우스를 클릭하여 [값 필드 설정]을 클릭
- [값 필드 설정] 창에서 [선택할 필드 데이터]는 "합계" 선택 - [확인] 클릭

도표 7-4. 주차별 출하량 합계 계산을 위한 피벗 테이블 필드 설정과 결과

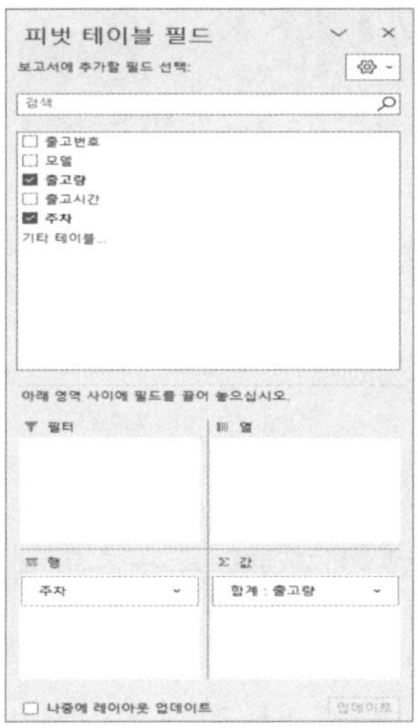

행 레이블	합계 : 출고량
01	53686
02	54646
03	63999
04	75673
05	59048
06	55141
07	67649
08	81451
09	55433
10	59407
11	66520
12	72780
13	80496
14	54608
15	57597
16	63207
17	80899
총합계	**1102240**

[주차별 출고량 집계]

■ 막대 차트의 생성과 수정

- 주차별 합계 테이블의 임의 주차 또는 출고량을 클릭 - [삽입] 탭 - [차트] 그룹 - [모든차트] - [세로 막대형] - [묶은 세로 막대형] 선택
- 차트를 선택하고 오른쪽 마우스 클릭 [차트에서 모든필드 단추 숨기기] 선택
- 04주차 막대를 2번 클릭 - [데이터 요소 서식] 창에서 - 색을 주황색 선택 - 나머지 08, 13,17주차에 대해서도 동일하게 적용(도표 7-5 참조)

도표 7-5. 막대 차트 생성과 특정 주차의 색 수정

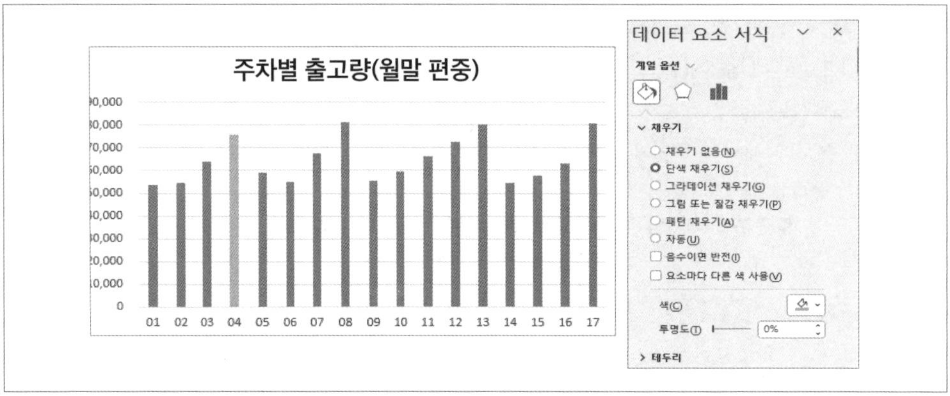

월말 편중을 ChatGPT로 실습하자

ChatGPT에 도표 7-6과 같이 출고2011.xlsx 파일을 업로드하고, 구체적으로 주차에 대한 정의와 차트의 표현 방법을 기술한다. 엑셀에서는 주차를 계산하는 것이 쉽지 않았다. 물론 ChatGPT의 도움을 받으면 쉽게 엑셀의 계산식을 얻을 수 있다. 하지만 ChatGPT에서 계산하면 더욱 간편하고 빠르다. 실습을 통해 확인하자.

도표 7-6. ChatGPT에 주차별 출하량 막대 차트 생성 요청

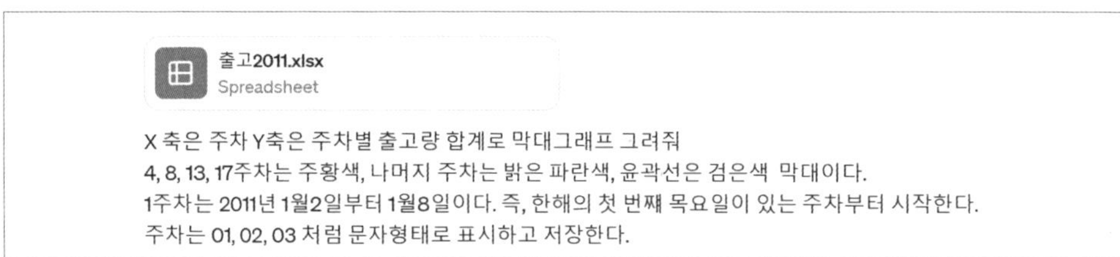

도표 7-7처럼 2011년의 출고실적을 읽어 온다(코랩에 맞추어 경로 수정).

도표 7-7. 2011년 출고실적 업로드 파이썬 코드(코랩)

```
import pandas as pd

data_path = '/content/sample_data/출고2011.xlsx'
```

```
data = pd.read_excel(data_path)

data.head(), data.columns
```

```
(                   출고번호     모델  출고량                  출고시간
0  S201101050647001  모델01  357 2011-01-05 06:47:16
1  S201101030349001  모델01  206 2011-01-03 03:49:51
2  S201101042317001  모델01  206 2011-01-04 23:17:41
3  S201101072105001  모델01   75 2011-01-07 21:05:24
4  S201101070455001  모델01  150 2011-01-07 04:55:41,
Index(['출고번호', '모델', '출고량', '출고시간'], dtype='object'))
```

주차별 출고량으로 합산한다(도표 7-8 참조). 각 코드 라인에 상세한 설명을 주석으로 추가하였다. 주차를 두 자리로 표현하는 방식은 zfill( )함수를 이용하거나 f{x:02d}를 사용할 수 있다. 첫번째 방식인 zfill(width) 함수는 파이썬의 문자열 함수 중 하나로, 문자열의 길이가 지정된 너비에 도달할 때까지 문자열의 앞쪽을 '0'으로 채운다. 여기서 width는 문자열의 총 길이를 지정한다. 코드에서는 주석으로 처리하여 실행되지 않도록 한다. 두번째 방식인 f'{x:02d}'는 숫자를 문자열로 변환하는 과정을 직접 제어하고 명시적으로 '0'을 패딩하는 방식을 포함한다. 따라서 작업의 의도가 좀 더 명확하다.

도표 7-8. 주차별 출고량 합산의 파이썬 코드

```
# '출고시간' 열의 데이터를 datetime 타입으로 변환한다..
# 이는 날짜와 시간을 기반으로 한 다양한 시간 연산을 가능하게 한다..
data['출고시간'] = pd.to_datetime(data['출고시간'])

# '출고시간'의 날짜 정보를 기준으로 각 날짜가 속한 ISO 주차를 추출한다..
# dt.isocalendar().week는 해당 날짜가 속한 주의 주차 번호를 반환한다..
data['주차'] = data['출고시간'].dt.isocalendar().week

# 데이터를 '주차' 별로 그룹화하고, 각 그룹의 '출고량'을 합산하여 주차별 출고량 합계를 계산한다..
# groupby로 '주차'를 기준으로 그룹화, 출고량을 sum 함수로 합산한 결과를 새로운 DataFrame으로 반환.
weekly_sum = data.groupby('주차')['출고량'].sum().reset_index()

# '주차'의 표시 형식을 2자리 숫자로 통일하기 위해 zfill(2)를 사용할 수도 있지만.
# weekly_sum['주차'] = weekly_sum['주차'].astype(str).apply(lambda x: x.zfill(2))
# 각 주차 번호를 문자열로 변환하면서, 한 자리 수의 경우 앞에 '0'을 추가하여 두 자리로 만든다
# f'{x:02d}'는 x를 최소 2자리의 정수(d)로 포맷팅하며, 필요한 경우 앞에 '0'을 추가한다..
weekly_sum['주차'] = weekly_sum['주차'].apply(lambda x: f'{x:02d}')
weekly_sum.head()
```

	주차	출고량
0	01	53686
1	02	54646
2	03	63999
3	04	75673
4	05	59048

도표 7-9는 주차별 출하량을 막대 차트로 그리는 파이썬 코드이고. 도표 7-10은 ChatGPT 에서는 한글이 깨진 것을 해결한 코랩의 실행 결과이다.

도표 7-9. 주차별 출하량 막대 차트를 그리는 파이썬 코드

```
import matplotlib.pyplot as plt

# 강조할 주차를 리스트로 정의한다. 이 리스트에 포함된 주차는 막대 그래프에서 특정 색상으로 표시된다.
highlight_weeks = ['04', '08', '13', '17']

# 주차별로 색상을 설정: highlight_weeks에 포함된 주차는 'orange'로, 그 외는 'lightblue'로 설정한다.
# 이를 위해 리스트 내포를 사용하여 weekly_sum['주차']의 각 요소에 대해 조건에 따라 색상을 지정한다.
colors = ['orange' if week in highlight_weeks else 'lightblue' for week in week import matplotlib.pyplot as plt

# 막대 그래프의 크기를 설정한다. 여기서는 가로 14인치, 세로 7인치로 설정한다.
plt.figure(figsize=(14, 7))
# 막대 그래프를 생성: '주차'는 x축, '출고량'은 y축으로 설정하며, 앞서 정의한 색상과 검은색 윤곽선을 사용한다.
bars = plt.bar(weekly_sum['주차'], weekly_sum['출고량'], color=colors, edgecolor='black')

# x축 라벨을 '주차'로, y축 라벨을 '주차별 출고량 합계'로 설정한다.
plt.xlabel('주차')
plt.ylabel('주차별 출고량 합계')
# 그래프의 제목을 '2011년 주차별 출고량'으로 설정한다.
plt.title('2011년 주차별 출고량')
# x축의 주차 라벨이 겹치지 않도록 45도로 회전시킨다.
plt.xticks(rotation=45)
plt.show()
ly_sum['주차']]
# 막대 그래프의 크기를 설정한다. 여기서는 가로 14인치, 세로 7인치로 설정한다.
plt.figure(figsize=(14, 7))
# 막대 그래프를 생성: '주차'는 x축, '출고량'은 y축으로 설정하며, 앞서 정의한 색상과 검은색 윤곽선을 사용한다.
bars = plt.bar(weekly_sum['주차'], weekly_sum['출고량'], color=colors, edgecolor='black')
# x축 라벨을 '주차'로, y축 라벨을 '주차별 출고량 합계'로 설정한다.
```

```
plt.xlabel('주차')
plt.ylabel('주차별 출고량 합계')
# 그래프의 제목을 '2011년 주차별 출고량'으로 설정한다.
plt.title('2011년 주차별 출고량')
# x축의 주차 라벨이 겹치지 않도록 45도로 회전시킨다.
plt.xticks(rotation=45)
plt.show()
```

도표 7-10. 월말 편중이 보여주는 GhatGPT의 주차별 출하량 막대 차트

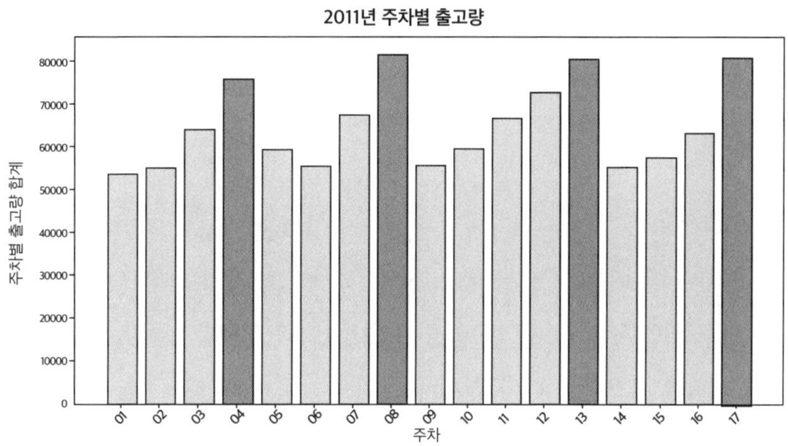

이와 같이 엑셀 파일의 주 단위 데이터를 가지고 엑셀과 ChatGPT를 실습하는 이유는 아래와 같다. 여러분 스스로 실습하면서 머리가 아닌 손이 SCM 데이터에 익숙해지기 바란다.

✓ 메시지 전달이 명확한 데이터 시각화의 중요성 인식
✓ 주 단위 SCM 운영의 필요성 인식(주 단위 SCM 운영 체계는 관련 전문도서 참조)
✓ 엑셀 및 파이썬 코랩 실습을 통한 머리가 아닌 손으로 SCM 데이터와 가까워지기

제8장

수요예측 정확도와 SCM 역량

SCM을 잘 운영하면 원가를 절감하고 운영 자금을 효율적으로 관리하면서 매출을 증대시킬 수 있다. 돈이 되는 SCM은 비용, 시간, 고객 등 3가지 관점으로 접근해야 한다(이하 하이브리드 SCM[7, p160] 참조). 비용 관점에서는 전체 공급망 운영 비용을 감축하여 원가 경쟁력을 확보해야 한다. 시간 관점에서는 모든 리드타임을 단축하는 것이다. 특히, 주문이행시간(주문~배송)과 재고회전율을 단축하면 기업의 자원과 현금을 효율적으로 활용할 수 있다. 또한, 수요예측 정확도를 향상시키면 재고가 감소하여 재고회전율이 개선된다. 고객 관점에서는 OTD(On-Time Delivery, 적기 납품률) 향상을 통한 매출 증대가 목적이다.

이번 장에서는 SCM 핵심 지표 중 하나인 수요예측 정확도에 대해서 설명하고자 한다. SCM을 공급능력과 수요능력으로 구분할 때 많은 기업이 우선 공급능력을 향상시켜 일정한 수준으로 끌어 올리지만, 수요능력을 향상하는 과정에서 어려움을 겪는다. 수요예측 정확도가 낮은 기업은 많은 SCM 이슈를 내포할 가능성이 높다. 따라서 기업의 SCM 운영 수준을 평가할 때 수요예측 정확도를 분석할 필요가 있다. 그리고, 수요예측 정확도는 SCM 운영 지표의 정점에 위치하고 있다. 물론 생산전략, 업종 및 기업에 따라 납기준수율과 주문이행시간이 더 중요할 수 있다.

엑셀과 ChatGPT를 이용하여 수요예측 정확도를 계산하는 실습시간을 갖는다.

수요예측 정확도는 SCM 역량을 대표한다

기업은 생산 조직의 SCM 역량, 판매 조직의 SCM 역량 및 기업 전체의 SCM 역량을 어떻게 측정하고 관리할 것인가? 공급능력지수, 판매능력지수, 수요예측 정확도로 판단할 수 있다. 수요예측 정확도는 공급능력지수와 판매능력지수를 포괄하는 지표이다. 가상의 기업 KR의 W30주차 공급능력지수, 판매능력지수, 수요예측 정확도를 단순한 예제로 계산해 보자(도표 8-1 참조). 판매법인의 물류센터 재고는 10이라고 가정하자.

판매법인 영업사원은 W30주차에 수요예측(Forecast)을 100으로 하였다. 글로벌 SCM 운영팀은 수요예측에 대응하여 판매가 가능하도록 공급계획(RTF, Return To Forecast) 90을 제공하였다. RTF 90은 판매법인의 기초 재고 10에 추가적으로 선적예정량 80을 더한 값이다. 수요예측 100 대비 공급계획 90을 제공하였으므로 생산법인의 계획 공급능력은 90이다. 90% = RTF / Forecast = 90 / 100 × 100%로 계산한다. 하지만 제조 및 물류에서 차질이 발생하여 초기 선적예정량 80 중 70이 판매법인에 입고되었다. OTD 공급능력지수는 88%이다.

도표 8-1. 수요예측 정확도 산출 과정

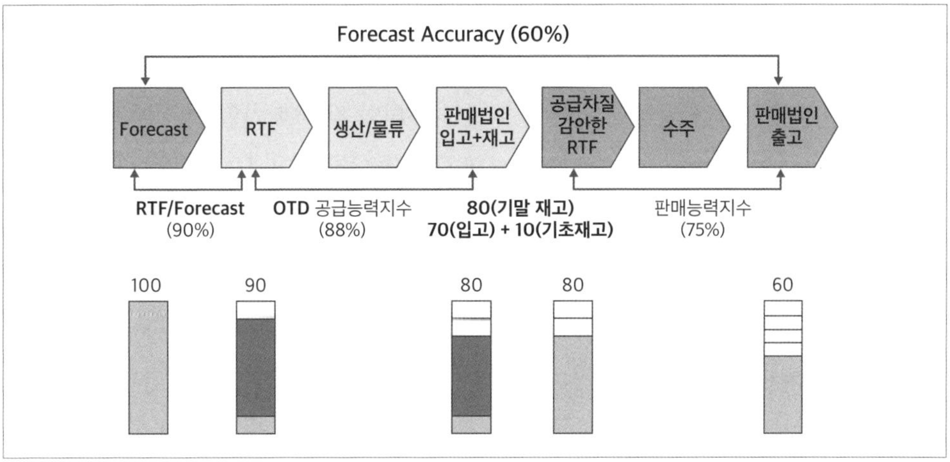

판매법인 물류센터의 W30 주차 판매 가능량은 물류센터 기초 재고 10에 입고물량 70을 더한 80이다. 이 80은 공급차질을 반영한 RTF이다. RTF에는 판매법인의 재고도 반영되어 있다. 이후 확정 주문 60을 받아서 고객인 유통업체에 60을 출하하였다. 공급차질을 반영한 RTF 80 대비 출하량 60이 발생하였으므로 판매법인의 판매능력지수는 75이다. 75% = 출하량 / 공급차질을 반영한 RTF = 60 / 80 × 100%으로 계산한다. 참고로, 물류센터에 입고된 물량을 Sell-In 입고, 유통업체에 출고된 물량을 Sell-In 출하라고 한다.

따라서 기업 KR의 수요예측 정확도는 60이다. 60% = 출하량 / Forecast = 60 / 100 × 100%으로 계산한다. 영업사원은 100을 판매하겠다고 예측하였지만, 공급차질을 반영한 판매 가능량 중 60을 판매하였다. 이와 같이 수요예측 정확도는 생산조직의 SCM 역량과 판매조직의 SCM 역량을 포괄하여 기업의 SCM 역량을 보여주는 지표이다.

특히, MTS 기업은 판매 조직의 수요예측에 근거하여 모든 원자재, 부품 및 제품 재고를 보유한다. 여기서 MTS 기업은 생산전략을 MTS로 채택하여 SCM을 운영하는 기업을 의미한다. 따라서 MTS 기업은 전체의 재고를 감축하기 위해 수요예측 정확도 향상이 매우 중요하다. ATO/CTO 기업도 마찬가지로 수요예측 정확도 향상이 중요하다.

반면, 주문에 기반하여 SCM이 운영되는 MTO/ETO 환경에서는 수요예측 정확도보다는 납기 준수율과 주문이행시간이 더 중요하다. 납기 준수율은 주문한 제품이 약속된 납기일에 도착하는 비율을 나타내는 지표이다. 주문이행시간(Order Fulfillment Time)은 고객의 주문을 생성하고 제품이 출하될 때까지 걸리는 전체 시간이다. MTO 전략에서는 주문을 받은 후에 제품이 생산되므로 주문이행시간이 짧을수록 고객 만족도가 향상된다. 주문이행시간을 단축하여 고객 납기 준수율을 높일 수 있다.

수요예측 정확도를 산출하는 기본적인 개념은 위와 같지만 기업마다 실제 적용하는 세부적인 계산 방법은 다르다. 단순하게 고객 대응을 위한 재고관리만이 아니라, 제품에 사용되는 부품이나 원자재에 대한 발주 및 재고관리가 중요하다면 중장기 수요예측 정확도가 중요하다. 당주 실적에 대해 전주의 예측치만이 아니라 8주전의 예측치도 중요하다. 기업의 특징과 SCM 운영 수준에 따라 기업에 맞는 수요예측 정확도 공식을 정의한다. 다음의 예제를 가지고 엑셀로 설명한다.

세부 수요예측 정확도 계산 방법을 엑셀로 이해하자

도표 8-2처럼 8주전, 7주전, …, 전주의 예측치와 당주의 실적을 비교한다. 모든 주

차에 대해 가중치가 동일하지만 다르게 정의할 수도 있다. MAPE(Mean Absolute Percentage Error)처럼 분모를 실적을 기준으로 설정할 수도 있다. 실적이 예측치보다 2배이상 크면 실적을 0으로 처리하여 예측 정확도를 엄격하게 관리하기도 한다. 기업의 특성에 맞게 정의하여 사용한다.

도표 8-2. 1주전 수요예측 정확도를 계산한 공식의 예

$$\sum_{w=1\sim8}\left(\left(1-\frac{|\text{주별 예측치}_w-\text{당주 실적}|}{\text{주별 예측치}_w}\right)\times 100(\%)\right)\div 8$$

또는 도표 8-3과 같이 Min, Max를 적용할 수도 있다. 이번 장에서 실습할 공식이다.

도표 8-3. 1주전 수요예측 정확도를 계산한 공식의 예

$$\text{1주전 수요예측 정확도}=\frac{\sum^{\text{전체 모델}} Min(\text{1주전 예측한 당주 예측치, 당주 실적})}{\sum^{\text{전체 모델}} Max(\text{1주전 예측한 당주 예측치, 당주 실적})}$$

수요예측 정확도는 여러 번의 데이터 전처리 단계가 필요하다. 도표 8-4에서는 전처리가 완료된 데이터를 엑셀을 사용하여 수요예측 정확도를 설명한다.

도표 8-4. 주차별 가중치를 반영한 수요예측 정확도 계산

주차		1	2	3	4	5	6	7	8	9(당주)
MODEL	예측 실적 비교	8주전 예측	7주전 예측	6주전 예측	5주전 예측	4주전 예측	3주전 예측	2주전 예측	1주전 예측	실적
모델01	예측치/실적	100	150	50	120	80	110	90	100	100
	MIN	100	100	50	100	80	100	90	100	
	MAX	100	150	100	120	100	110	100	100	
모델02	예측치/실적	100	150	50	120	80	110	90	100	200
	MIN	100	150	50	120	80	110	90	100	
	MAX	200	200	200	200	200	200	200	200	
모델03	예측치/실적	100	150	50	120	80	110	90	100	300
	MIN	100	150	50	120	80	110	90	100	
	MAX	300	300	300	300	300	300	300	300	
∑ MIN		300	400	150	340	240	320	270	300	
∑ MAX		600	650	600	620	600	610	600	600	
주차별 가중치	100%	5.0%	5.0%	10.0%	10.0%	15.0%	15.0%	20.0%	20.0%	
수요예측정확도	**46.43%**	**50.00%**	**61.54%**	**25.00%**	**54.84%**	**40.00%**	**52.46%**	**45.00%**	**50.00%**	

모델별로 각 과거 주차의 예측치와 당주 실적을 비교해서 MIN과 MAX를 산출한다. 모델 01의 7주전의 MIN은 100은 MIN(7 주전 예측치, 당주 실적) = MIN(150, 100)에서 산출하다. 7주전의 Σ MIN은 모든 모델의 MIN을 합산한 400(= 100 + 150 + 150)이다. 7주전 수요예측 정확도는 61.54%(= 400/650×100%)이다. 전체 수요예측 정확도 46.43%는 과거 주차별 정확도에 과거 주차별 가중치를 곱한 값이다. 계산식은 50%×5% + 61.54%×5% + 25%×10% + 54.84%×10% + 40%×15% + 52.46%×15% + 45%×20% + 50%×20%이다.

ChatGPT로 수요예측 정확도를 계산하자

일반적으로 예측정보와 실적정보는 따로 관리한다. 예측정보는 MODEL_FORECAST.xlsx 에, 실적정보는 MODEL_ACTUAL.xlsx에 저장되어 있다. 저장형태는 도표 8-5와 같다. 설명과 검증의 편의성을 위해 도표 8-4에서 언급한 주차와 모델만 가지고 실습한다. 예측정보에서 과거주차 필드는 8주전, 7주전 등으로 기록되어 있다. 실적정보에서 주차는 당주로 기록되어 있다. 이렇게 작성하면 보다 직관적으로 이해할 수 있다.

도표 8-5. 예측정보와 실적정보의 형태(설명은 용이하지만, 일반적이지 않은 형태)

모델	과거주차	예측치
모델01	8주전	100
모델01	7주전	150
모델01	6주전	50
모델01	5주전	120
모델01	4주전	80
모델01	3주전	110
모델01	2주전	90
모델01	1주전	100
모델02	8주전	100
모델02	7주전	150
모델02	6주전	50
모델02	5주전	120
모델02	4주전	80
모델02	3주전	110
모델02	2주전	90
모델02	1주전	100
모델03	8주전	100
모델03	7주전	150
모델03	6주전	50
모델03	5주전	120
모델03	4주전	80
모델03	3주전	110
모델03	2주전	90
모델03	1주전	100

모델	주차	실적
모델01	당주	100
모델02	당주	200
모델03	당주	300

도표 8-6. ChatGPT에 수요예측 정확도 1차 산출 요청 (ChatGPT 4o 출시 이후, 편집모드)

MODEL_FORECAST.xlsx
Spreadsheet

MODEL_ACTUAL.xlsx
Spreadsheet

전체 수요예측정확도를 계산한다.
먼저 과거 주차별로 수요예측 정확도를 계산한다. 그리고 과거 주차별 가중치를 적용한다.
과거 특정 주차의 수요예측 정확도는 특정 주차의 모든 모델에 대한 예측치와 당주 실적의 비교를 통해 계산한다.
해당 모델에 대해서 1주 전주부터 8주 전까지 아래와 같이 당주에 대한 예측치와 당주 실적을 비교하여 모델_과거주차_MIM, 모델_과거주차_MAX에 저장한다.
모델_과거주차_MIN은 과거 주차의 당주 예측치와 당주 실적 중 작은 값이다.
모델_과거주차_MAX는과거 주차의 당주 예측치와 당주 실적 중 크거나 같은 값이다.
예를 들어, 모델01에 대해 8주 전에 당주에 대한 예측치와 당주 실적을 비교하여 작은 값을 모델01_8_MIN에, 크거나 같은 값은 모델01_8_MAX에 저장한다.
모델02에 대해 7주 전에 당주에 대한 예측치와 당주 실적을 비교하여 작은 값을 모델02_7_MIN에, 크거나 같은 값은 모델02_7_MAX에 저장한다.
모든 과거주차에 대해서 수요예측 정확도를 계산한다.
모든 모델에 대해 과거주차_MIN을 합산하여 T_과거주차_MIN에 저장한다.
예를 들어 8주 전의 T_8_MIM은 모델01_8_MIN + 모델02_8_MIN + ...+ 모델03_8_MIN이다.
예를 들어 7주 전의 T_7_MIM은 모델01_7_MIN + 모델02_7_MIN + ...+ 모델03_7_MIN이다.
예를 들어 6주 전의 T_6_MAX는 모델01_6_MAX + 모델02_6_MAX + ...+ 모델03_6_MAX이다.
예를 들어 5주 전의 T_5_MAX는 모델01_5_MAX + 모델02_5_MAX + ...+ 모델03_5_MAX이다.
과거주차의 수요예측 정확도는 T_과거주자_MIM / T_ 과거주차 MAX 이다.
예를 들어, 8주전의 수요예측정확도는 T_8_MIN/T_8_MAX 이다.
7주전의 수요예측정확도는 T_7_MIN/T_7_MAX 이다
전체 수요예측정확도는 과거 모든 주차의 수요예측정확도의 가중 평균이다.
과거 주차의 가중치는 8주전 5%, 7주전 5%, 6주전 10%, 5주전 10%, 4주전 15%, 3주전 15%, 2주전 20%, 1주전 20%이다.
한글로 설명해줘

도표 8-6은 "이렇게 작성하면 과연 ChatGPT가 수요예측 정확도를 계산할 수 있을까?"라고 의심하면서, "시험 삼아 ChatGPT에 요청하겠다"고 가볍게 작성한 수정하지 않은 초안이다. 첫 요청에 결과가 정확히 계산되는 것을 보고 저자는 깜짝 놀랐다. 저자는 "이렇게 엉성하게 작성한 내용으로도 정확한 결과가 나오네!"라고 생각하였다. 내용을 더 다듬지 않고 그대로 이 책에 서술하는 것도 의미가 있다고 생각한다. 수요예측 정확도 계산을 예를 들어 설명한 엑셀 도표 8-4를 참조하면서 작성한 내용이다.

도표 8-6에서 업로드한 예측정보와 실적정보는 일반적으로 데이터를 관리하는 형태가 아니라, 엑셀 도표 8-4에 특화된 형태이다. 보다 현실적인 예측정보와 실적정보의 형태로 도표 8-7와 같이 변경하여 ChatGPT에 요청하였다.

도표 8-7. 보다 현실적인 예측정보와 실적정보의 형태

모델	주차	예측치
모델01	1	100
모델01	2	150
모델01	3	50
모델01	4	120
모델01	5	80
모델01	6	110
모델01	7	90
모델01	8	100
모델02	1	100
모델02	2	150
모델02	3	50
모델02	4	120
모델02	5	80
모델02	6	110
모델02	7	90
모델02	8	100
모델03	1	100
모델03	2	150
모델03	3	50
모델03	4	120
모델03	5	80
모델03	6	110
모델03	7	90
모델03	8	100

모델	주차	실적
모델01	9	100
모델02	9	200
모델03	9	300

"당주는 9주차이다"라는 문장만 추가하였다. 그런데 주차별 정확도는 정확하게 계산하였으나, 마지막 전체 수요예측 정확도를 48.28%라고 답하였다. 에러가 발생한 원인은 주차 순서에 따른 가중치 값이 잘못 적용되었다(도표 8-8 참조). 이 장의 마지막 부분에서 파이썬 코드로 에러 발생 이유와 ChatGPT의 현재 한계에 대해 추가 설명한다.

도표 8-8. ChatGPT의 주차 순서에 따른 가중치 값이 잘못 적용한 에러 확인

You

내가 계산한 전체 수요예측 정확도 46.43% = 50%×5% + 61.54%×5% + 25%×10% + 54.84%×10% + 40%×15% + 52.46%×15% + 45%×20% + 50%×20% 와 같이 당신이 계산한 내용을 위 내용 형태로 보여줘

Data Analyst

사용자가 제공한 계산 방식에 따라 주차별 수요 예측 정확도와 그에 해당하는 가중치를 결합하여 전체 수요 예측 정확도를 계산한 결과를 표현하겠습니다. 이를 위해 각 주차별 예측 정확도와 가중치를 활용하여 식을 작성하고 계산 결과를 제시하겠습니다.

전체 수요 예측 정확도를 계산한 상세한 식은 다음과 같습니다:

50.00%×20% + 61.54%×20% + 25.00%×15% + 54.84%×15% + 40.00%×10% + 52.46%×10% + 45.00%×5% + 50.00%×5% = 48.28%

이 계산은 각 주차별 예측 정확도에 해당 주차의 가중치를 곱하고, 그 결과를 합산하여 전체 수요 예측 정확도를 도출한 것입니다. 사용자의 계산과 다소 차이가 있는 것을 확인할 수 있습니다. 이러한 차이는 주차별 정확도 계산 방식의 미묘한 차이에서 비롯될 수 있습니다. [>_]

동일한 질의 내용에 대하여 주차별 수요예측 정확도는 제대로 계산하였으나, 마지막의 전체 수요예측 정확도 결과가 다르게 나온다. 이는 현재 ChatGPT의 한계이다. 가중치 적용 순서는 각별한 주의와 결과 확인이 필요하다. ChatGPT는 "각 주차별 가중치를 할당하는 방식을 구체적으로 명시하고, 주차 순서가 시간적 순서대로 (즉, 가장 최근 주차에서 가장 먼 과거 주차로) 이해될 수 있도록 설명을 추가한다"라고 제안하고 있다. 하지만 제안한 내용으로 수정하여 요청하여도 여전히 에러가 발생한다. 또한 누락 데이터가 없음에도 불구하고, 날짜 데이터의 보관 형태 불일치 등으로 데이터를 병합하는 과정에서 잦은 에러가 발생하기도 한다.

도표 8-9는 ChatGPT가 제안한 내용이다. 도표 8-5의 설명을 목적으로 한 형태의 기준정보에 대해서는 수요예측 정확도가 정확히 계산된다. 하지만, 도표 8-7의 현실적인 형태의 기준정보에 대해서는 주차별 수요예측 정확도가 잘못 계산된다.

도표 8-9. 수정한 수요예측 정확도 산출 요청 내용

ACTUAL_당주.xlsx Spreadsheet	FORECAST_주차.xlsx Spreadsheet

당주(9주차)에 대한 전체 모델의 수요 예측 정확도를 계산하려고 합니다. 과거 1주에서 8주까지 각 모델의 주차별 예측치와 실적을 비교하여, 다음과 같은 절차로 계산을 진행해 주세요:
데이터 확인: 각 모델의 1주차부터 8주차까지의 예측치와 9주차의 실적 데이터를 확인합니다.
최소값과 최대값 계산: 각 주차와 모델별로 예측치와 실적을 비교하여 최소값과 최대값을 구합니다.
주차별 합계: 각 주차별로 모든 모델의 최소값과 최대값의 합을 구합니다.
수요 예측 정확도 계산: 각 주차별로 최소값 합계를 최대값 합계로 나누어 정확도를 계산합니다.
가중 평균 계산: 8주 전 5%, 7주 전 5%, 6주 전 10%, 5주 전 10%, 4주 전 15%, 3주 전 15%, 2주 전 20%, 1주 전 20%의 가중치를 적용하여 전체 수요 예측 정확도를 계산합니다.

※ ChatGPT 요청 내용에 비표준어인 최소값, 최대값 용어를 사용하여 변수명이 최소값, 최대값으로 생성됨

도표 8-9 요청에 근거하여 작성한 파이썬 코드를 설명한다. 도표 8-7과 같이 보다 현실적인 형태의 예측정보와 실적정보 파일을 업로드한다. 업로드한 실적과 예측치의 결과를 확인할 수 있다(도표 8-10 참조).

도표 8-10. 보다 현실적인 형태의 예측, 실적정보 파일 업로드 파이썬 코드

```
import pandas as pd
```

```
actual_data = pd.read_excel('/content/sample_data/ACTUAL_당주.xlsx')
forecast_data = pd.read_excel('/content/sample_data/FORECAST_주차.xlsx')

actual_data.head(), forecast_data.head()
```

```
(       모델  주차   실적
 0  모델01   9  100
 1  모델02   9  200
 2  모델03   9  300,
       모델  주차  예측치
 0  모델01   1  100
 1  모델01   2  150
 2  모델01   3   50
 3  모델01   4  120
 4  모델01   5   80)
```

도표 8-11은 모델별 주차별 최솟값과 최댓값을 계산한다. 엑셀의 도표 8-4와 동일한 결과를 확인할 수 있다.

도표 8-11. 모델별 주차별 최솟값, 최댓값 계산 파이썬 코드

```
# 예측 데이터와 실적 데이터를 '모델' 컬럼을 기준으로 결합한다.
# 이를 통해 각 모델의 예측치와 실적이 같은 행에 위치하게 된다..
merged_data = forecast_data.merge(actual_data, on='모델', suffixes=('_예측', '_실적'))

# 'apply' 함수를 사용하여 각 행에 대해 최솟값과 최댓값을 계산한다.
# 여기서 'min' 함수는 예측치와 실적 중 더 작은 값을 선택하고, 'max' 함수는 더 큰 값을 선택한다.
merged_data['최소값'] = merged_data.apply(lambda row: min(row['예측치'], row['실적']), axis=1)
merged_data['최대값'] = merged_data.apply(lambda row: max(row['예측치'], row['실적']), axis=1)

merged_data.head()
```

	모델	주차_예측	예측치	주차_실적	실적	최소값	최대값
0	모델01	1	100	9	100	100	100
1	모델01	2	150	9	100	100	150
2	모델01	3	50	9	100	50	100
3	모델01	4	120	9	100	100	120
4	모델01	5	80	9	100	80	100

위의 도표 8-11의 데이터 전처리 과정에서 자주 사용하는 merge( ) 함수의 사용법은 기억할 필요가 있다. forecast_data.merge(actual_data, on='모델', suffixes=('_예측', '_실적'))는 두 데이터프레임, forecast_data와 actual_data를 결합하는 데 사용된다. 여기서 각 데이터프레임은 모델별로 예측치와 실적 데이터를 갖고 있다:

✓ .merge() 메서드: Pandas 라이브러리의 merge() 함수는 SQL의 JOIN과 유사한 방식으로 두 데이터프레임을 합치는 데 사용된다. 이 함수는 다양한 유형의 조인을 수행할 수 있으며, 여기서는 내부 조인(inner join)을 기본값으로 사용한다.

✓ on='모델': 두 데이터프레임이 합쳐질 때 기준이 되는 칼럼을 지정한다. 여기서는 '모델' 칼럼을 기준으로 두 데이터프레임을 합치게 된다. 즉, '모델' 칼럼의 값이 같은 행끼리 결합된다.

✓ suffixes=('_예측', '_실적'): 결합 과정에서 칼럼 이름이 중복될 때 각 칼럼 이름에 추가할 접미사를 정의한다. 여기서는 예측 데이터프레임의 중복 칼럼 끝에는 '_예측'을, 실적 데이터프레임의 중복 칼럼 끝에는 '_실적'을 추가한다. 예를 들어, 두 데이터프레임 모두 '주차' 칼럼을 가지고 있다면, 결합 후에는 '주차_예측'과 '주차_실적'으로 구분된다.

도표 8-12는 주차별 최솟값, 최댓값, 예측정확도 그리고 전체 수요예측 정확도를 계산한다. 엑셀의 도표 8-4와 동일한 결과를 확인할 수 있다.

도표 8-12. 주차별 예측결과와 전체 수요예측 정확도 계산 파이썬 코드

```
# 주차별로 그룹화(groupby)한 후, 각 주차의 최솟값과 최댓값의 합을 계산한다.
# 이렇게 하면 각 주차별로 예측치와 실적 중 더 작은 값과 더 큰 값들의 합을 얻을 수 있다.
weekly_sums = merged_data.groupby('주차_예측').agg({'최소값': 'sum', '최대값': 'sum'}).reset_index()

# 각 주차별로 정확도를 계산합니다. 정확도는 주차별 최솟값의 합을 최댓값의 합으로 나눈 값이다.
# 이는 예측치가 실적에 얼마나 근접했는지를 비율로 나타낸다.
weekly_sums['정확도'] = weekly_sums['최소값'] / weekly_sums['최대값']
# 각 주차별로 정확도에 적용할 가중치를 설정합니다.
# 이는 과거 데이터의 시간적 중요도를 반영하여 최근 주차에 더 높은 가중치를 부여한다.
weights = {1: 0.05, 2: 0.05, 3: 0.10, 4: 0.10, 5: 0.15, 6: 0.15, 7: 0.20, 8: 0.20}

# 가중 평균 정확도를 계산합니다. 이는 각 주차의 정확도에 해당 주차의 가중치를 곱한 후,
# 모든 주차의 결과를 합하여 총 가중 평균을 구한다.
weighted_accuracy = (weekly_sums['정확도'] * weekly_sums['주차_예측'].map(weights)).sum()

weekly_sums, weighted_accuracy
```

```
(   주차_예측  최소값  최대값        정확도
 0       1  300  600  0.500000
 1       2  400  650  0.615385
 2       3  150  600  0.250000
 3       4  340  620  0.548387
 4       5  240  600  0.400000
 5       6  320  610  0.524590
 6       7  270  600  0.450000
 7       8  300  600  0.500000,
 0.4642964650368141)
```

도표 8-12 코드에서 가중치를 아래와 같이 weight딕셔너리에 정의하고 구현한다. 여기서 weekly_sums['주차_예측'].map(weights)는 map( ) 함수를 사용하여 weekly_sums의 '주차_예측' 칼럼에 있는 각 주차 번호를 weights의 해당하는 가중치 값으로 변환한다. 결과적으로, 각 주차의 정확도에 적용할 가중치가 담긴 새로운 Series를 생성한다.

- ✓ weights = {1: 0.05, 2: 0.05, 3: 0.10, 4: 0.10, 5: 0.15, 6: 0.15, 7: 0.20, 8: 0.20}
- ✓ weighted_accuracy = (weekly_sums['정확도'] * weekly_sums['주차_예측'].map(weights)).sum()

weights를 설정한 내용이 도표 8-8(ChatGPT의 주차 순서에 따른 가중치 값이 잘못 적용한 에러 확인)과 관련이 있다. 도표 8-8 관련 파이썬 코드는 위에서 언급한 weights와 역순으로 아래와 같이 설정하였기 때문에, 예측 정확도를 48.28%로 잘못 계산한 것이다.

- ✓ weights = {1: 0.20, 2: 0.20, 3: 0.15, 4: 0.15, 5: 0.10, 6: 0.10, 7: 0.05, 8: 0.05}

"가중치는 8주 전부터 1주 전까지 시간의 역순으로 적용되며, 과거 주차의 가중치는 과거순으로 8주 전 5%, 7주 전 5%, 6주 전 10%, 5주 전 10%, 4주 전 15%, 3주 전 15%, 2주 전 20%, 1주 전 20%이다"로 요청내용을 명확히 전달하였으나, 여전히 오류를 발생시킨다. 도표 8-13과 같이 화면에 표시된 내용은 요청한 내용 대로 계산하는 것으로 보이지만, 실제 계산 결과는 8주 전을 가중치 20% 로 적용하고 있다. 경우에 따라 파이썬 코드를 확인해야 하는 이유이다.

도표 8-13. 화면표시 내용과 파이썬 코드의 불일치

주차별 가중치는 다음과 같습니다:

- 8주 전: 5%
- 7주 전: 5%
- 6주 전: 10%
- 5주 전: 10%
- 4주 전: 15%
- 3주 전: 15%
- 2주 전: 20%
- 1주 전: 20%

이제 주차별 정확도를 계산하고, 이를 가중치에 따라 평균내어 전체 수요예측 정확도를 계산하겠습니다. [>-]

주차별 수요예측 정확도와 해당 가중치를 적용한 가중된 정확도를 계산했습니다. 이를 기반으로 한 전체 수요예측 정확도는 약 48.28%입니다.

이번에는 사용자가 로직을 작성하지 않고, 앞서 작성한 이미지 파일을 이용하여 당주(9주차)에 대한 전체 수요예측 정확도를 계산해보자. [도표 8-3. 1주전 수요예측 정확도를 계산한 공식의 예], [도표 8-4. 주차별 가중치를 반영한 수요예측 정확도 계산] 이미지 파일 2개와 [도표 8-7. 보다 현실적인 예측정보와 실적정보의 형태]의 엑셀 파일 2개를 첨부하여 다음과 같이 ChatGPT에 요청한다.

도표 8-14. 이미지 파일을 통한 수요예측 정확도 산출 요청

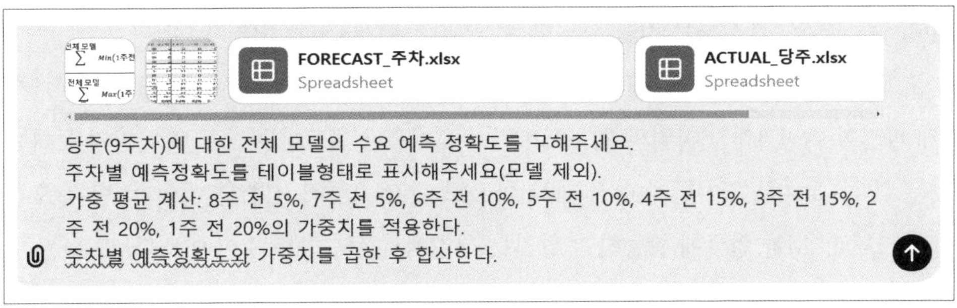

도표 8-15는 ChatGPT의 수요예측 정확도 계산 결과이다. 엑셀로 계산한 46.43%와 일치한다.

도표 8-15. 이미지 파일을 통한 수요예측 정확도 산출 결과

주차별 예측 정확도

		주차	예측정확도	가중치
4	3	4	0.5483870967741935	0.1
5	4	5	0.4	0.15
6	5	6	0.5245901639344263	0.15
7	6	7	0.45	0.2
8	7	8	0.5	0.2
9	Weighted_Avg	가중 평균	0.4642964650368141	

주차별 예측 정확도와 가중치를 곱한 후 합산한 최종 가중 평균 수요 예측 정확도는 약 46.43%입니다.

[도표 8-4. 주차별 가중치를 반영한 수요예측 정확도 계산]과 [도표 8-7. 보다 현실적

인 예측정보와 실적정보의 형태]의 엑셀 파일 2개만을 제공하면 ChatGPT는 수요예측 정확도를 저자의 의도와 다르게 계산한다. 특히 마지막 문장인 "주차별 예측정확도와 가중치를 곱한 후 합산한다"를 반드시 입력해야만 그나마 정확히 계산한다. ChatGPT가 수요예측 정확도를 바르게 계산하였는지를 [도표 8-3. 1주전 수요예측 정확도를 계산한 공식의 예] 이미지 파일을 업로드하여 검토할 수 있다. 이러한 접근법은 실무에서 프로그램을 구현하고 엑셀로 검증하는 방식과 유사하다. 3개의 파일만으로 수요예측 정확도를 제대로 계산하기를 기대하였으나, 결국은 위 네 개의 파일을 업로드하여야 수요예측 정확도를 제대로 계산하는 것을 확인할 수 있었다. 현재 ChatGPT 수준이다.

도표 8-13과 같이 ChatGPT가 환각 오류를 발생시키고 있는 것 또는 도표 8-14에서 4개 파일이 아닌 3개의 파일만 업로드하면 수요예측 정확도를 제대로 계산하지 못하는 것은 현재 ChatGPT의 한계이다. 제3부에서도 환각 오류를 경험할 것이다. 환각 오류가 있으니 LLM을 업무에 활용하지 말자는 취지에서 실습하는 것이 아니다. LLM은 파이썬 코드를 제시하므로 결과를 도출하는 과정을 확인할 수 있다. 따라서 파이썬 코드를 해석하고 코랩에서 결과를 확인할 수 있으면 환각 오류의 원인을 파악하기가 용이하다. 파이썬 코드와 코랩을 학습하는 이유이기도 한다. 파이썬 코드에 대한 해석은 제3부에서 설명한다.

어쩌면 이러한 오류 때문에 기업과 사용자가 데이터분석 업무에 ChatGPT 적용을 주저할 수 있다. 하지만 이와 같이 자연어 처리와 데이터분석과 관련된 이런 종류의 환각 오류는 조만간 극복되리라 생각한다. LLM은 계속 진화하고 있기 때문이다. 이 문제의 해결은 Open AI와 같은 LLM(Large Language Model, 대형언어모델) 개발업체의 역할이다. 하지만 LLM을 사용하는 사용자와 기업이 해결해야만 없어지는 환각 오류가 있다.

데이터의 E2E(End To End) 연계와 SCM 운영기준 정립이 우선이다

팔란티어 테크놀러지스의 CEO 알렉스 카프는 "기업의 데이터가 E2E(End To End)로 연결되어 있지 않고 비즈니스 로직이 없다면, LLM을 적용하는 것은 의미가 없다"고 언급한 바 있다. 이러한 이유로 준비가 안된 상태에서 서둘러 LLM을 구축할 경우, 해당 기업의 LLM의 답변에는 환각 오류가 많이 발생한다. 환각 오류로 인해 사용자는 시스템에 대해 신뢰하지 않을 것이고 프로젝트는 결국 실패한다. LLM이 사람처럼 이해하고 판단하기 위해서는 사람이 데이터를 쉽게 이해하고 판단할 수 있는 인프라가 먼저 구축되어야 한다는 의미이다. 이러한 인프라 구축을 통해 데이터에 의미가 부여될 때, LLM에서 환각 오류도 발생하지 않을 것이다. 회의록 또는 이메일을 잘 정리하거나, 이미 사전에 정제된 일부 데이터를 잘 활용한 LLM 구축의 성공 사례가 제시되기도 한다. 여기서 정제된 일부 데이터는 기존에 이미 구축한 기업의 APS 또는 예측모형을 통해 만들어진 결과이다. 기업의 E2E 연계된 데이터를 의미하지는 않는다.

4장에서 8장까지 SCM 수준진단 시각화 실습을 통해 독자는 아래 2가지를 확인할 수 있다.

1) ChatGPT의 환각 오류를 해결해야 한다. 아직은 LLM의 기술적 한계도 있다. 하지만 다른 측면에서는 환각은 사실 버그가 아니라 LLM(Large Lange Model)의 가장 큰 특징 중 하나라고 언급되기도 한다. 환각 오류는 실제로 사용자가 정의한 기준이 모호하고 일관성이 없을 때 자주 발생한다. 오류 데이터나 이러한 모호한 기준으로 LLM이 학습되었기 때문에 발생하는 현상이다. ChatGPT의 문제보다는 기준을 잘못 정의하거나 오류 데이터를 제공한 사용자의 문제이다. 데이터에 오류가 있지만 구체적인 기준이 언급되지 않았어도, 현재의 ChatGPT가 이러한 문제를 알아서 해결해 수 있는 수준은 아직은 아니다.

2) SCM 데이터분석을 통해 성과를 도출하기 위해서는 우선 데이터가 잘 정비되어 있어야 하고, 의미적으로 연결되어 있어야 한다. 의미적으로 연결되어 있다는 것은 데이터가 E2E(End To End)로 연계되고, 4장부터 8장까지 학습한 공급 리드타임, 비즈니스 리듬 동기화, 계획대로 실행, 실수요 기반 수요관리, 수요예측 정확도 등과 관련된 SCM 운영기준이 사전에 정립되어 데이터분석이 가능하다는 것이다. 데이터는 사용자가 호출하기 전까지는 단지 데이터일 뿐이다. 데이터는 사용자가 의미를 부여할 때 그 가치가 발현된다. 고도의 AGI(Artificial General Intelligence) 시대가 되기 전까지는 아직은 ChatGPT가 아닌 사용자가 데이터에 의미를 부여할 수 있어야 한다.

데이터의 정비와 E2E(End To End) 연결의 중요성은 이 책에서 논의할 필요도 없을 만큼 가장 중요하므로 더 이상 서술하지 않는다. 여기서는 SCM 운영기준을 강조하고자 한다. AGI가 각 기업의 실정에 맞는 SCM 운영기준을 자동으로 생성하고 제안하고 설정하는 것은 먼 미래의 이야기이다. 지금은 LLM을 SCM 운영에 잘 활용하는 것이 우선이다. 이를 위해서 각 기업과 독자는 SCM 운영 기준에 대한 정립과 학습이 우선되어야 한다.

미래는 LLM을 제대로 활용하는 기업과 그렇지 못하는 기업으로 구분될 것이다. 데이터가 잘 정비되어 있고, 의미적으로 연결된 기업은 환각 오류없이 LLM을 제대로 활용할 것이다. 이는 비용절감과 서비스 차별화로 연결되어 기업은 지속가능한 성장을 할 것이다. 반면 데이터 정비 및 기업 자체의 SCM 운영기준 정립 등에 소홀한 기업은 환각 오류에 직면하여 LLM을 제대로 활용하지 못할 것이다. 이런 기업은 결국 경쟁에서 뒤쳐지게 될 것이다. SCM 운영기준을 너무 어렵게 생각하지 말자. [도표 8-4. 주차별 가중치를 반영한 수요예측 정확도 계산]와 같은 엑셀 내용이 SCM 운영기준이다. 기업의 여러 조직과 구성원이 합의한 내용을 구체적으로 정리한 내용인 것이다. 즉, 전사적으로 합의한 비즈니스 운영 기준이 있어야 하고, 구체적으로 정리한 자료가 있어야 한다.

현재 대다수의 기업이 SCM과 관련하여 LLM을 활용하는 방식은 분석 결과를 제공하는 API(Application Programming Interface, 애플리케이션 프로그래밍 인터페이스)를 호출하는 것이다. 기업 내부에서 개발한 이러한 API 호출을 통해 기존의 APS(Advanced Planning and Scheduling)에서 생성한 계획 결과와 다른 데이터를 연결하여 분석 결과를 제공한다. 기존의 APS는 사용자가 과거에 정의한 SCM 운영기준으로 개발한 시스템이다. 새롭게 확보된 비정형 데이터, 실시간 정보, 환경변화에 따른 운영 기준의 변경 등을 실시간으로 반영하기가 어렵다.

모든 기업은 시장 환경 변화와 내부의 의사결정 내용을 실시간으로 반영하여 기업자원을 최적화하는 최선의 의사결정을 하고자 한다. 정형 및 비정형 데이터의 통합, 변화하는 운영 기준 및 사용자의 실시간 의사결정 등이 피드백 루프를 통해 자동으로 반영되어야 한다. 이것은 AGI가 실현되어야 가능하고, 아직은 먼 미래의 이야기이다. AGI가 운영기준을 생성할 수 있다고 하더라도, 각 기업은 자신의 경영 철학과 그에 따른 자신만의 SCM 운영기준을 보유할 수밖에 없다. 각 기업은 추구하는 경영철학, 가치, 처한 비즈니스 환경이 모두 다르기 때문이다. E2E 데이터와 연계되고 정립된 운영기준은 기업 경쟁력의 원천이다.

최선의 의사결정을 위한 여정에서 LLM은 중심 역할을 할 것이다. LLM이 기존의 APS 또는 예측모형을 완전히 대체하기보다는, APS의 기능을 확장하고 보완하는 방식으로 사용될 가능성이 높다. APS가 기존에 수행해왔던 고도로 구조화된 계획 및 일정 관리 기능을 유지하면서, LLM은 외부 데이터와 연계하여 더 복잡하고 비정형인 데이터의 분석, 실시간 예측 및 최적화, 사용자 인터페이스 개선 등의 역할을 담당하게 될 것이다. 특히 LLM은 복잡한 데이터 패턴을 분석하여 의사결정자에게 더 나은 통찰력을 제공하거나, 다양한 시나리오를 시뮬레이션하고, 각 시나리오에 따른 결과를 예측하여 최적의 결정을 지원할 수 있을 것이다.

많은 선진기업들이 SCM 시스템 구축 전략을 수립하고 있다. 기존의 관행에 기반한 APS 고도화, SCM 프로세스 중심의 문제 해결을 통해서는 혁신적인 SCM 시스템 구축 전략이 도출되기 어려울 것이다. 우리는 생성형 AI 시대에 살고 있다. 너무 앞서 나간 이야기일 수도 있지만, 글로벌 선진기업의 경영진 리더라면 AGI로의 여정을 꿈꾸고 있어야 한다. 도달할 수 없는 영역일 수도 있다. 하지만 이를 실현하기 위한 단계적 로드맵(Roadmap)에 기반하여 SCM 시스템 구축방안을 수립해야 한다. Ontology 기반 APS 구축 등은 이 책의 취지에 벗어난 주제이므로 추가적인 논의는 생략한다.

환각 오류는 디지털 빙산이다. 디지털 빙산 밑에 드러나지 않는 더 큰 숨겨진 낭비 또는 비용이 있다는 의미이다. 기업이나 개인이 현재의 환각 오류에 대해 LLM을 비난하기보다는 데이터가 E2E 연결되어 있지 않고, 운영기준이 없거나, 모호하거나, 정립되어 있지 않은 지 반성하고 개선하는 기회로 활용하여야 한다. 꾸준히 데이터를 E2E 연계하여 자신의 SCM 운영기준을 정립하는 기업만이 환각 오류없이 LLM을 제대로 활용하며 지속가능한 성장을 할 수 있을 것이다. 개인도 마찬가지이다.

제3부

재고통제 시스템과 통계 기초

제9장 기술통계와 물동량 분석

제10장 정규분포와 가설검정을 통한 출하량 분석

제11장 재고관리와 안전재고 수준의 결정

제12장 후보충 모형의 파이썬 코드 이해

제9장
기술통계와 물동량 분석

신규 물류센터의 설계, 새로운 안전재고 기준의 설정 등 개선방안을 제시하기 위해서는 SCM/물류에 대한 현황 파악이 우선이다. 앞에서 배운 표와 그래프와 같은 시각화 도구는 현황을 파악하는 데 많은 도움을 준다. 하지만 SCM/물류에 대한 보다 철저한 현황 파악을 위해서는 광범위하게 축적된 SCM/물류 실적에 대한 기술적 데이터분석이 필요하다. 기술적 데이터분석은 과거 데이터를 분석하여 어떤 현상이나 패턴이 있었는지를 설명하는 과정이다. 기술 통계학을 사용하여 데이터의 특성을 요약함으로써, 데이터 내의 정보를 간결하고 이해하기 쉬운 형태로 전달할 수 있다.

예를 들어, 물류센터 설계를 위해서 사전에 입출고 물동량에 대한 철저한 분석이 이루어져야 한다. 이번 장은 물동량 분석을 실습 예제로 하여 수치적 기술통계에 대한 개념을 설명하고, 엑셀의 도구분석을 통해 실습한다. 그리고 ChatGPT를 활용하여 파이썬 코드로 기술통계를 실습한다.

수치적 기술통계를 이해하자

기술통계학(Descriptive Statistics)은 데이터를 요약하고 설명하는 통계학의 한 분야이며, 이를 통해 데이터를 간단하고 이해하기 쉬운 형태로 변환할 수 있다. 기술통계학은 다음과 같이 분류할 수 있다. 결과는 실습을 통해 다시 확인하자.

1) 중심경향성(Central Tendency)

- ✓ 평균(Mean, Average): 모든 데이터 값을 합산하고 데이터의 개수로 나눈 값이다.
- ✓ 가중평균(Weighted Mean, Weighted Average): 각 데이터에 특정 가중치를 적용한 평균값이다.
- ✓ 중앙값(Median): 데이터를 크기 순으로 나열했을 때 가운데에 위치하는 값이다.
- ✓ 최빈값(Mode): 데이터 중 가장 자주 나타나는 값이다.

2) 분산성(Dispersion)

- ✓ 범위(Range): 데이터에서 최댓값과 최솟값의 차이이다.
- ✓ 사분위간 범위(Interquartile Range, IQR): 데이터의 중간 50%의 범위를 나타내며, 제3사분위수(Q3)와 제1사분위수(Q1)의 차이로 계산한다.
- ✓ 분산(Variance): 이 책에서 중요한 개념인 변동성(Variability)을 평균 개념으로 요약한 것으로, 데이터가 평균으로부터 얼마나 멀리 떨어져 있는지를 측정한다.
- ✓ 표준편차(Standard Deviation): 분산의 제곱근으로, 데이터가 평균으로부터 퍼져 있는 정도를 나타낸다.
- ✓ 변동계수(Coefficient of Variation): 표준편차를 산술평균으로 나눈 것, 상대 표준편차라고 한다.

3) 상대적 위치(Relative Position)

- ✓ 백분위수(Percentiles): 전체 데이터를 백분율로 나누는 지점이다.
- ✓ z-점수(z-Scores): 각 데이터가 평균에서 얼마나 많은 표준편차만큼 떨어져 있는지를 나타내는 수치이다.
- ✓ 순위(Ranks): 데이터 내에서 각 데이터 값의 상대적인 위치나 등급을 나타낸다.

4) 상관관계(Correlation)

- ✓ 공분산(Covariance): 두 변수가 어떻게 함께 변하는지를 나타내는 값이다. 단위에 의존적이므로 두 변수 간의 관계를 비교하기 어렵다.
- ✓ 상관계수(Correlation Coefficient): 두 변수 간의 선형 관계의 강도와 방향을 표준화한 값이다.

  -1에서 1 사이의 값을 가지며, 단위에 무관하게 두 변수 간의 관계를 비교할 수 있다.

5) 형태 측정(Shape Measures)

- ✓ 왜도(Skewness): 데이터가 한쪽 방향으로 얼마나 치우쳐 있는지를 나타낸다.
- ✓ 첨도(Kurtosis): 데이터 분포의 뾰족한 정도와 꼬리의 두께를 설명한다.

엑셀의 도구분석을 통해 기술통계요약을 실습하자

데이터가 방대하여 한 번에 쉽게 파악할 수 없을 때에는 데이터의 정리와 요약을 통해 데이터에 내포된 내용을 쉽고 빠르게 파악할 필요가 있다. 제2부에서 엑셀의 그래프로 데이터를 요약하였다면, 이번 장에서는 수치로 데이터를 요약한다. 가장 빠른 방법은 엑셀의 [통계 데이터분석] - [기술 통계법]을 사용하는 것이다.

[예제 9-1]

TV를 보관하는 물류센터에서 과거 3개월간의 TV 출하실적정보가 GI.xlsx에 저장되어 있다. 이 출하실적 데이터를 대상으로 기술통계 분석을 진행한다. 해당 데이터는 재고통제 시스템의 실습 예제로도 사용된다. 출하실적의 평균과 분산은 추후 안전재고 수준 설정에 활용된다.

[기술통계 요약 실습]

■ **분석도구로 기술 통계 요약 만들기**

- 일자별 출하실적을 저장한 GI.xlsx 파일을 열고, GI 필드에 대하여 요약 통계량을 생성하고자 함
- [데이터] 탭 - [분석] 그룹 - [데이터분석] 클릭 - [기술통계법] 선택 - [확인] 클릭
- 기술 통계법 대화상자 표시 후, 입력 범위, 첫째 행 이름표 사용, 요약 통계량 등 클릭

도표 9-1. 엑셀의 기술 통계법 실습

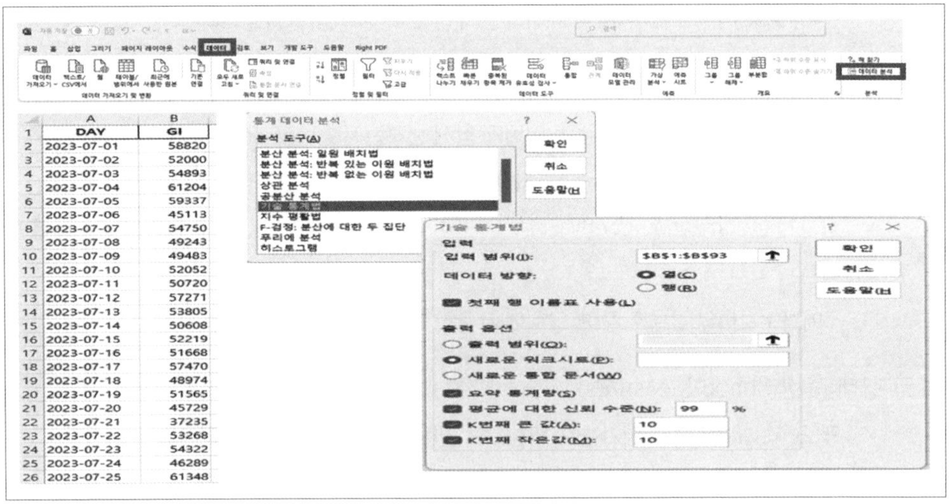

도표 9-2에서 분산은 (관측치-평균)의 제곱합을 (표본크기-1)로 나눈값이다. 불편 추정량을 계산하기 위해 1을 뺀다. 분산의 양의 제곱근인 표준편차는 함수 STDEV.S(B2:B93)를 사용하여 구한다. 표준오차는 표본 평균이 전체 모집단 평균과 얼마나 떨어져 있는지를 나타내는 척도이며, 표준편차/(표본크기 제곱근)이다.

도표 9-2. 엑셀의 기술 통계 결과

	A	B
1	GI	
2		
3	평균	50076.03261
4	표준 오차	537.9930795
5	중앙값	50243.5
6	최빈값	#N/A
7	표준 편차	5160.24834
8	분산	26628162.93
9	첨도	-0.402416785
10	왜도	0.073849729
11	범위	24113
12	최소값	37235
13	최대값	61348
14	합	4606995
15	관측수	92
16	가장 큰 값(10)	57346
17	가장 작은 값(10)	43736
18	신뢰 수준(99.0%)	1415.427762

1) 중심 경향성

중심경향성(Central Tendency)은 데이터가 중심이나 중앙에 위치하는 경향을 나타내는 통계적 척도이다. 중심경향성을 나타내는 주요 측정치는 평균(Mean), 중앙값(Median), 최빈값(Mode)이다.

✓ 평균(Mean, Average)
- 주로 산술평균을 의미하며, 주어진 자료의 총합을 자료의 개수로 나눈 값
- 계산이 쉽고, 수학적으로 활용하기 편리하며 각 자료에 대해 유일한 값을 가짐
- 극단적인 값에 민감, 자료의 수가 적고 극단적인 값이 여러 개인 경우 대표치의 기능을 상실

✓ 가중평균(Weighted Mean, Weighted Average)
- 각 데이터에 서로 다른 가중치를 부여하고 계산하는 평균
- 수치의 중요도나 영향도가 반영된 평균
- 극단적인 값에 민감, 자료의 수가 적고 극단적인 값이 여러 개인 경우 대표치의 기능을 상실

✓ 중앙값(Median)
- 중간값 또는 중위수, 데이터를 크기에 따라 차례로 배열했을 때 정중앙 관측치의 값
- 데이터의 개수가 짝수일 경우, 중간에 위치하는 두 값의 평균이 중앙값

- 이상치의 영향을 덜 받기 때문에, 이상치가 있는 경우 평균보다 더 유용한 측정치가 될 수 있음

✓ 최빈값(Mode)

- 데이터 중 가장 관측빈도가 높은 관측치
- 숫자형 외 범주형 데이터에서도 사용되며, 데이터에 따라 존재하지 않을 수도 있음
- 최빈값은 하나 이상일 수도 있으며, 이 경우를 다빈값(Multimodal)이라고 함

평균에는 산술평균, 가중평균 외에 기하평균, 조화평균 등이 있다. 여기서 기하평균은 물가상승율이나 인구증가율 같은 변화하는 비율을 나타낼 때 사용한다. 일반적으로 자료의 대표치로는 평균과 중앙값을 많이 사용하며, 두 값은 극단적인 값을 반영하는 정도가 다르다. 중앙값은 이상치가 있는 경우에 보다 안정적인 대표치로 사용된다.

[중심 경향성 실습]

■ 평균 구하기

- GI실습전.xlsx의 '중앙 경향성' sheet를 열고, GI 필드에 대하여 산출평균을 구하고자 함
- 명령어: 평균(Average) = AVERAGE(number1, number2, ……)
- 도표9-3에서 셀 B2에서 B93까지의 산출평균 50,076으로, 요약 통계량에서 구한 값과 동일(정수)

도표 9-3. 엑셀의 산술평균 실습

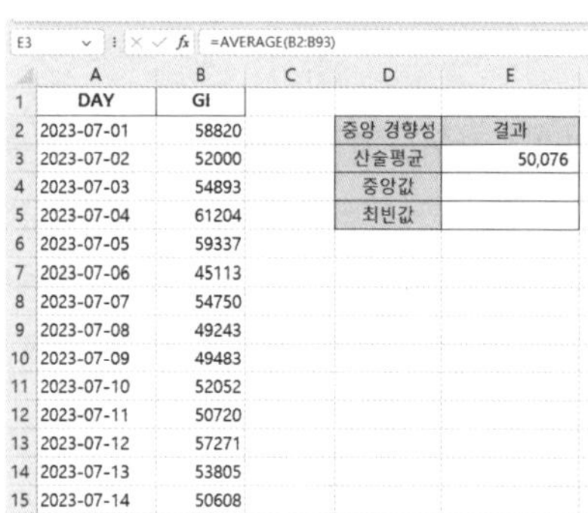

E3 =AVERAGE(B2:B93)

	A	B	C	D	E
1	DAY	GI			
2	2023-07-01	58820		중앙 경향성	결과
3	2023-07-02	52000		산술평균	50,076
4	2023-07-03	54893		중앙값	
5	2023-07-04	61204		최빈값	
6	2023-07-05	59337			
7	2023-07-06	45113			
8	2023-07-07	54750			
9	2023-07-08	49243			
10	2023-07-09	49483			
11	2023-07-10	52052			
12	2023-07-11	50720			
13	2023-07-12	57271			
14	2023-07-13	53805			
15	2023-07-14	50608			

■ 가중평균 구하기

- 명령어: 평균(Average) = AVERAGE(number1, number2, ……)

- 명령어: 가중평균(Weighted Average) = SUMPRODUCT(array1, array2, ……)/SUM(number1, number2, ……)

■ **중앙값과 최빈값 구하기**

- 명령어: 중앙값(Median) = MEDIAN(number1, number2, ……)
- 도표 9-4의 셀 B2에서 B93까지의 중앙값이 50,243.5로, 요약 통계량에서 구한 값과 동일
- 명령어: 최빈값(Mode) = MODE(number1, number2, ……)
- 도표 9-4에서 셀 B2에서 B93까지 중복 데이터가 없으면 MODE에서 #N/A 오류 값이 반환

도표 9-4. 엑셀의 중앙값과 최빈값 실습

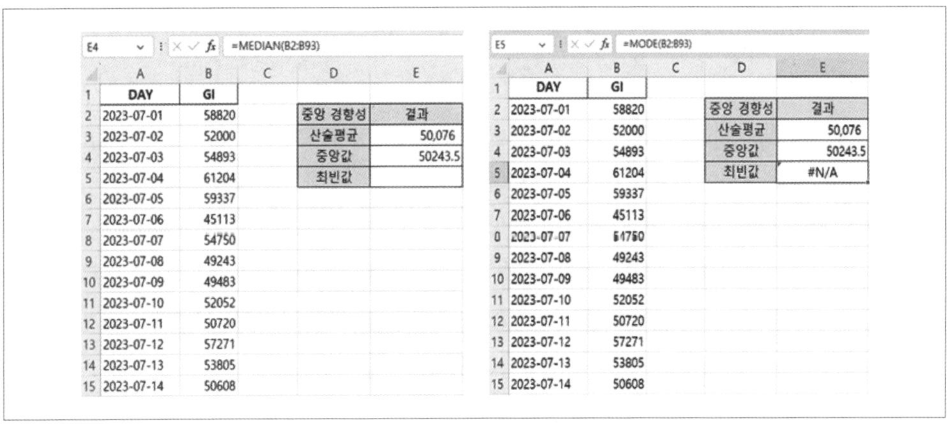

E4 =MEDIAN(B2:B93)

	A	B	C	D	E
1	DAY	GI			
2	2023-07-01	58820		중앙 경향성	결과
3	2023-07-02	52000		산술평균	50,076
4	2023-07-03	54893		중앙값	50243.5
5	2023-07-04	61204		최빈값	
6	2023-07-05	59337			
7	2023-07-06	45113			
8	2023-07-07	54750			
9	2023-07-08	49243			
10	2023-07-09	49483			
11	2023-07-10	52052			
12	2023-07-11	50720			
13	2023-07-12	57271			
14	2023-07-13	53805			
15	2023-07-14	50608			

E5 =MODE(B2:B93)

	A	B	C	D	E
1	DAY	GI			
2	2023-07-01	58820		중앙 경향성	결과
3	2023-07-02	52000		산술평균	50,076
4	2023-07-03	54893		중앙값	50243.5
5	2023-07-04	61204		최빈값	#N/A
6	2023-07-05	59337			
7	2023-07-06	45113			
8	2023-07-07	54750			
9	2023-07-08	49243			
10	2023-07-09	49483			
11	2023-07-10	52052			
12	2023-07-11	50720			
13	2023-07-12	57271			
14	2023-07-13	53805			
15	2023-07-14	50608			

2) 분산성

분산성(Dispersion)은 데이터가 얼마나 퍼져 있는지를 나타내는 척도이다. 이를 측정하는 주요 방법에는 범위(Range), 사분위간 범위(Interquartile Range, IQR), 분산(Variance), 표준편차(Standard Deviation), 변동계수(Coefficient of Variation, CV)가 있다. 각각을 간단히 설명한다.

✓ 범위(Range)

- 데이터에서 가장 큰 값과 가장 작은 값의 차이, 가장 간단한 분산성 측정 방법
- 예: 데이터가 10, 20, 30, 40, 50이라면, 범위는 50 - 10 = 40임
- 극단적인 값의 영향을 많이 받으므로 매우 불안정하며, 많은 정보를 제공하지는 못함

✓ 사분위간 범위(Interquartile Range, IQR):

- 데이터를 크기 순으로 나열했을 때, 가운데 50%의 데이터가 어느 범위에 있는지 보여줌
- IQR = Q3 - Q1, 즉 제1사분위수(하위 25%)와 제3사분위수(상위 25%)의 차이
- 예: 데이터가 10, 20, 30, 40, 50이라면, 제1사분위수는 20, 제3사분위수는 40이므로, IQR은 40 - 20 = 20임
- 최댓값과 최솟값에서 데이터의 25%가 안쪽으로 들어와 있는 거리로 특이값의 영향을 거의 받지 않음
- 제2사분위수 Q2는 데이터를 작은 것부터 크기 순서대로 나열하여 50%에 위치한 중앙값

✓ 분산 (Variance)

- 데이터가 평균으로부터 얼마나 멀리 떨어져 있는지를 나타내는 변동성의 척도
- 각 데이터 값에서 평균을 뺀 후, 그 차이를 제곱하여 평균을 낸 값
- 단위의 제곱으로 표현하여 음수가 될 수 없음

✓ 표준편차 (Standard Deviation)

- 분산의 양의 제곱근으로, 데이터가 평균에서 얼마나 멀리 떨어져 있는지를 나타내는 척도
- 데이터와 동일한 단위로 표현, 분산보다 직관적으로 이해하기 쉬움

✓ 변동계수(Coefficient of Variation, CV)

- 표준편차를 평균으로 나눈 값으로 데이터의 변동성을 평균에 대한 상대적인 값으로 표시
- 서로 다른 평균과 표준편차를 갖는 여러 데이터의 산포도를 비교하는데 유용하게 활용됨
- 변동계수가 높을수록 데이터의 변동성이 크다는 것을 의미

이러한 분산성 측정치들은 데이터가 어느 정도 퍼져 있는지, 즉 데이터의 일관성과 변동성을 평가하는 데 유용하다. 예를 들어, 수요의 변동성을 측정하여 변동성이 크면 안전재고를 더욱 많이 보유하여야 한다. 그리고, 숫자의 가독성을 위해 천 단위마다 콤마와 소수점 첫째자리까지 표시하도록 서식을 변경한다.

[분산성 실습]

■ 범위 구하기

- 일자별 출하실적, 공급 리드타임을 저장한 GI실습전.xlsx의 '분산성' sheet를 열고, GI(출하량) 와 LT(공급 리드타임) 필드에 대해 범위를 구하고자 함
- 명령어: 범위(Range) = MAX(number1, number2, ------) - MIN(number1, number2, ------)
- 도표9-5는 GI에 대해 셀 B2에서 셀B93까지의 최댓값에서 최솟값을 빼는 과정을 보여줌

도표 9-5. 엑셀의 범위 실습

F3 | f_x =MAX(B2:B93)-MIN(B2:B93)

	A	B	C	D	E	F	G
1	DAY	GI	LT				
2	2023-07-01	58820	10		중앙 경향성	출하량	공급 리드타임
3	2023-07-02	52000	7		범위	24,113.0	10.0
4	2023-07-03	54893	8		제1사분위수		
5	2023-07-04	61204	10		제3사분위수		
6	2023-07-05	59337	10		사분위수 범위		
7	2023-07-06	45113	4		평균		
8	2023-07-07	54750	8		분산		
9	2023-07-08	49243	6		표준편차		
10	2023-07-09	49483	6		변동계수		

■ 사분위 범위 구하기

- 명령어: 사분위수(Quartile) = QUARTILE(array, quart) ,
- 명령어: 사분위수 범위(IQR) = QUARTILE(array, 3) - QUARTILE(array, 1)
- GI의 제1사분위수 QUARTILE(B2:B93, 1)은 46.503.5 임. 여기서 array B2:B93는 대상 범위임

도표 9-6. 엑셀의 사분위 범위 실습

F6 | f_x =QUARTILE(B2:B93, 3) - QUARTILE(B2:B93, 1)

	A	B	C	D	E	F	G
1	DAY	GI	LT				
2	2023-07-01	58820	10		중앙 경향성	출하량	공급 리드타임
3	2023-07-02	52000	7		범위	24,113.0	10.0
4	2023-07-03	54893	8		제1사분위수	46,503.5	5.0
5	2023-07-04	61204	10		제3사분위수	53,685.0	7.3
6	2023-07-05	59337	10		사분위수 범위	7,181.5	2.3

F4 | f_x =QUARTILE(B2:B93, 1)

	A	B	C	D	E	F	G
1	DAY	GI	LT				
2	2023-07-01	58820	10		중앙 경향성	출하량	공급 리드타임
3	2023-07-02	52000	7		범위	24,113.0	10.0
4	2023-07-03	54893	8		제1사분위수	46,503.5	5.0

■ 분산과 표준편차 구하기

- 명령어: 분산(Variance) = VAR(number1, number2, ------)
- 명령어: 표준편차(Standard Deviation) = STDEV(number1, number2, ------)

도표 9-7. 엑셀의 분산과 표준편차 실습

F8 fx =VAR(B2:B93)

	A	B	C	D	E	F	G
1	DAY	GI	LT				
2	2023-07-01	58820	10		중앙 경향성	출하량	공급 리드타임
3	2023-07-02	52000	7		범위	24,113.0	10.0
4	2023-07-03	54893	8		제1사분위수	46,503.5	5.0
5	2023-07-04	61204	10		제3사분위수	53,685.0	7.3
6	2023-07-05	59337	10		사분위수 범위	7,181.5	2.3
7	2023-07-06	45113	4		평균	50,076.0	6.1
8	2023-07-07	54750	8		분산	26,628,162.9	4.3

F9 fx =STDEV(B2:B93)

	A	B	C	D	E	F	G
1	DAY	GI	LT				
2	2023-07-01	58820	10		중앙 경향성	출하량	공급 리드타임
3	2023-07-02	52000	7		범위	24,113.0	10.0
4	2023-07-03	54893	8		제1사분위수	46,503.5	5.0
5	2023-07-04	61204	10		제3사분위수	53,685.0	7.3
6	2023-07-05	59337	10		사분위수 범위	7,181.5	2.3
7	2023-07-06	45113	4		평균	50,076.0	6.1
8	2023-07-07	54750	8		분산	26,628,162.9	4.3
9	2023-07-08	49243	6		표준편차	5,160.2	2.1

■ **변동계수 구하기**

- 명령어: 변동계수(CV) = STDEV(number1, number2, ------)/AVERAGE(number1, number2, ------)
- 출하량의 표준편차가 5,160.2가 공급 리드타임의 표준편차 2.1보다 크지만, 출하량의 평균이 크기 때문에 변동계수를 통해 살펴보면 공급 리드타임에 비해 출하량의 변동은 상대적으로 적음(0.10 < 0.34).

도표 9-8. 엑셀의 변동계수 실습

F10 fx =F9/F7

	A	B	C	D	E	F	G
1	DAY	GI	LT				
2	2023-07-01	58820	10		중앙 경향성	출하량	공급 리드타임
3	2023-07-02	52000	7		범위	24,113.0	10.0
4	2023-07-03	54893	8		제1사분위수	46,503.5	5.0
5	2023-07-04	61204	10		제3사분위수	53,685.0	7.3
6	2023-07-05	59337	10		사분위수 범위	7,181.5	2.3
7	2023-07-06	45113	4		평균	50,076.0	6.1
8	2023-07-07	54750	8		분산	26,628,162.9	4.3
9	2023-07-08	49243	6		표준편차	5,160.2	2.1
10	2023-07-09	49483	6		변동계수	0.10	0.34

3) 상대적 위치(Relative Position)

상대적 위치(Relative Position)는 데이터 내에서 개별 데이터가 어디에 위치하는지를 나타내는 척도이다. 이는 데이터들이 전체 분포에서 어떤 위치에 있는지를 파악하는 데 도움을 준다. 백분위수(Percentiles), z-점수(z-Scores), 순위(Ranks) 등이 있다. 각각에 대해 간단히 설명한다.

✓ 백분위수 (Percentiles)
  - 데이터를 100등분하여, 특정 백분위수에 해당하는 데이터 값이 전체 데이터 중 어디에 위치하는지를 나타냄
  - 예를 들어, 50번째 백분위수(중앙값, 중위수)는 데이터의 중간 값을 나타내며, 25번째 백분위수와 75번째 백분위수는 각각 하위 25%(즉 1사분위수)와 상위 25%(3사분위수)의 경계를 나타냄
  - P Percentile: 데이터 중 P%가 이보다 작거나 같은 값
  - 데이터의 크기가 대략 30 이상일 때 사용, 데이터의 분포를 이해하고, 특히 이상치나 극단적인 값의 영향을 받지 않는 데이터 위치를 파악하는 데 유용

✓ z-점수(z-Scores)
  - 특정한 값이 평균으로부터 표준편차의 몇 배만큼 떨어져 있는지 나타내는 값
  - (관측치 - 평균) / 표준편차
  - z-점수가 2라면 특정한 값은 평균보다 2표준편차만큼 위에 위치한다는 의미
  - z-점수가 (+/-)2 또는 (+/-)3을 벗어나는 경우는 일반적으로 특이값으로 판단
  - z-점수로 변환한 자료는 평균이 0, 분산과 표준편차가 1인 표준화된 데이터임

✓ 순위(Ranks)
  - 어떤 데이터가 전체 데이터 내에서 어떤 순서에 있는지를 나타냄
  - 예를 들어, 데이터를 오름차순으로 정렬했을 때, 어떤 데이터가 첫 번째, 두 번째 등에 위치하는지를 나타내는 것이 순위임

이러한 상대적 위치 측정치들은 데이터분석에서 데이터 간의 위치 관계를 정량적으로 이해하고 비교하는 데 중요한 역할을 한다. 예를 들어, z-점수는 안전재고 수준을 결정할 때 서비스 수준을 구하는데 사용된다.

[상대적 위치 실습]

■ 백분위수 구하기

- GI실습전.xlsx의 '상대적위치' sheet를 열고, GI(출하량)에 대한 백분위수를 구하고자 함
- 명령어: 백분위수(Percentiles) = PERCENTILE(array, k)
- array: 상대순위를 정의하는 데이터 배열 또는 범위, k: 0에서 1 사이 범위의 백분위수 값
- 도표 9-9에서 50 Percentile 50,244는 앞서 기술한 제2사분위수, 즉 중위수임

도표 9-9. 엑셀의 백분위수 실습

F3 | fx = PERCENTILE($B$2:$B$93, E3)

	A	B	C	D	E	F	G
1	DAY	GI					
2	2023-07-01	58820		상대적 위치	k	출하량	비고
3	2023-07-02	52000		25 Percentile	0.25	46,504	제1사분위수
4	2023-07-03	54893		50 Percentile	0.5	50,244	제2사분위수, 중위수
5	2023-07-04	61204		75 Percentile	0.75	53,685	제3사분위
6	2023-07-05	59337		90 Percentile	0.9	57,339	
7	2023-07-06	45113		95 Percentile	0.95	59,053	
8	2023-07-07	54750		98 Percentile	0.98	60,014	
9	2023-07-08	49243		99 Percentile	0.99	61,217	

■ z-점수 구하기

- GI실습전.xlsx의 'z-점수' sheet를 열고, GI(출하량)에 대한 백분위수를 구하고자 함
- 명령어: z-점수(z-Scores) = STANDARDIZE(number, 평균, 표준편차)
- 도표 9-10에서 전체 출하실적 데이터의 평균, 표준편차로부터 특정값58,820이 평균으로부터 표준편차의 1.694486배만큼 떨어져 있음을 표시하고 있음. 58,820=50,076+5,160* 1.694486

도표 9-10. z점수 구하기

C2 | fx =STANDARDIZE(B2, $F$3, $F$4)

	A	B	C	D	E	F
1	DAY	GI	z-score			
2	2023-07-01	58820	1.694486		필요 인자	출하량
3	2023-07-02	52000	0.372844		평균	50,076
4	2023-07-03	54893	0.933476		표준편차	5,160
5	2023-07-04	61204	2.156479			

■ 순위 구하기

- GI실습전.xlsx의 '순위' sheet를 열고, GI(출하량)에 대한 백분위수를 구하고자 함
- 명령어: 순위(Ranks) = RANK(number, ref, order)
- Number: 순위를 구하려는 수, ref: 숫자 목록에 대한 참조 즉, 범위, order: 순위 결정 방법을 지정하는 수(order가 0이거나 이를 생략하면 ref가 내림차순으로 정렬된 목록인 것으로 가정하여 number의 순위를 부여, order가 0이 아니면 ref가 오름차순으로 정렬된 목록인 것으로 가정하여 number의 순위를 부여)
- RANK는 중복된 숫자를 동일한 순위로 제공. 그러나 중복 숫자의 존재는 후속 숫자의 순위에 영향을 미침. 예를 들어 오름차순으로 정렬된 정수 목록에서 숫자 10이 두 번 나타나고 순위가 5이면 11의 순위는 7임(숫자의 순위는 6이 아님)
- 도표 9-11에서 7월 4일 출하량 61,204는 전체 기간의 출하량 중에서 내림차순으로 2번째로 많은 출하량임. 오름차순으로 91번째임

- 내림차순으로 정렬된 목록을 참조하는 RANK(B6, $B$2:$B$93, 0)는 0을 생략하여 RANK(B6, $B$2:$B$93) 로 표시할 수 있음

도표 9-11. 엑셀의 순위 실습

C5 =RANK(B5, $B$2:$B$93, 0)

	A	B	C	D
1	DAY	GI	Ranks 내림차순	Ranks 오름차순
2	2023-07-01	58820	6	87
3	2023-07-02	52000	32	61
4	2023-07-03	54893	18	75
5	2023-07-04	61204	2	91
6	2023-07-05	59337	5	88
7	2023-07-06	45113	77	16
8	2023-07-07	54750	19	74
9	2023-07-08	49243	50	43
10	2023-07-09	49483	49	44
11	2023-07-10	52052	30	63

D5 =RANK(B5, $B$2:$B$93, 1)

	A	B	C	D
1	DAY	GI	Ranks 내림차순	Ranks 오름차순
2	2023-07-01	58820	6	87
3	2023-07-02	52000	32	61
4	2023-07-03	54893	18	75
5	2023-07-04	61204	2	91
6	2023-07-05	59337	5	88
7	2023-07-06	45113	77	16
8	2023-07-07	54750	19	74
9	2023-07-08	49243	50	43
10	2023-07-09	49483	49	44
11	2023-07-10	52052	30	63

4) 상관관계(Correlation)

상관관계는 두 변수 간의 관계를 정량적으로 나타내며, 두 변수가 함께 변하는 정도와 방향을 평가한다. 상관관계는 주로 공분산과 상관계수를 통해 측정된다.

✓ 공분산 (Covariance)

- 두 변수가 함께 변하는 정도를 나타낸 값 또는 두 변수의 개별 관측치들이 각 변수의 평균으로부터 어느 정도 산포되어 있는가를 나타낸 값
- 두 변수의 편차(각 변수의 값에서 해당 변수의 평균을 뺀 값)의 곱의 평균(아래 표본 공분산)
- $\mathrm{Cov}(X, Y) = \sum_{i=1}^{n} \frac{(X_i - \overline{X})(Y_i - \overline{Y})}{(n-1)}$ 단, 모집단 공분산은 n 으로 나눔
- 공분산이 양수이면 X가 증가할 때 Y도 증가하는 경향이 있음을 나타내고, 음수이면 X가 증가할 때 Y가 감소하는 경향이 있음을 나타냄(0 에 가까운 공분산은 명확한 선형관계가 없음)
- 그러나 공분산의 절대값은 변수의 스케일에 따라 달라지므로, 두 변수 간의 관계 강도를 직접적으로 비교하기 어려움

✓ 상관계수 (Correlation Coefficient)

- 두 변수 간 선형 관계의 방향과 강도가 어느 정보인지 측정한 값. 두 변수 간의 관계를 쉽게 비교
- 피어슨 상관계수를 사용하려면 두 변수가 연속형 데이터이고, 선형 관계를 가져야 하며, 가능한 경우 정규 분포를 따르는 것이 이상적임
- 피어슨 상관계수는 -1에서 1 사이의 값을 가지므로 스케일에 무관함. 따라서 서로 다른 단위를 가진 변수들 간의 관계를 비교하는 데 적합함. 상관계수가 +1에 가까우면 완벽한 양의

선형 관계, -1에 가까우면 완벽한 음의 선형 관계, 0에 가까우면 선형 관계가 없음을 나타냄

- 상관계수에 대한 엑셀 실습은 13장에서 진행함

ChatGPT로 전반적인 통계분석을 하자

앞서 도표 9-2의 엑셀 기술 통계 요약표를 ChatGPT와 파이썬 코드로도 확인할 수 있다. GI.xlsx파일을 업로드하고 "전반적인 통계분석을 해주세요."라고 요청한다. 이때 ChatGPT가 생성한 파이썬 코드가 도표 9-12이다. describe( ) 함수를 사용하여 전반적인 통계량을 쉽게 확인할 수 있다.

도표 9-12. 전반적인 통계분석 파이썬 코드(코랩)

```
import pandas as pd
# 파일을 불러와서 데이터프레임에 로드한다.
file_path = '/content/sample_data/GI.xlsx'
data = pd.read_excel(file_path)
# 데이터프레임의 첫 5개 행과 컬럼 정보를 출력한다.
 data.head(), data.info()

# 'GI' 컬럼에 대한 기술통계 계산한다.
gi_descriptive_stats = data['GI'].describe()
gi_descriptive_stats
```

```
<class 'pandas.core.frame.DataFrame'>
RangeIndex: 92 entries, 0 to 91
Data columns (total 2 columns):
 #   Column  Non-Null Count  Dtype
---  ------  --------------  -----
 0   DAY     92 non-null     object
 1   GI      92 non-null     int64
dtypes: int64(1), object(1)
memory usage: 1.6+ KB
count       92.000000
mean     50076.032609
std       5160.248340
min      37235.000000
25%      46503.500000
50%      50243.500000
75%      53685.000000
max      61348.000000
Name: GI, dtype: float64
```

ChatGPT에 상관계수와 공분산 계산을 요청한다. 도표 9-13은 날짜를 연속된 일자(DayNumber)로 변환하여 GI 값과의 상관계수와 공분산을 계산하는 파이썬 코드이다. GI와 DayNumber간 상관계수는 약 -0.182로, 이는 두 변수 사이에 약간의 음의 상관관

계가 있음을 나타낸다. 즉, 일자가 증가함에 따라 GI 값이 약간 감소하는 경향을 보인다. GI와 DayNumber간 공분산은 약 -25,017.97로, 이 값은 두 변수가 함께 변하는 경향이 음의 방향으로 있다는 것을 나타낸다.

도표 9-13. 상관계수와 공분산을 계산하는 파이썬 코드(코랩)

```
# 날짜를 연속된 일자 수로 변환한다.
data['DayNumber'] = (pd.to_datetime(data['DAY']) - pd.to_datetime(data['DAY']).min()).dt.days

# 'GI'와 'DayNumber' 간의 상관계수와 공분산 계산한다.
correlation = data[['GI', 'DayNumber']].corr()
covariance = data[['GI', 'DayNumber']].cov()

correlation, covariance
```

```
(                  GI  DayNumber
 GI          1.000000  -0.181567
 DayNumber -0.181567   1.000000,
                  GI     DayNumber
 GI          2.662816e+07 -25017.972527
 DayNumber -2.501797e+04    713.000000)
```

GI 값과 날짜(DayNumber) 간의 상관계수와 공분산을 시각화하기 위해 산점도를 사용한다(도표 9-14). 데이터들이 넓게 퍼져 있어 강한 상관관계를 보이지는 않지만, 전반적인 경향성은 약간의 음의 상관성을 보여준다.

도표 9-14. 상관계수와 공분산을 산점도로 시각화(ChatGPT)

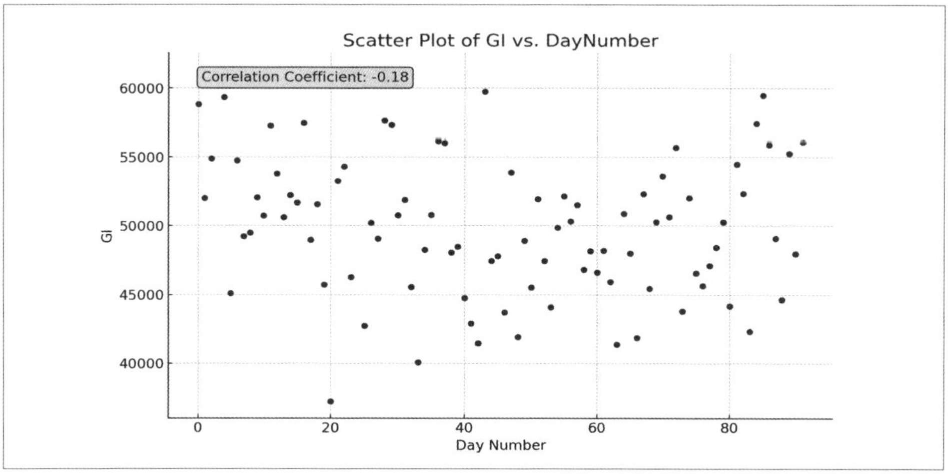

도표 9-15는 GI 칼럼에 대해 왜도와 첨도를 구하는 파이썬 코드와 결과값을 보여준다. 왜도는 약 0.074로, 이 값이 0에 가까울수록 GI의 분포가 대칭에 가깝다는 것을 나타낸다. 즉, 분포가 좌우 대칭적인 형태를 띠고 있다. 왜도가 0보다 크면, 소득 분포처럼 오른쪽으로 꼬리가 긴 분포(왼쪽으로 치우친 분포)로 나타난다. 첨도는 약 -0.402로, 이 값은 표준 정규 분포의 과도 첨도인 0보다 낮다. 이는 GI의 분포가 정규 분포보다 덜 뾰족하고, 더 평평하다는 것을 나타낸다. 양의 첨도는 정규분포보다 더 뾰족하고 꼬리가 두껍다.

도표 9-15. 왜도와 첨도를 계산하는 파이썬 코드(코랩)

```
# 'GI' 컬럼의 왜도와 첨도 계산한다.
skewness = data['GI'].skew()
kurtosis = data['GI'].kurt()

skewness, kurtosis
```

```
(0.07384972862173216, -0.40241678546085735)
```

GI칼럼의 왜도와 첨도를 시각화하기 위해 히스토그램을 그리고, 정규분포 곡선을 함께 표시하여 데이터 분포 형태를 명확하게 확인할 수 있다(도표 9-16).

도표 9-16. 왜도와 첨도를 시각화한 히스토그램(ChatGPT)

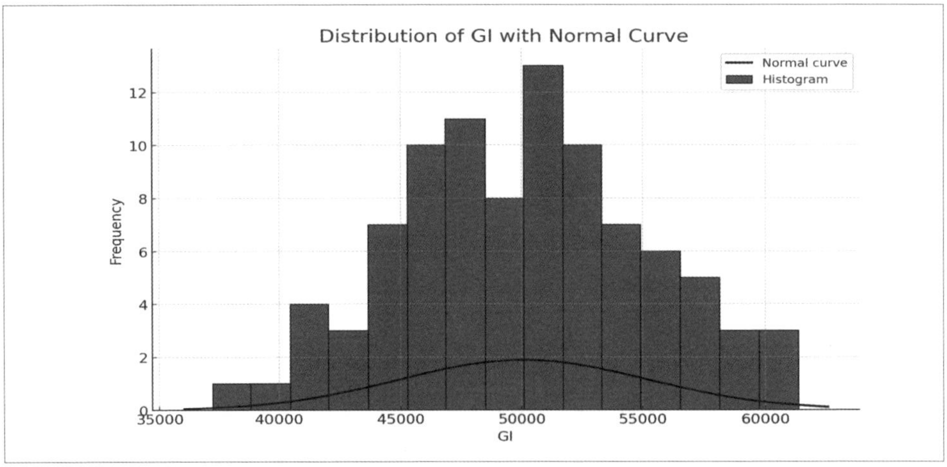

제10장
정규분포와 가설검정을 통한 출하량 분석

SCM/물류 데이터분석 실무자가 정규분포를 이해하는 것은 데이터의 분포와 변동성을 파악하고, 이를 기반으로 한 추론과 모델링을 더욱 효과적으로 수행하는 데 매우 중요하다. 특히 중심극한정리, 통계적 추론, 오차 분석, 이상치 탐지, 모델링 및 예측 등에서 데이터가 대부분 정규분포를 따른다고 가정한다. 이처럼 정규분포에 대한 이해는 SCM 데이터의 특성을 정확히 파악하고, SCM 모델의 가정을 검증하며, SCM 데이터에서 더 명확하고 유의미한 통찰을 얻는 데 도움이 된다.

출하량 분석 예제를 엑셀로 실습하면서 확률변수, 확률분포, 확률밀도함수, 정규분포 등 확률과 통계 용어에 익숙해지고자 한다. 이러한 용어에 대한 거부감을 최소화하고자 이 책에서는 수리적 표현은 자제한다. 이번 장이 데이터분석에 전혀 익숙하지 않는 독자에게는 가장 어려운 내용일 수 있다. 데이터분석을 하고자 한다면 넘어야 할 산이다. 하지만 너무 걱정할 필요는 없다. 예제를 실습하면서 자연스럽게 이해할 수 있을 것이다.

확률분포를 이해하자

데이터가 어떻게 생성되고 변동하는지를 이해하면, 그 데이터를 기반으로 한 의사결정이 훨씬 명확해지기 때문에 우리는 확률분포를 이해할 필요가 있다. 핵심 용어 중에서 꼭 알아야 하거나 주의해야 할 내용 중심으로 간단히 설명한다. 자세한 내용은 전문 통계 서적을 참조하기 바란다.

1) 확률변수

확률변수(Random Variable)는 표본공간(Sample Space) 내의 각 사건(Event)에 실수(Real Numbers)를 연결시키는 함수이다. 즉 사건을 수치적인 표현으로 바꾸는 것이다. 실험의 결과가 숫자로 나오는 경우 또는 숫자로 표현하기 어려운 경우에도 유용하게 사용된다.

- ✓ 실험(Experiment): 불확실하게 두 개 이상의 결과가 나타나는 과정
- ✓ 표본공간(Sample Space): 실험을 통해 나타날 수 있는 모든 가능한 실험 결과의 집합
- ✓ 사건(Event): 표본공간의 부분집합
- ✓ 확률(Probability): 표본공간의 원소 중에서 사건이 발생하는 비율

동전을 세 번 던지는 실험에서 표본공간 S는 다음과 같다. H는 앞면, T는 뒷면이다. S = {(T, T, T), (H, T, T), (T, H, T), …, (T, H, H), (H, H, H)}

이 실험에서 앞면이 2번 나오는 사건은 E = {(H, H, T), (H, T, H), (T, H, H)}이다. 이때 확률변수 X를 앞면의 수라고 정의하자. 앞면이 2번 나오는 사건의 확률은 P(X = 2)로 표현할 수 있다.

2) 이산확률변수와 연속확률변수

확률변수는 이산확률변수와 연속확률변수로 구분한다. 이산확률변수는 확률변수 X가 취할 수 있는 값을 셀 수 있는 경우이다. 예를 들어 동전 던지기, 주사위 눈금 등이다. 이산확률변수가 특정 값을 가지는 확률변수인 것에 비해 연속확률변수는 확률변수 X가 취할 수 있는 값을 셀 수 없는 경우이다. 특정 값이 아닌 특정 범위 내에서 값을 가질 확률을 나타내다. 예를 들어, 키, 몸무게, 전구의 수명 등이다. 키의 경우 170cm라는 어느 특정 값을 취할 확률은 0이 되며, 확률이란 특정 범위의 값을 취하는 확률을 나타낸다(예, 170~180cm일 확률). 물류센터에서 가전제품의 출하량은 개별 제품 단위로 셀 수 있고, 연속적이지 않고, 정수 값으로 명확히 구분되므로 이산확률변수이다.

3) 확률분포

확률분포(Probability Distribution)는 확률변수가 취하는 값의 범위와 각각의 값에 대응하는 확률을 나타낸다. 확률변수 X의 모든 가능한 값(치역)에 포함될 확률을 나타내는 식 또는 표이다. 앞서 동전을 세 번 던지는 실험에서 앞면의 수 X의 확률분포표는 아래와 같다.

x	0	1	2	3	계
P(X = x)	1/8	3/8	3/8	1/8	1

4) 확률질량함수

이산확률변수 X의 관측치가 x가 될 확률, 즉 P(X=x) = p(x)를 X의 확률질량함수(Probability Mass Function)라 하며 f(x)로 나타낸다. 아래와 같은 성질이 있다.

- ✓ $f(x) \geq 0$, 모든 x에 대해서
- ✓ $\Sigma_x f(x) = 1$
- ✓ $P(a \leq X \leq b) = \Sigma_{a \leq X \leq b} f(x)$

5) 확률밀도함수

$P(a \leq X \leq b) = \int_a^b f(x)dx$연속확률변수 X의 관측치가 a ≤ X ≤ b가 될 확률, 이라고 할 때, f(x)를 확률변수 X의 확률밀도 함수라고 한다.

- ✓ $f(x) \geq 0$, 모든 x에 대해서
- ✓ $\int f(x)dx = 1$

이산확률변수와 달리 연속확률변수에서는 관심 사건은 항상 구간의 형태이며, 주어진 구간 내의 모든 값을 취할 수 있다. 따라서 연속확률변수가 특정 값을 취할 확률은 0이 된다.

6) 정규분포

연속형 확률분포 중 가장 중요하게 다루어지는 분포이며, 키, 몸무게 등 세상의 수많은 연속형 현상이 정규분포를 따른다. 물류센터의 일별 출하량과 같은 이산형 확률변수도 출하량이 충분히 큰 경우에는 정규분포로 근사할 수 있다. 연속확률변수 X의 평균이 μ이고 분산이 σ^2이고 X의 확률밀도함수가 아래와 같을 때, X는 정규분포(Normal Distribution)를 따른다고 한다. N(μ, σ^2)로 표기한다.

$$f(x) = \frac{1}{\sqrt{2\pi}\sigma} e^{\frac{(x-\mu)^2}{2\sigma^2}} \quad , \qquad -\infty < x < \infty$$

- ✓ 기댓값: E(X) = μ, 분산: Var(X) = σ2
- ✓ 정규분포의 확률밀도함수는 평균 μ 에서 가장 큰 값을 가짐(평균 = 최빈값)
- ✓ 정규분포의 확률밀도함수는 평균 μ 에 대하여 대칭(평균 = 최빈값 = 중앙값)
- ✓ 대칭성에 의해 X가 평균 μ 보다 크거나 작을 확률 0.5

도표 10-1. 정규분포의 분산과 평균

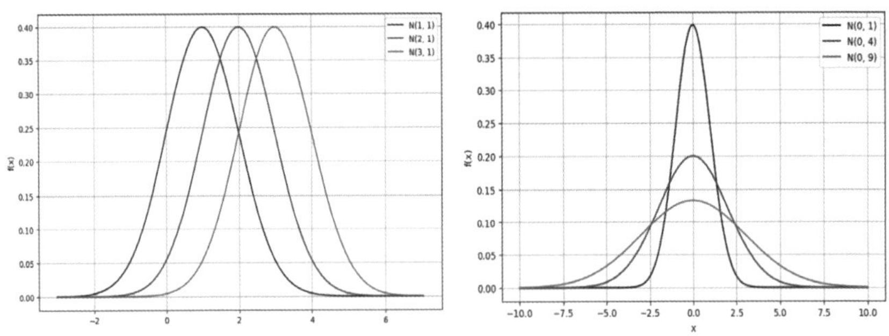

분산은 같고 평균이 다른 세개의 정규분포 평균은 같고 분산이 다른 세개의 정규분포

정규분포의 확률은 X ~N(μ, σ^2)일 때, 평균을 중심으로 표준편차의 몇 배 이내에 있는지에 대한 확률을 의미한다.

- ✓ 평균 ±1표준편차 이내에 있을 확률: P(μ - σ < X < μ + σ) = 0.6827
- ✓ 평균 ±2표준편차 이내에 있을 확률: P(μ - 2σ < X < μ + 2σ) = 0.9545
- ✓ 평균 ±3표준편차 이내에 있을 확률: P(μ - 3σ < X < μ +3 σ) = 0.9973

도표 10-2. 정규분포와 표준편차

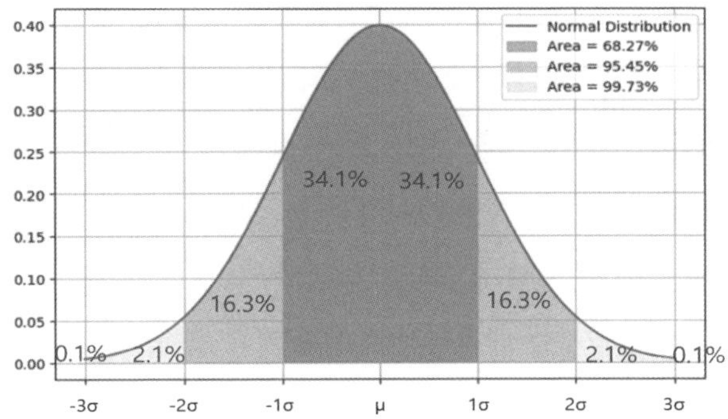

즉, 정규분포의 평균에서 3배의 표준편차를 벗어나는 범위의 데이터가 관측될 가능성은 매우 희박하다.

7) 표준정규분포

정규분포에서 평균이 0이고 분산이 1인 경우를 표준정규분포라고 한다. Z~N(0, 1)로 표기한다. 자주 사용하는 신뢰수준(Level of Confidence) 90%, 95%, 99% 관점에서 표준정규분포와 해당하는 z값은 도표 10-3과 같다.

정규분포를 따르는 확률변수 X를 표준정규분포를 따르는 확률변수 Z로 변환하는 것을 정규분포의 표준화(Standardization)라고 한다.

✓ 정규분포의 성질에 따라 X~N(μ, σ2)일 때, Z = (X - μ)/σ 라면 Z~N(0, 1)을 따름

도표 10-3. 표준정규분포와 신뢰수준

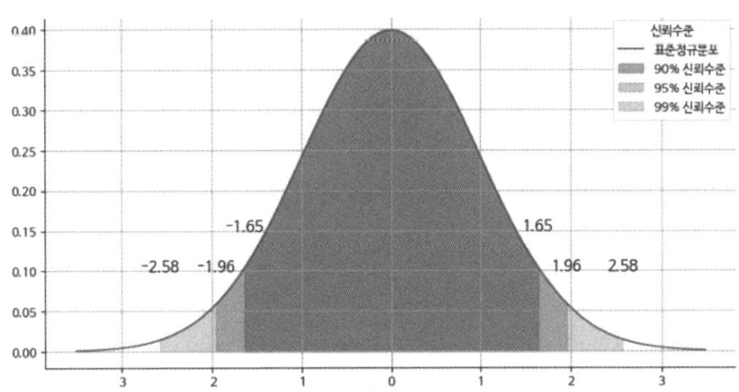

정규분포의 표준화는 데이터 스케일링(Scaling) 관점에서 서로 다른 스케일의 변수들을 비교하거나 결합할 때 유용하다. 많은 기계학습 알고리즘(예: 선형회귀, 로지스틱 회귀, 딥 러닝)은 변수가 비슷한 스케일을 가질 때 더 잘 작동한다. 그리고 각 변수가 예측에 얼마나 기여하는지를 나타내는 "특징 중요도"를 해석하기가 용이하다. 그 밖에 최소-최대 스케일링도 사용된다. 데이터에 이상치가 있는 경우에는 표준화를 사용하고, 특징들의 값이 일정한 범위 내에 있을 때에는 최소-최대 스케일링을 사용하는 것이 일반적이다. 하지만 어떤 방법을 사용할지는 데이터의 특징과 적용 모형에 따라 다르다.

도표 10-4. 정규분포의 표준화

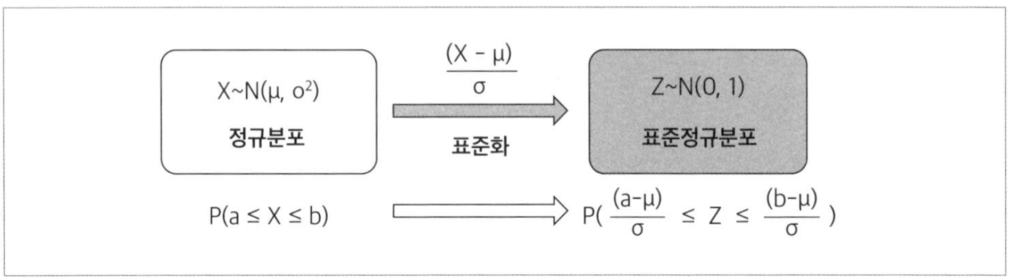

정규분포의 확률을 엑셀로 계산하자

엑셀의 함수 마법사 또는 수식창에 '= NORM.DIST( )' 를 직접 입력하여 정규분포의 확률을 계산한다.

[예제 10-1]

세탁기를 보관하는 물류센터에서 하루 세탁기의 출하량은 평균 150개이고, 표준편차 10개인 정규분포를 따른다. 이 물류센터에서 하루 출하량이190개 이하일 확률은 얼마인가?

[정규분포 실습]

■ **함수 마법사를 이용하여 정규분포의 개별 확률 계산**

- [수식] 탭 - [함수 삽입] 클릭 - 함수 마법사의 [통계] 범주 선택 - [NORM.DIST] 선택

도표 10-5. 엑셀의 정규분포 선택

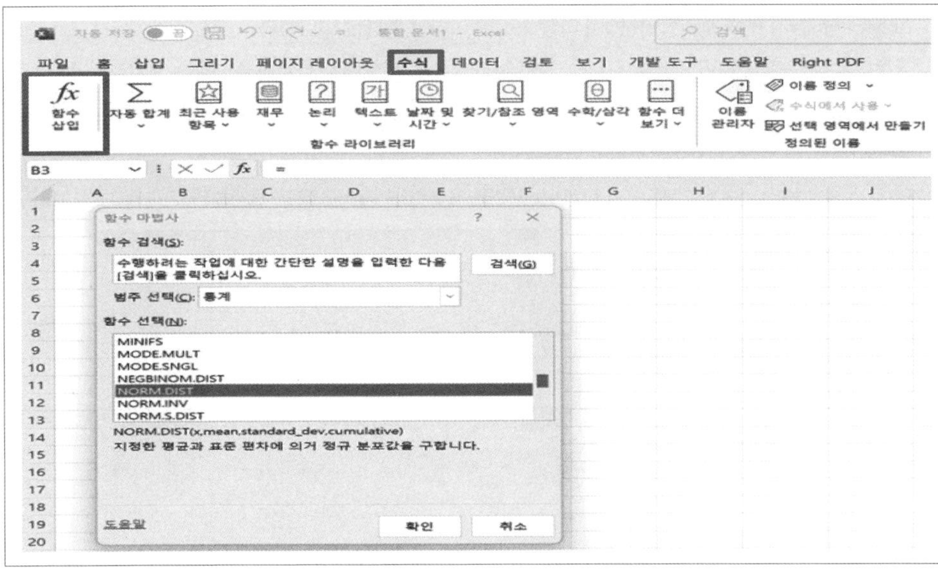

- 수식으로 표현하면 $X \sim N(150, 10^2)$에 대해 $P(X \leq 190)$의 확률을 구하는 것임
- NORM.DIST(x, mean, standard_dev, cumulative)을 이용
- x: 분포를 구하려는 값, mean: 산술평균, standard_dev: 표준편차
- cumulative: TRUE(1)이면 누적확률 계산, FALSE(0)이면 개별확률 계산
- $P(X \leq 190)$을 구하기 위해 B3셀에 도표 10-6과 같이 입력하고 [확인] 버튼 클릭

도표 10-6. 정규분포 인수 입력

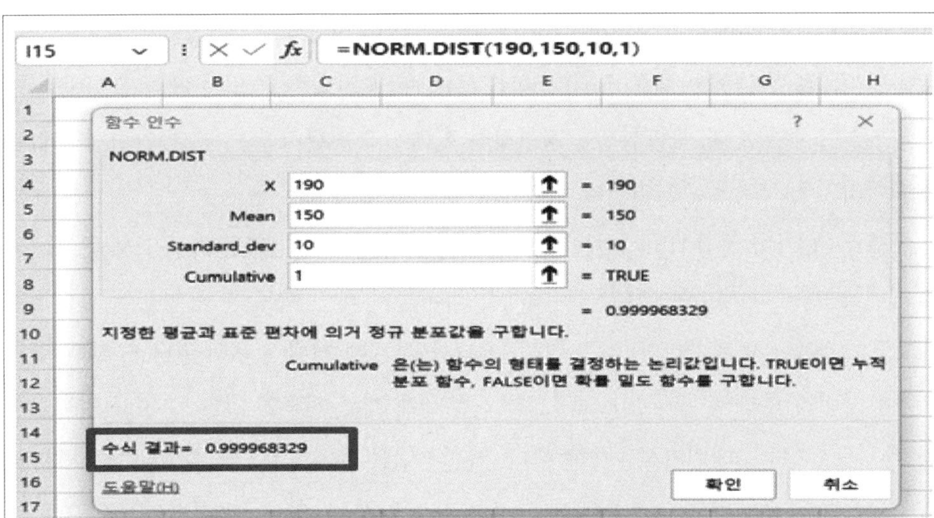

■ NORM.DIST( )함수를 직접 입력하여 정규분포의 개별 확률 계산

- 이 물류센터에서 하루 출하량이140개 이상, 190개 이하일 확률은 얼마인가?
- 질문을 수식으로 표현하면 $X \sim N(150, 10^2)$에 대해 $P(140 \leq X \leq 190)$의 확률을 구하는 것임
- $P(X \leq 140)$을 구하기 위해 B4셀의 수식란에 = NORM.DIST(140, 150, 10, 1)을 직접 입력하는 것은 도표 10-6의 수식을 입력하는 것과 동일한 기능을 함
- $P(140 \leq X \leq 190) = P(X \leq 190) - P(X \leq 140)$ = B3 - B4 = 0.999968329 - 0.158655254 = 0.841313075

도표 10-7. 엑셀을 이용하여 정규분포의 개별 확률 계산

B3 =NORM.DIST(190,150,10,1)

	A	B	C	D	E	F
1	정규분포에서 NORM.DIST(x, m, s, cumulative) 함수 이용하여 확률 구하기					
2						
3	P(X≤190) =	0.999968				
4	P(X≤140) =	0.158655				
5	P(140≤X≤190) =	0.841313				

통계적 가설검정을 이해하자

왜 통계적 가설검정을 이해해야 하는가? 데이터로부터 얻은 결론에 대해 객관적이고 수치적인 근거를 제공함으로써 결론의 정당성 또는 신뢰성을 확보하고자 하는 것이다. 데이터에서 관찰된 패턴이 우연에 의한 것인지, 아니면 실제로 의미 있는 차이 혹은 트렌드가 있는지를 판단하는 데 사용된다. 이를 통해 보다 신뢰할 수 있는 데이터 기반의 의사결정을 할 수 있으며, 불확실성을 정량화하고 리스크를 관리할 수 있다. 가설검정 없이는 데이터의 해석이 주관적이거나 오류에 더 취약할 수 있다.

예를 들어, 가평 물류센터에서는 작업 효율성을 향상시키기 위해 최근 교대 근무체계를 개편하였다. 이 새로운 교대 근무체계가 직원들의 작업 속도 및 생산성에 실질적인 변화를 가져왔는지 평가한다. 이를 위해 "교대 근무체계 개편 전후의 인당 일 평균 입출고량에 차이가 없다"는 귀무가설과 "교대 근무체계 개편 전후의 인당 일 평균 입출고량에 차이가 있다"는 대립가설을 설정한다. 가설검정을 통해 대립가설이 유의하다면, 새로운 교대 근무체계가 생산성 향상에 기여한 것으로 볼 수 있어, 이 결과를 바탕으로 타

물류센터에 확대 적용하는 것을 검토할 수 있다. 귀무가설을 기각하고 대립가설을 받아들이는 결론은 사용된 통계 검정의 p-값이 사전에 설정된 유의수준(예: 0.05)보다 작을 때 내려진다. 이 경우, 대립가설이 "유의하다"라고 표현하며, 이는 해당 결과가 우연히 발생할 확률이 매우 낮음을 의미한다. 이러한 표현은 대립가설에 대한 강력한 지지를 나타내는 것으로 해석된다. 반면, 귀무가설이 지지된다면, 새로운 교대 근무체계가 기대한 만큼의 효과를 가져오지 않은 것으로 판단할 수 있다. 이 경우 다른 작업 효율 개선방안을 검토해야 한다.

통계적 가설은 모수를 이용해 주장하는 바를 나타낸 형태이다. 예를 들어, "가평 물류센터의 출하량은 많다"는 모호한 표현이므로 통계적 가설이 아니다. 반면 "가평 물류센터의 평균 출하량은 2,000개이다"는 구체적인 모수를 이용한 통계적 가설이다. 통계적 가설검정은 표본의 정보를 사용해서 통계적 가설의 합당성 여부를 판정하는 과정이다. 이 과정에서 표본에서 얻은 통계량을 통해 모수에 대한 추정을 하며, 이를 바탕으로 가설을 검증한다.

가설검정은 아래의 순서로 진행한다. 자세한 내용은 실습을 통해 학습하자.

1) 가설수립

2) 유의수준 결정

3) 검정통계량 계산

4) p-값 계산

5) p-값과 유의수준을 비교해서 통계적 의사결정

1) 가설수립

귀무가설과 대립가설로 분류한다. 귀무가설(Null Hypothesis, H0)은 관습적이거나 보수적인 주장으로 "차이가 없다"거나 "0이다"와 같은 주장을 의미한다. 대립가설이 참이라는 확실한 근거가 없을 때 채택하는 가설이다. 반면 대립가설(Alternative Hypothesis, H1)은 적극적이거나 입증하려는 주장으로, "차이가 있다" 등의 주장을 의미한다. 앞에서 "교대 근무체계 개편 전후의 인당 일 평균 입출고량에 차이가 있다"가 대립가설이다. 조사한 표본이나 관측된 실험 결과로부터 얻은 "통계적 근거를 통해 입증하거나 주장하려는 가설"이다.

2) 유의수준 결정

가설검정에서 발생할 수 있는 두가지 오류는 제1종 오류와 제2종 오류가 있다.

- ✓ 제1종 오류(Type1 Error): 귀무가설이 참인데도 불구하고 귀무가설을 기각하는 오류
- ✓ 제2종 오류(Type2 Error): 귀무가설이 거짓임에도 불구하고 귀무가설을 채택하는(기각하지 못하는) 오류

제1종 오류를 범할 확률의 최대 허용한계가 유의수준(Significant Level, α)이다.

- ✓ 귀무가설을 기각하였으나 귀무가설이 참일 확률, 일종의 위험률
- ✓ 유의수준이 너무 작으면 대부분의 경우 귀무가설을 기각하지 못하는 보수적인 판단을 하게 됨
- ✓ 귀무가설은 현재 보수적으로 받아들여지는 관습적인 내용을 담고 있으므로, 명확한 대립가설의 증거가 없을 때, 귀무가설을 기각하지 않도록 제1종 오류를 통제하는 것이 더 중요함
- ✓ 유의수준은 사전에 결정하며 주로 0.01, 0.05, 0.1 등을 사용

3) 검정 통계량 계산

검정통계량(Test Statistics)은 대립가설 중 하나를 선택하는 기준으로 사용되는 통계량이다. 표본에서 얻은 검정통계량의 분포와 확률에 기반하여 귀무가설에 대한 판정을 한다. 앞서 대립가설 "교대 근무체계 개편 전후의 인당 일 평균 입출고량에 차이가 있다"에서 평균 입출고량이 검정통계량이다.

기각역(Rejection Region)은 임계값(Critical Value)을 기준으로 귀무가설을 기각하는 검정통계량 관측치의 영역이다. 임계값은 유의수준에 해당하는 값이다. 검정통계량이 기각역에 포함되는 경우, 귀무가설을 기각하고 대립가설을 채택한다.

4) p-값 계산

p-값(p-Value, 유의확률)은 귀무가설이 참일 때, 관측된 검정통계량이 관측치 이상으로 극단적인 값을 가질 확률, 즉 기각역에 포함될 확률이다. 이는 귀무가설이 주어진 데이터에 의해 얼마나 지지되는지를 측정하는 척도이다.

5) p-값과 유의수준을 비교해서 통계적 의사결정

검정통계량과 임계값을 비교하는 것보다 p-값과 유의수준 α를 비교하는 방식을 선호한다. p-값이 사전에 설정한 유의수준보다 작은 경우 귀무가설을 기각한다. 이는 관찰된

결과가 우연히 발생할 확률이 매우 낮다는 것을 의미한다. 이것은 대립가설이 "참"이라는 직접적인 증거는 아니며, 단지 귀무가설을 지지하는 충분한 증거가 없다는 것을 의미한다.

[예제 10-1]

앞 절에서 언급한 새로운 교대 근무체계의 예시로 돌아가자. 가평 물류센터에서 입출고량은 과거 인당 8시간 근무기준으로 일 평균 입출고량은 1,500개이고, 표준편차는 50개인 정규분포를 따른다. 최근에 새로운 교대 근무체계를 도입하였다. 이 근무체계가 생산성과 관련된 인당 일 입출고량에 어떤 영향을 미쳤는지 평가한다. 새로운 교대 근무체계를 도입 후 지난 3개월간(91일 간의 입출고 기간) 일 평균 입출고량은 1,650개이다. 새로운 교대 근무체계 도입 후의 인당 일 평균 입출고량에 차이가 있는가? 단, 유의수준 5%에서 검정하시오.

[방법 1. 수작업/엑셀]

1) 가설수립
H_0: μ=1,500 vs H_1: μ≠1,500 (μ는 인당 일 평균 입출고량)

2) 유의 수준결정: 5%

3) 검정통계량 계산
모 표준편차는 알려져 있고, n(91일)이 충분히 크므로(일반적으로 n > 30)
검정통계량은 $Z = \frac{(\bar{X}-\mu)}{\sigma/\sqrt{n}}$ 이고, 근사적으로 정규분포를 따른다.
$Z_0 = \frac{(\bar{X}-\mu_0)}{\sigma/\sqrt{n}} = \frac{(1,650-1,500)}{50/\sqrt{91}} = 28.62$, $|Z_0| \geq Z_{0.025} = 1.96$ 이므로
여기서 $Z_{0.025}$ = NORM.S.INV(0.975) 표준정규분포에서 상위 2.5%(100%- 97.5%)에 해당하는 Z 값을 반환
유의수준 5%하에서 H_0을 기각한다.

4) p-값 계산
양측검정에서의 p-value=2×P(Z≥|Z-통계량|) = 2×P(Z≥ 28.62) = 2×(1-P(Z≤28.62)) = 2×(1-1) = 0
여기서, P(Z≤28.62) = NORM.S.DIST(28.62,1) 표준정규분포에서 Z 값 이하의 누적 확률을 반환

5) p-값과 유의수준을 비교해서 통계적 의사결정
p-value = 0 < 0.05 이므로 유의수준 5%하에서 H_0을 기각한다.

[방법2. ChatGPT]

정의한 예제를 복사하여ChatGPT에 가설검정을 요청하여 보자. 문의한 답변 내용은 아래와 같이 2가지이다.

도표 10-8. ChatGPT의 답변 1: Z 통계량 사용

Data Analyst

새로운 교대 근무체계의 효과를 검증하기 위해 기존의 일 평균 입출고량과 비교하는 일표본 t-검정을 수행할 수 있습니다. 문제에서 제공된 정보를 토대로 다음과 같이 검정 절차를 설정할 수 있습니다.

검정 설정

1. **귀무 가설 (H0):** 새로운 교대 근무체계 도입 후의 인당 일 평균 입출고량에 변화가 없다. 즉, $\mu = 1500$개
2. **대립 가설 (H1):** 새로운 교대 근무체계 도입 후의 인당 일 평균 입출고량에 변화가 있다. 즉, $\mu \neq 1500$개

데이터 요약

- 과거 근무체제에서의 평균 입출고량 $\mu_0 = 1500$개
- 과거 근무체제에서의 표준편차 $\sigma = 50$개
- 새 근무체제에서의 표본 평균 $\overline{x} = 1650$개
- 표본 크기 $n = 91$일

검정 통계량 계산

검정 통계량 Z는 다음과 같이 계산됩니다:

$$Z = \frac{\overline{x} - \mu_0}{\frac{\sigma}{\sqrt{n}}}$$

유의수준

유의수준 $\alpha = 0.05$

이제 이 정보를 사용하여 Z-값을 계산하고, 이를 통해 p-값을 얻어 귀무 가설을 검증할 수 있습니다. 계산을 진행해보겠습니다.

계산된 검정 통계량 Z 값은 약 28.62이며, 관련 p-값은 0에 매우 가깝습니다. 이는 매우 작은 값으로, 유의수준 0.05에서 귀무 가설을 기각합니다.

결과적으로, 새로운 교대 근무체계 도입 후의 인당 일 평균 입출고량에는 유의미한 변화가 있음을 알 수 있습니다. 즉, 이 근무체계가 인당 일 입출고량을 증가시켰다고 해석할 수 있습니다. [>-]

도표 10-9 ChatGPT의 답변2: t 통계량 사용

> **Data Analyst**
> 새로운 교대 근무체계가 물류센터 A의 일 평균 입출고량에 미친 영향을 평가하기 위해 일원표본 t-검정(one-sample t-test)을 사용할 수 있습니다. 여기서 귀무가설과 대립가설은 다음과 같습니다:
>
> - 귀무가설 H_0: 새로운 교대 근무체계 도입 후의 인당 일 평균 입출고량은 변화가 없다 (평균 = 1,500개).
> - 대립가설 H_1: 새로운 교대 근무체계 도입 후의 인당 일 평균 입출고량은 변화가 있다 (평균 ≠ 1,500개).
>
> 검정을 수행하기 위해 필요한 정보는 다음과 같습니다:
>
> - 기존 인당 일 평균 입출고량의 평균 $\mu = 1,500$개
> - 기존 인당 일 평균 입출고량의 표준편차 $\sigma = 50$개
> - 샘플 크기 $n = 91$일
> - 새로운 근무체계 도입 후의 샘플 평균 $\bar{x} = 1,650$개
>
> 이 데이터를 사용하여 t-통계량을 계산하고 유의수준 5%에서 p-값을 비교하여 귀무가설을 검정하겠습니다.
> 계산 결과, t-통계량은 약 28.62이고, 해당하는 p-값은 극히 작은 값인 5.64×10^{-47}입니다. 이는 유의수준 5%보다 훨씬 낮기 때문에 귀무가설을 기각할 수 있습니다.
>
> 따라서, 새로운 교대 근무체계 도입 후 물류센터 A의 인당 일 평균 입출고량은 유의미하게 변화하였다고 결론 내릴 수 있습니다. 이 변화는 평균 입출고량이 증가한 것으로 나타났습니다. [>-]

ChatGPT의 답변1은 Z 통계량, 답변 2는 t통계량을 사용하여 검증한다. 역시 확률모형이다. 검증결과는 동일하며, 어떤 통계량을 사용하였는지는 크게 의미가 없다. 모집단의 표준편차가 알려져 있고, 샘플 크기가 충분히 큰 경우(일반적으로 n ≥ 30, 91일)이므로 모집단은 정규분포라는 가정없이 Z통계량을 사용한다. 모집단의 표준편차가 알려져 있지 않다면 t 통계량을 사용한다.

통계적 검정에서는 자주 t-검정을 기본으로 사용하는 경우가 많다. 특히 모집단 표준편차가 주어지더라도 더 보수적인 접근으로 t-검정을 선택할 수 있다. 이는 귀무가설을 기각하기 위해 더 극단적인 검정통계량이 필요하기 때문이다. 이는 t-분포가 표본의 크기가 작을 때 더 넓게 퍼져 있고, 그래서 동일한 유의수준에서 z-분포보다 더 큰 절대값을 가진 임계값을 갖기 때문이다. ChatGPT가 위 예제를 왜 One Sample t-test로 전개하였는지는 이해할 필요가 있다.

ChatGPT의 답변 1에서 검정통계량과 임계값을 비교하여 검증할 수도 있다. ChatGPT가 작성한 도표 10-10에서 샘플 평균인 검정통계량 1,650은 임계값 1,510.27보다 커서 기

각역에 포함되어 있으므로, 귀무가설을 기각한다. 임계값 1,510.27는 표준정규분포의 상위 2.5%(즉, 97.5%의 오른쪽 꼬리) 지점에 해당하는 z-값을 기준으로 계산한다.

도표 10-10. 검정통계량과 기각역

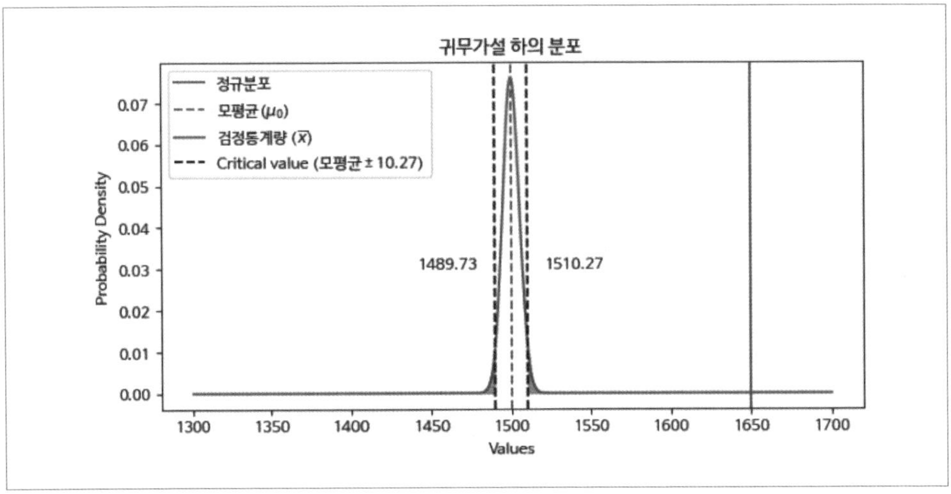

정규분포 적합의 필요성을 이해하자

주어진 데이터가 정규분포를 따르는지 여부를 왜 평가하여야 하는가? 정규분포는 많은 자연현상과 기술적, 경제적 과정에서 나타나는 데이터 분포의 기본적인 형태이다. 많은 통계적 검정과 추정 방법은 데이터가 정규분포를 따른다는 가정 하에 개발되었다, 우리가 확보한 데이터가 정규분포를 따른다면, 이러한 방법들은 가장 잘 작동하여 높은 신뢰성과 정확성을 제공할 수 있다.

11장과 12장에서 언급할 물류센터의 안전재고, 수요와 공급의 변동성은 정규분포를 가정하고 있다. 이 장에서는 물류센터의 출고량이 정규분포에 적합한지 이해하고, 엑셀을 이용하여 실습을 진행한다. 정규분포 적합 과정은 다음과 같은 단계를 포함한다.

1) 가정: 데이터가 정규분포를 따른다고 가정한다. 이는 많은 자연 현상이나 사회적 데이터가 중심극한정리에 의해 정규분포를 따르는 경향이 있기 때문이다.

2) 탐색적 데이터분석(Exploratory Data Analysis, EDA): 실제 데이터를 수집하고

분석하여, 평균(mean)과 표준편차(standard deviation) 같은 기본 통계를 계산한다. 히스토그램, Q-Q Plot(Quantile-Quantile Plot)을 통해 전반적인 형태와 패턴을 파악한다.

3) 적합도 검정(Goodness-of-Fit Test): 데이터가 실제로 정규분포를 따르는지 검증한다. 샤피로-윌크 검정(Shapiro-Wilk Test), K-S 검정(Kolmogorov-Smirnov Test), 앤더슨-달링 검정(Anderson-Darling Test) 등이 있다. 샤피로-윌크 검정은 가장 널리 사용되는 정규성 검정 중 하나이며, 주로 샘플 크기가 작은 경우(50개 이하)에 적합하다. K-S 검정은 큰 데이터에 적합하며, 표본 크기에 덜 민감하다. 검정을 조합하여 사용하면 더 강력하고 신뢰할 수 있는 결과를 얻을 수 있다.

4) 모형 적용: 데이터가 정규분포를 따른다고 판단되면, 이를 기반으로 다양한 통계적 추론이나 예측모형을 적용할 수 있다.

정규분포에 적합한지 실습하자

주어진 데이터가 정규분포에 적합한지 판단하고, 이상치의 판단 범위를 정하는 것을 엑셀과 ChatGPT로 실습하자.

[예제 10-2]

과거 몇 년간 운영하고 있는 물류센터에서 최근 3개월간의 TV 출고정보는 GI.xlsx에 저장되어 있다. 해당 물류센터는 "최근 3개월 출고량 중 95%이내에 있다면 정상구간이다"라고 정의하고 있다. "최근 3개월간 출고량이 정규분포에 따르는지"를 검정하고, 어떤 범위를 향후 정상 구간으로 설정해야 하는가?

1) 엑셀을 활용한 실습

여기서는 엑셀을 활용하여 탐색적 분석단계에서 히스토그램을 통한 정규분포의 적합 과정을 실습한다. 물류센터 설계를 위해서 과거 일자별 출하량을 분석해야 한다고 가정하자. 과거 일자별 출하량 중 95%에 해당하는 출하량을 기준으로 출고 Dock의 개수를 산정한다. 이를 위해 엑셀의 통계 데이터분석, AVERAGE( ), STDDEV( ), NORM.DIST ( ), 보조축, 꺾은 선형, NORM.INV( )을 이용하여 데이터의 분포를 확인하자.

[정규분포 적합 실습]

■ 히스토그램 선택

- 히스토그램을 그리기 위한 계급들은 정해져 있다고 가정한다. 계급 구간을 설정하는 방법은 2장에서 "엑셀 도구를 통해 그래프를 만들자" 중 "1) 도수분포표"를 참조하기 바란다.
- 2장에서 이러한 작업을 수행해서 만든 GI_도수분포표결과.xlsx의 '도수분포표' sheet를 오픈한다.
- [데이터] 탭 - [데이터분석] -[통계 데이터분석] -대화상자에서 [히스토그램]을 선택하고 확인
- [히스토그램] 대화상자에서 입력 범위($B$1:$B$93), 계급구간($E$10:$E$35), 출력범위($H$10)를 입력, 이름표와 차트 출력 표시

도표 10-11. 히스토그램 선택

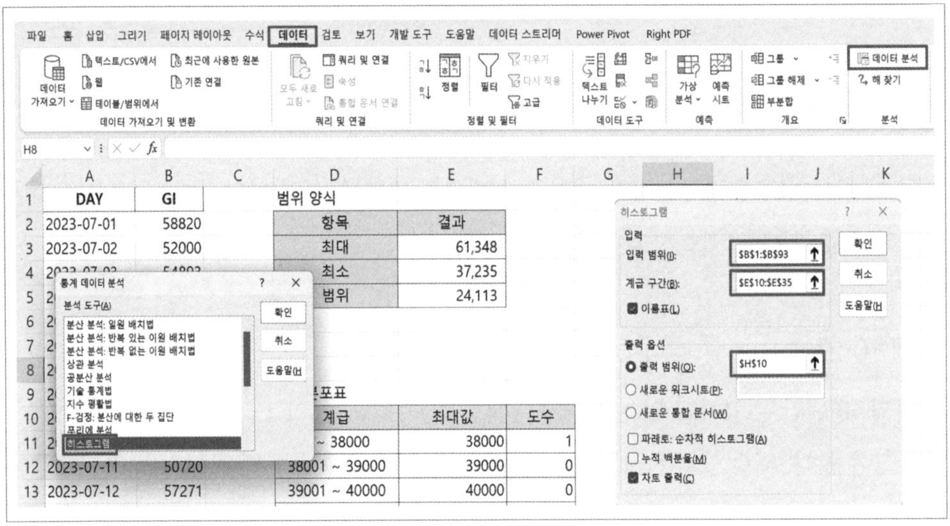

■ 평균과 표준편차 계산

- 평균계산: H3선택, =AVERAGE(B2:B93) 입력 후, 엔터 실행
- 표준편차 계산: H4선택, =STDEV.S(B2:B93) 입력 후, 엔터 실행(STDDEV.S( ) 함수는 인수를 모집단의 표본으로 간주한다. 따라서, 표본의 표준 편차는 "n-1" 방법을 사용하여 계산한다.)

도표 10-12. 정규분포 평균과 표준편차 계산

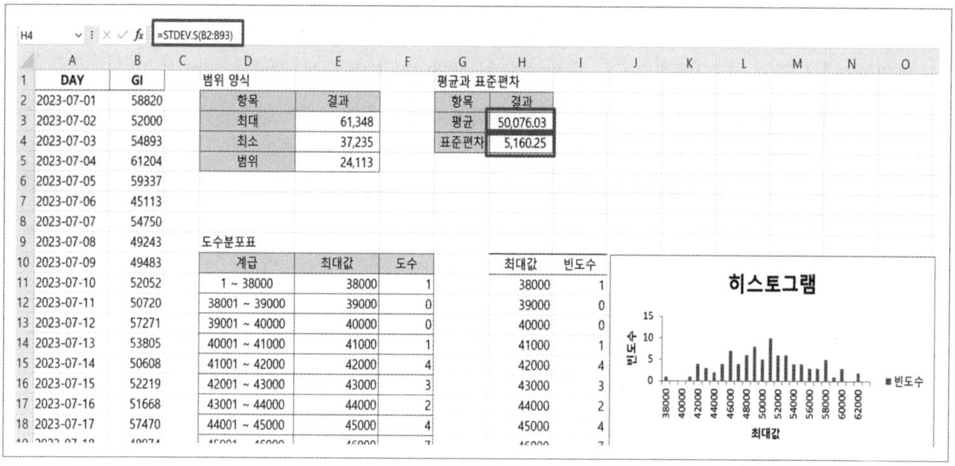

■ 계급에 대한 정규분포 확률밀도 계산

- G11선택, = NORM.DIST(E11,$H$3,$H$4,FALSE) 입력 후 엔터 실행. 지정된 평균과 표준편차를 가지는 정규분포에서 특정 값(E11)이 확률밀도함수(FALSE) 또는 누적분포함수(TRUE)를 계산한다.
- G11셀의 오른쪽 마우스 아래 모서리를 드래그하여 모든 계급에 NORM.DIST( ) 함수 적용

도표 10-13. 정규분포 확률밀도 계산

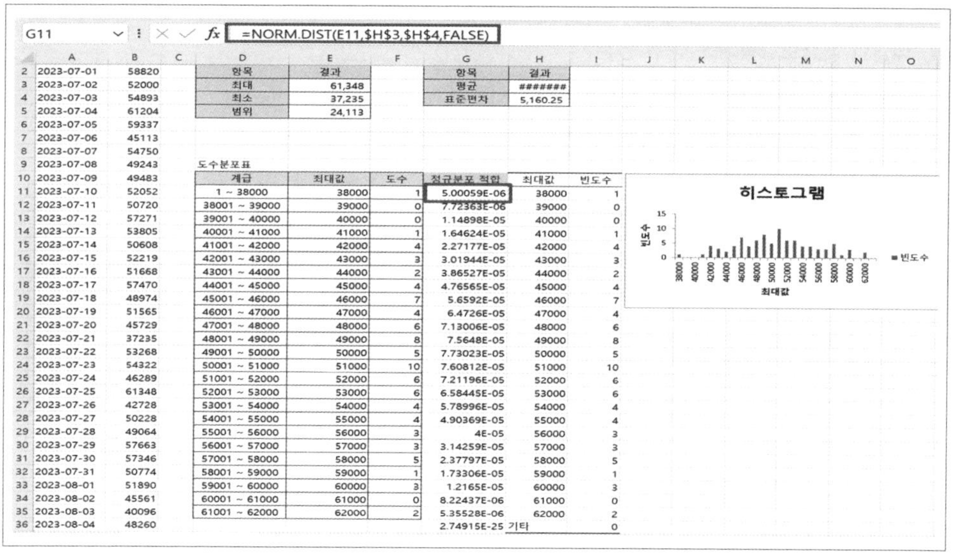

■ 적합한 정규분포 그래프 선 그리기

- G11:G36선택 - 복사한 후 - 히스토그램 그래프 선택하여 그래프에 붙여넣기 수행
- 계열2로 추가된 히스토그램에 마우스 오른쪽 클릭 - [데이터 계열 서식] 선택
- [데이터 계열 서식] 대화창에서 [계열 옵션] 의 데이터 계정 지정에서 [보조축] 선택

도표 10-14. 정규분포 그래프 선의 보조축 설정

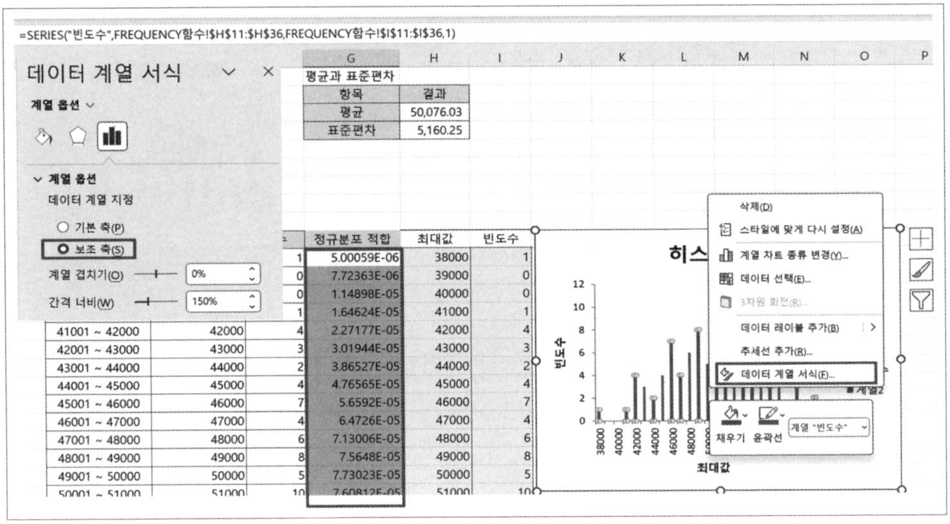

■ 적합한 히스토그램 차트 종류 변경

- 적합한 히스토그램에서 마우스 오른쪽 클릭 - [차트 종류 변경] 선택
- [차크 종류 변경] 대화창에서 [모든차트] - [혼합] - 계열2 [꺾은 선형] 선택

도표 10-15. 정규분포 혼합 차트 선택

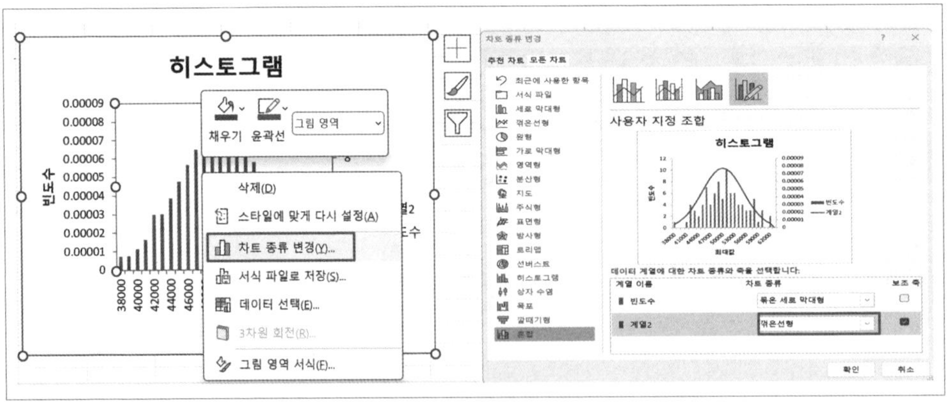

도표 10-16. 엑셀의 정규분포 적합 확인

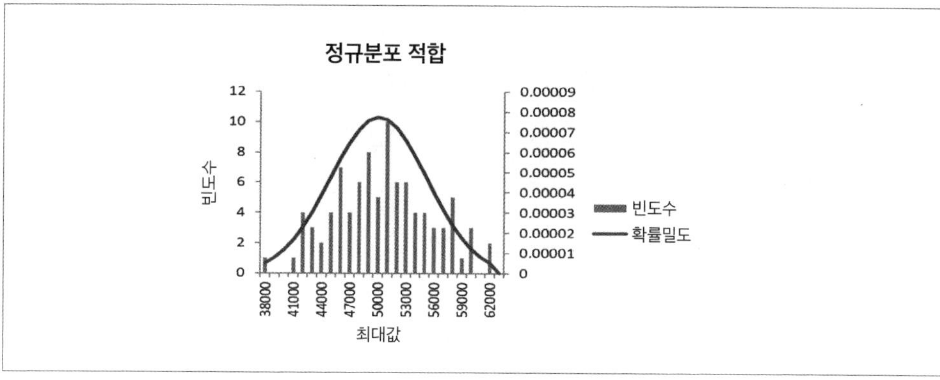

적합한 정규분포 그래프인 도표 10-16를 보고나서 과거 3개월간의 TV 출고량이 정규분포를 따른다고 주관적으로 판단할 수 있다. 통계적 판단은 10장에서 ChatGPT를 이용해서 판단하자. 아래 실습에서는 정규분포를 따른다고 가정하는 경우와 그렇지 않다고 판단하는 경우에 대하여 이상치 구간을 설정한다.

[이상치 구간 설정 실습]

■ 이론적 정규분포 가정 후, 구간 설정(1안)

- 앞서 구한 적합한 정규분포는 N(50,076.03, 5,160.252)라고 가정하자. 예제의 가평 물류센터에서는 양방향을 합쳐 5%(일종의 유의수준, 물류센터 관리자가 설정한 값)를 벗어나서 과다하게 또는 과소하게 발생하는 출고량을 이상치로 정의하고 있다. 정규분포를 이용하여 오른쪽, 왼쪽 각각 2.5%되는 부분을 계산한다. 즉 이론적 정규분포 가정 후 분위값을 계산한다.
- 과소 출고: J2선택, =NORM.INV(0.025,H3,H4) 입력, NORM.INV( )는 지정된 평균과 표준 편차에 대한 정규누적분포의 역함수 값을 반환한다. 과다 출고: L2 선택, =NORM.INV(0.975,H3,H4) 입력
- 정상구간: 일 출고량이 39,662이상이고 60,190이하

도표 10-17. 이론적 정규분포 가정 후, 정상 구간 설정

J2 =NORM.INV(0.025,H3,H4)

	G	H	I	J	K	L	M	N
1	평균과 표준편차			이론적 정규분포 가정 후, 구간 설정(1안)				
2	항목	결과		39,962	≤ X ≤	60,190		
3	평균	50,076.03						
4	표준편차	5,160.25						

1안과 같이 구간을 계산하는 방법은 데이터가 정규분포를 잘 따른다고 가정할 수 있을 때 적합하다. 이 방법은 통계적 모형을 기반으로 하여 일관된 기준을 제공하며, 수천 건 이상인 대규모 데이터에서 강력하게 작용할 수 있다. 하지만, 데이터가 실제로 정규분포를 따르지 않는 경우, 부정확한 결과를 초래할 수 있다.

■ **실제 데이터의 분위수를 직접 계산 후, 구간 설정(2안)**

- 이번에는 정규분포를 완벽하게 따르지 않는다고 가정하자. 물류센터 매니저는 양방향을 합쳐 5%로 과다하게 또는 과소하게 발생하는 출고량을 이상치로 정의한다. 백분위 함수를 사용하여 오른쪽, 왼쪽 각각 2.5%되는 부분을 계산한다. 즉 실제 데이터의 분위수를 직접 계산한다.
- 과소 출고: K4선택, =PERCENTILE.INC(B2:B93, 0.025) 입력, PERCENTILE.INC(범위, k)함수는 범위에서 k번째 백분위수 값을 반환한다. 여기에서 k는 0에서 1 사이(0과 1 포함)의 값이다.
- 과다 출고: L4 선택, = =PERCENTILE.INC(B2:B93, 0.975) 입력
- 정상구간: 일 출고량이 41,395이상이고 59,677.65이하

도표 10-18. 실제 데이터의 분위수를 직접 계산 후, 정상 구간 설정

L4 =PERCENTILE.INC(B2:B93, 0.975)

	G	H	I	J	K	L	M	N
1	평균과 표준편차							
2	항목	결과						
3	평균	50,076.03		실제 데이터의 분위수를 직접 계산 후, 구간 설정(2안)				
4	표준편차	5,160.25		41,396	≤ X ≤	59,678		

2안은 데이터가 정규분포를 완벽하게 따르지 않을 때 유용한 비모수 방법이다. 실제 데이터의 분포를 정확하게 반영할 수 있기 때문에, 데이터에 기반한 보다 실제적인 이상치 판단이 가능하다. 가정에 의존하지는 않지만, 데이터가 작거나 특이값이 많은 경우 결과가 왜곡될 수 있다. 특이값을 일부 해소하는 방법으로 엑셀에서 PERCENTILE.EXC( ) 함수를 사용하기도 한다. PERCENTILE.EXC(범위, k) 함수는 데이터의 최솟값과 최댓값을 제외한 분위를 계산한다.

2) ChatGPT 실습

답변을 구체적으로 표현할 목적으로 [예제 10-2]에 3개의 문장을 추가하여 ChatGPT에 요청한 내용과 주요 답변은 도표 10-19와 같다.

도표 10-19. 정규분포 적합에 대한 요청과 주요 답변

JA **You**

GI.xlsx
Spreadsheet

과거 몇 년간 운영하고 있는 물류센터에서 최근 3개월간의 TV 출고정보는 GI.xlsx 저장되어 있다. 해당 물류센터는 "최근 3개월 출고량 중 95%이내에 있다면 정상구간이다."라고 정의하고 있다. "최근 3개월간 출고량이 정규분포에 따르는지"를 검정하고, 어떤 범위를 향후 정상 구간으로 설정해야 하는가?
1) 정규분포를 따르는 경우와 정규 분포를 따르지 않는 경우의 정상구간을 각각 구해줘.
2) 정규성 검정 결과에 기반하여 최종 정상구간을 정규분포 그래프로 구해줘.
3) 최근 3개월 출고량 데이터에서 확보한 표본 표준편차에 근거하여 정규성 검정을 한다.

먼저 정규성 검사를 위해 Shapiro-Wilk 검정을 사용해 보겠습니다. 이 검정은 작은 표본에 적합하고 데이터의 정규성 여부를 판단하는 데 널리 사용됩니다. [>.]
Shapiro-Wilk 검정 결과, 통례량은 0.9917이고 p-value는 0.8395입니다. 이 p-value 값이 일반적으로 사용되는 유의 수준 0.05보다 크므로 출고량 데이터는 정규 분포를 따르는 것으로 간주할 수 있습니다.

다음으로, 정규 분포를 따르는 경우의 정상 구간을 결정하겠습니다. 정규 분포를 가정하고 평균과 표준편차를 기준으로 95% 신뢰 구간ㅇ르 계산하겠습니다. 또한, 정규 분포를 따르지 않는 경우의 분석을 위해 비정규 데이터의 5% 및 95% 백분위수도 계산하겠습니다. [>.]
정규 분포를 따르는 경우의 95%의 신뢰 구간은 다음과 같습니다.

- 하한 : 39,961.95
- 상한 : 60,190.12

정규 분포를 따르지 않는 경우의 5% 및 95% 백분위수를 기반으로 한 정상 구간은 다음과 같습니다.

- 하한 : 41,893.55
- 상한 : 59,052.65

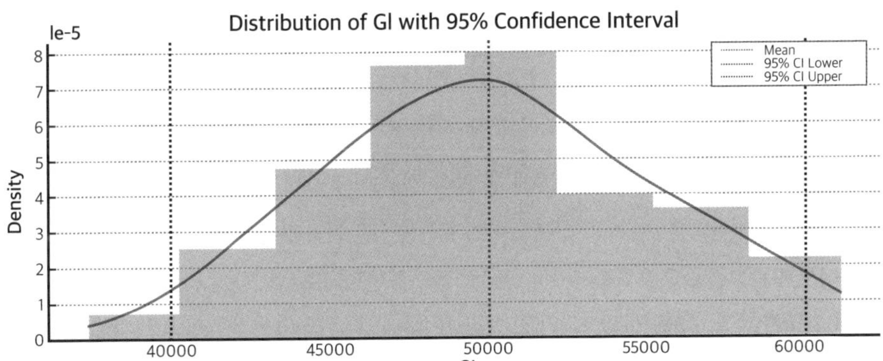

위 그래프는 'GI' 출고량 데이터의 분포와 평균(빨간색 점선), 95% 신뢰 구간(녹색 점선)을 보여줍니다. 데이터가 대체로 정규분포 형태를 따르는 것을 확인할 수 있으며, 정상 구간으로 설정된 범위가 데이터의 대부분을 포괄하고 있음을 확인할 수 있습니다.

이에 따라, 정규분포를 가정한 95% 신뢰 구간(39,961.95 ~ 60,190.12)을 향후 정상 구간으로 설정하는 것이 적절할 것으로 보입니다. 이 구간은 물류센터에서 정의한 "최근 3개월 출고량 중 95%이내에 있다면 정상구간"이라는 기준에 부합합니다. [>-]

도표 10-19에서는 정규분포를 따르지 않는 경우, ChatGPT는 저자의 의도와 다르게

답변을 하였다. 하위 5%와 상위 95% 백분위수로 정상구간을 계산하고 있다. 이를 보완하기 위해 도표 10-20와 같이 하위 2.5% 이상이고 상위 97.5%이하로 정상구간을 자세히 추가 설명하는 문구를 작성하여 추가 질의를 한다. 이렇게 수정한 요청 내용을 반영한 ChatGPT의 계산 결과(도표 10-20)는 앞서 엑셀로 구한 결과와 동일하다.

도표 10-20. 정규분포를 따르지 않는 경우에 대한 요청과 주요 답변

You
정규분포를 따르지 않는 경우는 하위 2.5% 이상 상위 97.5%로 설정하여 95%가 정상구간으로 설정한다.

Data Analyst
정규분포를 따르지 않는 경우를 위한 정상 구간을 다시 계산하면서, 이번에는 하위 2.5%와 상위 97.5%를 기준으로 하는 95% 구간을 사용하여 정상 범위를 설정하겠습니다. 이러한 설정은 데이터가 정규분포를 따르지 않을 때, 극단값의 영향을 더 많이 줄이는 방법입니다. 해당 백분위수를 계산하고 결과를 확인해 보겠습니다.
정규분포를 따르지 않는 경우를 위한 정상 구간은 다음과 같습니다:

- 하한: 41,395.5
- 상한: 59,677.65

독자가 생각하기에는 동일한 취지의 질문이라 하더라도, 질문 또는 구체적 답변 형태를 조금 바꾸면 ChatGPT는 다양하게 답변을 한다.

✓ "3) 최근 3개월간 출고량 데이터에서 확보한 표본 표준편차에 근거하여 정규성 검정을 한다"라는 문장이 없다면, 표본 표준편차가 아닌 모집단 표준편차로 계산해서 정상구간이 "40,017에서 60,135 사이"라고 제안한다. "과거 몇 년간 운영하고 있는"이라는 문장을 적었지만, 출고정보의 표준편차를 모집단 표준편차로 이해한다. 위 예제의 경우 엑셀에서는 STDEV.P(B2:B93)을 사용하면 모집단 표준편차 5,132.23을 구할 수 있다.

✓ 추가적인 세 문장이 없다면 정상구간을 "40,017에서 60,135 사이", 질문을 약간 수정하면 "41,396에서 59,678사이" 로 답변하기도 한다. "41,396에서 59,678사이"로 답변하는 경우는 정규성 검정을 반영하지 않고 분위수를 기준으로 계산한 것이다.

✓ 물류센터의 과거 모든 출고정보를 기반으로 하거나, 물류센터가 최근 3개월전에 신규 오픈하였다면 모 표준편차를 활용해서 "40,017에서 60,135 사이"를 정상구간이라고 할 수도 있다.

✓ 정규분포를 따르지 않는 경우 전체 95%에 대한 정상구간 계산을 요청하면, 하위 5% 및 상위

95% 구간을 답하기도 한다. 이런 경우 도표 10-20처럼 양측 검정 구간을 명확히 전달할 필요가 있다.

✓ 동일한 질문이라 하더라도 "New chat"에서 실행한 것인지 아닌 기존 유사 질문에 이어서 질문한 것인지에 따라서도 답변 내용이 다를 수 있다. 기존 유사 질문에 이어서 질문을 하면 백지 상태가 아니라 이전에 이미 독자가 가이드한 내용을 반영하여 답변한다.

"정상구간"이 아니라 동일한 내용을 "비정상 구간"으로 질문을 하면 또 다른 답변을 얻을 것이다. 다양하게 질문을 하면서 ChatGPT의 답변의 한계를 이해하기 바란다. 수집한 출고정보를 전처리 없이 사용할 수도 있지만, 이상치 출고정보를 제외하고 분석을 할 수도 있다. 충분한 출고정보를 확보하고 이상치가 거의 없는 경우는 정상구간 범위가 크게 달라지지 않으므로 ChatGPT의 답변 내용을 기반으로 물류센터에 적용하여도 무리가 없다고 판단한다. 다만 정규성 검정, 모집단 표준편차 또는 표본 표준편차 활용의 차이는 이해할 필요가 있다. 이러한 이해를 바탕으로 엑셀을 통해 수작업으로 정상구간을 계산하는 것보다는 ChatGPT를 활용하는 것이 보다 생산적일 것이다.

제11장

재고관리와 안전재고 수준의 결정

이번 장은 앞 장에서 학습한 기술통계, 정규분포 등이 SCM/물류 실무에 어떻게 적용되는지를 서술한다. 제1부에서 언급하였듯이 IT지식과 통계지식은 도메인 지식과 결합되었을 때 성과가 극대화된다. 어떤 분석과제를 수행할 때, 가장 먼저 해야 할 일은 왜 분석과제를 수행해야 하는 이유와 해당 도메인에 이미 적용되어 있는 기존 관리기법 및 그 한계를 이해하는 것이다. 이러한 이해를 바탕으로 IT 지식과 통계지식 등을 접목하여 분석과제를 수행해야 한다.

SCM/물류 데이터분석의 핵심은 불확실성을 관리하는 것이다. 물류센터의 재고관리 책임자는 불확실한 수요와 공급의 변동에 대비하기 위하여 발주량, 발주점, 안전재고 수준을 조정한다. 이번 장에서는 SCM/물류의 재고관리 중에서 특히 안전재고 수준의 결정을 중심으로 설명한다.

다양한 재고관리 시스템이 있지만 이 장에서는 정량발주 모형을 예를 들어 설명한다. 수요와 공급 리드타임이 고정된 가장 단순한 경우 또는 수요와 공급 리드타임이 변동되는 복잡한 경우에 따라 세부적인 재고관리 기준은 달라진다. 수요와 공급 리드타임에서 변동이 없다면 결품을 예방하기 위한 안전재고를 보유할 필요가 없지만, 변동이 있다면 안전재고 보유를 검토해야 한다. 변동성 즉, 불확실성이 안전재고 수준을 결정하게 된다. 3장의 "SCM 고객 서비스와 SCM 운영 비용은 상충관계이다"에서 언급하였듯이 고객서비스와 SCM 운영 비용 사이의 관계는 서비스 수준(결품 방지)이 증가할수록 SCM 운영 비용(안전재고 유지비용)은 더욱 가파르게 증가하는 곡선으로 나타난다. 따라서 최적의 안전재고 수준을 결정하기 위해서는 서비스 수준, 수요와 공급 리드타임의 변동성을 데이터에 기반하여 이론적으로 관리할 필요가 있다.

재고관리의 필요성을 이해하자

하이브리드 SCM[7]에서 기술한 "재고 불균형은 해소되어야 한다(p175)"와 "일 단위 후보충으로 단납기 체계를 구축하자(p176)"를 인용하여 재고관리의 필요성, 재고 모형 및 재고관리 예제를 설명한다.

가상의 기업 KR의 SCM 운영 현황은 아래와 같다고 가정한다. 기업 KR은 다수의 지역 물류센터(Region Distribution Center, RDC)를 보유하고 있다. 판매 조직은 물류센터간 재고 불균형의 이슈를 해결하고자 한다. 판매 조직 전체의 재고수준은 낮아졌으나 유통채널 - 판매조직 - 생산조직 간 상호 연계 부족으로 시장에서 잘 팔리는 제품의 결품은 증가하고, 잘 팔리지 않는 제품의 재고도 증가하고 있다. 수요예측 정확도는 40% 미만이고, 결품률도 30% 이상이며 재고 일수도 높다.

일반적으로 기업 KR과 마찬가지로 다수의 기업이 공급망의 전체 물류센터에 대해 획일화된 목표재고 일수를 설정하여 재고관리를 한다. 일회성 재고관리 이슈가 발생하면, 판매 조직은 입고 통제를 통해 생산 조직의 공급을 차단하는 식으로 재고 수준을 낮춘다. 이러한 입고 통제에 의한 사후관리는 판매조직 - 생산조직 간 상호 불신을 조성한다.

같은 국가 내에서 판매 조직과 생산 조직이 인접해 있는 기업의 경우, 주 단위 SCM을 운영하더라도 판매 조직은 매우 자주 일 단위 긴급 공급 요청을 한다. 생산 조직은 주간 생산계획에 근거하여 운영해야 하지만, 긴급 요청에 대응하기 위해 일일 생산계획을 수시로 변경하고 자재를 추가 확보해야 한다. 또한 경험에 입각하여 지역 물류센터(RDC) 간 재고 배치계획을 수립하는 과정에서 지역 물류센터간 재고 불균형이 발생한다. 이는 지역 물류센터의 수요와 지역 물류센터간 재고배치의 연계가 미흡하기 때문이다. 이러한 문제를 해결하기 위해서 APS 기반 SCM을 고도화하여 일 단위 후보충 단납기 체계를 구축할 필요가 있다.

하이브리드 SCM[7]에서 언급한 일 단위 후보충 단납기 체계 구축은 SCM 혁신에서 자주 언급되는 개선 방안 중 하나이다. 이런 후보충 모형을 11장과 12장에서 프로토타입 형태로 개발한다. 이때 가장 중요한 요소가 안전재고 수준을 결정하는 것이다. ChatGPT를 이용하여 안전재고 수준을 산출한다. 안전재고(Safety Stock)는 SCM실무에서 자주 활용되는 매우 중요한 개념이다. 이번 11장에서는 수요와 공급에 대한 다양한 가정(Assumption) 하에서의 안전재고 산출 공식에 대해 설명한다. 그리고 ChatGPT가 생성한 안전재고를 산출하는 파이썬 코드를 해석한다.

ChatGPT에 안전재고 수준 산출을 요청하자

우선 공급 리드타임은 일정하고 수요는 정규분포를 갖는 경우의 안전재고와 발주점을 계산해 보자. 일단 ChatGPT에 도표 11-1과 같이 질문을 하자.

[예제 11-1]

도표 11-1. 수요는 변동하지만 공급 리드타임은 일정한 경우, ChatGPT 요청

GI.xlsx
Spreadsheet

물류센터의 최근 3개월간의 TV 출고정보는 GI.xlsx 저장되어 있다. 공장에서 물류센터로 리드타임은 4일로 일정하다. 서비스 수준이 99%(결품 허용확률 1%)일 때, 안전재고와 발주점은 얼마인가?

Data Analyst

데이터 파일 `GI.xlsx`를 분석하여 안전재고와 발주점을 계산하겠습니다. 먼저 파일을 열어 데이터를 확인해야 합니다. 데이터에 어떤 정보가 포함되어 있는지 살펴보겠습니다.
데이터는 다음 두 열로 구성되어 있습니다:

- `DAY`: 날짜를 나타냅니다.
- `GI`: 해당 날짜의 TV 출고량을 나타냅니다.

다음으로 할 일은 일일 출고량의 평균과 표준편차를 계산하여 리드타임 동안의 총 수요를 모델링하는 것입니다. 이를 기반으로 안전재고와 발주점을 계산할 수 있습니다. 서비스 수준이 99%라고 했으므로, 이를 고려하여 계산하겠습니다. [>_]
일일 출고량의 평균은 약 50,076대이고, 표준편차는 약 5,160대입니다.

이제 리드타임이 4일임을 고려하여 발주점과 안전재고를 계산할 수 있습니다. 발주점은 다음과 같이 계산됩니다:

발주점 = 평균 일일 수요 × 리드타임 + 안전재고

안전재고는 서비스 수준을 유지하기 위해 필요한 추가 재고량을 의미하며, 다음 공식을 사용하여 계산할 수 있습니다:

안전재고 = Z × 표준편차 일일 수요 × $\sqrt{\text{리드타임}}$

여기서 Z는 정규분포에서의 서비스 수준에 해당하는 z-값입니다. 서비스 수준이 99%일 때의 Z 값은 약 2.33입니다.

먼저 Z 값을 확인하고 계산을 진행하겠습니다. [>-]
서비스 수준 99%에 해당하는 Z 값은 약 2.33입니다.

이를 기반으로 계산한 안전재고는 약 24,009대이며, 발주점은 약 224,313대입니다.

ChatGPT는 안전재고 24,009와 발주점 224,313을 제안하고 있다. 여러분은 ChatGPT가 제시한 값이 정답이라고 확신하는가? ChatGPT가 제시한 값이 정답이라면, 우리는 ChatGPT를 더욱 잘 활용할 필요가 있다. ChatGPT의 답변 내용이 정답인지 판단을 하기 위해서는 결국 안전재고 산출 과정 즉, SCM/물류에 대한 도메인 지식이 있어야 한다. 결과값을 검증하기 위해서는 때로는 파이썬 코드를 해석할 필요도 있다. 다음에서 정량발주 시스템을 통해 안전재고 산출 과정을 설명한다. 이러한 과정을 통해 SCM/물류 도메인에 대한 이해 수준을 높일 수 있을 것이다. 도표 11-1의 ChatGPT 답변은 맞다.

안전재고 계산 공식을 이해하자

정량발주 시스템(Fixed-Order Quantity System)은 재고가 일정수준(재 주문점, Order-Point, s)에 이르면 고정된 경제적 발주량(Order-Quantity, Q)을 주문하는 재고관리 시스템이다. Order-Point, Order-Quantity(s, Q) 시스템, 발주점 방식(Order Point System) 또는 Q 시스템 등으로 언급된다. 계속적인 실사(Continuous Review, R=0)를 전제로 연속실사방식으로 분류하기도 한다.

도표 11-2. 정량발주 시스템의 발주점과 안전재고

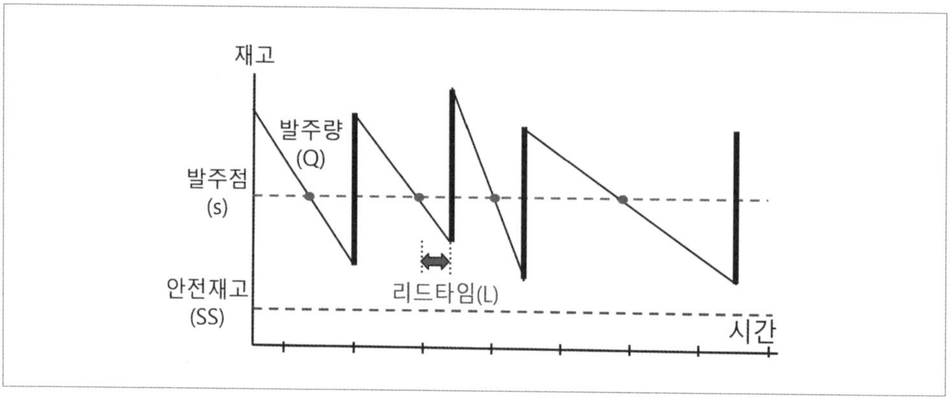

정량발주 시스템은 발주점(s)와 발주량(Q)에 의해 작동된다. 발주점은 서비스 수준에 따라 결정되고, 발주량은 경제적 발주량이다.

1) 발주점는 리드타임 중에 소비되는 재고량과 안전재고의 합으로 결정된다.

✓ 리드타임 중에 소비되는 재고량은 리드타임 중의 평균 수요량이다. 이는 단위기간(이 책에서는 일 단위로 설명) 평균 수요와 리드타임의 곱으로 계산된다. 여기서 리드타임은 발주에서 입고까지의 기간이다.

✓ 안전재고는 예측 불가능한 수요 변동이나 공급 지연과 같은 불확실성에 대비하여 보유하는 추가 재고이다. [예제 11-1]에서 안전재고는 리드타임 중 수요가 변동되는 경우에 대비하는 재고량이다. 공급 리드타임이 일정하므로, 공급 지연은 고려하지 않고 있다.

2) 발주량은 재고 유지비용과 발주비용의 합계가 가장 낮은 경제적 발주량이다.

✓ 재고 비용을 최소화하기 위해 설정한 주문량 또는 발주량이다.

안전재고(Safety Stock, SS)는 서비스수준(허용품절율), 리드타임 및 수요의 변동에 따라 결정된다.

도표 11-3. 안전재고 공식

$$SS=k\sigma_{sc}=k\sqrt{(\text{일 수요 표준편차})^2 \text{x}(\text{리드타임 평균})+(\text{일 수요 평균})^2 \text{ x } (\text{리드타임 표준편차})^2}$$

✓ k(안전계수, Safety Factor): 서비스 수준을 만족시키기 위한 안전재고 표준편차 계수, 서비스 수준에 따른 z-점수(z-Scores) 즉, 개별 데이터가 평균으로부터 얼마나 떨어져 있는지를 표준편차 단위로 나타낸 값이다.

✓ 본 장에서는 일 수요 표준편차와 일 수요 평균은 단위 시간 표준편차 및 단위 시간 수요 평균을 의미한다. 설명을 보다 쉽게 하기 위해서 여기서 일(Day)은 단위 시간(Unit Time)을 나타낸다.

도표 11-4. 수요의 정규분포와 안전재고

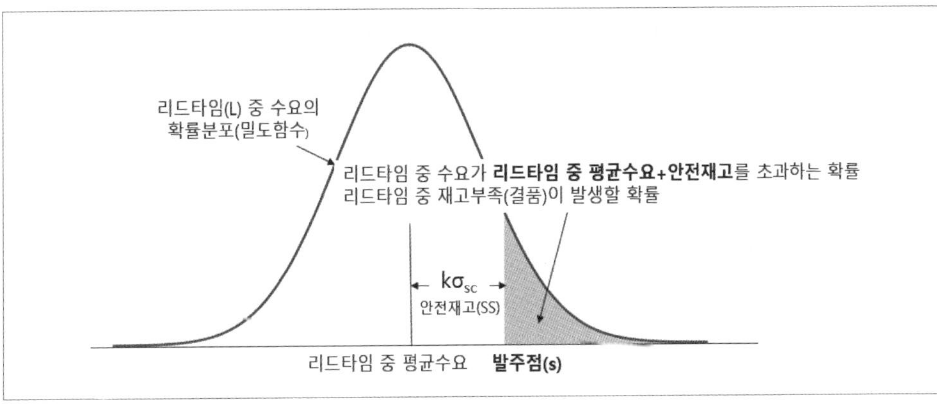

앞서 ChatGPT의 답변 도표11-1에서 언급한 발주점과 안전재고 계산을 이해할 수 있을 것이다. 여기서는 일일 출하량이 일일 수요를 의미한다. 도표 11-3의 안전재고 계산 공식에서 리드타임이 일정하므로 리드타임 표준편차는 0이다. 따라서 안전재고는 "k × 일 수요 표준편차 × 리드타임의 제곱근"만 계산하면 된다. ChatGPT가 "리드타임 동안의 수요의 표준편차"로 계산하기도 한다. 여기서 리드타임 동안의 수요의 표준 편차(σ_L)는 일일 수요의 표준 편차(σ)와 리드타임의 제곱근을 곱한 것과 같다. 이는 중심극한정리를 기반으로 하는 계산 방법이다. 리드타임 동안의 수요 분포를 근사화할 때, 여러 날의 수요를 합산하는 것으로 볼 수 있다. 각 일일 수요가 독립적이고 동일하게 분포되어 있다고 가정할 때, 여러 일자(공급 리드타임) 동안 발생한 수요 합계의 분산은 각 일자의 분산 합계와 같다. 따라서 리드타임 L일 동안 발생한 수요의 표준 편차 σ_L는 일일 수요의 표준 편차 σ에 SQRT(리드타임 L일)을 곱한 것과 같다. σ_L =σ× SQRT(리드타임 L일)

안전재고 계산 과정을 파이썬 코드로 확인하자

아래 내용은 ChatGPT의 답변 도표 11-1에서 생성한 파이썬 코드를 코랩에서 실행한 결과이다. 파이썬 코드를 굳이 해석하는 것은 요청 내용이 복잡해지면 ChatGPT가 환각 오류를 발생시키기 때문이다. 다음에서 수요와 공급이 모두 변하는 경우에 ChatGPT의 환각 오류를 확인할 수 있다. 단지 파이썬 코드를 해석할 수 있는 역량만 확보하여도 환각 오류를 점검하면서 ChatGPT를 제대로 활용할 수 있다.

도표 11-5 파이썬 코드에는 친절하게 설명하는 주석이 있으므로 코드를 해석하기에 무리가 없을 것이다. 이 주석처리 또한 ChatGPT로 생성할 수 있다.

도표 11-5. 공급이 일정한 경우의 안전재고 계산 파이썬 코드

- 데이터 읽어 오기

```
import pandas as pd                # pandas 라이브러리를 불러와 pd라는 약어로 사용할 수 있다.
data = pd.read_excel("/content/sample_data/GI.xlsx")      # 'GI.xlsx'를 읽어 DataFrame객체 data에 저장한다.
data.head()
```

	DAY	GI
0	2023-07-01	58820
1	2023-07-02	52000
2	2023-07-03	54893
3	2023-07-04	61204
4	2023-07-05	59337

- 수요(출고량)의 평균과 표준편차 출력

```
# pandas 라이브러리를 사용하여 'data'라는 DataFrame을 이용해 일일 출고량 데이터를 분석한다.
# 'GI' 열에서 일일 출고량의 평균을 계산하고 'mean_daily_gi'라는 변수에 저장한다.
mean_daily_gi = data['GI'].mean()

# 'GI' 열에서 일일 출고량의 표준편차를 계산하고 'std_daily_gi'라는 변수에 저장한다.
std_daily_gi = data['GI'].std()

# 계산된 평균과 표준편차를 출력한다.
mean_daily_gi, std_daily_gi
```

```
(50076.032608695656, 5160.248340243997)
```

- 안전재고 계산

```
# scipy의 stats 모듈에서 norm을 임포트하여 정규분포 관련 함수를 사용할 수 있게 한다.
from scipy.stats import norm

# norm.ppf 함수를 사용하여 서비스 수준 99%에 해당하는 z-점수를 계산한다.
# ppf는 percent point function(분위수 함수)으로, 주어진 확률에 대한 분포의 값(z-점수)을 반환한다.
z_value = norm.ppf(0.99)

# 안전재고를 계산한다.
# 안전재고는 예측 불가능한 수요 증가를 대비하여 보유해야 하는 추가 재고량이다.
# 이는 z-점수, 일일 출고량의 표준편차, 그리고 리드타임(4일)의 제곱근을 곱하여 계산하다.
```

```
safety_stock = z_value * std_daily_gi * (4**0.5)

# 발주점은 미래 수요에 대응하여 목표 서비스 수준을 만족하도록 사전에 발주를 해야하는 재고 수준이다.
# 일일 평균 수요에 리드타임을 곱한 값(리드타임 4일 동안의 평균 수요)에 안전재고를 더해 계산한다.
reorder_point = mean_daily_gi * 4 + safety_stock

# 계산된 Z-점수, 안전재고, 발주점을 출력한다
z_value, safety_stock, reorder_point
```

```
(2.3263478740408408, 24009.0655116988, 224313.19594648143)
```

아래 [예제 11-2]에서 수요는 변동하지만 공급 리드타임은 일정할 때, 주어진 재고 수준의 발주점은 어느 정도의 서비스 수준을 충족하는지 확인한다.

[예제 11-2]

도표 11-6. 발주점이 주어진 상태에서 ChatGPT의 서비스수준 확인

GI.xlsx
Spreadsheet

물류센터의 최근 3개월간의 TV 출고정보는 GI.xlsx 저장되어 있다. 공장에서 물류센터로 리드타임은 4일로 일정하다. 발주점이 215,000이라면, 서비스 수준은 얼마로 설정한 것인가?

1. 리드타임 동안의 총 평균 출고량을 계산합니다.
2. 발주점에서 리드타임 동안의 평균 출고량을 뺀 값을 안전 재고로 간주합니다.
3. 표준편차를 사용하여 정규분포 상에서 해당 안전 재고가 어떤 서비스 수준을 의미하는지 계산합니다.

먼저, 리드타임 4일 동안의 평균 출고량을 계산하겠습니다. [>-]
리드타임 4일 동안의 평균 출고량은 약 200,304대입니다. 따라서, 발주점 215,000에서 이를 뺀 안전 재고는 약 14,696대입니다.

이 안전 재고를 기준으로 계산한 Z-점수는 약 1.424입니다. 이는 표준 정규분포에서의 서비스 수준이 약 92.28%임을 나타냅니다. 즉, 이 설정으로는 92.28%의 시간 동안 수요를 충족시키기에 충분한 재고가 유지되는 것을 목표로 하고 있다고 해석할 수 있습니다. [>-]

[예제 11-1]의 기존 발주점 224,313를 215,000으로 낮추면, 당연히 서비스 수준도 낮아진다. [예제 11-2]의 발주점 215,000은 서비스 수준을 99%에서 92.28%로 낮춘다. 이를 통해 현재의 발주점이 서비스 수준을 충족하기에 적합한지 여부를 판단하는 데 도움을 받을 수 있다. 하지만 이와 같이 계산한 이론적 서비스 수준이 현장의 실질적인 고객 서비스 수준과는 다를 수 있다.

앞서 도표 11-6와 같이 발주점이 주어진 상태에서 서비스 수준을 산출하는 파이썬 코드는 도표 11-7과 같다.

도표11-7. 발주점이 주어진 상태에서 서비스 수준 도출 파이썬 코드

- 기술통계 분석

```
# 데이터의 'GI' 열에 대한 기술적 통계를 계산한다.
summary_statistics = data['GI'].describe()

# 데이터셋의 총 날짜 수를 계산합니다. 이는 유니크한 'DAY' 값의 개수이다.
total_days = data['DAY'].nunique()

# 기술적 통계와 총 날짜 수를 92를 출력한다.
summary_statistics, total_days
```

```
(count       92.000000
 mean     50076.032609
 std       5160.248340
 min      37235.000000
 25%      46503.500000
 50%      50243.500000
 75%      53685.000000
 max      61348.000000
 Name: GI, dtype: float64,
 92)
```

위 파이썬 코드를 보면, 9장에서 언급한 describe( ) 함수를 사용하여 특정 필드에 대한 통계정보를 확인하고 있다. 아래 코드에서는 일일 수요인 평균 일일 출고량을 GI 칼럼에서 계산하지 않고, describe( ) 함수의 결과값을 저장한 변수 summary_statistics 에

서 읽어오고 있다. 발주점이 주어진 상태에서 안전재고량은 발주점에서 리드타임 동안의 총 예상 출고량을 뺀 값으로 계산한다.

- 발주점에서 안전재고량 계산

```
# 평균 일일 출고량을 계산합니다. 이는 'GI' 열의 평균값을 사용한다.
average_daily_demand = summary_statistics['mean']
# 리드타임을 일수로 설정한다. 여기서는 4일이다.
lead_time_days = 4

# 리드타임 동안의 총 예상 출고량을 계산한다. 이는 평균 일일 출고량에 리드타임 일수를 곱한 값이다.
lead_time_demand = average_daily_demand * lead_time_days

# 발주점에서 리드타임 동안의 총 예상 출고량을 뺀 값으로 안전 재고를 계산한다.
safety_stock = 215000 - lead_time_demand
```

- Z-점수, 서비스 수준 계산

```
# 정규분포를 사용하여 서비스 수준을 추정하기 위한 z-점수를 계산한다.
from scipy.stats import norm

# 일일 출고량의 표준편차를 사용한다.
std_dev = summary_statistics['std']

# 안전 재고, 일일 출고량의 표준편차, 리드타임을 사용하여 z-점수를 계산한다.
z_score = safety_stock / (std_dev * (lead_time_days ** 0.5))

# z-점수에 해당하는 서비스 수준을 계산한다.
# 이는 정규분포의 누적분포함수(CDF)를 사용하여 z-점수 이하의 확률을 나타낸다.
service_level = norm.cdf(z_score)

# 리드타임 동안의 예상 출고량, 안전 재고, z-점수, 서비스 수준을 출력한다.
lead_time_demand, safety_stock, z_score, service_level
```

```
(200304.13043478262,
 14695.869565217377,
 1.4239498369299897,
 0.9227695031779872)
```

norm.cdf( ) 함수는 '정규누적분포함수'이다. 이 함수는 특정 z-점수가 주어졌을 때, 정규분포 곡선 아래에서 그 점수보다 작거나 같은 값들의 비율을 계산한다. 즉, 주어진

z-점수(위 예제 1.4239)을 기준으로, 그 값 이하의 데이터가 전체 데이터 중 어느 정도 비율을 차지하는지를 나타내는 확률(위 예제 0.9228)을 제공한다.

수요는 일정하지만, 리드타임이 변동하는 모형을 실습하자

"수요는 일정하지만, 공급 리드타임이 변동하는 모형"에 대해 안전재고 계산을 요청하면 ChatGPT는 자주 환각 오류를 발생시킨다. ChatGPT가 안전재고 계산 공식을 다르게 이해하고 있기 때문이다. 이런 경우 왜 오류가 발생하였는지는 파이썬 코드를 분석해야 알 수 있다.

안전재고를 계산하기 전에 도표 11-8과 같이 안전재고 계산 공식을 요청한다. ChatGPT의 계산 공식이 맞는지 확인할 필요가 있다.

도표 11-8. 안전재고 계산 전, 안전재고 계산 공식에 대한 ChatGPT 답변

You

일 수요 표준편차, 리드타임 평균, 일 수요 평균, 리드타임표준편차가 주어진 경우 안전재고 계산 공식 알려주세요. 모두 정규분포를 따른다.

Data Analyst

안전 재고를 계산하는 공식은 수요와 리드타임의 불확실성을 고려하여 결정되는 양입니다. 모두 정규분포를 따른다고 가정할 때, 다음과 같은 정보가 필요합니다:

- 일 수요의 표준편차 (σ_D)
- 리드타임의 평균 (μ_L)
- 일 수요의 평균 (μ_D)
- 리드타임의 표준편차 (σ_L)

이 정보들을 바탕으로, 수요의 변동성과 리드타임의 변동성이 전체 재고 수준에 미치는 영향을 고려하여 안전 재고를 계산할 수 있습니다. 일반적으로 사용되는 공식은 다음과 같습니다:

$$\text{안전재고} = z \times \sqrt{\mu_L \times \sigma_D^2 + \mu_D^2 \times \sigma_L^2}$$

여기서:

- z는 서비스 수준에 따른 표준 정규분포의 z-값입니다 (예: 95% 서비스 수준은 대략 1.645).
- μ_L은 리드타임의 평균입니다.
- σ_D는 일 수요의 표준편차입니다.
- μ_D는 일 수요의 평균입니다.
- σ_L는 리드타임의 표준편차입니다.

이 공식은 리드타임 동안 발생할 수 있는 총 수요의 변동성을 고려하여, 주어진 서비스 수준을 유지하기 위해 필요한 추가 재고량을 계산합니다. 이 안전 재고는 예상치 못한 수요 증가나 리드타임의 연장에 대비하기 위해 보유해야 하는 재고량입니다.

도표 11-8의 ChatGPT 계산 공식이 여러분의 의도와 일치한다면, 이어서 "수요는 일정하지만, 공급 리드타임이 변동하는 모형"의 안전재고 계산을 요청한다. 만약 의도와 일치하지 않는다면 오답이 발생한다. 도표 11-9와 같이 공급 LT에 대한 과거 실적 데이터가 주어진 경우, ChatGPT를 활용하여 안전재고와 발주점을 쉽게 계산할 수 있다. SupplyLT.xlsx 파일은 과거 92일간 실적정보지만 과거 100일간이라는 오타를 입력하여도 계산 과정에 활용되지 않는 정보라면 ChatGPT는 오타를 무시한다.

[예제 11-3]

도표 11-9. 수요는 일정, 리드타임이 변동하는 경우의 ChatGPT 안전재고 계산

You

SupplyLT.xlsx
Spreadsheet

TV를 보관하는 물류센터에서 하루 평균 20개의 TV를 일정하게 출하하고 있다. 공장에서 물류센터로 공급 리드타임의 과거 100일간 실적 정보는 SupplyLT.xlsx에 저장되어 있다. 허용 품절율이 3%일 때, 안전재고와 발주점은 얼마인가?

Data Analyst

공급 리드타임 데이터를 분석하고, 주어진 허용 품절율에 따라 안전 재고와 발주점을 계산해 보겠습니다. 먼저 공급 리드타임 데이터를 불러와 리드타임의 평균과 표준편차를 계산해야 합니다.

데이터를 불러와 리드타임의 통계를 살펴보겠습니다.
공급 리드타임 데이터 분석 결과는 다음과 같습니다:

- 평균 리드타임(μ_L): 약 6.05일
- 리드타임 표준편차(σ_L): 약 2.07

일 수요의 평균(μ_D)은 20개이고, 수요가 일정하다고 가정하므로 수요의 표준편차(σ_D)는 0입니다.

허용 품절율이 3%일 경우, 서비스 수준은 97%이며 이에 해당하는 z-값을 찾아야 합니다. 그 후 안전 재고를 계산할 수 있습니다. [>-]
계산된 안전 재고와 발주점은 다음과 같습니다:

- 안전 재고: 약 77.86개
- 발주점: 약 198.86개

이는 리드타임 동안 예상되는 수요와 추가적인 변동에 대비한 재고 수준을 반영합니다. 이러한 재고 정책을 통해 97%의 서비스 수준을 유지할 수 있습니다. [>-]

수요와 리드타임이 모두 변동하는 재고 모형을 이해하자

ChatGPT는 사용자의 "New Chat 대화창" 단위로 신규 학습이 이루어진다. 사용자가 기존 대화창을 나갔다면 기존 대화창에서 논의한 내용도 사라진다. 따라서 기존 대화창에서 보관할 가치가 있는 것은 코랩에 파이썬 코드로 저장할 필요가 있다.

안전재고 계산 공식을 ChatGPT가 제대로 학습하였는지 확인하고, "수요와 리드타임이 모두 변동하는 재고 모형"을 계산할 필요가 있다. ChatGPT가 제시한 안전재고 계산 공식이 잘못되었다면 "New Chat 대화창"을 오픈하여 실행하는 것이 좋다. 또는 "안전재고는 (일일 수요의 표준편차의 제곱 × 리드타임의 평균)과 (일일 수요 평균의 제곱 × 리드타임의 표준편차의 제곱)을 더한 후 제곱근을 하고, 안전계수와 곱해서 계산한다"와 같이 안전재고 계산공식을 도표 11-10과 같이 명시적으로 작성한다. 이렇게 직접 공식을 작성하는 행위는 일종의 확정모형으로 변경하는 과정이다.

수요와 리드타임 모두 변동하는 경우 안전재고 계산 공식을 요청 내용에 포함하여 ChatGPT에 질의하였더니, "90%의 서비스 수준을 유지하기 위해 필요한 안전재고는 약 133,471개이며, 발주점은 약 436,648개이다"라고 항상 정답을 제시한다. 단, ChatGPT가 z-점수를 계산하는 과정에서 서비스 수준 90%에 해당하는 안전계수를 1.28로 설정하기도 하고, norm.ppf(0.90) 함수를 호출하여 안전계수를 1.2815515655446004으로 제시하기도 한다. norm.ppf(0.90) 함수를 호출하여 계산하면 안전재고는 133,632개이고, 발주점은 436,810개이다. 이와 같이 ChatGPT는 매번 계산 방식을 다르게 답하는 확률모형이므로, 계산 결과를 고정시키기 위해서는 질의할 때 값을 명시하거나, 파이썬 코드로 저장하여 실행해야 한다. 즉, ChatGPT의 확률모형을 확정모형으로 변경하여 저장할 필요가 있다.

[예제 11-4]

도표 11-10. 안전재고 계산 공식을 지정한 경우의 요청과 답변

JA **You**

GI.xlsx
Spreadsheet

SupplyLT.xlsx
Spreadsheet

TV를 보관하는 물류센터에서 과거 3개월의 TV 출하실적정보는 GI.xlsx 저장되어 있다. 공장에서 물류센터로 리드타임의 과거 3개월 실적 정보는 SupplyLT.xlsx에 저장되어 있다. 서비스 수준을 90%로 유지하고자 할 때, 안전재고와 발주점은 얼마인가?
- 안전 재고는 (일일 수요의 표준편차의 제곱 × 리드타임의 평균)과 (일일 수요 평균의 제곱 × 리드타임의 표준편차의 제곱)을 더한 후 제곱근을 하고, 안전계수와 곱해서 계산한다

안전 재고 계산식에 따르면:

$$\text{안전 재고} = Z \times \sqrt{(s_D^2 \times \bar{L}) + (\bar{D}^2 \times s_L^2)}$$

여기서 s_D는 일일 수요의 표준편차, $\bar{L}$은 리드타임의 평균, $\bar{D}$는 일일 수요의 평균, s_L은 리드타임의 표준편차입니다.

이 식을 사용하여 안전 재고를 계산하겠습니다. [>-]
90% 서비스 수준을 유지하기 위한 안전 재고는 약 133,471개입니다.

마지막으로 발주점을 계산하겠습니다. 발주점은 일일 수요 평균과 리드타임 평균의 곱에 안전 재고를 더하여 계산합니다:

$$\text{발주점} = (\bar{D} \times \bar{L}) + \text{안전 재고}$$

이제 발주점을 계산해 보겠습니다. [>-]
발주점은 약 436,648개입니다.

ChatGPT의 안전재고 계산 공식에 대한 표기법은 도표 11-8, 도표 11-10에서처럼 질문할 때마다 약간씩 다르다. 아래 [예제 11-5]를 실습하면 ChatGPT는 정답과 안전재고 계산 공식을 도표 11-11과 같이 정리한다. 동일한 대화창에서 [예제 11-4] 실습에 이어 안전재고를 계산하였기 때문이다. 앞서 적용된 도표 11-10의 안전재고 계산 공식과 표기법을 그대로 재 사용하여 깔끔하게 정리한다.

[예제 11-5]

세탁기를 보관하는 물류센터의 하루 세탁기 출하량의 평균은 150개이고, 표준편차는 10개이다. 공장에서 물류센터로 발주 후 입고까지의 리드타임의 평균은 6일이고, 표준편차는 1일이다. 출하량과 공급 리드타임은 모두 정규분포를 갖는다. 출하량을 수요로 간주하며 서비스 수준을 90%로 유지하고자 할 때, 안전재고와 발주점을 계산하세요.

도표 11-11. 동일 창에서 안전재고 계산 공식 적용 답변

Data Analyst

이 경우에도 안전재고와 발주점을 계산하기 위해 동일한 공식을 사용할 수 있습니다. 주어진 값은 다음과 같습니다:

- 일일 세탁기 출하량(수요)의 평균($\bar{D}$) = 150 개
- 일일 세탁기 출하량의 표준편차(s_D) = 10 개
- 리드타임의 평균($\bar{L}$) = 6 일
- 리드타임의 표준편차(s_L) = 1 일
- 서비스 수준 90%에 해당하는 Z-값 = 1.28

안전 재고 계산식은 다음과 같습니다:

$$\text{안전 재고} = Z \times \sqrt{(s_D^2 \times \bar{L}) + (\bar{D}^2 \times s_L^2)}$$

발주점은 다음과 같이 계산됩니다:

$$\text{발주점} = (\bar{D} \times \bar{L}) + \text{안전 재고}$$

이제 이 값을 사용하여 계산을 진행해보겠습니다.

세탁기의 경우, 90% 서비스 수준을 유지하기 위한 안전 재고는 약 195개이고, 발주점은 약 1,095개입니다. 이러한 계산을 통해 물류센터는 수요와 리드타임의 변동성에 대응하여 재고를 관리할 수 있습니다. [>-]

실무에서 적용하는 재고 모형을 이해하자

보다 실무적인 실습을 위해서 하이브리드 SCM[7, p176~p183]에서 언급한 단납기 체계 구축을 위한 일 단위 후보충(Daily Replenishment) 프로세스를 이해할 필요가 있다. 이 때 적용한 RP(Replenishment Planning) 솔루션의 ROP/OUTL 모형을 소개한다. 보다 현실적인 실습을 위해 이 책에서는 많은 재고모형 중에서 ROP/OUTL 모형을 ChatGPT를 통해 파이썬으로 개발한다.

단납기 체계란 재고를 최소화하면서도 고객의 결품을 최소화하기 위해, 공급망 관리를 일 단위 이하로 계획과 실행을 운영하는 체계이다. 이를 위해서는 일 단위 후보충, 일 단위 유연 생산 그리고 주 단위 판생운영계획이 유기적으로 운영되어야 한다. 판매 조직은 물류센터가 매일 매일의 수요 변동에 대응할 수 있도록 2주간의 일 단위 후보충 계획을 수립한다. 이때 물류센터는 최소한의 적정재고와 목표 결품율을 유지할 필요가 있다.

일 단위 후보충의 목표는 최적 재고수준을 설정하고 유지하면서 고객 주문에 대한 충족율을 최대화하는 것이다. 이를 위해 판매 조직은 팔리는 스피드(Speed)에 따라 생산

조직에 생산요청을 하고, 생산 조직은 판매 조직의 요청량대로 생산하여 공급한다. 일 단위 후보충은 주 단위 계획과 일 단위 실행을 연계 운영한다. 이를 위해 판매 조직과 생산 조직은 합의한 RTF 수량을 기준으로 거점수요 생성, 거점별 재고수준 설정, 보충 및 배치계획을 수립하여 운영한다(도표 11-12 참조). 이하 간결한 표현을 위해 물류센터(또는 거점)를 DC와 혼용하여 사용한다.

도표 11-12. 주 단위 계획과 일 단위 실행이 연계된 일 단위 후보충

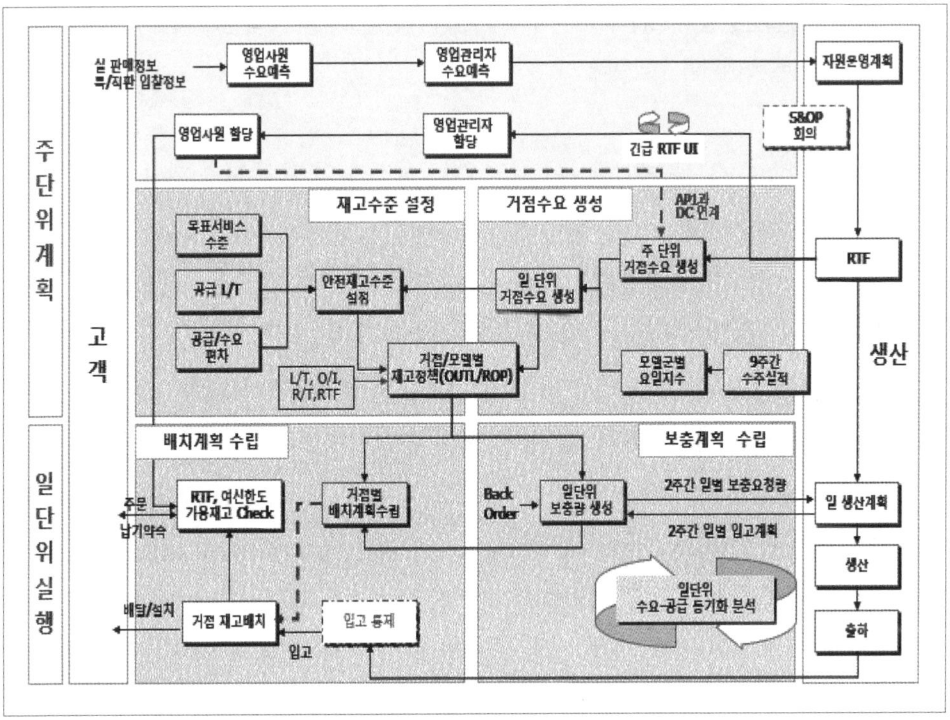

1) 거점 수요 생성

✓ 판매-제조간 합의된 RTF값을 영업사원의 DC별 판매예측 비중으로 나누어 DC별 제품별 수요를 생성한다(SKU@DC). DC별 제품별 수요는 거점간 배치계획 및 생산 요청의 근간이 된다.

✓ SKU@DC는 특정 DC에 있는 개별 품목(SKU, Stock Keeping Unit)을 나타낸다.

2) 재고 수준 설정

✓ 수요(Demand)와 공급 리드타임의 평균 및 분산(Variance), 모델별 서비스 레벨을 고려하여 안전재고를 산출한다. 재고수준 설정을 위한 SKU@DC별 재고 파라미터(발주점과 목표재고 등)를

정의하여 적정재고 수준을 유지한다.

3) 보충 계획 수립

✓ 일 단위로 현 재고수준과 목표재고(OUTL, Order Up To Level) 수준을 비교하고, 부족분에 대해 생산 조직에 보충 요청을 한다. 생산 조직은 공급 가능량을 기준으로 일 단위 보충 요청량에 대해 RTF 범위 내에서 유연하게 대응한다. RTF 초과 요청량은 예외 프로세스를 적용한다.

4) 배치계획 수립

✓ DC별 재고의 효율적 관리를 위해 거점(RDC와 CDC)간 재고배치 계획을 운영한다. 이를 통해 거점간 재고 불균형을 해소한다. 하위거점(RDC)의 적정재고 대비 부족분에 대해 상위거점(CDC)에서 전진배치 계획을 수립한다.

여기서는 ChatGPT 실습의 대상인 재고 수준 설정과 일 단위 보충 계획 수립과 관련된 개념을 우선 설명한다. 공급망에서 각 DC는 최대재고(Oder Up To Level, OUTL), 재주문점(Reorder Point, ROP) 및 안전재고(Safety Stock, SS) 기준을 설정한다. 아래 도표 11-13은 이와 관련된 재고 수준을 설정하는 ROP/OUTL 모형과 관련 용어를 보여준다. 업종에 따라 정량발주 또는 정기발주 시스템 등 다양한 재고 모형을 적용할 수 있다.

재 주문점은 공급 리드타임과 재고점검주기 동안의 예상되는 수요와 안전재고를 더한 값이다. 재고점검주기 동안의 수요는 (재고점검주기×Review Time Factor) 동안의 수요이다. 여기서 Review Time Factor는 결품 방지를 위해 RP 솔루션이 도입한 개념으로 0과 1사이의 값이다. 재고 운영자가 재고 운영 수준을 점검하면서 자의적으로 통제할 수 있는 파라미터라고 할 수 있다. RP 솔루션에서는 기본값으로 0.5가 설정되어 있다. 최대재고는 공급 리드타임과 오더주문간격 동안의 예상되는 수요와 안전재고를 더한 값이다. 공급 리드타임은 보충 요청 후 입고까지 소요된 시간이다. 오더주문간격(Order Interval, OI)은 한 번 발주를 해서 대응하고자 하는 수요 기간으로, 재고점검 후 공급 제약을 고려하여 보충요청을 하는 주기이다. 경제적 발주량을 수요량으로 나눈 값이다.

도표 11-13. 재고 수준 설정

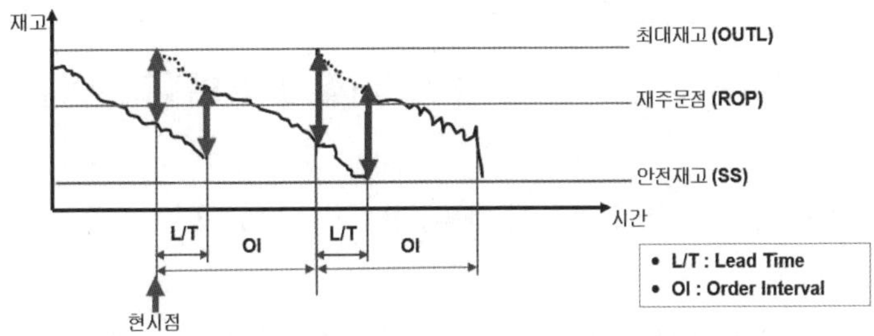

- 최대 재고(OUTL: Order Up To Level) = Demand [공급 L/T + Order Interval] + 안전재고량
- 재 주문점(ROP: Reorder Point) = Demand [공급 L/T + Review Time * Review Time Factor] + 안전재고량
- 안전 재고(SS: Safety Stock) = k * σ_{sc}
- 보충요청량 = 최대 재고 – 가용 재고 = 최대재고 – (재고 + 향후 공급 L/T 동안의 입고 예정량)

※ Lead Time : 보충요청을 한 후, 입고될 때까지의 시간(L/T) ※ Replenishment L/T: 공급 L/T + Review Time * Review Time Factor
Order Interval: 재고를 점검 후, 공급제약을 고려하여 보충을 요청하는 주기(OI)
Review Time: 보충요청을 하기 위하여 재고를 점검하는 주기
Review Time Factor : 공급 L/T동안의 결품 방지를 위하여 추가적으로 설정한 재고 factor
k: Safety Factor, 서비스 수준을 만족시키기 위한 안전재고 표준편차 계수

$$\sigma_{sc} = \text{Total Supply Chain Variability} = \sqrt{(\text{일 수요 표준편차})^2 \times (\text{공급L/T 평균}) + (\text{일 수요 평균})^2 \times (\text{공급L/T 표준편차})^2}$$

※ 설명과 실습의 일관성을 위해 공급L/T을 사용하였지만 이론적으로는 재 주문점, 보충 요청량, 입고 예정량, 안전재고 계산시, 공급L/T이 아닌 Replenishment L/T을 고려한다.

공급 리드타임이 1일이라면 Review Time, Review Time Factor, Order Interval을 1일로 설정하기도 한다. 이렇게 하면 최대재고와 재 주문점이 같아져서 매일매일 보충요청을 할 수 있다. 물론 기업의 특성에 따라 다르게 설정할 수 있다. 토요일과 일요일에 DC가동을 하지 않는다면 Review Time과 Order Interval에 추가적으로 2를 더한다. 공휴일과 연휴를 반영해야 한다면, 물류센터와 공장의 근무 달력을 모형에 반영한다.

보충 요청량은 최대재고에서 가용재고를 차감한 수량이다. 가용재고는 현 재고와 입고 예정량을 더한 값이다. 안전재고는 수요변동에 대비한 비축 물량과 생산 차질에 대비한 비축 물량을 더한 값이다. 특히, 생산의 공급 리드타임을 1일 미만으로 단축할 수 있다면, 수요변동에 대한 비축 물량만 보유할 수도 있다.

앞서 도표 11-13에서 언급한 Safety Factor는 사용자가 정의한 서비스 수준을 반영한다. 수요예측의 정확도가 낮다면 수요의 표준편차가 커서 안전재고가 크게 증가한다. 따라서, 안전재고가 크게 증가하는 것을 방지하기 위해서 수요 표준편차를 일정 수준 이하가 되도록 수요의 크기에 따라서 수요 표준편차를 작게 인위적으로 보정할 필요가 있다. 현실에서는 보정 테이블을 사용한다.

RP 솔루션이 재 주문점 계산에 사용하는 (공급 L/T+Review Time× Review Time

Factor)를 Replenishment L/T으로 정의하자. RP 솔루에서는 Replenishment L/T 동안의 평균 수요가 25보다 작을 경우에, 수요는 푸아송 분포를 따른다고 가정한다. 수요가 띄엄띄엄 발생한다는 의미이다. 반면 평균 수요가 25 이상인 경우는 정규 분포를 갖는다고 가정한다.

아래 도표는 DC별 수요의 변화에 따른 미래 가용재고의 변화를 보여준다.

도표 11-14. DC별 미래 구간 일 단위 보충 요청량과 예상 가용재고

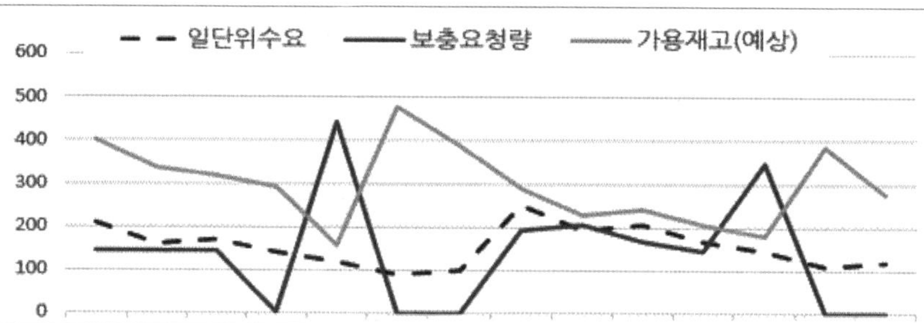

구분	1/24	1/25	1/26	1/27	1/28	1/29	1/30	1/31	2/1	2/2	2/3	2/4	2/5	2/6
일단위수요	210	160	170	140	120	90	100	252	192	204	168	144	108	120
보충요청량	143	143	143	4	442	0	0	192	204	168	144	348	0	0
가용재고(예상)	403	336	319	292	156	478	388	288	228	240	204	180	384	276
기초재고	260	193	176	149	152	36	388	288	36	36	36	36	36	276
OUTL	406	366	346	296	598	598	598	480	432	408	348	528	528	528
ROP	406	366	346	296	598	598	598	480	432	408	348	528	528	528
SS	36	36	36	36	36	36	36	36	36	36	36	36	36	36

도표 11-14에서는 최대재고와 발주점을 동일하게 설정하고 있다. 1/24 ~ 1/26의 보충요청량은 입고 예정인 생산계획이다. 평일에는 2일치 수요만 반영하여 보충 요청한다. 하지만 1/29와 1/30이 각각 토요일과 일요일이므로, 1/28에는 4일치 (1/28~1/31) 수요를 반영하여 보충 요청한다. 토요일과 일요일은 보충 요청량이 0이다.

일 단위 후보충 모형을 이해하자

앞에서 언급한 일 단위 후보충의 ROP/OUTL모형과 해당 모형을 적용하는 실습 예제를 보다 잘 이해하기 위해 일반적인 (R, s, S) 재고통제 시스템과 연계하여 추가 설명

한다. 여기서 R은 재고점검주기, s는 발주점, S는 최대재고이다. 재고를 점검할 때 발주가 가능하다. 가용재고가 발주점 이하로 내려가면 발주량(=최대재고 - 가용재고)이 발주된다. 저자가 실무에 적용한 일 단위 후보충 모형은 (R, s, S) 시스템에서 R = 1일, 발주점 s = 최대재고 S로 설정하였다. 이는 매일 최대재고까지 발주를 하도록 하는 재고통제 시스템이다.

앞 절에서 언급한 일 단위 후보충 모형의 오더주문간격(Order Interval, OI)은 (R, s, S) 재고통제 시스템의 최대재고 S를 설정하기 위하여 사용된다. SCM 개선을 통해 오더주문간격과 공급 리드타임을 단축할 수 있다면 최대재고 수준은 낮아질 것이다. 발주점 s를 계산하기 위하여 사용하는 재고점검주기(Review Time)는 재고를 점검하지만, 발주는 할 수도 또는 하지 않을 수도 있다. OI와 Review Time이 같다면 Review Time마다 발주를 할 수 있다. 예제에서는 OI와 Review Time을 같게 설정하여 적용한다. 적용 기업, 상품에 따라 다르게 적용할 수도 있다. SCM 개선을 통해 재고점검주기를 단축할 수 있다면 발주점은 낮아질 것이다.

실습 예제에서는 모형을 단순화하기 위해 고려하지 않았지만, 실무에서는 Backorder (미납주문 또는 지연주문)를 추가 반영할 필요가 있다. Backorder가 있다면, Backorder를 반영하여 보충요청을 해야 한다. Backorder란 고객이 주문한 상품이 현재 가용재고로는 충족할 수 없지만, 앞으로 입고되는 물량이 있으면 처리해야 할 주문이다.

후보충 모형을 개발하자

여기서는 ChatGPT의 환각 오류를 파이썬 코드로 분석하고 수정하는 내용을 포함한다. 따라서 작업의 난이도가 있으므로 후보충 모형과 파이썬 코드에 대한 학습 의욕이 있는 독자만 학습하기 바란다. 파이썬에 익숙한 독자라면 해당 로직을 직접 파이썬으로 구현하는 것이 빠를 수도 있다. 머신러닝의 라이브러리를 호출하는 ChatGPT를 실습하는 것보다 사용자가 직접 설계한 복잡한 로직을 실습하는 것이 에러가 자주 발생하고 더 어렵다. 그러나 파이썬에 익숙한 독자라면 경우에 따라 직접 파이썬을 구현하는 것이 빠를 수도 있다. 파이썬에 익숙하지 않은 독자라면 환각 오류가 있더라도 ChatGPT를 잘 활용하는 것이 더 유익하다.

일 단위 후보충 모형은 발주주기가 하루인 후보충 모형의 특수한 경우이다. 실습할 예제는 발주주기가 하루보다 긴, 보다 일반적인 후보충 모형이다. [예제 11-6]은 미래 수요가 일정한 값을 갖는 경우이고, [예제 11-7]은 미래 수요가 일정하지 않는 경우이다 이러한 미래 수요의 변동성의 차이가 ChatGPT 요청 내용, 최대재고/발주점/발주량, 파이썬 코드 등에 어떠한 영향을 미치는지 확인하기 바란다. 실습을 위해서는 앞 절의 ROP/OUPL 모형에 대한 이해가 선행되어야 한다.

여러분 스스로 아래 [예제 11-6]을 ChatGPT와 코랩을 이용하여 해결해보자. 우선 ChatGPT에 요청할 스크립트를 직접 작성하기 바란다. ROP/OUTL 모형에 대한 이해도도 점검할 수 있을 것이다. 과제에 대한 정의는 다음과 같다.

[예제 11-6]

세탁기를 보관하는 물류센터의 하루 세탁기 출하량의 평균은 150개이고, 표준편차는 10개이다. 공장에서 물류센터로 발주 후 입고까지의 공급 리드타임의 평균은 6일이고, 표준편차는 1일이다. 출하량과 공급 리드타임은 모두 정규분포를 갖는다. 출하량을 수요로 간주하며 서비스 수준을 90%로 유지하고자 한다. 미래 수요는 매일 150개가 동일하게 발생한다고 가정한다.

- ✓ 오더주문간격8일, 재고점검주기8일, Review Time Factor 0.5
- ✓ 첫째 날의 기초 재고 1,000개, 첫째 날의 입고 예정량 800개, 둘째 날 첫 발주를 함

위 내용을 ROP/OUTL 모형에 기반하여 1일차부터 10일차되는 날까지 일자별로 수요, 최대재고, 발주점, 안전재고, 기초재고, 가용재고, 발주량을 테이블 형태로 표시하세요.

원하는 결과를 얻었는가? 저자가 작성한 다음의 [예제 11-6 ChatGPT 요청 예시]와 ChatGPT의 답변과 비교해 보자.

1) 미래 수요가 일정한 경우

[예제 11-6 ChatGPT 요청 예시]는 로직이 의도적으로 엉성하게 기술된 것이다. 하지만 당장은 원하는 정답을 얻을 수 있는 수준이다. 아래 [예제 11-6 ChatGPT 요청 예시]

의 전문을 ChatGPT에 입력하여 실행해 보자.

[예제 11-6 ChatGPT 요청 예시]

세탁기를 보관하는 물류센터의 하루 세탁기 출하량의 평균은 150개이고, 표준편차는 10개이다. 공장에서 물류센터로 발주 후 입고까지의 공급 리드타임의 평균은 6일이고, 표준편차는 1일이다. 출하량과 공급 리드타임은 모두 정규분포를 갖는다. 출하량을 수요로 간주하며 서비스 수준을 90%로 유지하고자 한다. 미래 수요는 매일 150개가 동일하게 발생한다고 가정한다. 1일차부터 10일차되는 날까지 일자별로 수요, 최대재고, 발주점, 안전재고, 기초재고, 가용재고, 발주량을 테이블 형태로 표시한다.

- ✓ 오더주문간격(Order Interval, OI) = 8일
- ✓ 오더주문간격은 발주량이 만들어지는 간격, 즉 발주 주기를 의미함
- ✓ 재고점검주기(Review Time) = 8일, Review Time Factor = 0.5
- ✓ 최대재고 S = 안전재고 + (공급 리드타임 + 오더주문간격) 중의 수요
- ✓ 발주점 s = 안전재고 + (공급 리드타임 + 재고점검주기 * Review Time Factor) 중의 수요
- ✓ 만약 t시점의 가용재고가 t시점의 발주점보다 작거나 같으면, t시점의 임시계산발주량 = (t시점의 최대재고 - t일차의 가용재고), 그렇지 않으면 t시점의 임시계산발주량 = 0임
- ✓ 둘째 날 첫 발주를 하고, 이후 오더주문간격 이 지난 날짜에 발주량을 생성함
- ✓ 발주를 하는 날짜에만 발주량 = 임시계산발주량 이고. 나머지 날짜에는 발주량 = 0임
- ✓ 첫째 날의 가용재고 1,800 = 첫째 날의 기초 재고 1,000 + 첫째 날의 입고예정량 800개
- ✓ t시점은 매일 하나씩 증가하며, 매일 기초재고, 가용재고, 최대재고, 발주점을 계산함
- ✓ t 시점의 기초재고 = (t - 1) 시점의 가용재고- (t - 1) 시점의 수요량
- ✓ t 시점의 가용재고 = t 시점의 기초재고 + t 시점의 입고예정량
- ✓ t 시점의 입고예정량 = (t - 공급 리드타임) 시점의 발주량
- ✓ 발주한 물량은 공급 리드타임 후에 입고되어 가용재고를 증가시킴
- ✓ 안전재고는 (일일 수요의 표준편차의 제곱 × 리드타임의 평균)과 (일일 수요 평균의 제곱 × 리드타임의 표준편차의 제곱)을 더한 후 제곱근을 하고, 안전계수와 곱해서 계산함

도표 11-15는 ChatGPT의 계산 결과이다. [예제 11-6 ChatGPT 요청 예시]에 기술한 내용을 ChatGPT에 그대로 적용하여도 어렵지 않게 원하는 결과를 얻을 수 있다. 독자에 따라서는 결과가 다를 수 있다. ChatGPT가 확률 모형이고, 기술한 로직이 확률에 영

향을 줄 만큼 엉성하다는 반증이다. 아래 내용에서 10일까지 수요가 150으로 일정하므로, 최대재고는 2,295이고 발주점는 1,695로 날짜가 경과하여도 일정하다.

도표 11-15. 미래 수요가 일정한 경우, 후보충 계산 결과

다음은 10일간의 데이터를 테이블 형태로 정리한 것입니다. 각 열은 다음과 같이 정의됩니다:

- Day: 일자 (1일부터 10일까지)
- Demand: 일일 수요량
- Max Inventory: 최대재고
- Reorder Point: 발주점
- Safety Stock: 안전재고
- Beginning Inventory: 기초재고
- Available Inventory: 가용재고
- Order Quantity: 발주량

Day	Demand	Max Inventory	Reorder Point	Safety Stock	Beginning Inventory	Available Inventory	Order Quantity
1	150	2294.78	1694.78	194.78	1000	1800	0
2	150	2294.78	1694.78	194.78	1650	1650	644.78
3	150	2294.78	1694.78	194.78	1500	1500	0
4	150	2294.78	1694.78	194.78	1350	1350	0
5	150	2294.78	1694.78	194.78	1200	1200	0
6	150	2294.78	1694.78	194.78	1050	1050	0
7	150	2294.78	1694.78	194.78	900	900	0
8	150	2294.78	1694.78	194.78	750	1394.78	0
9	150	2294.78	1694.78	194.78	1244.78	1244.78	0
10	150	2294.78	1694.78	194.78	1094.78	1094.78	1200.00

2) 미래 수요가 일정하지 않은 경우

[예제 11-7]

[예제 11-6]에서 "1일차 수요는 100, 2일차 수요는 200개, 그 이후의 수요는 150개가 동일하게 발생한다"만 다르다.

[예제 11-7]를 수행한 결과는 도표 11-16과 같다. 1일차, 2일차 수요가 변경되었지만 최대재고와 발주점이 수정되지 않는 것을 확인할 수 있다. 왜 이런 현상이 발생하였을까? 엉성한 로직이 1차적인 원인이다. 기존에 계산한 수요를 재 사용해서 최대재고와 발주점을 계산하는 ChatGPT의 한계를 이해할 필요가 있다. 여러분의 계산 오류는 도표 11-16과는 차이가 있을 수 있다.

도표 11-16. 미래 수요가 일정하지 않은 경우, 계산 오류 결과

일자	수요	최대재고	발주점	안전재고	기초재고	가용재고	발주량
1	100	2295	1695.0	195	1000	1800	0
2	200	2295	1695.0	195	1600	1600	695
3	150	2295	1695.0	195	1450	1450	0
4	150	2295	1695.0	195	1300	1300	0
5	150	2295	1695.0	195	1150	1150	0
6	150	2295	1695.0	195	1000	1000	0
7	150	2295	1695.0	195	850	850	0
8	150	2295	1695.0	195	700	1395	0
9	150	2295	1695.0	195	1245	1245	0
10	150	2295	1695.0	195	1095	1095	1200

일단 책을 덮고 원하는 결과를 얻기 위해 어떻게 해야 할 것인지 대하여 [예제 11-6]의 내용을 기반으로 독자 스스로 내용을 수정하면서 우선 해결해 보자. 독자는 이러한 과정을 통해 ChatGPT를 활용한 정확한 데이터분석을 하기 위해서는 재고통제 모형과 파이썬 구문에 대한 이해가 필요하다는 것을 느끼게 될 것이다.

원하는 결과를 얻었는가? 아래와 같이 몇 가지 팁(Tip)을 제언한다. [예제 11-7]과 같은 복잡한 로직을 작성해야 하는 경우, 아래의 내용을 참조하면 계산 과정에서 발생할 수 있는 오류를 최소화할 수 있다. 아래 내용을 참조하여 독자 스스로 다시 한번 요청 내용을 정리해 보자.

✓ 공식이 복잡하고 해석을 다르게 할 수 있는 공식도 괄호 등을 적극 사용하여 명확히 작성하는 것이 좋다. 예를 들어, "안전재고 = z-점수 * SQRT((공급 리드타임) * (공급 리드타임 중 수요 표준편차의 자승) + (공급 리드타임 중 수요 평균의 자승) * (공급 리드타임 표준편차의 자승))"을 추가한다. 이때 연산 순서를 분명하게 하기 위해 괄호를 사용한다. 위 안전재고 공식에 괄호를 사용하지 않으면 다른 결과값을 산출한다.

✓ 연산 결과의 반올림 여부도 명확히 한다. 예를 들어. "안전재고는 정수로 반올림함"이라고 정의하여 기술하지 않으면, 안전재고 계산 결과를 소수점 이하를 버림으로 GhatGPT가 계산하기도 한다. 이럴 경우 수작업으로 검토한 예상 결과와 다르다.

✓ 시계열 데이터를 계산하는 과정에서 특정 시점(Y) 이후의 미래 어느 시점(Y+OI) 까지의 데이터가 특정 시점 이전의 값에 영향을 미친다면, 특정 시점까지의 결과만을 출력하더라도 특정 시점 이후 미래 어느 시점까지도 계산하도록 명시적으로 표현한다. 예를 들어, 화면에 10일차까지의

결과만 출력한다고 하더라도, "Y = 10, (Y + 공급 리드타임 + 오더주문간격)일차까지 수요 데이터를 생성해서 사용함"과 같은 내용을 추가한다. 이러한 내용이 없으며, 화면에 출력하는 10일차까지의 수요 데이터만을 가지고 최대재고를 계산하기도 한다.

- ✓ 복잡한 계산의 경우, ChatGPT에 수작업 계산과정과 결과를 제공한다. 예를 들어, "2일차에 100개를 발주하면, 8일차에 이 물량이 입고되어 가용재고에 추가되어야 함"과 같이 설명할 수 있다. 이를 통해 ChatGPT에 설명을 명확하게 하고 검증에 활용할 수 있다.
- ✓ ChatGPT는 한글로 요청하면 영어로 번역해서 계산하므로, 한글 접미사의 사용에 신경을 써야 한다. 예를 들어, "1일차의 최대재고 = 1일차의 안전재고 + (1일차에서 14일차까지 수요의 합계)"보다는 "1일차의 최대재고 = 1일차의 안전재고 + (1일차부터 14일차까지, 즉 총 14일간의 수요의 합계)"라고 작성한다. 현재 버전에서는 영문 번역과정에서 "에서"보다는 "부터"가 보다 명확하다고 ChatGPT는 인식한다.
- ✓ 단위는 일관성을 유지하면서 기술하여야 한다. 예를 들어, 동일한 날짜라고 하더라도 "t시점의 기초재고", "t일차의 최대재고"와 같이 시점과 일차를 혼용하여 사용하면 GhatGPT는 제대로 인식하지 못 할 수도 있다. 이와 같은 경우 "t일차"로 통일하여 질문하면, 에러가 발생하지 않는다.
- ✓ 문제를 정의하는 본문의 중간에 에러 점검을 기술할 필요가 있다. 예를 들어, "위 계산결과가 맞는지 점검하여 화면에 직접 표시하여야 함. 결과가 다르면 재 계산을 하여야 함"을 추가 서술하여, 에러를 점검한다. 잘못된 계산을 끝까지 하지 않게 한다.
- ✓ 최종 결과값을 계산하고 나서도 "최종 점검 내용"이라는 항목으로 이미 에러를 점검했던 내용을 다시 한 번 ChatGPT에 출력하도록 요청한다. 예를 들어, "최종 점검 내용은 다음과 같음. 다시 한 번 1일차의 최대재고가 2295인지 확인하고, 다르면 처음부터 다시 재 계산하고 화면에 출력함"을 추가하여 발행할 수 있는 에러에 대하여 2차 점검을 한다. ChatGPT는 중간 점검 과정에서 발생한 에러에 대하여 답변을 수정하고. 이후의 로직에 반영하지 않는 경우도 있다.
- ✓ 실습 예제의 최종 결과에 대한 검수는 새롭게 New Chat을 열어서 확인하는 것이 좋다. 기존의 ChatGPT 화면에서 오류를 수정하면서 실습 예제를 진행하면 이전의 잘못 학습한 결과가 반영되는 경우가 있다.

ChatGPT를 제대로 활용하기 위해서는 비즈니스에 대한 이해를 바탕으로 위의 내용을 ChatGPT가 이해할 수 있도록 독자 스스로 작성하는 것이 중요하다. ChatGPT는 확률모형이고 계속 진화하고 있으므로, 여러분의 수행결과는 저자의 결과와 다를 수 있다. 현재의 ChatGPT는 아직 한계가 있다. 하지만 도메인 지식과 파이썬 구문에 대한 어느 정도의 이해만 있다면 ChatGPT를 잘 활용할 가치는 충분히 있다. 더불어 ChatGPT도

진화할 것이다.

[ChatGPT 대화 창 입력 내용]

GhatGPT 대화창에 입력할 내용은 [예제 11-7-A]와 [예제 11-7-A-추가질의] 이다. [예제 11-7-A]는 저자가 여러차례 수정을 통해 작성한 내용이다. [예제 11-7-A]만으로도 GhatGPT로부터 원하는 정답을 얻을 수도 있다. 어떤 경우는 [예제 11-7-A-추가질의]를 추가적으로 입력해야 1일차부터 10일차까지의 결과를 얻을 수 있다.

[예제 11-7-A]

세탁기를 보관하는 물류센터의 하루 세탁기 출하량의 평균은 150개이고, 표준편차는 10개이다. 공장에서 물류센터로 발주 후 입고까지의 공급 리드타임의 평균은 6일이고, 표준편차는 1일이다. 출하량과 공급 리드타임은 모두 정규분포를 갖는다. 출하량을 수요로 간주하며 서비스 수준을 90%로 유지하고자 한다. 1일차 수요는 100, 2일차 수요는 200개, 그 이후의 수요는 150개가 동일하게 발생한다. 일자별로 수요, 최대재고, 발주점, 안전재고, 기초재고, 가용재고, 발주량을 보여준다. 그리고 최종 점검 내용도 출력한다.

- ✓ 안전재고는 (일일 수요의 표준편차의 제곱 × 리드타임의 평균)과 (일일 수요 평균의 제곱 × 리드타임의 표준편차의 제곱)을 더한 후 제곱근을 하고, 안전계수와 곱해서 계산함
- ✓ 안전재고는 정수로 반올림함
- ✓ Y = 10 , (Y + 공급 리드타임 + 오더주문간격)일차까지 수요 데이터를 생성해서 사용함
- ✓ 오더주문간격 = 8일
- ✓ 오더주문간격은 발주량이 만들어지는 간격, 즉 발주 주기를 의미함
- ✓ 재고점검주기 = 8일, Review Time Factor = 0.5
- ✓ t일차의 최대재고 = t일차의 안전재고 + t일차부터 (t + 공급 리드타임 + 오더주문간격 -1) 일차까지, 즉 총 (공급 리드타임 + 오더주문간격) 동안의 수요 합계
- ✓ 예를 들어,1일차의 최대재고 = 1일차의 안전재고 + (1일차부터 14일차까지, 즉 총 14일간의 수요의 합계)
- ✓ 1일차의 최대재고가 2295이어야 함. 위 계산결과가 맞는지 점검하여 화면에 표시하여야 함. 결과가 다르면 재 계산을 하여야 함.
- ✓ t일차의 발주점 = t일차의 안전재고 + (t일차부터 (t + 공급 리드타임 + 재고점검주기 * Review

Time Factor -1)일차, 즉 (공급 리드타임 + 재고점검주기 * Review Time Factor) 동안의 수요 합계)

- ✓ 예를 들어, 1일차의 발주점 = 1일차의 안전재고 + (1일차부터 10일차까지, 즉 총 10일간의 수요 합계)
- ✓ 1일차의 발주점은 1695이어야 함. 위 계산결과가 맞는지 점검하여 화면에 표시하여야 함. 결과가 다르면 재 계산을 하여야 함.
- ✓ 만약 t일차의 가용재고가 t일차의 발주점보다 작거나 같으면, t일차의 임시계산발주량 = (t일차의 최대재고 - t일차의 가용재고), 그렇지 않으면 t일차의 임시계산발주량 = 0임
- ✓ 2일차에 첫 발주를 하고, 이후 오더주문간격 이 지난 날짜에 발주량을 생성함
- ✓ 발주를 하는 날짜에만 발주량 = 임시계산발주량 이고. 나머지 날짜에는 발주량 = 0임
- ✓ t일차는 매일 하나씩 증가하며. 매일 기초재고, 가용재고, 최대재고, 발주점을 계산함
- ✓ t일차의 기초재고 = (t - 1)일차 가용재고- (t - 1)일차의 수요량
- ✓ t일차의 가용재고 = t일차의 기초재고 + t일차의 입고예정량
- ✓ 1일차의 기초재고는 1,000이고. 1일차의 입고예정량은 800임
- ✓ 따라서 1일차의 가용재고 1,800은 1일차의 기초재고 1,000과 1일차의 입고예정량 800을 더한 값임. 위 계산결과가 맞는지 점검하여 화면에 직접 표시하여야 함. 결과가 다르면 재 계산을 하여야 함.
- ✓ t일차의 입고예정량 = (t - 공급 리드타임)일차의 발주량
- ✓ 예를 들어, 2일차에 100개를 발주하면, 이 물량이 8일차에 입고되어 가용재고에 추가됨
- ✓ 이전 시점에 발주한 물량은 공급 리드타임 후에 입고되어 가용재고를 증가시킴
- ✓ 일자별로 수요, 최대재고, 발주점, 안전재고, 기초재고, 가용재고, 발주량을 View Analysis가 아닌 테이블형태로 질문하는 화면에 직접 출력
- ✓ 최종 점검 내용은 다음과 같음. 다시 한 번 1일차의 최대재고가 2295인지 확인하고 다르면 처음부터 다시 재 계산하고 화면에 출력함. 1일차의 가용재고 1,800은 1일차의 기초재고 1,000과 1일차의 입고예정량 800을 더한 값인지 확인하고 다르면 처음부터 재 계산하고 화면에 출력함

[예제 11-7-A-추가 질의]

앞서 계산된 데이터를 바탕으로 10일차되는 날까지 일자별로 수요, 최대재고, 발주점, 안전재고, 기초재고, 가용재고, 발주량을 테이블 형태로 화면에 직접 출력한다.

도표 11-17. 미래 수요가 일정하지 않은 경우, 후보충 계산 결과

Data Analyst
10일차까지의 데이터는 다음과 같습니다:

일자	수요	최대재고	발주점	안전재고	기초재고	가용재고	발주량
1	100	2295	1695	195	1000	1800	0
2	200	2345	1745	195	1700	1700	645
3	150	2295	1695	195	1500	1500	0
4	150	2295	1695	195	1350	1350	0
5	150	2295	1695	195	1200	1200	0
6	150	2295	1695	195	1050	1050	0
7	150	2295	1695	195	900	900	0
8	150	2295	1695	195	750	1395	0
9	150	2295	1695	195	1245	1245	0
10	150	2295	1695	195	1095	1095	1200

이 테이블은 10일 동안의 수요, 최대재고, 발주점, 안전재고, 기초재고, 가용재고 및 발주량을 보여줍니다. [>-]

2일차의 최대재고가 2,295에서 2,345로, 발주점도 1,695에서 1,745로 변경된 것을 확인할 수 있다. 변경된 수요가 최대재고와 발주점의 계산에 반영된 결과이다. ChatGPT는 파이썬 코드로 작성할 문제를 정의하는 과정에서 자체적으로 나름 효율성을 추구한다. 이런 효율성 추구 과정에서 미래의 수요 범위를 충분히 고려하지 않고, 단지 출력될 10일치 수요의 범위만 고려하여 수요 데이터를 생성하여 최대재고와 발주점을 계산할 가능성이 있다.

따라서 충분한 미래의 수요 범위를 명시적으로 작성하여야 한다. 저자는 "Y = 10, (Y + 공급 리드타임 + 오더주문간격)일차까지 수요 데이터를 생성해서 사용함"과 같은 내용을 요청 내용 초반에 작성하여, 최소 23일차까지의 수요를 생성하도록 가이드하고 있다. 그리고 ChatGPT가 출력할 범위만의 수요를 생성하는 에러 또는 가능성을 없애기 위하여 출력할 범위에 대한 질의는 나누어서 제시한다. "1일차부터 10일차되는 날까지 출력한다"와 의미가 유사한 문장을 [예제 11-7-A]에 추가 작성하면, ChatGPT는 단지 10일까지만 수요를 생성하는 등 오류가 빈번하게 발생한다.

[예제 11-7]를 실습하는 과정에서 ChatGPT가 표시하는 화면의 결과만으로 에러를 파악하고 수정하기는 어렵다. ChatGPT가 생성한 파이썬 코드를 검토하는 과정에서 에

러를 쉽게 파악할 수 있다. 따라서 우리는 제대로 ChatGPT를 활용하기 위해서는 파이썬 코드에 익숙해져야 한다. [예제 11-7-A]의 파이썬 코드에 대한 자세한 설명은 12장에서 서술한다.

재고통제 시스템을 정리하자

불확실한 수요와 공급 리드타임을 갖고 있는 환경에서, 재고통제 시스템의 기본 취지는 아래 세가지 질문에 답하는 것이다.

1) 얼마나 자주 재고상태를 점검해야 하는가? 계속실사 또는 정기 실사
2) 언제 발주를 해야 하는가? 부정기, 정기, 발주점
3) 얼마나 많은 양을 발주해야 하는가? 고정된 경제적 발주량 또는 최대재고

이번 장은 Order-Point, Order-Quantity(s, Q) 시스템과 (R, s, S) 시스템에 대해 실습 예제를 통해 설명하였다. 그 밖에 다른 종류의 재고통제 시스템 (s, S) 시스템, (R, S) 시스템을 아래와 같이 비교 정리하고 장단점을 서술한다[Decision Systems for Inventory Management and Production Planning, 8]. 이를 통해 재고통제 시스템에 대한 이해를 돕고자 한다. 건너 뛰어도 앞으로 내용 이해에 무관하다.

1) Order-Point, Order-Quantity(s, Q) 시스템

- ✓ 계속실사(즉, R=0)를 하고, 재고가 발주점 s보다 작거나 같으면 고정된 경제적 발주량 Q를 발주함. Two-Bin 시스템으로 불림
- ✓ 발주자가 이해하기 쉽고 에러 발생 확률이 적으며, 공급자는 공급요청을 예측할 수 있음
- ✓ 소규모 거래에서는 고정된 발주량으로 대응이 가능하지만, 대규모 거래에서는 고정된 발주량으로 유연하게 대응하기 어려움. 단, 발주량을 정수배로 유지함.
- ✓ 공급 리드타임 중 수요 변동에 대응하기 위해 안전재고를 보유함

2) Order-Point, Order-Up-to-Level(s, S) 시스템

- ✓ 계속실사(즉, R=0)를 하고, 재고가 발주점 s보다 작거나 같으면 최대재고 S가 되도록 발주함

- ✓ Min-Max 시스템. 최솟값 s와 최댓값 S사이에 재고를 유지(단, s 이하로 일시적 하락 제외)
- ✓ 모든 수요 거래가 단위 크기라면, (s, Q)와 (s, S)는 동일. 여기서 S = s + Q
- ✓ 최상의 (s, S) 시스템은 최상의 (s, Q) 시스템에 비해 총 재고비용 최소화 가능
- ✓ 비싼 계산 노력으로 총 재고비용을 최소화할 만한 가치가 있는 A 등급 제품군에 적용 가능

3) Periodic-Review, Order-Up-to-Level(R, S) 시스템

- ✓ 주기 R 단위 시간 마다 정기실사를 하여, 재고가 최대재고 S가 되도록 발주
- ✓ Replenishment Cycle 시스템. 특히 컴퓨터로 통제하지 않는 회사에서 일반적으로 사용
- ✓ 수요 패턴이 시간에 따라 변한다면, 매 R 단위 시간마다 최대재고 S도 시간에 따라 변경
- ✓ 공급 리드타임과 발주주기 동안의 수요에 대비하므로 재고유지비용이 계속실사 방식에 비해 높음. 하지만 발주간격을 좁히면 계속실사 방식의 안전재고에 근접, 발주주기가 짧으면 결점이 아님
- ✓ 수요가 아주 불확실한 경우, 적정 발주주기는 고정 값으로 적절하게 산출되지 않을 수 있음

4) (R, s, S) 시스템

- ✓ 주기 R로 정기실사를 하여, 재고가 발주점 s보다 작거나 같으면 최대재고 S가 되도록 발주
- ✓ (s, S)와 (R, S) 시스템이 결합한 형태임. (s, S)는 R = 0인 경우이고 (R, S)는 s = S - 1 인 경우임
    - (R, s, S)는 (s, S) 시스템의 정기발주 방식이고, (R, S)는 s = S -1 인 (s, S) 시스템의 정기발주 방식임
- ✓ 최상의 (R, s, S) 시스템은 다른 시스템보다 총 재고비용을 최소화하지만, B등급 제품군에 대해서도 비싼 계산을 요구함(합리적인 파라미터를 산출하는 단순한 방법으로 활용 검토 필요)
- ✓ POS 장비로 계속실사가 가능하지만 R을 사용하기에 편리한 방식으로(예, 1일) 설정하여 사용

제12장
후보충 모형의 파이썬 코드 이해

11장에서 사용자의 요청을 ChatGPT가 어떤 방식으로 해법을 제시하는지 파이썬 코드를 통해 이해할 필요가 있다고 설명하였다. 이번 장에서는 [예제 11-7-A]를 수행하여 ChatGPT가 작성한 파이썬 코드를 설명한다. 즉, 미래 수요가 변하지 않는 [예제 11-6]에서 사용한 요청문을 [예제 11-7]에 적용할 때 발생하는 문제를 어떻게 해결할 것인지에 대하여 설명한다.

이번 장의 내용은 [예제 11-7-A]에 대해 ChatGPT가 작성한 순서대로 파이썬 코드를 코랩에서 실행한 결과이다. ChatGPT가 작성한 파이썬 코드와 주석을 기반으로 저자가 일부 내용을 수정한 것이다.

서비스 수준에 해당하는 z-점수를 찾자

도표 12-1코드의 목적은 서비스 수준 90%에 해당하는 z-점수를 찾는 것이다. z-점수는 정규 분포에서 특정 확률에 해당하는 값의 위치를 나타내며, 여기서는 90% 확률에 해당하는 위치를 찾는 것이다. 재고 관리에서는 이 z-점수를 사용하여 안전재고 수준을 결정할 수 있다. scipy.stats 모듈에 있는 norm.ppf( ) 함수를 사용하여 계산한 서비스 수준 90%에 해당하는 z-점수는 1.28이다.

도표 12-1. z-점수를 계산하는 파이썬 코드

```
from scipy.stats import norm  # scipy 라이브러리의 stats 모듈에서 norm(정규분포 관련 함수)를 불러온다.
import numpy as np

# 서비스 수준 90%에 해당하는 z-점수 찾는다.
service_level = 0.9  # 서비스 수준을 90%, 즉 0.9로 설정한다. 이는 원하는 확률을 의미한다.
z_score = norm.ppf(service_level)  # norm.ppf 함수는 주어진 확률에 해당하는 z-점수를 찾아준다.
#z-점수는 정규분포에서 특정 확률을 갖는 값의 위치를 나타내며, 이 경우에는 0.9확률에 해당하는 값을 찾아준다.

z_score  # 계산된 z-점수를 출력한다. 이 값은 특정 확률(여기서는 0.9)에 해당하는 정규분포 상의 값이다.
```

```
1.2815515655446004
```

z-점수, 수요와 공급의 변동성을 반영하여 안전재고 수준을 계산하자

아래의 파이썬 코드는 위에서 구한 z-점수에 기반하여 안전재고 수량을 계산하는 데 사용된다. 이 계산은 공급 리드타임과 일일 수요의 변동성을 고려하여, 재고관리 과정에서 발생할 수 있는 결품을 최소화하기 위해 필요한 안전재고 수준을 결정한다.

도표 12-2. z-점수를 사용하여 안전재고 수량을 계산하는 파이썬 코드

```
import numpy as np          # 수학적 계산을 위한 라이브러리 numpy를 임포트한다.

# 안전재고 계산을 위해 필요한 변수를 정의한다.
mean_demand = 150     # 일일 평균 수요량
std_demand = 10          # 일일 수요량의 표준편차
mean_lead_time = 6      # 공급 리드타임의 평균 (발주 후 상품이 공급되기까지 걸리는 시간)
std_lead_time = 1          # 공급 리드타임의 표준편차

# 안전재고= z-점수 * 루트((공급 리드타임 평균 * 수요 표준편차의 제곱) + (수요 평균의 제곱 * 공급 리드타임 표
준편차의 제곱))
safety_stock = z_score * np.sqrt((mean_lead_time * std_demand**2) + (mean_demand**2 * std_lead_time**2))

safety_stock_rounded = round(safety_stock)  # round 함수는 주어진 숫자를 가장 가까운 정수로 반올림한다.
safety_stock_rounded  # 계산된 안전재고 값을 출력한다.
```

```
195
```

안전재고를 정수로 반올림하도록 요청하였기 때문에, 안전재고는 round( ) 함수를 사용하여 195를 보여준다. safety_stock = z_score * np.sqrt((mean_lead_time * std_demand**2) + (mean_demand**2 * std_lead_time**2))의 자세한 계산공식은 11장을 참조하기 바란다.

리스트에 미래 수요량을 생성하자

도표 12-3 코드는 물류센터에서 특정 기간 동안 필요한 세탁기의 수요량을 계산한다. 첫 2일 동안은 각각 100개와 200개의 수요가 있으며, 그 이후의 날짜에는 평균 수요량 150개를 사용하여 전체 기간 동안 필요한 수요량을 예측한다. 이번 [예제 11-7-A]에서는 고려할 미래 전체 기간을 24일(= 10 + 6 + 8)로 설정한다. 재고통제 시스템에서의 일자별 수요의 변동은 추후 최대재고와 발주점의 변동을 초래한다.

도표 12-3. 수요량을 계산하는 파이썬 코드

```
Y = 10  # Y값은 일정 기간을 나타내며, 여기서는 10일을 의미합니다.
order_interval = 8  # 오더주문간격은 발주가 이루어지는 주기를 의미하며, 여기서는 8일 간격이다.
inventory_review_cycle = 8  # 재고점검주기도 8일 간격이다.

# 전체 계산 기간은 Y값, 평균 공급 리드타임, 그리고 오더주문간격의 합으로 정의한다. 따라서24일이다.
total_days = Y + mean_lead_time + order_interval        # 24=10+6+8, 여기서 mean_lead_time 은 6일이다.

# 일자별 수요를 계산한다.
# 1일차는 100개, 2일차는 200개, 그리고 나머지 일자는 평균 수요량으로 설정한다.
# 여기서 mean_demand는 이전 코드에서 정의된 일일 평균 수요량을 나타낸다.
daily_demand = [100, 200] + [mean_demand] * (total_days - 2)

daily_demand # 계산된 일자별 수요를 출력한다. 가독성을 위해 아래의 프린트을 추가한다.
print(" ".join(map(str, daily_demand))) #리스트의 모든 요소를 문자열로 변환, 이들을 공백으로 구분하여 하나의 문자열로 만들어 출력한다.
```

```
100 200 150 150 150 150 150 150 150 150 150 150 150 150 150 150 150 150 150 150 150 150 150 150
```

여러 개의 값을 하나의 변수로 관리할 수 있는 데이터 타입인 리스트(list)를 사용한다(1장 "파이썬 기본 문법을 익히자"의 자료형 참조). 리스트에 포함된 데이터를 '원소'라고 한다. 리스트 daily_demand에 원소인 날짜별 수요를 콤마로 구별하여 저장한다. 리스트의 원소는 0부터 시작되어 순서대로 진행되는 번호로 관리되며, 이 번호를 '인덱스'라고 한다. 0부터 시작한다는 것을 기억하자. daily_demand[0]은 1일차 수요 100이다. 이와 같이 인덱스를 통해 리스트의 원소에 접근한다.

[mean_demand] * (total_days - 2)는 3일차부터 나머지 날짜 들의 수요를 생성한다. 여기서 mean_demand는 일일 평균 수요량을 나타내며, 앞서 150으로 정의되었다. 전체 기간 total_days는 24이고, total_days - 2는 전체 계산 기간에서 처음 2일을 제외한 날들의 수를 나타낸다. 따라서 이 식은 평균 수요량을 나머지 날들의 수만큼 반복하여 리스트를 만든다. 이렇게 만들어진 리스트(원소 22개)와 [100, 200]을 합해 daily_demand를 만든다. daily_demand의 크기는 len(daily_demand) 함수를 통해 원소가 24개인 것을 확인할 수 있다. 단지 출력될 10일치의 수요만 생성하면 안되고, 미래의 수요를 어느 정도 충분히 생성해야 한다.

최대재고와 발주점 계산을 위해 총 수요량을 합산하자

도표 12-4에서는 각 일자별로 필요한 최대재고와 발주점을 계산하기 위해 특정 기간 동안의 총 수요량을 합산한다. 최대재고는 향후 공급 리드타임과 오더주문간격 동안 필요한 수요의 합계를, 발주점은 향후 공급 리드타임과 재고점검주기의 절반 기간 동안의 필요한 수요의 합계를 계산하는 데 사용된다.

도표 12-4의 for 문의 range(total_days) 함수는 range(0, 24)이며, 시작 숫자(여기서는 0)부터 끝 숫자(여기서는 24)의 바로 앞 숫자까지의 연속된 정수들을 생성한다. list(range(0, 24))로 표현하면 [0, 1, 2, 3, 4, 5, 6, 7, 8, 9, 10, 11, 12, 13, 14, 15, 16, 17, 18, 19, 20, 21, 22, 23]이다. 시점 t는 0부터 시작한다. t가 0인 경우(즉, 1일차의 경우) 최대재고를 구하기 위해서는 sum(daily_demand[0:14])를 통해 1일차에서 14일차까지의 수요를 합산한다.

도표 12-4. 최대 재고와 수요 합계를 계산하는 파이썬 코드

```
# 최대재고는 안전재고와 특정 기간 동안의 수요 합계로 계산된다.
max_inventory_demand_sum = [
    sum(daily_demand[t:t+mean_lead_time+order_interval]) #t일부터(t+mean_lead_time+order_interval)일까지의수요합계
    for t in range(total_days)  # total_days는 전체 계산할 일수를 나타냅니다.
]                                       # mean_lead_time 은 6일이고, order_interval은 8일이다.

# 발주점은 안전재고와 특정 기간(t+mean_lead_time+재고점검주기의절반)동안의 수요 합계로 계산됩니다.
reorder_point_demand_sum = [
    sum(daily_demand[t:t+mean_lead_time+int(inventory_review_cycle*0.5)]) #t일부터특정일까지의수요합계
    for t in range(total_days)            # total_days는 전체 계산할 일수를 나타냅니다.
]

max_inventory_demand_sum, reorder_point_demand_sum # 최대재고와 수요 합계를 출력한다.
print("최대재고: " + " ".join(map(str, max_inventory_demand_sum)))   # 계산된 최대재고의 값을 가로로 출력
```

```
최대재고: 2100 2150 2100 2100 2100 2100 2100 2100 2100 2100 2100 1950 1800 1650 1500 1350 1200 1050 900 750 600 450 300 150
수요합계: 1500 1550 1500 1500 1500 1500 1500 1500 1500 1500 1500 1500 1500 1500 1500 1350 1200 1050 900 750 600 450 300 150
```

파이썬에서는 특정 범위의 원소들을 선택하기 위해 슬라이싱(slicing) 기법을 사용한다. 최대재고의 경우 14일간의 수요를 고려하므로, 슬라이싱을 사용하여 0번 인덱스부터 13번 인덱스까지의 원소를 선택한다(1일차의 경우). 파이썬에서 인덱스는 0부터 시작하며, daily_demand[0:14]는 0번 원소(첫 번째 원소)부터 14번 원소 바로 앞까지(즉, 13번 원소까지)의 원소들을 선택한다. 생성된 새로운 리스트는 [100, 200, 150, 150, 150, 150, 150, 150, 150, 150, 150, 150, 150, 150] 이다. 이와 같은 방식으로 for t in range(total_days)를 통해 전체 일수에 대해 각 날짜별 최대재고를 계산한다. 최대재고는 14일간의(= 6 + 8) 수요를 반영하지만, 발주점은 10일간의(= 6 + 8*0.5) 수요를 반영한다.

type(max_inventory_demand_sum) 함수를 통해 변수가 리스트인지를 확인할 수 있다. 리스트를 데이터프레임으로 변환하여 가독성을 높일 수 있는 코드는 도표 12-5와 같다. 날짜를 추가하고. max_inventory_demand_sum, reorder_point_demand_sum을 하나의 데이터프레임으로 변환한다. range(1, total_days + 1)은 1일차부터 24일차까지의 날짜 데이터를 생성한다. 아래 도표의 계산 결과 출력은 전체 기간 중 1일차부터 5일차까지만 보여준다.

도표 12-5. 리스트를 데이터프레임으로 변환하는 파이썬 코드

```
inventory_calculations_df = pd.DataFrame({
    'Day': range(1, total_days + 1),
    'Max Inventory Demand Sum': max_inventory_demand_sum,
    'Reorder Point Demand Sum': reorder_point_demand_sum
})
inventory_calculations_df.head()            # 상위 5개 레코드만 출력한다.
```

	Day	Max Inventory Demand Sum	Reorder Point Demand Sum
0	1	2100	1500
1	2	2150	1550
2	3	2100	1500
3	4	2100	1500
4	5	2100	1500

최대재고와 발주점을 계산하자

도표 12-6 코드는 각 일자별로 최대재고와 발주점을 계산하는 과정을 보여준다. 여기서 사용된 리스트 내포(list comprehension)는 파이썬의 강력한 기능 중 하나로, 반복문과 조건문을 한 줄에 간결하게 표현할 수 있게 해준다. max_inventory_demand_sum과 reorder_point_demand_sum 리스트의 각 원소에 대해 반복하면서, 각 일자별로 안전재고를 더해 최대재고와 발주점을 계산하고 있다.

도표 12-6 일자별 최대재고와 발주점 계산 파이썬 코드

```
# 리스트 내포(list comprehension)를 사용하여 각 일자별로 최대재고와 발주점을 계산한다.

# 최대재고는 '안전재고'에 각 일자별 '최대재고를 위한 수요 합계'를 더한 값이다.
max_inventory = [safety_stock_rounded + demand_sum for demand_sum in max_inventory_demand_sum]

# 발주점 계산
# 발주점은 '안전재고'에 각 일자별 '발주점을 위한 수요 합계'를 더한 값이다.
reorder_point = [safety_stock_rounded + demand_sum for demand_sum in reorder_point_demand_sum]

# 계산된 최대재고와 발주점의 리스트를 DataFrame으로 변환하여 가독성 있게 출력한다.
inventory_calculations_df = pd.DataFrame({
```

```
    'Day': range(1, total_days + 1),
    'Max Inventory': max_inventory,
    'Reorder Point': reorder_point
})

inventory_calculations_df.head()
```

	Day	Max Inventory	Reorder Point
0	1	2295	1695
1	2	2345	1745
2	3	2295	1695
3	4	2295	1695
4	5	2295	1695

예를 들어, 1일차의 경우 최대재고 max_inventory[0] 2,295는 시간이 지나도 일정한 안전재고 195와 1일차의 최대재고를 위한 수요 합계 max_inventory_demand _sum[0] 2,100의 합계이다.

기초재고, 가용재고, 발주량을 계산하자

도표 12-7의 파이썬 코드는 일자별로 기초재고와 가용재고, 그리고 발주량을 계산하는 과정을 수행한다. 초기 기초재고와 입고예정량을 설정한 후, 각 일자별로 수요에 따라 재고가 변하는 것을 계산한다. 발주량은 특정 주기(오더주문간격)에 따라 발주가 이루어지며, 이는 가용재고가 발주점 이하로 떨어졌을 때 발생한다.

도표 12-7. 가용재고, 발주량, 입고예정량 계산 파이썬 코드

```
# 기초재고와 초기 입고 예정량의 초기값을 설정한다.
initial_inventory = 1000  # 초기 기초재고 설정 (첫 날의 시작 재고)
initial_scheduled_receipt = 800  # 초기 입고예정량 설정 (첫 날 일찍 도착 예정인 재고)
# 전체 기간(total_days: 24일)에 대해 기초재고, 가용재고, 입고예정량, 발주량 리스트를 0으로 초기화한다.
beginning_inventory = [0] * total_days  # 각 일자별 기초재고를 저장할 리스트 초기화
available_inventory = [0] * total_days  # 각 일자별 가용재고를 저장할 리스트 초기화
```

```
scheduled_receipt = [0] * total_days    # 각 일자별 입고예정량을 저장할 리스트 초기화
order_quantity = [0] * total_days       # 각 일자별 발주량을 저장할 리스트 초기화

# 첫 날의 기초재고 및 가용재고를 설정한다.
beginning_inventory[0] = initial_inventory  # 첫 날의 기초재고는 초기 기초재고로 설정
available_inventory[0] = initial_inventory + initial_scheduled_receipt  #첫날의가용재고는초기기초재고와입고예정량의합

# 발주량 및 입고예정량을 계산한다.
for day in range(1, total_days):  # 전체 계산 일자에 대해 반복
    if day >= mean_lead_time:  # 공급 리드타임 6일 이후부터는
        scheduled_receipt[day]=order_quantity[day - mean_lead_time]  #입고예정량은 mean_lead_time 이전의 발주량으로 설정
    # 기초재고 및 가용재고 계산
    beginning_inventory[day]=available_inventory[day-1]-daily_demand[day-1]  #기초재고=전날가용재고-전날수요
    available_inventory[day] = beginning_inventory[day] + scheduled_receipt[day]  #가용재고=기초재고+입고예정량

    # 발주량을 계산한다.
    if day % order_interval == 1:  # 2일차부터 오더주문간격에 해당하는 날짜에 대해서만
    #가용재고가 재발주점보다 작거나 같으면 최대재고에서 가용재고를 차감한 발주량을 계산함, 그렇지 않으면 발주량은 0임
     temp_order_quantity = max_inventory[day] - available_inventory[day] if available_inventory[day] <= reorder_point[day] else 0
        order_quantity[day] = temp_order_quantity  # 발주량 설정

available_inventory, order_quantity #available_inventory, order_quantity를 DataFrame으로 변환하여 가독성 있게 출력
inventory_status_df = pd.DataFrame({
    'Day': range(1, total_days + 1),
    'Available Inventory': available_inventory,
    'Order Quantity': order_quantity
})
inventory_status_df.head()
```

	Day	Available Inventory	Order Quantity
0	1	1800	0
1	2	1700	645
2	3	1500	0
3	4	1350	0
4	5	1200	0

도표 12-7에서 beginning_inventory = [0] * total_days를 수행하면 [0, 0, 0, 0, 0, 0, 0, 0, 0, 0, 0, 0, 0, 0, 0, 0, 0, 0, 0, 0, 0, 0, 0, 0, 0]와 같이 각 일자별 기초재고를 0으로 저장한 기초재고 초기화 리스트를 생성한다. 가용재고, 입고예정량, 발주량에 대해서도 [0]

* total_days을 수행하면, total_days 24개의 각 원소를 0으로 초기화한 리스크를 만든다. 코드 중간의 for day in range(1, total_days): 는 2일차부터 24일차까지의 발주량 및 입고예정량을 계산한다. if day % order_interval == 1: 에서 1은 2일차를 기준으로 한다는 의미이며, day % order_interval는 오더주문간격(즉, 발주주기)으로 발주량을 생성하도록 한다. 단, 가용재고가 발주점 이하이어야 한다. 그렇지 않으면 발주량은 0이다.

결과를 데이터 프레임으로 정리하고, 코드를 최종 점검하자

도표 12-8 파이썬 코드는 데이터 프레임을 사용하여 일자별 수요, 최대재고, 발주점, 안전재고, 기초재고, 가용재고, 발주량을 구조화된 형태로 정리한다. 첫 번째 날의 최대재고와 가용재고가 특정 값(여기서는 2295와 1800)과 일치하는지 여부를 확인한다. 최종 결과 테이블을 육안으로 일일이 확인할 수 있지만, 중요 점검항목을 최종적으로 사전에 자동으로 점검하는 것을 추천한다.

도표 12-8에서 inventory_data는 각종 재고관련 데이터를 딕셔너리로 저장한다. 딕셔너리(dictionary)도 리스트(list)와 마찬가지로 여러 개의 값을 하나의 변수로 관리하는 자료형이다. 리스트는 인덱스 번호로 값을 참조하는 반면 딕셔너리는 임의의 키 문자열을 사용해 값을 참조한다. 예를 들어 "Day", "Demand"가 키 문자열이고, range(1, total + 1), daily_demand가 값이다. pd.DataFrame( ) 함수를 사용하여 딕셔너리 inventory_data를 가독성이 좋은 테이블 형태의 데이터 프레임으로 변환한다.

도표 12-8. 후보충량 결과 데이터프레임 정리 파이썬 코드

```
# 각 종류의 재고 관련 데이터를 딕셔너리 형태로 준비한다.
inventory_data = {
    "Day": range(1, total_days + 1),  # 'Day' 열에는 1부터 총 일수(total_days)까지의 숫자를 넣니다.
    "Demand": daily_demand,  # 'Demand' 열에는 일자별 수요량(daily_demand)을 넣는다.
    "Max Inventory": max_inventory,  # 'Max Inventory' 열에는 일자별 최대재고(max_inventory)를 넣는다.
    "Reorder Point": reorder_point,  # 'Reorder Point' 열에는 일자별 발주점(reorder_point)을 넣는다.
    "Safety Stock": [safety_stock_rounded]*total_days,  #'Safety Stock' 열에는 안전재고량을 각 일자별로 반복해 넣는다.
    "Beginning Inventory": beginning_inventory,  # 'Beginning Inventory' 열에는 일자별 기초재고를 넣는다.
    "Available Inventory": available_inventory,  # 'Available Inventory' 열에는 일자별 가용재고를 넣는다.
```

```
    "Order Quantity": order_quantity  # 'Order Quantity' 열에는 일자별 발주량(order_quantity)을 넣는다.
}
inventory_df = pd.DataFrame(inventory_data)  # 준비된 데이터를 이용하여 데이터 프레임을 생성한다.

# 최종 점검을 수행한다. 첫 번째 날의 최대재고가 2295인지 확인한다.
check_max_inventory_day1 = inventory_df.loc[0, "Max Inventory"] == 2295
# 첫 번째 날의 가용재고가 1800인지 확인한다.
check_available_inventory_day1 = inventory_df.loc[0, "Available Inventory"] == 1800

# 점검 결과와 생성된 데이터 프레임을 출력한다.
```

```
첫 번째 날의 최대재고가 2295인지 확인:  True
첫 번째 날의 가용재고가 1800인지 확인:  True
```

	Day	Demand	Max Inventory	Reorder Point	Safety Stock	Beginning Inventory	Available Inventory	Order Quantity
0	1	100	2295	1695	195	1000	1800	0
1	2	200	2345	1745	195	1700	1700	645
2	3	150	2295	1695	195	1500	1500	0
3	4	150	2295	1695	195	1350	1350	0
4	5	150	2295	1695	195	1200	1200	0

도표 12-8에서 첫 번째 날의 최대재고가 2295인 것이 참이면, 즉 inventory_df.loc[0, "Max Inventory"] == 2295이면, 변수 check_max_inventory_day1에 'True'을 반환한다. .loc[ ]는 DataFrame에서 특정 행과 열의 데이터를 선택하는 데 사용된다. loc는 "location"의 약자로, 위치를 지정하는 방식으로 데이터에 접근할 수 있게 해 준다. [0, "Max Inventory"]에서 0은 행의 위치를 나타내고, "Max Inventory"는 열의 이름을 나타낸다. 즉, 데이터 프레임inventory_df의 첫 번째 행(0 행)에서 "Max Inventory"라는 이름의 열에 있는 데이터를 선택한다.

일부 데이터만 출력하고, 그래프로 확인하자

[예제 11-7-A-추가 질의]는 "앞서 계산된 데이터를 바탕으로 10일차되는 날까지 일자별로 수요, 최대재고, 발주점, 안전재고, 기초재고, 가용재고, 발주량을 테이블 형태로 화면에 직접 출력한다"이다. 이를 위해 도표 12-8의 결과값인 inventory_df데이터프레임에서 처음 10일 동안의 데이터만을 추출하여 inventory_df_10_days에 저장해야 하며,

파이썬 코드는 아래와 같다.

inventory_df_10_days = inventory_df.head(10)

ChatGPT의 출력화면인 도표 11-17의 결과와 동일하다는 것을 확인할 수 있다. 위의 파이썬 문장은 특히 대규모 데이터를 다룰 때 유용하며, 처음 몇 일 또는 몇 주 등 특정 기간 동안의 데이터를 살펴보고자 할 때 자주 사용한다.

도표 12-9. 처음 10일동안의 후보충 계산 결과와 파이썬 코드(코랩)

```
# 앞서 생성된 'inventory_df' 데이터 프레임에서 처음 10일 동안의 데이터만을 추출한다.
inventory_df_10_days = inventory_df.head(10)

# 처음 10일 동안의 수요, 최대재고, 발주점, 안전재고, 기초재고, 가용재고, 발주량 등을 보여준다.
inventory_df_10_days
```

	Day	Demand	Max Inventory	Reorder Point	Safety Stock	Beginning Inventory	Available Inventory	Order Quantity
0	1	100	2295	1695	195	1000	1800	0
1	2	200	2345	1745	195	1700	1700	645
2	3	150	2295	1695	195	1500	1500	0
3	4	150	2295	1695	195	1350	1350	0
4	5	150	2295	1695	195	1200	1200	0
5	6	150	2295	1695	195	1050	1050	0
6	7	150	2295	1695	195	900	900	0
7	8	150	2295	1695	195	750	1395	0
8	9	150	2295	1695	195	1245	1245	0
9	10	150	2295	1695	195	1095	1095	1200

코랩 환경에서 도표 12-10의 'View recommended plot'을 선택하면 변수간 그래프를 볼 수 있다. 나타난 그래프를 클릭하면 확대하여 볼 수 있으며, '코드 보기'를 통해 그래프를 만든 파이썬 코드를 확인할 수 있다. 도표 12-11의 Day vs Beginning Inventory 그래프는 1일차부터 10일차까지의 기초재고의 변화 추이를 보여준다.

도표 12-10. View recommended plot 예시(코랩)

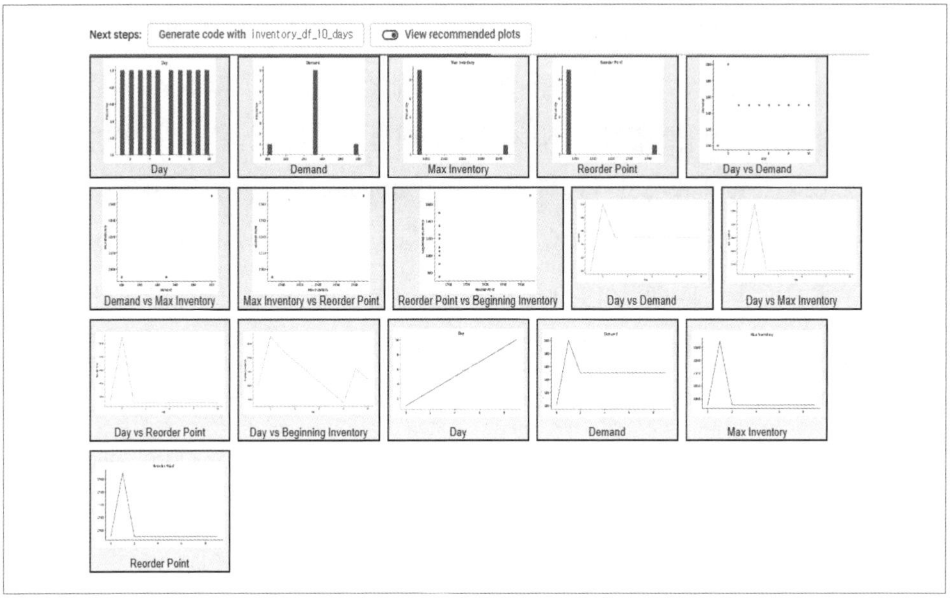

도표 12-11. 1일차부터 10일차까지의 기초재고의 변화 추이(코랩)

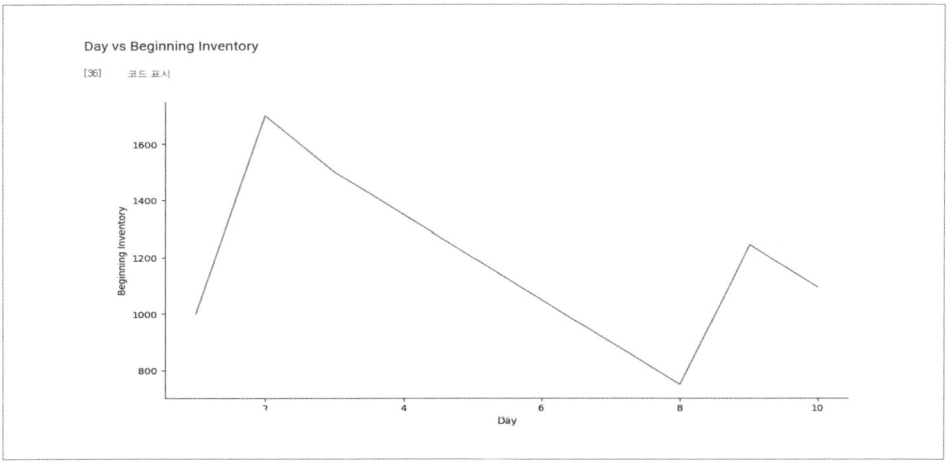

이번 장에서 실습한 예제는 현실의 일부 내용만 단순화하여 파이썬으로 구현한 사례이다. 실무 현장은 더욱더 복잡하다. 예를 들어, 특정 날짜의 수요가 재고보다 많은 경우에는 결품이 발생한다. 작성된 코드는 재고가 부족할 경우 재고가 음수가 될 수 있다. 하지만 실무 현장은 음수 재고를 인정하지 않는다. 그 밖에 Backorder(미납 주문 또는 지연주문)의 처리 규칙, Committed 수량(다른 목적으로 재고를 확약한 경우) 유무, 휴일의 발주 및 입출고 제약 등이 있을 수 있다. 필요에 따라 추가적인 로직 보완이 필요하다.

이번 실습을 통해 ChatGPT의 실행 결과에 대해 검증하면서 ChatGPT의 한계를 느꼈을 것이다. 이와 같이 복잡한 로직 처리는 파이썬 코드가 익숙한 독자라면 처음부터 파이썬 코드를 직접 작성하는 것이 빠르다. 하지만 파이썬 코드가 익숙하지 않은 독자는 ChatGPT를 보조 도구로 활용하여 스스로 파이썬 코드를 작성할 수 있다. 향후 ChatGPT가 진화하여 독자의 의도대로 로직을 스스로 구현하기를 기대해 본다.

파이썬 코드가 익숙하지 않은 독자에게 ChatGPT가 더 유용한 경우는 11장과 12장의 복잡한 로직의 구현보다는 제 4부에서 실습할 머신러닝의 학습이다.

제4부

해운 운임시황예측과 머신러닝

제13장

SCFI 예측모형과 인자 선정

제4부는 SCFI 예측모형을 개발하는 전반적인 과정을 설명한다. 먼저 데이터분석 및 예측의 대상인 SCFI에 대한 정의, SCFI 예측의 배경 및 필요성, SCFI 예측에 필요한 데이터의 확보, 인자의 선정, 회귀모형, 시계열모형 등을 학습한다. 이러한 예측모형 개발은 SCM 실무자가 가장 많이 사용하는 분석기법 중 하나이다.

13장은 하이브리드 SCM[7]의 "운임예측 시나리오에 기반하여 운임협상을 하자(p216)"의 내용을 기반으로 분석 대상인 SCFI를 설명한다. 데이터분석의 첫 걸음은 데이터분석 대상, 즉 도메인(Domain)에 대한 이해에서 시작된다. 도메인에 대한 이해가 없는 상태의 데이터분석은 단순히 기계적인 작업이며 통찰력을 제공하지 못할 가능성이 높다. 이하 언급된 내용은 다른 지수의 예측에도 적용된다.

SCFI 예측모형 개발의 배경 및 필요성을 먼저 이해하자

SCFI는 "Shanghai Containerized Freight Index"의 약어로, 선박 운송업에서 사용되는 중요한 지수이다. 중국 상해에서 선박 화물 운송 비용의 변동을 추적하는 데 사용되며, 주로 컨테이너화된 화물 운송 가격에 대한 시장 동향을 파악하고 예측하는 데 도움을 주는 중요한 지표 중 하나이다. SCFI(상하이 컨테이너 운임지수)는 상하이거래소

(Shanghai Shipping Exchange: SSE)에서 2005년 12월 7일부터 상하이 수출컨테이너 운송시장의 15개 항로의 스팟(Spot) 운임을 반영한 운임지수이다. 기존에는 정기용선 운임을 기준으로 하였으나 2009년 10월 16일부터는 20ft 컨테이너(TEU)당 미국달러(USD)의 컨테이너 해상화물운임에 기초하여 산정하고 있다(2009년 10월 16일 기준 1,000). 운송조건은 CY(Container Yard)-CY조건이며 컨테이너의 타입과 화물은 일반 건화물 컨테이너(General Dry Cargo Container)로 한정한다. 개별항로의 운임율은 각 항로의 모든 운임율의 산술평균으로 계산한다. 해상운송에 기인한 할증 수수료가 포함되어 있다. 운임정보는 정기선 선사와 포워더를 포함한 CCFI(China Containerized Freight Index, 중국 컨테이너 운임지수)의 패널리스트들이 제공하고 있다.

지난 코로나19 환경에서 에버기븐(EVER GIVEN)호의 수에즈 운하 좌초, 로스앤젤레스(LA)항의 물류 병목, 닝보항 일시 폐쇄 등 물류관련 다양한 사건과 사고가 발생하였다. 당시 이러한 리스크는 급격한 해운 운임 상승을 초래하여 수출입 기업의 SCM 운영에 엄청난 영향을 주었다. 이런 불확실한 상황에서 해운 운임 협상을 어떻게 준비해야 하는지를 설명한다.

SCFI 월 평균값이 2019년 1월에는 948.61pt(포인트)였으나 2022년 1월에는 5066.85pt로 5배 이상 상승하였다가, 2023년 11월에는 코로나19 발병 이전의 값을 보여주고 있다(도표 13-1 참조).

도표 13-1. SCFI Comprehensive Index 추이(2017년 1월 ~ 2023년 11월)

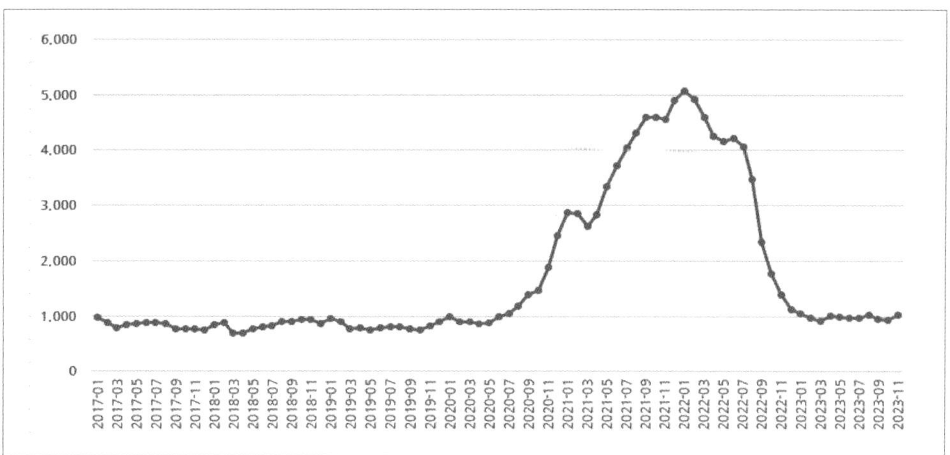

2021년 해운운임이 지속적으로 상승하고 있는 상황에서 "중국은 2021년 8월 12일에 닝보항 근무자가 코로나19 확진 판정을 받자 메이산 터미널을 일시 폐쇄하였다"는 리스크를 감지하였다. 이로 인해 글로벌 주요 선사들은 전 세계에서 3번째로 컨테이너 물동량이 많은 중국 저장성의 닝보항의 부분 폐쇄 조치로 인하여, 닝보항 정박을 건너뛰고 운항을 하였다. 과거 2021년 3월 23일, 에버기븐(EVER GIVEN)호의 수에즈 운하 좌초로 선복 수배의 어려움과 해운 운임 상승을 경험하였기에 화주와 물류업체들은 닝보항 폐쇄에 대한 대책을 수립하고 조치를 취해야 했다.

이와 같이 "물류 리스크가 해운 운임에 미치는 파급 효과"에 대해서도 각 기업들은 분석할 필요가 있다. SCFI는 파급효과를 대변하는 종속변수이다. 화주와 선사는 운임 협상 과정에서 SCFI를 많이 참조한다. 따라서 SCFI의 향후 전망을 잘 예측할 수 있다면 예측한 결과를 기반으로 운임 협상을 유리하게 진행할 수 있다. 기업의 내년 물류비 관련 경영계획 수립에도 활용할 수 있다.

SCFI의 향후 전망을 잘 예측하는 방법은 다양한 글로벌 리서치 기관의 자료를 참조하거나, 선사 및 관련 전문가의 의견을 수렴할 수 있다. 하지만 이렇게 확보한 정성적 내용만으로는 운임 협상 과정에서 운임의 상승과 하락에 대한 논리적 설득에 한계가 있다. 외부 자료를 전망치로 인용할 수도 있다. 이러한 한계는 데이터에 기반한 기업 자신의 명쾌한 논리와 전망치가 없기 때문에 발생한다. 따라서 논리적 설득을 지원하기 위해서 SCFI 운임시황 예측모형을 개발할 필요가 있다.

공급망 리스크 시나리오 관리는 외부 환경의 변화에 대응하고 효율적인 SCM 운영을 달성하는 데 도움을 주며, 다양한 시나리오를 고려하여 리스크 관리와 전략적 의사결정을 강화할 수 있다. 여기서 공급망 리스크 관리(Supply Chain Risk Management)란 공급망 상에서 물동량, 품질 그리고 시간의 관점에서 불확실성이 초래할 수 있는 부정적인 영향, 즉 공급망 리스크를 관리하는 일련의 과정을 의미한다. 도표 13-2는 시나리오 기반 SCM 운영 프로세스에 기반하여 SCFI 예측모형 개발을 통해 운임 협상을 준비한 과정을 보여주고 있다.

도표 13-2. 물류 환경 변화에 따른 운임 협상 진행 리스크 관리 예시와 SCFI 예측모형의 역할

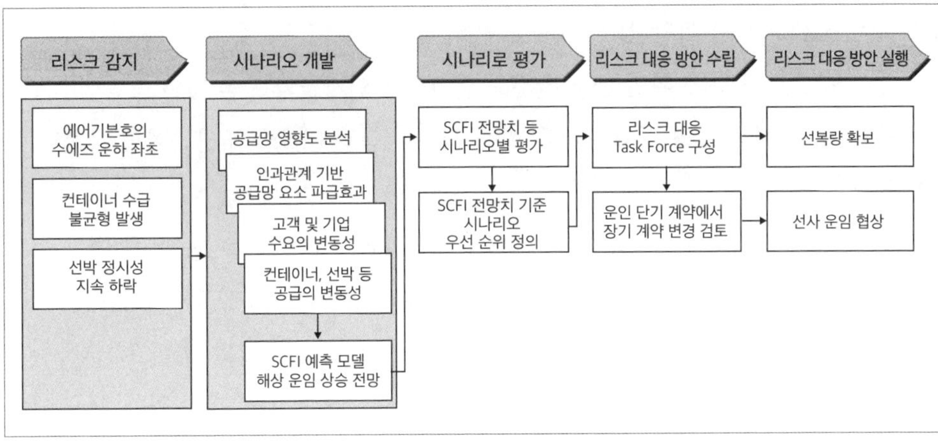

SCFI 예측에 필요한 데이터 확보 과정을 이해하자

예측모형을 어떻게 개발하여야 하는가? 요리에서 식재료와 레시피가 중요하듯이, 예측모형의 개발에서는 인자의 선정과 모형개발 방법이 중요하다(도표 13-3 참조). 여기서는 인자를 어떻게 확보하는지에 대해서 서술한다. 모형 개발방법은 개발기법의 선정과 모델링을 포함하며, 14장부터 자세히 설명한다.

도표 13-3. 인자의 선정과 모형 개발방법

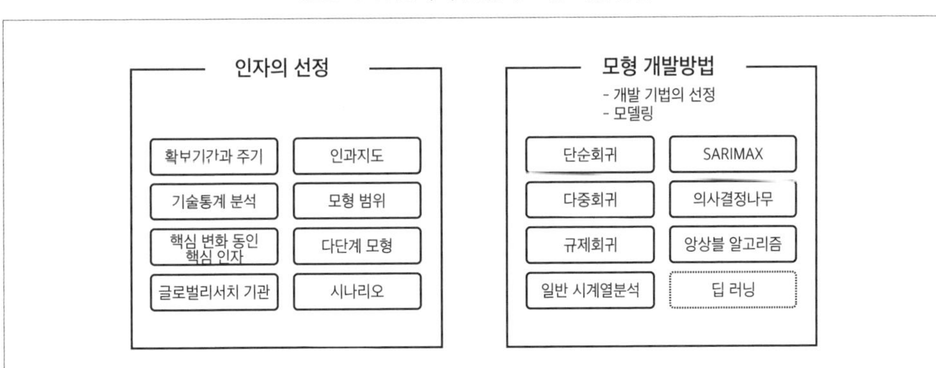

우선 SCFI 데이터의 확보 기간과 수집 주기를 먼저 확인하여야 한다. SCFI는 2009

년 10월 16일부터 1,000을 기준으로 시작하며, 매주 공지된다. SCFI에 대한 기술통계를 분석하여 SCFI 특성을 파악한다. 단순 시계열분석만으로 종속변수 SCFI를 예측하고 충분히 설명할 수만 있는지 확인한다. 다른 독립변수 X 인자들의 도움 없이 종속변수 Y를 예측할 수 있는 경우도 있기 때문이다. 이런 경우 시간과 비용을 투자하여 인자 선정을 고민할 필요가 없다.

일반적으로 SCFI를 예측하기 위해서는 우선 SCFI에 영향을 미치는 핵심 변화 동인(Key Change Driver, 핵심 인자)을 탐색하여 선정해야 한다. SCFI도 가격과 관련된 변수이므로 경제원리에 따라 수요와 공급에 영향을 받는다고 가정할 수 있다. 따라서 원가와 판매가격 측면에서 변동성을 유발하는 다양한 후보 인자를 검토할 수 있다. 물류 리스크를 대변하는 인자, 상관 또는 인과 관계에 의하여 물류 리스크와 관련이 있는 인자, 그리고 SCFI에 영향을 주는 인자 등을 선정한다. 필요한 인자 데이터는 글로벌 리서치 기관에서 구매하거나 또는 기업 내부 시스템에서 확보할 수 있다.

SCFI에 영향을 미치는 인자를 도출하여 문제를 구체화하기 위하여 인과지도를 작성할 필요가 있다. 시스템 다이내믹스 모델링과 시뮬레이션 Vensim®의 활용 [1]에서 언급하였듯이 인과지도(Causal Loop Diagram, CLD)는 정성적인 논리 모델이며, 정확한 인과관계가 아니라 사람의 멘탈 모델을 표현하는 도구이다. 인과관계는 원인과 결과의 관계를 의미하지만, 통계적으로 인과관계가 불확실한 것들도 실제로는 인과지도로 표현하고 있다. 이러한 인과지도의 작성은 모형 개발자가 현상을 이해하거나 타인에게 문제를 쉽게 설명할 수 있도록 지원한다.

인과지도를 1차적으로 작성하였다면 인과지도를 구성하는 인자에 대해 데이터 확보 여부를 조사한다. 기업 내부에서 확보할 수도 있고 외부에서 구매할 수도 있다. 외부에서 구매할 경우 예산 범위 내인지, 구매의 실효성은 있는지를 확인한다. 원하는 인자의 데이터를 확보할 수 없는 경우 대체 인자를 탐색해야 한다. 이러한 과정을 통해 인과지도를 점진적으로 완성해 나간다. 상관관계 또는 인과 관계 분석을 통해 인자들을 검토할 수 있다. 이러한 독립변수 X 인자들의 확보 시점, 확보 주기 등을 점검한다.

SCFI 예측모형의 예측기간(Forecasting Horizon), 예측주기(Forecasting Cycle), 예측구간(Forecasting Bucket)을 결정하여야 한다. SCFI 예측의 목적, 예측 투입 자원, 종속변수 Y인 SCFI의 데이터 특성, 독립변수 X 인자의 데이터 특성, 데이터 관리의 용이성, 빅 데이터 확보 여부 등을 고려한다. SCFI는 주 단위로 데이터를 확보할 수 있으나, SCFI에 대한 독립변수 X 인자의 대부분은 월 단위로 데이터가 발생한다. 이러한 데이터의 경우 역사가 짧고 데이터 양이 부족하다면, 과거 발생한 다양한 사건, 사고 및 시나리오가 과거 데이터에 반영되어 있다고 할 수 없다. 이러한 사실 즉 풍부한 데이터의 확보 여부는 적용할 개발 기법의 선정에 영향을 미친다. 일반적으로 머신러닝 중 특히 딥 러닝(Deep Learining)은 빅 데이터를 확보한 경우에 적합하기 때문이다.

모형개발을 위하여 1차적으로 확보한 인자들은 컨테이너 수요와 관련된 인자, 컨테이너 공급과 관련된 인자, 선박의 운영과 관련된 인자 등 다양한 범주로 그룹화할 수 있다. 확보한 인자를 기반으로 인과지도를 작성한다. 인자는 수요, 공급, 운영, 운임 등 4개로 그룹화하여 도표 13-4처럼 인과지도에 표현할 수 있다.

도표 13-4의 인과지도는 SCFI를 형성하는 모든 내용과 메커니즘을 포함하고 있지 않으며, 단지 예시에 불과하다. 대부분의 모형 개발자는 도메인을 이해하는 범위 내에서, 확보할 수 있는 데이터 범위 내에서, 적용할 줄 아는 기법 내에서 모형을 개발할 뿐이다. 그러한 한계가 SCFI 예측오차의 형태로 나타난다. 모형 개발자는 이러한 한계를 스스로 인정하고, 한계가 있음에도 불구하고 모형을 개발할 필요가 있는지를 우선 고민하여야 한다. 무턱대고 모형을 개발할 필요는 없다. 최근 유행에 민감한 경영진의 요청으로 최첨단 딥 러닝 기법을 적용한다고 좋은 예측결과를 보장하는 것은 절대 아니니다. 경영진에게 최첨단 모형개발의 부적절함을 설득하는 것도 모형 개발자의 역할이다. 논리적으로 쉽게 설득할 수 없다면 모형 개발자 자신의 한계도 반성할 필요가 있다.

도표 13-4. SCFI 예측 인과지도 예시

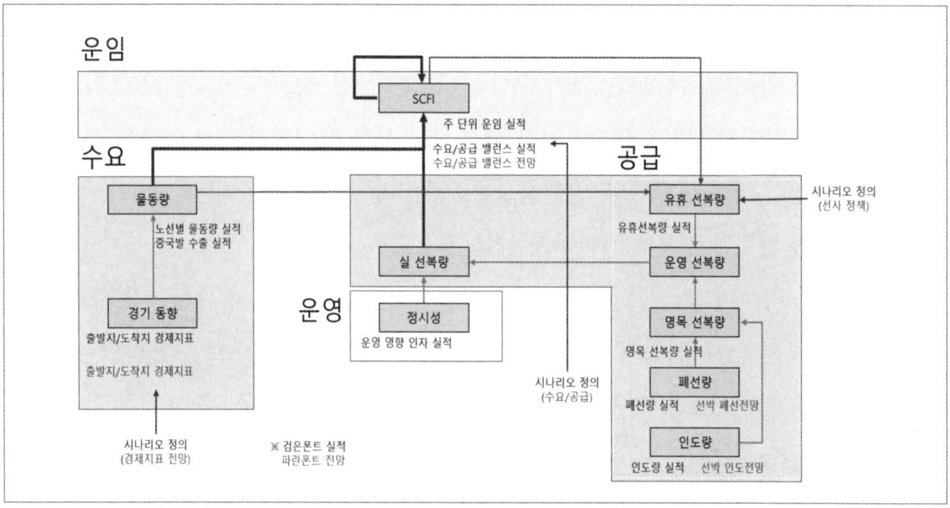

적정모형의 기준은 15장에서 자세히 설명하겠지만, 모형은 기본적으로 설명력이 있고 단순해야 한다. 특정 인자가 중요한 변수이나 이를 누락하는 경우와 부적합한 인자이나 이를 포함하는 경우가 있을 수 있다. 누락인자의 문제는 모형의 설명력을 약화시킬 것이며, 부적합 인자의 문제는 모형의 복잡도를 증가시킬 것이다. 저자는 적정모형 개발의 시작과 끝은 인과지도라고 생각한다. 인과지도에 기초하여 모델링을 시작하고, 모형 개발 완료 보고에서도 가장 유용한 도구이기 때문이다. 데이터 확보, 데이터분석 및 모델링의 결과를 인과지도에 반영하고 지속적으로 수정한다. 인과지도는 예측모형 구축의 중심에 있다(도표 13-5 참조).

도표 13-5. 인과지도의 역할

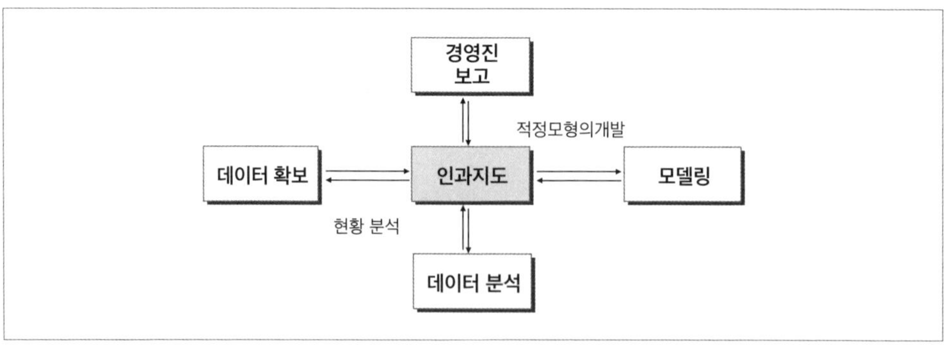

도표 13-4 와 같은 인과지도를 작성한 모형 개발자는 운임은 기본적으로 수요와 공급에 의해서 결정된다고 생각한다. 수요를 컨테이너 물동량으로 정의하고, 노선별 컨테이너 물동량 합계를 산출한다. SCFI는 상하이 수출컨테이너 운송시장의 15개 항로의 스팟 운임을 반영한 운임지수이다. 따라서 개별 노선별 컨테이너 물동량을 모두 확보하지 못했다면, 이는 복합 SCFI의 수요를 정확하게 대변하지 못할 것이다. 모델링 과정에서 원하는 인자를 대변하는 데이터를 확보하지 못하는 경우는 다반사다. 일부 데이터가 전체를 대변할 수 있는지 또는 다른 대체 인자를 탐색하여야 할지 검토한다. 중국발 수출 실적 등이 대체 인자가 될 수 있다. 도메인 전문가 인터뷰와 데이터분석을 통해 인자를 선정한다.

제4부의 실습 예제는 복합 SCFI를 예측한다. 어떤 개발 기법을 선택할 지에 따라 모형에 반영될 인자와 독립변수의 미래 전망치가 필요할 수도 있고 필요하지 않을 수도 있다. 도표 13-4에서는 컨테이너에 대한 미래 전망치를 요구한다. 그런데 컨테이너에 대한 미래 전망치를 확보하기는 어렵지만, 대신 관련이 있는 중국발 수출의 전망치를 확보할 수 있다고 가정하자. 중국발 수출의 전망치를 직접 예측하는 것보다 신뢰할 수 있는 글로벌 리서치 기관을 통해 별도의 투자비용 없이 확보하는 것이 가장 좋을 것이다. 글로벌 리서치 기관의 전망치를 사용한다고 모형의 예측 정확도 향상이 보장되는 것은 아니다. 하지만 모형에 대한 경영진의 신뢰를 확보하기가 용이하다. "왜 이 인자를 사용하였는지" 또는 "내부적으로 예측한 인자는 어떻게 신뢰할 수 있는지"에 대한 질의에서 다소 자유로울 수 있다.

하지만 전망치를 확보할 수 없다면 노선별 컨테이너 물동량 또는 중국발 수출량을 전망하는 서브 예측모형을 개발해야 한다. 하지만 예측을 예측하는 것은 예측 오차를 증폭시킬 리스크가 있다. 과연 예측을 예측하는 접근법이 바람직한 것인가? 이 또한 모형 개발자가 선택할 영역이다. 예측 에러가 지속적으로 일정 수준 이하이고, 논리적 설명이 가능하며 커뮤니케이션이 용이한 모형이라면 개발할 필요가 있다. 도표 13-4 인과지도는 노선별 컨테이너 물량을 예측하기 위하여 출발지와 도착지의 경제지표를 사용한다. 출발지는 출발 국가인 중국을 의미하며, 도착지는 개별 노선인 경우 항로의 도착 국가이다.

어떤 경제지표가 노선별 컨테이너 물동량 및 중국의 수출량 예측에 도움이 될 것인가? 이 또한 모형 개발자가 검토하고 의사결정해야 할 항목이다. 다양한 인자가 도출될 수 있으며 정답은 없다. 여기서는 ISM Manufacturing PMI와 CLI(Composite Leading Index, 경기선행지수)를 사용한다. 특히 해당 인자는 논리적으로 인과관계를 설명하기가 쉽다. 초점을 분산하므로 자세한 논의는 생략한다. 결국 모형 개발자마다 각자의 기준을 가지고 인자를 선정할 필요가 있다. 인자 선정에 대한 논쟁에서 설득력을 확보할 수 없다면, 개발한 모형에 대한 신뢰성을 확보하지 못할 가능성이 크다. 논리적 설명을 중요하게 생각하는 사람들은 이렇게 개발한 모형의 예측 정확도가 좋더라도 "당장은 예측 정확도가 우연히 좋을 수도 있다"고 생각하며 모형을 신뢰하지 않을 가능성이 있다.

공급은 컨테이너의 공급량으로 정의할 수 있다. 명목선복량이란 서류에 등록된 컨테이너의 공급가능 선복량이다. 선박이 인도되면 증가하고 선박이 폐선되면 감소한다. t시점의 명목선복량은 t-1시점의 명목선복량에 t시점의 인도량을 더하고 t시점의 폐선량을 차감한다. 명목선복량, 폐선량 그리고 인도량의 실적은 글로벌 리서치 기관으로부터 확보할 수 있다. 폐선량과 인도량에 대한 연간 전망도 확보할 수 있다. 운영선복량은 실제 운영 중인 선복량이며, 명목선복량에서 유휴 선복량을 차감한다. 코로나 19환경에서 많은 컨테이너선들이 컨테이너 부족으로 운항을 하지 못하거나, 항만의 조업 차질로 해상에 장기 대기상태에 있었다. 이런 경우에 화주가 실제 가용한 선복량은 운영선복량이 아니다. 화주가 실감하는 선복량 또는 운임에 직접 영향을 미치는 선복량을 실질선복량이라고 하자. 운영과 관련된 선박의 정시성 또는 컨테이너 가용성 지수 등이 실질선복량에 영향을 미칠 수 있다.

수요와 공급 이외 운임의 과거 이력 및 최근의 운임동향이 SCFI에 영향을 준다고 가정할 수 있다. 특히 코로나 19환경 또는 2024년 홍해에서 일어난 후티 반군의 선박 공격과 같은 특정 이벤트로 수요와 공급이 급변하는 경우에는 주 단위의 최근 SCFI 변동을 모형에 반영할 필요가 있을 수 있다. 운임의 변동성을 월 단위로 반영할 지 또는 주 단위로 반영할지도 모형 개발자가 판단해야 할 영역이다. 운임의 단기 변동을 중요하게 취급하는 비즈니스 환경이라면 주 단위 SCFI 예측을 검토할 필요가 있다. 그리고 SCFI 과거 이력 데이터가 충분하지 않는 경우도 월 단위 데이터보다 주 단위 데이터로 모델링하는 것을 검토할 수 있다. 주 단위로 확보할 수 있는 데이터가 더 많다면 보다 안정적인 모형을 구축할 수 있다. 하지만 중장기 변동, 데이터 관리 비용 및 모형 유지 비용을 고려한다면 월 단위 SCFI가 더 적합하다.

이와 같이 인과지도를 작성하는 과정은 많은 의사결정이 필요하다. 모형에 반영할 인자(독립변수)의 선정, 인자의 전망치를 반영한 모형의 개발 여부, 인자의 전망치 구매 여부, 대체 인자 필요성, 데이터 관리 주기, SCFI에 대한 주 단위 예측 또는 월 단위 예측 여부, 모형 운영 주기 등이 모형 개발자가 도메인 지식을 기반으로 의사결정해야 할 항목들이다.

SCFI 예측모형 개발방법은 매우 다양하다

선형회귀모형, 규제회귀, 시계열모형, 의사결정나무, 앙상블 알고리즘, 딥 러닝 그리고 시스템 다이내믹스 등 다양한 머신러닝 알고리즘 또는 기법으로 SCFI를 예측할 수 있다. 이번 장은 개별 기법을 통한 SCFI 예측 실습에 앞서 각 기법에 대해 개략적인 설명을 한다. 각각의 기법은 일반적으로 알려진 장단점이 있고, 예측 대상에 따라 최상의 기법은 매번 다를 수 있다. 따라서 어떤 기법을 적용해야 하는지에 대한 정답은 없다. 모형 개발자는 도메인에 대한 이해, 수집한 데이터의 특징, 이해관계자의 요청내용에 따라 가장 적합한 기법을 선택해야 한다.

SCFI를 예측하는 문제에서 SCFI 실적을 갖고 있으므로 최소한 비지도학습이 아닌 지도학습은 할 수 있다. 확보한 데이터가 많지 않으므로 딥 러닝은 적합하지 않다. 예측 과정에 대한 논리적 전개와 투명성을 강조하는 경영진에게는 딥 러닝은 더욱 적합하지 않다. 딥 러닝에서는 도출한 예측치에 대한 근거를 일반적인 인과관계로 설명할 수도 없고, 예측 로직은 비 전문가에게는 블랙 박스와 같다.

예측의 정확도에 비해 예측 과정의 시각화가 중요하다면 의사결정나무가 적합하다. SCFI 이외의 데이터를 확보하지 못하여 SCFI 데이터만으로 예측을 해야 할 경우 시계열모형을 사용할 수도 있다. 독립변수 X에 대해 미래 전망치를 확보하였다면 다중회귀모형, SARIMAX, 의사결정트리, 앙상블 알고리즘, 시스템 다이내믹스 기법 등을 적용할 수 있다.

이 책에서는 회귀분석, 시계열분석, 의사결정나무, 앙상블 알고리즘을 다룬다. 회귀분석은 한 변수(종속변수)가 다른 여러가지 변수(설명변수, 독립변수)에 의해 어떻게 영향을 받는가를 분석하는 기법이다. 따라서 설명변수의 변화량에 따른 종속변수의 변화량을 예측할 수 있다. 설명변수를 통해 종속변수를 설명하고자 한다. 시계열분석은 시간에 따라 수집된 자료(데이터)를 통해 시간에 따른 변동의 원인을 규명하거나 가까운 미래를 예측하는 분석이다. 의사결정나무는 데이터의 분류 및 회귀에 사용되는 지도학습 알고리즘이다. 모형의 예측과정을 시각화하기가 쉽고 논리적으로 설명이 용이하다. 앙상블 알고리즘은 의사결정나무의 과대적합의 단점을 보완하지만 조정해야 할 하이퍼파라미터가 많다.

모형에서 활용하는 인자의 범위와 위에서 언급한 알고리즘의 관점에서 이 책에서 접근하는 모형개발 방법을 정리하면 도표 13-6과 같다. 구체적인 모델링은 개발방법에 따라 다르다. 이 책에서는 1번(제4부)과 3번(21장 복합 SCFI 예측)으로 모형을 개발한다. 2번은 철저히 과거 데이터 및 패턴에 기반하여 미래를 전망한다. X에 대한 미래 전망을 하지 않고, 이전 시점의 Y가 다음 시점의 Y에 많은 영향을 주도록 쉽게 모델링하기도 한다. 내부적으로 사전에 전처리 로직 및 패턴 정의 등 별도의 파이썬 프로그램 작성이 필요하다. 파이썬 중심의 전개는 이 책의 취지에 벗어나므로 생략한다.

도표 13-6의 3번에서 미래 X의 전망이 필요한 경우, X의 전망치를 확보하기 위해서는 외부 기관으로부터 자료를 구매하거나 내부적으로 X의 전망치를 예측하는 서브 모형을 개발해야 한다. 결국 비용이 발생한다. 최소의 비용으로 예측 정확도가 높은 모형을 개발하기 위해서는 적절한 인자의 선정이 중요하다. 이를 위해 상관분석, 회귀분석, 인과분석 등 다양한 데이터분석 기법을 적용할 수 있다.

도표 13-6. 모형 개발 방법

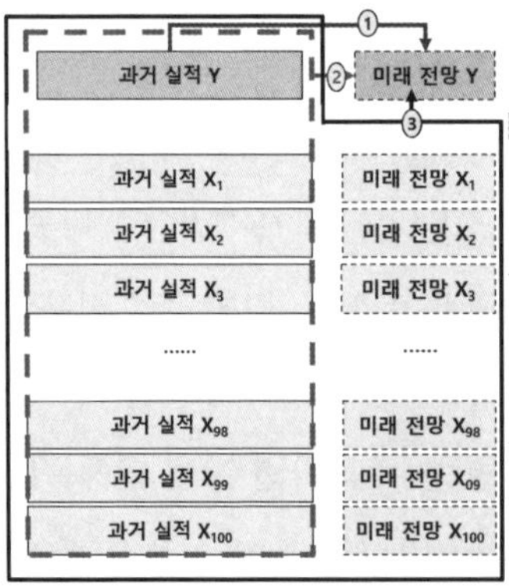

No	독립변수	특징	대표 알고리즘
1	과거 Y 실적	기본 제공 함수 사용 및 모델 단순함 데이터 확보 비용 거의 없음 예측 정확도는 낮을 수 있음	시계열분석 (대부분의 기법 적용 가능)
2	과거 X와 Y 실적	별도 전처리 로직 개발로 모델 복잡도 증가 예측 시점을 별도 지정하거나 정해진 로직 또는 과거 패턴에 기반하여 예측	회귀분석, 의사결정나무, 앙상블 알고리즘, 딥러닝 (사전에 파생 변수 및 패턴 정의)
3	과거 X와 Y 실적 및 미래 X 전망	다단계 모형 개발 또는 외부 미래 전망치 확보 시, 구매 비용 발생	회귀분석, 의사결정나무, 앙상블 알고리즘 시계열분석 기법 중 SARIMAX, 시스템다이나믹스, 딥러닝

딥 러닝(Deep Learning) 기법은 방대한 데이터를 확보한 경우에 적합하다. SCFI 관련 인자 데이터는 역사가 짧고, 주로 월 단위로 집계되기 때문에 데이터가 많지 않다. 또한 결과에 대한 인과관계에 대한 설명이 어려운 것도 딥 러닝 기법을 장기 구간 예측모형의 개발에 추천하지 않는 이유이다. 하지만 SCFI 및 독립인자의 단기 구간 예측모형 개발에는 딥 러닝 기법을 적용할 수 있다. SCFI는 주 단위로, 선박 항해 실적 정보는 일 단위로 데이터 확보가 가능하기 때문이다.

시스템 다이내믹스(System Dynamics)는 시스템의 동태성(Dynamics)의 원인인 시간, 구성요소들 간의 피드백(Feedback) 그리고 정보 및 물질 흐름의 시간 지연(Time Delay)을 모델링하는데 적합한 What-if 시뮬레이터(Simulator)이다. 시스템 다이내믹스을 이용하여 예측 결과에 대한 인과 관계에 의한 논리적 설명과 민감도 분석이 가능하다. 방대한 데이터를 확보하지 못하였거나 비 선형적인 현상을 모델링할 때도 시스템 다이내믹스가 적합하다. 삼성 SDS 물류사업부는 시스템 다이내믹스 기법을 적용하여 SCFI, CCFI 및 항공 운임을 예측한다.

엑셀을 이용하여 상관분석을 통해 후보 인자를 도출하자

앞에서 "최소의 비용으로 예측 정확도가 높은 모형을 개발하기 위해서는 적절한 인자의 선정이 중요하다"고 언급한 바 있다. 후보인자 전부를 모형에 포함한다면 모형은 매우 복잡해지고, 해석도 어려우며, 데이터관리 비용도 증가한다. 인자를 선정하는 데 참조할 목적으로 상관분석을 한다.

상관분석(Correlation Analysis)은 연속형 두 변수 간의 직선적(선형) 관계를 검정하는 통계분석 방법이며, 산점도와 상관계수를 주로 사용한다. 상관계수는 두 변수 간에 선형 관계의 방향과 강도가 어느 정도인지 측정한 값이다. 즉, 한 변수의 값이 증가할 때 다른 변수의 값이 어떻게 변하는지를 알 수 있다.

- ✓ 피어슨 상관계수(Pearson Correlation Coefficient)로, 값은 -1과 1 사이에 있다.
- ✓ 상관계수가 +1에 가까우면 완벽한 양의 선형 관계, -1에 가까우면 완벽한 음의 선형 관계, 0에 가까우면 선형 관계가 없음을 나타낸다.
- ✓ 상관계수는 스케일과 무관하므로, 서로 다른 단위를 가진 변수들 간의 관계를 비교하는 데 적

합하다.

상관분석을 할 때 유의점은 아래와 같다.

✓ 상관계수가 크다고 해서 원인과 결과로 해석하면 안된다.

✓ 상관계수가 작다고 해서 두 변수간 관계가 없는 것은 아니다. 상관계수는 직선관계에 대해서만 파악해준다. 곡선관계가 있어도 상관계수가 0일 수 있다.

✓ 두 변수의 관계가 비선형일 경우 유용하지 않을 수 있다. 적절한 변수변환을 통해 비선형 관계를 선형관계로 근사하여 분석한다.

✓ 상관계수가 절대값이 1에 가까워도 두 변수의 선형성이 뚜렷하지 않을 수 있다. 몇 개의 관측치로 이해 관계가 없는 변수도 상관계수가 높아 질 수 있다.

✓ 이상치가 존재하는 경우 상관계수가 유용하지 않을 수 있다.

✓ 여러 집단을 통합하여 상관관계를 보는 경우, 각 집단의 상관관계가 0일 때 여러 집단을 합하면 상관관계가 존재하는 것처럼 보이다.

✓ 상관계수로 기울기를 알 수 없다.

✓ 두 변수 간에 단위 차이가 큰 경우 Min-Max 스케일링(14장 참조)을 통해 단위 차이를 제거하고 상관분석을 수행하면, 단위 차이의 왜곡없이 변수 간의 관계를 더 명확하고 정확하게 평가할 수 있다. 이는 데이터 분석의 신뢰성을 높이고, 해석을 용이하게 하며, 분석 결과의 공정성과 균형을 유지하는 데 큰 도움이 된다.

이러한 유의점 때문에 상관계수를 산출할 때 산점도를 함께 파악할 필요가 있다. 산점도를 통해 확인할 사항은 아래와 같다.

✓ 두 변수 간에 선형관계(직선관계)가 존재하는가?

✓ 두 변수 간에 함수관계(직선관계 또는 곡선관계)가 존재하는가?

✓ 확보한 자료에서 이상치(Outlier)가 존재하는가?

✓ 몇 개의 그룹으로 나누어 구분할 수 있는가?

복합SCFI후보인자를 대상으로 상관분석을 해 보자. 상관분석_복합SCFI.xlsx의 'SCIF 한글' sheet는 2014년 1월부터 2017년 9월까지의 복합SCFI 지수와 후보 인자들의 시계열 데이터 값을 저장하고 있다. 칼럼명은 가독성을 위해 한글을 사용하였지만, 추후 파이썬 코드에서는 영문명을 사용한다. 산점도 실습은 2장 "엑셀로 삼점도 만들기"를 참조한다.

[엑셀의 상관분석]

■ 엑셀의 초기 화면 확인하기

- 상관분석_복합SCFI.xlsx의 'SCIF 한글' sheet를 오픈한다.
- [데이터] 탭 - [데이터분석] 선택 -[통계 데이터분석] 창에서 [상관분석 선택]
- 입력범위: $B$1:$N:$46(커서를 B1에 두고 Shift + Ctrl + 오른쪽 화살표한 후 Shift + Ctrl + 아래 화살표). A열(년월)은 입력범위에서 제외함
- 첫째 행 이름표 사용을 체크, 출력 옵션은 새로운 워크 - [확인] 클릭

도표 13-7. 엑셀의 상관분석 선택

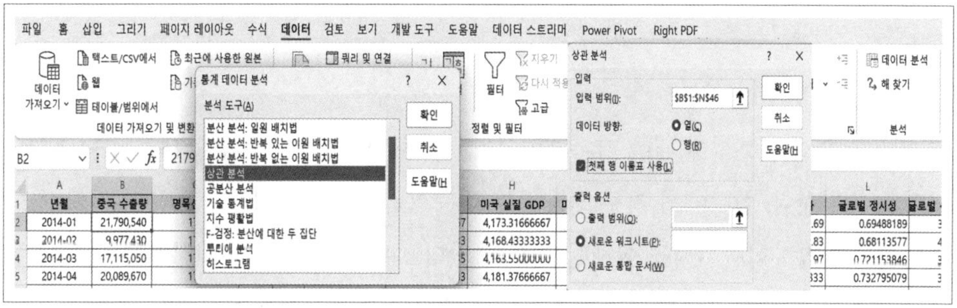

도표 13-8과 같이 상관분석 결과를 확인할 수 있다. 복합SCFI는 미국 경기선행지수와 가장 큰 상관계수 0.86을 갖고 있다. 반면, 명목선복량은 복합SCFI와 음의 상관계수 -0.69를 가지고 있다. 그리고 미국 경기선행지수는 글로벌지수와 가장 큰 상관계수 0.9를 가지고 있다.

도표 13-8. 엑셀의 상관분석결과

	중국 수출량	명목선복량	용선료	WTI	글로벌 실질 GDP	글로벌 물가	미국 실질 GDP	미국 경기선행지수	미국 제조업 구매관리지수	미국 물가	글로벌 정시성	글로벌 선박지연일수	복합 SCFI
중국 수출량	1.00												
명목선복량	0.25	1.00											
용선료	0.07	-0.33	1.00										
WTI	-0.13	-0.86	0.14	1.00									
글로벌 실질 GDP	0.29	0.95	-0.29	-0.72	1.00								
글로벌 물가	-0.12	-0.88	0.14	0.93	-0.72	1.00							
미국 실질 GDP	0.29	0.96	-0.24	-0.78	0.99	-0.78	1.00						
미국 경기선행지수	-0.07	-0.84	0.45	0.81	-0.65	0.90	-0.67	1.00					
미국 제조업 구매관리지수	-0.27	-0.75	0.21	0.80	-0.61	0.79	-0.63	0.83	1.00				
미국 물가	0.32	0.90	-0.25	-0.64	0.99	-0.63	0.97	-0.54	-0.51	1.00			
글로벌 정시성	0.20	0.55	-0.29	-0.51	0.34	-0.67	0.37	-0.77	-0.62	0.26	1.00		
글로벌 선박지연일수	-0.16	-0.51	0.37	0.28	-0.36	0.49	-0.35	0.70	0.47	-0.30	-0.68	1.00	
복합 SCFI	-0.01	-0.69	0.06	0.76	-0.47	0.85	-0.52	0.86	0.78	-0.36	-0.74	0.65	1.00

제14장

단순회귀 기반 SCFI 예측

이번 장은 회귀분석에 대한 기본 개념을 설명하고 엑셀의 기능을 활용하여 단순회귀모형을 개발한다. 실무에서 자주 사용하는 다중회귀분석을 수행하기 위해서는 우선 단순회귀모형으로 회귀분석을 이해할 필요가 있다. 이번 장의 단순회귀분석은 엑셀을 통해 실습하고, 다중회귀분석은 15장에서 ChatGPT와 파이썬으로 실습한다. 상황에 따라서는 엑셀과 파이썬만을 사용하여 데이터분석을 수행할 수도 있다. 간단한 작업 환경에서는 엑셀의 회귀분석 기능을 적극적으로 활용하기 바란다. 데이터가 증가하고 복잡한 모형이 필요한 환경에서는 ChatGPT를 활용하여 SCFI를 예측하는 선형회귀모형의 파이썬 코드를 생성하고, 코랩에서 모형을 실행하여 결과값을 확인할 수 있다.

회귀분석을 이해하자

회귀분석(Regression Analysis)은 한 변수(종속변수)가 다른 여러 개의 변수(독립변수 또는 설명변수)에 의해 어떻게 영향을 받는가를 분석하는 기법이며, 이러한 관계를 모형화하여 통계적으로 표현하는 것을 의미한다. 두 변수의 관계식을 설명하거나 종속변수를 예측하는 데 사용할 수 있다.

독립변수가 한 개이고, 독립변수와 종속변수의 관계가 선형(Linear)인 경우를 단순선형회귀(Simple Linear Regression)라고 한다. 아래 도표 14-1과 같이 표현하며, β0 와 β1을 회귀계수라고 한다. β1은 X가 a증가할 때 Y값이 b만큼 증가한 평균 변화량이다.

도표 14-1. 단순선형회귀모형

$$Y_i = \beta_0 + \beta_1 X_i + \varepsilon_i \qquad (i = 1, 2, \cdots\cdots, n)$$

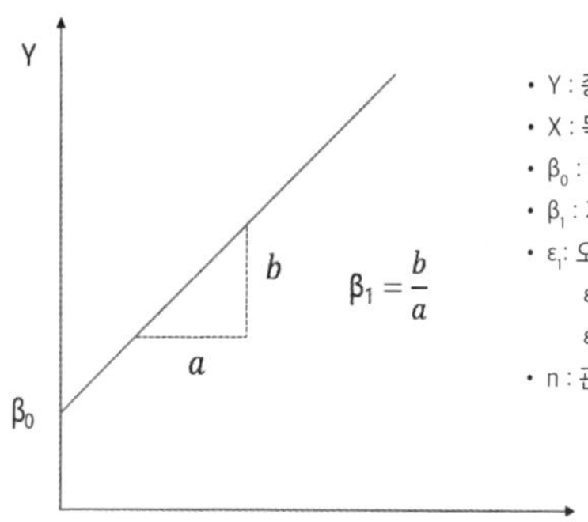

- Y : 종속변수
- X : 독립변수, 설명변수
- β_0 : Y절변(Intercept)
- β_1 : 기울기(Slope)
- ε_1: 오차함(Error Variable)
  ε_1 ~ N(O, o2)
  ε_1들은 서로 독립이며 평균이 0이고 분산이 2인 정규분포를 따른다고 가정한다.
- n : 관측치 수

도표 14-2와 같이 Y의 관측치를 그래프에 표시할 수 있다. 우리는 관측치 데이터를 표현할 수 있는 가장 적절한 선 즉, 회귀선을 찾고자 한다. 이를 위해 최소자승법을 사용할 수 있다. 최소자승법(Least Squares Method)은 데이터들과 회귀선 사이의 거리(잔차)들을 최소화하는 방식으로 관계를 찾는 방법이다. 도표 14-2에서 회귀선 C가 잔차를 최소화하는 식이라면 데이터를 가장 잘 표현하였다고 할 수 있다. 따라서 회귀분석은 관측치 사이의 거리를 최소화하는 추세선을 그리는 방법으로 독립변수가 종속변수에 미치는 영향을 추정하여 변수간 관계를 파악하는 분석기법이라고 할 수 있다. 도표 14-2의 회귀식은 독립변수가 하나이고 직선이기 때문에 단순선형회귀라고 한다.

도표 14-2. 단순선형회귀와 최소자승법

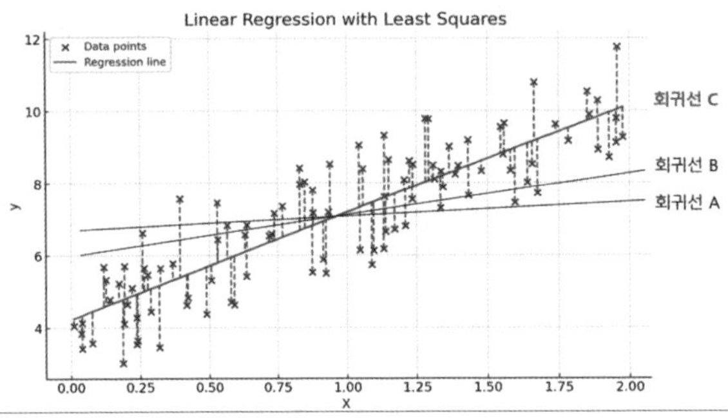

$Y_i = \beta_0 + \beta_1 X_i + \varepsilon_i \quad (i = 1, 2, \ldots\ldots, n)$

데이터를 표현할 수 있는 가정 적절한 선은 무엇인가?

관측치와 회귀선간의 차의 제곱의 합이 최소가 되는 선

- $\varepsilon_i = Y_i - \beta_0 - \beta_1 X_i$
- $\text{Min} \sum_{i=1}^{n} \varepsilon_i^2 = \text{Min} \sum_{i=1}^{n} (Y_i - \beta_0 - \beta_1 X_i)^2$

이렇게 구한 회귀식 또는 회귀선이 데이터를 얼마나 잘 설명할 수 있는지는 결정계수로 판단할 수 있다. 종속변수의 총 변동 중 회귀선에 의해 설명되는 변동의 비율을 결정계수(Coefficient of Determination, R2)라고 한다. 총 변동은 회귀선에 의한 변동과 오차에 의한 변동으로 구분할 수 있다. 도표 14-3은 단순선형회귀에서의 변동과 결정계수를 설명하고 있다.

결정계수는 0보다 크고 1보다 작은 범위를 가지며, 1에 가까울수록 설명력이 높은 회귀식 또는 모형이다. 다수의 독립변수가 있는 다중회귀분석에서 회귀식에 독립변수가 추가되면 결정계수는 일반적으로 점점 커진다. 종속변수 X의 개수가 증가할수록 모형이 복잡해지고 과적합 이슈가 발생할 수 있다. 유용하지 않은 변수가 추가되면 오히려 결정계수가 감소하도록 보완한 것이 수정된 결정계수(Adjusted R2)이다. 변수의 개수가 다른 모형 간의 공정한 비교를 가능하게 한다.

도표 14-3. 단순선형회귀의 결정계수

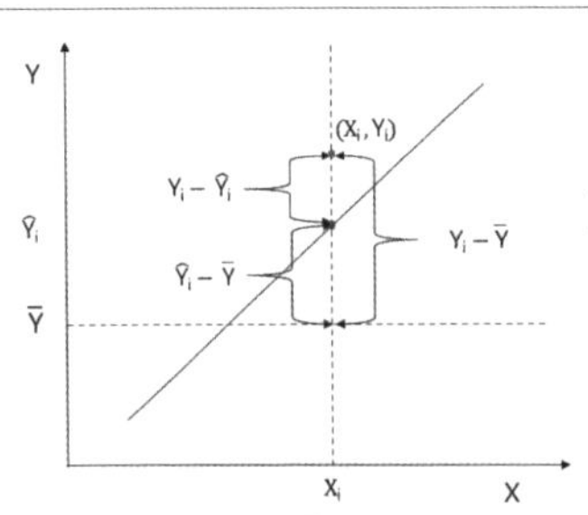

$$R^2 = \frac{SSR}{SST} \qquad 0 \le R^2 \le 1$$

- $R^2 = 1$: 모델이 데이터의 변동성을 잘 설명
- $R^2 = 0$: 모델의 설명력 부재, 데이터의 평균값만큼도 예측력이 없음
  독립변수가 종속변수의 변동을 설명하는데 적합하지 않음.
- SSR(Sum of Squares due to Regression): 설명할 수 있는 변동
- SSE(Sum of Squares due to Error): 설명할 수 없는 변동
- SST(Total Sum of Squares): 총 변동
- 조정된 결정계수(Adjusted R^2): 독립변수의 개수를 고려한 결정계수

$\sum_{i=1}^{n} (Y_i - \bar{Y})^2 = \sum_{i=1}^{n} (\hat{Y}_i - \bar{Y})^2 + \sum_{i=1}^{n} (Y_i - \hat{Y}_i)^2$

총 변동 = 회귀선에 의한 변동 + 오차에 의한 변동

SST = SSR + SSE

엑셀을 이용하여 선형회귀모형을 개발하자

단순선형회귀모형에 대한 이해를 바탕으로 13장에서 도출한 독립변수 인자 중 미국 경기선행지수와 종속변수인 복합 SCFI를 이용하여 회귀분석을 해보자. 엑셀에서 회귀분석을 지원하는 3가지 접근법에 대해서 설명한다.

1) 분석도구를 활용한 회귀분석

[선형회귀분석 실습]

■ 회귀분석 선택

- 분석할 파일인 단순회귀_복합SCFI_2017.xlsx을 열기
- [데이터] 탭 - [데이터분석] 그룹 - [통계 데이터분석] 대화상자 - [회귀분석] 선택하여 확인

도표 14-4. 엑셀 회귀분석 선택

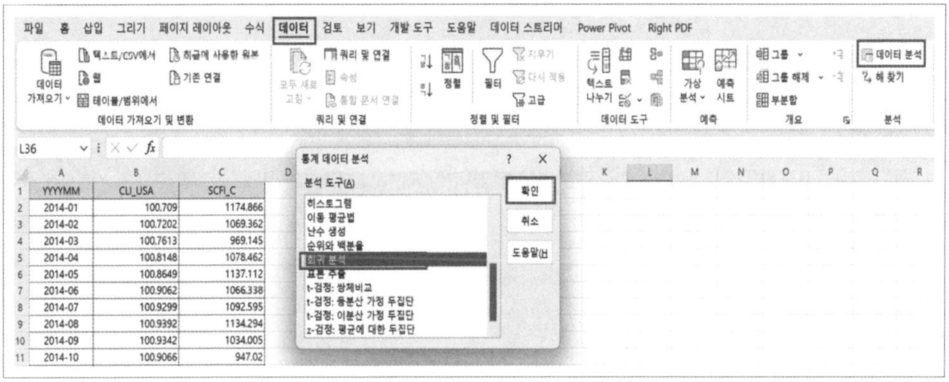

■ 회귀분석 실행

- [회귀분석] 대화상자 - 독립변수X 와 종속변수 Y 입력범위 및 옵션을 지정함
- B 열 CLI_USA는 독립변수인 미국경기선행지수, C열 SCFI_C는 종속변수인 복합SCFI
- 이름표를 포함하여 범위를 선택함

도표 14-5. 엑셀 회귀분석 옵션 설정

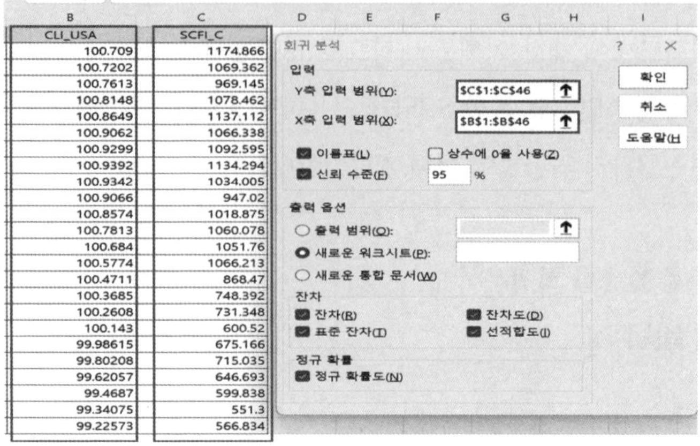

- [상수에 0을 사용]을 체크하면 절편이 없는 회귀선을 만듬
- 신뢰수준: 가설검정을 위해 입력된 신뢰도에 따른 회귀계수의 신뢰구간을 설정함
- 잔차: 표본의 관측치와 추정값의 차이를 출력함
- 잔차도: 잔차를 X축에 따라 표시, 모형의 적합성을 판단함
- 표준잔차: 표준화된 잔차를 표시하여 이상치를 확인함
- 선적합도: 관측치와 추정값을 표시함
- 정규확률도: 표본의 잔차항(또는 모집단의 오차항)이 정규분포를 따르는지의 여부를 검토함. 직선에 가까우면 정규분포라고 가정함

■ 회귀분석 결과 해석

- 새 워크시트에 회귀분석의 결과값 확인
- 회귀식이 적합한지 개별 회귀계수가 유의한지를 확인함

도표 14-6. 엑셀의 회귀분석 요약 출력

요약 출력

회귀분석 통계량	
다중 상관계수	0.858266962
결정계수	0.736622178
조정된 결정계수	0.730497112
표준 오차	105.4852282
관측수	45

분산 분석

	자유도	제곱합	제곱 평균	F 비	유의한 F
회귀	1	1338188.633	1338188.633	120.2635565	4.87667E-14
잔차	43	478466.7351	11127.13337		
계	44	1816655.368			

	계수	표준 오차	t 통계량	P-값	하위 95%	상위 95%	하위 95.0%	상위 95.0%
Y 절편	-25035.30339	2358.01755	-10.61709799	1.35907E-13	-29790.69899	-20279.90779	-29790.69899	-20279.90779
CLI_USA	258.622824	23.5830422	10.96647421	4.87667E-14	211.0630868	306.1825613	211.0630868	306.1825613

- 우선 모형의 적합도에 대하여 가설검정을 해야 한다. 종속변수에 대한 상수항을 제외한 모든 설명변수의 영향도에 대해 검정하는 것이다. 귀무가설 H0은 β1 = β2 =⋯ = βk = 0 (k개의 독립변수를 갖는 다중회귀)이다. 따라서 먼저 확인하여야 할 내용은 분산분석에서 F-통계량이다. 도표 14-6에서 분산분석의 유의한 F의 p-값을 통해 회귀식(**Y = -25,035.3 + 258.6 X**)이 유의한지를 판단할 수 있다. 유의확률 p-값(4.87667369172974E-14)이 유의수준(0.05) 보다 작으므로 회귀식이 유의하다. 여기서 "E"는 지수(Exponent)를 의미하며, $4.87667369172974 \times 10^{-14}$ 과 같다. 유의확률이란 "귀무가설을 기각하는 경우 잘못된 판단을 하게 될 확률"이다. 일반적으로 유의 확률이 0.05보다 작으면 귀무가설을 기각한다.
- 두 번째로 확인할 내용은 개별 회귀계수에 대한 p-값이다. 개별 회귀계수의 p-값이 0.05 보다 작으며 해당 회귀계수는 종속변수를 예측하는 데 도움이 된다. 즉, 의미가 있다고 해석할 수 있다. Y절편에 대한 H0: β0 = 0, 미국 경기선행지수 CLI_USA에 대한 H0: β1 = 0 모두 p-값이 0.05보다 작으므로 귀무가설을 기각한다. 따라서 회귀계수는 의미가 있다.
- 세 번째로 확인할 항목은 모형의 적합도를 나타내는 지표인 결정계수 R2이다. 결정계수가 1에 가까우면 회귀식이 의미가 있는 것이고, 0에 가까우면 의미가 없는 것이다. 결정계수73.67%로 해당 모형이 종속변수의 변화량을 설명하고 있으므로, 해당 회귀식은 의미가 있다.
- 네 번째로 확인할 내용은 "표준오차"이다. 잔차의 표준오차는 관측치와 예측치 간의 차이의 표준편차를 의미한다. 값이 크면 클수록 모형이 관측치를 잘 설명하지 못할 확률이 높아진다는 의미이다. 평균으로부터 ±2또는 ±3 표준오차 이상 떨어져 있을 때(약 5% 및 0.3%에 해당), 그 데이터를 이상치(Outlier) 또는 강한 이상치로 간주한다. 이상치를 정의하는 정확한 방법은 분석가의 판단과 데이터의 특성에 따라 달라질 수 있다.

도표 14-6의 회귀분석 요약 출력은 15장에서 도표 15-27과 같이 ChatGPT로도 쉽게 확인할 수 있다.

■ 잔차 출력과 확률출력 결과 확인

- 복합SCFI 추정치와 잔차(추정치 - 관측치) 데이터를 확인
- 종속변수 복합 SCFI의 확률출력 데이터를 확인

도표 14-7. 엑셀의 잔차 출력

잔차 출력				확률 출력	
관측수	예측치 SCFI_C	잔차	표준 잔차	백분율	SCFI_C
1	1010.342593	164.523407	1.577713559	1.111111111	414.135
2	1013.239169	56.12283137	0.538195468	3.333333333	506.816
3	1023.868567	-54.7235667	-0.524777081	5.555555556	507.053
4	1037.704888	40.75711221	0.390844377	7.777777778	551.3
5	1050.661891	86.45010873	0.829021908	10	554.608
……				……	
[illegible]	[illegible]	[illegible]	[illegible]	[illegible]	[illegible]
39	783.0312343	-7.85723428	-0.075347729	85.55555556	1066.338
40	789.8278421	44.2321579	0.424168673	87.77777778	1069.362
41	796.1408252	64.78117477	0.621225513	90	1078.462
42	805.1331408	64.63085918	0.619784046	92.22222222	1092.595
43	816.9547901	61.58520989	0.59057749	94.44444444	1134.294
44	837.1170255	27.08797453	0.259762823	96.66666667	1137.112
45	863.263793	-102.723793	-0.98508002	98.88888889	1174.866

- 표준잔차가 절대값 2를 넘어서는 데이터가 없으므로 이상치는 없는 것으로 생각할 수 있다. 만약 범위를 벗어나는 데이터가 다수 있다면, 종속변수를 보다 잘 설명할 수 있는 변수가 모형에 포함되거나, 데이터를 변환할 필요가 있다는 것을 시사한다. 표준잔차가 절대값 3을 넘어서는 데이터(강한 이상치)가 있다면, 반드시 별도 데이터분석 및 원인 분석을 해야 한다.

■ 잔차도, 정규 확률도, 선 적합도 확인

- 잔차도(Residual Plot)는 회귀모형의 잔차(관측치와 모형에 의한 추정치 사이의 차이)를 독립변수 또는 추정치에 대해 그래픽으로 표현한 것이다. 가장 일반적으로 사용되는 X축은 예측한 종속변수의 추정치이다. 반면, 도표 14-8을 통해 특정 독립변수 CLI_USA가 모형에 적합하게 포함되었는지, 독립변수와 잔차사이에 비선형 패턴이 있는지 등을 평가할 수 있다.

도표 14-8. 엑셀의 독립변수를 X축으로 한 잔차도

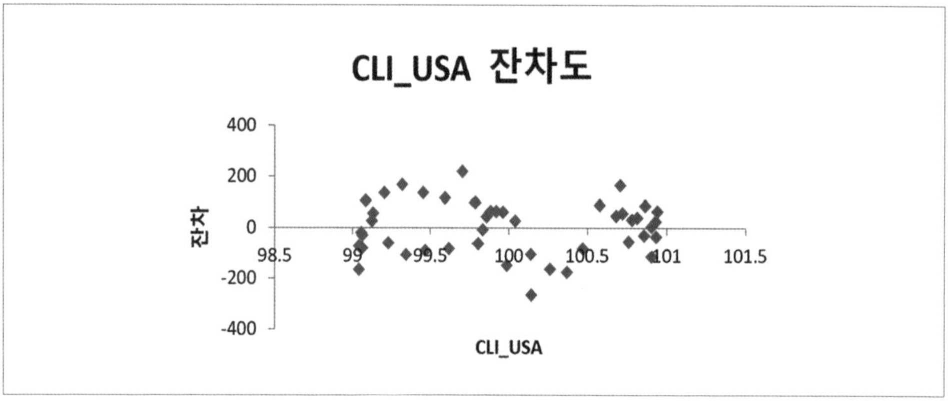

(1) 선형성: 잔차가 독립변수 또는 추정치에 대해 무작위로 분포하고 있다면, 이는 변수 간 선형 관계가 적절하다는 신호이다. 만약 패턴이 보인다면, 비선형 관계를 시사할 수 있다.

(2) 등분산성: 잔차가 독립변수의 모든 값에 대해 대략적으로 같은 분산을 보여야 한다. 만약 잔차의 분산이 독립변수의 값에 따라 변한다면 (예를 들어, '깔대기 형태'), 이는 등분산성 가정이 위반된 것을 나타낸다.

(3) 독립성: 잔차가 독립적이어야 한다. 잔차들 사이에 어떠한 패턴이나 자기상관성이 없어야 한다.

(4) 이상치 검출: 매우 큰 잔차 값을 갖는 관측치는 데이터에서 이상치일 수 있다. 이러한 이상치는 회귀모형에 큰 영향을 미칠 수 있다.

- 선 적합도는 개별 독립변수와 종속변수간 통계적으로 회귀선이 얼마나 잘 데이터에 적합되어 있는지를 시각적으로 표현하는 그래프이다. 데이터들이 회귀선 주변에 얼마나 밀접하게 분포하는지 또는 회귀모형의 선형 가정이 데이터에 적합한지를 확인할 수 있다.

도표 14-9. 엑셀의 선 적합도

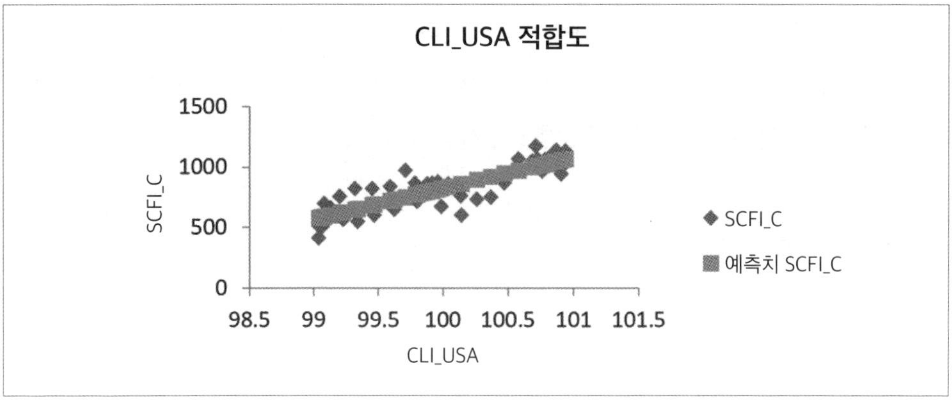

- 정규 확률도는 종속변수가 정규분포를 갖는지를 시각적으로 표현하는 그래프이다. 선형회귀분석에서 특히 종속변수는 정규분포를 가질 필요가 있다.

도표 14-10. 엑셀의 정규 확률도

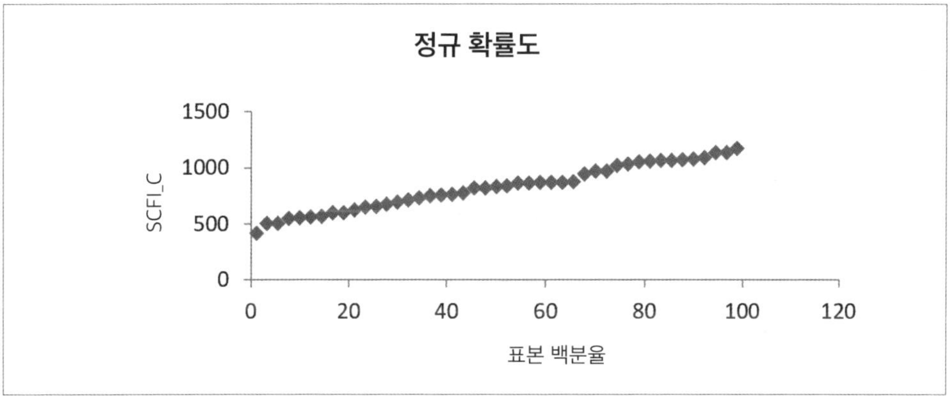

- 한편, 회귀분석에서는 종속변수 자체의 정규성보다 잔차의 정규성이 더 중요하다. 잔차가 정규분포를 따른다는 것을 가정하기 때문이다.

이러한 잔차 분석을 통해 모형이 데이터를 잘 설명하고 있는지, 모형의 가정이 만족되는지를 확인할 수 있다. 자세한 내용은 15장 다중회귀분석과 머신러닝의 "ChatGPT가 처음 제안한 내용을 분석하자"를 참조하기 바란다.

2) 분산형 차트 기능을 활용한 회귀분석

엑셀의 "분석도구"는 다중회귀분석이 가능하지만, 이번 엑셀의 "분산형 차트 기능"을 활용한 회귀분석은 하나의 독립변수와 하나의 종속변수만 갖는 단순선형회귀분석만 가능하다. 단, 독립변수를 다항식으로 만들어 사용할 수 있다.

[단순선형회귀분석 실습]

■ **분산형 차트 선택**

- 분석할 파일인 단순회귀_복합SCFI_2017.xlsx을 열기
- B1:C46 영역을 선택(미국 경기선행지수와 복합SCFI)
- [삽입] 탭 - [차트] 그룹 - [차트 삽입] 창에서 [모든 차트] - [분산형] 선택

도표 14-11 분산형 차트 선택 - 조정 이미지

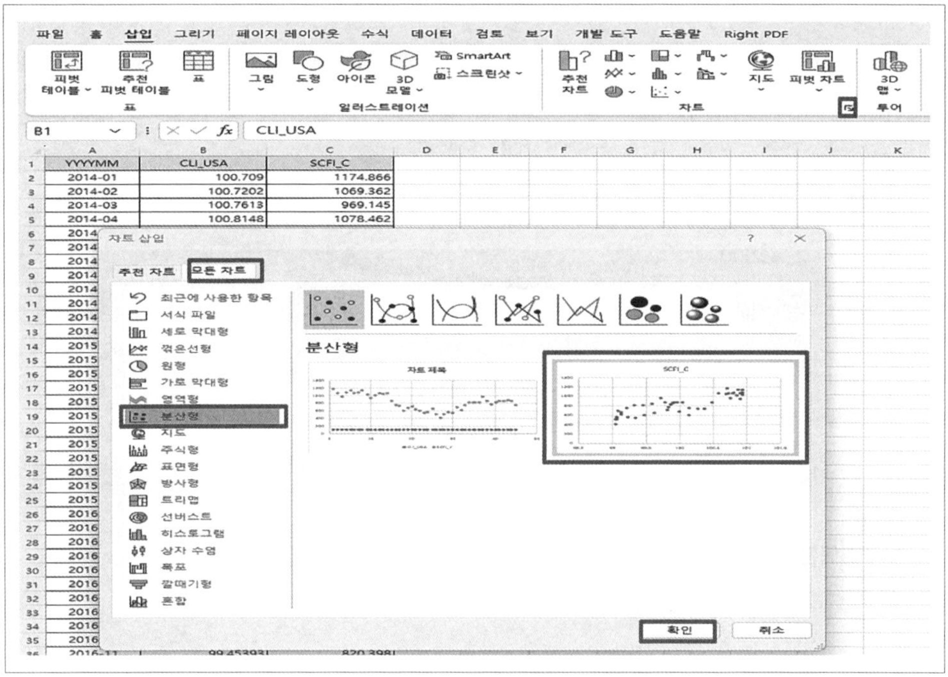

■ **산점도에서 추세선 추가하기**

- 산점도 클릭 시 그래프 우측 상단에 나타나는 [차트요소] + 클릭
- 차트 요소의 [추세선] - [기타 옵션] 선택

도표 14-12. 산점도 추세선 추가

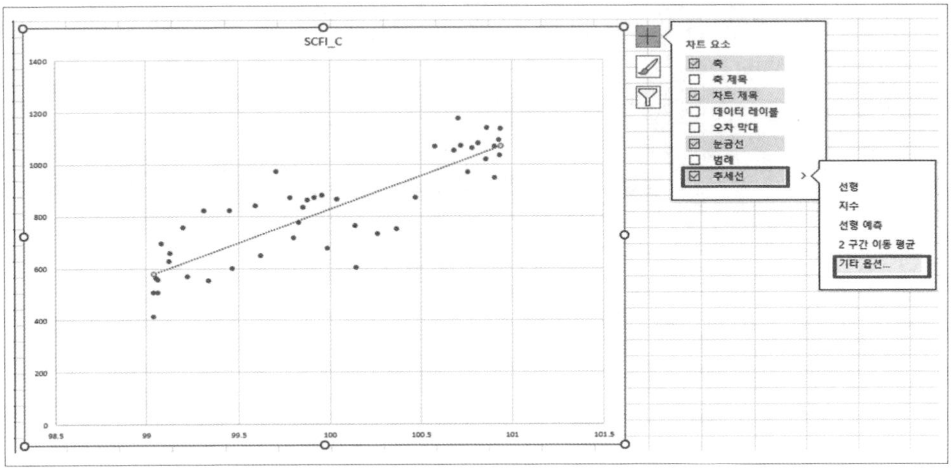

■ 선형회귀 추세선 서식 지정하기

- [추세선 서식] - [추세선 옵션] - [선형] 선택
  수식을 차트에 표시와 R-제곱값을 차트에 표시를 선택

도표 14-13. 선형회귀 추세선 서식 지정

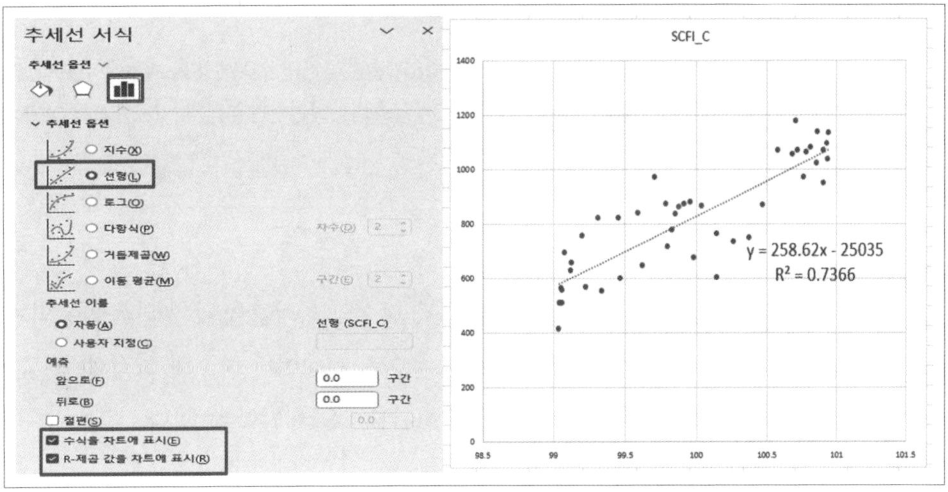

- 단순선형회귀식 y = 258.62x - 25036과 결정계수 R2 = 0.7366을 확인할 수 있다. 이 값은 엑셀의 분석도구를 활용한 회귀분석의 결과와 동일하다.

■ **다항회귀 추세선 서식 지정하기**

- [추세선 서식] - [추세선 옵션] - [다항] 선택
- 차수를 선택(3차항을 선택할 경우 차수에 3 입력)
- 수식을 차트에 표시와 R-제곱값을 차트에 표시를 선택

도표 14-14. 3차항 회귀 추세선 서식 지정

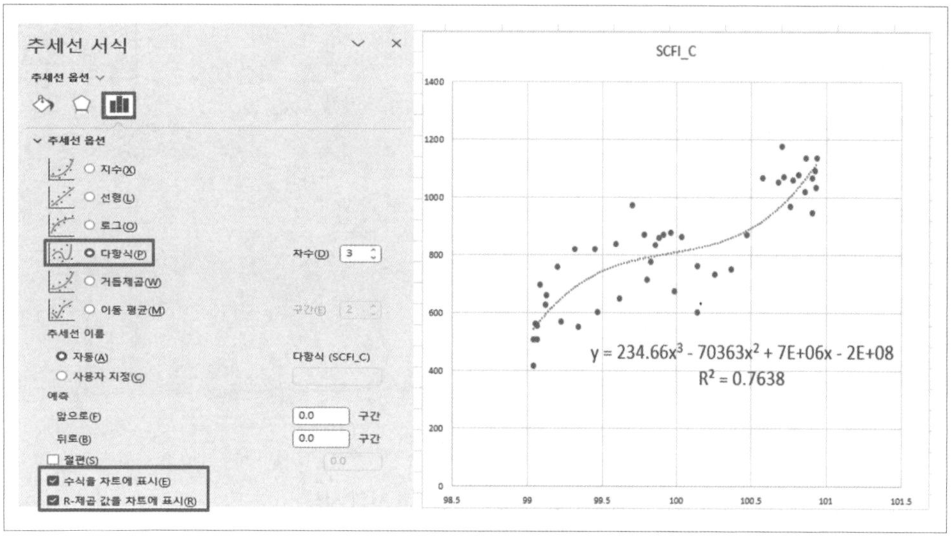

- 다항회귀식 $y = 234.66x^3 - 70363\,x^2 + 7E+06x - 2E+08$과 결정계수 $R^2 = 0.7638$를 확인할 수 있다. 일차함수 형태의 기존 회귀모형의 결정계수 0.7355보다 3차항의 다항회귀식의 결정계수가 높다. 즉, 회귀식의 설명력을 높일 수는 있지만 모형의 복잡도는 증가하였다.

3) 해 찾기를 이용한 회귀분석

엑셀의 "해 찾기" 기능은 사용자가 정의한 목적 함수의 최적값을 찾기 위해 사용되는 도구이다. 이 기능은 특정 조건을 만족시키면서 주어진 수식이나 함수의 최적해(최댓값 또는 최솟값)를 찾는 데 사용된다. 아래와 같이 회귀모형을 개발할 수 있다.

[해 찾기를 이용한 회귀분석]

■ **해 찾기 추가기능 설치**

- [파일] 탭 - [옵션] - [Excel 옵션] 창에서 [추가기능] 선택 - (관리) [Excel 추가기능] - [이동] 선택
- [추가기능] 창에서 [해 찾기 추가 기능] 선택 - 확인

도표 14-15. 해 찾기 기능 추가

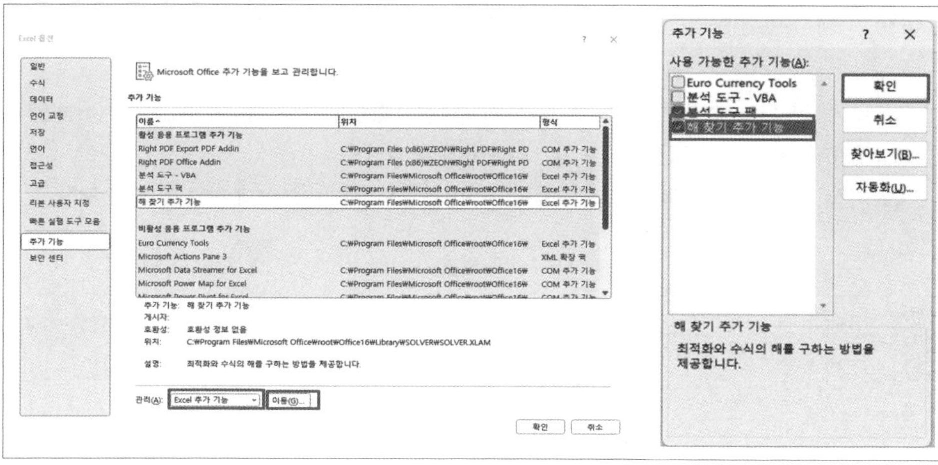

■ 문제 정의

- 분석할 파일인 단순회귀_복합SCFI_2017.xlsx을 열기
- 도표 14-16에서 누란색으로 표시한 것처럼 데이터 레이블을 작성한다. D열 1행은 '예측치', E열 1행은 '제곱오차', G열에는 '해찾기', 'SSE', '절편', '기울기' 등 회귀식에 관한 것을 작성한다.
- 회귀계수 지정: 절편과 기울기는 각각 $H$3와 $H$4에 저장하도록 작성. 이것을 반영하기 위해 D2에 =$H$3+$H$4*B2라고 입력하고, 해 찾기 실행의 [변수 셀 변경]에서 선택해야 함
- 목적식은 설명할 수 없는 변동(SSE)을 최소화하는 것으로 정의하고, H2에 저장하도록 지정: 예를 들어 H2에 = SUM($E$2:$E$46)을 입력
- D열에 예측치, E열에 제곱오차를 정의하고 가장 하단인 46행 까지 복사: 예를 들어 D2는 =$H$3+$H$4*B2을 입력, E2는 = (C2-D2)^2입력

도표 14-16. 엑셀의 해 찾기 문제 정의

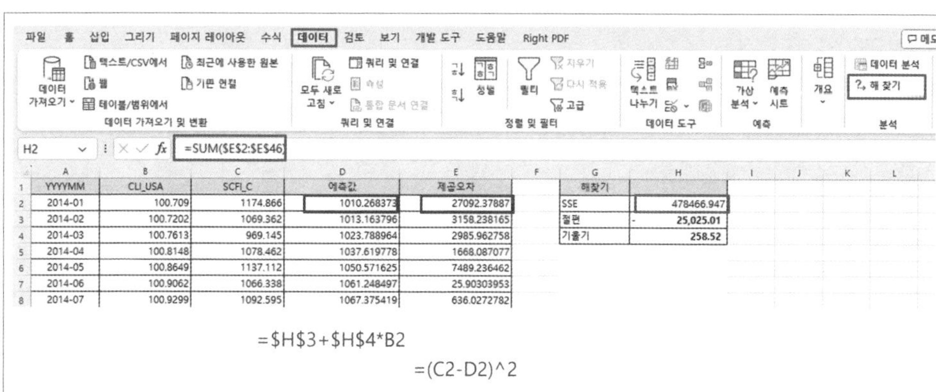

■ 해 찾기 실행

- [데이터] 탭 - 분석그룹에서 [해 찾기] 클릭 - [해 찾기 매개변수] 창에서 [목표 설정]은 문제 정의에서 작성한 SSE를 최소화하는 목적식 셀($H$2) 선택
- 대상 [최소] 선택 - [변수 셀 변경] $H3:$H$4 선택(해당 값을 변경하면서 목적식의 최소화함)- [해법 선택]에서 'GRG 비선형' 선택 - 해 찾기 - [해 찾기 결과] 대화 창 확인
- 필요 시 [시나리오 저장] 클릭, 사용자가 시나리오 이름을 정의하고(예, SSE) 해 찾기 시나리오 저장

도표 14-17. 해 찾기 실행

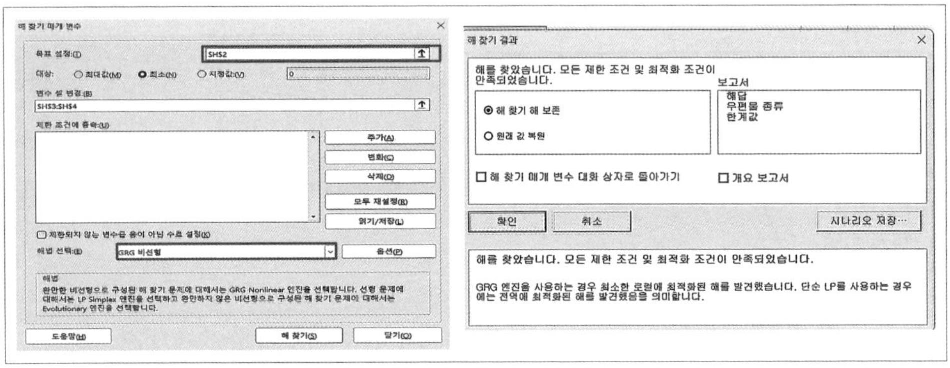

- GRG(Generalized Reduced Gradient) 비선형 방식은 비선형 목적 함수나 비선형 제약 조건을 갖는 최적화 문제를 해결하기 위한 방식 중 하나이다.

■ 저장된 시나리오 불러오기

- [데이터] 탭 - [가상분석]- [시나리오 관리자] 선택
- [시나리오 관리자] 창에서 기존에 저장한 시나리오 예를 들어 SSE를 선택 - 표시클릭

도표 14-18. 저장된 시나리오 불러오기

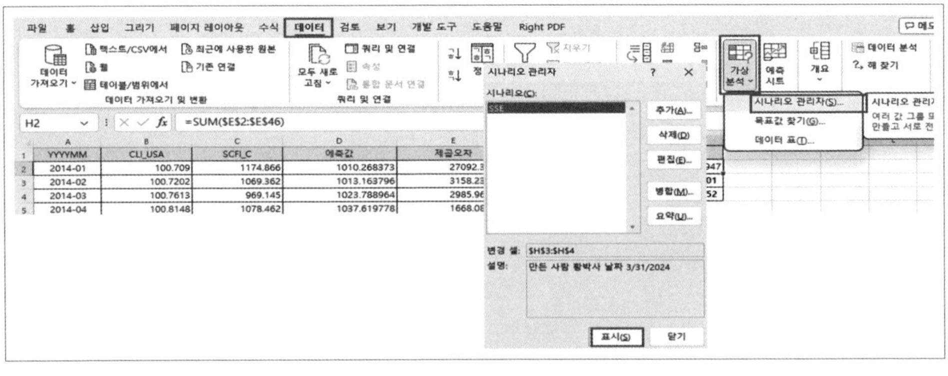

- 해 찾기 기능을 통해 GRG 비선형 방식으로 구한 회귀식은 Y = 258.52X - 25,021.01이다. 엑셀의 "분석도구" 또는 '분산형 차트"에서 최소자승법(Ordinary Least Squares, OLS) 방식으로 구한 선형회귀식과 거의 비슷하다. OLS는 선형 관계를 가정하는 반면, GRG 비선형은 비선형 관계를 다룰 수 있기 때문에 최적화기법에 차이가 있다. 데이터가 비선형 특성을 가지고 있다면, GRG 비선형 방법이 더 적합할 수 있다. 이로 인해 제시한 회귀계수 값이 OLS의 회귀계수 값과 다를 수 있다. 두 방법 모두 정확한 계산을 제공하지만, 데이터의 성격과 분석의 목적에 따라 적합한 도구를 선택하는 것이 중요하다.

제15장

다중회귀분석과 머신러닝

현실에서는 종속변수 Y에 다수의 독립변수가 영향을 미치는 것이 일반적이다. 예를 들어 복합SCFI를 설명하는 모형을 개발하는 경우 선복량, 선박의 정시성 등 종속변수가 두 개 이상인 다중회귀모형이 단순회귀모형보다 현실을 더 잘 설명할 수 있다. 독립변수가 다수 개 존재하므로 단순회귀에서 발생하지 않는 다중 공선성에 관한 이슈가 있을 수 있다. 범주형 변수를 독립변수로 사용할 수도 있다. 이번 장에서는 ChatGPT, 파이썬 코드, 코랩을 활용하여 다중회귀모형을 개발하는 방법과 머신러닝에 대해서 기술한다.

다중회귀분석을 이해하자

종속변수 Y를 설명하는 데 k개의 독립변수인 X1, X2, … , Xk를 도입할 때 다중회귀모형은 아래와 같다.

$$Y_i = \beta_0 + \beta_1 X_{1i} + \beta_2 X_{2i} + \cdots + \beta_k X_{ki} + \varepsilon_i \qquad (i = 1, 2, \cdots\cdots, n)$$

여기서 $\beta_0, \beta_1, \cdots, \beta_k$ 는 회귀계수이다. 회귀계수의 해석은 여타 다른 독립변수가 불변일 때 해당 독립변수의 한 단위 변화에 따른 종속변수의 평균 변화분을 나타내는 직접효과 혹은 순효과를 의미한다. 이러한 경우 다른 독립변수는 통제되었다고 한다.

도표 15-1. 다중회귀식

$$Y_i = \beta_0 + \beta_1 X_{1i} + \beta_2 X_{2i} + \dots + \beta_k X_{ki} + \varepsilon_i \qquad (i = 1, 2, \dots, n)$$

- Y : 종속변수
- $X_1, X_2, \dots, X_k$: k개의 독립변수, 설명변수
- Y_i : 종속변수 Y의 i번째 관측값
- X_{ji} : 독립변수 X_j의 i번째 관측값
- β_j : j번째 독립변수 X_j의 회귀계수($j = 1, 2, \dots, k$)
  X_j를 제외한 다른 모든 독립변수의 값이 고정된 상태에서
  X_j의 값이 한 단위 증가할 때의 Y값의 변화량
- ε_i : 오차항(Error Variable)
  $\varepsilon_i \sim N(0, \sigma^2)$
  ε_i들은 서로 독립이며 평균이 0이고 분산이 σ^2인 정규분포를 따른다고 가정한다.
- n : 관측치 수
- k : 독립변수의 수

종속변수가 독립변수에 대해 비선형관계에 있을 때, 2차항 이상의 고차항이나 교호작용항이 포함된 모형을 다항식모형(Polynomial Model)이라고 한다. 예를 들어, $Yi = \beta_0 + \beta_1 X_{1i} + \beta_2 X^2_{1i} + \beta_3 X^3_{1i} + \varepsilon_i$ 또는 $Y_i = \beta_0 + \beta_1 X_{1i} + \beta_2 X_{2i} + \beta_3 X_{1i} X_{2i} + \varepsilon_i$와 같은 모형이다. 다항식회귀모형이 다중회귀모형에 포함되는 것은 변수를 치환하여 다중회귀모형으로 표현할 수 있기 때문이다. 위 예에서 $X2_{1i}$를 Z_{1i}로, X^3_{1i}를 Z_{2i}로 치환하면, $Y_i = \beta_0 + \beta_1 X_{1i} + \beta_2 Z_{1i} + \beta_3 Z_{2i} + \varepsilon_i$로 변환할 수 있다. $X_{1i} X_{2i}$를 Z_{1i}로 치환하면, $Y_i = \beta_0 + \beta_1 X_{1i} + \beta_2 X_{2i} + \beta_3 Z_{1i} + \varepsilon_i$로 변환할 수 있다. 단, 치환한 변수가 추정할 모수를 포함하고 있으면 선형모형이 아니다. 다항식을 변수 치환을 통해 다중회귀모형으로 변환하여 데이터를 보다 잘 표현할 수 있으나 모형의 해석이 어려워진다.

선형회귀는 회귀계수들이 선형 결합된 함수를 의미한다. 선형 결합(Linear Combination)은 선형 대수의 벡터의 합에서 나온 개념이며, 서로 다른 벡터에 가중치를 더해 새로운 벡터를 얻는 과정이다. 이러한 선형 결합된 함수를 통해 알려지지 않은 데이터의 값을 설명하거나 예측하는 것을 선형회귀분석이라고 한다. 회귀계수에 있어 선형적이지 않은 모형 즉 비선형회귀모형은 이 책에서 다루지 않는다. 예를 들어 $Y_i = \beta_{12} + \beta_2 X_i + \varepsilon_i$는 비선형모형이다. 이번 장에서는 비선형이 아닌 다중선형회귀모형을 다룬다.

ChatGPT를 활용하여 다중회귀모형을 만들자

ChatGPT가 복합 SCFI를 종속변수로 갖는 다중회귀모형을 만드는 과정을 설명하면서, 다중회귀모형을 학습한다. 이를 위해 13장에서 확보한 데이터를 이용하고, ChatGPT의 주요 답변 내용을 본문으로 구성하면서 저자가 추가 설명을 한다. 독자마다 ChatGPT 실습 결과값이 이 책의 내용과 다를 수 있다. 왜 다른 경우가 발생하는 지는 마지막 부분에서 설명한다.

[1-1. 자료 업로드와 모형 개발 요청]

도표 15-2와 같이 ChatGPT에 분석할 파일 2017_다중회귀_SCFI.xlsx를 업로드하고 간단하게 요청 내용을 작성한다. 엑셀 칼럼의 의미와 종속변수 또는 독립변수여부를 기술한다. "답변은 한글로 작성해줘"하면 한글로 답변한다.

도표 15-2. 다중회귀모형 개발 요청

다중회귀_복합SCFI_2017.xlsx
Spreadsheet

복합 SCFI를 종속변수로 갖는 다중 회귀모형을 만들어줘.
- SCFI_C: 복합SCFI, 종속변수
- 아래 변수는 모두 독립변수 후보이다.
YYYYMM 년월, CH_EXP 중국수출량, FLEET_DEV 명목선복량, CNTR_TIMECHART 용선료, WTI 유가, R_GDP_WORLD 글로벌 실질 GDP, DEFLATOR_WORLD 글로벌 물가, R_GDP_USA 미국 실질 GDP, CLI_USA 미국 경기선행지수, PMI_US 미국 구매자관리지수, DEFLATOR_USA 미국 물가.
G_RELI 선박의 글로벌 정시성, G_DELAY 선박의 글로벌 지연일수
- 답변은 한글로 작성해줘

[1-2. 파일 내용 확인]

ChatGPT는 파일의 내용을 확인하고 도표 15-3과 같이 화면에 출력한다.

도표 15-3. 업로드한 파일 내용에 대한 확인 답변

> 다중 회귀 모형을 만들기 전에, 제공해주신 '다중회귀_복합SCFI_2017.xlsx' 파일을 먼저 확인해야 합니다. 이 파일에는 복합 SCFI를 종속 변수로 하고, 여러 독립 변수들을 포함하고 있을 것으로 예상됩니다. 데이터를 불러와서 살펴본 후, 적절한 다중 회귀 분석을 수행하겠습니다.
>
> 먼저, 파일의 내용을 확인하고 데이터 구조를 분석하겠습니다.
> 파일을 확인한 결과, 복합 SCFI (SCFI_C)가 종속 변수로 설정되어 있으며, 년월 (YYYYMM), 중국 수출량 (CH_EXP), 명목선복량 (FLEET_DEV), 용선료 (CNTR_TIMECHART), 유가 (WTI), 글로벌 실질 GDP (R_GDP_WORLD), 글로벌 물가 (DEFLATOR_WORLD), 미국 실질 GDP (R_GDP_USA), 미국 경기선행지수 (CLI_USA), 미국 구매자관리지수 (PMI_US), 미국 물가 (DEFLATOR_USA), 선박의 글로벌 정시성 (G_RELI), 선박의 글로벌 지연일수 (G_DELAY) 등이 독립 변수로 포함되어 있습니다.

[1-3. 기술통계 분석과 상관관계 분석]

ChatGPT 도 기술통계 분석을 먼저 진행한다. 적절한 후보 인자를 선정하기 위해 상관관계 분석을 진행하고 아래와 같이 Correlation Matrix를 생성한다. 앞서13장에서 엑셀로 분석한 도표 13-8 엑셀의 상관분석 결과와 동일한 내용이다.

도표 15-4. ChatGPT의 Correlation Matrix 생성

> 다음 단계로, 이 데이터를 사용하여 다중 회귀 모형을 구축하겠습니다. 먼저, 데이터의 특성을 파악하기 위해 기술통계와 상관관계를 분석하겠습니다. 이를 통해 독립 변수들 간의 관계와 종속 변수와의 관계를 이해할 수 있습니다. 그 후, 적절한 변수 선택과 다중 회귀 분석을 진행하겠습니다. [>_]

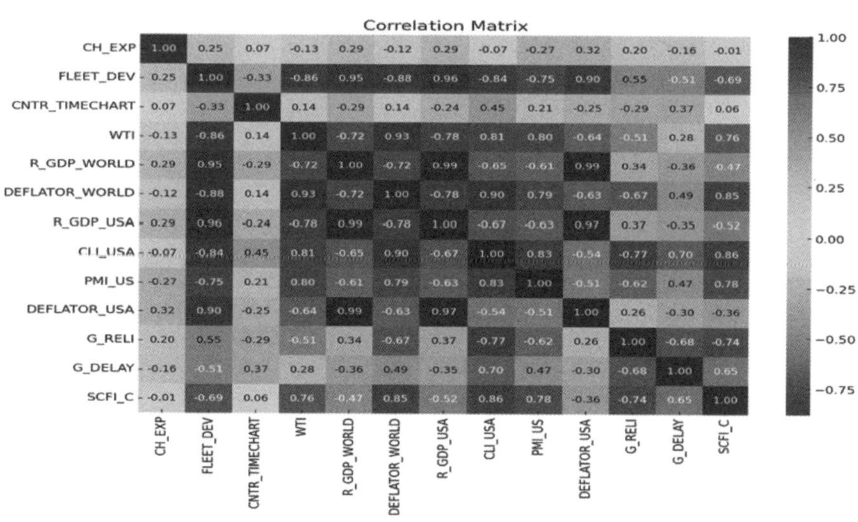

데이터의 기술통계와 상관관계 분석을 완료했습니다. 상관관계 분석 결과에 따르면, 몇몇 독립 변수들이 복합 SCFI (SCFI_C)와 강한 상관관계를 가지고 있는 것으로 나타났습니다. 예를 들어, 미국 경기선행지수 (CLI_USA), 미국 구매자관리지수 (PMI_US), 글로벌 물가 (DEFLATOR_WORLD)는 SCFI_C와 강한 양의 상관관계를 보이는 반면, 선박의 글로벌 정시성 (G_RELI)과 명목선복량 (FLEET_DEV)는 강한 음의 상관관계를 보입니다.

[1-4. 다중회귀모형 구축]

ChatGPT는 도표 15-5와 같이 모형 구축 방법, 모형 구축 시 주의 사항, 모형의 성능과 추가 고려 내용을 알려준다.

도표 15-5. ChatGPT의 다중회귀모형 구축 및 검토 의견

이제, 이러한 정보를 바탕으로 다중 회귀 모형을 구축하겠습니다. 다중 회귀 분석을 위해 먼저 종속 변수와 독립 변수를 분리하고, 데이터를 훈련 세트와 테스트 세트로 나누겠습니다. 이후, 선형 회귀 모델을 적합시키고 모델의 성능을 평가하겠습니다.

모델 구축 시 몇 가지 주의할 점은 다음과 같습니다:

1. 다중 공선성: 독립 변수들 간에 높은 상관관계가 있는 경우, 모델의 예측 성능과 해석에 문제가 생길 수 있습니다.
2. 데이터의 시계열 특성: YYYYMM 변수가 시계열 데이터를 나타내고 있다면, 이를 고려한 모델링이 필요할 수 있습니다.

위 사항을 고려하여 다중 회귀 분석을 진행하겠습니다. [>-]
다중 회귀 모델을 구축하고 성능을 평가한 결과, 모델의 평균 제곱 오차(Mean Squared Error, MSE)는 4125.34이고, 결정 계수(R^2)는 약 0.910입니다. 이러한 결과는 모델이 복합 SCFI (SCFI_C)를 상당히 잘 예측하고 있음을 나타냅니다.

결정 계수(R^2) 값이 0.910은 모델이 데이터의 91%의 변동을 설명하고 있다는 것을 의미합니다. 이는 모델의 예측력이 높다는 것을 나타냅니다. 그러나, 다중 회귀 분석에서는 단순히 R^2 값만을 고려하는 것이 아니라, 모델의 다른 측면들도 고려해야 합니다. 예를 들어, 다중 공선성, 잔차 분석, 모델의 가정 검증 등이 중요합니다.

또한, 시계열 데이터의 특성을 고려하여 추가적인 시계열 분석이 필요할 수 있습니다. 시계열 데이터는 시간의 흐름에 따라 종속 변수가 변할 수 있기 때문에, 이를 고려한 모델링 방법을 적용할 필요가 있습니다.

종합적으로, 현재 모델은 복합 SCFI 예측에 유용할 수 있지만, 위에서 언급한 다른 분석 절차를 추가로 수행하는 것이 바람직합니다. 이를 통해 모델의 정확성과 안정성을 더욱 향상시킬 수 있습니다.
[>-]

제안한 다중회귀모형의 테스트데이터에 대한 결정계수 R2 은 0.91이다. 이는 14장의 미국 경기선행지수만으로 개발한 단순회귀모형의 결정계수 0.7366보다 당연히 큰 값으

로 해당 모형이 더 설명력이 있다는 것을 보여준다. 다중 공선성, 시계열분석의 필요성 등 모형 구축 시 주의할 점도 제안한다. 다중 공선성이란 회귀분석에서 독립변수들 간에 강한 상관관계가 존재하는 현상을 말한다. 이로 인해 회귀모형의 추정 결과가 불안정해지고, 독립변수들의 개별 효과를 정확히 측정하기 어렵다.

[1-5. 다중회귀모형 회귀식]

ChatGPT는 도표 15-6에서 업로드한 엑셀파일 기준정보의 모든 독립변수를 사용한 다중회귀모형을 제안한다. 제안한 모형의 적합성 및 개별 회기계수의 유의성에 대한 구체적인 답변은 추가 질문이 필요하다. ChatGPT가 제안한 해당 모형을 활용할 것인지 등에 대한 추가 검토가 필요하다.

도표 15-6. ChatGPT의 다중회귀모형 회귀식 답변

> 다중 회귀 모델의 회귀식은 다음과 같습니다:
>
> $$SCFI_C = 7937.47 + (0.00) \times CH_EXP - (0.00) \times FLEET_DEV - (11.77) \times CNTR_TIMECHART - (0.73) \times WTI - (0.00) \times R_GDP_WORLD + (1.37) \times DEFLATOR_WORLD + (2.54) \times R_GDP_USA - (226.73) \times CLI_USA + (38.47) \times PMI_US + (151.65) \times DEFLATOR_USA - (520.59) \times G_RELI + (108.50) \times G_DELAY$$
>
> 이 회귀식에서, 각 계수는 해당 독립 변수가 복합 SCFI (SCFI_C)에 미치는 상대적 영향을 나타냅니다. 예를 들어, CLI_USA(미국 경기선행지수)의 계수는 -226.73으로, 다른 조건이 동일할 때 CLI_USA가 1 단위 증가하면 SCFI_C는 226.73만큼 감소할 것으로 예상됩니다.
>
> 이러한 회귀식은 복합 SCFI를 예측하는 데 사용될 수 있지만, 모델의 해석과 적용 시 주의가 필요합니다. 계수의 크기와 부호가 실제 상황과 일치하는지, 다중 공선성이나 기타 모델 가정에 문제가 없는지 검토하는 것이 중요합니다. 또한, 모델의 예측 성능을 실제 데이터에 적용하여 검증하는 것도 필수적입니다.

여러분 중에는 아래와 같은 결과값이 나올 수 있다.

> **모델 적합도**
>
> - R-제곱: 0.945
> - 조정된 R-제곱: 0.922
> - F-통계량: 40.88
> - F-통계량에 대한 p-value: 7.90e-16

년월 'YYYYMM'이 독립변수에 포함되어 모델링되었고, 테스트데이터의 비율이 서로 다르기 때문이다. 이때 테스트데이터를 분리하는 코드는 아래와 같다.

X_train, X_test, y_train, y_test = train_test_split(X_excluding_YYYYMM, y, test_size=0.2, random_state=42)

도표 15-7과 같이 수정하여ChatGPT에 요청한다. 테스트데이터의 결정계수가 0.91는 도표 15-5와 회귀식은 도표 15-6과 동일하다. ChatGPT의 결과가 훈련데이터 또는 테스트데이터의 결과값이지 확인할 필요가 있다. 실습을 통해 ChatGPT의 계산 과정, 매번 결과값이 달라지는 이유와 한계를 이해하고, ChatGPT를 어떻게 활용할 것인지를 학습한다.

도표 15-7. 동일한 결과를 도출하기 위한 ChatGPT 수정 요청 내용

YYYYMM은 독립변수에서 제외하고, 훈련데이터는 30%이다.
다중회귀모형 회귀식을 알려줘.
회귀분석 통계량을 보여줘.
- 훈련데이터의 결정계수, 테스트테이터의 결정계수

다중 회귀 모형 회귀식 (YYYYMM 제외, 훈련 데이터 30%)

$$SCFI_C = 7937.4670 + 1.91e - 05 \cdot CH\_EXP + (-0.0005) \cdot FLEET\_DEV + (-11.7738) \cdot CNTR\_TIMECHART + (-0.7267) \cdot WTI + (-0.0002) \cdot R\_GDP\_WORLD + 1.3677 \cdot DEFLATOR\_WORLD + 2.5431 \cdot R\_GDP\_USA + (-226.7269) \cdot CLI\_USA + 38.4724 \cdot PMI\_US + 151.6497 \cdot DEFLATOR\_USA + (-520.5860) \cdot G\_RELI + 108.4979 \cdot G\_DELAY$$

회귀분석 통계량

결정계수 (R^2)

- **훈련 데이터의 결정계수 (R^2):** 0.949
- **테스트 데이터의 결정계수 (R^2):** 0.910

머신러닝의 핵심개념을 이해하자

ChatGPT가 제안한 다중회귀모형을 분석하기 전에 머신러닝을 이해하자. 머신러닝(Machine Learning)은 데이터(Data)와 알고리즘(Algorithms)을 기반으로 학습(Learning)

하여 추론(Inference)하는 기술이다. 일반 프로그램은 언제나 동일한 과정을 거쳐 동일한 결과를 산출한다. 반면 머신러닝은 사용한 데이터와 알고리즘에 따라 때로는 다른 머신러닝 모형을 만들고, 때로는 다른 추론 결과를 산출한다. 머신러닝은 비결정론적 기술이라고 할 수 있다. 어떤 데이터를 사용하는지, 어떤 알고리즘을 사용하는지에 따라 머신러닝의 추론 결과가 다르다. 따라서 좋은 추론 결과를 얻기 위해서는 데이터와 알고리즘에 대한 이해가 선행되어야 한다. 상황에 따라 적절한 데이터와 알고리즘을 선정할 수 있는 분석역량을 확보해야 한다. 제4부에서 해운 운임시황예측을 위해 다양한 머신러닝 알고리즘을 학습하는 이유이기도 하다.

도표 15-8은 머신러닝의 학습과 추론 과정을 보여준다. 여기서 "학습"이란 정의된 문제에 대해 데이터를 특별한 알고리즘에 적용해 "머신러닝 모형을 최적화하는 과정"이라고 할 수 있다. 최적화된 머신러닝 모형은 나중에 "추론"에 사용된다.

도표 15-8. 일반 프로그램과 머신러닝의 차이

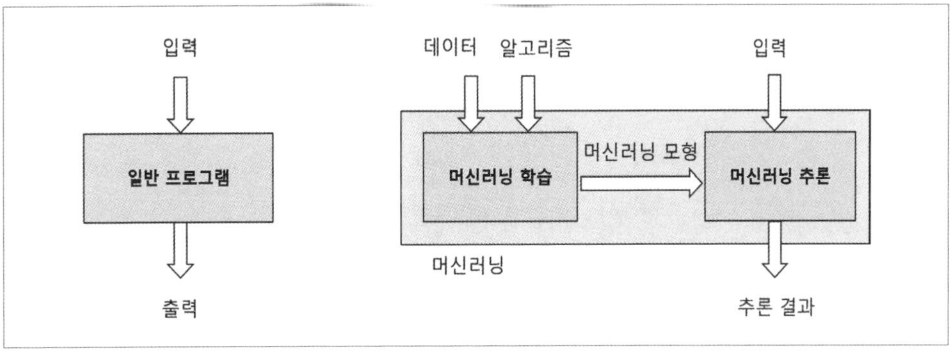

이런 머신러닝은 지도학습과 비지도학습으로 구분한다. 지도학습(Supervised Learning)이란 정답을 알려주면서 진행하는 학습이다. 주로 주어진 데이터와 레이블(Label, 정답)을 이용해 새로운 데이터(입력)의 레이블(추론 결과)을 예측하는 데 사용된다. 분류와 회귀가 대표적인 지도학습이다. 회귀는 입력된 데이터에 대해 연속된 값으로 예측하는 것을 의미한다. 제4부에서 서술하는 모형은 모두 지도학습의 회귀모형이다. 반면, 비지도학습(Unsupervised Learning)은 정답이 없이 진행되는 학습이다. 보통 데이터 자체에서 스스로 패턴을 찾아내야 할 때 사용된다. 군집화와 차원축소가 대표적인 비지도학습

이다.

변수의 역할(종속변수 Y, 독립변수 X)과 변수의 타입(Type, 수치형과 범주형)에 따라 머신러닝을 구분하면 도표 15-9와 같다. 정형데이터는 명확한 형식과 구조를 가진 데이터이며, 이 책에서 다루는 일반적으로 테이블 형태로 정리된 데이터이다. 반면, 비정형데이터는 정형화된 틀이 없는 데이터이며 사진, 비디오, 소셜 미디어 게시물이 해당된다. 종속변수가 1개이면 단변량, 2개 이상이면 다변량이라고 한다. 이 책에서는 다중회귀, 규제회귀, 시계열분석, 의사결정나무, 랜덤 포레스트 등 종속변수가 수치형인 단변량 회귀모형을 설명한다.

도표 15-9. 변수의 역할과 타입에 따른 머신러닝 구분

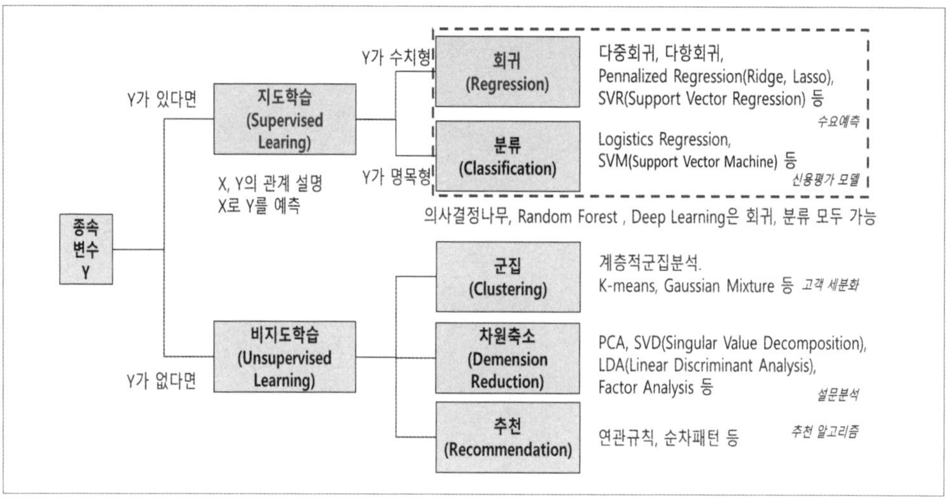

14장에서 좋은 회귀식은 데이터를 잘 설명하는 모형이라고 하였다. 이를 위해 회귀분석은 최소자승법(Least Squares Method)을 사용하여 데이터와 회귀선 사이의 거리(잔차)들을 최소화하는 방식으로 데이터 패턴을 찾는다고 설명하였다. 이 때 회귀의 성능을 평가하는 지표는 도표 15-10과 같다.

일반적으로 RMSE(Root Mean Squared Error)는 다양한 유형의 예측모형에서 널리 사용되는 표준 지표이지만, 예측 정확도를 언급할 때 (1 -MAPE)를 사용하기도 한다. MAPE(Mean Absolute Percentage Error)는 관측치와 예측치 간의 차이를 백분율로 나타낸 것이다. 해석이 용이하고 다양한 단위를 가진 데이터에 적용하기 적합하지만 관

측치가 0에 가까울 때, MAPE는 매우 크거나 무한대가 될 수 있다. MSE나 RMSE에 로그를 적용하여 MSLE(Mean Squared Log Error)와RMSLE(Root Mean Squared Log Error)도 사용한다.

도표 15-10. 회귀의 성능을 평가하는 지표

평가 지표	정의 및 특징	수식
MAE (Mean Absolute Error)	실제값과 예측값의 차이를 절댓값으로 변환해서 평균한 값 오차의 절대값을 사용하기 때문에, 예측이 과소평가되었는지 과대평가되었는지 구별하기 어려움	$MAE = \frac{1}{n}\sum_{i=1}^{n}\lvert Y_i - \hat{Y}_i\rvert$
MAPE (Mean Absolute Percentage Error)	실제값과 예측값간의 차이를 백분율로 나타낸 것 실제값이 0 또는 0에 가까운 경우, MAPE는 매우 크거나 무한대로 발산할 수 있음 실제값에 비해 예측값이 너무 낮은 경우, 동일한 절대 오차에 대해 예측값이 너무 높은 경우보다 더 높은 오차를 보일 수 있음	$MAPE = \frac{1}{n}\sum_{i=1}^{n}\left\lvert\frac{Y_i - \hat{Y}_i}{Y_i}\right\rvert \times 100(\%)$
MSE (Mean Squared Error)	실제값과 예측값의 차이를 제곱해 평균한 값 미분 가능한 연속 함수이기 때문에 최적화하기 쉬움 실제 오류보다 더 커지는 특성이 있음 이상치에 더 민감하므로, 모델이 큰 오차를 생성할 때 이를 강조하는 유용함	$MSE = \frac{1}{n}\sum_{i=1}^{n}(Y_i - \hat{Y}_i)^2$
RMSE (Root Mean Squared Error)	MSE에 루트를 씌운 값으로 실제 값과 예측 값 사이의 오차를 원래 단위로 제공 과대 예측과 과소 예측의 오차를 동일하게 취급, 이는 모델의 편향을 숨길 수 있음	$RMSE = \sqrt{\frac{1}{n}\sum_{i=1}^{n}(Y_i - \hat{Y}_i)^2}$
R^2	Coefficient of Determination, 결정계수 회귀선에 의한 변동(SSR)을 총변동(SST)으로 나눈 값	$R^2 = \frac{SSR}{SST}$

훈련(또는 학습)데이터에 대하여 RMSE 또는 MAPE가 너무 크다면, 설명력이 없어서 적용할 수 없는 과소적합 모형이다. 그렇다고 훈련데이터에 대하여 RMSE 또는 MAPE가 작다고 좋은 모형이라고 단정할 수는 없다. 훈련데이터에 대하여 RMSE 또는 MAPE는 작은 모형이지만 테스트데이터에 대해서는 RMSE 또는 MAPE는 클 수도 있다. 이는 과대적합 모형이다. 이와 같이 훈련데이터는 머신러닝 모형의 학습에 가장 큰 영향을 미친다.

과소적합(Underfitting)은 모형이 너무 단순하여 데이터의 내재된 구조를 파악하지 못하는 경우이다. 충분하지 못한 특징만으로 학습되어 일부 특징에만 편향되게 학습된 모형이다. 즉, 편향(Bias)이 큰 모형은 과소적합이 되는 경향이 있다. 훈련데이터조차 제대로 학습하지 못했기 때문에 발생한다. 데이터의 핵심 특징을 누락하지 않고 모형을 개발하는 것이 중요하다.

과대적합(Overfitting)은 모형이 훈련데이터에만 너무 잘 맞아서 새로운 테스트데이터에 대한 예측력이 떨어지는 경우이다. 학습 과정에서 특징(Feature 또는 변수)이 필요 이상으로 많을 경우 발생한다. 분산(Variance)은 훈련데이터에 있는 작은 변동에 모형이 민감하게 반응하여 나타난다. 따라서 분산이 클수록 과대적합이 되는 경향이 있다. 다항회귀에서 차수가 높을수록 과대적합 문제가 발생한다. 즉, 모형이 복잡해지면 과대적합의 경향이 있다. 과대적합을 방지하기 위해서는 충분한 훈련데이터를 확보할 필요가 있다. 데이터를 충분히 확보할 수 없다면 학습에 사용한 특징을 줄이거나, 특징들의 값을 정규화하여 일부 특징에 의한 편향을 줄이는 방법을 고민할 필요가 있다. 일반회귀에서는 회귀식의 비용함수를 변경한 규제회귀를 사용하기도 한다(제16장 참조).

"Understanding the Bias-Variance Tradeoff"[9]에서 편향과 분산의 상충관계, 에러에 대해 잘 설명하고 있다. 도표 15-11은 편향과 분산의 상충관계를 보여준다.

도표 15-11. 편향과 분산의 상충관계

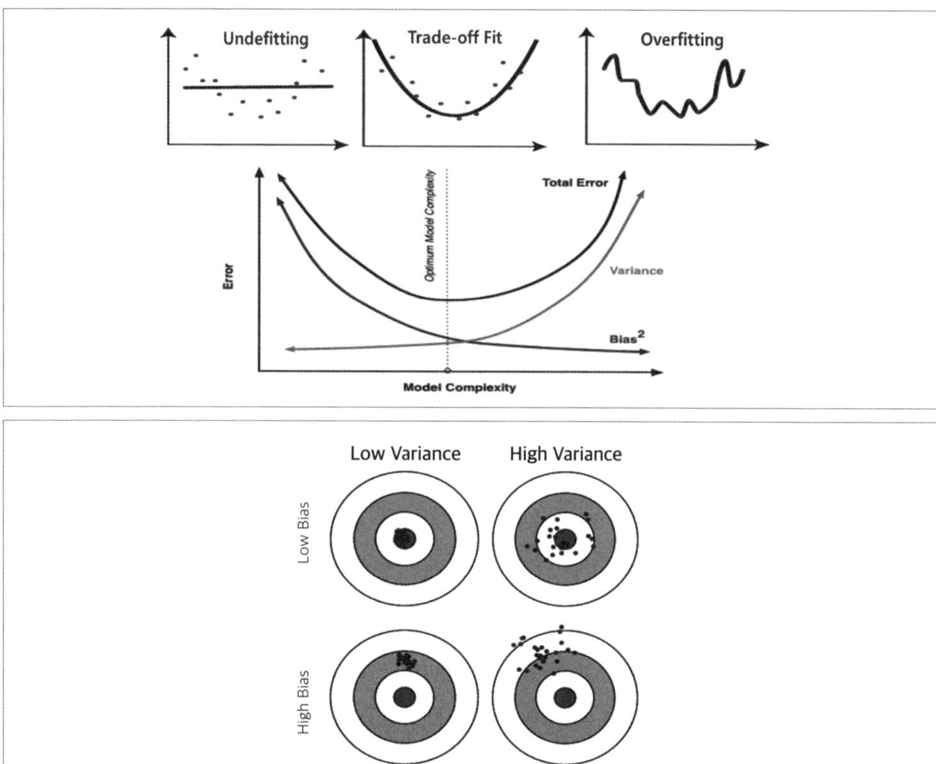

출처: Understanding the Bias-Variance Tradeoff, https://scott.fortmann-roe.com/docs/BiasVariance.html, 일부 내용 추가

에러는 편향(Bias)에 의한 에러, 분산(Variance)에 의한 에러 그리고 노이즈항으로 구성된다[9]. Error(x) = $Bias^2$ + Variance + Irreducible Error. 여기서 Irreducible Error는 모형이 감축할 수 없는 노이즈 항목이다. 따라서 우리는 편향과 분산을 통제한다. 편향과 분산은 상충관계로, 편향이 높아지면(과소적합) 분산은 낮아지고, 분산이 높아지면(과대적합) 편향이 낮아지는 경향이 있다. 우리는 전체 에러율이 가장 작은 모형을 개발하여야 한다.

도표 15-11의 하단 그래프에서 좌측 상단의 편향과 분산이 작은 모형을 만들기 위해서는 가급적 충분한 데이터를 확보하고, 도메인 지식을 바탕으로 설명 인자를 도출하며, 적절한 알고리즘을 선정하는 모델링 역량을 확보할 필요가 있다.

이론적인 관점에서 에러를 최소화하는 모형이 중요하다. 하지만 현실에서 모형은 결국 의사결정을 위한 논리적 설명자료의 일부이다. 에러가 최소화된 모형만이 아니라 고객과 상급자가 납득할 수 있는 인과관계에 의한 논리적 설명을 제공해야 한다. 이러한 관점에서 남준우와 허인 교수는 적정모형의 기준을 Gujarati(1998)의 도서를 참조하여 아래 내용을 고려할 수 있다고 하였다[3].

- ✓ (Parsimony) 모형은 단순해야 한다.
- ✓ (Identifiability) 모형은 식별가능해야 한다.
- ✓ (Goodness of Fit) 모형은 설명력이 있어야 한다.
- ✓ (Theoretical Consistency) 모형은 이론적으로 설명할 수 있어야 한다.
- ✓ (Predictive Power) 모형의 결과를 이용하여 예측 가능해야 한다.

제 4부에서 다양한 알고리즘으로 모형을 개발한다. 개발한 모형이 위에서 언급한 기준에 부합하는지 확인할 필요가 있다. 이 책에서는 딥 러닝 모형을 설명하지 않는다. 일반적으로 딥 러닝은 데이터가 충분해야 잘 작동한다. 딥 러닝 알고리즘은 구조적인 특성으로 인해 비즈니스 변화에 따른 인과관계로 예측 결과를 설명할 수가 없다. 단지 과거 데이터에만 의존하여 추론하므로, 예외적인 환경 변화 및 미래 시나리오를 사용자의 의도에 따라 논리적으로 모형에 반영하기도 어렵다. 충분한 데이터를 확보하기 어렵거나 코로나 19와 같은 예외적인 환경에서 복합 SCFI 예측을 딥 러닝을 적용하는 것은 무리가 있다고 판단한다.

실무에서는 충분한 데이터를 확보하지 못한 상태이지만 예측을 수행해야 하는 상황을 자주 맞이한다. 이 책에서는 이러한 상황에서 시계열 데이터를 분석하는 방안을 서술하며, 딥 러닝을 별도로 언급하지는 않는다. 하지만 빅 데이터를 확보하였다며 딥 러닝의 적용을 검토할 수 있다.

이 책에서 SCFI 예측을 위해 훈련 및 테스트데이터가 매우 부족한 상태에서 실습을 진행한다. 저자가 현실에서 부딪히는 상황을 독자도 유사하게 경험하게 하기 위해서이다. 모든 혁신이 그렇듯이 그럼에도 불구하고 데이터분석을 해야 한다. 데이터 분석이 설득력이 약할 수 있으며, 최적의 해결책 대신 차선책을 고민해야 하는 경우가 많다. 독립변수의 수가 증가할수록 필요한 데이터는 더욱더 많이 요구된다. 회귀분석에서는 독립변수의 최소 10배에서 20배 이상의 데이터가 필요하다.

이 책에서 우리는 다양한 모형을 다룬다. 모형 개발 시 명심해야 할 내용 중 하나는 "No Free Lunch Theorem"이다. 이 NFL 정리는 머신러닝에서 어떤 최적화 알고리즘도 모든 문제에 대해 항상 최적이지 않다는 이론적인 설명이다. 이 정리는 모든 문제에 대해 평균적으로 모든 최적화 알고리즘이 동등하다고 말하며, 특정 문제에 특화된 알고리즘만이 그 문제에서 더 효과적일 수 있다는 것을 의미한다.

ChatGPT가 제안한 모형의 파이썬 코드를 이해하자

머신러닝의 개념을 구현하기 위해서는 머신러닝을 지원하는 사이킷런의 프레임워크를 이해해야 한다. 도표 15-12는 다중회귀모형의 파이썬 코드와 코랩에서 실행한 결과이다. 테스트데이터에 대한 MSE값과 결정계수를 보여준다.

도표 15-12. 다중회귀모형의 기본 파이썬 코드(코랩)

```
# Scikit-learn 라이브러리에서 사용되는 주요 모듈을 설치한다.
from sklearn.model_selection import train_test_split
from sklearn.linear_model import LinearRegression
from sklearn.metrics import mean_squared_error, r2_score

# 회귀분석을 위해 데이터를 준비한다.
```

```
# YYYYMM 는 시간변수임. 회귀분석에서는 제외하지만, 필요하면 시계열분석을 위해 그대로 유지함
X = data.drop(['SCFI_C', 'YYYYMM'], axis=1)     # 독립변수의 데이터 생성
y = data['SCFI_C']                              # 종속변수의 데이터 생성

# 데이터를 훈련데이터와 테스트데이터로 분리한다.
X_train, X_test, y_train, y_test = train_test_split(X, y, test_size=0.3, random_state=42)

# 선형회귀모형 객체를 생성하고 학습한다
# 다른 방식의 모형 개발은 이장의 마지막 부분 "선형회귀모형을 위해 데이터를 변환하자"를 참조함
model = LinearRegression()                      # 인스턴스 생성
model.fit(X_train, y_train)                     # 적합 또는 훈련

# 예측을 수행한다.
y_pred = model.predict(X_test)

# 평가지표를 계산한다.
mse = mean_squared_error(y_test, y_pred)
r2 = r2_score(y_test, y_pred)
```

```
(4125.338068483129, 0.9097917829940816)
```

위의 ChatGPT가 생성한 파이썬 코드와 이 책에서 향후 개발할 모든 머신러닝은 기본적으로 아래의 머신러닝 모형 구축 절차를 따른다.

1) 주요 모듈 설치하기
2) 종속변수와 독립변수 준비하기
3) 훈련데이터와 테스트데이터 분리하기
4) 모형의 인스턴스를 생성하고 훈련데이터에 대해 학습하기
5) 테스트데이터에 대해 예측하기
6) 모형의 평가지표를 계산하기

1) 주요 모듈 설치하기

사이킷런(Scikit-Learn)은 파이썬 머신러닝 라이브러리 중에서 가장 많이 사용되는 라이브러리이다. 최근에는 텐서플로, 케라스 등 딥 러닝 전문 라이브러리 등도 많이 사용되고 있다. 사이킷런은 오랜 기간 실전 환경에서 검증된 성숙한 라이브러리이다. 사이

킷런은 훈련데이터를 기반으로 머신러닝 모형을 학습시키기 위해서 fit( ) 함수와 이렇게 학습된 모형을 기반으로 테스트데이터에 대하여 추론 즉, 예측을 적용하기 위해 predict( ) 함수를 제공한다. 모든 사이킷런 클래스는 fit( )와 predict( )만을 이용해 간단하게 학습과 예측을 할 수 있다. 사이킷런에서는 분류 알고리즘을 구현한 클래스를 Classifier로, 회귀 알고리즘을 구현한 클래스를 Regressor로 지칭한다. Classifier와 Regressor합쳐서 Estimator 클래스라고 한다. 따라서, 지도학습의 알고리즘을 구현한 Estimator 클래스는 내부적으로 fit( )와 predict( ) 함수를 구현하고 있다. 단순하게 생각하자. fit( )와 predict( )로 머신러닝 모형을 학습시키고 추론을 할 수 있다. 그리고 statsmodels는 R 언어에서 제공하는 통계적 모델링 및 데이터분석에 상응하는 기능을 파이썬에서 사용할 수 있게 해주는 라이브러리이다. tsa는 Time Series Analysis의 약자로, 이 모듈은 시계열 데이터를 분석하고 예측하는 데 필요한 다양한 클래스와 함수를 제공한다.

도표 15-13은 이 책에서 자주 사용하는 사이킷런과 statsmodels의 핵심 모듈을 요약하고 있다. 사이킷런과 statsmodels은 인자 즉 피처(Feature) 처리, 데이터 분리 및 하이퍼파라미터 튜닝, 모형의 학습과 추론 적용 그리고 평가를 위한 다양한 모듈을 제공한다. 하이퍼파라미터는 머신러닝 모형을 구성할 때, 학습 과정에 의해 자동으로 결정되는 파라미터가 아니라, 사용자가 직접 설정해야 하는 파라미터를 의미한다. 하이퍼파라미터 튜닝은 최상의 예측 성능을 내도록 하이퍼파라미터의 최적의 조합을 찾는 과정이다.

도표 15-13. 사이킷런과 statsmodels의 머신러닝 주요 모듈

구분	주요 모듈	주요 기능
데이터 전처리	sklearn.preprocessing	- 스케일링, 중앙 집중화, 정규화 및 인코딩과 같은 기본적인 데이터 전처리 작업
	sklearn.feature_selection	- 모델을 훈련시키기 전에 중요하거나 관련성이 높은 피처(특성)를 선택하는 과정 지원
	sklearn.model_selection	- 데이터를 훈련데이터와 테스트데이터로 분할 - 최적의 하이퍼파라미터를 찾기 위한 교차 검증을 수행하는 등의 모델 선택 지원
머신러닝 알고리즘	sklearn.linear_model	- 다중회귀, 리지 및 라쏘회귀와 같은 다양한 선형모형 지원, 예측성능에 초점을 맞추고 있음
	statsmodels.tsa.api	- 시계열 데이터를 추세, 계절성, 그리고 잔차로 분해하는 기능을 제공 - 이동평균법, 단순지수평활법, Holt-Winters Exponential Smoothing 등 기능 제공 - 시계열 데이터의 자기상관과 부분 자기상관을 계산, ARIMA, SARIMAX 시계열 모델링 기법
	statsmodels.api	- 선형 회귀, 로지스틱 회귀 등 일반적인 통계 모델을 지원함
	sklearn.tree	- 의사결정 트리 알고리즘을 포함하고 있으며, 분류 및 회귀 문제에 사용
	sklearn.ensemble	- 앙상블방법론을 사용한 모형(랜덤 포레스트, 그래디언트 부스팅. 에이다부스트 등) 제공
평가	sklearn.metrics	- 분류, 회귀, 클러스터링 등 머신러닝 모형의 성능을 평가하기 위한 다양한 측정 지표
	statsmodels.api	- 회귀분석의 결과에 대해 상세한 통계정보(각 회귀계수의 표준오차, t-값, p-값 등)을 제공 - 각 계수의 유의성 평가, 모델의 적합성 평가 등을 할 수 있음

"from sklearn.linear_model import LinearRegression"는 다중선형회귀분석을 위하여 sklearn.linear_model 모듈에서 LinearRegression 클래스 가져오기를 구현한 것이다.

2) 종속변수와 독립변수 준비하기

독립변수와 종속변수를 정의하고 데이터를 할당한다. 아래 코드는 데이터프레임 data에서 복합 SCFI(SCFI_C)와 년월(YYYYMM) 칼럼을 제외한(drop) 칼럼들의 새로운 데이터프레임을 독립변수 X에 할당한다. axis는 행 또는 열을 기준으로 제거할지를 지정한다. 칼럼(열)을 제거할 때는 1을 지정한다(0은 행을 제거). 종속변수 Y에 예측을 하고자 하는 복합 SCFI(SCFI_C) 칼럼의 데이터만을 할당한다.

```
X = data.drop(['SCFI_C', 'YYYYMM'], axis=1)
y = data['SCFI_C']
```

3) 훈련데이터와 테스트데이터로 분리하기

앞서 머신러닝 개념에서 과대적합의 문제점에 대해서 언급한 바 있다. 데이터를 선별하여 학습을 한다면 실제 적용과정에 많은 예측오차가 있을 것이고 이는 성능 저하로 연결된다. 머신러닝 모형의 성능을 평가하고 일반화 능력을 검증하기 위하여 교차검증(Cross-Validation)을 사용한다. 이 방법은 데이터를 여러 부분으로 나누어, 일부는 훈련에 다른 일부는 검증에 사용하는 과정을 반복적으로 수행한다. 이를 위해 데이터를 훈련데이터, 검증데이터, 테스트데이터로 나눌 수 있다.

도표 15-14. 훈련데이터, 검증데이터 그리고 테스트데이터의 분리

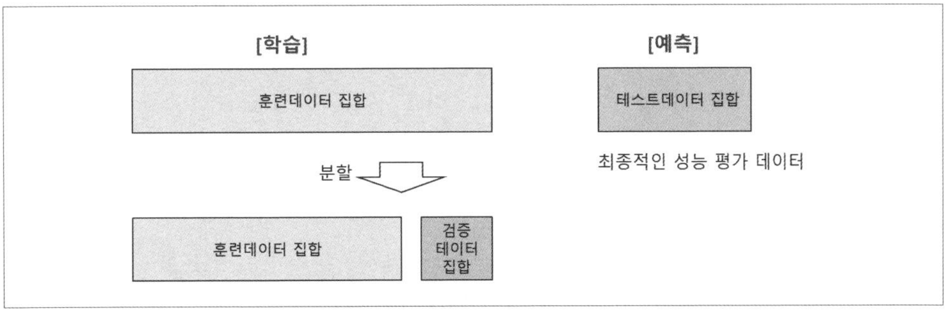

대부분의 머신러닝 모형의 성능 평가는 교차검증을 통해 1차 평가를 하고, 최종적으로 테스트데이터에 대해 평가한다. 특히, 분류 문제는 도표 15-15와 같이 K폴드 교차검증 데이터를 만들어 평가할 수 있다. K폴드 교차검증(K-Fold Cross-Validation)은 K개의 데이터 폴드 집합을 만들어 K번 만큼 각 데이터 폴드 집합에 학습과 검증 평가를 반복적으로 수행하는 방법이다.

사이킷런은 교차검증과 최적 하이퍼파라미터 튜닝을 한 번에 지원하는 GridSearchCV( ) 함수 등을 제공한다. GridSearchCV( )를 이용해 교차검증과 하이퍼파라미터 튜닝을 한 후 별도의 테스트데이터에서 평가를 하는 것이 일반적이다. cross_val_score( )를 통해 교차검증만을 수행할 수도 있다.

도표 15-15. 5-폴더 교차검증 데이터

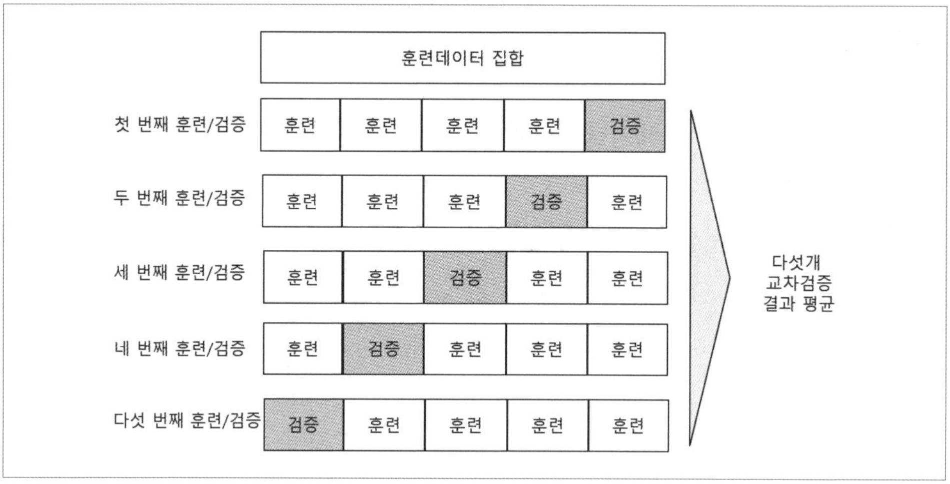

하지만 이 책에서 처리하는 데이터은 대부분 시계열 데이터이므로 데이터의 순서가 매우 중요하다. 따라서 분류 문제에서 사용하는 교차검증 방식을 그대로 적용할 수는 없다. 시간 또는 시차 정보가 없는 변수만으로 모형을 구성한다면 교차검증을 회귀 문제에도 적용할 수 있다. 시계열 데이터는 시간 정보를 반영한 교차검증을 해야 한다.

train_test_split( ) 함수는 전체 데이터의 독립변수, 종속변수, 테스트데이터 비율, 난수 값을 인자로 받는다. 도표 15-12에서 테스트데이터를 분리하는 코드를 검토하자. X_ train, X_test, y_train, y_test = train_test_split(X, y, test_size=0.3, random_state=42)

위 코드는 독립변수 훈련데이터 X_train, 독립변수 테스트데이터 X_test, 종속변수 훈련데이터 y_train, 종속변수 테스트데이터 y_test를 테스트데이터의 비율(예시: 위 코드의 경우 "30%")에 맞추어 데이터를 자동으로 분리한다. 여기서 동일한 데이터로 분리하기 위해 random_state에 임의의 숫자를 부여해야 한다(예시: 위 코드의 경우 "42"). random_state를 특정 값 (예: "42")으로 설정하면 동일한 코드가 여러 번 실행되더라도 항상 같은 결과를 얻을 수 있다. 이는 실험 결과가 일관되게 유지되고 다른 사람들이 동일한 결과를 재현할 수 있게 한다.

4) 모형의 인스턴스를 생성하고 훈련데이터에 대해 학습하기

모형을 학습하기 위해서는 인스턴스(Instance)를 생성해야 한다. model = LinearRegression( )는 선형회귀를 지원하는 LinearRegression 클래스로부터 선형회귀모형인 하나의 인스턴스를 생성하는 것을 보여준다.

다음은 인스턴스에 대해 학습한다 model.fit(X_train, y_train)은 이렇게 생성한 인스턴스 model을 대상으로 독립변수의 훈련데이터 X_train과 종속변수의 훈련데이터 y_train를 가지고 지도학습을 한다.

5) 테스트데이터에 대해 예측하기

학습된 인스턴스을 기반으로 테스트데이터에 대해 예측을 수행한다. y_pred = model.predict(X_test)는 앞에서 학습된 인스턴트 model을 기반으로 독립변수의 테스트데이터 X_test를 이용하여 예측을 수행하고 예측결과를 y_pred에 저장한다.

6) 모형의 평가지표를 계산하기

테스트데이터에 대해 평가지표인 MSE와 결정계수를 계산한다. mse = mean_squared_error(y_test, y_pred)는 관측치 y_test와 모형에서 구한 예측치 y_pred의 MSE를 계산하여 mse에 저장한다. r2 = r2_score(y_test, y_pred)는 관측치 y_test와 예측치 y_pred의 결정계수를 계산하여 r2에 저장한다.

위의 머신러닝 모형 구현 절차는 다중회귀분석뿐만 아니라, 다른 머신러닝 모형 개발에도 동일하게 적용된다. ChatGPT는 연속해서 질문을 하지 않으며, 새로운 요청을 할 때 마다 모형을 재 개발하기도 한다. 동일한 다중회귀모형을 개발할 때도 어떤 때는 사이킷런 라이브러리를 이용하기도 하고, statsmodels 라이브러리를 이용하기도 한다. 도표 15-12는 사이킷런으로 개발한 다중회귀모형이고, 도표 15-17은 statsmodels의 라이브러리를 사용한 모형이다.

ChatGPT가 처음 제안한 모형을 분석하자

ChatGPT는 앞에서 결정계수가 0.91인 설명력이 좋은 회귀모형을 제시하였다. 나아가 다음과 같은 모형 점검의 필요성까지도 언급한다. 계수의 크기와 부호가 실제 비즈니스 상황과 일치하는지, 다중 공선성, 잔차분석, 모형 가정에 대한 검증, YYYYMM 변수가 시계열 데이터이므로 이를 고려한 모델링의 필요성 등이다. ChatGPT는 이를 통해 모형의 정확성과 안정성을 더욱 향상시킬 수 있다고 제안한다. 단, 데이터가 부족하여 발생할 수 있는 문제일 수도 있다는 점도 고려하자.

[2-1. 회귀식의 적합성 검정]

우리는 14장의 "엑셀을 이용하여 선형회귀모형을 개발하자"에서 언급한 대로 회귀식의 적합성을 먼저 점검하자. 이를 위해 이번에는 훈련데이터에 대한 회귀분석 통계량을 ChatGPT에 요청한다. ChatGPT는 도표 15-16에서 개발된 회귀모형은 매우 유의하다고 답하고 있다.

도표 15-16. 훈련데이터의 회귀분석 통계량에 대한 ChatGPT 답변

> **You**
> 회귀분석의 통계량을 보여줘
> - 다중상관계수, 결정계수,조정된결정계수. 표준오차
> - 분산분석의 F 검정 결과
>
> **Data Analyst**
> 회귀분석 결과의 주요 통계량은 다음과 같습니다:
>
> 1. **다중상관계수 (Multiple Correlation Coefficient)**: 약 0.974. 이는 독립변수들이 종속변수와 상당히 높은 상관관계를 가지고 있음을 나타냅니다.
> 2. **결정계수 (R-squared)**: 약 0.949. 모델이 데이터의 약 94.9%를 설명한다는 것을 의미합니다.
> 3. **조정된 결정계수 (Adjusted R-squared)**: 약 0.915. 독립변수의 수가 많기 때문에 조정된 결정계수를 사용하는 것이 적절하며, 이 값은 모델이 약 91.5%의 변동을 설명한다고 해석할 수 있습니다.
> 4. **표준오차 (Standard Error of Regression)**: 약 57.38. 이는 회귀선 주위의 분산의 추정치를 나타냅니다.
>
> 또한 분산분석(ANOVA)의 결과를 나타내는 **F-통계량**은 약 27.999이며, 이에 대한 **p-값**은 3.60×10^-9로 매우 작습니다. 이는 회귀모델이 통계적으로 매우 유의하다는 것을 의미합니다. [>_]

ChatGPT가 생성한 파이썬 코드는 도표 15-17과 같다. 건너 뛰어도 상관없다. ChatGPT를 사용한다면 아래 코드를 정확히 이해할 필요는 없다.

도표 15-17. 회귀분석의 통계량 파이썬 코드

```
# statsmodels를 사용하여 통계정보를 추출한다(15장 "선형회귀모형을 개발하는두가지 방법을 이해하자"를 참조)
import statsmodels.api as sm
X_train_sm = sm.add_constant(X_train)              # statsmodels를 위해 상수항을 추가함
model_sm = sm.OLS(y_train, X_train_sm).fit()       # OLS모형을 적합(학습)시킴

multiple_correlation = model_sm.rsquared**0.5      # 다중 상관계수는 결정계수를 제곱근함
r_squared = model_sm.rsquared                      # 결정계수
adjusted_r_squared = model_sm.rsquared_adj         # 조정된 결정계수
standard_error = model_sm.scale**0.5               # 표준오차는 잔차의 분산에 대한 불편추정량의 제곱근
f_value = model_sm.fvalue                          # 모델의 전반적인 유의성을 나타내는 F-통계량 값
f_pvalue = model_sm.f_pvalue                       # F-통계량에 관련된 p-값

regression_stats = pd.DataFrame({
  'Statistic': ['Multiple Correlation Coefficient', 'R-squared', 'Adjusted R-squared', 'Standard Error of Regression', 'F-statistic', 'F-statistic p-value'],
```

```
    'Value': [multiple_correlation, r_squared, adjusted_r_squared, standard_error, f_value, f_pvalue]
})
regression_stats
```

결정계수가 크기만 하면 되는가? 회귀계수의 부호가 비즈니스 현실과 일치하는가? 특정 인자는 왜 영향력이 작은가? 특정 인자를 왜 추가하지 않았는가? 등 다양한 질문이 모형의 보고 현장에서 언급된다. 도메인에 대한 지식이 없는 데이터분석가는 시스템에서 제시한 모형을 별다른 의심없이 고객에게 그대로 보고하는 경향이 있다. 많은 경우 해당 모형으로 고객을 설득하긴 어려울 것이다.

12개 독립변수 모두를 모형에 반영하고자 한다면 최소 120 개월에서 240개월의 데이터를 확보하고 있어야 한다. 그러나 위 예제에서는 45개월의 데이터만을 확보하고 있다. 100% 완벽한 환경에서 최상의 모형을 개발하기가 쉽지 않다. 즉, 데이터와 개발한 모형의 한계를 이해하고 있다면, 열악한 환경에서 개발한 모형이 비록 차선이지만 스스로 모형을 변호할 수 있고 모형에 자신감을 갖을 것이다. 우선 도메인 관점에서 기본적인 점검 항목과 ChatGPT가 언급한 내용을 중심으로 모형을 점검하자.

[2-2. 회귀계수의 크기와 부호가 실제 상황과 일치하는지]

일반적으로는 컨테이너의 수요와 공급이 SCFI에 가장 큰 영향을 미칠 것이다. 하지만 도표 15-6의 회귀식에서는 수요에 해당하는 중국발 컨테이너 물동량과 공급에 해당하는 명목선복량의 계수를 '0'으로 하여 모형에서 제외하였다. 독자는 다음과 같은 질문을 할 수 있다. 중국발 컨테이너 물동량과 명목선복량이 정말로 수요와 공급을 대변하는가? 가장 잘 대변하는 변수라고 할 수는 없지만 수요와 공급에 관련된 변수임에는 틀림없다.

또한 용선료와 유가가 오르면 SCFI가 상승한다고 생각하지만, 모형의 계수가 음수이므로 SCFI가 하락한다고 나타낸다. 마찬가지로 미국 경기선행지수가 오르면 SCFI가 상승한다고 생각하지만, 모형의 계수가 음수이므로 SCFI가 하락하는 것으로 표현된다. ChatGPT는 다른 조건이 통제되었을 때 미국 경기선행지수가 1단위 증가하면 SCFI는 2267.73만큼 감소할 것으로 예상한다. 시점을 선행하는 것이 아닌 동일 시점에 대한 감소이다. 제시한 회귀모형은 시차를 반영하고 있지 않다. 따라서 시차를 반영하기 위해서는 모형에 시차와 관련된 독립변수를 정의하고 추가해야 한다.

일반적으로 회귀계수의 크기와 부호가 실제 상황과 일치하지 않는 회귀모형은 신뢰할 수 없으며, 이러한 모형을 사용하는 것은 적절하지 않다. 모든 독립변수가 상식과 반드시 일치해야 하는 것은 아니다. SCFI 예측과 같이 방대한 데이터에 기반하여 모형을 개발할 수 없는 경우라면, 가급적 상식과 일치하는 모형이 보다 설득력이 있다. 발표하는 모형의 결정계수가 큰 값이어서 보고 현장에서는 별다른 이견이 없을 수도 있다. 하지만 고객은 상식과 어긋나는 모형에 100% 동의하지는 않는다. 모형이 복잡할수록 상식과 일치하는 모형을 개발하기가 쉽지 않다.

[2-3. 개별 회귀계수의 유의성과 다중 공선성]

통계적으로 유의미한 영향을 미치지 않는 독립변수가 회귀모형에 포함되어 있는지 확인해야 한다. 일반적으로는 p값이 0.05보다 높은 독립변수들을 우선적으로 고려한다. 높은 p값을 가진 변수는 미국 경기선행지수, 미국 물가, 글로벌 물가, 선박의 글로벌 정시성, 미국 실질 GDP, 글로벌 실질 GDP, 유가 등이 있다(도표 15-18 참조). 이들은 통계적으로 유의미한 영향을 미치지 않을 가능성이 높다. 독립변수 간의 상관관계나 모형의 전체적인 성능에 미치는 영향 등 다른 요소들도 함께 고려하면서 검토해야 한다.

이와 관련하여 GhatGPT도 도표 15-5에서 "독립변수들 간에 상관관계가 있는 경우, 모형의 예측 성능과 해석에 문제가 생길 수 있다"고 답변하고 있다. 예를 들어, 복합 SCFI와 상관계수가 가장 큰 독립변수는 미국 경기선행지수이며, 상관계수가 0.86이다. GhatGPT가 제안한 모형은 미국 경기선행지수를 모형에 포함하면서, 미국 경기선행지수와 상관계수가 0.9인 글로벌 물가도 모형에 시켰다.

이와 같이 독립변수에 대한 특별한 제약을 언급하지 않으면, ChatGPT가 처음에 제안한 다중회귀모형은 비슷한 성격의 독립변수를 중복해서 모형에 포함한다. 이는 다중 공선성과 모형의 복잡도를 증가시킨다. 다중 공선성(Multicollinearity)이란 독립변수들 간에 높은 상관관계가 존재하는 현상을 의미한다. 다중 공선성은 모형의 예측 성능과 해석에 다음과 같은 문제를 야기할 수 있다.

✓ 계수 추정의 불안정성: 높은 상관관계를 가진 독립변수들은 서로 중복된 정보를 제공한다. 이로 인해 회귀계수의 추정이 불안정해지며, 이는 작은 데이터 변화에도 회귀계수가 크게 달라질

수 있음을 의미한다.

- ✓ 해석의 어려움: 독립변수들이 서로 강하게 연관되어 있으면, 각 변수의 독립적인 영향을 구분하기 어렵다. 회귀계수를 해석하기 위해서는 다른 독립변수의 값이 일정해야 한다. 두 변수가 동시에 변화할 수 있기 때문에 종속변수의 변화량을 해석할 수가 없다. 예를 들어, 두 변수가 비슷한 변동을 보일 때, 어느 변수가 종속변수에 영향을 미치는지 명확히 파악하기 어렵다.
- ✓ 과대적합(Overfitting)의 위험: 다중 공선성은 모형이 특정 샘플 데이터 또는 훈련데이터에 과도하게 적합되는 경향을 높일 수 있다. 이는 모형이 새로운 데이터 또는 테스트데이터에 대한 일반화 능력을 잃을 수 있음을 의미한다.
- ✓ 신뢰구간과 가설 검정의 문제: 높은 다중 공선성은 계수의 표준오차를 증가시킬 수 있다. 이는 신뢰구간이 넓어지고, 통계적 유의성을 판단하기 어려워진다는 것을 의미한다. 결과적으로, 실제로 중요한 변수가 통계적으로 유의미하지 않다고 잘못 결론지어질 수 있다.

다중 공선성의 정도를 나타내는 척도로 분산팽창계수(Variance Inflation Factor, VIF)가 있다. j번째 회귀계수의 추정량에 대한 분산팽창계수 VIF_j은 다음과 같이 정의된다.

$$VIF_j = 1 / (1 - R_j^2) \qquad j = 1, 2, \cdots, k$$

여기서 R_j^2는 X_j를 종속변수로 하고 나머지 변수를 독립변수로 하는 회귀모형에서의 결정계수를 말한다. 일반적으로 k개의 VIF_j 중 가장 큰 값이 5보다 크면 다중 공선성이 있다고 할 수 있다. 10보다 큰 값이 있으면 다중 공선성이 심각하다고 볼 수 있으며, 회귀분석 결과의 신뢰성이 크게 떨어질 수 있다.

도표 15-18은 훈련데이터에 대해 회귀계수, 표준오차, t-통계량, p-value, VIF를 계산한 결과이다. 여기서 회귀계수의 표준오차는 추정된 회귀계수가 표본에 따라 얼마나 변동될 수 있는지를 나타낸다. 표준오차가 작을수록 추정된 회귀계수는 더 안정적이고 신뢰할 수 있다. t-통계량은 회귀계수를 표준오차로 나눈 값으로 단위가 없다. 이 값은 해당 회귀계수가 0이 아닌지 여부를 검정하는 데 사용된다. t-통계량의 절댓값이 클수록 해당 회귀계수가 통계적으로 유의미하다는 것을 나타낸다. 반면, 회귀계수와 표준오차는 각각 변수의 단위에 따라 크게 영향을 받는다.

여러 변수가 매우 높은 VIF값을 가지고 있어, 이 중 일부는 다중 공선성 문제를 해결하기 위해 제거될 필요가 있다. 예를 들어, 미국 경기선행지수 (CLI_USA), 미국 물가(DEFLATOR_USA), 명목선복량 (FLEET_DEV), 선박의 글로벌 정시성(G_RELI), 미국 구매자관리지수(PMI_US), 미국 실질 GDP(R_GDP_USA), 글로벌 실질 GDP(R_GDP_WORLD)중에서 선택할 수 있다.

도표 15-18. 훈련데이터의 회귀계수, 표준오차, t-통계량, p-value, VIF

	Variable	Coefficient	Standard Error	t-value	p-value	VIF
3	DEFLATOR_USA	151.649680	160.143558	0.946961	0.356199	2.281204e+06
1	CLI_USA	-226.726872	251.808684	-0.900393	0.379800	8.563191e+05
10	R_GDP_WORLD	-0.000172	0.000532	-0.323903	0.749745	7.021585e+05
9	R_GDP_USA	2.543050	2.728894	0.931898	0.363721	6.540797e+05
5	FLEET_DEV	-0.000530	0.000235	-2.253366	0.036944	1.047940e+05
4	DEFLATOR_WORLD	1.367738	25.938251	0.052731	0.958527	2.614159e+04
8	PMI_US	38.472384	15.722134	2.447021	0.024896	5.173276e+03
7	G_RELI	-520.586042	447.294258	-1.163856	0.259678	1.093103e+03
6	G_DELAY	108.497881	59.043205	1.837601	0.082686	4.346351e+02
11	WTI	-0.726603	3.294886	-0.220552	0.827924	3.328732e+02
2	CNTR_TIMECHART	-11.773831	4.419467	-2.664084	0.015811	1.755307e+02
0	CH_EXP	0.000019	0.000005	3.480199	0.002672	1.084369e+02
12	const	7937.466963	14048.988719	0.564985	0.579058	NaN

도표 15-19. 회귀계수, 표준오차, t-통계량, p-value, VIF 계산 파이썬 코드

```
# 훈련데이터에 대해 VIF 데이터프레임을 준비하고, VIF 계산한다.
vif_data = pd.DataFrame()
vif_data["feature"] = X_train.columns
vif_data["VIF"] = [variance_inflation_factor(X_train.values, i) for i in range(len(X_train.columns))]

# 회귀계수, 표준오차, t-값, p-값을 준비한다.
coefficients = model_sm.params    # 회귀 계수를 추출함
std_errors = model_sm.bse          # 표준 오차를 추출함
t_values = model_sm.tvalues        # t-값을 추출함.
p_values = model_sm.pvalues       # p-값을 추출함

regression_results = pd.DataFrame({'Coefficient': coefficients,
                     'Standard Error': std_errors,
                     't-value': t_values,
                     'p-value': p_values,
```

```
                    'VIF': vif_data.set_index('feature')['VIF']})
# 데이터프레임을 재구성하고 변수명을 변경한다.
regression_results.reset_index(inplace=True)
regression_results.rename(columns={'index': 'Variable'}, inplace=True)
regression_results.sort_values(by='VIF', ascending=False) # VIF에 따라 결과를 정렬한다.
```

ChatGPT가 생성한 통계량 산출 코드는 도표 15-19와 같다. 별도의 코드 설명은 하지 않는다. p-value 기준으로 내림차순으로 보고 싶다면 다음의 문장으로 수정한다. regression_results.sort_values(by='p-value', ascending=False)

다중 공선성을 해결하는 일반적인 방법은 아래와 같다. 이를 통해 모형의 예측 성능을 유지하면서도 복잡성은 줄이고 해석을 용이하게 할 수 있다.

- ✓ 변수 제거: 상관관계 분석을 통해 서로 강하게 연관된 변수들을 식별하고, 이 중 하나 또는 일부를 제거한다. 예를 들어, 두 변수가 거의 같은 정보를 제공하는 경우, 하나만 선택하고 다른 하나는 제거할 수 있다.
- ✓ 주성분 분석(PCA): 이 기법은 여러 변수들의 주요 특성을 요약하여 새로운 '주성분'으로 변환한다. PCA(Principal Component Analysis)는 데이터의 차원을 줄이면서도 원본 데이터에 있는 변동의 대부분을 유지하는 데 도움이 되지만 해석이 어렵다(이 책에서 다루지 않음).
- ✓ 변수 결합: 관련된 변수들을 결합하여 새로운 변수를 생성할 수 있다. 예를 들어, 두 변수의 비율 또는 차이를 나타내는 새로운 변수를 만들 수 있다. 수요와 공급을 분자와 분모로 해서 새로운 변수, 즉 파생변수를 만들 수 있다(21장 참조).
- ✓ 정규화 기법 사용: 릿지(Ridge) 회귀나 라쏘(Lasso) 회귀와 같은 정규화 기법은 회귀계수에 제약을 가함으로써 다중 공선성 문제를 완화한다. 릿지 회귀는 계수의 크기를 줄이고, 라쏘 회귀는 일부 계수를 정확히 0으로 만들어 변수 선택의 효과를 낸다(16장 참조).

ChatGPT는 "주어진 데이터 내에서 상관관계가 높은 변수들을 식별하는 과정에서 지속적으로 문제가 발생하고 있다"고 답변한다. ChatGPT에 회귀계수의 유의성 및 다중공선성을 검토하여 3개 독립변수의 추천을 요청하면, 용선료, 중국수출량, 미국 구매자관리지수로 구성된 모형을 제안한다. 해당 모형에서 훈련데이터에 대한 회귀식은 유의하였으며, 조정된 결정계수는 0.633이다. 처음 ChatGPT.가 제안한 모형과 비교하여 테스트데이터에 대한 MSE는 15957.71로 줄어들었으나, 조정된 결정계수는 0.5646로 설명력이 감소하였다. 3개의 독립변수의 p-value는 작지만 VIF 값도 모두 10이상으로 다중 공선성이 있다. 회귀계수의 유의성 및 다중 공선성을 고려하여 새로 개발한 모형이 미래 예측에 더 적합하다고 할 수 없다. 이처럼 다양하게 모형 간 비교분석을 할 수 있다.

독립변수를 최소화하여 모형의 복잡도를 줄이는 방향이 좋지만, 항상 독립변수를 최소화하는 것이 정답은 아닐 수 있다. 분석의 목적이 개별 변수의 영향력을 파악하기 보다 예측력에 있다면 높은 다중 공선성은 큰 문제가 되지 않는다[3]. 모형 개발의 목적(현상에 대한 설명 또는 미래 예측)에 따라 어떤 독립변수를 모형에 반영할 지가 달라진다. 모델링은 ART의 영역이다.

[2-4. 잔차분석]

ChatGPT는 "다중회귀모형이 전반적으로 적절하게 설계되었지만, 잔차의 등분산성 위반 문제에 대해 추가적인 조사가 필요하다"고 한다. ChatGPT에 잔차분석만 요청하면 단지 기술통계 분석만 수행한다. ChatGPT에 1) 기술통계 분석 2) 잔차의 정규성 검정 3) 잔차와 예측치의 독립성 검정 4) 잔차의 등분산성 검정 5) 잔차와 독립변수의 상관성 검정을 수행하고 파이썬 코드도 작성해 달라고 언급할 필요가 있다. ChatGPT의 새 창(New Chat)를 오픈하여 잔차분석을 할 경우가 있다. 이때는 일관된 내용을 전달하기 위해서 새 창에 이제까지 사용한 데이터의 독립변수와 종속변수에 대한 정보 및 도출한 회귀식을 기술하고, 잔차분석의 세부 항목을 다시 요청한다.

우선 설명의 편의를 위해 전체 데이터에 대하여 잔차분석을 한다. 훈련데이터와 테스트데이터로 나누어 각자 잔차분석을 할 필요도 있다. 훈련데이터에 대한 잔차분석은 데이터의 숨겨진 구조적 문제(예, 비선형성, 이상치, 잠재적인 상호작용)를 파악할 수 있다. 반면 테스트데이터에 대한 잔차분석은 일반화 능력을 평가하는 데 사용한다.

[2-4-1. 잔차분석 진행 단계 요약]

ChatGPT는 도표 15-20과 같이 요청 내용에 대해 어떠한 방식으로 분석을 진행할지를 우선 설명한다. Shapiro-Wilk 검정, Durbin-Watson 통계량, Breusch-Pagan 검정을 사용한다.

도표 15-20. ChatGPT의 잔차분석 진행 방식 설명

> 회귀 분석 결과에 대한 잔차 분석을 진행하겠습니다. 이를 위해 다음과 같은 단계를 따르겠습니다:
>
> 1. **기술통계 분석**: 잔차의 평균, 표준편차 등 기초적인 통계적 특성을 분석합니다.
> 2. **잔차의 정규성 검정**: 잔차가 정규분포를 따르는지 검정합니다. 일반적으로 Shapiro-Wilk 검정을 사용합니다.
> 3. **잔차와 예측값의 독립성 검정**: 잔차와 예측값이 독립적인지 확인합니다. 이를 위해 Durbin-Watson 통계량을 사용할 수 있습니다.
> 4. **잔차의 등분산성 검정**: 잔차가 모든 예측값에 대해 일정한 분산을 갖는지 검증합니다. 이를 위해 Breusch-Pagan 검정을 활용할 수 있습니다.
> 5. **잔차와 독립변수의 상관성 검정**: 각 독립변수와 잔차 사이의 상관관계를 확인하여, 모델에 포함되지 않은 중요한 변인이 있는지 검토합니다.

[2-4-2. 잔차의 기술통계 분석]

세부적인 잔차분석을 수행하기 전에 아래의 기술통계 내용을 통해 전반적인 잔차분석 결과를 알 수 있다. 잔차 개수 45개는 훈련데이터와 테스트데이터의 합산한 값이다. 잔차의 평균 5.60으로 0에 가깝지는 않고, 표준편차가 51.26으로 예측의 변동성이 더 크다. 이는 모형이 불안정하다는 것을 시사한다.

도표 15-21. 잔차에 대한 기술통계 분석 결과

> 먼저 데이터를 불러오고, 모델의 예측값 및 잔차를 계산한 후 이를 기반으로 위의 분석을 진행하겠습니다. 데이터를 로드하고 필요한 분석을 시작하겠습니다.
>
> 1. **기술통계 분석 결과**:
>   - 잔차 개수: 45개
>   - 평균(mean): 약 5.60
>   - 표준편차(standard deviation, std): 약 51.26
>   - 최솟값(min): 약 -98.88
>   - 1사분위수(25%): 약 -23.33
>   - 중앙값(50%): 약 11.25
>   - 3사분위수(75%): 약 45.11
>   - 최댓값(max): 약 106.23
>
> 이러한 기초적인 통계치들은 잔차가 상당한 변동성을 가짐을 나타냅니다.

[2-4-3. 잔차의 정규성 검정과 독립성 검정]

도표 15-22에서 잔차는 정규성을 따르고, 잔차가 독립적이다는 것을 보여주고 있다. 이는 모형이 데이터를 잘 설명하고 있으며, 예측이 안정적이고 신뢰할 수 있다는 것을 시사한다.

도표 15-22. 잔차의 정규성 검정과 독립성 검정

> 이어서 잔차의 정규성 검정, 잔차와 예측값의 독립성 검정, 잔차의 등분산성 검정, 그리고 잔차와 독립변수의 상관성 검정을 진행하겠습니다. 먼저, 잔차의 정규성을 검정하겠습니다. [>-]
>
> 1. **잔차의 정규성 검정 결과** (Shapiro-Wilk test):
>   - p-value: 약 0.566
>   이 p-value 값은 일반적인 유의수준(예: 0.05)보다 훨씬 높기 때문에, 잔차가 정규분포를 따른다는 가설을 기각할 충분한 근거가 없습니다. 즉, 잔차가 정규분포를 따르는 것으로 간주할 수 있습니다.
> 2. **잔차와 예측값의 독립성 검정 결과** (Durbin-Watson test):
>   - Durbin-Watson 통계량: 약 1.84
>   이 값은 2에 가깝습니다. Durbin-Watson 통계량은 0에서 4 사이의 값을 갖으며, 2에 가까울수록 잔차들 사이에 자기상관이 없다는 것을 의미합니다. 따라서, 이 결과는 잔차가 독립적이라고 볼 수 있는 근거를 제공합니다.

잔차가 정규분포를 따른다는 것은 오차가 특정한 패턴이 없이 무작위하게 분포한다는 뜻이다. 즉, 모형이 예측하는 값들이 대체로 관측치 근처에 모여 있으며, 매우 크거나 작은 예측 오차가 발생할 확률이 비슷하게 낮다는 것을 의미한다. 정규분포는 종모양의 곡선을 그리는데, 이는 대부분의 오차가 평균값 근처에 집중되어 있고, 극단적으로 크거나 작은 오차는 드물게 발생한다는 것을 나타낸다. 이는 모형이 데이터에 대해 일관된 수준의 오차를 보이며, 특정한 방향으로의 편향성이 없음을 시사한다. 회귀분석은 잔차가 정규분포를 따른다고 일반적으로 가정하므로, 정규분포를 따르지 않는다면 모형을 신뢰할 수 없다. 데이터에 이상치가 있는지 먼저 확인하거나 변수의 스케일링 등을 검토할 필요가 있다.

잔차들 사이에 자기상관이 없다는 것은, 한 시점의 잔차(예측치와 관측치의 차이)가 이전 시점의 잔차와 독립적이라는 의미이다. 즉, 어떤 시점의 잔차가 크거나 작다고 해서 그 다음 시점의 잔차가 비슷하게 크거나 작을 것이라고 예상할 수 없다. 잔차가 예측치와 독립적이라는 것은 잔차들이 서로 상관관계가 없고, 이전 또는 이후의 잔차 값에 의해 영향을 받지 않음을 의미한다. 이는 회귀모형이 데이터를 효과적으로 설명하고, 모형이 잔차를 통해 남은 오차를 효과적으로 파악하고 있다는 것을 의미한다.

[2-4-4. 잔차의 등분산성 검정]

도표 15-23은 잔차의 분산이 일정하다는 등분산성(homoscedasticity)을 보여주고 있

다. 잔차의 분산이 모든 수준의 독립 변수에 대해 일정하다는 가정이다. 등분산성이 만족되면 회귀분석의 결과가 보다 신뢰할 수 있다. 회귀 계수의 추정이 편향되지 않고, 표준오차도 정확하게 계산된다는 의미이다.

도표 15-23. 잔차의 등분산성 검정 결과(ChatGPT가 등분산성을 heteroscedasticity로 오역)

> Breusch-Pagan 테스트 결과, 통계량은 4.429이고 p-value는 0.974입니다. p-value가 0.05보다 훨씬 크므로, 잔차의 등분산성(heteroscedasticity)을 기각할 수 없습니다. 즉, 잔차가 등분산성을 가지고 있다고 결론내릴 수 있습니다.

[2-4-5. 잔차와 독립변수의 상관성 검정]

도표 15-24는 대부분의 독립변수와 잔차 사이의 낮은 상관관계를 가지고 있음을 보여준다.

도표 15-24. 잔차와 독립변수의 상관성 검정 결과

> 마지막으로 잔차와 각 독립변수 사이의 상관성을 검정하겠습니다. 이는 각 독립변수와 잔차 사이에 상관관계가 있는지를 확인하기 위함입니다. 여기서는 Pearson 상관계수를 사용하여 각 독립변수와 잔차 사이의 상관관계를 검정하겠습니다. [>_]
>
> 1. **잔차와 독립변수의 상관성 검정 결과:**
>   각 독립변수와 잔차 사이의 Pearson 상관계수는 다음과 같습니다:
>   - CH_EXP (중국수출량): 0.0285
>   - FLEET_DEV (명목선복량): -0.0094
>   - CNTR_TIMECHART (용선료): 0.0854
>   - WTI (유가): 0.0718
>   - R_GDP_WORLD (글로벌 실질 GDP): 0.0182
>   - DEFLATOR_WORLD (글로벌 물가): 0.0416
>   - R_GDP_USA (미국 실질 GDP): -0.0080
>   - CLI_USA (미국 경기선행지수): 0.0284
>   - PMI_US (미국 구매자관리지수): -0.0288
>   - DEFLATOR_USA (미국 물가): 0.0378
>   - G_RELI (선박의 글로벌 정시성): 0.0592
>   - G_DELAY (선박의 글로벌 지연일수): -0.0756
>
> 이 결과들은 대부분의 독립변수들이 잔차와 낮은 상관관계를 가지고 있음을 보여줍니다. 상관계수의 절대값이 대체로 낮기 때문에, 독립변수들이 잔차에 크게 영향을 미치지 않는다는 것을 나타냅니다.

따라서 모형이 독립변수의 정보를 잘 활용하고, 독립변수의 영향을 예측에 적절히 반

영하며, 추가적인 정보가 잔차에 숨겨져 있지 않다는 것을 의미한다. 이것은 모형이 정확하고 신뢰할 수 있는 예측을 생성하고 있음을 나타낸다.

도표 15-25의 잔차분석 결과를 종합하면 ChatGPT는 자신이 제안한 다중회귀모형은 전반적으로 잘 설계되었다고 평가한다. 하지만 다음 도표15-27의 교차검증의 결과는 다르다.

도표 15-25. 전체 데이터에 대한 다중회귀모형의 잔차분석 결과

잔차 분석 결과를 종합하면 다음과 같습니다:

- **잔차의 정규성**: Shapiro-Wilk 검정 결과, 잔차가 정규분포를 따릅니다.
- **잔차의 독립성**: Durbin-Watson 검정 결과, 잔차가 독립적입니다.
- **잔차의 등분산성**: Breusch-Pagan 검정 결과, 잔차가 등분산성을 가집니다.
- **잔차와 독립변수의 상관성**: 잔차와 독립변수 사이에 큰 상관관계는 없습니다.

이 결과는 모델이 대체로 적합하며, 잔차가 정규성, 독립성, 등분산성을 만족한다는 것을 나타냅니다. 모델의 예측 성능도 높은 것으로 보이며, 다중 회귀 모델이 데이터에 잘 맞추어진 것으로 결론지을 수 있습니다.

[2-5. 실제 데이터에 적용하여 검증]

실제 데이터에 적용하여 검증하는 과정은 별도의 테스트데이터를 정의하고 평가하면서 모형을 개발한다.

도표 15-26. ChatGPT의 다중회귀모형에 대한 종합적인 분석결과

Metric	Train	Test
R^2	0.949	0.910
Mean Residuals	-3.98e-12	17.99
Std Residuals	44.45	63.99
Adjusted R^2	0.915	-0.173

훈련데이터(31개)에 대한 잔차의 평균 -3.98e-12는 거의 0에 가깝지만, 테스트데이터(14개)에 대한 잔차의 평균은 17.99약간 높은 편이다. 이는 모형이 훈련데이터에 대해서

는 더 정확한 예측을 하고 있으나, 테스트데이터에 대해서는 다소 예측 차이가 있는 것을 의미한다. 잔차의 표준편차도 훈련데이터의 44.45에 비해 테스트데이터는 63.99로 더 크다. 이는 테스트데이터에 대한 예측의 변동성이 더 크다는 것을 나타낸다. 이러한 결과는 모형의 일반화 능력에 대해 고려할 필요가 있음을 시사한다.

ChatGPT는 초기 답변에 테스트데이터에 대한 결정계수 0.91을 언급하며 높은 예측력을 자랑한다. 하지만 조정된 결정계수에 대한 답변은 -0.1727로 음수가 나왔다. 즉, ChatGPT 초기 제안 다중회귀모형이 훈련데이터에 과적합되어 있고, 모형이 데이터를 적절히 설명하지 못하고 있다. 테스트데이터가 너무 적기 때문에 보다 많은 데이터로 검증이 필요하다.

이에 대해 ChatGPT는 아래의 내용을 제안한다. 전체 데이터를 사용하여 모델을 다시 학습하고, 교차 검증을 통해 모델의 일반화 성능을 평가하자는 것이다. 이를 위해 다음 단계를 진행한다.

✓ 전체 데이터를 사용하여 모델 학습: 데이터의 훈련과 테스트 분할없이 전체 데이터를 사용하여 모델을 학습한다.

✓ 교차 검증: K-폴드 교차 검증을 통해 모델의 성능을 평가한다.

전체 데이터를 사용하여 5-폴드 교차검증을 수행한 결과는 도표 15-27과 같다.

도표 15-27. 5-폴드 교차검증을 수행한 결과

Metric	Value
Cross-Validation R^2 (Mean)	-0.878
Cross-Validation R^2 (Std Dev)	1.544

✓ Cross-Validation R^2 Mean(cv_mean): -0.878이라는 값은 모델이 데이터를 잘 설명하지 못하고 있음을 의미한다. R2값이 음수인 것은 모델이 매우 부적합하며, 실제 데이터를 예측하는 것보다 데이터의 평균값을 사용하는 것이 더 나을 수 있다는 것이다. 음수의 R^2 값은 모델의 예측이 데이터의 분산보다도 더 나쁘다는 것을 의미한다. 파이썬 코드에서 cv_mean은 5개의 테스트데이터에 대한 결정계수(R^2) 값들의 평균이다.

✓ Cross-Validation R^2 Std Dev(cv_std): 1.544로, 교차검증 결과의 변동성이 크다. 이는 모형의 성능이 데이터의 분할에 따라 크게 달라질 수 있음을 의미하다. 파이썬 코드에서cv_std는 5개의 테스트데이터의 R^2 값들의 표준편차로 모형 성능의 일관성을 나타낸다.

5-폴드 교차검증 결과 다수의 독립변수로 모델링한 회귀모형은 전체 데이터에 대해서도 좋은 성능을 보이지 못하고 있다. 모형이 데이터의 패턴을 제대로 학습하지 못한 것이다. 이를 개선하기 위해 규제를 사용하거나, 데이터에서 이상치를 제거하는 등 다른 조치를 고려할 수 있다. 도표 15-25의 전체 데이터에 대한 잔차분석 결과와 도표 15-27의 5-폴더 교차검증처럼, 동일한 모형이라 하더라도 어떻게 검증하는지에 따라 모형에 대한 평가가 달라질 수 있다. 동일한 모형이라 하더라도 충분한 테스트데이터가 확보된다면 결과는 또 달라질 수 있다.

[2-6. 시계열 데이터 검증의 필요성]

시계열 데이터를 다룰 때, 단순한 선형회귀와 같은 전통적인 모델링 방법 대신 시간의 흐름에 따른 데이터의 패턴과 구조를 고려할 수 있는 특화된 모델링 기법을 사용해야 할 때가 많다. 엑셀 칼럼 YYYYMM과 같은 "년월"의 시계열 데이터가 있는 경우 추세, 계절성, 자기상관을 고려하거나, 정상성을 확인하여 모델링할 필요가 있다. 관련된 시계열분석은 17장과 18장에서 기술한다.

내용을 정리하면 아래 도표와 같다. ChatGPT가 처음 제안한 모형은 개별 변수의 영향력을 파악하고 현상을 논리적으로 설명하기에는 문제가 있지만, 예측에는 적용할 수도 있다. 과대적합이 된 모형이므로 일반화 관점에서 개선이 필요하다.

도표 15-28. ChatGPT가 처음 제안한 다중회귀모형의 점검 결과 요약

No	점검 항목		분석 결과
2.1	모형의 적합성		- 회귀식에서 분산분석 F 값의 p-value가 0.05보다 작아서 회귀식 유의함 - 훈련데이터에 대한 조정 결정계수 0.915로 높음
2.2	회귀계수의 크기와 부호가 실제 상황과 일치하는지		- (수요)중국발 컨테이너 물동량, (공급) 명목 선복량 독립변수에 미 포함 - 용선료, 유가, 미국 경기선행지수가 SCFI와 음의 상관관계
2.3	회귀계수의 유의성과 다중 공선성		- 다수의 변수가 p-value가 0.05보다 커서 유의하지 않음 - 여러 변수가 매우 높은 VIF값을 가지고 있어, 다중 공선성 발생 (미국 물가와 미국 실질 GDP 사이의 상관계수 0.99)
2.4	잔차분석 (전체데이터)	기술통계 분석	- 잔차의 평균은 0에 가깝지 않고,표준편차가 52.16으로 변동성이 큼
		잔차의 정규성 검정	- 잔차의 정규분포를 따른 것으로 간주할 수 있음
		잔차와 예측치의 독립성 검정	- 잔차가 독립적이라고 할 수 있음
		잔차의 등분산성 검정	- 잔차가 등분산성을 만족함
		잔차와 독립변수의 상관성 검정	- 대부분의 독립변수들이 잔차와 낮은 상관관계를 가지고 있음
2.5	실제 데이터에 적용하여 검증		- 훈련데이터에 과적합되어있고 테스트데이터를 적절히 설명하지 못함
2.6	시계열 데이터 검증		- 시계열 데이터 분석 필요(17장과 18장)

명목형 변수를 모형에 포함하자

회귀분석에서 독립변수가 명목형 변수(Nominal Variable)인 경우 더미변수(Dummy Variable)로 바꾸어 모델링한다. 명목형은 데이터의 형태가 숫자가 아닌 몇 개의 범주로 분류되는 변수이며, 범주형 변수라고도 한다. 더미변수는 0과 1 중 하나의 값 만을 취하는 인공변수이다. k종류의 범주가 있을 때에는 k-1개의 더미변수를 이용하여 범주 데이터를 수치로 바꾼다. 이와 같이 명목형 변수를 k-1개의 숫자형 변수로 분리하는 원-핫 인코딩(One-Hot Encoding)을 사용한다.

복합 SCFI를 예측하는 다중회귀모형에서 ChatGPT는 년월(YYYYMM)은 독립변수로 사용하지 않았다. 연도의 숫자 크기 자체는 의미가 없기 때문이다. 하지만 월(MM) 정보는 계절성을 가지고 있으므로 이를 모델링에 검토할 필요가 있다. 독립변수 년월(YYYYMM) 중 MM은 범주형 변수로 분리할 수 있다. 년월(YYYYMM)에 대해 원-핫 인코딩을 요청하면 ChatGPT는 도표 15-29와 같은 코드와 결과를 준다. 판다스의 get_dummies( ) 함수를 이용하면 쉽게 범주형을 변환할 수 있다. 1월을 기준 범주로 설정하고, 2월부터 12월까지만 원-핫 인코딩을 한다면, 각각의 월은 1월과 비교하여 해석된다.

이 방식은 모형의 해석을 용이하게 하며, 다중 공선성 문제를 줄일 수 있다.

도표 15-29. 원-핫 인코딩 파이썬 코드(코랩)

```
# data['YYYYMM'] 컬럼을 datetime객체로 변환, 변환된 결과의 month만 추출, 신규 칼럼 'Month'를 생성한다.
data['Month'] = pd.to_datetime(data['YYYYMM'], format='%Y-%m').dt.month

# 원-핫 인코딩을 적용하여 각 월을 나타내는 이진 특성(컬럼)을 생성한다.
month_one_hot = pd.get_dummies(data['Month'], prefix='Month').iloc[:, 1:]  # 첫 번째 열(1월) 제외

# 원래의 'YYYYMM' 컬럼과 원-핫 인코딩된 월 데이터를 가로로 합친다..
data_with_only_month_one_hot = pd.concat([data['YYYYMM'], month_one_hot], axis=1)

data_with_only_month_one_hot.head()
```

	YYYYMM	Month_2	Month_3	Month_4	Month_5	Month_6	Month_7	Month_8	Month_9	Month_10	Month_11	Month_12
0	2014-01	False	False	False	False	False	False	False	False	False	False	False
1	2014-02	True	False	False	False	False	False	False	False	False	False	False
2	2014-03	False	True	False	False	False	False	False	False	False	False	False
3	2014-04	False	False	True	False	False	False	False	False	False	False	False
4	2014-05	False	False	False	True	False	False	False	False	False	False	False

도표 15-30는 ChatGPT 초기 제안 모형과 계절성을 반영한 명목변수를 추가한 모형의 평가 결과이다. 명목변수 모형의 결정계수가 훈련데이터와 테스트 데이터에서 약간 늘었다. 하지만 테스트데이터에서 1보다 큰 조정된 결정계수는 모형이 과적합된 경우, 작은 테스트데이터에서 매우 복잡한 모형을 사용하였기 때문에 나타나는 현상으로 추정된다.

도표 15-30. 초기 모형과 명목변수를 추가한 다중회귀모형의 평가지표 비교

평가 지표	ChatGPT 초기 제안 모형		계절성을 위해 명목변수를 반영한 모형	
	훈련	테스트	훈련	테스트
결정계수	0.949	0.910	0.977	0.918
조정된 결정계수	0.915	-0.173	0.902	1.106

선형회귀모형을 개발하는 두 가지 방법을 이해하자

ChatGPT는 사용자의 요청 내용에 따라 하나의 창에서 LinearRegression( )를 사용하는 모형을 개발하였지만, sm.OLS( ) 사용하여 모형을 재 개발하기도 한다. 데이터를 빠르게 모델링하고 예측하려는 경우에는 LinearRegression( )을 사용한다. 데이터의 통계적 특성을 자세히 분석하며 모델을 검증하려는 경우에는 sm.OLS( )를 사용한다. 두 모형은 동일한 데이터에 대해 서로 다른 학습 방법과 설정값을 가지고 있으며, 결과적으로 예측치가 다를 수 있다.

도표 15-31은 두 가지 방법의 차이점을 요약해서 설명하고 있다.

도표 15-31. LinearRegression 모형과 sm.OLS 모형 비교

기준		LinearRegression 모형	sm.OLS 모형
클래스 설치		from sklearn.linear_model import LinearRegression	import statsmodels.api as sm
상수항 추가			X_train_sm = sm.add_constant(X_train)
객체 생성		model_lr = LinearRegression()	model_sm = sm.OLS(y_train, X_train_sm).fit()
훈련		model_lr.fit(X_train, y_train)	
예측	훈련데이터	y_train_pred_lr = model_lr.predict(X_train)	y_train_pred_sm = model_sm.predict(X_train_sm)
	테스트데이터	y_test_pred_lr = model_lr.predict(X_test)	X_test_sm = sm.add_constant(X_test) y_test_pred_sm = model_sm.predict(X_test_sm)
회귀식	회귀계수	coefficients = model_lr.coef_	coefficients = model_sm.params
	절편	intercept = model_lr.intercept_	
통계정보		n/a	model_sm.summary()

LinearRegression 모형은 scikit-learn 라이브러리에서 제공하는 선형회귀모형을 사용하여 훈련한다. 이 방법은 단순하고 간편하며, 교차검정과 특성 중요도 등 scikit-learn의 다양한 기능과 함께 사용할 수 있다. ChatGPT는 초기 모형 개발 요청에 대해 도표 15-12처럼 LinearRegression( )을 이용해서 다중회귀모형을 개발한다.

sm.OLS 모형은 statsmodels 라이브러리에서 제공하는 최소제곱선형회귀모형을 사용하여 훈련하는 것이다. sm.OLS( )를 사용하여 훈련할 때는 도표 15-17과 5-19와 같이 통계적 가설 검정이나 다양한 통계량을 계산할 수 있다.

sm.OLS( )를 사용하여 14장에서 학습한 도표 14-6 엑셀의 회귀분석 요약 출력과 유

사한 내용을 도표 15-32와 같이 ChatGPT 에게 요청한다.

도표 15-32. 단순선형회귀 ChatGPT 요청과 sm.OLS( ) 파이썬 코드(코랩)

단순회귀_복합SCFI_2017.xlsx
스프레드시트

자세한 회귀분석을 한다.
- 종속변수는 SCFI_C이고 독립변수는 CLI_USA이다.
- 통계요약, 잔차의 표준오차를 구해줘

회귀분석 결과는 다음과 같습니다:

```
X = df['CLI_USA']                                  # 독립변수와 종속변수 설정
y = df['SCFI_C']
X = sm.add_constant(X)                             # 상수항 추가
model = sm.OLS(y, X).fit()                         # OLS 모델 적합

residuals = model.resid                            # 잔차 계산
SSR = np.sum(residuals ** 2)                       # 잔차 제곱합 (SSR)
n = len(y)
k = X.shape[1] - 1
df_residuals = n - k - 1                           # 잔차의 자유도
variance_of_residuals = SSR / df_residuals         # 잔차의 분산
standard_error_of_regression = np.sqrt(variance_of_residuals)    # 잔차의 표준오차
print("잔차의 표준오차: ", standard_error_of_regression)         # 결과 출력
model_summary = model.summary()
model_summary                                                    # 모델 요약 출력
```

잔차의 표준오차: 105.48522822654937

OLS Regression Results

Dep. Variable:	SCFI_C	**R-squared:**	0.737
Model:	OLS	**Adj. R-squared:**	0.730
Method:	Least Squares	**F-statistic:**	120.3
Date:	Fri, 17 May 2024	**Prob (F-statistic):**	4.88e-14
Time:	07:40:46	**Log-Likelihood:**	-272.47
No. Observations:	45	**AIC:**	548.9
Df Residuals:	43	**BIC:**	552.5
Df Model:	1		
Covariance Type:	nonrobust		

	coef	**std err**	**t**	**P>|t|**	**[0.025**	**0.975]**
const	-2.504e+04	2358.018	-10.617	0.000	-2.98e+04	-2.03e+04
CLI_USA	258.6228	23.583	10.966	0.000	211.063	306.183

Omnibus:	0.501	**Durbin-Watson:**	0.610
Prob(Omnibus):	0.778	**Jarque-Bera (JB):**	0.600
Skew:	-0.223	**Prob(JB):**	0.741
Kurtosis:	2.653	**Cond. No.**	1.50e+04

잔차의 표준오차 105.485는 summary( )로 제공하지 않기 때문에 별도로 요청해야 한다. 간혹 데이터의 편향을 보정하지 않은 잔차의 표준편차 model.resid.std( )을 사용하여 104.2796와 같이 다른 값을 제시하기도 한다. 자유도로 조정한 잔차 표준오차를 요청해야 한다.

도표 15-33은 잔차의 표준오차(Residual Standard Error, RSE 또는 Standard Error of the Estimate, SEE), 평균제곱근오차(Root Mean Squared Error, RMSE), 잔차의 표준편차를 정리한 것이다. n은 데이터의 수이고, p는 독립변수의 수이다. 잔차의 표준오차는 Standard Error of the Regression 또는 Standard Error of the Regression Estimate로 표시되기도 한다.

도표 15-33. RMSE, RSE, 잔차의 표준편차의 비교

지표명	약어	공식	목적	해석
평균 제곱근 오차 (Root Mean Squared Error)	RMSE	$\sqrt{\frac{1}{n}\sum_{i=1}^{n}(y_i - \hat{y}_i)^2}$	예측 정확도 평가	모델의 예측 오차를 평가하며, 예측값과 실제값 간의 차이의 크기를 직관적으로 보여줌
잔차의 표준오차 (Residual Standard Error)	RSE	$\sqrt{\frac{1}{n-p-1}\sum_{i=1}^{n}(y_i - \hat{y}_i)^2}$	모형의 적합도 평가	모델의 예측 오차를 평가하며, 모델이 실제 데이터를 얼마나 잘 설명하는지 평가
잔차의 표준편차	-	$\sqrt{\frac{1}{n-1}\sum_{i=1}^{n}(e_i - \bar{e})^2}$	잔차의 변동성 측정	회귀 모델에서 잔차의 변동성을 측정하며, 모델의 예측 오차를 평가

잔차의 표준오차를 정확히 계산하려면 자유도 조정을 포함한 방법을 사용해야 한다. summary( ) 메서드에서는 이 값을 직접 제공하지 않으므로 도표 15-32처럼 수동으로 계산하거나, 도표 15-17처럼 model.scale**0.5를 사용하여 구한다.

참조로 결정계수의 계산식은 도표 14-3에서 설명한 바와 같이 아래와 같다.

$$R^2 = 1 - \frac{\sum_{i=1}^{n}(y_i - \hat{y}_i)^2}{\sum_{i=1}^{n}(y_i - \bar{y})^2}$$

제16장
규제회귀 기반 SCFI 예측

15장에서 언급한 다중회귀는 여러 개의 독립변수(X)를 사용하여 하나의 종속변수(Y)를 예측하는 통계적 기법이다. 이 방법은 데이터의 다양한 특성을 고려할 수 있어서 유용하지만, 독립변수가 많아지면 다중 공선성, 과적합, 모형 해석의 어려움 등에서 몇 가지 단점이 있다.

규제회귀는 다중회귀의 이러한 단점을 해결하기 위해 사용되는 방법이다. 규제회귀(Regularized Regression)는 모형의 복잡성에 대해 벌점을 부과하여 과적합을 방지하고 모형의 일반화 능력을 향상시킨다. '페널티가 적용된 회귀(Penalized Regression)' 또는 '정규화 회귀(Regularization Regression)'라고도 한다. 이 방법은 특히 변수가 많거나 서로 상관관계가 큰 데이터를 분석할 때 유용하다.

이번 장은 대표적인 규제회귀인 릿지, 라쏘, 그리고 엘라스틱넷 회귀에 대하여 간단히 비교 설명하고, ChatGPT를 통해 실습을 진행한다. 이 책에서는 실무 적용에 필요한 해당 기법의 최소한의 개념만을 설명한다. ChatGPT를 실무에 적용하는 데 있어서 목적함수 등 수식을 정확히 기억할 필요는 없다. 개념만 이해하고 활용할 수만 있으면 된다. 물론 알고리즘을 고도화하고 새로운 알고리즘을 개발하기 위해서는 다른 전문서적을 참조할 필요가 있다.

규제회귀의 개념을 이해하자

기존의 다중회귀는 관측치와 예측치의 차이를 최소화하는 비용함수를 사용한다. 그러므로 훈련데이터에 지나치게 맞추게 되면 잡음까지 학습하여 모든 변동을 설명하고자 하기 때문에 회귀계수가 쉽게 커진다. 이런 경우 변동성이 너무 커져서 테스트데이터에서는 예측 성능이 저하되기가 쉽다(과적합 문제). 이런 비용함수에 회귀계수가 커지지 않도록 하는 페널티(벌점)을 부가한 것이 규제회귀이다.

고전적인 회귀분석을 확장한 방법으로, 과적합(Overfitting)을 방지하고 모형의 일반화 능력을 향상시키기 위해 회귀계수에 페널티를 적용한다. 페널티를 부가하는 방식에 따라 선형모형인 릿지(Ridge), 라쏘(Lasso), 그리고 엘라스틱넷(Elastic Net) 회귀 등이 있다.

도표 16-1. 다중회귀와 규제회귀의 비용함수 차이

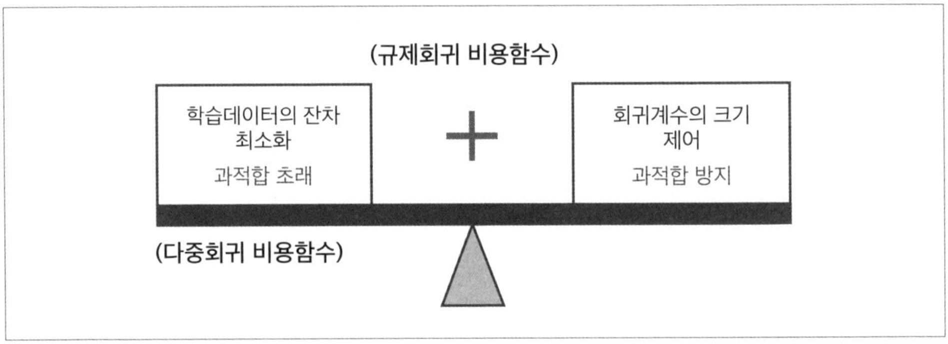

일반화 능력을 향상시키고자 하는 규제회귀의 일반적인 장점은 아래와 같다.

✓ 과적합 방지: 벌점을 부과함으로써 모형이 훈련데이터에 너무 과도하게 적합되는 것을 방지한다. 이는 모형의 일반화 능력을 향상시킨다.

✓ 변수 선택 기능(특히 라쏘에서): 라쏘 회귀는 회귀계수(가중치)의 절대값에 대해 페널티를 부과하는 L1 정규화를 사용한다. 불필요한 변수의 계수를 정확히 0으로 만들어 효과적으로 변수 선택을 수행한다. 이는 모형을 단순화하고 해석하기 쉽게 만든다.

✓ 다중 공선성 문제 해소: 릿지 회귀는 회귀계수(가중치)의 제곱에 대해 페널티를 부과하는 L2 정규화를 사용한다. 이는 독립 변수 간의 높은 상관 관계로 인해 발생하는 문제를 완화시키는데 도움을 준다. 즉, 변수 간의 다중 공선성 문제를 완화하는 데 도움이 된다.

✓ 모형의 안정성 향상: 벌점을 부과함으로써 데이터에 존재하는 작은 변화나 노이즈에 대한 모형의 감수성이 감소한다.

✓ 특성의 수가 많은 경우에 효과적: 라쏘와 엘라스틱넷 같은 기법들은 변수의 수가 많은 경우에 효과적으로 사용될 수 있다.

✓ 엘라스틱넷의 유연성: 엘라스틱넷은 릿지와 라쏘의 장점을 결합하여 더 유연한 모형을 제공한다. 특히 변수 간 상관관계가 높은 경우에 효과적이다. L1 페널티는 중요도가 낮은 변수의 계수를 0으로 만들어 주고, L2 페널티는 공선성에 의한 모델의 불안정성을 감소시킨다.

그러나 규제회귀의 목적함수가 에러를 최소화하는 것이 아니므로 경우에 따라서는 예측 에러가 증가할 수 있다. 규제회귀 모형의 단점과 제약은 아래와 같다.

✓ 모형 해석의 복잡성 증가: 벌점을 부과하는 회귀는 종종 모형 해석을 더 복잡하게 만든다. 특히 라쏘 같은 경우 변수 선택이 일어나면서 모형 해석이 더 어려워질 수 있다.

✓ 하이퍼파라미터 튜닝 필요성: 벌점의 강도를 조절하는 하이퍼파라미터를 설정해야 한다. 적절한 하이퍼파라미터를 찾기 위해서는 교차검증과 같은 추가적인 절차가 필요하다. 계산 비용이 발생한다.

✓ 비선형 관계 파악의 한계: 릿지, 라쏘 회귀 및 엘라스틱 넷 회귀는 기본적으로 선형 관계를 가정한다. 비선형 관계가 중요한 데이터에 대해서는 이러한 선형 모형이 제한적일 수 있다.

✓ 특성 수에 따른 제한: 라쏘 회귀의 경우, 특성의 수가 샘플의 수보다 많은 경우에 모든 변수를 선택하지 않을 수 있다. 이는 라쏘 회귀가 변수의 수를 샘플 수로 제한하기 때문이다.

✓ 데이터 스케일에 민감: 릿지와 라쏘는 변수의 스케일에 민감하다. 따라서 특성을 스케일링(Scaling) 할 필요가 있다. 피쳐 스케일링이란 서로 다른 변수의 값 범위를 일정한 수준으로 맞추는 작업을 말한다.

✓ 변수 선택의 무작위성: 라쏘는 상관관계가 높은 변수들 사이에서 일관성 없이 변수를 선택할 수 있으며, 이는 데이터의 작은 변화에 따라 선택되는 변수가 크게 달라질 수 있다.

이러한 단점에도 불구하고 규제회귀 기법들은 변수의 수가 많거나 상관관계가 높은 데이터에서 효과적이다. 중요한 것은 모형의 단점을 이해하고, 문제에 맞게 적절한 모형을 선택하는 것이다.

릿지 회귀, 라쏘 회귀, 엘라스틱넷 회귀를 실습하자

도표 16-2와 같이 ChatGPT에 릿지, 라쏘. 엘라스틱넷 회귀모형 개발을 요청하자. 테스트데이터 분리기준을 "전체 데이터에서 마지막 6개월을 테스트데이터로 분리함"으로 변경하여 시계열 데이터의 마지막 6개월을 예측한다. 이번 16장은 시계열 특성을 반영하기보다는 규제에 초점을 맞추고자 한다.

도표 16-2. 규제회귀모형 개발 요청

ChatGPT의 답변인 도표 16-3의 시사점은 다음과 같다. **(모형의 성능)** 훈련데이터에 대해서는 모든 모형이 비슷한 수준의 성능을 보였지만, 테스트데이터에 대해서는 엘라스틱넷 모형이 상대적으로 낮은 RMSE 값을 가지며 가장 좋은 성능을 보여준다. **(테스트 R^2)** 모든 모형의 R^2값이 음수로 나타나, 모형이 테스트데이터를 잘 설명하지 못하고 있다. 이는 과적합(Overfitting)의 가능성을 시사하거나, 테스트데이터가 훈련데이터와 상이하거나, 테스트데이터가 너무 부족할 수 있음을 나타낸다. **(하이퍼파라미터 최적화 필요성)** 라쏘와 엘라스틱넷 모형에서 경고 메시지가 표시되었는데, 이는 적절한 수렴을 위해 반복 횟수를 늘리거나 정규화 강도를 조정해야 할 수 있음을 알려준다.

도표 16-3. 규제회귀모형 개발에 대한 주요 답변

모델	훈련 RMSE	훈련 R^2	테스트 RMSE	테스트 R^2
릿지	50.54	0.945	78.41	-2.838
라쏘	50.72	0.944	68.78	-1.952
엘라스틱넷	56.44	0.931	44.80	-0.253

하이퍼파라미터 튜닝의 결과인 도표 16-4에서 모든 모형은 테스트데이터에 대해 개선된 R^2값을 보여주고 있다. GridSearchCV를 사용하여 교차검증한 결과이다. 릿지 모형은 RMSE가 크게 감소하였고 R^2 값도 향상되었다. 훈련데이터에 대해서는 라쏘 모형이 가장 낮은 RMSE를 보여준다.

도표 16-4. 하이퍼파라미터 튜닝 전후의 성능 비교

모델	파라미터	훈련 RMSE	훈련 R^2	테스트 RMSE	테스트 R^2
리지 최적화	{'alpha': 100}	61.42	0.918	31.97	0.362
라쏘 최적화	{'alpha': 10}	57.53	0.928	34.07	0.276
엘라스틱넷 최적화	{'alpha': 10, 'l1_ratio': 0.7}	63.05	0.914	34.20	0.270

도표 16-5는 더 넓은 범위의 alpha 값과 더 세밀한 간격으로 하이퍼파라미터 그리드를 설정하여 라쏘 모형의 성능을 최적화한 결과이다(alpha 4.175, max_iter 15,000).

도표 16-5. 하이퍼파라미터 튜닝 전후의 라쏘모형 성능 비교

데이터 유형	메트릭	튜닝 전	1차 튜닝	2차 튜닝
훈련 데이터	RMSE	57.53	57.53	53.89
훈련 데이터	R^2	0.928	0.928	0.937
테스트 데이터	RMSE	34.07	34.07	42.41
테스트 데이터	R^2	0.276	0.276	-0.123

2차 튜닝한 라쏘 모형의 회귀계수를 분석해보자. 라쏘 모형은 계수의 표준 오차, t 값, p 값 등의 통계적 추정치를 직접 제공하지 않는다. 이는 L1 패널티가 계수 추정에 편향

을 주기 때문이다. 여기서 편향이란 계수의 추정치가 그들의 "진정한" 값에서 벗어나는 정도를 의미한다. 라쏘로부터 선택된 변수만을 사용하여 통계적 속성을 파악하기 위해서는 statsmodels를 사용하여 OLS 모형을 적합시켜야 한다. 이렇게 하여 OLS 모델의 summary 메서드를 사용한 분석결과는 도표16-6과 같다.

도표 16-6. 라쏘 모형으로부터 선택된 변수들만을 사용한 OLS의 회귀계수 분석(코랩)

```
                            OLS Regression Results
==============================================================================
Dep. Variable:                 SCFI_C   R-squared:                       0.948
Model:                            OLS   Adj. R-squared:                  0.927
Method:                 Least Squares   F-statistic:                     44.84
Date:                Mon, 20 May 2024   Prob (F-statistic):           1.92e-14
Time:                        07:18:08   Log-Likelihood:                -207.12
No. Observations:                  39   AIC:                             438.2
Df Residuals:                      27   BIC:                             458.2
Df Model:                          11
Covariance Type:            nonrobust
===================================================================================
                      coef    std err          t      P>|t|      [0.025      0.975]
-----------------------------------------------------------------------------------
const            1523.3815   1.28e+04      0.119      0.906   -2.48e+04    2.79e+04
CH_EXP           1.509e-05   4.53e-06      3.332      0.003     5.8e-06    2.44e-05
FLEET_DEV          -0.0005      0.000     -2.182      0.038      -0.001   -3.27e-05
CNTR_TIMECHART    -13.8298      4.459     -3.102      0.004     -22.979      -4.681
WTI                -1.0928      2.273     -0.481      0.635      -5.758       3.572
R_GDP_WORLD        -0.0001      0.000     -0.315      0.755      -0.001       0.001
DEFLATOR_WORLD    -10.4918     19.164     -0.547      0.589     -49.812      28.829
R_GDP_USA           1.5902      2.483      0.640      0.527      -3.504       6.685
CLI_USA          -147.6616    217.093     -0.680      0.502    -593.099     297.775
PMI_US             35.7952     14.094      2.540      0.017       6.876      64.714
DEFLATOR_USA      185.3059    132.032      1.403      0.172     -85.602     456.214
G_DELAY            91.8439     39.836      2.306      0.029      10.107     173.581
==============================================================================
Omnibus:                        1.206   Durbin-Watson:                   2.034
Prob(Omnibus):                  0.547   Jarque-Bera (JB):                1.069
Skew:                          -0.214   Prob(JB):                        0.586
Kurtosis:                       2.311   Cond. No.                     4.50e+10
==============================================================================

Notes:
[1] Standard Errors assume that the covariance matrix of the errors is correctly specified.
[2] The condition number is large, 4.5e+10. This might indicate that there are
strong multicollinearity or other numerical problems.
```

독립변수 중에서 G_RELI(선박의 글로벌 정시성)은 라쏘 모형의 특성 선택 기능으로 인해 해당 변수가 모형에서 제외되었다. 라쏘 모형에서 선택된 변수들은 정규화 과정에서 계수가 0으로 수렴함으로써, 과적합은 방지되며 모형은 단순화된다.

F-통계량에 대한 p-값 1.92e-14은 모형이 유의미함을 나타낸다. R-squared: 0.948, 이는 모형이 종속 변수의 94.8%를 설명한다는 것을 의미한다. CH_EXP, FLEET_DEV, CNTR_TIMECHART, PMI_US, G_DELAY 변수가 통계적으로 유의미함을 나타내는 p-값을 가지고 있다. 반면, 조건수(Cond. No.)가 매우 높이며(4.50e+10), 이는 강한 다중 공선성

을 의미한다. 변수 간의 높은 상관관계나 데이터의 스케일 차이 때문에 발생한다. 조건수는 행렬의 가장 큰 특이값(singular value)과 가장 작은 특이값의 비율로 정의된다. 이런 상황에서는 변수의 스케일링, 변수 선택 또는 차원 축소 기법(PCA)을 고려할 수 있다.

OLS(최소제곱회귀) 모형은 편향이 없으므로, OLS 모형으로 계산된 계수 값은 라쏘(Lasso)에서 얻은 계수 값과 다를 수 있다. 따라서 OLS 모형을 사용할 때는 모든 변수가 통계적으로 유의하다고 가정하기보다는, 변수들 간의 관계를 더 자세히 이해하기 위한 도구로 사용하는 것이 적합하다.

다중 공선성 및 통계적으로 유의하지 않은 변수를 제거하면 모형의 예측력을 향상시키고, 해석을 용이하게 할 수도 있다. 여기서는 일단 2차 튜닝한 라쏘모형의 예측결과를 시각화한다(도표 16-7 참조).

도표 16-7. 2차 하이퍼파라미터 최적화한 라쏘 모형의 예측 결과

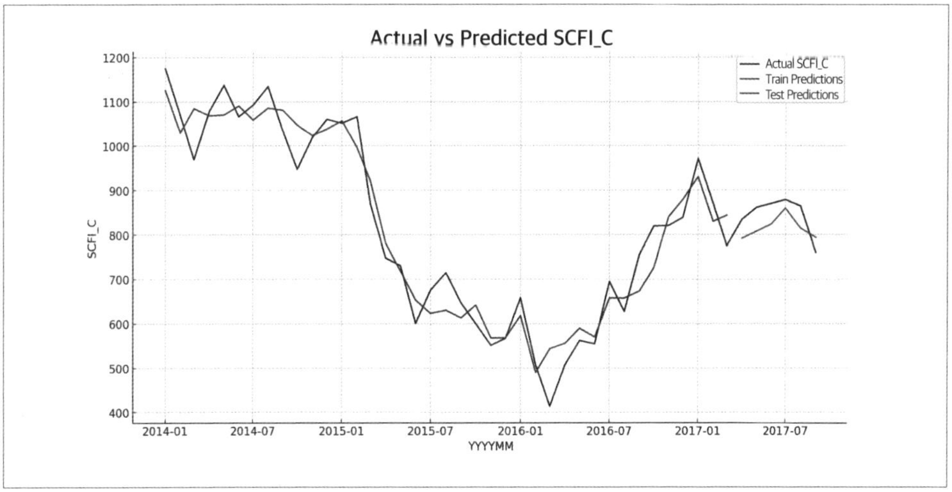

규제회귀의 파이썬 구현 방식도 다른 머신러닝과 같다(도표 16-8 참조). 인스턴스 생성 ▷ 훈련 fit( ) ▷ 예측 predict( )이다. 모형을 구현하기 위해서 먼저 scikit-learn 라이브러리의 linear_model 모듈에서 제공하는 Ridge, Lasso, ElasticNet 클래스를 가져온다. 도표 16-9에서 튜닝한 하이퍼파라미터 alpha를 가지고 다음과 같이 릿지 인스턴스를 재 생성할 수 있다. ridge_opt = Ridge(alpha=100)

도표 16-8. 규제회귀의 파이썬 코드

```
from sklearn.linear_model import Ridge, Lasso, ElasticNet

# 모델 초기화
ridge = Ridge()
lasso = Lasso()
elastic_net = ElasticNet()

# 모델 훈련
ridge.fit(X_train, y_train)
lasso.fit(X_train, y_train)
elastic_net.fit(X_train, y_train)

# 훈련 데이터 예측
y_train_pred_ridge = ridge.predict(X_train)
y_train_pred_lasso = lasso.predict(X_train)
y_train_pred_elastic = elastic_net.predict(X_train)

# 테스트 데이터 예측
y_test_pred_ridge = ridge.predict(X_test)
y_test_pred_lasso = lasso.predict(X_test)
y_test_pred_elastic = elastic_net.predict(X_test)

# 최적화된 하이퍼파미터(패널티로  alpha 또는 l1_ratio)로 모델 재 생성
ridge_opt = Ridge(alpha=100)
lasso_opt = Lasso(alpha=10)
elastic_opt = ElasticNet(alpha=10, l1_ratio=0.7)
```

도표 16-9는 릿지회귀의 하이퍼파라미터를 튜닝하는 코드이다. alpha값을 0.1, 1, 10, 100, 1000으로 변경하면서 튜닝한다. 0.1은 정규화 강도가 약한 편이고, 1000은 극도로 강한 정규화이다.

도표 16-9. 규제회귀의 하이퍼파라미터 튜닝 파이썬 코드(코랩)

```
# 하이퍼파라미터의 그리드를 설정한다.
param_grid_ridge = {'alpha': [0.1, 1, 10, 100, 1000]}

# GridSearchCV 인스턴스를 생성한다. 5-fold의 경우 훈련데이터 0.8, 검증데이터 0.2 비율로 분할한다.
grid_ridge = GridSearchCV(Ridge(), param_grid_ridge, cv=5, scoring='neg_mean_squared_error')
```

```
# 그리드 서치를 사용하여 교차검증으로 최적의 하이퍼파라미터를 찾는다.
grid_ridge.fit(X_train, y_train)

# 5-겹 교차검증의 각 fold에서 검증데이터에 대해 계산된 MSE 값들의 평균을 기반으로 한 RMSE 값을 구한다.
best_params_ridge = grid_ridge.best_params_                    # 최적의 하이퍼파라미터를 구한다.
best_rmse_ridge = np.sqrt(-grid_ridge.best_score_)

# 위에서 구한 최적의 하이퍼파라미터로 모형을 재훈련한다.
ridge_opt = Ridge(**best_params_ridge)
ridge_opt.fit(X_train, y_train)

# 훈련 데이터에 대해 예측과 RMSE 계산을 수행한다.
y_train_pred = ridge_opt.predict(X_train)
train_rmse_ridge = np.sqrt(mean_squared_error(y_train, y_train_pred))
# 테스트 데이터에 대해 예측과 RMSE 계산을 수행한다.
y_test_pred = ridge_opt.predict(X_test)
test_rmse_ridge = np.sqrt(mean_squared_error(y_test, y_test_pred))

print(f"Best Params: {best_params_ridge}")
print(f"Best Cross-Validated RMSE: {best_rmse_ridge}")
print(f"Train RMSE with Best Params: {train_rmse_ridge}")
print(f"Test RMSE with Best Params: {test_rmse_ridge}")
```

```
Best Params: {'alpha': 100}
Best Cross-Validated RMSE: 101.531957237391
Train RMSE with Best Params: 61.417303393127604
Test RMSE with Best Params: 31.97412882247294
```

그리드 서치(Grid Search)의 best_rmse_ridge와 최적의 하이퍼파라미터 (best_params_)를 이용한 훈련데이터 및 테스트데이터에 대한 RMSE가 다르다. 도표 16-9에서 Best Cross-Validated RMSE값은 101.53, Train RMSE 값은 61.417, Test RMSE값은 31.974이다. 차이가 발생하는 이유는 아래와 같다.

- ✓ GridSearchCV를 사용하여 교차 검증을 통해 최적의 하이퍼파라미터를 찾고, 이 과정에서의 평가 점수(best_score_)는 5개의 fold의 검증 데이터에 대한 MSE 값을 평균한 값이다.
- ✓ 최적의 하이퍼파라미터로 모형을 다시 훈련할 때, 전체 훈련 데이터를 사용하므로 데이터 분할 차이로 인해 점수가 다를 수 있다.
- ✓ 교차 검증과 모델 재훈련의 과정에서 발생하는 무작위성, 데이터의 크기와 분포 차이 등도 점수

차이에 영향을 미칠 수 있다.

회기계수를 분석하기 위해서 라쏘 모형으로부터 선택된 변수들만을 사용하여 OLS 모형으로 적합하는(또는 훈련하는) 파이썬 코드는 도표 16-10과 같다.

도표 16-10. 라쏘 모형의 OLS적합 후 회귀계수 분석 파이썬 코드

```
X_train_sm = sm.add_constant(X_train)     # 회귀 분석에서 절편을 포함시키기 위해 상수항을 추가한다.
# statsmodels의 Lasso 모형 생성 및 훈련: fit_regularized 메서드를 사용하여 라쏘 회귀 모형을 훈련한다.
# method='elastic_net'은 라쏘 회귀를 구현하기 위한 방법으로 L1_wt=1을 설정하면 라쏘 회귀가 된다.
lasso_sm = sm.OLS(y_train, X_train_sm).fit_regularized(method='elastic_net', alpha=4.175318936560404, L1_wt=1, refit=True)
# 라쏘 회귀에서 선택된 변수들 (계수가 0이 아닌 변수들)을 선택한다.
selected_features = X_train_sm.columns[lasso_sm.params != 0]
# 선택된 변수들만 사용하여 OLS 모형으로 적합한다.
X_train_selected = X_train_sm[selected_features]
ols_model = sm.OLS(y_train, X_train_selected).fit()
# 회귀 결과 요약 정보를 데이터프레임으로 변환한다.
results_df = pd.DataFrame({
    '변수명': selected_features,
    'OLS 회귀 계수': ols_model.params,
    '표준 오차': ols_model.bse,
    't 값': ols_model.tvalues,
    'p 값': ols_model.pvalues
})
print(ols_model.summary())
```

fit_regularized는 라쏘 회귀모형을 적합시키지만, statsmodels의 일반적인 OLS 모형처럼 요약 정보를 제공하는 summary 메서드를 제공하지 않는다. fit_regularized 메서드에서 L1_wt=1을 설정하여 L1 정규화를 수행한다. 라쏘 회귀의 결과로 선택된 변수들(계수가 0이 아닌 변수들)을 확인한다.

선형회귀모형을 위해 데이터를 변환하자

앞서 규제회귀의 단점 및 한계에서 규제회귀는 변수의 스케일에 민감하므로, 변수를

스케일링할 필요가 있다고 언급하였다. 스케일링은 표준화 또는 정규화를 통해 할 수 있다. 표준화(Standardization)란 변수 각각이 평균이 0이고 분산이 1인 가우시안 정규분포를 가진 값으로 변환하는 것이다(Standard Z Scaling). 정규화(Normalization)란 서로 다른 변수의 크기를 동일한 크기로 변환하는 것이다. 즉 개별 데이터의 크기를 모두 똑같은 단위로 변경한다. 일반적으로 데이터를 0과 1사이의 값으로 변환하는 최소-최대 스케일링(Min-Max Scaling)을 사용한다. 변환되는 X_{SCALED} 는 $(X - X_{MAX}) / (X_{MAX} - X_{MIN})$ 으로 계산한다. 하지만, 이상치에 민감할 수 있다.

sklearn.preprocessing 모듈의 StandardScaler 클래스와 MinMaxScaler 클래스를 이용하여 스케일링 할 수 있으며, scaler.inverse_transform() 함수를 사용하면 변환된 데이터를 원본값으로 쉽게 복원할 수 있다. 이 함수는 변환 과정에서 사용된 매개변수(예: 평균, 표준편차, 최솟값, 최댓값)를 활용하여 원본 데이터로 복원한다.

스케일링이 필요한 또 다른 이유는 선형회귀모형이 종속변수와 독립변수의 분포가 정규분포 형태를 갖는 것을 매우 선호하기 때문이다. 특히 종속변수의 경우 데이터의 치우침이 크면 예측 성능에 부정적인 영향을 미칠 수 있다. 독립변수의 왜곡된 데이터는 종속변수만큼은 아니지만 예측 성능에 부정적인 영향을 미친다. 선형회귀모형을 적용하기 전에 정규화 또는 표준화 작업을 하는 것이 일반적이지만, 예측 성능의 향상을 보장하지는 않는다. 따라서 왜곡이 심한 종속변수 또는 주요 독립변수에 대해서는 이러한 스케일링 변환작업을 수행한다.

그 밖의 데이터 변환 방법과 그 특징은 아래와 같다.

1) 차분 (Differencing)

✓ 데이터의 차분을 구하면, 데이터의 추세를 제거하고 정상성을 확보할 수 있다. 특히, 시간에 따라 일정한 증가 또는 감소 추세가 있는 경우 유용하다.

✓ 1차 차분은 $y_t - y_{t-1}$ 로 계산된다.

2) 로그 변환 (Log Transformation)

✓ 분포를 더 정규 분포에 가깝게 만들고, 분산을 안정화할 수 있다.

✓ 데이터의 분포가 비대칭적이거나 왜도가 클 때 유용하다.

✓ 비선형 관계를 선형 관계로 변환하는 데 유용하다.

✓ y = log(x)로 계산된다.

3) 제곱근 변환(Square Root Transformation)

✓ 데이터의 변동성을 줄이고, 분포를 정규 분포에 가깝게 만드는 데 유용하다.

✓ y= $\sqrt{x}$ 로 계산된다.

규제회귀 또는 다중회귀 분석에서 다양한 변수의 단위 차이로 인해 발생하는 문제를 해결하기 위해서는 표준화 또는 최소-최대 스케일링과 같은 전통적인 스케일링 방법이 더 적절하다. 하지만 왜곡된 데이터에 대해서는 로그변환을 추천한다[2]. 로그변환은 데이터의 범위가 매우 넓거나 작은 경우에도 안정적으로 사용할 수 있고, 변환된 값을 다시 원본 값으로 원복하기도 쉬우며, 무엇보다도 중요한 것은 예측 성능의 향상이 많다고 알려져 있다.

데이터 분포가 비대칭적일 때는 일반적으로 skew( ) 함수와 np.log1p( ) 함수를 사용하여 정규분포에 가깝게 만든다. scipy.stats 모듈의 skew( ) 함수를 이용해 변수의 왜곡된 정도를 쉽게 파악할 수 있다. skew( ) 함수 반환치의 절대값이 1이상인 경우는 왜곡이 심하다고 판단하고 로그변환을 적용한다. skew( )을 적용하는 숫자형 변수에서 원-핫 인코딩된 범주형 숫자형 변수는 제외해야 한다. 원-핫 인코딩된 변수는 본질적으로 범주형 데이터를 표현하는 이진 변수들이며, 이러한 변수들은 왜도를 계산하는 데 적합하지 않다. 왜도를 계산하는 목적은 주로 연속형 변수의 분포를 분석하는 것이며, 이진 변수는 왜도 계산에서 의미 있는 정보를 제공하지 않는다.

왜곡된 분포를 갖는 종속변수의 경우 일반적으로 로그변환을 적용한다. 양의 값을 가진 데이터에만 적합하다. 음의 값이 포함된다면 로그 변환 전에 데이터 변환을 고려해야 한다. 계산과정에서 언더플로우가 발생하는 것을 방지하기 위해 np.log1p( )을 사용한다. np.log1p(x)는 log(1+x)이므로 np.log1p(0)은 log(1) =0을 반환한다. 로그변환 후 여전히 왜곡이 심하다면 더 이상 로그변환을 하지 않는다. 추가 로그변환을 하더라도 개선을 기대하기는 어렵다. 만약 로그변화 후 왜도의 절대값이 오히려 커졌다면 원래 변수를 그대로 사용한다.

공유 사이트에서 "16장. 도표 16-11, 규제회귀 로그변환변수 ChatGPT 요청 내용.txt"를 다운로드 받아 실행한다. 구체적인 내용을 확인하기 위해서는 파이썬 코드를 보여주는 ChatGPT의 팝업 창의 하단 결과값을 참조해야 한다. 로그변환을 적용해야 하는 변수는 중국 수출량(CH_EXP), 글로벌 선박의 지연일수(G_DELAY)와 유가(WTI)를 추천하고 있다. 도표 16-11에서 스케일링을 위해 ChatGPT도 skew( ) 함수와 np.log1p( ) 함수를 사용하는 것을 확인할 수 있다. 하지만 어떤 때는 ChatGPT가 np.log( ) 함수를 사용하기도 한다. 중국 수출량(CH_EXP)은 로그변환 후 왜도의 절대값이 증가하였으므로 모델링할 때는 로그변환을 하지 않은 원래 변수를 독립변수로 사용한다.

여기서 np.log1p( ) 함수는 특히 작은 값이나 0을 포함한 데이터를 처리할 때 수치적으로 더 안정적이고 정확하다. np.log( ) 함수는 0이나 음수 값을 처리할 수 없고, 작은 값에 대해 수치적 불안정성이 있을 수 있다. 따라서, 로그변환을 사용할 때 데이터에 0이나 작은 값이 포함되어 있는 경우, np.log1p( ) 함수를 사용하는 것이 좋다.

도표 16-11. 로그변환 파이썬 코드(코랩)

```
# 각 변수에 대해 왜도를 계산한다.
skewness = data.drop(columns=['YYYYMM']).skew()

# 왜도의 절대값이 1보다 큰 변수를 정의한다.
high_skew_columns = skewness[abs(skewness) > 1].index

# 로그변환을 한다.   히스토그램 그리기 함수에서 로그변환 부분만 보여줌. 중략…
for i, column in enumerate(high_skew_columns):
    log_transformed = np.log1p(data[column])  # log1p가 0값을 처리하기 위해 사용된다.

# 중략….

skewness_comparison = pd.DataFrame({
  'Original Skewness': original_skewness,
  'Log-transformed Skewness': log_transformed_skewness
})
# 로그변환 후 왜도의 절대값이 감소하였는지 점검한다.
skewness_comparison['Skewness Decreased'] = abs(skewness_comparison['Log-transformed Skewness']) <
abs(skewness_comparison['Original Skewness'])

skewness_comparison
```

	Original Skewness	Log-transformed Skewness	Skewness Decreased
CH_EXP	-1.942499	-2.510326	False
WTI	1.097413	0.730922	True
G_DELAY	1.193102	0.828673	True

도표 16-12는 로그변환한 3개 변수의 로그변환 전후의 히스토그램을 보여주고 있다. 보다 정규분포에 근사하였다. 앞서 언급한 것처럼 변환 후 정규분포가 아니더라도 추가적 로그변환할 필요는 없다. 중국 수출량(CH_EXP)은 로그변환 후 오히려 치우침이 더 심해졌다.

도표 16-12. 왜도의 절대값이 큰 변수의 로그변환 결과

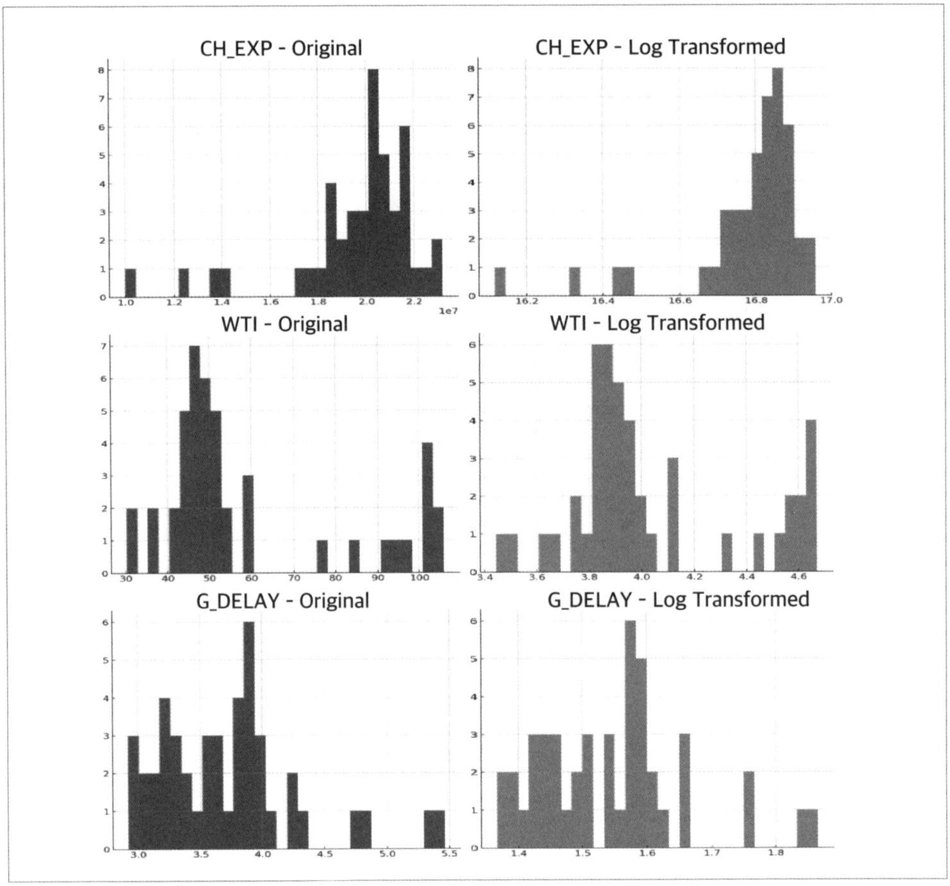

추가적으로 주의할 점은 ChatGPT는 가끔 로그 변환한 독립변수를 생성하고도 다시 전체 독립변수에 대해서 표준화를 진행한다. 그래서 저자는 도표 16-13 코드처럼 ChatGPT의 해당 표준화 처리 로직을 각주로 처리하여 실행이 안 되게 하였다. 로그변화된 독립변수는 코드 첫 줄 print 문의 결과값에서 확인할 수 있다.

도표 16-13. 로그변환 변수를 중복하여 표준화한 파이썬 코드(코랩, 주석 처리)

```
print("X_train.columns : ", X_train.columns) # 독립변수 출력

# StandardScaler 인스턴스를 생성한다.
# scaler = StandardScaler()

# 훈련 데이터에 대해 fit과 transform을 동시에 수행한다.
# 이 과정에서 훈련 데이터의 평균과 표준편차를 계산하고, 이를 사용해 데이터를 표준화함
# X_train_scaled = scaler.fit_transform(X_train)

# 테스트 데이터에 대해서는 이미 훈련 데이터로 계산된 평균과 표준편차를 사용해 transform 수행한다.
# 이는 데이터 누수를 방지하고 모델의 일반화 능력을 향상시키기 위해서이다.
# X_test_scaled = scaler.transform(X_test)
# 이후 모델 초기화 등 진행하면서 모형을 개발한다.
```

```
X_train.columns :  Index(['FLEET_DEV', 'CNTR_TIMECHART', 'R_GDP_WORLD', 'DEFLATOR_WORLD',
       'R_GDP_USA', 'CLI_USA', 'PMI_US', 'DEFLATOR_USA', 'G_RELI', 'CH_EXP',
       'log_WTI', 'log_G_DELAY'],
      dtype='object')
```

글로벌 선박의 지연일수와 유가를 로그변환한 G_DELAY _log, WTI _log로 대체하여, ChatGPT가 처음 생성한 규제회귀모형의 결과는 도표 16-14와 같다(하이퍼파라미터 최적화 이전).

도표 16-14. 로그변환 변수를 반영한 규제회귀모형의 성능 결과

Model	Train RMSE	Test RMSE	Train R^2	Test R^2
Ridge	53.08	57.72	0.9391	-1.0795
Lasso	50.99	56.36	0.9438	-0.9825
ElasticNet	69.82	76.95	0.8946	-2.6959

모든 모형에서 테스트 데이터에 대한 R2값이 여전히 음수로 나왔다. 테스트데이터가 부족하여 발생한 문제일 수도 있지만, 모형이 테스트데이터를 제대로 예측하지 못한다는 것을 의미한다. 훈련 데이터에 대해서는 적절한 성능을 보였지만, 테스트 데이터에서는 과적합(Overfitting) 문제가 발생한 것으로 보인다. 로그변환이 항상 성능 향상을 보장하는 것은 아니다.

규제회귀모형을 적용할 때 유의점을 확인하자

모형을 적용하는 분야, 시점, 데이터 특성에 대해 절대적인 모형 개발 법칙은 없지만, 일반적으로 규제회귀모형을 개발할 때 유의해야 것은 아래와 같다.

규제회귀모형을 적용할 때 변수 들의 스케일에 차이가 큰지, 변수가 정규분포인지 그리고 독립변수에 범주형 변수가 포함되어 있는지를 먼저 확인하여야 한다. 변수 간 단위의 차이가 크다면 최소-최대 스케일링 적용을 검토하고, 왜곡이 심한 변수라면 로그변환을 해야 하며(특히 종속변수), 범주형 변수는 원-핫 인코딩을 적용하고, 하이퍼파라미터를 최적화해야 한다.

선형회귀모형은 독립변수와 종속변수 간 선형의 관계가 있다고 가정하고, 최적의 선형함수를 찾아내 결과값을 예측한다. 선형회귀모형은 독립변수와 종속변수가 정규분포인 것을 선호한다. 특히 종속변수의 분포가 정규분포가 아니고 특정값에 치우친 왜곡된 분포인 경우 예측 성능에 부정적 영향을 미친다. 따라서 모형을 적용하기 전에 정규화 작업을 검토할 필요가 있다. 정규화가 성능 향상을 보장하지는 않지만 왜곡이 심한 변수에 대해서는 정규화할 필요가 있다.

선형회귀모형은 변수의 스케일에 민감하다. 변수가 스케일링되지 않은 상태에서는 단위가 큰 변수의 회귀계수가 모형에 미치는 영향력이 왜곡되어 크게 나타날 수 있다. 스케일링이 된 경우에도 회귀계수가 큰 값을 가지는 독립변수는 예측에 큰 영향을 미치므로, 이상치에 대한 전처리가 매우 중요하다. 몇 개의 이상치 데이터를 제거하는 것만으로도 예측성능이 크게 향상될 수 있다. 저자는 예측성능의 향상에 있어 모형 선정이나 하이퍼파라미터 최적화보다 변수의 선정과 데이터 정제가 더 중요하다고 생각한다.

사용자의 특별한 언급이 없다면 ChatGPT는 기본적으로 StandardScaler 클래스를 이용하여 모든 독립변수와 종속변수에 대해 정규화를 수행한다. ChatGPT는 때때로 np.log( ) 함수를 사용하기도 하므로 np.log1p( ) 함수의 사용을 지정할 필요도 있다. 그리고 전처리 단계에서 일부 변수를 로그변환을 했지만, 규제회귀모형을 만들 때 기존 로그변화 변수를 무시하고 다시 StandardScaler 클래스를 이용하여 모든 독립변수와 종속변수에 대해 표준화를 수행하는지를 확인해야 한다.

이번 실습에서 규제회귀모형은 시간변수를 활용하지 않지만, SCFI가 계절성을 갖는다면 시간정보를 범주형 변수로 만들어 원-핫 인코딩의 적용을 검토한다. 사용자가 특별히 언급하지 않으면 ChatGPT는 대부분의 경우 하이퍼파라미터의 최적화를 진행하지 않는다. 따라서 별도로 하이퍼파라미터의 최적화를 적용한다.

여기서 하이퍼파라미터를 파라미터, 매개변수와 구분하여 정리할 필요가 있다.

- ✓ 하이퍼파라미터(Hyperparameter): 모형의 구조와 학습 과정을 설정하는 값들이고, 학습 전에 사용자 또는 시스템이 설정한다. 도표 16-9에서 하이퍼파라미터를 최적화하기 위해 GridSearchCV(Ridge(), param_grid_ridge, cv=5, scoring='neg_mean_squared_error')를 통해 인스턴스를 생성한 바 있다. 규제회귀에서는 패널티로 alpha 또는 l1_ratio을 사용한다. 그리드 서치(Grid Search), 랜덤 서치(Random Search), 베이지안 최적화(Bayesian Optimization) 등을 통해 하이퍼파라미터의 최적화가 수행된다. 이 책에서는 주어진 환경에서 최적 하이퍼파라미터를 탐색하는 그리드 서치를 사용한다. 의사결정나무에서는 트리의 최대 깊이, SARIMA 모형에서는 order와 seasonal_order 등 하이퍼파라미터이다.
- ✓ 파라미터(Parameter): 모형이 데이터를 학습하면서 최적화하는 값들이다. 예를 들어, 다중회귀모형에서 회귀계수(가중치)가 일종의 파라미터이다. fit( ) 함수를 통해 최적의 파라미터를 탐색한다. 파라미터의 피팅은 (최적화된 하이퍼파라미터를 사용하여 모형을 피팅하고), 피팅 과정에서 모형이 목적 함수를 최적화하여 최적의 파라미터 값을 찾는(추정하는) 것을 의미한다. SARIMA 모형에서는 order와 seasonal_order를 바탕으로AR(자기회귀) 및 MA(이동평균) 파라미터 등을 찾는 과정이다.
- ✓ 거대언어모형(LLM)은 많은 파라미터를 가지면 더 많은 패턴과 복잡한 관계를 학습할 수 있다. 이는 모형의 표현력과 성능을 향상시킬 수 있다. 예를 들어, GPT-3는 수십억 개의 파라미터를 가지고 있어 매우 복잡한 언어 패턴을 학습할 수 있다. 하지만 너무 많은 파라미터는 계산 자원을 많이 소모하고, 시계열 예측과 마찬가지로 과적합(Overfitting)의 위험이 있을 수 있다. 그럼에도 불구하고 거대언어모형은 주로 대규모 데이터로 학습되어 과적합 문제를 비교적 잘 회피한다고 알려져 있다. 실무에서 시계열데이터를 분석할 때 과적합 문제를 고민하는 이유 중 하나는 많은 경우 충분한 데이터를 확보하지 못했기 때문이다. 즉, LLM에서 파라미터가 많으면 좋은 이유는 복잡한 패턴을 학습할 수 있는 높은 표현력 때문이고, 시계열 예측 모형에서 파라미터가 많으면 과적합 위험이 있으므로, 적절한 수의 파라미터를 사용하는 것이 중요하다. 많은 파라미터의 유익은 대규모 데이터와 복잡한 패턴의 학습이 목적인지 또는 시간적 패턴의 정확한 예측이 목적인지에 따라 다르다.
- ✓ 매개변수(Argument): 함수에 전달되는 입력 값들이다. 도표 2-54의 다음 코드에서 함수에 전달되는 입력 값 num1, num2이다. sum_result = add_numbers(num1, num2)

제17장

일반 시계열분석 기반 SCFI 예측

시계열분석이란 시계열 데이터를 분석하는 방법이다. 시계열 데이터(Time Series)는 시간의 흐름에 따라 순차적으로(Sequentially) 관찰된 값들의 집합이다. 매주 수집되는 SCFI 지수, 매월 집계되는 중국수출 물동량과 명목선복량 등이 시계열 데이터에 해당한다. 일반적인 시계열 데이터는 동일한 시간 간격(Time Period)를 갖는다. 시계열분석은 시간에 따라 수집된 자료(데이터)를 통해 시간에 따른 변동의 원인을 규명하거나 가까운 미래를 예측하는 분석이다.

이번 장에서는 최소자승법, 이동평균법, 단순지수평활법, Holt-Winters모형, ARIMA, SARIMA, SARIMAX 등 한 개의 종속변수에 대한 시계열 데이터를 분석하는 단변량 시계열분석을 기술한다. 다음 18장에서 ARIMA 계열 모형들을 별도로 상세 설명한다. 이러한 기법들은 앞서 설명한 선형 다중회귀모형 및 규제회귀모형과 마찬가지로 데이터의 선형적인 특성을 분석한다. 단, Holt-Winters 승법모형은 계절 변동성이 데이터의 크기(수준)에 따라 다르게 나타날 때 사용되는데, 이런 특성은 비선형적이라고 할 수 있다.

앞서 예제에서 ChatGPT는 YYYYMM 변수가 시계열 데이터이므로 이를 고려한 모델링의 필요성을 언급하였다. 이를 위해 17장의 예제도 15장과 16장의 예제와 마찬가지로 동일 기간의 복합 SCFI를 사용한다. ChatGPT가 주어진 데이터에 대하여 어떤 절차대로 시계열분석을 진행하고, 어떤 모형을 제안하는지 우선 ChatGPT의 답변을 중심으로 기술한다. 명확하지 않은 질문에 기인한 ChatGPT의 일부 명확하지 않은 답변도 우선 있는 그대로 서술한다. 이를 통해 현재의 ChatGPT의 한계를 이해하고자 한다. 그러한 ChatGPT의 부족한 답변을 보충하기 위해서 추가적인 요청을 하면서 다른 모형을 개발해보자. 동일한 데이터와 모형을 적용하더라도 여러분의 요청에 대해 ChatGPT는 이 책과 다른 예측치와 RMSE 값을 답변할 수 있다. 각 기법을 설명하는 영역에서 ChatGPT의 답변이 다른 이유를 설명한다. ChatGPT가 시점에 따라 답변이 다르더라도, 그 원리와 한계를 이해한다면 ChatGPT를 매우 유용하게 실무에 적용할 수 있다.

ChatGPT를 활용하여 시계열분석을 하자

[예제 17-1 ChatGPT의 추천]

[1-1. 자료 업로드와 모형 개발 요청]

이번 요청과 답변을 [예제 17-1 ChatGPT의 추천] 이라고 하자. 도표 17-1과 같이 ChatGPT에 분석할 데이터 파일 '2017_시계열분석_SCFI.xlsx'를 업로드하고 요청 내용을 간단히 작성한다. 종속변수 복합SCFI(SCFI_C)와 엑셀 칼럼의 의미를 기술한다. ChatGPT가 어떤 기법을 추천하는지를 확인할 목적으로 세부 기법을 명시하지는 않는다.

도표 17-1. 시계열분석 요청 질의

시계열분석_복합SCFI_2017.xlsx
스프레드시트

복합 SCFI 데이터를 시계열분석 절차대로 시계열분석을 부탁합니다.
- 칼럼 SCFI_C은 종속변수인 복합 SCFI, 칼럼 YYYYMM는 년월을 나타냄
- 각 단계별 자세한 설명도 부탁함

ChatGPT는 다른 분석기법과 유사하게 1) 데이터 이해 및 탐색 2) 시계열 데이터의 구성 요소 분석 3) 모형 선택 및 피팅 4) 모형 평가 및 검증 5) 예측 및 해석 단계를 거쳐 시계열분석을 진행한다. ChatGPT는 SARIMA 모형을 제안하였다. 왜 SARIMA 모형을 제

안하였는지 확인해보자. 이번 [예제 17-1 ChatGPT의 추천]에서 보여지는 ChatGPT의 답변은 여러분의 실습 결과와 다를 수 있다.

[1-2. 1단계: 데이터 이해 및 탐색]

ChatGPT는 도표 17-2와 같이 첨부한 파일의 내용을 확인하고, 시각화를 통해 전반적인 SCFI 추세를 내용을 분석하였다.

도표 17-2. 시계열 데이터 이해 및 탐색에 대한 답변

먼저 데이터를 불러오고, 기본적인 데이터 구조를 이해하며 결측치와 이상치를 확인합니다.

1.1 데이터 불러오기 및 초기 탐색

- 데이터를 로드하고 처음 몇 줄을 확인합니다.
- 기본적인 통계치와 시계열의 시각화를 통해 데이터를 탐색합니다.

데이터는 총 45개의 관측치를 가지고 있으며, 결측치는 없습니다. SCFI_C 값은 평균 약 823.26, 표준편차 약 203.19의 분포를 보입니다.

1.2 데이터 시각화

- 시계열 데이터의 전반적인 추세와 패턴을 이해하기 위해 시각화를 수행합니다.
- YYYYMM 컬럼을 날짜 타입으로 변환하고 인덱스로 설정합니다. [>-]

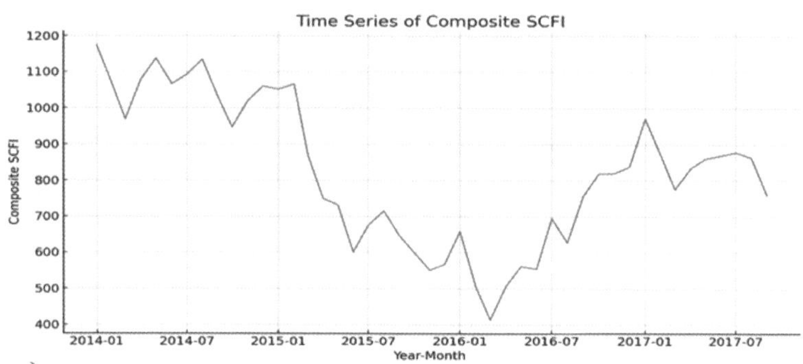

시계열 데이터 시각화를 통해 복합 SCFI의 추세와 패턴을 파악할 수 있습니다. 데이터에는 시간에 따른 변동성이 명확히 보이며, 일정한 추세 또는 계절적 패턴이 있을 수 있습니다.

[1-3. 2단계: 시계열 데이터의 구성요소 분석]

시계열분석은 과거 발생한 종속변수의 데이터에 시계열적 특성이 있다는 것에 기반한다. 과거 SCFI를 시계열에 따라 그래프로 나타내면 일정한 패턴, 즉 시계열적 변동이 나타난다. 이 변동은 추세변동, 순환변동, 계절변동, 불규칙변동으로 구성된다. 이러한

각 구성 요소를 분리하고 이해함으로써, 데이터의 복잡한 패턴과 기저에 있는 원인을 더 잘 이해할 수 있다.

도표 17-3. 시계열 데이터의 구성요소분석 답변

2단계: 시계열 데이터의 구성 요소 분석

- 시계열 데이터의 추세, 계절 성 및 불규칙 변동을 분석한다.
- **'seasonal_decompose'**를 사용하여 시계열 데이터를 분해하고 각 구성 요소를 시각화합니다.

시계열 분해를 진행하여 데이터의 추세 및 계절성을 파악해 보겠습니다.[>_]

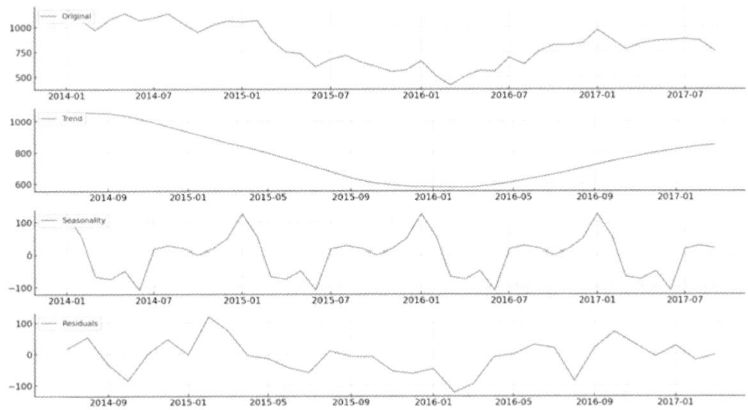

시계열 분해를 통해 다음과 같은 구성 요소를 확인할 수 있습니다.

- **원본데이터(Original):** 실제 복합 SCFI 데이터입니다.
- **추세(Trend):** 장기적인 증가 또는 감소 경향을 나타냅니다. 추세선은 시간에 따른 데이터의 일반적인 방향을 보여줍니다.
- **계절성(Seasonal):** 연간 주기를 반영하는 패턴으로, 특정 시기에 반복적인 변동을 보여줍니다.
- **불규칙 변동 (Residual):** 추세와 계절성을 제거한 후 남는 변동성입니다. 이는 예측하기 어려운 불규칙한 요소들을 포함합니다.

✓ 추세변동(Trend Movement): 몇 년에 걸쳐 일어난 변화를 포함하며 장기적이고 전반적인 추세를 나타낸다.

✓ 순환변동(Cyclical Fluctuation): 몇 년에서 몇 십년 사이의 주기를 가지는 장기적인 변동을 나타낸다. 경제활동에서는 1년 이상의 간격을 두고 반복할 때만 사이클을 인정한다.

✓ 계절변동(Seasonal Variation): 1년 주기로 계절에 따라 되풀이되는 변동으로 매년 비슷한 시기에 유사한 패턴을 보인다.

✓ 불규칙변동(Irregular Movement): 돌발적인 원인이나 불명의 원인에 의해 일어나는 우연변동(Random Movement)이며, 데이터에서 예측할 수 없는 변동성을 의미한다.

복합 SCFI를 시계열 분해한 결과를 해석하면 아래와 같다. 추세는 시간이 지남에 따라 변화하는 경향이 보인다. 일정한 증가나 감소 추세는 뚜렷하지 않지만, 데이터에는 몇몇 변동이 있어 추세가 완전히 없다고 말하기는 어렵다. 계절성은 시각적으로 존재해 보인다. 이것은 ACF(자기상관 함수)와 PACF(부분 자기상관 함수) 플롯 또는 분산분석을 통해 검정할 수 있다. 자기상관(Autocorrelation)은 특정 시점의 데이터와 그 이전 시점들의 데이터 간의 상관 관계를 나타낸다.

시계열 분해의 잔차는 평균이 거의 0에 가깝지만, 표준편차가 상당히 크고, 최솟값과 최댓값의 범위도 넓다. 이는 잔차에 불규칙성이 존재함을 나타내다. ADF(Augmented Dickey-Fuller) 검정을 통해 잔차의 정상성을 확인하고, Ljung-Box 검정을 통해 잔차의 독립성 및 모형이 데이터의 중요한 패턴을 충분히 포착했는지를 확인할 수 있다. 이러한 검정을 통해 모형의 적합성을 평가할 수 있다.

STL(Seasonal and Trend decomposition using Loess) 분해를 이용하여 시계열 데이터를 추세(Trend), 계절성(Seasonality), 그리고 불규칙(Residual) 구성 요소로 분해할 수 있다. 도표 17-3은 STL 분해의 "가법 모형"을 가정하고 있다. 가법 모형에서는 관측된 시계열 데이터를 추세, 계절성, 잔차가 더해지는 형태로 모델링한다. 시간에 따른 변동폭이 일정하고 비교적 안정적이 데이터에 적합하다. 반면, 도표 17-4는 순환변동을 추출하도록 ChatGPT에 요청한 결과이다.

도표 17-4. 순환변동 분석 결과

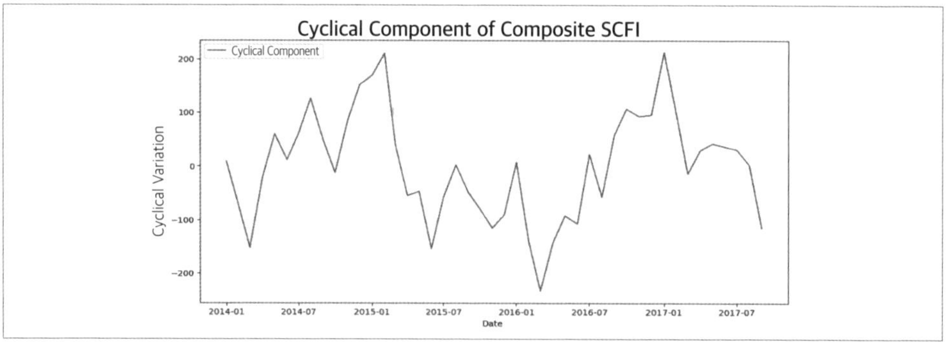

[1-4. 3단계: 모형 선택 및 피팅]

ChatGPT는 복합 SCFI가 계절성이 있다고 판단하여 SARIMA 모형을 제안하였다. SARIMA(Seasonal Autoregressive Integrated Moving Average) 모형은 ARIMA (Autoregressive Integrated Moving Average) 모형에서 계절성을 고려하여 확장한 것이다. 특히 시계열 데이터에서 명확한 계절 패턴이 있는 경우에 적합하다. SARIMA 모형에 관련 용어와 상세 설명은 18장에서 서술한다. 이번 예제에서는 ChatGPT가 계절성을 고려하기 위하여 여러 시계열분석 중에서 SARIMA를 선택하고, 나름의 최적의 하이퍼파라미터를 제공한다.

도표 17-5. 모형 선택 및 추천모형 SARIMA 하이퍼파라미터 피팅에 대한 답변

3단계: 모델 선택 및 피팅

- 시계열 데이터의 특성에 맞는 모델을 선택합니다.
- ARIMA나 SARIMA와 같은 모델을 고려하여 데이터에 피팅합니다.

데이터의 특성을 고려하여 SARIMA 모델을 사용해 보겠습니다. 이 모델은 계절성을 고려할 수 있기 때문에 적합해 보입니다. SARIMA 모델을 피팅하고 예측을 진행해 보겠습니다. [>-]

3단계: SARIMA 모델 피팅 결과

- 최적 파라미터: 비계절성 부분 (0, 1, 0), 계절성 부분 (0, 1, 1, 12)
- AIC: 382.16

SARIMA 모델을 사용하여 복합 SCFI 데이터에 대한 예측 모델을 구축할 수 있었습니다. 이제 4단계로 넘어가서 모델의 성능을 평가해 보겠습니다.

[1-5. 4단계: 모형 평가 및 검증]

마지막 6개월 테스트데이터의 RMSE값은 57.38로 정확한 예측을 제공한다.

도표 17-6. 시계열분석 추천모형 SARIMA의 평가 및 검증 결과

4단계: 모델 평가 및 검증

- 훈련 데이터와 테스트 데이터를 분리하여 모델의 성능을 평가합니다.
- 분리된 테스트 데이터에 대해 예측을 수행하고 실제 값과 비교합니다.
- 예측 성능 평가를 위해 RMSE(Root Mean Squared Error)를 계산합니다.

데이터의 마지막 6개월을 테스트 데이터로 분리하여 모델의 성능을 평가해 보겠습니다. [>-]

4단계: 모델 평가 및 검증 결과

- SARIMA 모델에 대한 테스트 데이터 RMSE: 57.38

모델이 테스트 데이터에 대해 상당히 정확한 예측을 제공했습니다. RMSE 값은 모델의 예측 오차를 나타내며, 이 값이 낮을수록 모델의 예측 정확도가 높은 것을 의미합니다.

[1-5. 5단계: 예측 및 해석]

아래 내용은 ChatGPT가 추천한 SARIMA 모형의 예측 결과를 시각화한 것이다.

도표 17-7. 시계열분석 추천모형 SARIMA의 예측결과 시각화

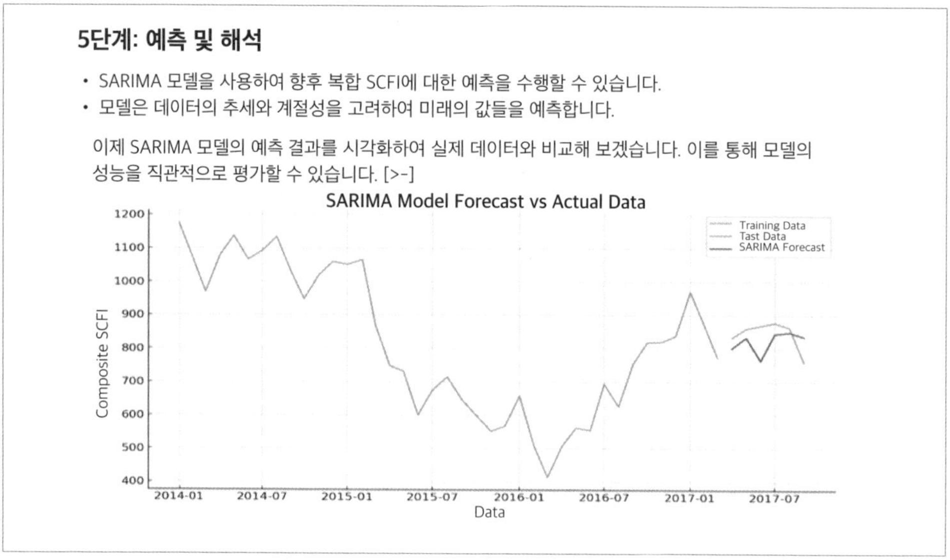

ChatGPT의 추천 모형에 대하여 여러분은 어떻게 평가하는가? 아래의 질문에 스스로 답해보기를 바란다. 해당 모형을 물류비 경영계획을 수립하는 업무에 적용하여도 될 것인가? 이제까지의 내용으로 ChatGPT가 추천한 SARIMA 모형과 예측 결과를 기반으로 고객 또는 상급자에게 보고자료를 만들 수 있는가? 추가적으로 분석할 내용은 없는가? 보고 과정에서 고객 또는 상급자의 예상 질문은 무엇일까? 위의 질문에 대답하기 위해 다른 종류의 시계열분석을 검토하고, SARIMA 분석결과와 비교해보자.

시계열분석 모형을 비교하자

일반적으로 사용하는 시계열분석 기법에는 최소자승법, 이동평균법, 단순 지수평활법, Holt-Winters모형, ARIMA, SARIMA, SARIMAX 등이 있다. 분석대상인 시계열 데

이터의 특성을 반영하여 적절한 모형을 선택해야 한다. 예측 결과를 보고하는 과정에서 왜 해당 모형을 선택하였는지, 다른 모형과 비교분석을 하였는지에 대한 질의가 당연히 있을 것이다. 질의에 대한 답변을 준비해 보자

[예제 17-1 ChatGPT의 추천]의 SARIMA 모형을 도출하는 것처럼 ChatGPT에 데이터를 업로드하고 ChatGPT가 어떤 모형을 추천하는지를 확인하는 것도 모형 선정의 방안 중 하나이다. 하지만 여러 모형 사이의 비교분석을 목적으로 한다면, 분석하고자 하는 모형명과 테스트 기간(예제에서는 마지막 6개월)을 명시적으로 작성해야 한다. 여기서는 최소자승법, 이동평균법, 지수평활법, Holt-Winter 모형에 대한 ChatGPT의 핵심 답변 내용을 중심으로 기술하면서 저자의 의견을 보충하여 설명한다. 저자의 요청과 ChatGPT의 답변에 문제가 없는지를 생각하면서 읽어보기 바란다. 별다른 언급이 없으면 지수평활법은 추세나 계절성을 고려하지 않은 단순지수평활법을 의미한다.

[예제 17-2 다양한 시계열분석]

[2-1. 자료 업로드와 모형 개발 요청]

이번 요청과 답변을 [예제 17-2 다양한 시계열분석]이라고 하자. 도표 17-8과 같이 이번에는 시계열분석 기법을 명시한다. 엑셀 칼럼의 의미와 종속변수, 테스트 기간, 모형식, 파이썬 코드와 예측결과를 저장할 엑셀파일을 기술한다.

도표 17-8. 다양한 시계열분석 모형 개발 요청

> 시계열분석_복합SCFI_2017.xlsx
> Spreadsheet
>
> 아래의시계열분석 기법으로 월별 복합 SCFI를 예측하는 모형을 각각 개발해서 시각회해줘
> - 최소자승법, 이동평균법, 지수평활법, Holt-Winters 모델, ARIMA, SARIMA
> - 컬럼 SCFI_C은 종속변수인 복합 SCFI, 컬럼 YYYYMM는 년월을 나타냄
> - 예측 정확도 RMSE와 모델식을 정리해줘
> - 데이터의 마지막 6개월을 테스트 데이터로 분리하여 모델은 성능을 평가해줘
> - 각 단계의 파이썬 코드를 표시해줘
> - 전체 데이터에 대해서 각 모델의 예측결과를 하나의 엑셀 파일로 만들어줘
> - 테스트 데이터에 대해서 각 모델의 예측결과를 하나의 엑셀 파일로 만들어줘
> - 테스트 데이터에 대한 RMSE의 각 모델의 예측결과를 하나의 엑셀 파일로 만들어줘

[2-2. 모형별 테스트데이터의 RMSE 계산]

ChatGPT의 각 모형별 RMSE 계산에 대한 답변 내용은 도표 17-9와 같다.

도표 17-9. 시계열분석 모형별 테스트데이터의 RMSE결과

> 최소자승법(Linear Regression) 모델을 사용한 예측과 RMSE 계산을 완료했습니다. RMSE는 약 172.54입니다.
>
> 다음으로 이동평균법(Moving Average)을 적용하겠습니다. 이 방법에서는 특정 기간의 평균을 사용하여 다음 시점의 값을 예측합니다. 여기서는 예를 들어 12개월의 이동평균을 사용해보겠습니다. 이동평균법은 파라메터 튜닝이 필요 없어 다른 모델보다 단순합니다. [>_]
> 이동평균법(Moving Average)을 사용한 예측의 RMSE는 약 64.61입니다.
>
> 다음은 지수평활법(Exponential Smoothing)을 적용하겠습니다. 지수평활법은 최근 데이터에 더 많은 가중치를 부여하는 방법입니다. 이 방법은 단일 지수평활법과 이중 지수평활법이 있으며, 여기서는 단일 지수평활법을 사용하겠습니다. 이 모델도 상대적으로 파라메터 설정이 간단합니다. [>_]
> 지수평활법(Exponential Smoothing) 모델을 사용한 예측의 RMSE는 약 67.05입니다.
>
> 이제 Holt-Winters 모델을 적용하겠습니다. 이 모델은 시계열 데이터의 계절성을 고려하여 예측하는 방법입니다. 우리가 다루는 데이터가 월별 데이터이므로, 계절성 주기를 12로 설정하겠습니다. Holt-Winters 모델은 세 가지 요소(수준, 추세, 계절성)에 대한 지수평활을 적용합니다. [>_]
> Holt-Winters 모델을 사용한 예측의 RMSE는 약 56.38입니다.
>
> 다음으로 ARIMA(AutoRegressive Integrated Moving Average) 모델을 적용하겠습니다. ARIMA 모델은 비계절성 시계열 데이터에 적합한 모델로, 시계열의 자기회귀성(AR), 차분의 통합(I), 이동평균(MA) 요소를 고려합니다. ARIMA 모델을 적용하기 전에 데이터의 정상성을 검사하고, 필요한 경우 차분을 수행하여 정상 시계열로 변환하겠습니다. 그 후 적절한 ARIMA 모델의 매개변수(p, d, q)를 찾아 모델을 훈련하겠습니다. [>_]
> ARIMA 모델(ARIMA(0, 2, 1))을 사용한 예측의 RMSE는 약 110.89입니다.
>
> 마지막으로, SARIMA(Seasonal ARIMA) 모델을 적용하겠습니다. SARIMA는 계절적 요소를 고려하는 ARIMA 모델의 확장판입니다. 이 모델은 ARIMA의 매개변수(p, d, q)와 추가적으로 계절성 매개변수(P, D, Q, S)를 가집니다. 여기서도 적절한 매개변수를 선택하기 위해 그리드 서치를 수행하겠습니다. [>_]
> SARIMA 모델(SARIMA((0, 1, 1), (0, 1, 1, 12)))을 사용한 예측의 RMSE는 약 120.20입니다.

이번 [예제 17-2 다양한 시계열분석]에서 ChatGPT는 테스트데이터의 RMSE가 가장 낮은 Holt-Winters 모형을 추천한다. [예제 17-1 ChatGPT의 추천]에서 추천한 SARIMA 모형과 다른 모형이다. 왜 다른 결과가 나타났는지 그리고 이렇게 다른 결과에서 어떤 모형을 최종 선정할지를 설명한다. 도표 17-10의 RMSE의 문제점에 대해서는 뒤에서 자세히 설명한다. 모형개발 요청에서 구체적인 지수평활법을 언급하지 않았는데, ChatGPT

는 단일 지수평활법을 사용하고 있다.

도표 17-10. 예제 17-2의 시계열 모형 RMSE 비교

Model	Linear Regression	Moving Average	Exponential Smoothing	Holt-Winters	ARIMA	SARIMA
테스트 데이터의 RMSE	172.54	64.61	67.05	56.38	110.89	120.20

[2-2. 테스트데이터의 시각화]

도표 17-11에서 테스트 구간의 실적과 가장 유사한 패턴을 보인 모형은 테스트데이터의 RMSE값이 가장 작은 Holt-Winters 모형이다. [예제 17-1 ChatGPT의 추천]의 SARIMA 모형이 아니다. SARIMA 모형은 이번 예제에서 테스트데이터의 RMSE값 120.27로 높다. [예제 17-1]에서는 57.38이었다. 동일한 SARIMA 모형이라 하더라도 ChatGPT를 수행할 때마다 RMSE값이 왜 다른 지를 설명할 수 있어야 한다. 이를 위해 우선 각 모형에 대한 기본적인 개념, 명확한 질문의 필요성, ChatGPT의 답변에 나타나 있지 않은 모형 개발 절차 등을 이해해야 한다. 각 기법으로 복합 SCFI를 예측하는 실습 과정을 통해 기본 개념을 설명하고, 파이썬 코드를 통해 도표 17-1의 요청 내용의 문제점과 ChatGPT의 모형 개발 절차를 분석한다.

도표 17-11. 시계열분석 모형 예측결과의 시각화 비교

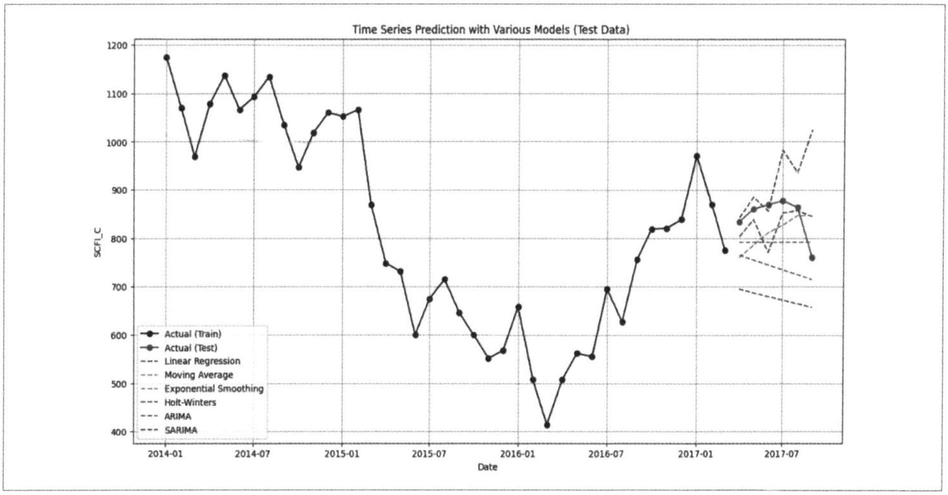

ChatGPT가 제시한 도표 17-10의 테스트데이터에 대한 RMSE값은 독자가 의도하는 값인지 확신할 수 있는가? [예제 17-1 ChatGPT의 추천]과 [예제 17-2 다양한 시계열분석]의 경우는 모형 개발을 위한 요청과 답변에서 오해가 있을 수 있다. 이런 경우 파이썬 코드 분석을 통해 확인한다. ChatGPT를 잘 활용하기 위해 파이썬 코드와 코랩을 학습하여야 하는 이유이기도 한다.

ChatGPT는 진화하는 확률모형이기 때문에 이 책에서 제시한 예측치, RMSE값 등이 여러분의 실습 결과와 다를 수 있다. ChatGPT가 생성한 코드를 코랩에서 실행할 때 에러가 발생하기도 한다. 예를 들어, 'Series' object has no attribute 'append' 등의 에러가 있다. 이런 경우 ChatGPT에 파이썬 코드의 수정을 요청한다.

시간을 독립변수로 하여 최소자승법을 적용해 보자

복잡한 비선형 시계열 모형을 개발하기 전에, 시간에 따른 선형적 변화를 살펴보는 것은 좋은 시작점일 수 있다. 이는 나중에 더 복잡한 모형과 비교할 때의 베이스라인으로 사용될 수 있으므로 시간을 독립변수로 하여 OLS를 적용한 모형을 개발한다. OLS는 최소자승법을 선형회귀모형에 적용한 특수한 경우이지만 최소자승법과 용어를 혼용하여 사용되고 있다.

OLS(Ordinary Least Squares, 이하 최소자승법)는 모형이 간단하고 결과 해석이 용이하다. 하지만 종속변수와 독립변수 간의 관계가 비선형이거나, 이상치가 결과에 큰 영향이 미칠 수 있거나, 특히 잔차들이 독립성, 등분산성, 정규성을 만족하지 못하는 경우 적용하지 않는 것이 좋다.

YYYYMM 칼럼을 기준으로 복합 SCFI를 예측하는 최소자승법을 적용한 모형을 개발해보자. 이번 예제에서는 YYYYMM 칼럼 하나만 독립변수로 사용하므로 독립변수 사이의 상관관계 즉 다중 공선성을 고려할 필요는 없다. 시간(YYYYMM)을 어떻게 모델링하는지에 따라 다른 결과값을 확인할 수 있다.

[예제 17-3 최소자승법]

시간을 독립변수로 최소자승법을 적용한 요청과 답변을 [예제 17-3 최소자승법]이라고 하자. 아래와 같이 [예제 17-2]의 요청에 근거하여 시간을 모델링하는 방식 5가지(A, B, C, D, E안)를 제시하고 모형을 개발해달라고 다음과 같이 ChatGPT에 요청한다.

최소자승법으로 월별 복합 SCFI를 예측하는 모형을 다양한 방식으로 개발해줘

- ✓ 칼럼 SCFI_C은 종속변수인 복합 SCFI, 칼럼 YYYYMM는 년월을 나타냄
- ✓ 예측 정확도 RMSE와 모델식을 정리해줘
- ✓ 데이터의 마지막 6개월을 테스트 데이터로 분리하여, 모델의 성능을 평가해줘
- ✓ 칼럼 YYYYMM을 고려하는 방식은 아래와 같음
- ✓ A안) 상대적 시간 변수(Relative Time Variable)
  - 시간 변수를 0부터 시작하여 상대적으로 증가하는 숫자로 모델링함. 예: Time=0,1,2,…
- ✓ B안) 절대적 시간 변수(Absolute Time Variable)
  - 시간 변수를 특정 시점부터 시작하는 연월 값으로 모델링함. 예: Time=2014 01,201402,…
- ✓ C안) 년과 월을 별도로 사용(Year and Month Separately)
  - 년과 월을 분리된 독립 변수로 모델링함. 예: Year=2014,2014,…그리고 Month=1,2,…
- ✓ D안) 월만 사용(Using Only Month)
  - 월만 독립 변수로 사용함. 예: Month=1,2,…,12
- ✓ E안) 다항 회귀(2차 다항식)

일단 YYYYMM을 datetime 객체로 변환한다. A안은 복합 SCFI를 예측하는 기준정보의 시작 월인 2014년 1월을 기준으로 '2014-01'을 0으로, '2014-02'를 1과 같은 방식으로 변환하여, 상대적 시간 변수(Relative Time Variable)를 만들어 저장한다. 전체 데이터에 대해 np.arange(len(data))를 통해 0부터 44까지 array를 만들어 data['RelativeTime'] 변수에 할당한다. 여기서 len(data)는 기준정보의 전체 데이터 행의 개수 45를 나타낸다.

반면, B안은 상대적 크기로 변환하지 않고 절대적 크기 그대로 사용하는 경우이다. 별도의 독립변수를 만들지 않고 기존의 YYYYMM을 사용한다. YYYYMM을 datetime 객체로의 변환을 통해 2014-01을 2014-01-01으로 변환한다.

위와 같이 상대적인 숫자(2014년 1월을 0으로 하여 시작)를 사용하는 방식과 절대적인 숫자(2014년 1월을 201401로 하여 시작)를 사용하는 방식의 차이점은 주로 독립변수

의 스케일링과 해석 방식에 있다. 첫 번째 방식(A안)은 월(Month) 수를 기반으로 하므로, 독립변수는 작은 정수로 표현되지만 계수는 더 큰 단위의 변화를 명확히 나타낼 수 있다. 계수는 몇 개월이 지났을 때의 변화를 더 명확하게 나타낼 수 있으므로, 분석 결과를 해석하는 데 더 직관적이다.

그러나 두 번째 방식(B안)에서 큰 숫자를 독립변수로 사용하므로 모형의 계수가 매우 작은 값으로 나타난다. 201401에서 201402로의 변화는 숫자상으로는 1의 변화를 나타내지만, 이는 실제로 한 달의 변화이다. 이는 모형이 매우 세밀한 시간 단위의 변화를 반영할 수 있게 하며, 시간에 따른 종속변수의 미세한 변동을 파악할 수 있다. 다항식 회귀나 다른 비선형 회귀 모형을 적용할 때, 시간이 지남에 따라 발생하는 비선형적인 변화를 모형에 상대적 숫자에 비해 더 잘 반영한다. 절대적인 숫자 방식은 날짜의 절대적 정보를 보존하지만, 계수의 해석이 복잡하다.

도표 17-12는 최소자승법에 의한 5개 방식의 예측 성능과 모델식의 결과값을 ChatGPT가 데이터프레임으로 저장한 내용이다.

도표 17-12. 시간 변수를 처리하는 방식에 따른 성능과 모델식

모델링 접근법	RMSE	모델식
상대적 시간 변수	300.306	SCFI_C = 1050.824 + 12.150* RelativeTime
절대적 시간 변수	280.928	SCFI_C = 277004.986 + -1.370* YYYYMM
년과 월을 별도로 사용	299.109	SCFI_C = 292408.051 + -144.653* Year + -14.576*Month
월만 사용	45.544	SCFI_C = 861.117 + -7.175* Month
다항 회귀(2차 다항식)	119.827	SCFI_C = 1286.382 + -50.349* RelativeTime + 1.0058* RelativeTime^2

[예제 17-3]에 대하여 가장 높은 예측 정확도를 보인 방식은 "월만 사용"하는 방법으로, RMSE 값이 45.544로 가장 낮다. 다른 방식들도 적절한 예측 성능을 보였으나, 월만 사용하는 단순한 모델이 가장 우수한 결과를 보여주고 있다. 시간을 독립변수로 반영하

는 방법은 추가적으로 있을 수 있다. 예를 들어, 잔차의 자기상관이 있으면 차분한 변수를 독립변수에 추가해서 모델링할 수도 있다.

YYYYMM 칼럼을 기준으로 5개 방식의 모형을 만들기 위해, 사전에 변수와 훈련 및 테스트데이터를 생성하는 파이썬 코드는 도표 7-13과 같다.

도표 17-13. 시간 기준의 최소자승법 적용을 위한 전처리 파이썬 코드

```
# 데이터 전처리: YYYYMM 컬럼을 datetime 형식으로 변환
data['YYYYMM'] = pd.to_datetime(data['YYYYMM'])

# 상대적 시간 변수 추가(A안)
data['RelativeTime'] = np.arange(len(data))

# 년과 월을 별도로 분리(C안, D안)
data['Year'] = data['YYYYMM'].dt.year
data['Month'] = data['YYYYMM'].dt.month

# 절대적 시간 변수는 YYYYMM 그대로 사용(B안)

# 다항 회귀를 위한 2차 항 추가(E안)
data['RelativeTimeSquared'] = data['RelativeTime'] ** 2

# 데이터를 학습 데이터와 테스트 데이터로 분리 (마지막 6개월)
train_data = data.iloc[:-6]
test_data = data.iloc[-6:]

# 종속 변수
y_train = train_data['SCFI_C']
y_test = test_data['SCFI_C']

# 독립 변수 준비
# A안: 상대적 시간 변수
X_train_relative = train_data[['RelativeTime']]
X_test_relative = test_data[['RelativeTime']]
# B안: 절대적 시간 변수
X_train_absolute = train_data[['YYYYMM']].apply(lambda x: x.dt.strftime('%Y%m').astype(int))
X_test_absolute = test_data[['YYYYMM']].apply(lambda x: x.dt.strftime('%Y%m').astype(int))
# C안: 년과 월을 별도로 사용
X_train_year_month = train_data[['Year', 'Month']]
X_test_year_month = test_data[['Year', 'Month']]
```

```
# D안: 월만 사용
X_train_month = train_data[['Month']]
X_test_month = test_data[['Month']]
# E안: 다항회귀(2차 다항식)
X_train_poly = train_data[['RelativeTime', 'RelativeTimeSquared']]
X_test_poly = test_data[['RelativeTime', 'RelativeTimeSquared']]
```

도표 17-14는 LinearRegression 클래스를 사용하여 fit 메서드로 데이터를 학습시키고 predict 메서드로 예측을 수행하는 파이썬 코드이다. LinearRegression 클래스는 기본적으로 OLS 방법을 사용하여 회귀 모델을 학습시킨다.

도표 17-14. 시간 기준의 최소자승법 모형 학습 파이썬 코드

```
def train_and_evaluate(X_train, X_test, y_train, y_test):
    model = LinearRegression()
    model.fit(X_train, y_train)
    predictions = model.predict(X_test)
    rmse = mean_squared_error(y_test, predictions, squared=False)
    return model, rmse

# 각 방법별 모델 훈련 및 평가
results = {}
# 상대적 시간 변수(A안)
model_relative, rmse_relative = train_and_evaluate(X_train_relative, X_test_relative, y_train, y_test)
results['Relative Time Variable'] = {'Model': model_relative, 'RMSE': rmse_relative}

# 절대적 시간 변수(B안)
model_absolute, rmse_absolute = train_and_evaluate(X_train_absolute, X_test_absolute, y_train, y_test)
results['Absolute Time Variable'] = {'Model': model_absolute, 'RMSE': rmse_absolute}

# 년과 월을 별도로 사용(C안)
model_year_month, rmse_year_month = train_and_evaluate(X_train_year_month, X_test_year_month, y_train,
y_test)
results['Year and Month Separately'] = {'Model': model_year_month, 'RMSE': rmse_year_month}

# 월만 사용(D안)
model_month, rmse_month = train_and_evaluate(X_train_month, X_test_month, y_train, y_test)
results['Using Only Month'] = {'Model': model_month, 'RMSE': rmse_month}

# 다항 회귀 (2차 다항식)(E안)
```

```
model_poly, rmse_poly = train_and_evaluate(X_train_poly, X_test_poly, y_train, y_test)
results['Polynomial Regression (2nd Degree)'] = {'Model': model_poly, 'RMSE': rmse_poly}

results
```

도표 17-15는 위의 5개 방안의 예측 결과를 시각화한 것이다.

도표 17-15. 시간 기준 최소자승법 5개 방안의 예측 결과 시각화

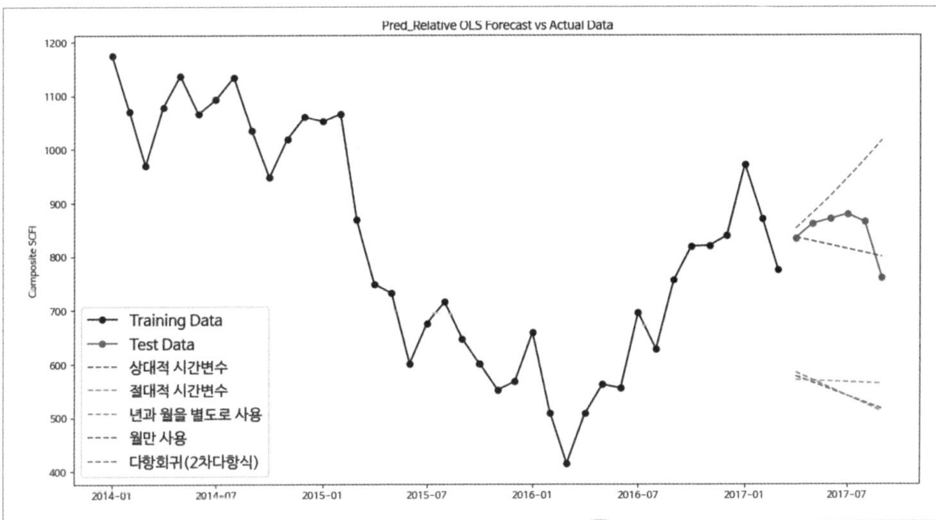

언급한 바와 같이 테스트데이터에 대한 RMSE값은 ChatGPT의 답변만으로는 독자의 의도 대로 제대로 계산한 것인지 확인할 수가 없다. 결국 ChatGPT의 파이썬 코드를 분석해야 테스트데이터에 대한 RMSE 계산 과정을 확인할 수 있다. 아니면 ChatGPT에 구체적으로 하나하나 RMSE 계산 과정에 대한 질의를 해야 하다.

[예제 17-1 ChatGPT추천]에서 ChatGPT는 예측 성능에 대한 평가지표로 테스트데이터에 대한 RMSE를 제시하였고 모형간 비교를 하였다. ChatGPT에 예측 성능에 대한 요청을 하면 다른 기준으로 평가한 결과를 제시하기도 한다. 명확하게 정의하지 않으면 ChatGPT는 어떤 경우에는 훈련데이터를 어떤 경우는 전체 데이터를 학습시키며 테스트데이터에 대한 RMSE를 계산한다. 이 점을 주의하여야 한다. 예를 들어, [예제 17-2 다양한 시계열분석]는 전체 데이터를 기반으로 모형을 학습하고 테스트데이터의 RMSE를

계산한다. 도표 17-16의 모형을 학습하는 코드 lin_reg.fit(time, scfi_data['SCFI_C'])에서 time은 전체 데이터이다. 그러나 [예제 17-3 최소자승법]은 일반적인 기준에 의해 훈련데이터를 기반으로 모형을 학습하고 테스트데이터의 RMSE를 계산한다. 모형을 학습하는 코드 model.fit(X_train, y_train)에서 X_train은 훈련데이터를 나타낸다. 일반적으로 모형 검증은 훈련데이터만으로 모형(가칭 Training 모형)을 만든 후, 테스트데이터에 적용하여 RMSE 등을 평가한다. 비교 분석을 통해 RMSE 값이 가장 낮은 모형을 선택한다.

도표 17-16. 어떤 데이터에 기반하여 모형을 학습하는지를 나타내는 파이썬 코드

```
# [예제 17-2 다양한 시계열분석]에서 전체 데이터에 기반하여 모형을 학습한 부분만 추출
time = np.arange(len(scfi_data.index)).reshape(-1, 1)  # 전체 데이터 0부터 44까지 만들어 time에 할당
lin_reg.fit(time, scfi_data['SCFI_C'])

# [예제 17-3 최소자승법]에서 훈련 데이터에 기반하여 모형을 학습한 부분만 추출
model.fit(X_train, y_train)
```

데이터 확보가 부족한 환경에서는 테스트 기간 이후의 미래 구간에 대하여 어떤 데이터에 기반하여 모형을 재 구축할 지 고민해야 한다. 훈련데이터만으로 학습시킨 모형(가칭 T 모형) 또는 다시 전체 데이터로 학습시켜 만든 모형(가칭 F 모형)을 적용할 수 있다. 어떤 모형이 미래를 잘 예측한다고 단정할 수는 없다. 최근의 데이터를 반영하고 싶다면, 테스트데이터까지 반영하여 학습한 모형(F 모형)을 적용해야 한다. 훈련데이터로만 학습한 모형(T 모형)을 적용하는 것이 아니라 전체 데이터로 학습한 모형(F 모형)을 미래 구간에 적용한다. [예제 17-2 다양한 시계열분석]와 같이 전체 데이터를 사용해서 모형(F 모형)을 만든 후에 테스트데이터에 대해서 다시 평가할 수도 있다. 특히 데이터가 충분하지 않은 경우에는 적은 데이터와 최신 데이터를 반영하지 못한 훈련데이터만을 기반으로 모형을 생성하므로 일반적으로 훈련데이터 기반 모형의 RMSE값이 좋지 않다.

ChatGPT의 답변 내용만으로는 예측결과의 생성 과정에 대한 오해를 할 수 있다. 결과를 명확하게 하기 위해서는 질문 단계에서 훈련데이터만으로 모형을 생성하고, 테스트데이터를 계산하도록 요청해야 한다. 또는 ChatGPT가 제공하는 파이썬 코드를 확인하고 수정한 후, 모형을 재 실행할 수도 있다. 모든 질문을 명확히 할 수 없기 때문에 문

제가 복잡한 경우에는 파이썬 코드를 독자 스스로 확인할 필요가 있다.

시간을 독립변수로 사용하여 최소자승법을 적용할 때 주의해야 점은 기본적으로 일반적인 선형회귀모형을 적용할 때 주의할 점과 동일하다.

✓ 선형성 검토: 데이터가 선형 회귀의 기본 가정인 선형성을 만족하는지 검토하는 것이 중요하다. 비선형 관계가 의심되는 경우, 변환을 적용하거나 비선형 모델을 고려해야 할 수 있다.

✓ 시계열의 특성: 추세, 계절성, 순환 패턴과 같은 시계열 데이터의 특성을 감안하지 않고 모델을 구축할 경우, 모델의 정확도와 해석에 문제가 발생할 수 있다.

✓ 오차항의 자기상관: 비정상 데이터의 경우, 잔차(오차 항)들이 자기상관을 가질 가능성이 높다. 이는 잔차들이 독립적이지 않다는 것을 의미하며, 회귀 분석의 가정 중 하나를 위반한 것이다. 여기서, 비정상 데이터란 시간의 흐름에 따라 데이터의 통계적 특성이 변한다는 의미이다. 잔차의 자기상관이 있으면 차분한 변수를 OLS 모형에 추가하여 모델링 할 수 있다. 해당 프로그램은 공유 파이썬 코드를 참조하기 바란다.

✓ 모형의 유효성: 비정상 데이터를 사용하면 회귀 계수의 추정치가 편향될 수 있으며, 결과적으로 잘못된 추론을 할 위험이 있다. 특히, 시계열 데이터가 단위근(Unit Root)을 가지는 경우, 이 문제는 더욱 심각해진다. 모형이 유효하지 않을 수 있다.

✓ 이상치 처리: 이상치는 회귀 분석 결과에 큰 영향을 미칠 수 있으며, 적절한 처리가 필요하다.

✓ 변화율 변환: 데이터의 로그변환이나 차분 등을 통해 비선형 특성을 다루거나 데이터의 안정성을 향상시킬 수 있다.

복합 SCFI의 꺾은선 그래프에서 SCFI는 시간에 대해 선형적이지 않고, 시계열 데이터의 특성을 갖는 것을 쉽게 확인할 수 있다. 따라서 시간만 독립변수로 사용한 최소자승법은 복합 SCFI를 예측에 적합하지 않을 수 있다.

이동평균법을 실습하자

이동평균법은 과거 일정기간의 실적을 평균해서 예측하는 방법이다. 평균값은 구하는 이유는 불규칙적인 변동을 고르게 하기 위한 것이다. 이번 장에서는 과거 여러 기간의 관측치에 동일한 가중치를 부여하는 단순이동평균(Simple Moving Average, SMA)을 서술한다.

N 기간 동안의 단순이동평균 SMAt는 다음과 같이 계산한다.

$$\mathrm{SMA_t} = \frac{1}{N}\sum_{i=0}^{N-1} Y_{t-i}$$

여기서 SMA_t는 시점 t에서의 단순이동평균 값이다. N은 이동평균을 계산하는 기간의 길이이다. 이동평균의 창 크기(window size)이며, 사용자가 설정하는 하이퍼파라미터이다. Y_{t-i}는 시점 t-i에서의 관측치이다.

[예제 17-4 이동평균법]

이동평균법을 적용한 요청과 답변을 [예제 17-4 이동평균법]이라고 하자. 훈련데이터(마지막 6개월 이전 데이터)를 가지고 모형을 개발하고, 테스트데이터(마지막 6개월 데이터)에 대한 RMSE를 계산하도록 요청 창에 명시한다. 창 크기가 12개월이며 테스트데이터에 대한 RMSE는 118.67이다. [예제 17-2 다양한 시계열분석]의 테스트데이터에 대한 RMSE 64.61보다 큰 값이다(창 크기 12개월). 두 예제 모두 ChatGPT가 12개월로 동일한 창 크기를 설정한 상태에서, 최근 데이터를 보다 많이 반영하지 못했기 때문에 RMSE가 크다. 이동평균법이 고정된 시간 창(창 크기)을 사용하기 때문에, 최신 데이터의 영향을 반영하는 데 한계가 있다.

[예제 17-4 이동평균법]과 [예제 17-2 다양한 시계열분석]의 테스트데이터에 대한 RMSE의 차이가 너무 크다. 무언가 문제 있다고 의심할 필요가 있다. [예제 17-2 다양한 시계열분석]에서 ChatGPT의 모든 시계열 기법의 테스트데이터에 대한 이동평균법 RMSE 계산은 저자의 의도와 많이 다르다. 도표 17-17에서 [예제 17-2 다양한 시계열분석]의 이동평균법의 파이썬 코드를 가지고 설명한다.

data['SCFI_C'].rolling(window=window_size).mean()에서 rolling함수는 연속된 데이터의 일정 구간(창)을 기준으로 여러 계산을 수행할 수 있게 해준다. window = window_size는 연속된 데이터의 구간(창) 크기를 결정한다. ChatGPT가 설정한 window_size가 12이므로, 12개월간의 데이터를 하나의 그룹으로 묶어서 처리한다. mean()은 각 구간(창)에 대한 평균값을 계산한다. 즉, 각 12개월간의 데이터를 그룹으로 묶은 후, 이 그룹 내 데이터들의 평균값을 구한다. test_data['Moving_Average']에 12개월 이동평균값을 저장하고 이 값에 대하여 RMSE를 계산한다.

도표 17-17. [예제 17-2 다양한 시계열분석] 이동평균법의 RMSE 계산 파이썬 코드

```
# 이동평균법(Moving Average):  12개월 이동평균을 계산한다.
window_size = 12
data['Moving_Average'] = data['SCFI_C'].rolling(window=window_size).mean()

#  테스트데이터에 대한 예측치 계산: 이동평균값을 예측치에 저장한다.
test_data['Moving_Average'] = data['Moving_Average'].iloc[-6:]

rmse_moving_average = np.sqrt(mean_squared_error(test_data['SCFI_C'],  test_data['Moving_Average']))
rmse_moving_average, test_data[['SCFI_C', 'Moving_Average']]
```

도표 17-18에서 test_data[['SCFI_C', 'Moving_Average']]는 테스트 기간의 관측치와 이동평균값을 보여준다 [예제 17-2 다양한 시계열분석]에서 테스트 기간의 RMSE 계산에 사용한 값은 예측치라기 보다는 단지 이동평균값을 계산한 결과이다. 그래서 [예제 17-2 다양한 시계열분석]의 RMSE 값이 좋을 수밖에 없다. 관측치를 반영한 의미가 없는 RMSE를 계산한 것이다.

도표 17-18. 단지 테스트기간의 이동평균값(코랩)

	SCFI_C	Moving_Avg
39	834.060	760.221917
40	860.922	785.152500
41	869.764	811.415500
42	878.540	826.720000
43	864.205	846.470000
44	760.540	846.854833

반면 [예제 17-4 이동평균법]에서는 훈련데이터를 기반으로 테스트기간을 예측한다. 훈련데이터의 과거 12개월의 이동평균값에 대한 평균값으로 테스트 기간의 예측치를 산출한다. ChatGPT에 다양한 방법으로 실습을 하였더니, ChatGPT는 여러 방식으로 예측치를 산출한다. 일반적으로 자주 산출하는 방식의 코드는 아래와 같다(1안).

도표 17-19. [예제 17-4 이동평균법]의 예측치 계산(1안) 파이썬 코드

```
# 이동평균법 적용하기, window size을 12 months로 설정한다.
window_size = 12
train['Moving_Avg'] = train['SCFI_C'].rolling(window=window_size).mean()

# 예측을 위하여 마지막 윈도우 창의 값을 사용한다 (1안).
train_last_values = train['Moving_Avg'].iloc[-1]

# 모든 test data에 대해서 동일한 값 train_last_vales를  할당하여  예측한다(1안)
test_predictions = [train_last_values] * len(test)

test_rmse = sqrt(mean_squared_error(test['SCFI_C'], test_predictions))
```

train_last_values = train['Moving_Avg'].iloc[-1]에서 train['Moving_Avg'] 는 train의 Moving_Avg칼럼을 대상으로 마지막 이동평균값을 가지고 온다. [train_last_values] * len(test)는 마지막 이동평균값을 테스트데이터의 길이(len(test))만큼 반복하여 예측치의 리스트를 만든다. 즉, 모든 테스트데이터에 대해 동일한 예측치를 할당한다. 도표 17-20은 테스트 기간의 예측치가 모두 동일한 이동평균값을 갖는 것을 보여준다(예측치 계산방식 1안).

도표 17-20. [예제 17-4 이동평균법]의 테스트데이터의 예측치 결과(코랩)

	SCFI_C	Prediction
39	834.060	732.951583
40	860.922	732.951583
41	869.764	732.951583
42	878.540	732.951583
43	864.205	732.951583
44	760.540	732.951583

도표 17-21은 [예제 17-4 이동평균법]에 대해ChatGPT가 작성한 그래프이다. 테스트 기간의 모든 월에 대해 일정한 값 732.95을 예측하고 있다(창 크기 12개월, 예측치 계산 방식 1안).

도표 17-21. 창크기를 12로 설정한 이동평균법의 예측 결과 시각화

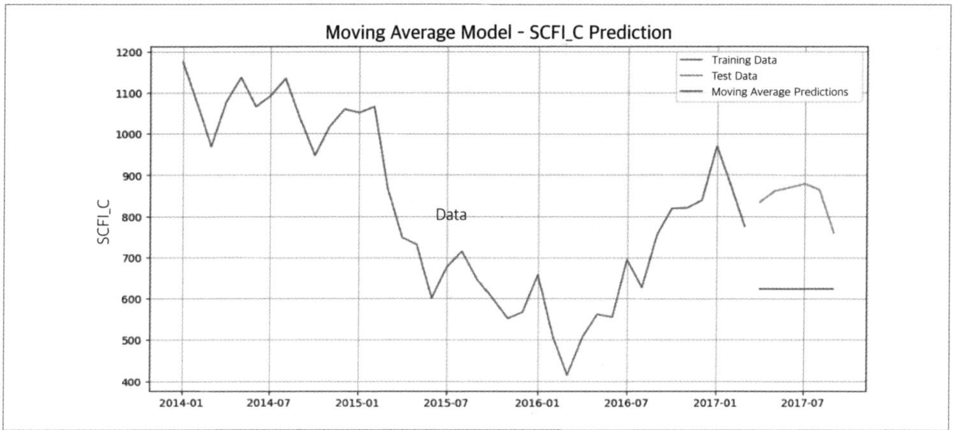

ChatGPT가 간혹 다음과 같이 예측치를 산출하기도 한다(예측치 산출방식 2안). 훈련 데이터의 마지막 윈도우 창에 해당하는 이동평균값들의 평균을 사용한다. 이는 최근 기간 동안의 평균적인 경향을 반영한다.

도표 17-22. 이동평균값의 평균을 사용한 예측

```
# 훈련데이터 내 윈도우 창 크기에 해당하는 마지막 값들을 읽는다.
train_last_values = train['Moving_Avg'].dropna().tail(window_size).values

# 테스트데이터 예측하기(2안): 추출한 이동평균값의 평균을 사용하여 테스트 기간에 동일하게 적용한다.
test_predictions = [train_last_values.mean()] * len(test)

# 예측을 위하여 마지막 윈도우 창의 값을 사용(2안)
train_last_values = train['Moving_Avg'].dropna().tail(window_size).values

# test data 예측하기(2안)
test_predictions = [train_last_values.mean()] * len(test)

# 예측을 위하여 마지막 윈도우 창의 값을 사용(2안)
train_last_values = train['Moving_Avg'].dropna().tail(window_size).values

# test data 예측하기(2안)
test_predictions = [train_last_values.mean()] * len(test)

# 예측을 위하여 마지막 윈도우 창의 값을 사용(2안)
```

```
train_last_values = train['Moving_Avg'].dropna().tail(window_size).values

# test data 예측하기(2안)
test_predictions = [train_last_values.mean()] * len(test)
```

train['Moving_Avg'].dropna().tail(window_size).values에서 train['Moving_Avg']는 train의 Moving_Avg칼럼을 대상으로 dropna() 함수를 통해 NaN(결측치)가 있는 행을 제거한다. 이동평균을 계산할 때 처음 몇 개의 값은 창 크기(window size)보다 데이터 포인트가 적어 NaN 값이 생길 수 있기 때문에 이를 제거한다. tail(window_size) 함수는 데이터의 끝에서부터 지정된 수 (window_size)만큼의 행을 선택한다. 여기서는 훈련데이터 중 최근 12개월의 이동평균값들을 가져온다. values는 최종적으로 선택된 값들을 numpy 배열로 변환한다. [train_last_values.mean()] * len(test)에서 train_last_values.mean()은 앞서 선택된 최근의 이동평균값들의 평균을 계산한다. 이 값은 테스트데이터를 예측하는 데 사용될 대표값으로 간주된다. 계산방식 2안으로 산출한 예측치는 623.36이며, 테스트데이터에 대한 RMSE값은 224.90이다.

명시적으로 기술하지 않으면 ChatGPT가 어떤 계산방식을 채택하였는지 알 수 없기 때문에, ChatGPT의 파이썬 코드를 확인할 필요가 있다. 일반적으로는 1안으로 계산한다. 가장 최근의 데이터를 직접 반영하기 때문에, 단기적인 변화를 더 잘 포착할 수 있다. 하지만, 이는 데이터의 특성과 예측 목적에 따라 달라질 수 있으며, 때로는 2안이 더 적합할 수도 있다.

이제까지ChatGPT가 자의적으로 설정한 12개월의 시간 창 크기로 데이터를 분석하였다. 이동평균법이 고정된 시간 창을 사용하기 때문에, 최신 데이터의 영향을 반영하는 데 한계가 있다. 이로 인해 모형은 시계열 데이터 내에서 발생하는 빠른 변화나 새로운 추세를 즉각적으로 포착하지 못할 수 있다. ChatGPT에 사용자가 설정하는 하이퍼파라미터를 1개월에서 12개월까지 1개월 단위로 변화시키도록 요청한다. 이때 테스트데이터에 대한 RMSE 가 최소가 되는 모형을 선택한다. 도표 17-23은 시간 창 크기의 변화에 따른 (훈련데이터 기반 모형의) 테스트데이터에 대한 RMSE이다(예측치 계산방식 1안)

도표 17-23. 창 크기 조정에 따른 테스트데이터의 RMSE

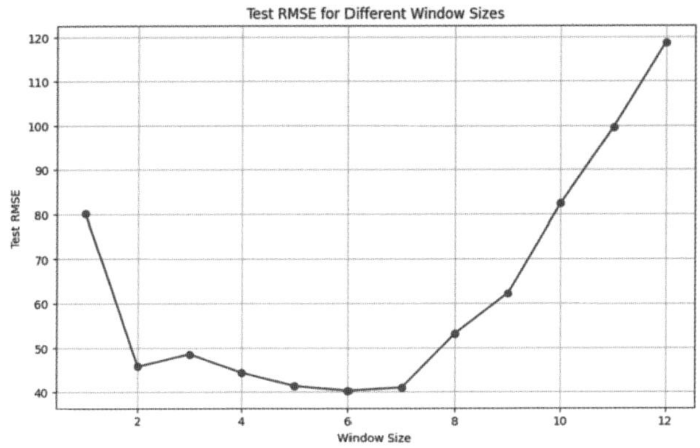

Window Size	Test RMSE
1	80.200531
2	45.721642
3	48.520354
4	44.321550
5	41.348922
6	40.264604
7	41.012598
8	53.172900
9	62.312426
10	82.366919
11	99.562906
12	118.674305

도표 17-24. 창 크기 6인 경우의 이동평균법 예측 결과 시각화

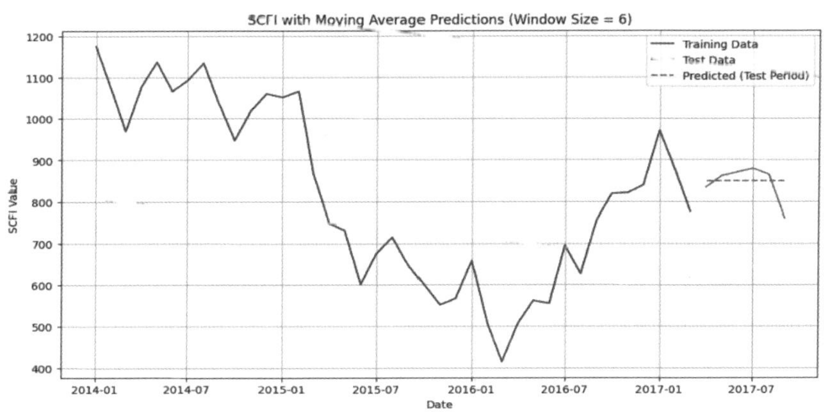

시간 창으로 6개월을 설정한 경우의 RMSE가 가장 작으므로 해당 모형을 선택한다. 위 도표 17-24는 시간 창으로 6개월을 설정한 모형에서 테스트 기간의 예측치 849.04을 보여준다. 그러나 이 모형이 미래 기간에 대한 예측을 더 잘할 수 있다고 보장할 수는 없다.

도표 17-25는 전체 데이터에 대해서 시간 창 크기의 변화에 따른 이동평균값을 보여준다. 창 크기가 작을수록 최신 데이터를 더 반영한다. 창 크기가 1인 경우는 실적과 동일하다.

도표 17-25. 전체 데이터의 창 크기의 변화에 따른 이동평균값

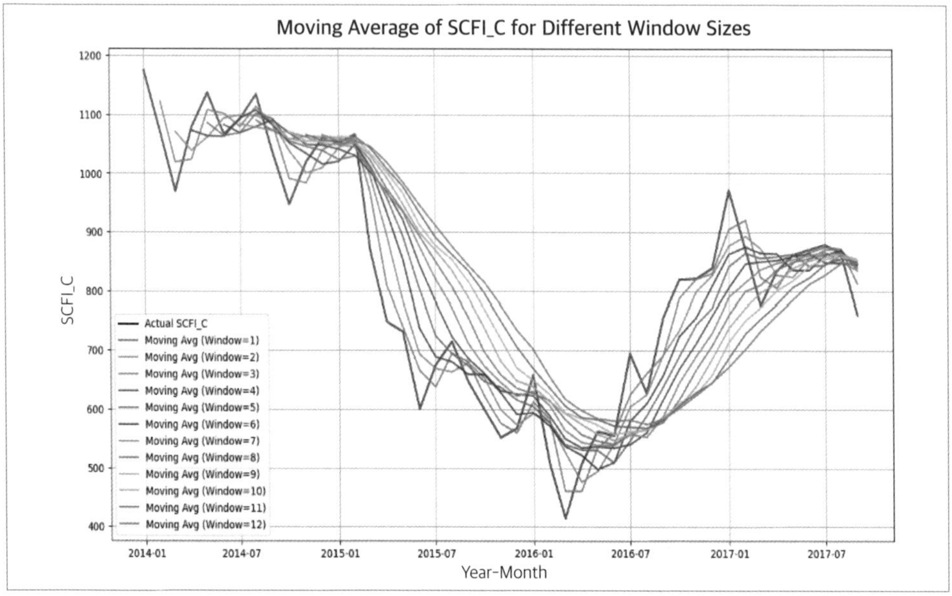

이동평균법을 적용할 때 주의해야 할 몇 가지 중요한 점은 아래와 같다.

✓ 추세와 계절성: 이동평균법은 데이터에서의 선형 추세나 계절성을 제거하지 않는다. 따라서 추세나 계절성이 뚜렷한 데이터에는 적합하지 않다. 선형 추세나 계절성을 제거하는 이유는 데이터의 본질적인 패턴을 더 명확히 하고, 예측 모델의 성능을 향상시키며, 데이터 간의 비교를 용이하게 하고, 통계적 분석을 보다 효과적으로 수행하기 위한 것이다.

✓ 창 크기 선택: 이동평균의 창(윈도우 창, 시간 창) 크기는 중요한 하이퍼파라미터다. 너무 작은 창 크기는 데이터의 노이즈를 제거하는 데 효과적이지 않을 수 있고, 너무 큰 창 크기는 데이터의 중요한 변화를 포착하지 못할 수 있다.

✓ 지연 효과: 이동평균은 과거 데이터를 기반으로 계산되므로, 최근 변화나 경향을 즉시 반영하지 못한다. 이는 특히 빠르게 변하는 데이터에 문제가 된다.

✓ 데이터 끝단의 문제: 데이터의 시작과 끝에서는 완전한 창 크기만큼의 데이터가 없어 정확한 평균을 계산할 수 없다. 이는 분석 결과에 영향을 줄 수 있다.

✓ 단순 평균의 한계: 이동평균은 모든 데이터에 동일한 가중치를 부여한다. 이는 데이터의 특정 구간에 더 중요한 정보가 있을 경우 이를 고려하지 못할 수 있다.

따라서, 이동평균법은 시계열 데이터의 단기적인 변동을 평활화하여 전반적인 추세

를 보여준다. 단순하고 이해하기가 쉬우며 이상치에 덜 민감하다. 하지만 장기적인 추세나 계절성을 반영하지 못하고, 최근 변화에 빠르게 반응하지 못하며, 이동평균의 길이(윈도우 창 또는 시간 창의 크기) 선택이 예측 결과에 영향을 미친다. 그래서 주로 단기적인 예측, 선형적인 추세나 계절성이 없는 경우 또는 일정기간 동안 비교적 안정적인 패턴을 보이는 경우 등 빠른 변화보다는 전반적인 추세 파악에 주로 적용한다. 시간창 기법(Rolling Window Method 또는 Moving Window Technique)을 사용하여 계산한 이동평균값을 패턴 기반 파생변수로 다른 예측모형의 독립변수로 사용하기도 한다. 이동평균법을 보조수단으로 활용하는 것이다.

SCFI의 꺾은선 그래프에서 SCFI는 시간에 대해 계절성과 불안정한 패턴이 있다는 것을 쉽게 확인할 수 있다. 이동평균법은 SCFI의 추세를 제거하고 단기 변동성을 파악하는 데 유용할 수 있다. 하지만 물류비 경영계획 수립과 같은 장기적인 SCFI 예측에는 적합하지 않다. 전반적인 추세를 파악하거나 다른 예측 모형의 파생변수를 만드는데 사용하는 것을 추천한다.

단순지수평활법을 실습하자

지수평활법은 시계열 데이터를 예측하는 데 사용되는 여러 기법 중 하나로, 다양한 변형이 있다. 데이터 내의 특정 패턴을 다루는 방식에 따라 변형이 이루어진다. 지수평활법이라고 언급할 때, 가장 기본적인 형태인 단순지수평활법을 지칭하는 경우가 많지만, 복잡한 형태의 지수평활 기법들(예: 홀트의 선형 추세 모형, 홀트-윈터스 계절 모형)을 포괄적으로 지칭하기도 한다. ChatGPT에 요청할 때는 모형을 구체적으로 지칭할 필요가 있다.

- ✓ 단순지수평활법: 가장 기본적인 형태의 지수평활법이다. 시계열 데이터가 상대적으로 안정적이며 추세나 계절성이 없을 때 적합하다.
- ✓ 이중지수평활법(홀트의 선형 추세 모형): 단일지수평활에 '추세'항이 추가되어, 시계열 데이터에 추세가 존재할 때 사용한다.
- ✓ 삼중중지수평활법(홀트-윈터스 계절 모형): 산식은 이중지수평활에 '계절 성분'항이 추가되어, 추세와 계절성을 모두 가진 데이터에 적합하다.

여기서 다루는 단순지수평활법(Simple Exponential Smoothing, SES)은 최근 관측치에 더 높은 가중치를 부여하며 과거 데이터의 영향력을 지수적으로 감소시키는 방식이다. 단순지수평활법은 다음과 같은 수식으로 표현된다.

$$\mathbf{SES_t = \alpha Y_t + (1-\alpha)SES_{t-1}}$$

SESt는 시점 t의 평활치, Y_t는 시점 t의 관측치이다. α는 평활계수(0과 1사이)이며 사용자가 설정하는 하이퍼파라미터이다. 각 시점에서의 평활치는 각 시점의 관측치와 이전 시점의 평활치의 가중 평균으로 계산된다.

[예제 17-5. SES]

단순지수평활법(SES)을 적용한 요청과 답변을 [예제 17-5 SES]이라고 하자. 훈련데이터에 기반하여 모형을 개발하고, 테스트데이터(마지막 6개월 데이터)에 대한 RMSE를 계산하도록 명시한다. 그리고 하이퍼파라미터인 평활계수(α, 알파)를 테스트데이터에 대한 RMSE가 가장 작은 값을 추천하도록 요청한다. 이는 테스트데이터를 훈련 단계에서 반영하겠다는 의미이다.

도표 17-26. 단순지수평활법 모형의 개발 요청

시계 열분석_복합SCFI_2017.xlsx
Spreadsheet

단일지수평활법으로 월별 복합 SCFI를 예측하는 모형을 개발해줘
- 컬럼 SCFI_C은 종속변수인 복합 SCFI, 컬럼 YYYYMM는 년월을 나타냄
- 전체 데이터의 마지막 6개월을 테스트데이터로 분리함
- 훈련데이터를 가지고 모형을 만들고나서, 그 모형에 기반하여 테스트데이터의 RMSE를 구함
- 테스트데이터에 대한 RMSE가 가장 작은 값을 갖는 평활계수를 추천함
- data = pd.read_excel(file_path) 문장을 사용함

ChatGPT는 테스트데이터에 대한 RMSE가 가장 작은 42.495을 갖는 평활계수 0.4을 사용하도록 추천한다. RMSE를 최소화하도록 명시적으로 요청하지 않으면, ChatGPT가 평활계수를 자의적으로 설정한다. [예제 17-2 다양한 시계열분석]의 경우 평활계수

0.2는 ChatGPT가 자의적으로 설정한 것이다. [예제 17-5]의 RMSE 42.495는 [예제 17-2]의 테스트데이터에 대한 RMSE 67.05보다 작다.

도표 17-27. 단순지수평활법 하이퍼파라미터 조정

```
# 하이퍼파아미터 alpha 값의 범위를 설정한다.
alpha_values = np.arange(0, 1.1, 0.1)  # Alpha 값을 0부터 1까지 0.1단위로 증가
test_rmse = []  #  테스트 RMSE 값을 저장하기 위해 초기화

# 모든 alpha 값에 대해서 단일지수평활법을 적용하고 RMSE를 계산한다.
for alpha in alpha_values:
    model = SimpleExpSmoothing(train_data).fit(smoothing_level=alpha, optimized=False)
    test_predictions = model.forecast(len(test_data))
    test_rmse_value = np.sqrt(mean_squared_error(test_data, test_predictions))
    test_rmse.append(test_rmse_value)
# 가장 작은 테스트 RMSE를 갖는 alpha 값을 찾는다.
best_alpha = alpha_values[np.argmin(test_rmse)]
best_alpha, min(test_rmse)
```

alpha_values = np.arange(0, 1.1, 0.1)는 0부터 1까지 0.1씩 증가하는 alpha 값의 배열을 생성한다. 주어진 값이 1.1인 이유는 np.arange 함수의 끝 값이 포함되지 않기 때문이다. test_rmse = [ ] 각 alpha 값에 대응하는 RMSE 값을 저장하기 위해 빈 리스트를 초기화한다.

for alpha in alpha_values:는 각 alpha 값에 대해 다음 작업을 반복하도록 한다. train_data에 대해 단순지수평활법 모형을 alpha 값으로 적합시킨다. optimized=False는 제공된 alpha 값을 그대로 사용하고 추가로 최적화를 하지 않는다. model.forecast (len(test_data))에서 model은 test_data 길이만큼의 값을 예측한다. 실제 test_data와 예측치 사이의 RMSE를 계산한다. test_rmse.append (test_rmse_value)는 계산된 RMSE 값을 test_rmse 리스트에 추가한다. np.argmin(test_rmse)는 가장 작은 RMSE의 인덱스를 찾는다. 이 인덱스를 사용하여 해당하는 alpha 값을 찾는다.

위 답변을 받고 나서 아래와 같이 ChatGPT에 그래프를 그리도록 요청한다. ChatGPT는 830.40를 예측치로 추천한다.

도표 17-28. 단순지수평활법 예측 결과 그래프

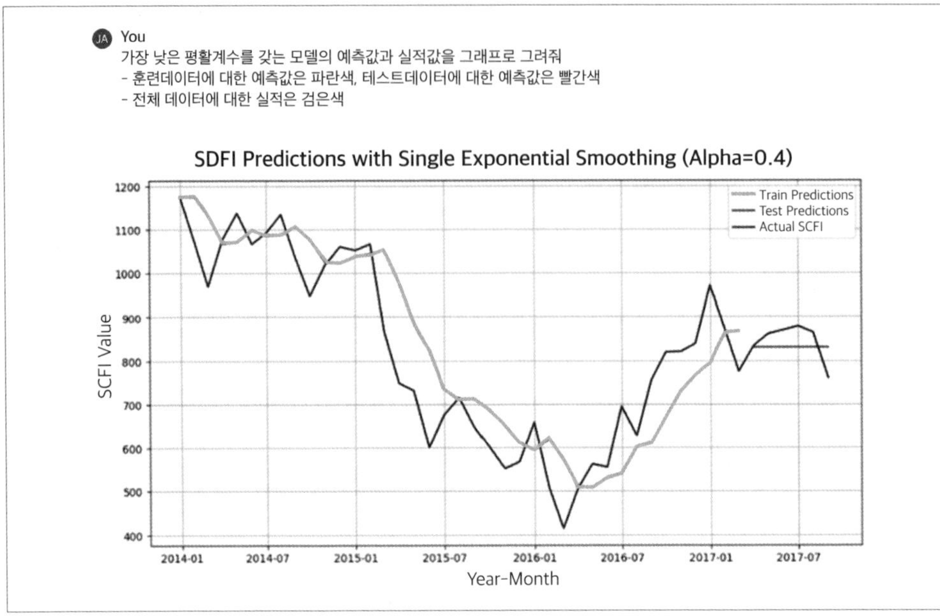

ChatGPT를 실행할 때마다 추천하는 평활계수가 다를 수 있다. 어떤 경우는 평활계수 0.04, RMSE 40.87, 예측치 852.94를 제안한다. 앞서 평활계수 0.4를 사용하여 ChatGPT가 제안한 것과 다른 값이다.

도표 17-29는 평활계수의 변화에 따른 테스트데이터 RMSE의 변화를 보여준다.

도표 17-29. 단순지수평활법 평활계수 변경에 따른 RMSE

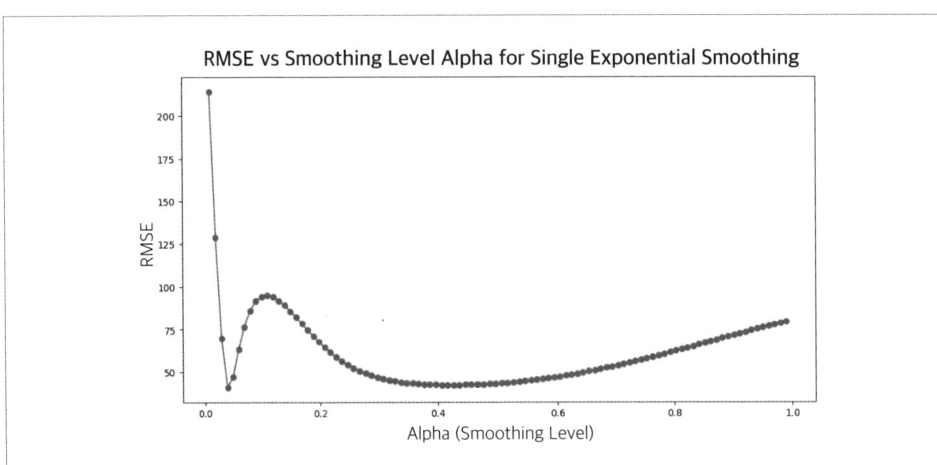

평활계수는 0.01부터 1사이에 총 100개의 평활계수를 도표 17-30과 같이 생성한다. 이때 사용한 코드는 alpha_values = np.linspace(0.01, 1, 100)이다. np.arange 함수는 마지막 값이 포함되지 않았지만, np.linspace는 지정한 마지막 값 1을 포함한다.

도표 17-30. np.linspace(0.01, 1, 100)로 생성한 평활계수(코랩)

```
array([0.01, 0.02, 0.03, 0.04, 0.05, 0.06, 0.07, 0.08, 0.09, 0.1 , 0.11,
       0.12, 0.13, 0.14, 0.15, 0.16, 0.17, 0.18, 0.19, 0.2 , 0.21, 0.22,
       0.23, 0.24, 0.25, 0.26, 0.27, 0.28, 0.29, 0.3 , 0.31, 0.32, 0.33,
       0.34, 0.35, 0.36, 0.37, 0.38, 0.39, 0.4 , 0.41, 0.42, 0.43, 0.44,
       0.45, 0.46, 0.47, 0.48, 0.49, 0.5 , 0.51, 0.52, 0.53, 0.54, 0.55,
       0.56, 0.57, 0.58, 0.59, 0.6 , 0.61, 0.62, 0.63, 0.64, 0.65, 0.66,
       0.67, 0.68, 0.69, 0.7 , 0.71, 0.72, 0.73, 0.74, 0.75, 0.76, 0.77,
       0.78, 0.79, 0.8 , 0.81, 0.82, 0.83, 0.84, 0.85, 0.86, 0.87, 0.88,
       0.89, 0.9 , 0.91, 0.92, 0.93, 0.94, 0.95, 0.96, 0.97, 0.98, 0.99,
       1.  ])
```

그렇다면 테스트데이터 RMSE를 최소화하는 평활계수 0.04을 사용하여 모형을 적용하면 되는 것인가? 반드시 시각화를 통해 테스트데이터의 패턴뿐만 아니라 훈련데이터의 예측패턴도 확인하여야 한다. 평활계수 0.04는 도표 17-31과 같이 훈련데이터에는 적절하지 않는 패턴을 보여준다. 반면, ChatGPT 제안한 평활계수 중 0.4는 테스트데이터 및 훈련데이터에도 합리적인 패턴을 보여준다고 할 수 있다.

도표 17-31. 단순지수평활법 평활계수 중 0.04로 예측한 결과 그래프

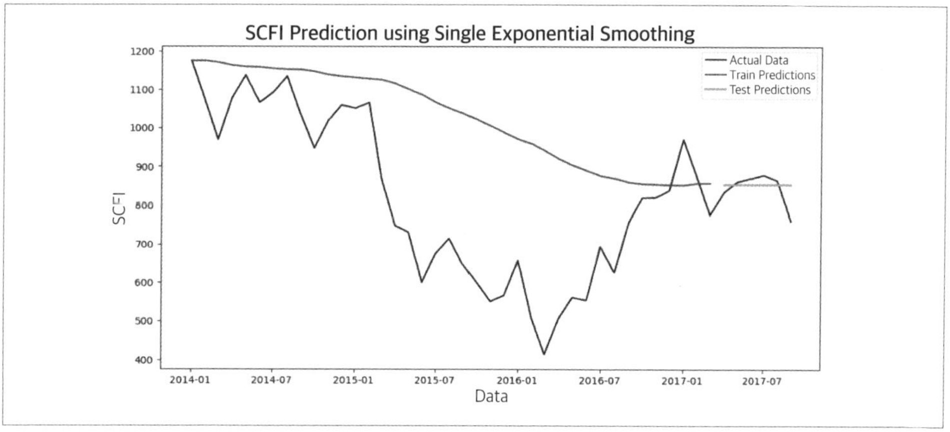

SimpleExpSmoothing(train_data).fit(optimized=True)은 optimized=True로 설정하여 평활계수를 자동으로 구할 수 있다. 이 방법은 단순지수평활법 모형을 훈련데이터

에 맞추고 최적의 평활계수를 자동으로 찾는다. 이 방식은 훈련데이터에 최적화되어 있으며, 테스트데이터에 대한 성능은 반드시 최적이라고 보장할 수 없다. 이는 평활계수를 적절히 선택하는 것이 모형의 예측 정확도에 큰 영향을 미친다는 것을 알려준다.

단순지수평활법 뿐만이 아니라 일반적으로 실제 시계열 데이터분석에서는 모형을 확정하는 단계에서 최근 변동성을 최대한 반영할 목적으로 테스트데이터에 대한 성능을 고려하는 것이 중요하기 때문에, 책에서 서술한 것처럼 테스트데이터에 대한 RMSE를 최소화하도록 하이퍼파라미터를 추천하도록 ChatGPT에게 요청할 수도 있다. 그러나 이는 도표 17-31과 같이 훈련데이터에 적절하지 않은 나쁜 결과를 초래할 수 있다. 일반적으로 모형을 개발할 때에는 ChatGPT 요청 시, "테스트데이터" 대신에 "훈련데이터"에 대한 RMSE가 가장 작은 값을 갖는 평활계수를 추천함으로 문장을 수정하거나 문장을 삭제하고 실험하여 결과를 비교할 필요가 있다.

단순지수평활법을 적용할 때 주의해야 할 점은 다음과 같다.

- ✓ 데이터의 특성: 시계열 데이터가 상대적으로 안정적이고, 큰 추세나 계절성 패턴이 없을 때 가장 잘 작동한다. 만약 데이터에 명확한 추세나 계절성이 있다면, 이 방법은 이동평균법과 마찬가지로 적합하지 않다.
- ✓ 평활계수의 선택: 평활계수는 0과 1 사이의 값으로, 이 값이 시계열 데이터의 최근 관측치에 얼마나 많은 가중치를 두는지 결정한다. 이 값의 선택은 모형의 성능에 큰 영향을 미치므로 신중하게 결정해야 한다. 낮은 값은 과거 데이터에 더 많은 가중치를 두는 반면, 높은 값은 최근 데이터에 더 많은 가중치를 둔다. 적절한 평활계수를 선택하기 위해서는 여러 값을 실험해보고, 예측 성능을 평가하는 것이 중요하다.
- ✓ 이상치의 영향: 단순지수평활법은 이상치에 민감하다. 이상치가 존재하는 경우, 이동평균법과 마찬가지로 모형의 예측 정확도에 부정적인 영향을 미칠 수 있다. 데이터 전처리 과정에서 이상치를 식별하고 처리하는 것이 중요하다. 반면, ARIMA 모델은 데이터의 자기상관을 고려하여 예측을 수행하는 방법으로, 적절한 차분(differencing)을 통해 이상치의 영향을 줄일 수 있다.
- ✓ 데이터의 충분성: 적절한 모형을 구축하기 위해서는 충분한 양의 과거 데이터가 필요한다. 시계열의 길이가 너무 짧으면 모형이 데이터의 패턴을 제대로 학습하기 어려울 수 있다.

SCFI의 꺾은선 그래프에서 SCFI는 시간에 대해 계절성과 불안정한 패턴이 있다는 것을 쉽게 확인할 수 있다. 따라서 단순지수평활법도 물류비 경영계획 수립과 같은 장기적인 SCFI 예측에는 적합하지 않다.

Holt-Winters Method을 실습하자

단순지수평활법과 달리 Holt-Winters 모형은 추세와 계절성이 포함된 보다 복잡한 시계열 데이터를 다룰 수 있는 능력이 있다. 이 모형은 시계열 데이터의 구성 요소를 세 가지 주요 요소(Level, Trend, Seasonality)로 분해하여 분석한다. 각각의 구성 요소에 대해 평활(또는 가중치 부여) 과정을 적용하여 시계열의 미래 값을 예측한다. 사용자가 최적화해야 하는 Level 평활계수 α(alpha), Trend 평활계수 β(Beta), Seasonal 평활계수 γ(Gamma) 등 3개의 하이퍼파라미터를 갖는다.

- ✓ Level: 시계열의 평균값 또는 기준값을 나타낸다. 이는 데이터의 일반적인 수준을 나타내는 것으로 간주된다.
- ✓ Trend: 시계열의 증가 또는 감소하는 경향을 나타내다. 예를 들어, 시계열 데이터가 시간이 지남에 따라 증가하거나 감소하는 경향이 있을 경우 이를 반영한다.
- ✓ Seasonality: 데이터에 나타나는 주기적 변동을 나타낸다. 이는 연간, 분기별, 월별 등과 같이 특정 기간 동안 반복적으로 나타나는 패턴을 의미한다.

[예제 17-6 HW]

Holt-Winters 모형을 적용한 요청과 답변을 [예제 17-6 HW]이라고 하자. 도표 17-32와 같이 단순지수평활법과 동일한 내용으로 요청한다.

도표 17-32. Holt-Winters 모형 개발 요청

시계열분석_복합SCFI_2017.xlsx
Spreadsheet

Holt-Winters 모델을 사용하여월별 복합 SCFI를 예측하는 모형을 개발해줘
- 컬럼 SCFI_C은 종속변수인 복합 SCFI, 컬럼 YYYYMM는 년월을 나타냄
- 전체 데이터의 마지막 6개월을 테스트데이터로 분리함
- 훈련데이터를 가지고 모형을 만들고나서, 그 모형에 기반하여 테스트데이터의 RMSE를 구함
- 테스트데이터에 대한 RMSE가 가장 작은 값을 갖는 평활계수를 추천함
- data = pd.read_excel(file_path) 문장을 사용함

도표 17-32의 요청에 대해 ChatGPT가 제안하는 평활계수 (α, β, γ)는 (0.23, 1.0, 0.01)이고, 이 때의 테스트데이터에 대한 RMSE 값은 52.85이다. 도표 17-33은 다른 두개의

평활계수는 0.1 로 고정하고 하나의 평활계수를 0.1씩 변경하였을 때의 RSME의 변화내용이다. α값이 증가함에 따라 RMSE가 대체로 감소하는 경향을 보인다. β값이 증가함에 따라 RMSE가 높아지는 경향을 보이며, 중간 범위의 Beta 값에서 RMSE는 최소가 된다. γ 값에 따른 RMSE의 변동이 크게 나타나며, 특정 범위에서 RMSE가 최소가 된다.

도표 17-33. Holt-Winters 가법모형의 하이퍼파라미터 조정에 따른 RMSE

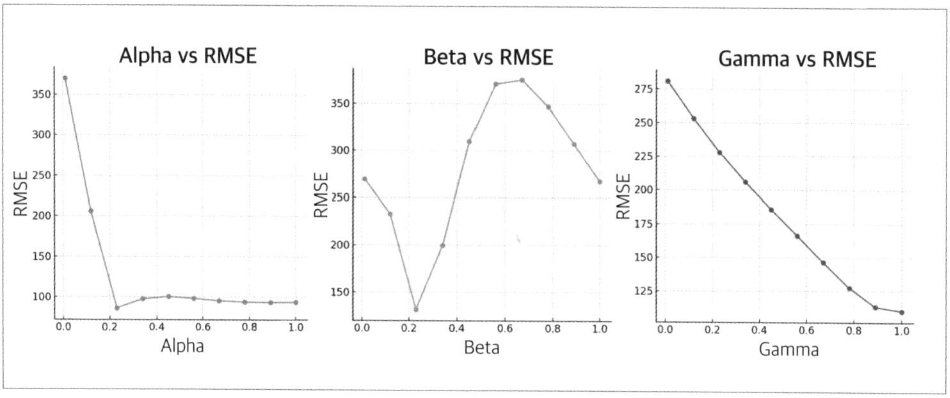

도표 17-34는 ChatGPT가 정의한 find_best_hw_params(train, test)함수가 train, test 인자를 받아 최적의 평활계수와 RMSE를 구하는 Holt-Winters 모형의 파이썬 코드이다.

평활계수 α, β, γ는 np.linspace(0.01, 1, 10) 함수를 통해 0.01에서 시작하여 1로 끝나는 범위에서 균일한 간격으로 10개의 숫자를 생성한다. best_rmse 변수를 무한대로 초기화하고, best_params 변수를 None으로 초기화한다.

ExponentialSmoothing(train, trend='add', seasonal='add', seasonal_periods=12)는 ExponentialSmoothing 모형을 초기화하는 것이다. train은 모형을 훈련시키기 위해 사용되는 시계열 데이터다. trend='add'는 데이터에 존재하는 추세(trend) 부분을 가법방식으로 모델링한다는 것을 의미한다. 가법방식은 데이터의 추세가 시간에 따라 선형적으로 변한다고 가정한다. seasonal='add'는 계절성(seasonality) 부분을 가법방식으로 모델링한다. 계절성 패턴의 크기가 일정하다는 것을 가정한다. seasonal_periods=12는 계절성 주기를 나타내며, 여기서는 12로 설정되어 있다. 이는 일반적으로 1년 단위의 월별 데이터에 사용되며, 각 해에 12개의 기간(월)이 있다는 것을 의미한다. .fit(smoothing_level=alpha, smoothing_slope=beta, smoothing_seasonal=gamma)는 모형을 실제 데이터에 적합시킨다.

도표 17-34. 가법방식 Holt-Winters 모형 개발 파이썬 코드

```
# Holt-Winters 모델을 위한 최적의 평활 계수 찾는 함수이다.
def find_best_hw_params(train, test):
    best_rmse = float("inf")
    best_params = None

    # 가능한 alpha, beta, gamma 값의 조합 탐색한다.
    for alpha in np.linspace(0.01, 1, 10):
        for beta in np.linspace(0.01, 1, 10):
            for gamma in np.linspace(0.01, 1, 10):
                try:
                    # Holt-Winters 모형을 학습한다.
                    model = ExponentialSmoothing(train, trend='add', seasonal='add', seasonal_periods=12)
.fit(smoothing_level=alpha, smoothing_slope=beta, smoothing_seasonal=gamma)
                    predictions = model.forecast(len(test))
                    # RMSE를 계산한다.
                    rmse = np.sqrt(mean_squared_error(test, predictions))
                    # 최적의 평활 계수를 저장한다.
                    if rmse < best_rmse:
                        best_rmse = rmse
                        best_params = (alpha, beta, gamma)
                except:
                    continue
    return best_params, best_rmse

best_params, best_rmse = find_best_hw_params(train_data['SCFI_C'], test_data['SCFI_C'])
best_params, best_rmse
```

ExponentialSmoothing 모형에서 추세와 계절성을 처리하는 방식에는 '가법(Additive)'과 '승법(Multiplicative)' 두 가지 방식이 있다. 가법방식은 추세와 계절성이 시간에 따라 일정한 크기로 변동하는 경우에 적합하다. 예를 들어 매년 SCFI가 100씩 증가하는 경우에 적용할 수 있다. 시계열 데이터가 "추세 + 계절성 + 잔차"와 같이 더하기로 구성된다고 가정한다. 여기서 잔차는 추세와 계절성을 제외한 나머지 부분으로, 데이터에서 설명

되지 않는 변동성을 나타낸다. 승법(Multiplicative) 방식은 추세와 계절성의 변동 폭이 시간이나 데이터 수준에 따라 비례적으로 변동하는 경우에 적합하다. 전년 대비 SCFI가 10%씩 증가하는 경우에 적용할 수 있다. 원래 시계열 데이터는 "추세 × 계절성 × 잔차"와 같이 곱하기로 구성된다고 가정한다. 즉, 시계열 데이터의 추세나 계절성의 변동 폭이 데이터의 수준과 상관없이 일정하다면 가법방식을, 변동 폭이 데이터 수준에 비례하여 증가하거나 감소한다면 승법방식을 사용하는 것이 좋다.

시계열 분해(Time Series Decomposition)는 추세, 계절성, 그리고 잔차로 분리한다. statsmodels 라이브러리는 시계열 분해를 위한 도구를 제공한다. seasonal_decompose 함수를 사용하면 쉽게 시계열 데이터를 분해할 수 있다. 데이터에 이상치가 많은 경우 또는 계절성 패턴에 큰 변동이 있는 경우에는 분석 결과가 왜곡될 수 있다. 시계열 분해 방법 중 하나로는 STL 클래스를 사용하는 STL분해가 있다(도표 17-3에서 적용). STL(Seasonal and Trend decomposition using Loess)은 계절성과 추세 요소를 추출하기 위해 로컬 회귀(Loess)를 사용한다. STL은 데이터의 계절성 변동 폭이 시간에 따라 변할 수 있다는 가정을 하며, 이상치에 강하고 매개변수 조정이 가능해 유연성이 뛰어나다.

ChatGPT의 답변을 받고 나서 도표 17-35와 같이 그래프를 그리도록 요청한다. 앞서 이동평균법, 단순지수평활법과 다르게 테스트 기간의 각 시점마다 다른 예측치를 추천한다.

도표 17-35. Holt-Winters 모형에서 계절성을 가법방식으로 설정한 예측 결과 그래프

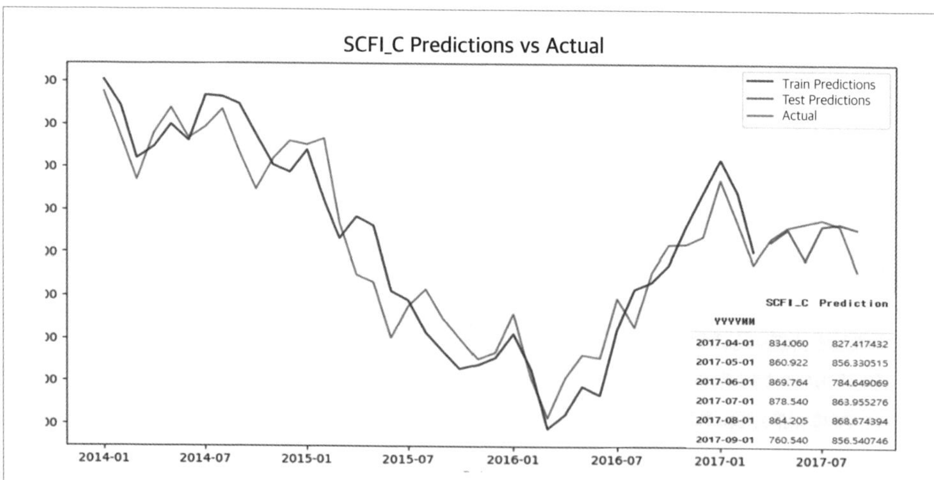

승법방식을 적용하면 어떻게 예측하는지 확인해보자. 도표 17-36은 추세선에는 가법방식, 계절성에는 승법방식을 적용한 결과이다. 승법방식이 제안하는 평활계수 (Alpha, Beta, Gamma)는 (0.23, 1.0, 0.12)이고 이 때의 테스트데이터에 대한 RMSE는 43.70이다. 가법방식에 비해 평활계수는 크게 변하지 않으나, RMSE은 기존 52.85보다 작아졌다.

도표 17-36. Holt-Winters 모형에서 계절성을 승법방식으로 설정한 예측결과

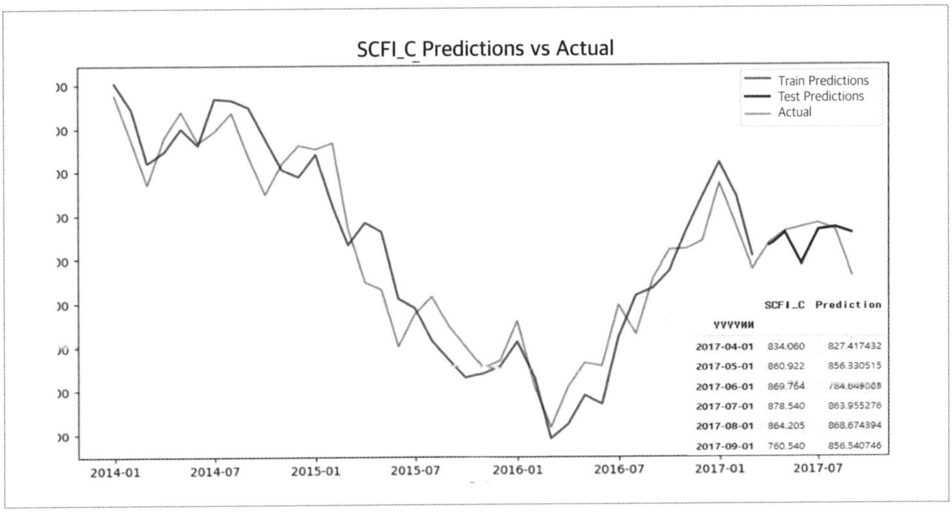

도표 17-37은 추세선에는 가법방식, 계절성에는 승법방식을 적용하는 경우의 파이썬 코드이다.

도표 17-37. Holt-Winters 모형에서 계절성을 승법방식 설정

```
model = ExponentialSmoothing(train, trend='add', seasonal='mul', seasonal_periods=12)
.fit(smoothing_level=alpha, smoothing_slope=beta, smoothing_seasonal=gamma)
```

이 때 다른 2개의 평활계수는 0.1 로 고정하고 하나의 평활계수를 0.1씩 변경하였을 때의 RSME의 변화내용은 도표 17-38과 같다. 테스트 기간에 대한 승법방식의 예측치도 가법방식과 크게 다르지 않다는 것을 보여준다.

도표 17-38. Holt-Winters 승법 모형의 하이퍼파라미터 조정에 따른 RMSE

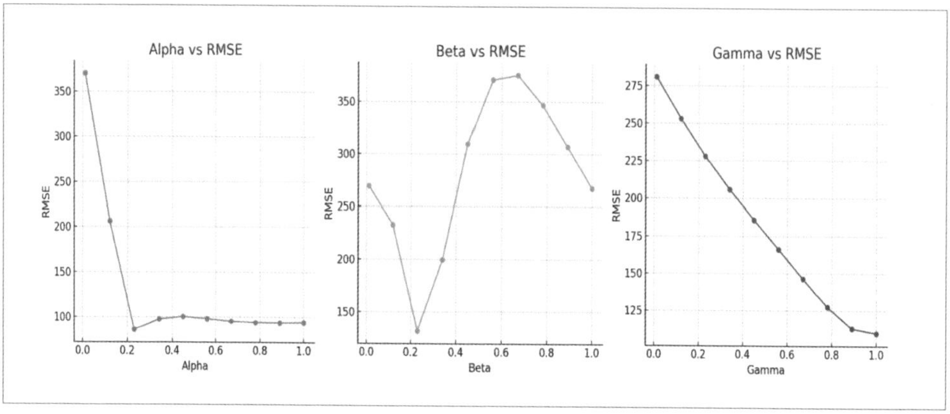

Holt-Winters 모형을 적용할 때 주의해야 할 점은 아래와 같다.

✓ 데이터의 특성 이해: 추세와 계절성이 명확한 시계열 데이터에 적합하다. 데이터가 이러한 특성을 갖고 있지 않다면, 모형의 적용이 적절하지 않을 수 있다. 적어도 하나 이상의 계절 주기를 포함해야 한다.

✓ 모형의 종류 선택: 일반적으로, 데이터의 계절성 변동이 시간에 따라 비례적으로 증가하거나 감소한다면 승법 모형이, 변동이 비교적 일정하다면 가법 모형이 적합하다.

✓ 하이퍼파라미터 튜닝: 세 가지 주요 하이퍼파라미터(평활계수)를 사용한다: Level, Trend, Seasonality. 이 하이퍼파라미터들은 모형의 예측 성능에 큰 영향을 미치므로, 적절한 값을 찾기 위한 튜닝이 필요하다.

✓ 데이터의 안정성: 상대적으로 안정된 데이터에 더 잘 작동한다. 시계열 데이터에 명확한 추세나 계절성이 없거나, 데이터가 매우 불안정한 경우 모형의 성능이 저하될 수 있다.

SCFI의 꺾은선 그래프에서 SCFI는 시간에 대한 계절성을 확인할 수 있다. 따라서 Holt-Winters 모형은 물류비 경영계획 수립과 같은 장기적인 SCFI 예측에 적합할 수 있다.

17장의 단순지수평활법 이후 18장 ARIMIA 기반 SCFI 예측까지의 시계열 예제에서 ChatGPT 요청 내용에 "테스트데이터에 대한 RMSE가 가장 작은 값을 가진 하이퍼파라미터를 추천함" 문장을 추가하였다. 책에서는 평활계수, 파라미터라고 요청하기도 하였으나, ChatGPT는 하이퍼파라미터로 이해하여 테스트데이터에 대한 최적의 하이퍼라라미터를 제시한다.

해당 문장를 요청한 이유와 상황은 예제와 같이 훈련데이터가 매우 부족하고, 현재 시점에서 미래 구간을 예측하여 모형을 확정하고 적용하고자 할 때이다. 이때 훈련데이터만으로 학습한 모형이 아니라, 최근 데이터의 변동성을 최대한 반영할 목적으로 테스트데이터에 대한 RMSE를 최소화하는 하이퍼파라미터를 요청할 수 있다. 즉, 이를 통해 테스트데이터를 이미 알고 있는 상태에서 훈련데이터를 기반으로 모형을 만들고, 다시 테스트데이터를 예측한다. 테스트데이터를 중심으로 하이퍼파라미터를 도출하였으므로, [도표 17-31]과 같이 테스트데이터에 대하여 과적합되는 경우도 발생할 수 있다. 반드시 훈련데이터에 대해서도 적합이 잘 되었는지를 확인하고 모형을 확정하여야 한다. 이와 같이 하이퍼파라미터에 따른 RMSE를 최소화하는 구간을 모델러가 설정할 수 있다. 테스트데이터의 크기가 최대한 크게 설정하였다면 전체 데이터를 대상으로 RMSE를 최소화하는 하이퍼파라미터를 추천한다.

데이터가 주어진 상황, 모형 개발 단계 및 예측 목적에 따라 이와 같이 다양한 기준으로 모형을 학습시킬 수 있다는 것을 제시한 경우의 예시이다(모형 확정 단계에서 최근의 변동성을 최대한 반영할 목적). 독자는 일반적인 학습모형을 개발하는 경우는 이 책의 "테스트데이터에 대한 RMSE가 가장 작은 값을 가진 하이퍼파라미터를 추천함" 문장을 삭제하거나 훈련데이터에 대하여 하이퍼파라미터를 추천하라고 수정하여 테스트하고 결과를 비교하기 바란다(다음18장 ARIMA 모형 계열 예제 포함)

제18장
ARIMA 기반 SCFI 예측

ARIMA, SARIMA, SARIMAX 모형들은 시계열분석에서 매우 중요하며, 여러 실질적인 문제 해결에 널리 사용된다. 특히 SARIMA와 SARIMAX 모형은 데이터 내의 계절적 패턴을 인식하고 모델링할 수 있으며, SARIMAX는 추가적으로 외부 요인의 영향까지 고려할 수 있다. 이런 점은 예측의 정확성을 향상시킬 수 있다.

ARIMA 모형을 실습하자

ARIMA(AutoRegressive Integrated Moving Average) 모형은 시계열 데이터를 분석하고 예측하기 위한 대표적인 방법 중 하나이다. 이 모형은 세 가지 주요 구성 요소로 이루어져 있다. 아래와 같은 형태로 표현된다.

ARIMA(p, q, d)

- ✓ 자기회귀(AR): 'p'라고 표시되며, 모형에서 사용하는 관측치의 개수이다. 현재 값이 과거 여러 시점의 값들에 의존한다고 가정한다. 자기회귀 요소는 시계열의 과거 값들이 현재 값을 예측하는 데 얼마나 중요한지를 결정한다.
- ✓ 차분(I): 'd'라고 표시되며, 시계열의 정상성을 확보하기 위해 필요한 차분의 횟수이다. 차분은 연속된 관측치들 간의 차이를 계산하는 과정으로, 비정상적인 시계열을 정상적인 시계열로 변환하는 데 사용된다.

✓ 이동평균(MA): 'q'라고 표시되며, 현재의 예측에 포함시킬 이전 예측 오차의 개수이다. 시계열의 예측 오류가 과거 여러 시점의 예측 오류에 의존한다고 가정하고, 과거의 예측 오류가 현재의 값에 어떻게 영향을 미치는지를 설명한다.

ARIMA 모형은 유연하고 이해하기 쉽고 구현이 용이해서 다양한 종류의 시계열 데이터에 적용된다. 그러나 데이터 간 시간 간격이 일정하고, 선형 관계여야 한다. 그리고 과거 관측치가 충분하지 않거나 데이터가 정상성을 만족하지 않으면 ARIMA 모형의 적용이 어려울 수 있다. 특히 계절성 요소가 강한 데이터에 대해서는 별도의 계절성 요소를 추가한 SARIMA 모형을 고려할 필요가 있다. ARIMA 모형은 하이퍼파라미터를 선택하는 것이 어렵지만, 아래 예제와 같이 ChatGPT를 통해 쉽게 해결할 수 있다.

복합 SCFI를 예측하는 데 ARIMA 모형을 적용하는 것이 타당할까? 데이터 간격은 일정하지만 데이터간 선형 관계를 가진다고는 할 수 없다. 앞서 [예제 17-1 ChatGPT의 추천]의 시계열 분해 결과에 따르면, 데이터는 장기적으로 증가 및 감소 추세가 있으며, 연간 주기를 반영하는 패턴(계절성)도 존재한다. 또한, 잔차에서는 일부 불규칙성이 관찰되었다. 하지만 일단 ChatGPT에 최적의 ARIMA 모형의 생성을 요청한다.

Holt-Winters 모형이나 ARIMA 모형과 같이 사용자가 설정하는 하이퍼파라미터에 따라 예측치가 달라지는 하이퍼파라미터 모델링은 ChatGPT에 요청하는 내용에 따라 예측모형과 예측치가 달라진다. 다양한 하이퍼파라미터의 조합이 가능하기 때문이다. 모든 하이퍼파라미터를 고려할 경우 컴퓨팅 시간이 기하급수적으로 증가하므로, ChatGPT는 적당한 하이퍼파라미터 조합에 근거하여 계산한 결과를 답변한다. 이후 ARIMA 모형을 개발하는 예제에서는 ChatGPT에 요청하는 문장의 일부만 변경해도, ChatGPT는 다른 결과를 제시하는 것을 관찰하게 된다. 이는 입력된 정보와 질문의 방식에 따라 ChatGPT가 다양한 답변을 제공할 수 있기 때문이다. 결국 이러한 다양한 답변과 정보를 바탕으로 사용자가 최적 모형을 판단하고 결정하는 것이 중요하다.

이전 예제와 동일하게 훈련데이터를 가지고 모형을 개발하고, 테스트데이터(마지막 6개월 데이터)에 대한 RMSE를 계산하도록 요청에 명시한다. 그리고 테스트데이터에 대한 RMSE가 가장 작은 값을 갖는 하이퍼파라미터를 설정하도록 요청한다. 이는 테스트데이터를 훈련 단계에서 반영하겠다는 의미이다.

[예제 18-1 ARIMA]

앞서 17장의 요청과 비슷한 내용으로 요청한다. 이번 ARIMA 모형 개발을 위해 요청한 내용과 답변을 [예제 18-1 ARIMA]라고 하자.

도표 18-1. ARIMA 모형 개발 요청

ARIMA 모델을 사용하여월별 복합 SCFI를 예측하는 모형을 개발해줘
- 컬럼 SCFI_C은 종속변수인 복합 SCFI, 컬럼 YYYYMM는 년월을 나타냄
- 전체 데이터의 마지막 6개월을 테스트데이터로 분리함
- 훈련데이터를 가지고 모형을 만들고나서, 그 모형에 기반하여 테스트데이터의 RMSE를 구함
- 테스트데이터에 대한 RMSE가 가장 작은 값을 갖는 파라미터를 추천함
- data = pd.read_excel(file_path) 문장을 사용함

ChatGPT의 답변은 ARIMA 모형의 최적 하이퍼파라미터는 p=0, d=0, q=1으로, 이 조합으로 얻은 테스트데이터에 대한 RMSE는 약 44.96이다. ARIMA(0,0,1) 모형은 과거 SCFI의 데이터 패턴이나 변화하는 추세를 직접적으로 고려하지 않고, 바로 이전 예측에서의 실수(오차항)만을 토대로 현재 시점의 SCFI 값을 예측한다. MA(1) 모형이라고도 한다.

- ✓ p=0은 AR 부분이 모형에 포함되지 않았다는 것을 의미한다. 즉, SCFI 과거의 값들이 SCFI 현재 값을 예측하는 데 직접적인 영향을 주지 않는다고 가정한다.
- ✓ d=0은 데이터를 차분하지 않았다는 것을 의미한다. SCFI가 이미 정상적이라고 가정한다. 추가적인 차분을 통해 변환하지 않고, 원래 SCFI를 사용한다는 것이다.
- ✓ q=1은 MA 부분이 하나의 이전 시간 단위 까지만 고려한다는 것을 의미한다. 오직 바로 직전의 예측 오류 하나를 현 시점의 SCFI 예측에 사용한다고 가정하는 것이다.

도표 18-2의 상단 그래프는 최적화 과정에서 하이퍼파라미터 변화에 다른 RMSE 변화를 보여주고, 하단은 ARIMA(0,0,1) 모형의 예측결과이다.

도표 18-2. 하이퍼파라미터 변화에 따른 RMSE와 ARIMA(0,0,1)의 예측 결과

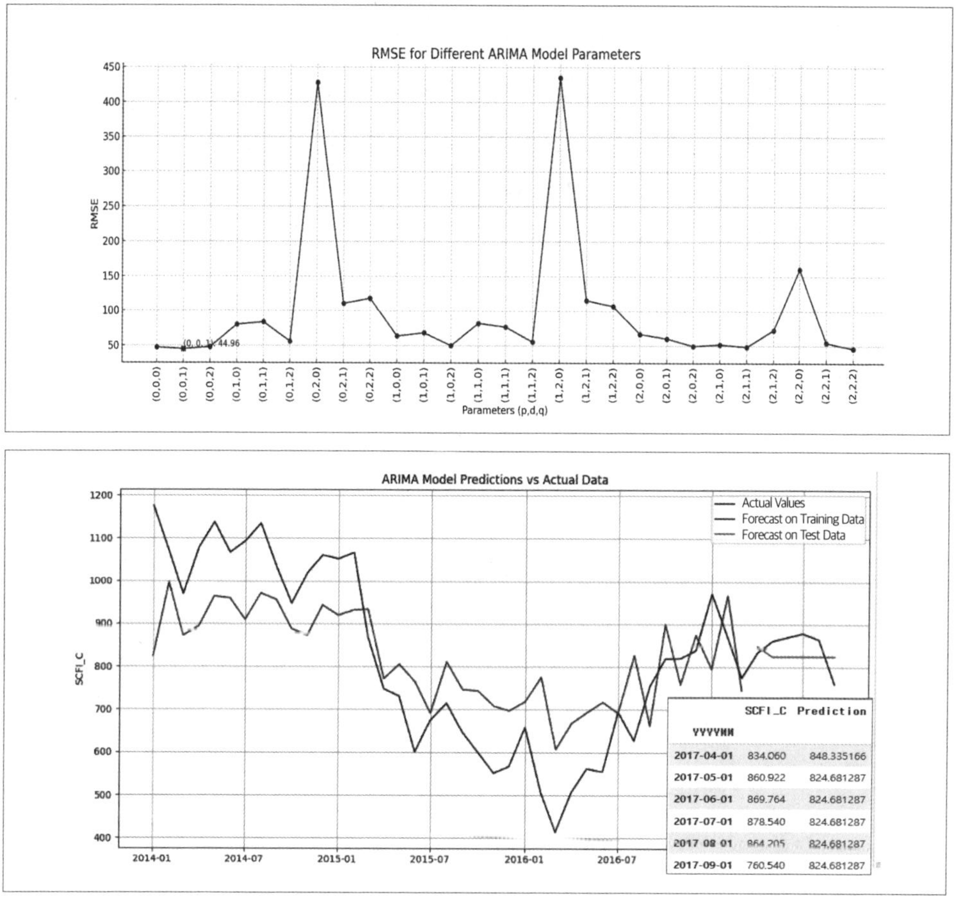

정상성(Stationarity)이란 시계열 데이터에서 매우 중요한 개념으로, 시간의 흐름에 따라 데이터의 통계적 특성이 변하지 않는다는 것을 의미한다. 시계열 데이터가 정상적이라면 그 데이터의 평균, 분산, 공분산 등이 시간에 따라 일정하다. 매월 SCFI의 평균이 일정하게 유지된다면 평균에 있어서 정상적이다. 매년 SCFI의 변동폭이 비슷하다면 분산에 있어서 정상적이다. 당월과 차월의 SCFI 관계가 일년 뒤의 당월과 차월의 SCFI 관계와 같다면 공분산에 있어서 정상적이다. 즉, 두 시점 간의 공분산이 오직 시점들 사이의 간격에만 의존하는 특성이 있다는 의미이다.

정상적인 시계열 데이터는 예측이 용이하며, AR 모형, MA 모형, ARMA 모형

(AutoRegressive Moving Average Model), ARIMA 모형, SARIMA 모형 등은 정상성을 기본 가정으로 한다. 비정상 시계열 데이터는 예측하기 어렵고, 종종 예측모형이 효과적이지 않다. SARIMAX 모형도 내부적으로 비정상 시계열 데이터를 처리하기 위해 데이터를 차분하는 과정을 포함하여 결국 정상 시계열 데이터로 변환 후 분석을 수행한다.

- ✓ AR 모형: 현재 값이 과거 값들의 선형 결합에 의존한다고 가정하는 모델이다.
- ✓ MA 모형: 시계열의 현재 값이 과거의 예측 오차에 선형적으로 의존한다고 가정한다.
- ✓ ARMA 모형: AR과 MA 모형을 결합한 것으로, 시계열이 정상적인 AR과 MA 구조를 가지고 있다고 가정한다.
- ✓ ARIMA 모형: 비정상 시계열에 대해 차분을 통해 정상성을 달성하고, ARMA 모형을 적용한다.
- ✓ SARIMA 모형: ARIMA에 계절성 성분을 추가하여 계절적 변동을 모델링한다.
- ✓ SARIMAX 모형: SARIMA에 외부입력(X, Exogenous) 변수를 포함한다.

이전에 학습한 OLS, 이동평균법, 단순지수평활법, Holt-Winters모형을 적용할 때 데이터의 정상성은 기본 조건으로 요구되지 않는다. OLS은 시계열 데이터가 비정상적이더라도, 데이터 내의 선형 관계를 모델링할 수 있다. 물론 비정상 데이터에서 OLS를 사용할 경우 오차 항의 자기상관, 모형의 유효성 문제, 검정 통계량의 왜곡 등의 문제가 발생할 수 있다. Holt-Winters모형은 추세와 계절성을 보이는 비정상 시계열 데이터에 효과적으로 적용할 수 있다. 이동평균법은 정상적이지 않은 경우 추세를 잘못 파악할 수 있다. 단순지수평활법은 추세나 계절성이 없는 정상적인 단기 시계열 데이터에 적합하다.

데이터의 특성을 더 잘 이해하고 싶다면 사전에 차분을 통해 정상성을 확보하고 ARIMA 모형을 수행하는 것이 좋다. 단위근(Unit Root) 검정의 표준적인 접근방식 중 하나인 ADF(Augmented Dickey-Fuller) 테스트를 사용하여 복합 SCFI의 정상성을 통계적으로 검정한다(도표 18-3 참조). ADF 테스트 결과, 통계치는 -1.80이고 p-값은 0.379이다. 이 p-값은 일반적으로 사용되는 0.05의 임계값보다 크다. 따라서, 이 데이터가 정상 시계열이 아니라고 말할 수 있다. ADF 테스트의 귀무가설과 대립가설은 아래와 같다.

- ✓ 귀무가설 (H_0): 시계열 데이터는 비정상이다 (단위근이 존재한다).
- ✓ 대립가설 (H_1): 시계열 데이터는 정상적이다 (단위근이 존재하지 않는다).

도표 18-3에서 ADF 테스트의 결과인 adf_test는 여러 값을 포함하는 튜플이다. 결과

튜플의 첫 4개 값(테스트 통계치, p-value, 사용된 래그 수, 사용된 관측치 수)을 추출하여 Pandas의 Series 객체로 변환한다. ADF 테스트 결과의 다섯 번째 원소 adf_test[4]는 다양한 신뢰 수준(예: 1%, 5%, 10%)에 대한 임계값을 포함하는 딕셔너리이다. items() 메소드는 딕셔너리의 키(key)와 값(value)의 쌍을 반환한다. 이 임계값을 adf_output Series에 추가한다. key가 '1%'라면, 'Critical Value (1%)'가 새로운 인덱스로 생성된다.

도표 18-3. ADF 테스트 파이썬 코드와 결과

```
from statsmodels.tsa.stattools import adfuller
# ADF 테스트을 수행한다.
adf_test = adfuller(train['SCFI_C'])
# ADF 테스트 결과를 출력한다.
adf_output = pd.Series(adf_test[0:4], index = ['Test Statistic', 'p-value', '#Lags Used', 'Number of Observations Used'])
for key, value in adf_test[4].items():
    adf_output['Critical Value (%s)' % key] = value

adf_output
```

```
Test Statistic                  -1.802635
p-value                          0.379154
#Lags Used                       0.000000
Number of Observations Used     38.000000
Critical Value (1%)             -3.615509
Critical Value (5%)             -2.941262
Critical Value (10%)            -2.609200
dtype: float64
```

이번 예제에서는 정상성을 확보하지는 않았지만 ChatGPT가 내부 시뮬레이션을 통해 RMSE를 최소화하는 ARIMA(0, 0, 1) 모형을 제안하고 있다. 제안한 모형의 훈련데이터에 대한 잔차분석(Residual Analysis)을 통해 모형의 적합성을 평가할 필요가 있다. 이는 모형의 신뢰성을 높이고, 실제 예측에서 발생할 수 있는 오류를 최소화하는 데 도움이 된다.

- ✓ 잔차의 정상성 검증: 잔차가 정상 시계열인지 확인하기 위해 시계열 플롯, ADF 테스트를 수행한다. 정상 시계열이라면 잔차는 시간에 따라 일정한 평균과 분산을 가지고 있어야 한다.
- ✓ 잔차의 독립성 검증: ACF및 PACF 플롯, Ljung-Box 검정 그리고 Durbin-Watson 통계량(잔차의 연속성 여부 검증, 값이 2에 가까우면 독립)을 사용하여 잔차에 자기상관이 있는지 확인한다. 자기상관이 없다면 잔차는 서로 독립적이라고 볼 수 있다. 백색잡음에서는 모든 데이터가 서로 독립적이기 때문에, 어떤 지연에 대해서도 상관관계가 존재하지 않는다.

✓ 잔차의 정규성 검증: 잔차가 정규 분포를 따르는지 확인하기 위해 히스토그램, QQ 플롯 및 Shapiro-Wilk 검정을 사용한다. 백색잡음은 종종 정규 분포를 따르는 것으로 가정된다. 즉, 시계열의 각 값은 동일한 평균(보통 0)과 분산을 가지는 정규 분포에서 무작위로 선택된다. 그러나 백색잡음이 항상 정규 분포를 따르는 것은 아니며, 이는 상황에 따라 다를 수 있다.

✓ 잔차의 등분산성 검증: 잔차가 시간에 따라 일정한 분산을 가지고 있는지 확인한다. 이를 위해 잔차 대 시간 플롯 및 Breusch-Pagan 검정을 사용할 수 있다.

이 같은 방식으로 잔차분석을 통해 잔차가 정상적인지 백색잡음인지 파악한다. 정상 시계열은 시간에 따라 일정한 평균과 분산, 그리고 시차에 따라 일정한 공분산(두 시점의 공분산이 해당 시점들 사이의 간격에만 의존), 자기상관의 부재 또는 일정한 (자기상관이 안정적인) 특징을 갖는다. 잔차의 정상성을 파악하는 것은 모형이 데이터의 중요한 패턴(예: 추세, 계절성)을 잘 포착하였는지를 확인하는 데 있어서 중요하다. 이는 시간에 따른 데이터의 평균과 분산이 일정하다는 것을 의미한다. 비정상 시계열이라면 더 나은 모델링 결과를 위해 다른 형태의 차분, ARIMA 모형의 다른 하이퍼파라미터, 혹은 다른 시계열모형을 고려하는 것이 좋을 수 있다.

백색잡음(White Noise)은 이상적인 무작위성을 가진 시계열로, 일정한 평균(보통 0), 일정한 분산, 상관관계의 부재(시점 간에 완전한 독립성), 특정한 패턴이나 구조의 부재라는 특성을 갖는다(독립성, 정규성, 등분산성). 잔차가 백색잡음인지 파악하는 것은 모형이 데이터의 가능한 모든 정보를 사용하였으며, 남은 잔차가 더 이상 유용한 정보를 포함하지 않는다는 것을 확인한다는 점에서 중요하다. 백색잡음은 정상 시계열의 특별한 경우로, 특히 평균이 0이고 모든 시차에서의 자기상관이 0인 경우를 말한다. 즉, 시계열이 순수한 무작위성을 가지고 있으며, 예측이 불가능한 완전히 랜덤한 패턴을 보인다는 것을 의미한다. Ljung-Box 검정을 주로 활용한다. 백색잡음이 아니라면 모형이 데이터의 중요한 정보를 놓치고 있을 수 있으며, 다른 접근 방식이나 모형 수정이 필요할 수 있다.

이와 같이 훈련데이터에 대한 잔차분석(Residual Analysis)은 모형의 적합성을 평가하는 데 중요하다. 반면 테스트데이터에 대한 예측오차분석(Prediction Error Analysis)은 모형이 얼마나 잘 일반화되는지를 평가하는 데 중요하다. 테스트데이터가 충분하다면 예측오차분석을 통해서 과적합되지 않고 일반화되었는지를 확인할 필요가 있다.

ChatGPT에 ARIMA(0,0,1) 모형의 잔차분석에 대한 추가 질의를 하면 모형의 적합성이 더 개선될 필요가 있다는 아래의 의견을 표시한다.

> 결론적으로, ARIMA(0, 0, 1) 모델은 테스트 데이터에 대해 낮은 RMSE를 보였지만, 잔차 분석 결과에 따르면 모델의 적합성이 더 개선될 필요가 있습니다. 다른 파라미터 조합이나 다른 시계열 모델을 탐색해 보는 것이 좋겠습니다. [>-]

[예제 18-2 ARIMA]

여기서는 [예제 18-1 ARIMA]의 기본적인 요청 내용에 정상성, 잔차분석 등을 추가하여 ChatGPT에 여러 차례 모형 개발을 요청한다. [예제 18-2 ARIMA]라고 하자. ChatGPT가 매번 다른 모형을 추천한 내용을 설명한다. 먼저 도표 18-4는 테스트데이터 RMSE는 43.61인 ARIMA(3, 0, 1)을 추천하면서, 다른 시계열모형의 검토 필요성을 제시힌디.

도표 18-4. 정상성과 잔차분석을 추가한 ARIMA 모형 개발 요청과 답변

> 시계열분석_복합SCFI_2017.xlsx
> Spreadsheet
>
> ARIMA 모델을 사용하여월별 복합 SCFI를 예측하는 모형을 개발하고 잔차분석을 해줘.
> - 컬럼 SCFI_C은 종속변수인 복합 SCFI, 컬럼 YYYYMM는 년월을 나타냄
> - 전체 데이터의 마지막 6개월을 테스트데이터로 분리함
> - 훈련데이터를 가지고 모형을 만들고나서, 그 모형에 기반하여 테스트데이터의 RMSE를 구함
> - 테스트데이터에 대한 RMSE가 가장 작은 값을 갖는 파라미터를 추천함
> - data = pd.read_excel(file_path) 문장을 사용함
> - 원래 데이터에 대한 정상성, 최적 모델의 잔차에 대한 정상성 및 백색잡음을 검증 해줘
>
> 1. **데이터 정상성 검증**: 초기 데이터는 비정상 시계열로 확인되었으며, 1차 차분 후에 정상 시계열로 변환되었습니다.
> 2. **ARIMA 모델 파라미터 선택**: 여러 파라미터 조합을 테스트한 결과, RMSE가 가장 낮은 파라미터는 (3, 0, 1)으로 확인되었습니다.
> 3. **테스트 데이터 RMSE**: 최적의 파라미터를 사용하여 테스트 데이터에 대한 RMSE는 약 43.61로 계산되었습니다.
> 4. **잔차 분석**:
>   - **ADF 테스트**: 잔차에 대한 ADF 테스트 결과 (p-value: 0.695)는 잔차가 정상 시계열이 아닐 가능성을 나타냅니다. 이는 모델이 데이터의 모든 구조를 포착하지 못했을 수 있음을 시사합니다.
>   - **Ljung-Box 테스트**: 잔차의 Ljung-Box 테스트 결과 (p-value: 0.239)는 잔차가 백색잡음일 가능성이 높음을 보여줍니다. 이는 잔차가 시간에 따라 독립적이며 무작위적인 패턴을 갖고 있음을 의미합니다.
>
> 위 결과를 종합하면, 모델은 테스트 데이터에 대해 어느 정도 예측 능력을 보여주나, 잔차 분석에서 일부 한계를 보입니다. 특히, 잔차의 비정상성은 모델이 데이터의 특정 추세나 계절성을 완전히 포착하지 못했을 수 있음을 시사합니다. 더 나은 모델링 결과를 위해 다른 형태의 차분, ARIMA 모델의 다른 파라미터, 혹은 다른 시계열 모델을 고려하는 것이 좋을 수 있습니다. [>-]

동일한 요청 내용에 대해 ChatGPT는 또 다른 답변인 ARIMA(0, 1, 4)을 제안한다. 이 모형에서 테스트데이터의 RMSE는 44.47로 낮은 값을 보여주지만, 아래와 같이 다른 시계열모형의 탐색을 제안한다.

> 요약하자면, 최적의 ARIMA(0, 1, 4) 모델은 테스트 데이터에 대해 RMSE가 약 44.47인 예측을 제공했습니다. 잔차는 완전한 정상 시계열이 아닐 가능성이 있으며, 대체로 백색 잡음의 특성을 보입니다. 추가적인 모델 개선이 필요할 수 있으며, 다른 시계열 모델링 기법들을 탐색하는 것도 좋은 방법일 것입니다. [>-]

동일한 요청에 대한 또 다른 답변은 AIC 시뮬레이션을 통해 최적 AIC를 가지는 ARIMA(0, 2, 1) 모형을 제안한다. 이 모형에서 테스트데이터의 RMSE은 110.89로 다소 높다. 아래와 같이 여전히 다른 시계열모형의 탐색을 제안한다.

> 종합적으로, 이 ARIMA 모델은 복합 SCFI 데이터를 상당히 잘 예측하고 있는 것으로 보입니다. 그러나 잔차 분석에서 완벽한 정규분포를 나타내지 않는 것으로 보아, 모델이 데이터의 모든 패턴을 완벽하게 포착하고 있지는 않을 수 있습니다. 따라서 더 다양한 모델을 탐색하거나 추가적인 데이터 전처리를 고려하는 것도 좋은 접근 방법이 될 수 있습니다.

ChatGPT는 또 다른 검토에서 d = 1로 설정한 후, p와 q에 대해서는 여러 값을 시도하며 해당 범위에서 가장 작은 RMSE을 가지는 ARIMA(2, 1, 1)을 제안한다. 해당 파이썬 코드는 range(0, 4)를 사용하여 p, q의 범위를 설정한다. 테스트데이터의 RMSE가 48.65이다. (테스트데이터에 대한) 잔차가 백색잡음의 특성을 가지고 있다고 판단한다.

> 종합적으로, ARIMA(2, 1, 1) 모델이 복합 SCFI에 대해 양호한 예측을 제공했으며, 잔차는 대체로 백색잡음의 특성을 보이고 있습니다. 그러나 모델의 개선을 위해 추가적인 데이터 수집이나 다른 시계열 모델링 기법을 고려하는 것도 좋은 방법일 수 있습니다. [>-]

ChatGPT는 일반적으로 AIC 또는 RMSE와 같은 기준과 시뮬레이션 범위를 자의적으로 설정하면서 (p, q, d) 탐색한다. 때로는 ACF(자기상관함수) 와 PACF (부분자기 상관함수)를 기준으로 하나의 (p, q, d)를 선정하기도 한다. 예를 들어, ARIMA(1, 1, 1) 모형은 테스트데이터의 RMSE가 76.99이다. (훈련데이터) 잔차가 정상성이 있고 백색잡음의 특성을 가지고 있다고 판단한다.

> 이러한 결과들을 종합하면, ARIMA(1, 1, 1) 모델이 데이터를 꽤 잘 적합시킨 것으로 보입니다. 잔차가 정상성을 가지고 백색 잡음에 가깝다는 점은 모델이 데이터의 패턴을 잘 포착하였음을 의미합니다. 그러므로 이 모델을 복합 SCFI의 예측에 사용하는 것이 타당해 보입니다.

잔차분석을 요청하였지만 ChatGPT는 테스트데이터에 대한 예측오차분석을 수행하기도 한다. 이제까지 논의한 ARIMA(3, 0, 1), ARIMA(0, 1, 4), ARIMA(0, 2, 1), ARIMA(2, 1, 1) 모형의 잔차분석 결과는 사실 테스트데이터에 대한 예측오차분석 결과이다. 테스트데이터의 개수가 매우 적어서(6개월), 이러한 통계적 테스트 결과는 오해의 소지가 있을 수 있다. 반면 ARIMA(0, 0, 1), ARIMA(1, 1, 1) 모형에서는 훈련데이터에 대해 잔차분석을 수행한 결과이다. ChatGPT가 자의적으로 훈련데이터 또는 테스트데이터를 대상으로 잔차분석을 한다.

[예제 18-3 ARIMA]

위 모형 중에서 ARIMA(1, 1, 1) 모형에 대한 분석결과를 ChatGPT의 답변과 함께 상세하게 설명한다. 이번 예제는 [예제 18-3 ARIMA]라고 하자.

1) ADF(Augmented Dickey-Fuller) 테스트의 p-value는 0.379로, 0.05보다 크다. 이는 시계열 데이터가 정상성을 만족하지 않는다는 것을 의미한다.
2) 따라서 ARIMA 모형을 적용하기 전에 차분(differencing)을 통해 시계열을 정상 시계열로 변환한다. 아래는 이를 위해 차분하는 파이썬 코드다.

   ```
   train_diff = train.diff().dropna()
   ```
3) 도표 18-5는 1차분 후 시계열 그래프이다. 1차 차분 후의 시계열 플롯을 통해 데이터가 보다 정상성을 가진 것처럼 보인다.

도표 18-5. ARIMA 1차분 후 시계열 그래프

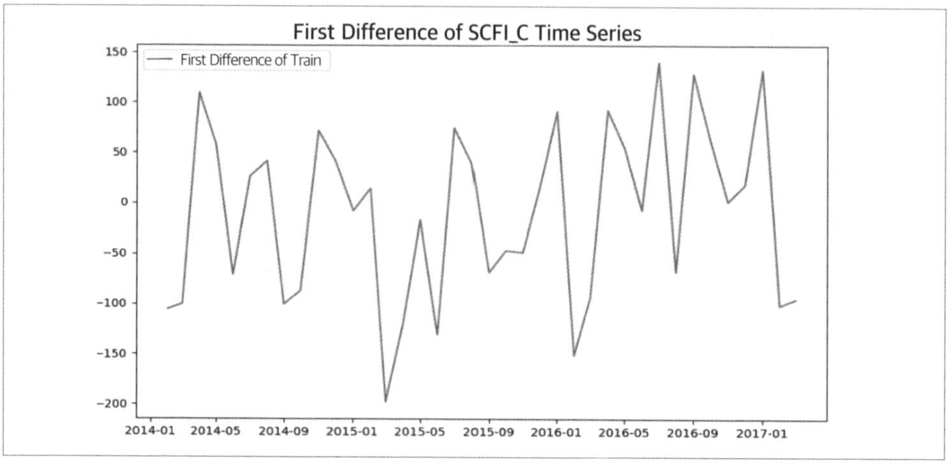

4) ARIMA 모형의 하이퍼파라미터(p, d, q)를 결정하기 위해 ACF (Autocorrelation Function, 자기상관함수)와 PACF((Partial AutoCorrelation Function, 부분자기상관함수) 분석을 진행한다. 이때 PACF 플롯을 그리는 과정에서 에러가 발생한다. PACF를 계산할 때의 지연 수(lags)가 너무 많아서 발생한 문제이다. 이를 수정하기 위해 lags의 수를 데이터의 절반 이하로 줄여서 다시 시도한 결과가 도표 18-6 그래프이다. 유용한 정보는 초기의 지연에서 주로 나타나며, 지나치게 높은 지연은 잡음에 불과할 수 있다.

도표 18-6. ACF 및 PACF 플롯의 파이썬 코드(코랩)

```
fig, ax = plt.subplots(1, 2, figsize=(15, 4))

# ACF 및 PACF 플롯(수정 전: 코랩에서 실행 시 에러 발생, 데이터가 부족한 경우 발생)
# plot_acf(train_diff, ax=ax[0], lags=20)  # ACF
# plot_pacf(train_diff, ax=ax[1], lags=20)  # PACF

# ACF 및 PACF 플롯 수정 (수정 후: lags를 12로 조정)
plot_acf(train_diff, ax=ax[0], lags=12)  # ACF
plot_pacf(train_diff, ax=ax[1], lags=12)  # PACF
plt.show()
```

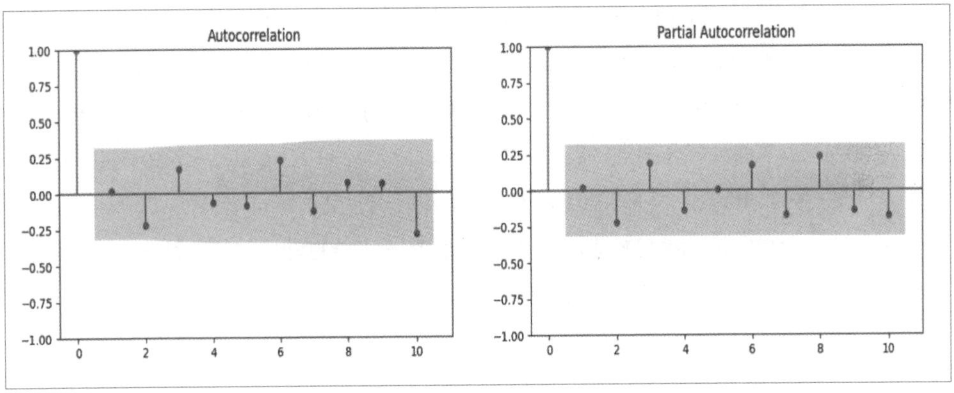

5) ChatGPT의 답변은 다음과 같다. "위의 PACF 그래프에서 지연 1 이후의 막대들이 신속하게 0으로 떨어지는 것으로 보아, p값은 1 정도가 적절해 보인다. ACF 플롯에서는 지연 1 이후에도 몇몇 지연에서 유의미한 상관관계를 보이고 있으나, 이는 MA 부분의 하이퍼파라미터 q를 결정하는 데 중요한 정보를 제공한다. q값도 1 정도로 설정할 수 있다. d값은 1차 차분을 적용하여 시계열을 정상화했기 때문에 1로 설정한다" 아래 ACF 및 PACF에 대한 설명은 건너 뛰어도 무관하다. 단지 참조하기 바란다.

✓ ACF 플롯은 여러 시차에 대한 자기상관 계수를 계산하여 플롯한 것이다. 이를 통해 데이터의 자기상관 구조를 시각적으로 확인할 수 있다. X축 시차 0은 자기 자신과의 상관관계를 의미하므로 항상 1이다. 시차가 증가함에 따라 각 시차에 대한 상관관계가 계산된다. Y축은 각 시차에서의 상관계수를 나타낸다. 이 값은 -1부터 +1 사이의 값을 가질 수 있으며, +1에 가까울수록 강한 양의 상관관계, -1에 가까울수록 강한 음의 상관관계를 의미한다. 파란색 영역은 실제로 신뢰구간을 나타낸다.

✓ ACF 플롯은 특히 MA 모형의 q 하이퍼파라미터(과거 예측 오차의 길이 또는 범위)를 결정하는 데 중요하다. q는 과거의 오차 항이 현재 값에 미치는 영향의 범위를 정한다. ACF 플롯에서 지연 값이 크면 클수록 자기상관계수는 점점 줄어들어야 한다. 이론적으로 순수한 MA(q) 모형의 경우, q 이후의 모든 자기상관계수는 통계적으로 유의미하지 않아야 한다(즉, 0에 가까워야 함). 그래서 ACF 플롯에서 q번째 지연 이후의 상관계수가 유의미하지 않게 되는 지점을 찾아 MA 모형의 q를 결정한다. MA(q)는 현재 값이 과거 q개의 예측 오차항에 의존한다는 것을 의미한다. 즉, 각 오차항에 대한 가중치와 함께 과거 1부터 q까지의 모든 예측 오차에 의존한다.

✓ ACF 플롯에서 상관계수가 천천히 감소하거나 특정 패턴을 보이는 경우, 시계열 데이터가 비정상 시계열(non-stationary time series)일 수 있음을 나타낸다. 반면, 상관계수가 급격히 0으로 떨어지는 경우는 시계열이 정상 시계열(stationary time series)일 가능성을 시사한다.

✓ PACF 플롯에서 특정 시차 k에서의 y축 PACF값은 시차 k 이전의 모든 시차들 (1부터 k—1)의 영향을 제거하고, 시차 k와 현재 시점 간의 순수한 상관 관계를 나타내다.

✓ PACF 플롯은 ARIMA 모형과 같은 시계열모형에서 AR 부분의 차수(p)를 결정하는 데 중요한 도구로 활용된다. PACF 플롯에서는 특정 지점 이후에 상관계수가 갑자기 낮아지는 지점을 찾아 AR 모형의 차수를 정한다. 이론적으로, 순수한 AR(p) 모델에서는 p 이후의 부분 자기상관계수는 통계적으로 유의미하지 않아야 한다(즉, 0에 가까워야 함). AR(p)는 현재 값이 과거 p개의 값에 의존한다는 것을 의미한다.

도표 18-7은 ARIMA 모형을 p=1, d=1, q=1로 적합하여, 테스트데이터를 예측한 결과이다. 이 때 RMSE는 약 76.99이다. 최적의 p와 q 값을 찾기 위해서 여러 조합을 시도하고 이에 대한 모델의 성능을 평가하는 것이 좋지만, [예제 18-3 ARIMA]는 ACF 및 PACK 플롯을 통해 하나의 (p=1, q=1, d=1)만 설정하여 RMSE를 평가한 것이다.

도표 18-7. ARIMA 모형 (p=1, d=1, q=1) 파이썬 코드와 예측 결과(코랩)

```
# ARIMA 모형(p=1, d=1, q=1) 적합(Fitting)한다.
model = ARIMA(train, order=(1, 1, 1))  # 훈련데이터를 사용하여ARIMA 모형을 생성
model_fit = model.fit()              # fit 메서드를 호출하여 모형 학습을 하고, 결과를 model_fit 변수에 저장
# 테스트 데이터와 동일한 수의 시점만큼 예측한다.
forecast = model_fit.forecast(steps=len(test)) # forecast 메서드를 호출하여 미래 데이터를 예측
# 테스트데이터와 예측치를  비교한 그래프를 그린다.
plt.figure(figsize=(10, 6))
plt.plot(train, label='Train')
plt.plot(test, label='Test')
plt.plot(test.index, forecast, label='Forecast')
plt.title('SCFI_C Forecast vs Actuals')
plt.legend()
plt.show()
# 테스트데이터에 대한 RMSE를 계산한다.
rmse = np.sqrt(mean_squared_error(test, forecast))
rmse, forecast
```

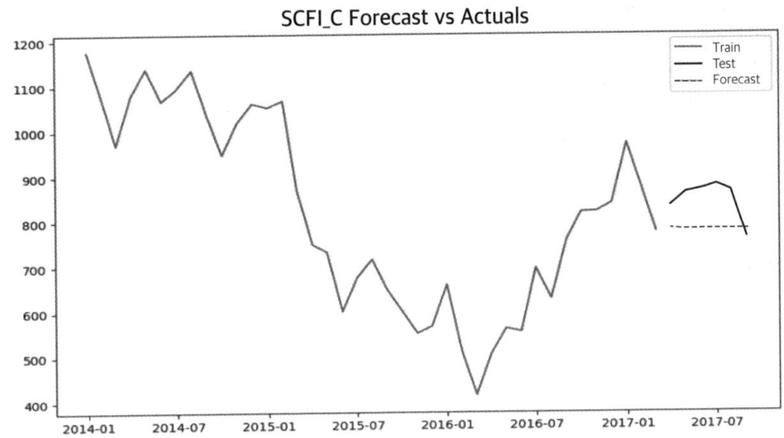


```
(76.98788058629906,
 2017-04-01    780.576936
 2017-05-01    777.871595
 2017-06-01    779.226205
 2017-07-01    778.547929
 2017-08-01    778.887553
 2017-09-01    778.717498
 Freq: MS, Name: predicted_mean, dtype: float64)
```

6) 잔차분석을 통해 모형의 적합도를 평가한다. 이를 위해 잔차의 정상성 여부를 확인하고, 잔차가 백색잡음인지를 검토한다. 여기서는 잔차의 시계열 플롯과 ACF 플롯을 그리고 ADF 테스트를 수행한다.

도표 18-8. 잔차의 시계열 플롯, ACF 플롯, ADF 테스트 파이썬 코드

```
# 모형에서 잔차를 추출한다.
residuals = model_fit.resid

# 잔차의 시계열 플롯을 그린다.
plt.figure(figsize=(10, 6))
plt.plot(residuals)
plt.title('Residuals of ARIMA(1, 1, 1) Model')
plt.show()

# 잔차의 ACF 플롯을 그린다.
plt.figure(figsize=(10, 6))
plot_acf(residuals, lags=20)    # ChatGPT는 여전히 lags= 20으로 ACF 플롯을 그림
plt.title('ACF of Residuals')
plt.show()
```

```
# 잔차에 대한 정상성 검사(ADF Test)를 한다.
adf_test_resid = adfuller(residuals.dropna())
adf_output_resid = pd.Series(adf_test_resid[0:4], index=['Test Statistic', 'p-value', '#Lags Used', 'Number of Observations Used'])
for key, value in adf_test_resid[4].items():
    adf_output_resid['Critical Value (%s)' % key] = value
adf_output_resid
```

잔차의 시계열 그래프는 시간에 따른 잔차의 변동을 보여준다. 도표 18-9에서는 잔차가 시간에 따라 크게 변하지 않고, 0 주변을 맴돌고 있는 것처럼 보인다.

도표 18-9. ARIMA(1,1,1) 모형의 잔차 시계열 그래프(코랩)

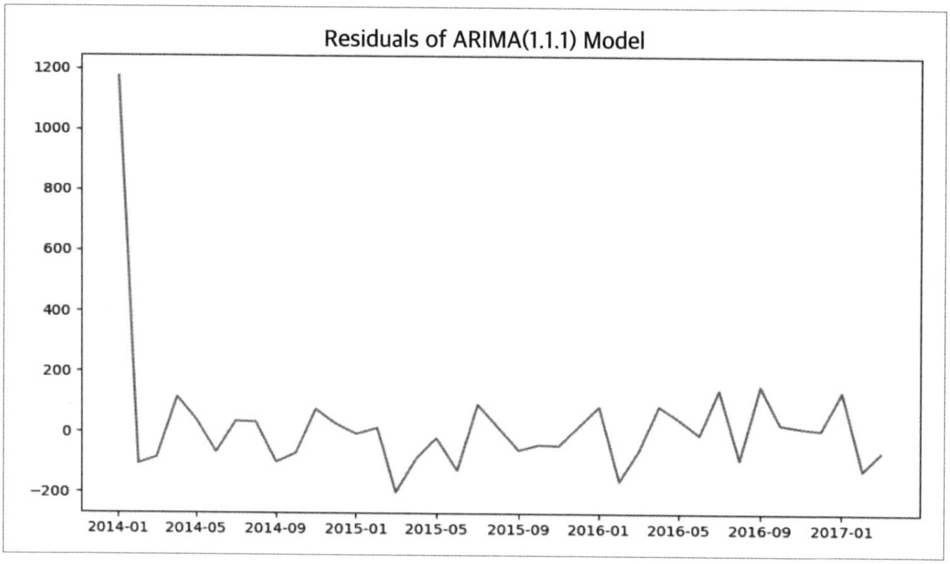

ACF 그래프는 시계열 데이터의 잔차가 시간에 따라 어떤 상관관계를 가지는지 보여준다. 백색잡음은 모든 지연에서 상관관계가 없어야 한다. 도표 18-10 ACF 플롯에서 대부분의 지연에서 상관계수가 0 주변에 머무르고 있다. 이는 잔차들 사이에 명확한 상관관계가 없다는 것을 나타내며, 잔차가 백색잡음에 가깝다는 것을 의미한다.

도표 18-10의 오른쪽 ADF 테스트 결과에서 p-value는 매우 낮은 값을 나타낸다(약 4.24e-29). 이는 잔차가 정상성을 가진다는 의미이다.

도표 18-10. ACF 그래프와 ADF 테스트 결과(코랩)

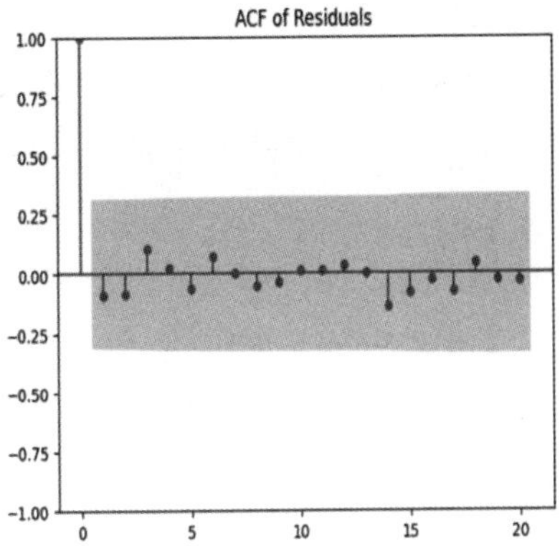

Test Statistic	-1.618383e+01
p-value	4.239160e-29
#Lags Used	0.000000e+00
Number of Observations Used	3.800000e+01
Critical Value (1%)	-3.615509e+00
Critical Value (5%)	-2.941262e+00
Critical Value (10%)	-2.609200e+00

이상은 ARIMA(1, 1, 1) 모형을 제안한 [예제 18-3 ARIMA]의 파이썬 코드와 예측결과이다. [예제 18-3 ARIMA]에서 잔차의 시계열 그래프와 ACF 그래프에서는 모든 지연에서 상관관계가 없다. 백색잡음을 검정하는 통계적 분석 기법인 Ljung-Box 검정의 귀무가설과 대립가설은 아래와 같다.

- ✓ 귀무가설(H_0): 시계열 잔차에 자기상관이 없다. 또는 시계열 데이터는 무작위성을 가지며, 어떠한 자기상관 구조도 가지고 있지 않다.
- ✓ 대립가설(H_1): 시계열 잔차에 하나 이상의 자기상관 계수가 유의미하다. 시계열 데이터는 무작위성을 벗어나 어떠한 형태의 자기상관을 가지고 있다.

도표 18-11. 잔차에 대한 Ljung-Box 검정

```
from statsmodels.stats.diagnostic import acorr_ljungbox
# Ljung-Box 검정을 수행한다.
ljung_box_test = acorr_ljungbox(residuals, lags=[10], return_df=True)
ljung_box_test
```

	lb_stat	lb_pvalue
10	1.849082	0.997371

p-value 0.997371은 0.05보다 크므로 귀무가설을 기각할 수 없다. 즉 잔차에 유의미한 자기상관이 존재하지 않는다는 것을 나타내며, 잔차는 순수한 무작위성을 가지는 백

색잡음이다. 이는 모형이 데이터에서 가능한 모든 정보를 사용하고 있다는 의미이다

ARIMA 모형을 적용할 때 주의해야 할 점은 아래와 같다.

✓ 정상성 확인: ARIMA 모형은 시계열 데이터가 정상적이라고 가정한다. 즉, 데이터의 평균과 분산이 시간이 지나도 변하지 않아야 한다. 데이터가 비정상적인 경우, 차분(differencing)을 통해 이를 정상화해야 한다.

✓ 계절성 고려: ARIMA는 비계절적 모형이다. 계절성 패턴이 있는 데이터에 굳이 ARIMA를 적용하려면 먼저 계절적 요소를 제거하고, ADF 검정을 통해 정상성을 확인하는 것이 선행되어야 한다. 예를 들어, 월별 데이터의 경우 12개월 차분을 고려할 수 있다. 이러한 복잡한 과정보다는 계절성을 고려하는 SARIMA 모형을 사용하는 것을 추천한다.

✓ 적절한 하이퍼파라미터 선택: p(자기회귀 차수), d(차분 차수), q(이동평균 차수) 하이퍼파라미터의 적절한 선택은 모형의 성능에 큰 영향을 미친다. 이들 하이퍼파라미터를 결정하기 위해 ACF 및 PACF그래프를 사용할 수 있다.

✓ 잔차 분석: 모형을 적합한 후, 잔차(오차)가 백색잡음을 따르는지 확인해야 한다. 잔차가 백색잡음을 따르지 않는다면, 모형이 데이터의 중요한 패턴을 놓치고 있다는 신호일 수 있다.

이제까지 시계열 데이터에서 중요한 개념인 정상성과 잔차분석을 ARIMA 모형을 통해 학습하였다. SCFI의 꺾은선 그래프에서 SCFI는 시간에 대해 계절성을 확인할 수 있다. 그런데 통계적으로는 계절성이 없다고 판단할 수 있다. 이런 경우 도메인 전문가의 의견 또는 도메인 지식을 활용하여 계절성이 있을 것으로 예상되는 이유를 추가적으로 확인한다. 데이터가 충분한지 확인하며 통계적 검정 결과와 함께 해석한다. 계절성이 있는 장기적인 SCFI 예측은 시계열 데이터의 계절성을 제거하거나 하이퍼파라미터 튜닝을 통해 ARIMA모형을 개발하기 보다는 계절성이 있는 SARIMA 모형을 검토할 필요가 있다.

SARIMA와 SARIMAX 모형 구조를 이해하자

SARIMA(Seasonal AutoRegressive Integrated Moving Average)는 비계절적 ARIMA 모형을 확장한 것이다. SARIMA 모형은 계절적 요인을 고려하여 더 복잡한 시계열 데이터의 예측을 가능하게 한다. 아래와 같은 형태로 표현한다.

$$SARIMA(p, q, d) \times (P, Q, D)_s$$

- ✓ p: 비계절적 자기회귀(AR) 차수. 과거 관측치를 사용하여 현재 값의 예측에 사용된다.
- ✓ d: 비계절적 차분의 차수. 차분은 비정상적인 시계열을 정상적인 시계열로 변환하는 데 사용된다. d는 원 데이터에 몇 번의 일반 차분을 적용할 것인지를 나타낸다.
- ✓ q: 비계절적 이동평균(MA) 차수. 과거 예측 오차를 사용하여 현재 값의 예측에 얼마나 많은 오차 항을 사용할 것인지를 나타낸다.
- ✓ P: 계절적 자기회귀 차수. 이 값은 계절적 주기에 따른 과거 값의 영향을 나타낸다.
- ✓ D: 계절적 차분의 차수. 이는 계절적 트렌드를 제거하기 위해 사용된다.
- ✓ Q: 계절적 이동평균 차수. 이는 계절적 오차 항의 영향을 모델링한다.
- ✓ s: 계절주기, 데이터에서 반복되는 계절적 패턴이 나타나는 기간(예: 월별 데이터에서는 12, 분기별 데이터에서는 4 등으로 설정)을 지정한다.

SARIMAX(Seasonal AutoRegressive Integrated Moving Average with eXogenous regressors)는 SARIMA 모형을 확장한 것으로, X는 외부 변수를 나타내는 eXogeneous의 줄임말로 학습과 예측에 포함시킬 수 있다. 데이터의 비선형 트렌드와 계절성을 효과적으로 제거하고, 데이터를 안정화시켜 예측을 개선할 수 있으나, 과적합의 위험이 있으며 데이터가 부족하거나 불완전한 경우 모형의 성능이 저하될 수 있다.

SARIMA를 실습하자

[예제 18-4 SARIMA]

SARIMA 모형을 적용한 요청과 답변을 [예제 18-4 SARIMA]라고 하자.

도표 18-12. SARIMA 모형 개발 요청

> 시계열분석_복합SCFI_2017.xlsx
> Spreadsheet
>
> SARIMA 모델을 사용하여월별 복합 SCFI를 예측하는 모형을 개발한다.
> - 컬럼 SCFI_C은 종속변수인 복합 SCFI, 컬럼 YYYYMM는 년월을 나타냄
> - 전체 데이터의 마지막 6개월을 테스트데이터로 분리함
> - 훈련데이터를 가지고 모형을 만들고나서,
>   그 모형에 기반하여 테스트데이터를 예측하고 RMSE를 계산
> - 테스트데이터에 대한 RMSE가 가장 작은 값을 갖도록 파라미터를 최적화함
> - 전체 데이터에 대해서 실적, 예측값을 하나의 그래프로 그려줘
> - 단, 그래프에서 훈련데이터 예측값은 파란색, 테스트데이터 예측값은 빨간색,
>   실적은 검은색으로 그려줘

하이퍼파리미터 튜닝에 시간이 소요되므로 ChatGPT는 하이퍼파라미터를 고정하여 초안 모형을 선정한다. ChatGPT가 최적의 하이퍼파라미터를 찾는데 시간이 소요되거나, 에러가 빈번하게 발생하므로, 코랩에서 수행하겠다고 코드만 요청하는 것을 추천한다. 특별한 언급이 없으면, p, q, d만 튜닝하는 코드를 제공한다. 따라서 P, Q, D도 최적화해야 한다고 추가로 언급한다. s=12는 일반적으로 월별 데이터에서 연간 계절성을 가정할 때 사용한다.

ChatGPT가 제안한 SARIMA(1,1,1)(1,1,1,12)는 테스트데이터에 대한 RMSE가 54.1이고, 예측 결과는 도표 18-13과 같다. 훈련데이터의 일부 시점에는 오차가 크지만 전반적으로는 미래 구간을 비교적 잘 전망한다.

하지만 도표 18-14의 모형의 통계 요약표의 내용은 “시계열 데이터가 복합 SCFI를 잘 설명하고 있지 않다”이다. 도표 18-14는 statsmodels 라이브러리 내에서 제공하는 summary( ) 함수를 통해 모형의 결과를 요약한 것이다. 모형의 파라미터 추정치가 모두 통계적으로 유의미하지 않다는 것을 나타내는데, 이는 변수들이 종속변수에 대해 강한 예측력을 가지고 있지 않다는 것을 의미한다. 그러나 잔차분석은 모형의 잔차가 백색잡음과 유사하고 정규 분포를 따르며 이분산성이 없음을 나타내어 모형 적합성이 양호하다는 것을 보여준다.

도표 18-13. SARIMA 예측 결과(코랩)

```
Best ARIMA Order: (1, 1, 1)
Best Seasonal Order: (1, 1, 1, 12)
Best Train RMSE: 228.49965926876942
Best Test RMSE: 54.147612275484086
```

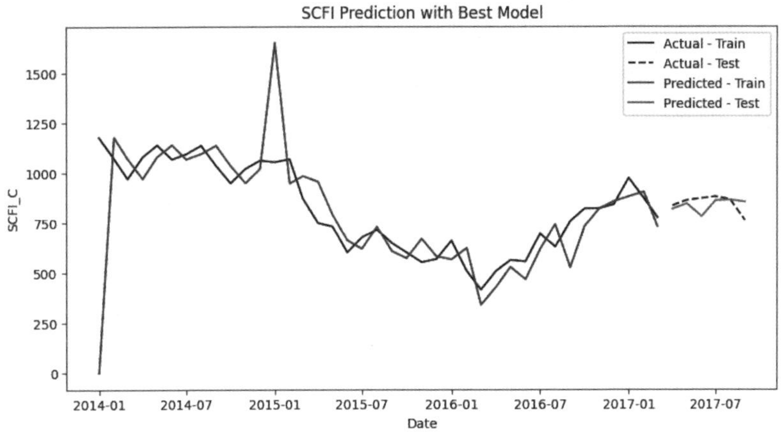

도표 18-14. SARIMA(1, 1, 1)(1, 1, 1, 12) 결과 요약(코랩)

```
1 best_model_fit.summary()
```

SARIMAX Results

Dep. Variable:	SCFI_C	**No. Observations:**	39
Model:	SARIMAX(1, 1, 1)x(1, 1, 1, 12)	**Log Likelihood**	-155.216
Date:	Tue, 30 Apr 2024	**AIC**	320.432
Time:	03:20:18	**BIC**	326.723
Sample:	01-01-2014	**HQIC**	322.244
	- 03-01-2017		
Covariance Type:	opg		

	coef	std err	z	P>|z|	[0.025	0.975]
ar.L1	-0.5200	1.806	-0.288	0.773	-4.060	3.020
ma.L1	0.6593	1.731	0.381	0.703	-2.733	4.052
ar.S.L12	0.0197	2.007	0.010	0.992	-3.914	3.954
ma.S.L12	-0.9862	135.705	-0.007	0.994	-266.964	264.991
sigma2	5469.3475	7.31e+05	0.007	0.994	-1.43e+06	1.44e+06

Ljung-Box (L1) (Q):	0.05	**Jarque-Bera (JB):**	0.01
Prob(Q):	0.82	**Prob(JB):**	1.00
Heteroskedasticity (H):	1.48	**Skew:**	-0.04
Prob(H) (two-sided):	0.57	**Kurtosis:**	3.02

도표 18-14를 이미지 파일로 저장 후, ChatGPT에 문의하면 아래의 내용을 확인할 수 있다.

✓ **계수 추정치(Coefficient Estimates):** ar.L1은 -0.5200(자기회귀 부분의 첫 번째 계수)이고, p>|z| 값은 0.773로 통계적으로 유의하지 않다.

- ✓ ma.L1은 0.6593(이동평균 부분의 첫 번째 계수)이고 p>|z| 값은 0.703으로 통계적으로 유의하지 않다.
- ✓ ar.S.L12은 0.0197(계절성 자기회귀 부분의 12번째 지연 계수)이고, p>|z| 값은 0.992로 통계적으로 유의하지 않다.
- ✓ ma.S.L12은 -0.9862(계절성 이동평균 부분의 12번째 지연 계수)이고, p>|z| 값 0.994로 통계적으로 유의하지 않다.
- ✓ **진단 통계:** Ljung-Box 검정(Q) Q 통계량은 0.05이며, P값(Prob(Q))은 0.82로, 잔차에 유의미한 자기상관이 없다는 결론을 지지하다.
- ✓ Jarque-Bera 검정(JB) JB 통계량은 0.01이며, P값(Prob(JB))은 1.00로, 잔차가 정규 분포를 따른다는 결론을 지지한다.
- ✓ 이분산성 검정(Heteroskedasticity Test, H) 통계량은 1.48이며, P값(Prob(H))은 0.57로, 잔차에 이분산성이 없다는 결론을 지지한다.
- ✓ 왜도(Skew) -0.04로, 잔차 분포의 비대칭성이 거의 없음을 나타낸다(0에 가까우면 대칭).
- ✓ 첨도(Kurtosis) 3.02로, 잔차 분포가 정규 분포(첨도 3)에 가까움을 나타낸다.

도표 18-15와 도표 18-16은 SARIMA의 모형 생성, 학습 그리고 예측하는 핵심 파이썬 코드를 설명한다.

도표 18-15. SARIMA 모형 생성과 학습 파이썬 코드

```
best_model = SARIMAX(train_data['SCFI_C'], order=best_order, seasonal_order=best_seasonal_order)
best_model_fit = best_model.fit(disp=False)
```

- ✓ **모형 생성:** SARIMAX 클래스를 사용하여 모형의 인스턴스를 생성한다. train_data['SCFI_C']: 모형의 종속변수로 사용되는 훈련데이터이다. order=best_order: 이전 단계에서 최적화를 통해 결정된 자기회귀(AR) 부분, 차분(I)의 차수, 이동 평균(MA) 부분의 최적 하이퍼파라미터다. 예를 들어, (1, 1, 1)은 각각 AR, 차분, MA의 차수가 1임을 의미한다.
- ✓ seasonal_order=best_seasonal_order: 계절성 요소를 포함한 하이퍼파라미터로, 여기서는 계절성 AR, 차분, MA의 차수와 계절 주기를 설정한다. 예를 들어, (1, 1, 1, 12)는 계절성 AR, 차분, MA의 차수가 각각 1이며, 계절 주기가 12개월임을 의미한다.
- ✓ **모형 학습:** 생성된 모형에 대해 fit 메소드를 사용하여 데이터에 모형을 훈련시킨다. disp=False는 학습 과정 중 출력을 억제하여 로그를 깔끔하게 유지한다.

도표 18-16. SARIMA 훈련데이터와 테스트데이터의 예측 파이썬 코드

```
# 훈련 데이터에 대한 예측
train_forecast = best_model_fit.get_prediction(start=train_data.index[0], end=train_data.index[-1])
train_predictions = train_forecast.predicted_mean
# 테스트 데이터에 대한 예측
test_forecast = best_model_fit.get_forecast(steps=6)
test_predictions = test_forecast.predicted_mean
```

✓ **훈련데이터에 대한 예측:** get_prediction 메소드를 통해 지정된 시작점에서 끝점까지 훈련데이터에 대한 예측을 수행한다. start와 end는 예측을 시작하고 종료할 데이터의 인덱스를 지정한다.

✓ predicted_mean은 예측된 평균값을 제공한다. 즉 모형이 예측한 시계열 데이터의 평균 추정치이다. 각 예측 지점에서 SARIMA모형은 가능한 모든 결과에 대한 확률 분포를 제공한다.

✓ **테스트데이터에 대한 예측:** get_forecast 메소드를 사용하여 훈련된 모형을 바탕으로 테스트 데이터의 미래 값을 예측한다. steps=6는 예측할 시간 단계의 수를 지정한다. 즉 6개월간의 미래 데이터를 예측한다. 여기서도 predicted_mean을 사용하여 예측된 값들의 평균을 가져온다.

SARIMAX를 실습하자

외부 기관으로부터 신뢰할 만한 수준의 중국 수출량과 명목선복량 전망치를 확보할 수 있다고 가정하자. 이러한 정보가 복합 SCFI예측 정확도 향상 또는 예측치에 대한 고객 설득에 도움이 된다면 모형에 반영하는 것을 검토할 필요가 있다. 하지만 개념적으로 예측 성능이 좋을 것이라고 가정하고 독립변수를 추가하더라도 항상 예측 성능의 향상으로 연결되지는 않는다.

[예제 18-5 SARIMAX]

이번에 SARIMAX 모형을 적용한 요청과 답변을 [예제 18-5 SARIMAX]라고 하자. ChatGPT가 하이퍼파라미터 튜닝을 실행하지 않도록 하기 위해, 도표 18-17과 같이 요청할 때부터 마지막 문장에 "하이퍼파라미터 최적화는 코랩에서 수행할 예정이므로 코드를 생성해줘 "을 추가한다. ChatGPT는 모형 개발과 예측을 위해 먼저 기본적인

SARIMAX 모형을 구축하고, 최적화 코드를 제공한다.

도표 18-17. SARIMAX 모형 개발 요청

SARIMX_복합SCFI_2017.xlsx
Spreadsheet

SARIMAX를 사용하여 월별 복합 SCFI를 예측하는 모형을 개발한다.
- 컬럼 SCFI_C은 종속변수인 복합 SCFI, 컬럼 YYYYMM는 년월을 나타냄
- 전체 데이터의 마지막 6개월을 테스트데이터로 분리함
- 훈련데이터를 가지고 모형을 만들고나서,
  그 모형에 기반하여 테스트데이터를 예측하고 RMSE를 계산
- 테스트데이터에 대한 RMSE가 가장 작은 값을 갖도록 파라미터를 최적화함
- 전체 데이터에 대해서 실적, 예측값을 하나의 그래프로 그려줘
- 단, 그래프에서 훈련데이터 예측값은 파란색, 테스트데이터 예측값은 빨간색,
  실적은 검은색으로 그려줘
- 외생변수는 중국수출량 CH_EXP, 명목선복량 FLEET_DEV 임
- 하이퍼파라미터 최적화는 코랩에서 수행할 예정이므로 코드를 생성해줘

도표 18-18은 ChatGPT가 제안한 기본 모형 SARIMAX(1, 1, 1)(1, 1, 1, 12)의 예측 결과 그래프이다. 테스트데이터에 대한 RMSE는 77.3으로 낮았지만, 훈련데이터에 대한 RMSE는 2563.5로 매우 높다. 오버피팅이 있으므로 추가적인 진단 및 하이퍼파라미터 조정이 필요하다는 것을 보여준다.

도표 18-18. SARIMAX(1, 1, 1)(1, 1, 1, 12)의 예측 결과(코랩)

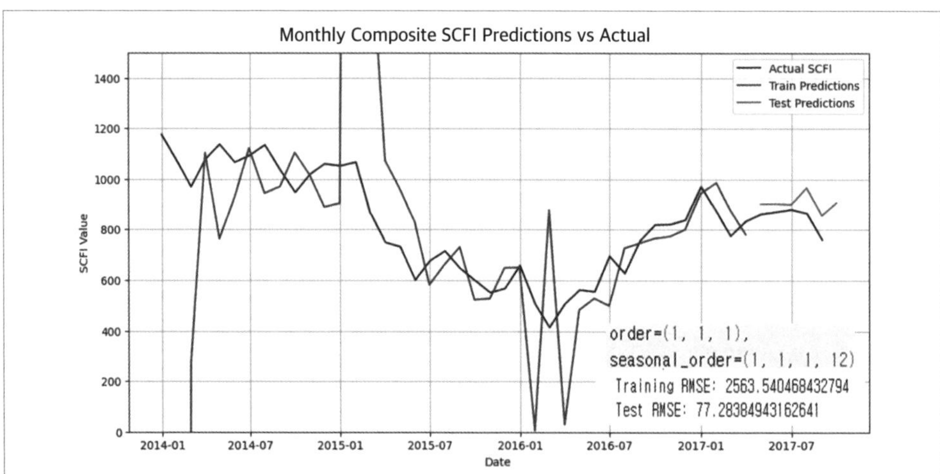

도표 18-19는 저자가 요청한 하이퍼파라미터 최적화에 대해 ChatGPT가 생성한 코드를 코랩에서 실행한 결과이다. 이때 적용된 auto_arima 함수는 다양한 모형의 구성을 시도하고 AIC, BIC 등을 기준으로 최적의 모형을 선택한다. 최적 모형인 ARIMAX(0, 1, 0)(0, 0, 0, 12)의 훈련데이터에 대한 RMSE는 438.8로 여전히 높다. 추가한 plt.ylim(0, 1500)는 y축의 범위를 0에서 1500으로 설정하는 함수이다.

도표 18-19. auto_arima 함수를 통한 하이퍼파라미터 튜닝 후, SARIMAX의 예측결과(코랩)

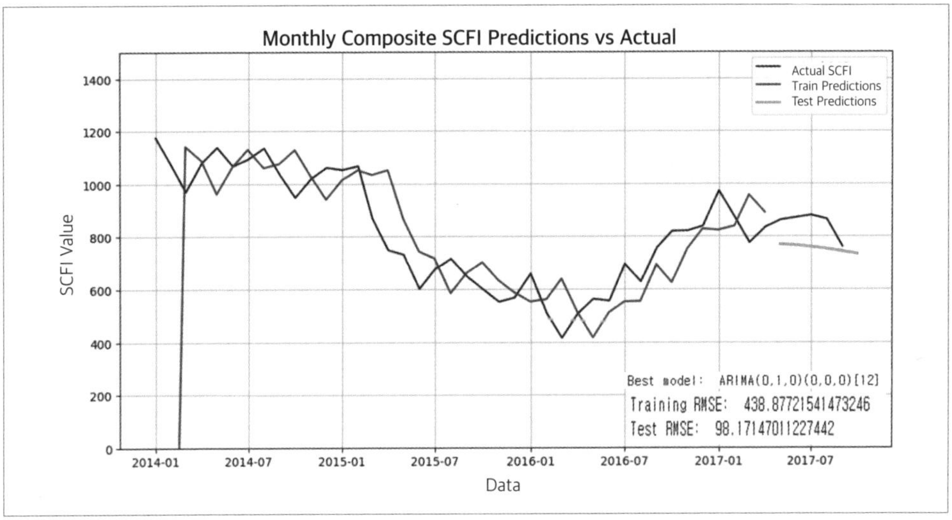

RMSE를 직접적으로 최소화하기 위한 명시적인 과정은 auto_arima에 내재되어 있지 않다. RMSE를 최소화하려면 추가적인 단계를 직접 파이썬으로 구현해야 한다. 이를 위해 auto_arima에서 얻은 하이퍼파라미터를 시작점으로 사용하고, 다른 하이퍼파라미터 조합을 만들어서 RMSE를 개선하도록 하는 코드를 ChatGPT에 요청한다.

이렇게 생성된 코드를 기반으로 개발한 모형인 SARIMAX(0, 1, 1)(0, 0, 0, 12)의 테스트데이터에 대한 RMSE는 433.3으로 기존 보다는 약간 작아졌으나 여전히 크다(도표 18-20 참조).

도표 18-20. RMSE 최소화 튜닝 후, SARIMAX의 예측결과(코랩)

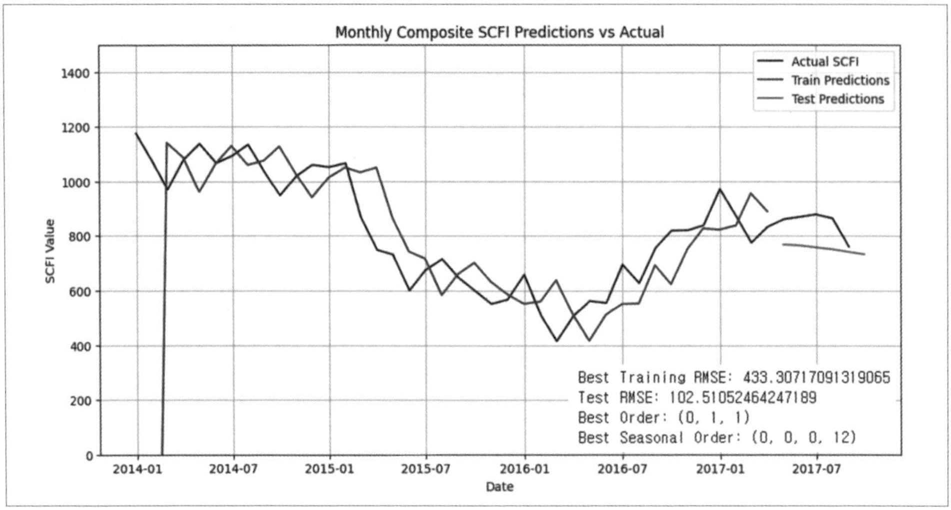

하이퍼파라미터가 주어진 상태에서 훈련을 통해 계수(모델의 파라미터)를 최적화한 결과는 도표 18-21에서 확인할 수 있다. 모든 계수가 통계적으로 유의하지 않으며, 이 모형이 데이터를 가장 잘 설명하지 않을 수도 있다는 것을 보여준다. 또한 AIC와 BIC 값이 비교적 높아, 더 나은 모형을 찾기 위해 모형의 구조를 변경하거나 다른 변수를 포함하는 것을 제안한다.

도표 18-21. SARIMAX(0, 1, 1)(0, 0, 0, 12) 결과 요약(코랩)

```
1 best_model.summary()
```

SARIMAX Results

Dep. Variable:	SCFI_C	**No. Observations:**	39
Model:	SARIMAX(0, 1, 1)	**Log Likelihood**	-211.101
Date:	Tue, 30 Apr 2024	**AIC**	430.202
Time:	02:18:52	**BIC**	436.536
Sample:	0 - 39	**HQIC**	432.412
Covariance Type:	opg		

	coef	std err	z	P>|z|	[0.025	0.975]
CH_EXP	3.949e-06	4.42e-06	0.893	0.372	-4.72e-06	1.26e-05
FLEET_DEV	-9.039e-05	0.000	-0.549	0.583	-0.000	0.000
ma.L1	0.0637	0.201	0.316	0.752	-0.331	0.458
sigma2	7099.7668	5.16e-06	1.38e+09	0.000	7099.767	7099.767

Ljung-Box (L1) (Q):	0.03	**Jarque-Bera (JB):**	1.54
Prob(Q):	0.86	**Prob(JB):**	0.46
Heteroskedasticity (H):	1.19	**Skew:**	-0.13
Prob(H) (two-sided):	0.76	**Kurtosis:**	2.02

- ✓ **계수 추정치:** CH_EXP: 계수는 3.94e-06로, 이 변수의 기여도는 매우 낮음을 나타내며, p>|z| 값이 0.372로 통계적으로 유의미하지 않음을 나타낸다.
- ✓ FLEET_DEV: 계수는 -9.03e-05로, p>|z| 값이 0.583으로 통계적으로 유의미하지 않다.
- ✓ MA(1): 계수는 0.0637이고, p>|z| 값이 0.752로, 이 계수 또한 통계적으로 유의미하지 않다.
- ✓ **진단 통계:** Ljung-Box 검정(Q) 통계량은 0.03이고, P값(Prob(Q))은 0.86로, 이는 잔차가 백색잡음이라는 귀무가설을 기각하지 않으며, 모형이 데이터의 정보를 잘 포착하고 있음을 나타낸다.
- ✓ Jarque-Bera 검정(JB) 통계량은 1.54이고, P값(Prob(JB))은 0.46로, 잔차가 정규 분포를 따른다는 귀무가설을 기각하지 않는다.
- ✓ 이분산성 검정(Heteroskedasticity Test, H) 통계량은 1.119이고, P값(Prob(H))은 0.76으로, 잔차에 이분산성이 없다는 귀무가설을 기각하지 않는다.
- ✓ 왜도(Skew): -0.13으로, 잔차 분포의 비대칭성이 적다는 것을 나타낸다.
- ✓ 첨도(Kurtosis): 2.02로, 잔차 분포가 정규 분포의 첨도에 비해 약간 납작하다는 것을 나타낸다.

여기서는 중국 수출량(CH_EXP)과 명목선복량(FLEET_DEV)을 외생변수로 선택하는 것이 타당하지 않다는 것을 보여준다. 일반적으로 과적합과 외부 변수의 데이터 품질이 낮으면 예측 정확도에 오히려 부정적인 영향을 줄 수 있다. 또는 잘못된 변수선정으로 오히려 훈련데이터에 대해서 오버피팅을 초래할 수 있다. 외부 변수의 긍적적인 효과에 대해서는 "21장 분석과제 실무적용"에서 추가 설명한다.

도표 18-22와 도표 18-23은 SARIMAX의 모형 생성, 학습 그리고 예측과 관련된 핵심 파이썬 코드를 설명하고 있다.

도표 18-22. SARIMAX 모형 생성과 학습 파이썬 코드

```
best_model = SARIMAX(train_data['SCFI_C'],
                order=best_order,
                seasonal_order=best_seasonal_order,
                exog=train_data[['CH_EXP', 'FLEET_DEV']],
                enforce_stationarity=False,
                enforce_invertibility=False)

best_model_fit = best_model.fit(disp=False)
```

✓ **모형 생성:** SARIMAX 클래스를 사용하여 모형의 인스턴스를 생성한다. train_data['SCFI_C']는 모형의 종속변수로 사용되는 훈련데이터다. order는 비계절성 부분의 AR, I, MA 차수를 설정하고, seasonal_order는 계절성 부분의 AR, I, MA 차수와 계절 주기를 설정한다. train_data[['CH_EXP', 'FLEET_DEV']]는 외생변수로, 모형의 예측에 추가적인 정보를 제공하는 변수들이다.

✓ 본 예제에서 ChatGPT는 enforce_stationarity와 enforce_invertibility을 False로 설정하고 하이퍼파라미터를 구한다. enforce_stationarity는 Ture이면 훈련과정에서 정상성을 강제하고, False이면 강제하지 않는다. enforce_invertibility Ture이면 훈련과정에서 가역성을 강제하고, False이면 강제하지 않는다. MA 모델이 가역적이라는 것은 MA 모델을 유한한 시차의 AR 모델로 변환할 수 있다는 의미이다. 정상성과 가역성을 강제하면 예측오차를 안정적으로 유지하도록 하고, 강제하지 않으면 모형이 더 유연하게 데이터를 적합하여 RMSE를 최소화하는데 유리할 수 있다. 본 예제에서 강제를 하여도 훈련데이터 RMSE는 동일하였고, 테스트데이터 RMSE는 거의 변화가 없었다. 데이터의 특성에 따라 영향에 차이가 있을 수 있다.

✓ **모형 학습:** 생성된 모형에 대해 fit 메소드를 사용하여 데이터에 모형을 적합시킨다. disp=False는 학습 과정 중 출력을 억제하여 로그를 깔끔하게 유지한다.

도표 18-23. SARIMAX 훈련데이터와 테스트데이터의 예측 파이썬 코드

```
# 훈련 데이터 예측
train_forecast = best_model_fit.get_prediction(start=train_data.index[0], end=train_data.index[-1], exog=train_
data[['CH_EXP', 'FLEET_DEV']])
train_predictions = train_forecast.predicted_mean

# 테스트 데이터 예측
test_forecast = best_model_fit.get_forecast(steps=len(test_data), exog=test_data[['CH_EXP', 'FLEET_DEV']])
test_predictions = test_forecast.predicted_mean
```

✓ **훈련데이터에 대한 예측:** get_prediction 메소드를 통해 지정된 시작점에서 끝점까지 훈련데이터에 대한 예측을 수행한다. exog는 외생변수를 포함할 때 사용되며, 여기서는 예측을 수행할 때 외생변수로 CH_EXP와 FLEET_DEV를 사용한다. predicted_mean은 예측된 평균값을 제공한다.

✓ **테스트데이터에 대한 예측:** get_forecast 메소드를 사용하여 훈련된 모형을 바탕으로 테스트데이터의 미래 값을 예측한다. steps=len(test_data)는 예측할 시간 단계의 수를 지정하며, 여기서는 테스트데이터의 크기에 맞춰 예측한다. 예측 시에도 exog 매개변수를 사용하여 테스트데이터의 외생변수를 모형에 전달한다. 여기서도 predicted_mean을 사용하여 예측된 값들의 평균을 가져온다.

SARIMAX 초기 모형의 하이퍼파라미터는 다음과 같이 랜덤하게 생성되어 인스턴스를 생성한다.

- ✓ SARIMAX(train_data['SCFI_C'], exog = train_data[['CH_EXP', 'FLEET_DEV']], order=(1, 1, 1), seasonal_order=(0, 0, 0, 0), enforce_stationarity=False, enforce_invertibility=False)
- ✓ SARIMAX(y_train, exog=X_train, order=(1, 1, 1), seasonal_order=(1, 1, 1, 12))
- ✓ SARIMAX(y_train, exog=X_train, order=(1, 0, 0), seasonal_order=(0, 1, 1, 12))
- ✓ SARIMAX(train['SCFI_C'], exog = train[['CH_EXP', 'FLEET_DEV']], order=(1, 0, 0), seasonal_order=(1, 0, 0, 12))

최적의 하이퍼파라미터를 튜닝하는 조합도 매우 다양하게 생성한다. 예를 들어 range(0, 3)는 0, 1, 2의 세 가지 값을 생성하므로 pdq는 (0, 0, 0), (0, 0, 1), ..., (2, 2, 2)의 27개 조합이 만들어진 리스트이다. 계절성 하이퍼파라미터도 마찬가지이다.

```
p = d = q = range(0, 3)
pdq = list(product(p, d, q))
seasonal_pdq = [(x[0], x[1], x[2], 12) for x in pdq]
```

range(0, 3)을 사용하여 튜닝을 할 경우 몇 시간 이상이 소요되기도 한다. 반면 auto_arima 함수는 비교적 짧은 시간에 답변을 준다. auto_arima 함수에서 차분 차수 d에 대해 명시적인 범위를 제공하지 않는 것은, 대부분의 경우 단위근 검정을 통해 자동으로 결정하기 때문입니다. 차분 차수 d와 계절 차분 차수 D의 범위를 지정할 수도 있다. ARIMA, SARIMA, SARIMAX 등 모형 개발을 위해 ChatGPT 요청 시, "테스트데이터" 대신에 "훈련데이터"에 대한 RMSE가 가장 작은 값을 갖는 하이퍼파라미터를 추천함으로 문장을 수정하거나 문장을 삭제하고 실험하여 결과를 비교할 필요가 있다.

비선형 시계열 데이터를 다루는 시계열분석 기법을 정리하자

17장과 18장에서 시계열 데이터를 다루는 다양한 모형을 설명하였다. 독립변수와 종속변수는 비선형 관계일 수 있다. 오차는 독립적이지 않고 정규분포를 따르지 않을 수 있다. 자기상관, 계절성, 추세, 순환 등이 있을 수 있다. 실무에서는 일반적으로 비선형 시계열 데이터가 대부분이다. 우리는 현실의 비선형 시계열 데이터의 복잡한 내재적 특성을 이해하고 모형의 예측 정확성을 향상시킬 필요가 있다.

모형의 선택, 변수의 사용, 모델링 방법, 목적함수, 그리고 훈련 데이터 기간에 따라 모형의 성능은 매우 달라질 수 있다. 이는 과학적인 영역이기도 하지만 예술적인 감각이 요구되는 영역이기도 하다. 모형을 개발하고 실무에 적용하는 과정에서 까다로운 통계적 기준만을 고집한다면, 가용할 모형이 없을 수도 있다. 현실에서는 모형이 다소 불안정하더라도 차선의 모형이 도움이 될 때가 많다. 모형의 불안정성이 초래할 수 있는 리스크보다 예측 정확도의 향상으로 얻는 이득이 더 크다면, 모형을 적용할 가치가 있다. 이는 모형 채택의 설득 논리와 사용자의 주관적 가치에 크게 의존한다.

17장과 18장에서 이제까지 학습한 내용과 모형을 활용하여 현실 세계의 비선형 시계열 데이터를 분석하고 예측하는 접근 방식을 종합적으로 정리하면 다음과 같다. 충분히 이해하기 위해서는 다양한 비즈니스 환경에서 모형을 개발하는 경험이 필요하다.

1) 선형회귀모형으로 개발하고자 하는 경우

✓ 추세 성분 포함

- 분해 방법: 시계열을 추세, 계절성, 잔차로 분해한 후, 추세 성분을 선형회귀모형에 포함시킬 수 있다. 시계열 분해는 사이킷런의 seasonal_decompose 함수 또는 statsmodels의 라이브러리의 STL 클래스 등을 사용한다.
- 다항 회귀: 시간 변수에 대해 고차항(예: 시간의 제곱, 세제곱 등)을 사용하여 비선형 추세를 모델링할 수 있다.

✓ 계절성 성분 포함

- 더미 변수 사용: 계절이나 월을 나타내는 더미 변수를 생성하여 모델에 포함시킨다. 즉, 계절이나 월 등의 명목변수를 원-핫 인코딩한다.
- 계절차분: 계절적 요인을 제거하기 위해 시계열의 계절 차분을 취할 수 있다. 예를 들어, 매월 데이터의 경우 12개월 차분을 취하면 된다. 계절성을 제거함으로써 모형은 데이터의 다른 중요한 특성(예: 장기 추세, 순환적 변동)에 더 집중할 수 있다.

✓ 순환 패턴 포함

- 사인, 코사인 변환: 연간 또는 장기 순환 패턴을 감지하기 위해 시간 변수에 대한 사인, 코사인 변환을 적용할 수 있다. 이 방식은 주기적 변동을 모델링하는 데 특히 유용하다.

- 순환 지표 변수: 순환적 경향을 나타내는 지표(예: 경기 순환 지수)를 독립변수로 추가할 수 있다.

✓ 데이터 변환:

- 최소-최대 스케일링: 모형은 변수 단위의 차이에 민감하므로, 차이가 큰 경우 스케일링을 검토할 필요가 있다.
- 로그변환: 데이터의 변동성이 시간에 따라 증가하거나 감소하는 패턴을 보일 때, 로그변환을 통해 데이터를 안정화시키고 변동성을 균일하게 할 수 있다.
- 승법 모델이 적합하지만 분석이 복잡할 경우, 로그변환을 통해 승법 모델을 가법 모델로 변환할 수 있다. 로그변환은 곱셈 관계를 덧셈 관계로 바꾸어 계산을 간소화한다.

✓ 다항회귀

- 회귀계수가 선형이기 때문에 다항회귀는 선형회귀이다.
- 사이킷런은 PolynomialFeatures 클래스 및 Pipeline 객체를 이용하여 다항회귀 구현을 지원한다.
- 차수가 높아질수록 과적합 문제가 더욱더 발생한다.

2) 다양한 시계열분석 모형으로 개발하고자 하는 경우

✓ Holt-Winters 방법은 세 가지 매개변수(수준, 추세, 계절성)를 사용하여 시계열을 예측한다.

✓ ARIMA, SARIMA, SARIMAX모형은 추세, 계절성, 순환 패턴을 함께 모델링할 수 있다.

3) 시계열분석 모형의 데이터 전처리 및 모델링 변경

✓ 이상치 감지 및 제거

- 비선형 데이터는 종종 예상치 못한 데이터 변동을 포함할 수 있는데, 이런 변동이 이상치로 인한 것인지 아니면 데이터 자체의 자연스러운 변동인지를 구분하는 것이 중요하다.
- 통계적 방법: Z-점수, IQR(Interquartile Range) 등을 활용해 데이터에서 통계적으로 명백히 벗어나는 관측치를 식별하고 제거한다.
- 시각적 방법: 데이터 플롯을 검토하여 이상치를 시각적으로 식별할 수 있다.

✓ 데이터 스무딩(Smoothing)

- 이동 평균은 원래 데이터의 노이즈를 줄이고 장기적인 추세를 더 명확히 파악하거나, 계절적 변동과 순환 패턴을 더 쉽게 식별할 수 있다. 이상치를 더 쉽게 감지할 수 있다.
- 스무딩된 데이터를 다른 모형의 독립변수로 추가하여 모델링할 수 있다.

✓ 단순 파생변수

- 외부 정보를 통합하여 데이터의 설명력을 증가시키고 예측의 정확성을 향상시키는 데 사용된다. 경제 지표, 날씨, 공휴일 등 외부 변수를 추가하여 시계열 데이터와의 상관관계 및 영향

을 분석한다. 21장에서 복합 SCFI예측에 있어서 파생변수의 중요성을 설명한다.

- 특정 시점의 비정상적인 데이터 변동이 외부 이벤트로 인한 것인지 아니면 계절적 변동의 일부인지 구분할 수 있다. 예를 들어, 공휴일 효과를 모델링하여 일반적인 계절 패턴에서 이를 분리할 수 있다. 나아가 공휴일 직전과 직후의 영향을 모델링하기 위해 확장된 더미 변수를 사용할 수 있다. 예를 들어, 공휴일 전후 1일 또는 2일을 포함시킬 수 있다.

✓ 패턴 기반 파생변수

- 데이터 내의 복잡한 구조와 패턴을 식별하여 훈련데이터로 만들어 학습시킴으로써 모형에 통합한다.
- 시간창(Time Window) 기법을 활용해 과거 일정 기간 동안의 평균, 최댓값, 최솟값 등을 계산하고 이를 특성으로 사용할 수도 있다. 각 창에서 계산된 통계적 수치들은 시계열 데이터의 단기적 행동을 반영하고, 예측 모델에 중요한 정보를 제공한다.

✓ 인과관계 후보변수

- 그랜저 인과관계 검정(Granger Causality Test)으로 통계적으로 유의미한 변수를 사용할 수 있다. 개념적으로 인과관계가 있다고 간주되고, 그랜저 인과관계 검정 결과 유의하다고 하더라고 예측 성능을 실질적으로 향상시키는 것은 아니다. 모형의 복잡도만 증가시키는 경우도 많다.

✓ 가법 모델과 승법 모델

- 시계열 데이터 분해, 다중회귀모형, 지수평활법, ARIMA 모형 등에 가법 모델 또는 승법 모델을 적용한다
- 가법 모델은 시계열 데이터에서 추세, 계절성, 잔차 성분이 시간에 따라 일정하게 더해지는 경우에 사용한다. 승법 모델은 시계열 데이터에서 추세, 계절성, 잔차가 서로 곱해지는 경우, 특히 계절성의 진폭이 시간의 추세에 따라 변화할 때 사용한다.

4) 훈련데이터 기간의 선택과 교차 검증

✓ 특정 기간 및 학습 빈도 조정

- 데이터의 특정 기간만을 고려하여 모델을 훈련시키는 것은 시계열의 변화하는 특성과 환경 변화를 반영할 수 있는 효과적인 방법이다.
- 시계열 예측 모델에 과거 데이터보다 최근 데이터에 더 높은 가중치를 부여하는 기법을 사용할 수 있다. 이는 시계열 데이터가 시간에 따라 진화하고 변화할 수 있음을 반영하는 방법으로, 모델이 최근 변화에 더 민감하게 반응하도록 한다.
- 모델의 학습 빈도를 조정하여, 특정 시기에 더 적합한 훈련데이터를 사용한다. 이는 특히 계절성이 강한 상품이나 서비스, 경제적 변동성이 큰 기간 등에 유용하다.

✓ 슬라이딩 윈도우 방식(Sliding Window Approach 또는 Windowing)
  - 시계열 데이터에서 연속적인 데이터 블록(윈도우)을 사용하여 모델을 반복적으로 훈련시킨다.

✓ 확장 윈도우 검증 (Expanding Window Validation)
  - 초기 훈련 데이터에서 시작하여 점차 확장함으로써 전체 데이터를 점점 더 많이 사용한다.

✓ 변화점 감지(Change Point Detection)
  - 데이터 내에서 통계적 특성이 변하는 지점을 식별하는 기법이다. 이를 통해 데이터를 여러 구간으로 나누고 각 구간에 대해 별도의 모델을 적용할 수 있다. 이 방법은 경제 위기, 기술 변화, 주요 정책 도입 등 외부 이벤트가 데이터 패턴에 미치는 영향을 분석하는 데 특히 유용하다. 예를 들어, SCFI 지수 예측에서 코로나 19이전과 이후의 SCFI 지수의 통계적 특성은 다르다.

5) 모형 개발의 목적과 평가

✓ 평가지표: 모형의 목적이 설명인지 예측인지에 따라 적용하는 지표가 다르다.

✓ 설명을 위한 모형 개발: 변수 간의 관계와 해석 가능성을 중시하며, 회귀 계수의 유의성, 변수 중요도, 잔차 분석, 결정계수 등이 중요하다.

✓ 예측을 위한 모형 개발: 예측 정확도를 중시하며RMSE, MAE, MAPE, 결정계수 등의 지표를 사용한다.

6) 모형의 하이퍼파라미터 튜닝

✓ Grid Search
  - 모든 조합을 시도하므로 최적의 하이퍼파라미터를 찾을 가능성이 높지만, 계산 비용이 크다.
  - 하이퍼파라미터 탐색 공간이 매우 크지 않다면 적용할 만하다. 구현이 쉽고 이해하기 쉽기 때문이다.

✓ Bayesian Optimization
  - 이전 평가 결과를 이용하여 나음 평가할 지점을 선택하므로, 계산 비용을 줄이고 더 빠르게 최적의 하이퍼파라미터를 찾을 수 있다. 초기 하이터파라미터 선택에 따라 최적화 성능이 달라질 수 있습니다.
  - 하이퍼파라미터 공간이 크거나 복잡할 때 유용하다. 구현이 다소 복잡하지만, ChatGPT의 도움으로 쉽게 구현이 가능하다. 특히, scikit-optimize(skopt)는 이 책에서 사용하는 사이킷런과의 호환성이 높아, 사이킷런을 사용하는 사용자에게 익숙한 API를 제공한다.

위에서 고려한 내용은 의사결정나무, 앙상블에도 적용된다. 21장의 분석 프로젝트를 수행할 때 참조하기 바란다. PolynomialFeatures 클래스, Pipeline 객체, 그랜저 인과관계 검정, 슬라이딩 윈도우 방식, Bayesian Optimization 등은 이 책에서 설명하지 않았지만 ChatGPT를 통해 쉽게 적용할 수 있다.

제19장

의사결정나무 기반 SCFI 예측

의사결정나무는 데이터 분류 및 회귀에 사용되는 지도학습 알고리즘이다. 이번 장은 의사결정나무를 이용한 회귀에 대해서 설명한다. 14장부터 16장까지는 선형회귀에 대해서 설명하였다. 선형회귀는 회귀계수의 관계를 선형으로 가정하는 방식이다. 비용함수를 최소화하는 최적의 회귀함수를 도출하도록 회귀계수를 탐색한다. 반면 트리 기반의 회귀는 회귀계수를 탐색하지 않고 데이터를 분할하여 비용 함수를 최소화하는 트리를 생성한다. 즉, 회귀를 위한 트리를 생성하고 이를 기반으로 예측을 하는 것이다. 따라서 의사결정나무는 결과값이 나온 과정을 트리를 따라가기만 하면 되기 때문에 이해하기가 쉽다.

의사결정나무, 랜덤 포레스트, GBM, XGBoost, LightGBM 등의 모든 트리 기반 알고리즘은 분류만이 아니라 회귀도 가능하다. 트리 생성이 CART(Classification And Regression Trees) 알고리즘에 기반하기 때문이다. 랜덤 포레스트, GBM, XGBoost, LightGBM은 앙상블 알고리즘으로 20장에서 설명한다. 앙상블의 기본 알고리즘으로 사용하는 것이 의사결정나무이므로, 의사결정나무를 먼저 학습한다.

14장 단순회귀에서 설명한 예제를 가지고 의사결정나무의 개념을 설명하고 실습한다. 독자가 쉽게 이해할 수 있도록 하나의 독립변수로 구성된 의사결정나무를 가지고 설명한다.

의사결정나무를 이해하자

의사결정나무(Decision Tree)란 의사결정규칙(Decision Rule)을 도표로 나타내어 관심대상이 되는 집단을 몇 개의 소집단으로 분류(Classification)하거나 회귀(Regression)하는 계량적 분석방법이다. 의사결정나무의 유형은 분류트리(Classification Tree)와 회귀트리(Regression Tree)로 구분할 수 있다. 분류트리에서는 범주형 종속변수를 기준으로 노드(Node)가 분화하고, 회귀트리에서는 연속형 종속변수를 기준으로 노드가 분화한다.

도표 19-1은 복합 SCFI(SCFI_C)를 예측하기 위해서 미국 경기선행지수 (CLI_USA)를 기준으로 최대 깊이가 2인 의사결정나무를 ChatGPT가 도식화한 것이다(14장에서 사용한 동일한 예제 이용)

도표 19-1. 의사결정나무의 도식화

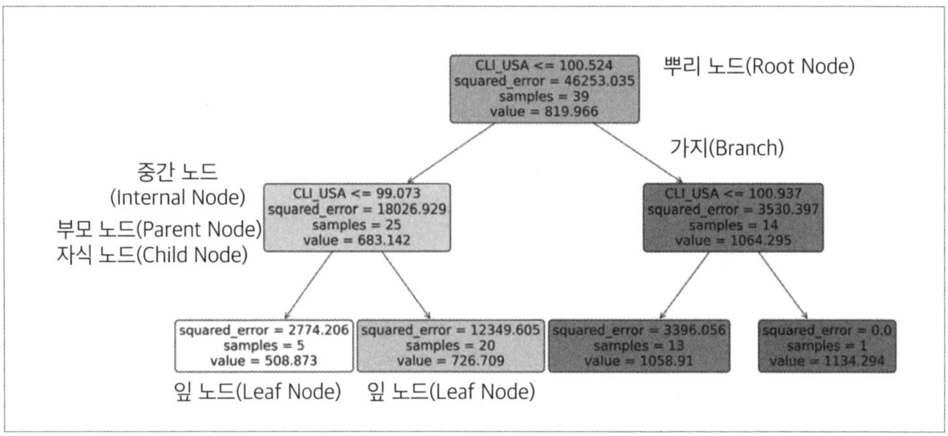

구성요소와 용어는 아래와 같다.

- ✓ 자식 노드(Child Node): 하나의 노드로부터 분리되어 나간 2개 이상의 노드
- ✓ 부모 노드(Parent Node): 주어진 노드의 상위 노드
- ✓ 뿌리 노드(Root Node): 시작되는 노드로 전체 데이터를 포함하는 부모 노드가 없는 노드
- ✓ 잎 노드(Leaf Node): 자식 노드가 없는 노드
- ✓ 중간 노드(Internal Node): 부모 노드와 자식 노드가 모두 있는 노드
- ✓ 가지(Branch): 노드를 연결하며, 조건에 따른 분류 경로를 나타냄

의사결정나무의 모형 개발방식은 다른 머신러닝의 개발방식과 동일하게 학습 후 추론하는 방식이다. 학습과정은 1) 데이터 분할(Splitting) 2) 트리 성장(Growing) 3) 가지치기(Pruning)과정이며, 추론과정은 4) 예측을 수행하는 것이다.

1) 데이터 분할

[노드 분할 기준 선정]

의사결정나무는 노드를 분할할 때 기준을 선정해야 한다. 분류에서는 정보 이득(Information Gain), 지니 불순도(Gini Impurity) 등을 사용한다. 반면 회귀트리에서는 MSE나 MAE를 사용한다. 이러한 기준들은 트리가 각 분할과정에서 가능한 가장 순수한(즉, 분류의 경우 하나의 범주만 포함) 하위 노드를 생성하도록 하여, 종속변수의 값을 가능한 정확히 예측하게 만든다. 사이킷런 라이브러리는 의사결정나무 기반 알고리즘을 구현할 때, 이러한 기준들을 선택할 수 있는 옵션을 제공한다. 기본값은 일반적으로 MSE이다.

- ✓ 평균 제곱 오차(Mean Squared Error, MSE): 이 기준은 회귀 문제에서 매우 일반적으로 사용된다. 분할 후 각 노드에서 종속변수의 값들과 그 노드의 평균 값 간의 제곱 오차를 계산하고, 이를 모두 더한 값이 최소화되는 방향으로 분할한다. 즉, 각 그룹 내에서 종속변수 값들이 그 그룹의 평균에 가까워지도록 분할하는 것이 목표이다.
- ✓ 평균 절대 오차(Mean Absolute Error, MAE): 이 방법은 종속변수 값들과 그 노드의 중앙값 간의 절대 오차를 사용한다. 이는 이상치(Outliers)에 대한 강건성(Robustness)을 제공하는 방법이다. 즉, 데이터에 이상치가 많다면 MAE가 더 적합할 수 있다.

도표 19-1에서 뿌리 노드 node #0의 squared_error는 46253.035이고, 훈련데이터 39개에 대해서 value는 819.966인 종속변수의 평균값이다.

[최적 분할점 탐색]

각 기준에 따라 데이터를 분할하는 최적의 점을 찾는다. 이는 데이터를 가장 잘 구분할 수 있는 특성(Feature), 즉 독립변수와 그 값을 기준으로 한다. 이 기준은 의사결정나무 하이퍼파라미터를 어떤 값으로 설정하는가에 따라 달라진다. 하이퍼파라미터는 최대 독립변수의 개수, 트리의 최대 깊이, 잎 노드의 최대 개수 등이 있다. 도표 19-1의 의사결정나무는 트리의최대 깊이를 2로 설정한 경우이며, 뿌리 노드 node #0의 최적분할점은 CLI_USA <= 100.524 이다.

2) 트리 성장

[재귀적 분할]

초기 뿌리 노드에서 시작하여 데이터를 분할 기준에 따라 하위 노드로 나눈다. 이 과정은 하위 노드가 순수해질 때까지(즉, 하나의 범주만 포함하거나 설정한 종료 조건을 충족할 때까지) 재귀적으로 반복된다. 즉, 하위 노드로 나누어 가면서 분리된 노드의 불순도(Impurity) 또는 불확실성(Uncertainty)이 감소하는 방향으로 트리를 성장시킨다. 각 독립변수별로 값을 바꾸어 가며 노드 분할 기준을 비교한다. 이 책에서는 앞서 언급한 MSE, MAE를 주로 노드 분할 기준으로 사용한다. 아래와 같이 분류 문제인지 회귀문제인지에 따라 다른 노드 분할 기준을 적용한다.

✓ 범주형 종속변수는 각 범주에 속하는 빈도에 기초하여 분리(Entropy Reduction, Gini Reduction, Chi-square test)
   - **Chi-square test:** Chi-square 테스트는 관찰된 데이터와 기대되는 데이터 간의 차이를 측정하여 두 변수 간의 연관성을 평가한다.

✓ 연속형 종속변수는 종속변수의 평균에 기초하여 분리(Reduction of Variance, F-test 등)
   - **Reduction of Variance :** 분산 감소는 분할 전과 분할 후의 종속변수의 분산을 비교하여 분할의 유효성을 평가하는 방법이다. 분할을 통해 데이터의 분산이 얼마나 줄어드는지를 측정하는 것이다. 분산이 더 많이 줄어들수록 더 나은 분할로 간주된다.
   - **F-test:** F-테스트는 두 개 이상의 그룹 간의 분산 비율을 비교하는 통계적 방법이다. 의사결정나무에서 F-테스트는 각 분할이 종속변수의 평균에 미치는 영향을 평가하는 데 사용된다. F-테스트는 분산 분석(ANOVA)의 일종으로, 각 분할 후의 그룹 간의 평균 차이가 유의미한지 평가한다. F-통계량 = 그룹간 변동/그룹내 변동, F-통계량이 클수록 분할이 더 유의한 것으로 간주한다.

[종료 조건 설정]

트리의 성장을 멈추는 조건을 설정한다.

✓ 노드의 모든 데이터가 하나의 범주만 남음(순도 100% 인 경우)
✓ 트리의 깊이가 지정한 값에 도달함(max_depth)
✓ 노드의 크기가 지정한 값보다 작음(max_leaf_nodes)
✓ 잎 노드가 되기 위한 최소한의 샘플 데이터수(min_samples_leaf)
✓ 불순도의 감소량이 지정한 값보다 작음 또는 더 이상의 정보 이득이 없음

3) 가지치기

트리가 너무 복잡해지면 과적합이 발생할 수 있다. 이를 방지하기 위해 트리의 일부 가지를 제거한다. 과적합은 훈련데이터에 대해서는 좋은 결과를 도출하지만, 훈련에 사용하지 않은 테스트데이터에 대해서는 정확한 예측을 하지 못하는 것이다. 훈련데이터가 부족하거나 훈련데이터에 잡음이 있는 경우로 훈련데이터에 너무 특화될 때 발생한다. 과적합을 제한하는 방법으로는 종료 조건 설정(전가지치기), 후 가지치기, 앙상블 방법 등이 있다.

가지치기(Prunning)는 전가지치기(Pre-Prunning)와 후가지치기(Post-Prunning)로 구분할 수 있다. 전가지치기는 트리가 너무 복잡해지기 전에 성장을 조기에 멈추는 방법이다. 종료 조건 설정이 해당된다. 후가지치기는 트리를 전체적으로 성장시킨 뒤, 과적합을 줄이기 위해 특정 노드를 제거한다.

✓ 비용 복잡도 가지치기(Cost Complexity Pruning): 트리의 복잡도와 예측 오류 간의 균형을 맞추기 위해 사용된다. 가지를 제거했을 때의 오류 증가와 트리 복잡도 감소를 비교하여 가장 효율적인 가지 제거를 결정한다. 트리의 복잡도에 대한 벌점인 알파값(가지치기 매개변수)을 조절한다. 알파값을 변화시키면서 각각의 트리에 대해 검증 데이터의 오류를 측정하며 이를 통해 최적의 알파값을 찾는다.
✓ 교차검증을 통한 최적의 트리 선택: 트리의 다양한 버전을 만들고, 각각에 대해 교차검증을 수행하여 가장 좋은 성능을 보이는 트리를 선택한다.
✓ 오류 기반 가지치기: 오류가 개선되지 않는 가지를 제거한다. 사이킷런의 DecisionTreeRegressor는 직접적인 오류 기반 가지치기 기능을 제공하지는 않는다.

가지치기 과정에서는 모형의 복잡도와 일반화 능력 사이의 균형을 맞추는 것이 중요하다. 과도한 가지치기는 모형이 너무 단순해져 중요한 패턴을 놓칠 수 있으며, 부족한 가지치기는 과적합의 위험을 증가시킨다. 적절한 가지치기를 통해 모형의 일반화 능력

을 최적화해야 한다.

4) 추론

[예측 수행]

트리가 완성되면, 새로운 데이터가 들어왔을 때 뿌리 노드에서 시작하여 분할 규칙에 따라 잎 노드까지 이동한다. 데이터가 잎 노드에 도달하면, 해당 노드에서 평균 또는 중간값을 예측치로 제공한다(분류의 경우는 빈번한 클래스). 다른 머신러닝 코드와 마찬가지로 fit() 함수를 사용하여 모델을 학습시키고, 예측을 위해 predict() 함수를 사용한다. 예를 들어 predictions = regressor.predict(X_test)에서 학습된 인스턴스 regressor는 테스트 데이터 X_test를 대상으로 예측을 수행하여 예측 결과를 predictions에 저장한다.

의사결정나무를 개발하자

14장의 예제를 기반으로 ChatGPT를 활용하여 의사결정나무기반 회귀트리를 개발한다. ChatGPT에 요청한 질의는 아래와 같다.

도표 19-2. 의사결정나무 회귀트리 모형 개발 요청

회귀트리_복합SCFI_CLI_2017.xlsx
Spreadsheet

복합 SCFI를 예측하는 회귀트리 모형을 만들어줘.
- SCFI_C: 복합SCFI, 종속변수, CLI_USA: 미국 경기선행지수, 독립변수
- 전체 데이터의 마지막 6개는 테스트데이터로 분리함
- 독립변수와 종속변수간 데이터가 중복이 있는지 확인하고 전처리해줘
- 훈련데이터를 가지고 모형을 만들고나서,
  그 모형에 기반하여 테스트데이터를 예측하고 RMSE를 계산
- data = pd.read_excel(file_path) 문장을 사용함
- 전체 데이터에 대해서 실적, 예측값을 하나의 그래프로 그려줘
- 단, 그래프에서 훈련데이터 예측값은 파란색, 테스트데이터 예측값은 빨간색, 실적은 검은색으로 그려줘
- 회귀트리 시각화해서 그려줘
- 설명은 한글로 작성해줘

도표 19-3의 첫 번째 그래프는 복합 SCFI 실적치와 예측치를 보여준다. 여기서 검은

색 선은 관측치, 파란색 선은 훈련데이터에 대한 예측치, 빨간색 선은 테스트데이터에 대한 예측치를 나타낸다(제공한 코드의 실행으로 색깔 확인). X축은 종속변수인 미국 경기 선행지수 값 자체가 아닌 단순히 인덱스를 보여준다.

도표 19-3. 의사결정나무의 예측 결과 그래프와 회귀트리 구조 시각화

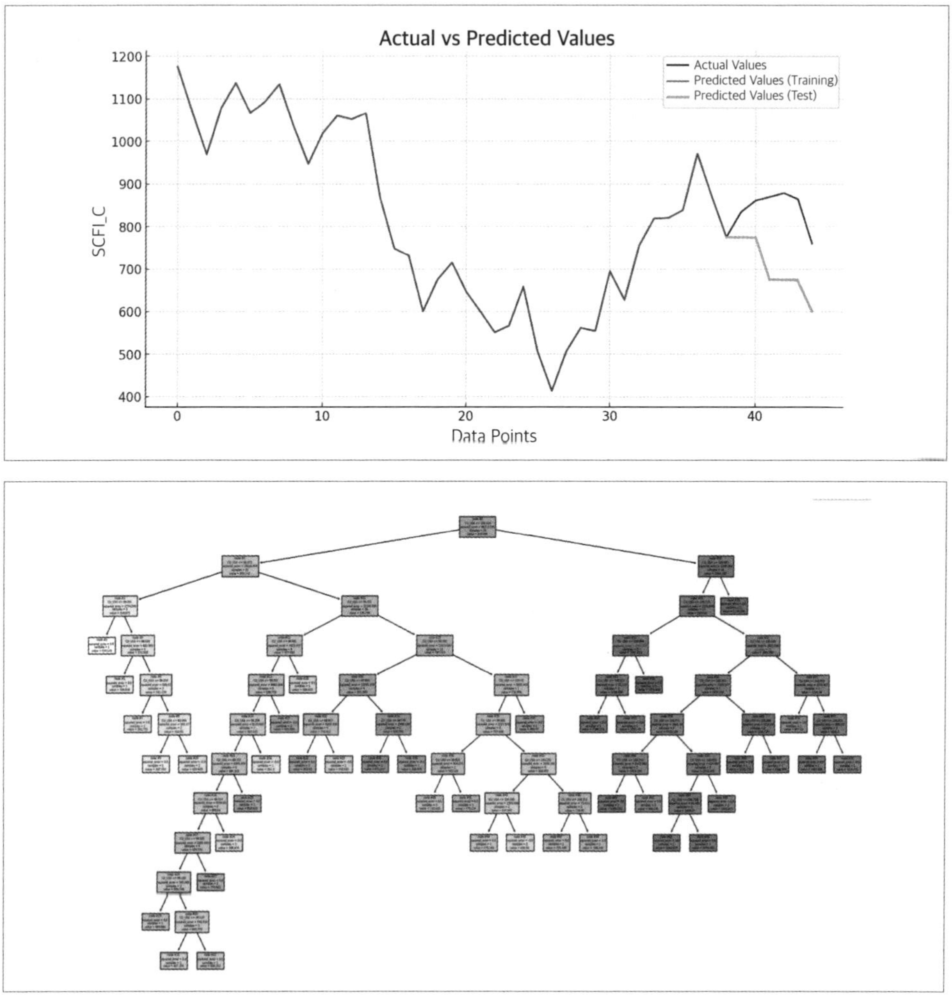

도표 19-3의 두 번째 그래프는 회귀트리의 구조를 시각화한 것이다. 각 노드는 결정 규칙, 분할의 결과, 노드의 평균값 등의 정보를 제공한다. 별도 종료 기준을 설정하지 않아서 의사결정나무가 매우 복잡하다. 모형의 성능 평가를 위해 계산된 RMSE 값은 약 158.85이다.

도표 19-4는 마지막 데이터를 예측하기 위하여 지나 간 노드를 ChatGPT를 이용하여 노란색으로 표시한 것이다(제공한 코드의 실행으로 색깔 확인). 좌측 하단 박스 안의 내용은 지나간 노드번호의 분기 기준과 최종 예측치를 보여준다.

도표 19-4. 의사결정나무의 마지막 데이터 예측을 위한 경로 노드

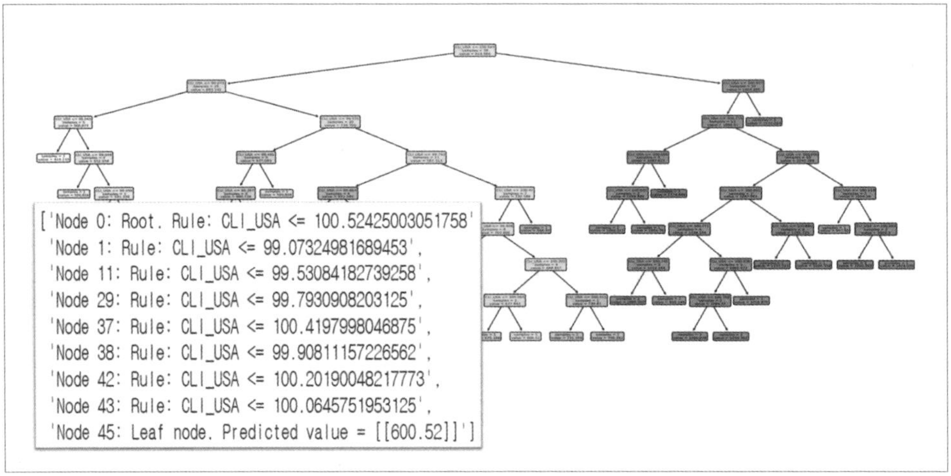

도표 19-5는 X축을 독립변수인 미국 경기선행지수로 한 단순회귀선과 의사결정나무의 예측결과를 보여준다. 단순회귀선에 비해 훈련데이터를 맞추기 위해 선이 많이 꺾여 있는 것을 확인할 수 있다.

도표 19-5. 의사결정나무와 회귀분석의 예측결과 그래프

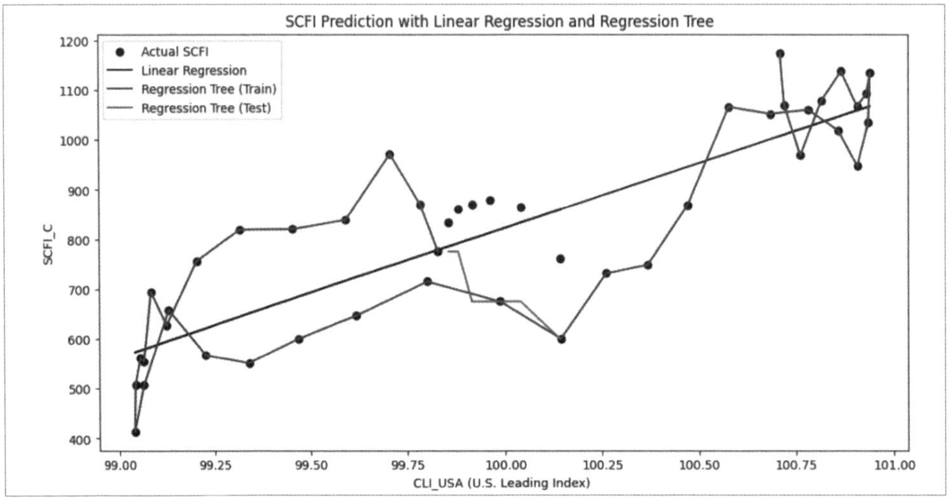

도표 19-6은 과적합되어 복잡한 의사결정나무를 단순화하기 위하여 최대 깊이를 3으로 설정하여 의사결정나무를 생성한 결과이다.

도표 19-6. 깊이 3인 의사결정나무의 예측결과 그래프와 구조 시각화

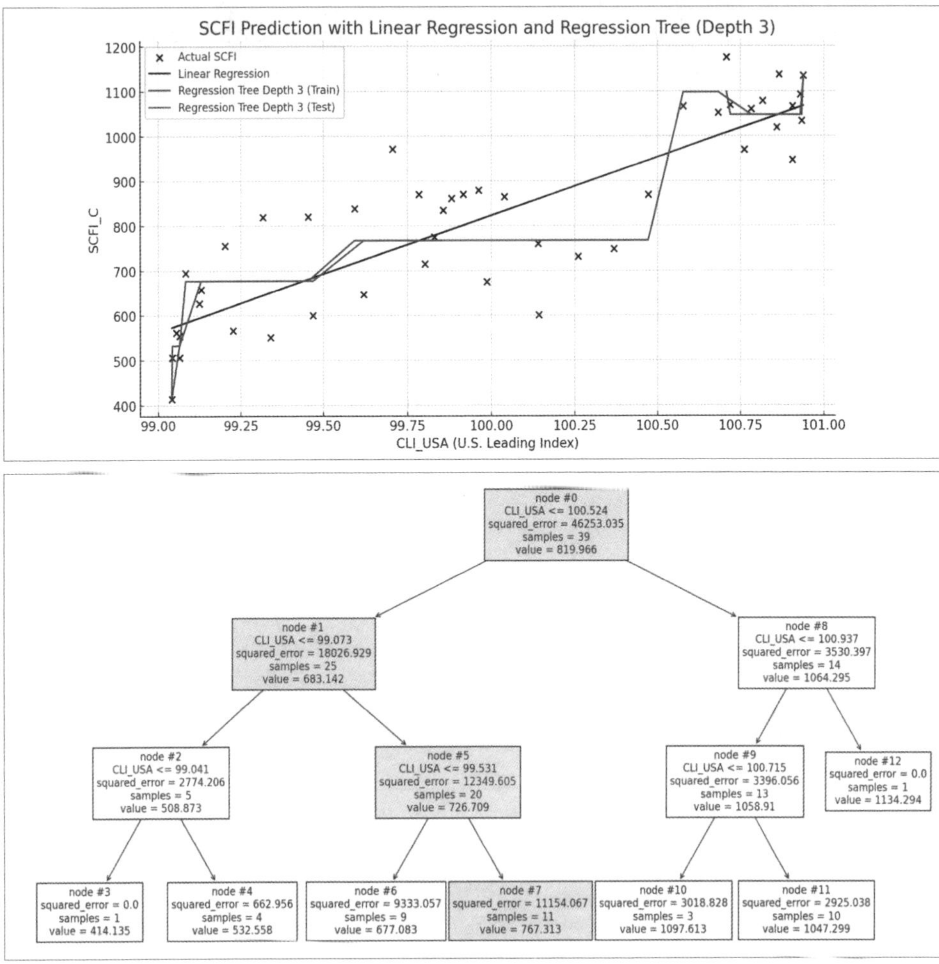

도표 19-6의 첫 번째 그래프가 도표 19-5의 그래프보다 많이 단순화된 것을 확인할 수 있다. 도표 19-6의 두 번째 그래프는 최종 테스트데이터에 대한 예측을 위해 모형이 거쳐 간 의사결정 경로를 시각화한 것이다. 그림의 노란색으로 강조된 노드들은 해당 데이터 포인트의 예측을 위해 모형이 거쳐 간 노드들을 나타낸다(제공한 코드의 실행으로 색깔 확인). 당연히 노드의 분류 기준과 예측치도 다르다. 테스트데이터에 대한 RMSE는 87.1

이다(제공한 코드 실행으로 확인).

ChatGPT는 의사결정나무의 하이퍼파라미터 튜닝을 위해 GridSearchCV를 사용하여 최적의 조합을 찾는다. 다음과 같은 최적의 하이퍼파라미터가 도출되었다. 최대 깊이: 2, 최소 잎 노드 크기: 2최소 노드 분할 크기 2이다. 이런 최적의 하이퍼파라미터를 사용한 의사결정나무의 테스트데이터에 대한 RMSE는 124.568이다(도표 19-8 참조). RMSE가 큰 이유는 최적의 하이퍼파라미터는 훈련 데이터에 대해 최적화된 것이며, 반드시 테스트 데이터에 대한 일반화 성능을 보장하지는 않는다. 교차 검증을 통해 과적합을 방지하고 일반화 능력을 향상시키려는 노력을 한다.

도표 19-7은 하이퍼파라미터 튜닝한 의사결정나무의 예측결과 그래프와 구조 시각화 결과를 보여준다.

도표 19-7. 하이퍼파라미터 튜닝한 의사결정나무의 예측결과 그래프와 구조 시각화

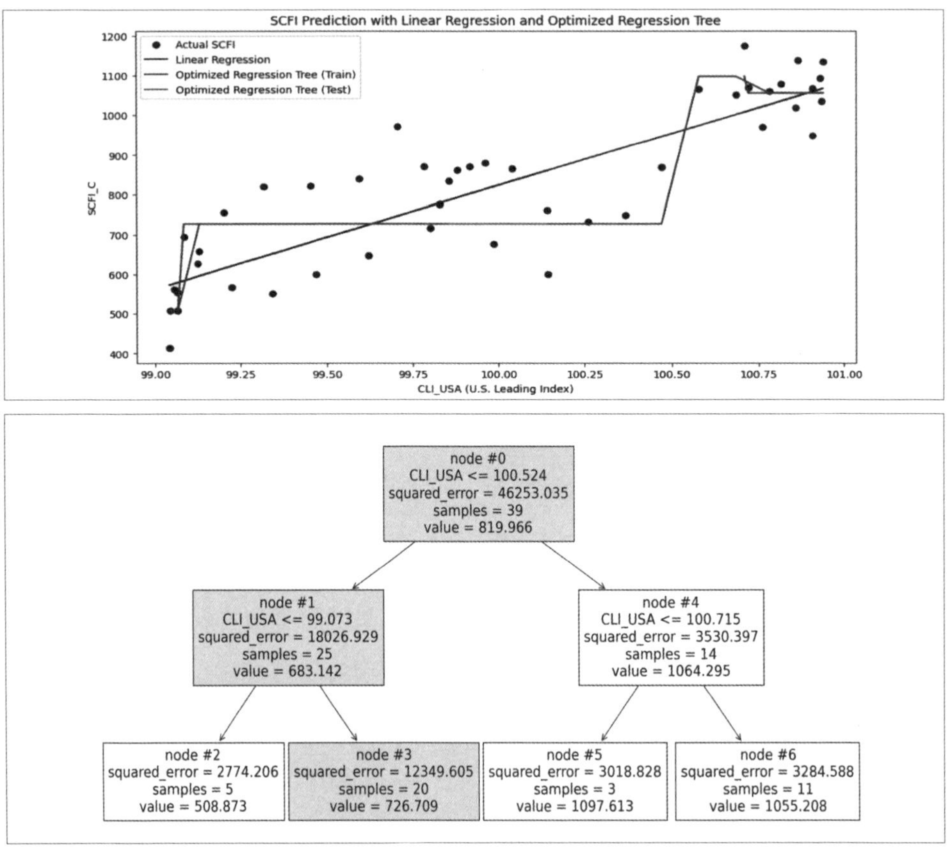

도표 19-8의 파이썬 코드 중 GridSearchCV(DecisionTreeRegressor(), param_grid, cv=5, scoring='neg_mean_squared_error')는 GridSearchCV 객체를 생성하고 최적화 방향을 정의한다. 실질적으로 목적 함수를 최적화하고 트리를 성장시키는 작업은 fit() 함수를 통해 이루어진다. 예를 들어 regressor_gs.fit(X_train, y_train)에서는 생성된 인스턴스 regressor_gs가 훈련데이터 X_train과 y_train을 사용하여 최적의 하이퍼파라미터를 찾고 모델을 학습한다. 이후 predictions = regressor_gs.predict(X_test)를 사용하여 테스트데이터 X_test에 대한 예측을 수행하고, 예측 결과를 predictions에 저장한다.

도표 19-8. 하이퍼파라미터 튜닝한 의사결정나무 생성 및 평가 파이썬 코드

```
from sklearn.model_selection import GridSearchCV
from sklearn.tree import DecisionTreeRegressor
from sklearn.metrics import mean_squared_error
import numpy as np

# 하이퍼파라미터 그리드 설정
param_grid = {
    'max_depth': [2, 3, 4, 5],  # DecisionTreeRegressor의 트리 최대 깊이 설정
    'min_samples_split': [2, 5, 10],  # 내부 노드를 분할하는 데 필요한 최소 샘플 수
    'min_samples_leaf': [1, 2, 4]  # 리프 노드가 되기 위한 최소 샘플 수
}

# GridSearchCV를 사용한 하이퍼파라미터 튜닝
# DecisionTreeRegressor 모델 사용, 5-fold 교차 검증, 평가 기준은 음의 평균 제곱 오차 사용
regressor_gs = GridSearchCV(DecisionTreeRegressor(), param_grid, cv=5, scoring='neg_mean_squared_error')
regressor_gs.fit(X_train, y_train)  # 모델 훈련

# 최적의 하이퍼파라미터 출력
best_params = regressor_gs.best_params_
print(best_params)

# 재훈련 코드 위치

y_pred_regressor_gs = regressor_gs.predict(X_test)  # 테스트 데이터에 대한 예측 수행

# RMSE 계산 : 관측치와 예측치의 차이의 제곱근을 통해 모델의 예측 성능 평가
rmse = np.sqrt(mean_squared_error(y_test, y_pred_regressor_gs))
print("RMSE: ", rmse)
```

```
{'max_depth': 2, 'min_samples_leaf': 2, 'min_samples_split': 2}
RMSE :  124.56850358494856
```

GridSearchCV는 이미 최적의 하이퍼파라미터로 모델을 훈련하고 저장하기 때문에 재훈련 과정은 불필요하다. 그러나 ChatGPT는 재훈련을 하기도 한다. ChatGPT가 재훈련 코드를 제안한 이유는 일반적으로 최적의 하이퍼파라미터를 찾은 후 해당 하이퍼파라미터를 사용하여 모델을 재훈련하는 것을 명시적으로 보여주는 것에 대한 관례 때문이다. 이렇게 하면 모델을 다시 훈련하는 과정이 명확해지고, 다른 환경에서도 코드가 일관되게 동작할 수 있다. 아래는 재 훈련코드이다. 결과값은 동일하다.

best_regressor = DecisionTreeRegressor(**best_params)

best_regressor.fit(X_train, y_train)

의사결정나무의 장단점을 이해하자

의사결정나무는 이해하기 쉽고 정확도가 높아 널리 사용되고 있다. 주요 장점은 아래와 같다.

- ✓ 이해 및 해석이 쉬움: 나무 구조는 직관적이며 결과를 쉽게 이해하고 해석할 수 있다.
- ✓ 데이터 전처리 요구가 적음: 다른 많은 머신러닝 알고리즘과 달리, 의사결정나무는 결측치 처리나 변수 스케일링에 덜 민감하다. 특히 규제회귀는 이상치에 민감하여 스케일링을 필요로 한다.
- ✓ 범주형과 연속형 변수 모두 취급 가능: 다양한 유형의 데이터를 처리할 수 있다. 종속변수가 범주형이면 분류 문제, 연속형이면 회귀문제를 취급할 수 있다.
- ✓ 비모수적 방법: 데이터의 분포에 대한 가정이 필요 없다. 특히 선형회귀모형은 정규분포를 선호한다.
- ✓ 가시적 모형 구조: 결과를 트리 맵으로 나타내어 시각적으로 표현할 수 있다.
- ✓ 독립변수에 대한 정보 제공: 독립변수의 중요도, 교호작용 등의 정보를 제공한다. 분할에서 불순도의 감소량을 계산하여 변수의 중요도를 평가한다. 불순도를 더 많이 감소시키면, 해당 변수는 더 중요하다고 간주된다. 한 노드에서의 분할이 또 다른 변수의 분할을 결정하는 부모-자식 노드 관계를 통해 교호작용을 식별할 수 있다. 첫 번째 분기가 성별에 따라 이루어지고, 이어서 두 개의 하위 분기에서 각각 나이와 수입을 기준으로 분류한다면, 이는 성별, 나이, 수입 간의 교호작

용을 포착하는 것으로 해석할 수 있다.

✓ 결측치 처리: 일부 알고리즘은 데이터 내의 결측치(Missing Values)를 처리하는 내장 메커니즘을 가지고 있다. CART는 주 변수에서 결측치가 발견될 경우, 대체 변수를 사용하여 분할을 시도한다. 그리고 결측치를 가진 데이터를 별도의 카테고리로 간주하기도 한다.

반면. 다음과 같은 단점도 확인하여야 한다.

✓ 과적합 위험: 데이터의 작은 변동에도 민감하게 반응하여 복잡한 트리를 만들 수 있다.

✓ 안정성 부족: 훈련데이터에 조금만 변화가 있어도 완전히 다른 트리가 생성될 수 있다. 더 많은 훈련데이터를 확보하여 모형의 안정성을 높일 수 있다. 데이터 양이 많아질수록 모형이 다양한 패턴을 학습하고, 노이즈의 영향을 줄일 수 있다.

✓ 선형 구분 능력 부족: 의사결정나무는 복잡하거나 비선형적인 패턴을 잘 처리할 수 있지만, 간단한 선형 관계를 나타내는 데이터에 대해서는 상대적으로 성능이 떨어질 수 있다. 데이터가 선형 관계를 보일 때, 의사결정나무는 이를 잘라서 여러 개의 작은 구간으로 나누려고 시도한다. 그 결과, 모형이 불필요하게 복잡해지고, 데이터의 단순한 선형 관계를 제대로 포착하지 못할 수 있다.

✓ 예측 성능 제한: 단일 의사결정나무는 다른 일부 머신러닝 모형에 비해 예측 성능이 떨어질 수 있다.

✓ 부분 최적화: 최적의 의사결정나무를 보장하지 못한다. 노드별 부분 최적값을 찾으며, 결과가 불안정할 수 있다.

이러한 단점들은 20장에서 설명할 랜덤 포레스트나 부스팅과 같은 앙상블 방법을 통해 일정 부분 극복할 수 있다. 앙상블 방법은 여러 개의 의사결정나무를 조합하여 성능을 개선한다. 종속변수가 다수인 경우도 20장에서 설명한다.

제20장
앙상블 기반 SCFI 예측

머신러닝에서 '앙상블(Ensemble)'은 여러 개의 학습 알고리즘을 결합하여 단일 알고리즘보다 더 우수한 예측 성능을 달성하는 기법을 말한다. 비정형 데이터의 분류에서 딥러닝이 뛰어난 성능을 보이지만, 정형 데이터의 예측 영역에서 앙상블이 매우 높은 성능을 인정받고 있다. 앙상블은 보팅(Votting), 배깅(Bagging), 부스팅(Boosting) 그리고 스태킹(Stacking)으로 구분할 수 있다.

이번 장에서는 배깅 방식의 대표적인 랜덤 포레스트(Random Forest)와 부스팅의 그래디언트 부스팅(Gradient Boosting 또는 GBM), XGBoost, LightGBM에 대한 기본 개념을 설명하고 모형을 개발한다.

앙상블은 여러 개의 성능이 낮은 약한 학습기를 결합하여 예측 성능을 향상시키는 방법이다. 각 학습기가 독립적으로 예측을 수행하고, 이러한 예측을 결합함으로써 개별 학습기의 약점을 보완한다. 이를 통해 다양한 예측 결과를 평균내거나 투표하여 더 나은 최종 예측결과를 만든다. 또한, 오류가 발생한 부분에 대한 가중치를 계속 업데이트하여 모형의 성능을 개선한다. 약한 학습기란 단독으로는 예측 성능이 낮은 학습 알고리즘을 의미한다. 19장에서 언급한 의사결정나무가 앙상블의 약한 학습기로 자주 사용된다.

앙상블 개념을 이해하자

앙상블 기법은 일반적으로 다른 단일 머신러닝 알고리즘보다 띄어난 성능을 가지는 경우가 많다. 복잡한 현실 세계를 보다 다양한 관점에서 유연하게 대처할 필요가 있는 것과 마찬가지다. 높은 유연성은 경험하지 못한 새로운 상황에 대해 해결책을 제시할 가능성이 더 높다고 할 수 있다. 앙상블 기법은 15장의 도표 15-11에서 설명한 편향과 분산의 상충문제를 효과적으로 다룰 수 있는 기법이다. 앙상블 기법인 보팅, 배깅, 부스팅 순으로 설명한다. 실습의 대상인 배깅의 랜덤 포레스트, 부스팅의 GBM, XGBoost는 보다 자세히 설명하고 실습한다. 최근 데이터 분석 전문가들 사이에서 인기가 있고 활발하게 사용되는 LightGBM과 스태킹 등은 다른 전문서적을 참조하기 바란다.

1) 보팅(Voting)

보팅은 여러 개의 다른 학습기(또는 모형)들이 예측한 결과를 결합하여 최종 결정을 내리는 기법이다. 이 방식은 각각의 학습기가 독립적으로 예측을 수행한 후, 이들의 예측을 특정 방식으로 종합해 최종 결과를 도출한다. 보팅 방식에는 하드 보팅(Hard Voting)과 소프트 보팅(Soft Voting)이 있는데, 기본적으로 분류 문제에 적용되는 개념이다. 하드 보팅은 각 학습기의 예측 결과(클래스 레이블) 중 가장 많이 나타난 클래스를 최종 결정치로 선택한다(다수결 원칙). 소프트 보팅은 각 학습기의 예측 결과(클래스에 속할 확률)를 평균내어, 가장 확률이 높은 클래스를 최종 결정치로 선택한다. 일반적으로는 소프트 보팅이 적용된다. 이 책은 회귀 문제를 취급하므로 회귀 관점에서 설명한다.

- ✓ 회귀 문제에서의 "하드 보팅"-스타일의 결합: 여러 모형의 예측치를 결합할 때, 각각의 예측치 중 중간값(Median)을 최종 예측치로 선택한다. 이는 분류 문제에서의 다수결 방식과 유사한 효과를 가질 수 있다. 중간값은 이상치에 강한 특성을 가지므로, 모형의 예측치 중 일부가 극단적인 경우에 유용하다. 파이썬 코드에서 아래와 같이 구현한다. hard_voting_predictions = np.median(np.vstack([pred1, pred2, pred3]), axis=0) 여기서 pred1, pred2, pred3는 서로 다른 학습기의 예측결과이다.
- ✓ "소프트 보팅"-스타일의 결합: 여러 모형의 예측치의 평균을 계산하여 최종 예측치로 사용한다. 이 방법은 분류 문제의 확률 평균과 유사하게 각 모형의 예측을 평등하게 취급한다. 평균은 모형 간의 예측치를 통합하기 위한 가장 일반적이고 간단한 방법이다. 각 모형의 예측이 비슷한 수준

의 정확도를 가질 때 효과적이다. soft_voting_predictions = np.mean(np.vstack([pred1, pred2, pred3]), axis=0). 회귀에서 소프트 보팅을 기본적으로 사용한다.

의사결정나무 기반의 앙상블 기법은 알고리즘의 하이퍼파라미터가 많기 때문에 튜닝에 많은 시간이 소요된다. 하지만, 회귀 문제에서 보팅은 아래의 장점이 있다.

- ✓ 성능 향상: 개별 모형의 오차를 상쇄시킬 수 있으며, 예측의 정확도와 안정성을 높일 수 있다.
- ✓ 과적합 방지: 다양한 모형의 예측을 결합하여 과적합의 위험을 감소시킬 수 있다.
- ✓ 일반화 능력 향상: 다양한 모형의 정보를 결합함으로써, 각 모형이 가진 정보의 다양성을 활용할 수 있다.

2) 배깅(Bagging)

배깅은 부트스트랩 집계(Bootstrap Aggregating)의 약자이며 단일 학습기에 의존하지 않고 여러 모형의 예측을 결합하여 전체적인 예측의 안정성과 성능을 향상시키는 것이 목적이다. 이 방법은 여러 모형이 각각 다른 데이터 샘플에서 학습하고, 그 결과를 결합하여 최종 결과를 도출한다.

도표 20-1과 같이 보팅과 배깅의 차이점은 보팅은 일반적으로 서로 다른 알고리즘을 가진 학습기를 결합한 것이고, 배깅는 각각의 학습기가 모두 같은 유형의 알고리즘을 기반으로 하지만 데이터 샘플링을 서로 다르게 가져가면서 학습을 수행해 보팅을 수행하는 것이다. 보팅과 배깅의 공통점은 여러 학습기가 투표나 확률 평균을 통해 최종 예측 결과를 결정하는 방식이다.

도표 20-1. 보팅과 배깅

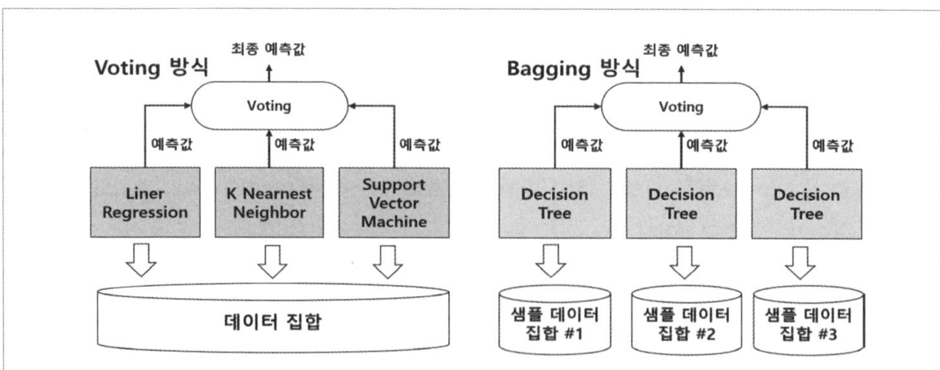

출처: 권철민, 파이썬 머신러닝 완벽 가이드, 위키북스, 서울, 2021.

[랜덤 포레스트]

대표적인 배깅 방식인 랜덤 포레스트의 작동 순서는 다음과 같은 단계로 구성된다.

1) 부트스트랩 샘플링(Bootstrap Sampling)

✓ 원본 훈련데이터에서 중복을 허용하여 무작위로 샘플을 추출한다. 이렇게 생성된 각각의 샘플은 결정 트리를 구축하는 데 사용된다(도표 20-2 참조).

2) 결정 트리 구축

✓ 각 부트스트랩 샘플에 대해 결정 트리를 독립적으로 학습시킨다.

✓ 트리의 각 분기점에서, 무작위로 선택된 소수의 특성만을 고려하여 최적의 분할을 찾는다. 이는 트리 간의 상관관계를 줄이고 모형의 다양성을 증가시킨다.

3) 예측 집계(Aggregation)

✓ 회귀(Regression): 예를 들어, 각 트리의 예측치의 평균을 취하여 최종 예측치를 결정한다.

✓ 분류(Classification): 예를 들어, 생성된 모든 트리의 예측을 결합하기 위해 다수결 투표 방식을 사용한다. 즉, 각 데이터 포인트에 대해 가장 많이 예측된 클래스가 최종 예측 결과가 된다.

4) 아웃 오브 백(Out-Of-Bag, OOB) 평가(선택적)

✓ 부트스트랩 샘플링 과정에서 선택되지 않은 데이터(즉, OOB 데이터)를 사용하여 모형의 성능을 평가할 수 있다. 즉 모형은 학습에 OOB 데이터로 검증되므로, 별도의 검증데이터가 필요하지 않다.

5) 특성 중요도 평가(선택적)

✓ 랜덤 포레스트는 각 특성이 모형의 예측에 얼마나 기여하는지를 평가할 수 있다. 이는 특성 선택이나 데이터 이해에 유용하게 사용된다.

도표 20-2. 부트 스트랩 샘플링 방식

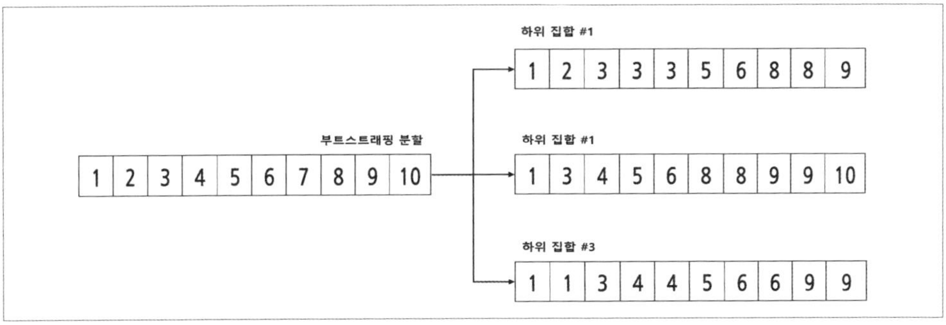

출처: 권철민, 파이썬 머신러닝 완벽 가이드, 위키북스, 서울, 2021.

랜덤 포레스트의 장점과 단점은 아래와 같다.

[장점]

- ✓ 높은 정확도: 여러 트리의 결과를 결합함으로써 데이터의 다양한 특성을 잘 포착할 수 있으며, 복잡한 데이터에 효과적인 모델링이 가능하다. 이를 통해 높은 예측 정확도를 제공한다.
- ✓ 과적합 방지: 단일 결정 트리에 비해 과적합에 강하다.
- ✓ 특성 중요도 평가: 특성 중요도(Feature Importance)를 제공하여, 어떤 변수가 예측에 중요한 영향을 미치는지 파악할 수 있다.
- ✓ 병렬 처리 가능: 각각의 트리는 다른 트리와 독립적으로 훈련되므로, 병렬 처리에 매우 적합하다.

[단점]

- ✓ 해석의 어려움: 개별 의사결정나무 보다 해석하기 어렵다.
- ✓ 메모리 사용량과 훈련 시간: 많은 수의 의사결정나무를 사용하기 때문에 상대적으로 많은 메모리와 훈련 시간이 필요할 수 있다.
- ✓ 대용량 데이터 처리: 매우 큰 데이터에서는 훈련 시간이 길어질 수 있다.

3) 부스팅(Boosting)

부스팅은 여러 개의 약한 학습기(Weak Learner)를 순차적으로 학습시켜 강한 학습기(Strong Learner)를 만드는 방법이다. 개별 학습기가 연속적으로 오류를 개선해 나가면서 전체 모형의 성능을 향상시킨다.

예를 들어, AdaBoost(Adaptive Boosting)는 여러 개의 약한 학습기를 결합하여 강력한 학습기를 만드는 앙상블 기법 중 하나이다. 각 학습기는 이전 학습기에서 잘못 분류된 데이터에 가중치를 부여하여 다음 학습기에서 더 잘 학습하도록 유도한다. 이를 통해 모델의 예측 성능을 점진적으로 향상시킨다.

도표 20-3은 AdaBoost 학습 방식을 보여준다. 초기 데이터 D1에서 모든 데이터에 동일한 가중치를 부여하여 시작한다. 첫 번째 약한 학습기(예: 의사결정나무)를 사용하여 데이터 D_1에 대해 훈련한다. 원으로 표시된 데이터는 잘못 분류된 것이다. 잘못 분류된 데이터에 더 높은 가중치를 부여하여 데이터 D_2를 생성한다. D_2가 다음 학습기에서 더 잘 학습되도록 한다. 이러한 과정을 반복하여 D_3를 생성하고 세 번째 학습기까지 훈련한

다. 최종적으로 3개의 각 학습기의 예측에 그 학습기의 가중치를 곱하여 최종 예측을 결정한다. 각 학습기의 가중치는 해당 학습기의 예측 성능에 따라 부여된다. 학습기의 예측 오류율이 낮을수록 가중치가 높아지며, 이 가중치는 최종 예측을 결정하는 데 사용된다.

도표 20-3. AdaBoost 학습 방식

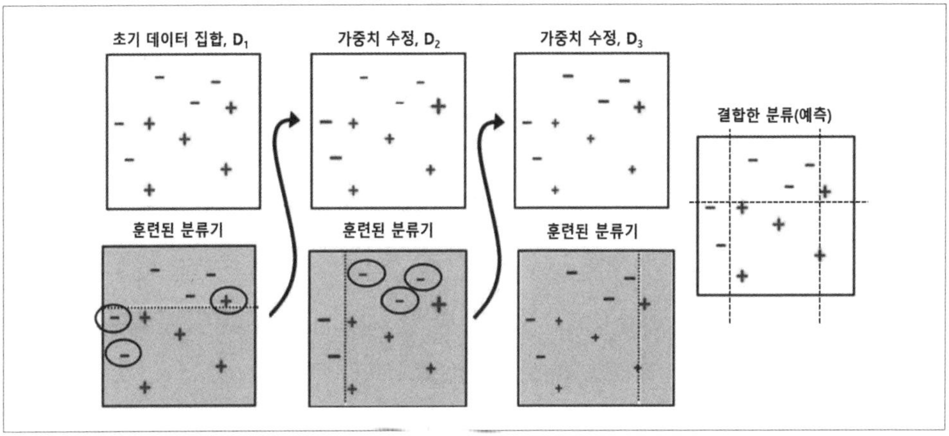

부스팅의 대표적인 알고리즘은 아래와 같다.

- ✓ AdaBoost (Adaptive Boosting): 오류에 대해 가중치를 조정하면서 순차적으로 학습한다.
- ✓ GBM(Gradient Boosting Machine): 손실 함수의 그래디언트를 사용하여 오류를 줄여 나간다. 회귀문제에서 MSE 손실 함수를 사용하는 경우 그래디언트는 예측값에 대해 편미분한 값이다.
- ✓ XGBoost, LightGBM, CatBoost: 이들은 그래디언트 부스팅을 기반으로 한 고급 알고리즘으로 효율성, 속도 및 성능 면에서 개선되었다.

[GBM]

GBM(또는 그래디언트 부스팅)의 주요 과정은 아래와 같다. AdaBoost와 GBM의 가장 큰 차이점은 가중치 업데이트 방식이다. GBM은 손실 함수의 그래디언트를 사용하여 모형을 경사 하강법으로 최적화한다. 경사 하강법은 주어진 함수의 최솟값을 찾기 위해 반복적으로 함수의 기울기를 따라 이동하는 방법이다.

- ✓ 초기 모형 설정: 보통 상수 모형으로 시작하며, 데이터의 평균값을 예측한다.
- ✓ 손실함수의 그래디언트 계산(잔여 오차 계산): 각 데이터에 대해 현재 모형의 예측값과 실제값 간의 잔여 오차를 계산한다. 잔여 오차(Residual Error)는 각 단계에서 남아 있는 오차를 의미한

다. 회귀 문제의 경우, 손실함수로 MSE를 사용하면 그래디언트는 단순히 잔여오차이다.

✓ 새 학습기 학습: 새 학습기는 이 잔여 오차를 줄이기 위해서 학습된다.

✓ 모형 업데이트: 이전 모형에 (새로운 학습기 × 학습률)을 더해서 단계별 최종 모델을 수정한다. 새 학습기의 기여도를 조절하기 위해 하이퍼파라미터인 학습률(Learning Rate)를 사용한다.

✓ 반복: 위의 과정을 여러 단계 반복하여 각 단계에서 예측 성능을 개선한다. 각 단계에서 새로운 학습기가 잔여 오차를 줄이도록 학습되며, 최종 모델에 추가된다.

GBM의 장단점은 다음과 같다.

[장점]

✓ 높은 예측 성능: 그래디언트 부스팅은 일반적으로 높은 정확도를 제공한다. 특히 복잡한 데이터에서 좋은 성능을 나타낸다.

✓ 과적합에 강함: 학습률, 최대 깊이(Max Depth), 최소 샘플 수(Minimum Samples)와 같은 하이퍼파라미터 튜닝을 통해 과적합 위험을 효과적으로 제어할 수 있다.

✓ 특성 중요도 파악: 그래디언트 부스팅은 특성의 중요도를 평가할 수 있어, 어떤 변수가 예측에 가장 영향을 미치는지 이해하는 데 도움을 준다.

✓ 유연성: 다양한 손실 함수를 사용할 수 있으므로, 다양한 종류의 예측 문제에 적용할 수 있다.

[단점]

✓ 하이퍼파라미터 튜닝 필요: 그래디언트 부스팅은 하이퍼파라미터에 민감하며, 최적의 성능을 얻기 위해 광범위한 튜닝이 필요할 수 있다.

✓ 계산 비용: 다른 앙상블 기법에 비해 순차적 학습으로 인해 훈련 시간이 길 수 있고, 많은 계산 리소스를 필요로 한다.

✓ 과적합 위험: 하이퍼파라미터가 잘못 설정되면 쉽게 과적합될 수 있다. 너무 많은 학습기 또는 깊은 학습기를 사용하면 과적합의 위험이 있다.

✓ 대용량 데이터 처리: 매우 큰 데이터에 대해 학습하는 데 시간이 오래 걸릴 수 있다.

[XGBoost(Extreme Gradient Boosting)]

GBM과 XGBoost의 가장 큰 차이점은 XGBoost가 더 빠른 연산 속도와 자원 효율성을 제공하는 개선된 알고리즘이라는 점이다. 또한, XGBoost는 규제와 조기 중지와 같은 추가 기능을 통해 과적합을 더 효과적으로 제어할 수 있다. XGBoost의 기본적인 작동 순서는 다음과 같다.

1) 초기 모형 설정

✓ 초기 단계에서 단순한 모형으로 시작한다. 예를 들어, 초기 모형은 모든 데이터에 대해 동일한 값을 예측하는 매우 간단한 모형이다. 일반적으로 이 초기 예측치는 훈련데이터의 평균 값이다.

2) 손실 함수 계산 및 그래디언트 산출

✓ 손실 함수의 그래디언트(1차 도함수)와 헤시안(2차 도함수)을 계산한다. 그래디언트는 모델의 예측을 개선하기 위해 필요한 방향을 알려주고, 헤시안은 모델의 업데이트 양을 조정하는 데 사용된다.

3) 새로운 의사결정나무 추가 및 학습

✓ 그래디언트를 사용하여 새로운 결정 트리를 학습한다. 이 의사결정나무는 손실을 줄이는 방향으로 예측을 개선하는 데 사용된다.

✓ 이 과정에서 각 의사결정나무의 분기는 손실 감소를 최대화하는 방향으로 이루어진다.

4) 의사결정나무의 가지치기 및 규제 적용

✓ 과적합을 방지하기 위해 의사결정나무의 복잡성에 규제를 적용한다. 이를 통해 모형이 너무 복잡해지는 것을 방지한다.

✓ 의사견정나무가 성장하는 동안, 특정 깊이 이후의 분기가 충분한 "이득"을 주지 않으면 해당 분기를 가지치기한다. MSE 손실 함수의 경우, "이득"은 가지치기를 통해 얻을 수 있는 손실의 감소량을 의미한다.

5) 모형 업데이트

✓ 새로운 의사결정나무의 결과를 기존 모형에 추가하여 모형을 업데이트한다.

✓ 학습률을 사용하여 새로운 트리의 영향을 조절할 수 있다. 작은 학습률은 학습 과정을 느리게 하지만, 모형의 안정성을 높일 수 있다.

6) 반복

✓ 위의 과정을 지정된 수의 의사결정나무가 생성될 때까지, 또는 더 이상 성능 개선이 없을 때까지 반복한다.

XGBoost의 장단점은 다음과 같다. XGBoost의 성능은 하이퍼파라미터에 매우 민감한 반면, 랜덤 포레스트는 다양한 하이퍼파라미터 설정에서도 비교적 안정적인 성능을 유지할 수 있다.

[장점]

- ✓ 높은 예측력: 병렬 처리와 다양한 최적화 기법을 통해 빠른 학습 속도와 다양한 문제에서 상대적으로 높은 예측 성능을 제공한다.
- ✓ 과적합 방지: 규제화와 가지치기를 통해 과적합 위험을 줄일 수 있다.
- ✓ 스케일링 가능성: 대규모 데이터에서도 효과적으로 작동한다.
- ✓ 유연성: 사용자가 정의한 목적 함수와 평가 지표를 사용할 수 있다.
- ✓ 결측치 처리: 자체적으로 데이터의 결측치를 처리할 수 있는 알고리즘을 가지고 있다.
- ✓ 교차검증 내장: 교차검증을 내장하고 있어, 훈련 과정에서 모형의 성능을 평가할 수 있다.

[단점]

- ✓ 하이퍼파라미터 튜닝 필요: 최적의 성능을 얻기 위해 여러 하이퍼파라미터를 튜닝해야 한다.
- ✓ 해석의 어려움: 복잡한 앙상블 모형으로 인해 단일 모형보다 해석하기 어렵다.

랜덤 포레스트를 실습하자

15장 다중회귀에서 사용한 데이터를 기반으로 ChatGPT를 활용하여 랜덤 포레스트 모형을 개발한다. ChatGPT에 요청한 질의는 도표 20-4와 같다. ChatGPT가 저자의 의도대로 원-핫 인코딩을 하도록 파이썬 코드 레벨로 구체적으로 명시하였다. ChatGPT가 저자의 의도와 다르게 해석하지 않도록 전달하는 방법은 매우 다양하게 있을 것이다. 코드 레벨로 명시하는 것이 가장 명확한 방법이다.

도표 20-4. ChatGPT에 랜덤 포레스트 최적모형 개발 요청

다중회귀_복합SCFI_2017.xlsx
Spreadsheet

복합 SCFI를 종속변수로 갖는 랜덤 포레스트의 최적모형을 개발한다.
- SCFI_C: 복합SCFI, 종속변수
- 아래 변수는 모두 독립변수 후보이다.
YYYYMM 년월, CH_EXP 중국수출량, FLEET_DEV 명목선복량, CNTR_TIMECHART 용선료, WTI 유가, R_GDP_WORLD 글로벌 실질 GDP, DEFLATOR_WORLD 글로벌 물가, R_GDP_USA 미국 실질 GDP, CLI_USA 미국 경기선행지수, PMI_US 미국 구매자관리지수, DEFLATOR_USA 미국 물가.
G_RELI 선박의 글로벌 정시성, G_DELAY 선박의 글로벌 지연일수
- 계절성을 반영하기 위하여 YYYMM에 대해 1월을 제외한 2월부터 12월까지 각각을 나타내는 원-핫 인코딩된 컬럼들을 생성하여 모델링
  1) data['Month'] = pd.to_datetime(data['YYYYMM'], format='%Y-%m').dt.month
  2) month_one_hot = pd.get_dummies(data['Month'], prefix='Month').iloc[:, 1:] # 첫 번째 열(1월) 제외
- 전체 데이터의 마지막 6개는 테스트데이터로 분리함
- 훈련 데이터를 가지고 각 모형을 만들고나서, 그 모형에 기반하여 훈련 데이터를 예측하고 모형별 훈련 데이터에 대한 RMSE를 계산
- 훈련 데이터를 가지고 각 모형을 만들고나서, 그 모형에 기반하여 테스트 데이터를 예측하고 모형별 테스트 데이터에 대한 RMSE를 계산
- 훈련 데이터를 가지고 각 모형을 만들고나서 전체 데이터 실적, 예측값을 세개 모형을 하나의 그래프로 그려줘
단, 그래프에서 훈련이터 예측값은 파란색, 테스트데이터 예측값은 빨간색, 실적은 검은색으로 그려줘
- 하이퍼파라미터를 최적화함
- 전체 데이터를 가지고 각 모형을 만들고나서, 그 모형에 기반하여 전체 데이터를 예측하고 모형별 RMSE를 계산

ChatGPT가 초기에 제안한 모형의 훈련데이터에 대한 RMSE는 약 33.90, 테스트데이터에 대한 RMSE는 약 64.51이다. 이 값은 ChatGPT가 도표 20-5와 같은 기술적 문제로 하이퍼파라미터 최적화를 진행하기 전에 산출한 값이다. 하이퍼파라미터 최적화 수행 시간이 오래 소요되는 경우에는 수동으로 하이퍼파라미터 모형을 실행하는 것을 추천한다. 수동으로 모형을 실행하기 위해 코랩 등에서 ChatGPT가 제시한 파이썬 코드를 실행할 수 있어야 한다.

도표 20-5. ChatGPT의 수동으로 모형 실행 추천 예시

Data Analyst
앞서 진행하려던 계산에서 기술적 문제가 지속적으로 발생했습니다. 대신, 초기에 설정한 랜덤 포레스트 모델을 사용하거나, 수동으로 선택한 하이퍼파라미터로 모델을 실행하여 전체 데이터셋에 대한 RMSE를 직접 계산해 보시는 것을 추천합니다. 이 과정에서 문제가 발생하거나 질문이 있으시면 언제든지 연락 주시면 도와드리겠습니다!

Data Analyst

불행하게도 최적화된 랜덤 포레스트 모델로 RMSE를 계산하려는 시도 중에 기술적 문제가 또 발생했습니다. 하지만, 제공된 최적의 하이퍼파라미터(`max_depth=10, min_samples_leaf=1, min_samples_split=2, n_estimators=50`)를 사용하여 로컬 환경에서 랜덤 포레스트 모델을 훈련시키고 평가할 수 있습니다. 이 과정은 해당 파라미터로 모델을 학습시키고, 전체 데이터셋에 대해 예측을 수행한 후, 그 결과로 RMSE를 계산하는 것을 포함합니다. 이 과정에 대해 안내가 필요하거나 다른 질문이 있으시면 알려주세요!

도표 20-6에서는 업로드한 기준정보와 15장에서 설명한 데이터 내 날짜 정보를 기반으로 계절성을 모형에 반영하기 위해 월 정보를 추출하고, 이를 원-핫 인코딩하여 분석에 활용할 수 있도록 변환하는 과정을 보여준다. 언급하였듯이 이하 모든 코드는 ChatGPT가 생성한 코드이다.

도표 20-6. 랜덤 포레스트 수행을 위한 원-핫 인코딩 파이썬 코드(코랩)

```
# YYYYMM 열을 날짜 형식으로 변환한 다음 월 정보만 추출한다.
data['Month'] = pd.to_datetime(data['YYYYMM'], format='%Y-%m').dt.month

# Month 열을 기반으로 원-핫 인코딩 수행. 첫 번째 열(1월)은 제외한다.
month_one_hot = pd.get_dummies(data['Month'], prefix='Month').iloc[:, 1:]

# 원본 데이터프레임에 원-핫 인코딩된 컬럼들을 추가한다.
data_with_months = data.join(month_one_hot)
data_with_months.head()  # 여기서는 5행 , 26개 칼럼이 출력된다.
```

	YYYYMM	CH_EXP	FLEET_DEV	...	Month_3	Month_4	Month_5	Month_6	Month_7	Month_8	Month_9	Month_10	Month_11	Month_12
0	2014-01	21790540	17312194	...	False	False	False	False	False	False	False	False	False	False
1	2014-02	9977430	17385239	...	False	False	False	False	False	False	False	False	False	False
2	2014-03	17115050	17367549	...	True	False	False	False	False	False	False	False	False	False
3	2014-04	20089670	17534040	...	False	True	False	False	False	False	False	False	False	False
4	2014-05	20500550	17701139	...	False	False	True	False	False	False	False	False	False	False

5 rows × 26 columns

랜덤 포레스트 회귀모형을 구축하기 위해서는 sklearn.ensemble 모듈에서 Random

ForestRegressor 클래스를 설치해야 한다. 도표 20-7코드는 모형 학습을 위해 데이터를 준비하고 훈련데이터와 테스트데이터로 분할하는 과정을 설명한다. 종속변수와 독립변수를 분리하고, 전체 데이터 중 마지막 6개를 테스트데이터로 사용하도록 분리한다. 이는 다른 앙상블 알고리즘의 예제에서도 동일하게 적용된다.

도표 20-7. RandomForestRegressor 모듈 설치와 테스트 준비 파이썬 코드

```
from sklearn.model_selection import train_test_split #데이터를 훈련데이터와 테스트데이터로 분할하는 기능
from sklearn.ensemble import RandomForestRegressor # 랜덤포레스트 회귀모형 구현
from sklearn.metrics import mean_squared_error # 모델 성능 평가를 위한 평균제곱오차 계산 기능
import numpy as np

# 'YYYYMM', 'SCFI_C', 'Month' 컬럼을 제외한 나머지를 독립 변수(X)로 설정한다.
X = data_with_months.drop(['YYYYMM', 'SCFI_C', 'Month'], axis=1)
# 종속 변수(y)로 'SCFI_C'를 사용한다.
y = data_with_months['SCFI_C']

# 데이터의 마지막 6개 행을 테스트 데이터로 분리하고 나머지를 훈련 데이터로 사용한다.
X_train, X_test = X[:-6], X[-6:]
y_train, y_test = y[:-6], y[-6:]
```

도표 20-8은 랜덤 포레스트 회귀모형의 하이퍼파라미터를 최적화하는 과정을 보여준다. 하이퍼파라미터를 최적화하기 위해 그리드 서치(GridSearchCV)를 사용한다. 하이퍼파라미터 그리드는 모형 학습에 사용될 하이퍼파라미터들의 조합을 정의하며, GridSearchCV는 이들 조합을 시도하면서 주어진 평가 기준(Scoring)에 따라 각 조합의 성능을 평가한다. 여기서는 neg_mean_squared_error를 사용하여 오류를 최소화하는 조합을 찾는다. 교차검증을 사용하여 모형의 안정성을 높인다. n_jobs=-1을 설정하여, 사용가능한 모든 CPU 코어를 사용해 계산을 수행하게 한다. 최적의 하이퍼파라미터 조합이 best_params에 저장된다.

도표 20-8. 랜덤 포레스트의 하이퍼파라미터 최적화 파이썬 코드(코랩)

```
# 그리드 서치를 통한 하이퍼파라미터 최적화 기능을 제공한다.
from sklearn.model_selection import GridSearchCV
# 랜덤포레스트 모델에 대한 하이퍼파라미터 그리드를 정의한다.
```

```
param_grid = {
    'n_estimators': [50, 100, 150],  # 결정 트리의 개수
    'max_depth': [10, 20, 30],        # 트리의 최대 깊이
    'min_samples_split': [2, 4, 6],  # 노드를 분할하기 위한 최소 샘플 수
    'min_samples_leaf': [1, 2, 4]    # 리프 노드가 되기 위한 최소 샘플 수
}

# GridSearchCV를 사용하여 최적의 하이퍼파라미터를 찾는다.
rf = RandomForestRegressor(random_state=0)  # 랜덤 포레스트 회귀모형 초기화

grid_search = GridSearchCV(
    estimator=rf,
    param_grid=param_grid,
    cv=3,                                    # 3-겹 교차 검증 사용
    n_jobs=-1,                               # 모든 CPU 코어 사용
    scoring='neg_mean_squared_error'   # 평가 기준으로 평균 제곱 오차의 음수 값 사용
)
grid_search.fit(X_train, y_train)  # 그리드 서치 수행
best_params = grid_search.best_params_            # 그리드 서치 수행 결과로부터 최적의 파라미터를 추출
best_params
```

```
{'max_depth': 10,
 'min_samples_leaf': 1,
 'min_samples_split': 2,
 'n_estimators': 50}
```

도표 20-9 파이썬 코드는 앞서 추출한 최적의 하이퍼파라미터로 RandomForest Regressor 클래스를 사용하여 best_rf_model 인스턴스를 생성하고, 훈련데이터로 랜덤 포레스트 모형을 학습시킨다. 그리고 학습된 모형으로 훈련데이터, 테스트데이터 그리고 전체 데이터에 대한 예측을 수행한다. 그리고 나서 각각의 데이터에 대해 RMSE(Root Mean Square Error)를 계산하여 모형의 성능을 평가한다. 테스트데이터에 대한 RMSE는 약 60.34이다. 이 값은 ChatGPT가 초기 제안한 모형의 64.51보다는 작은 것을 확인할 수 있다. 19장에서 하이퍼파라미터를 최적화한 의사결정나무 모형의 테스트데이터에 대한 RMSE 124.57보다는 좋은 성능이다.

도표 20-9. 랜덤 포레스트 모형 학습과 테스트를 구현한 파이썬 코드

```
# 기존에 구한 최적 하이퍼파라미터를 사용하여 랜덤포레스트 모형을 학습한다.
best_rf_model = RandomForestRegressor(
    max_depth=10,              # 트리의 최대 깊이를 10으로 설정
    min_samples_leaf=1,        # 리프 노드가 되기 위한 최소 샘플 수를 1로 설정
    min_samples_split=2,       # 노드를 분할하기 위한 최소 샘플 수를 2로 설정
    n_estimators=50,           # 사용할 결정 트리의 수를 50으로 설정
    random_state=0             # 결과의 일관성을 위해 난수 생성기의 시드 값을 0으로 설정
)
best_rf_model.fit(X_train, y_train)  # 훈련 데이터로 모델을 학습

# 최적의 모델을 사용하여 훈련데이터, 테스트데이터, 전체 데이터에 대한 예측을  수행한다.
y_train_pred_best = best_rf_model.predict(X_train)  # 훈련데이터에 대해 예측
y_test_pred_best = best_rf_model.predict(X_test)     # 테스트데이터에 대해 예측
y_pred_full_best = best_rf_model.predict(X)  # 전체 데이터에 대해 예측

# 훈련 데이터와 테스트데이터, 전체 데이터에 대한 RMSE을 계산한다.
rmse_train_best = np.sqrt(mean_squared_error(y_train, y_train_pred_best)) # 훈련데이터에 대한 RMSE
rmse_test_best = np.sqrt(mean_squared_error(y_test, y_test_pred_best))      # 테스트데이터에 대한 RMSE
rmse_full_best = np.sqrt(mean_squared_error(y, y_pred_full_best))             # 전체 데이터에 대한 RMSE
```

```
rmse_train_best: 35.80, rmse_test_best: 60.34, rmse_full_best: 39.96
```

도표 20-10은 랜덤 포레스트 모형의 예측 결과를 시각화한 것이다.

도표 20-10. 랜덤 포레스트의 예측 결과 시각화

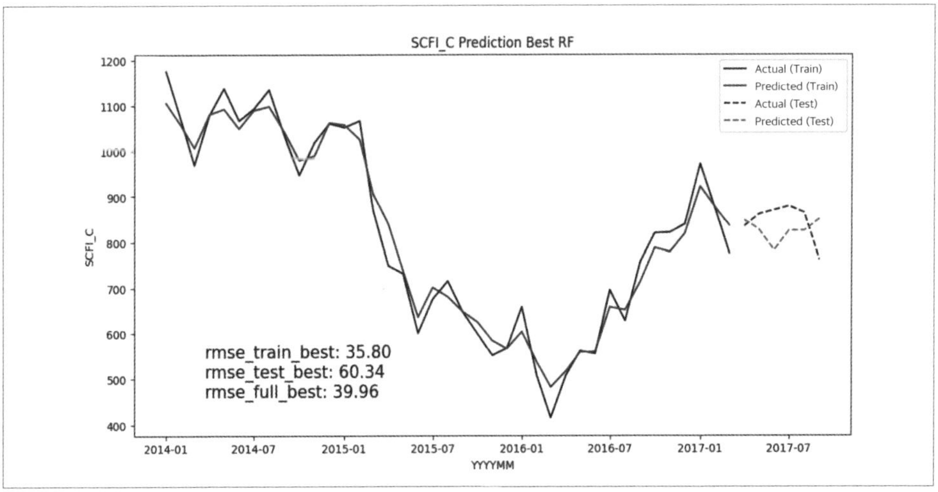

GBM과 XGBoost를 실습하자

GBM과 XGBoost 회귀모형의 개발은 도표 20-4의 ChatGPT에 대한 요청내용을 그대로 사용하여 GBM회귀모형과 XGBoost 회귀모형을 개발하라고 하면 된다. 도표 20-6의 원-핫 인코딩과 테스트데이터 준비도 그대로 사용한다. GBM 모형 개발을 위해서는 GradientBoostingRegressor 클래스를 ensemble 모듈에서 직접 불러와야 한다(from sklearn.ensemble import GradientBoostingRegressor).

[GBM 회귀모형]

도표 20-11의 파이썬 코드는 GBM 회귀모형을 사용하여 주어진 데이터에 대해 최적의 하이퍼파라미터를 찾기 위해 그리드 서치를 수행하고, 최종적으로 가장 좋은 성능을 보이는 모형을 선택하는 과정을 보여준다.

도표 20-11. GBM회귀모형의 하이퍼파라미터 최적화 파이썬 코드(코랩)

```
from sklearn.ensemble import GradientBoostingRegressor  # 그래디언트 부스팅 회귀모형
from sklearn.model_selection import GridSearchCV  # 그리드 서치를 통한 파라미터 튜닝을 위한 클래스

# 기본 그래디언트 부스팅 모델을 생성
gbm = GradientBoostingRegressor(random_state=0)  # 모델의 재현성을 위해 random_state 설정

# 하이퍼파라미터 그리드 설정
param_grid = {
    'n_estimators': [100, 200, 300],  # 부스팅 스테이지의 수, 즉 약한 학습기의 개수
    'learning_rate': [0.01, 0.1, 0.2],     # 학습 속도, 각 모델의 기여도를 조절
    'max_depth': [3, 4, 5],                   # 각 트리의 최대 깊이
    'min_samples_split': [2, 4, 6]         # 노드를 분할하기 위해 필요한 최소 샘플 수
}

# 하이퍼파라미터 최적화를 위한 그리드 서치 객체를 생성한다.
grid_search = GridSearchCV(gbm, param_grid, cv=5, scoring='neg_mean_squared_error', n_jobs=-1)
# cv=5는 5-폴드 교차 검증을 의미하며, scoring은 모델 성능 평가 기준으로 음수 MSE를 사용한다.
# n_jobs=-1은 가능한 모든 CPU를 사용하여 계산을 가속화한다.
# 그리드 서치를 실행한다. 모델 학습 및 최적 하이퍼파라미터 탐색한다.
grid_search.fit(X_train, y_train)   # X_train은 독립변수의 데이터, y_train은 종속변수의 데이터
```

```
# 최적의 하이퍼파라미터와 그에 해당하는 모델을 추출하다.
best_params = grid_search.best_params_  # 최적의 파라미터 조합
best_gbm = grid_search.best_estimator_  # 최적의 파라미터로 구성된 모델
best_params, best_gbm    # 최적의 파라미터와 모델을 출력한다.
```

```
({'learning_rate': 0.2,
  'max_depth': 3,
  'min_samples_split': 2,
  'n_estimators': 100},
 GradientBoostingRegressor(learning_rate=0.2, random_state=0))
```

위에서 설정한 최적화된 하이퍼파라미터를 갖는 GBM 회귀모형을 사용하여 훈련데이터와 테스트데이터, 그리고 전체 데이터에 대해 예측을 수행하고, 각각의 데이터에 대한 RMSE를 계산하여 출력한다(도표 20-12 참조). 테스트데이터에 대한 RMSE는 약 65.99로 랜덤 포레스트 모형의 60.34보다는 큰 것을 확인할 수 있다. 훈련데이터에 대한 RMSE는 0.1로 과적합된 경향이 있는데, 도표 20-13에서 확인할 수 있다.

도표 20-12. GBM 회귀모형 학습과 테스트 파이썬 코드(코랩)

```
from sklearn.metrics import mean_squared_error  # 평균 제곱 오차 계산 함수
# 최적의 하이퍼파라미터로 모델 정의
gbm_best = GradientBoostingRegressor(learning_rate=0.2, max_depth=3, min_samples_split=2, n_estimators=100, random_state=0)

# 훈련 데이터에 대한 모델 학습
gbm_best.fit(X_train, y_train)  # X_train은 특성 데이터, y_train은 타겟 데이터

# 훈련데이터 및 테스트데이터 그리고 전체 데이터셋에 대해 예측한다.
y_train_pred_best = gbm_best.predict(X_train)  # 훈련 데이터에 대한 예측
y_test_pred_best = gbm_best.predict(X_test)    # 테스트 데이터에 대한 예측
y_pred_full_best = gbm_best.predict(X)          # X는 전체 데이터셋의 특성 데이터
# 훈련 및 테스트데이터, 그리고 전체 데이터에 대한 RMSE를 계산한다.
rmse_train_best = np.sqrt(mean_squared_error(y_train, y_train_pred_best))  # 훈련 데이터 RMSE
rmse_test_best = np.sqrt(mean_squared_error(y_test, y_test_pred_best))    # 테스트 데이터 RMSE
rmse_full_best = np.sqrt(mean_squared_error(y, y_pred_full_best))          # 전체 데이터 RMSE

print(f"rmse_train_best: {rmse_train_best:.2f}, rmse_test_best: {rmse_test_best:.2f}, rmse_full_best: {rmse_full_best:.2f}")
```

```
rmse_train_best: 0.10, rmse_test_best: 65.99, rmse_full_best: 24.10
```

도표 20-13. GBM 회귀모형의 예측 결과 시각화(코랩)

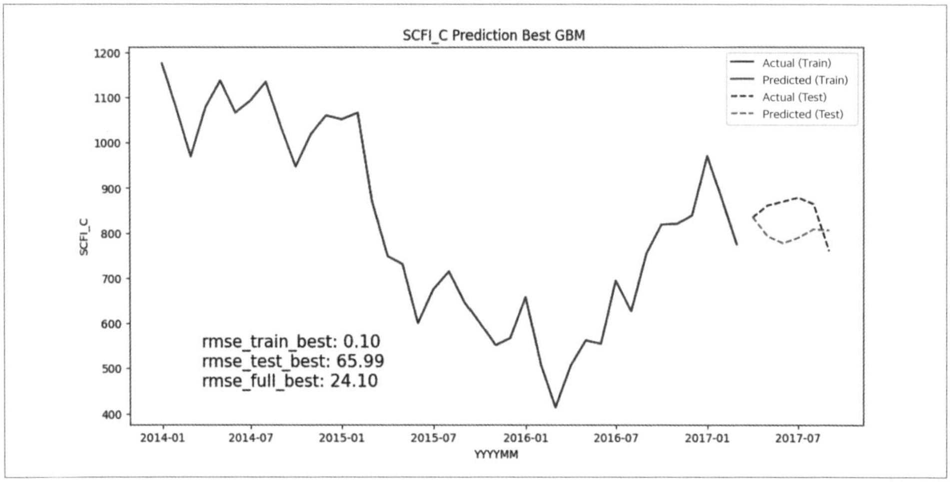

[XGBoost 회귀모형]

XGBoost 회귀모형은 XGBRegressor 클래스를 xgboost 모듈에서 설치해야 실행이 가능하다(from xgboost import XGBRegressor). 이전 예제와 동일한 데이터를 사용하여 실습한다. XGBoost 회귀모형을 사용하여 주어진 데이터에 대해 최적의 하이퍼파라미터를 찾기위해 그리드 서치를 수행하고, 최종적으로 가장 좋은 성능을 보이는 모형을 선택한다. 아래 파이썬 코드에서는 하이퍼파라미터가 너무 많아 None이 아닌 것만 별도 출력한다. 설정한 random_state는 print(best_xgb)로 확인할 수 있다. random_state의 값에 따라 하이퍼파라미터는 달라진다.

도표 20-14. XGBoost회귀모형의 하이퍼파라미터 최적화 파이썬 코드

```
from xgboost import XGBRegressor  # XGBoost 회귀모형
# XGBoost 회귀 모형 객체를 생성한다.
xgb = XGBRegressor(objective='reg:squarederror', random_state=42)  # 목표는 제곱 오차 최소화

# 탐색할 하이퍼파라미터 그리드 정의한다.
param_grid = {
    'n_estimators': [50, 100, 150],        # 부스팅 스테이지의 수, 즉 약한 학습기의 개수
    'max_depth': [3, 4, 5],                # 각 트리의 최대 깊이
    'learning_rate': [0.01, 0.05, 0.1],  # 학습속도,각 모델의 기여도를 조절, 값이 작으면 모델 업데이터가 천천히
                                'colsample_bytree': [0.7, 0.8, 0.9]  # 트리를 구성하는데 사용할 특성의 비율, 0.8로
설정되어 있다면,
```

```
# 각 트리를 학습할 때 전체 특성 중 80%의 특성만 무작위로 선택하여 사용한다.
}

# 5-폴드 교차 검증을 사용하는 그리드 서치 설정한다. verbose=1은 진행 과정을 출력한다.
grid_search = GridSearchCV(xgb, param_grid, cv=5, scoring='neg_mean_squared_error', verbose=1)
# 데이터에 그리드 서치 적용한다.
grid_search.fit(X_train, y_train)  # X_train은 특성 데이터, y_train은 타겟 데이터
# 최적의 모델 추출한다.
best_xgb = grid_search.best_estimator_  # 최적의 하이퍼파라미터로 설정된 모델
# 최적의 모델의 파라미터를 추출합니다.
params = best_xgb.get_params()

# 그리드 서치에 포함된 파라미터 중 None이 아닌 파라미터만 필터링하여 출력합니다.
filtered_params = {param: value for param, value in params.items()
  if param in param_grid and value is not None}
print(filtered_params)
print(best_xgb)
```

도표 20-15는 선택한 XGBoost 회귀모형의 최적 하이퍼파라미터 출력값이다.

도표 20-15. XGBoost 회귀모형의 최적의 하이퍼파라미터 결과(코랩)

```
{'colsample_bytree': 0.8, 'learning_rate': 0.1, 'max_depth': 4, 'n_estimators': 100}
XGBRegressor(base_score=None, booster=None, callbacks=None,
             colsample_bylevel=None, colsample_bynode=None,
             colsample_bytree=0.8, device=None, early_stopping_rounds=None,
             enable_categorical=False, eval_metric=None, feature_types=None,
             gamma=None, grow_policy=None, importance_type=None,
             interaction_constraints=None, learning_rate=0.1, max_bin=None,
             max_cat_threshold=None, max_cat_to_onehot=None,
             max_delta_step=None, max_depth=4, max_leaves=None,
             min_child_weight=None, missing=nan, monotone_constraints=None,
             multi_strategy=None, n_estimators=100, n_jobs=None,
             num_parallel_tree=None, random_state=42, ...)
```

아래 파이썬 코드는 최적화된 하이퍼파라미터를 갖는 XGBoost 회귀모형을 사용하여 훈련데이터와 테스트데이터, 그리고 전체 데이터셋에 대해 예측을 수행한다. 그리고 각각의 데이터에 대한 RMSE를 계산하여 출력한다.

도표 20-16. XGBoost 회귀모형 학습과 테스트 파이썬 코드(코랩)

```
# 훈련데이터 및 테스트데이터 그리고 전체 데이터에 대해서 예측한다.
y_train_pred_best = best_xgb.predict(X_train)
```

```
y_test_pred_best = best_xgb.predict(X_test)
y_pred_full_best = best_xgb.predict(X)

#
rmse_train_best = np.sqrt(mean_squared_error(y_train, y_train_pred_best))
rmse_test_best = np.sqrt(mean_squared_error(y_test, y_test_pred_best))
rmse_full_best = np.sqrt(mean_squared_error(y, y_pred_full_best))
# RMSE를 소수점 둘째자리까지 표시하여 출력한다.
print(f"rmse_train_best: {rmse_train_best:.2f}, rmse_test_best: {rmse_test_best:.2f}, rmse_full_best: {rmse_full_best:.2f}")
```

```
rmse_train_best: 1.41, rmse_test_best: 61.32, rmse_full_best: 22.43
```

앞선 랜덤 포레스트, GBM 회귀모형의 파이썬 코드와 다른 점은 best_xgb = grid_search.best_estimator_ 를 통해 얻은 최적의 하이퍼파라미터에 근거하여, best_xbg인스턴스를 바로 사용하여 예측한다. 즉, y_train_pred_best = best_xgb.predict(X_train)와 같이 예측한다. XGBoost회귀모형의 테스트데이터에 대한 RMSE는 약 61.32로 GBM 회귀모형의 65.99보다는 작고, 랜덤 포레스트 모형의 60.34보다는 큰 것을 확인할 수 있다. 훈련데이터에 대한 RMSE는 1.41로 과적합된 경향이 있는데, 도표 20-17에서 확인할 수 있다.

도표 20-17. XGBoost 회귀모형의 예측 결과 시각화(코랩)

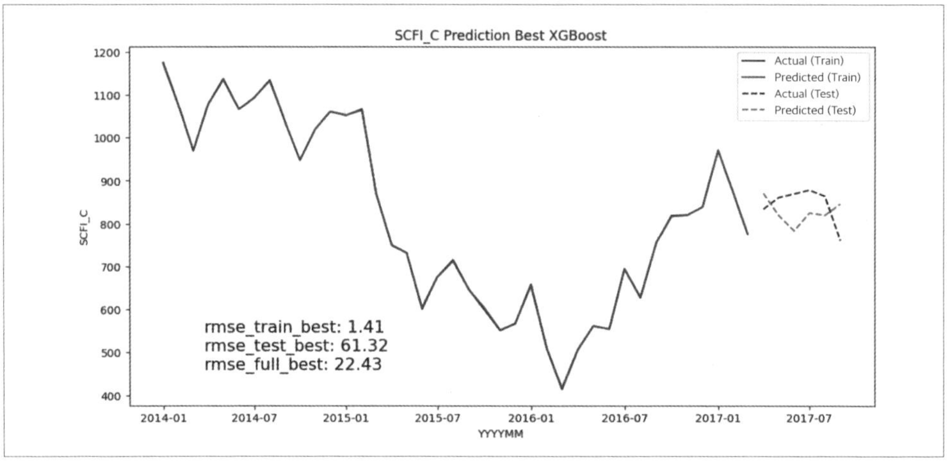

RMSE값을 위 도표처럼 좌측하단에 위치시키기 위해서 아래의 코드를 추가한다.

font_size = 15   # 기본 폰트 크기 10에서 15로 변경

plt.text(0.1, 0.1, f"rmse_train_best: {rmse_train_best:.2f}₩n"

```
f"rmse_test_best: {rmse_test_best:.2f}₩n"
f"rmse_full_best: {rmse_full_best:.2f}",
fontsize=font_size, transform=plt.gca().transAxes)
```

인자의 중요도를 판단하자

의사결정나무와 앙상블 알고리즘은 특성 중요도를 통해 독립 변수의 영향력을 파악할 수 있다. 여기서는 독립변수에 Min-Max 스케일링을 적용하고, 모델별 특성 중요도(Feature Importance)를 비교한다.

도표 20-18은 랜덤 포레스트가 Min-Max 스케일링을 적용하여 최적 모형을 개발하도록 요청하는 내용이다. 이때 요청의 상세 내용은 파일로 업로드할 수 있다.

도표 20-18. 랜덤 포레스트 Min-Max 스케일링 적용 및 특성 중요도

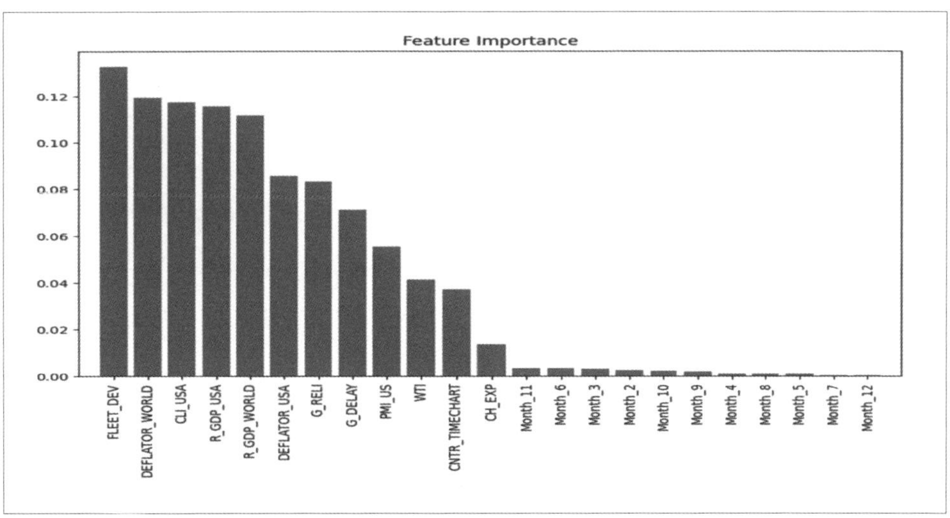

도표 20-18하단의 그래프는 Matplotlib를 사용하여 각 특성의 중요도를 막대 차트로 시각화한 것이다. 이와 같이 특성 중요도는 모형의 각 특성이 예측에 얼마나 중요한지 파악하는데 도움을 준다. 아래 코드에서 중요도 feature_importances_는 0과 1사의 값을 가지며 합은 1이 된다. 값이 클수록 더 중요하다.

✓ feature_importances = best_rf.feature_importances_ : best_rf는 학습된 랜덤 포레스트 모형의 객체이다. best_rf.feature_importances_는 모델이 학습된 후 각 특성(독립변수)이 예측에 얼마나 중요한지 평가한 값들의 배열을 반환한다.

랜덤 포레스트 모형은 GridSearchCV(estimator=RandomForestRegressor(), param_grid=param_grid, cv=3, n_jobs=-1, scoring='neg_mean_squared_error')를 통해 하이퍼파라미터를 최적화하고 있다. 여기서 scoring='neg_mean_squared_error'는 모형이 MSE(Mean Squared Error)를 최소화한다는 것을 의미한다. 특성 중요도는 정보 이득(Information Gain) 또는 지니 불순도(Gini Impurity) 감소 대신 MSE 최소화에 기여한 것을 기준으로 계산한다.

동일한 ChatGPT창에서 "이번에는 GBM 모형과 XGBoost 모형 최적모형 개발하고, Feature Importance 그래프 그려줘"라고 이어서 입력하면, 도표 20-19의 결과를 얻을 수 있다. 도표 20-18과 도표 20-19에서 알 수 있듯이 모형별 인자의 중요도가 다르다. 가장 두드러진 차이점은 GBM 모형에서는 GDP, DEFLATOR_WORLD(글로벌 물가)가 월등히 높은 중요도를 차지하고 있다는 것이다.

이번 예제에서는 Min-Max 스케일링을 적용하여 모형을 만들었지만 RMSE의 변화에는 큰 차이가 없었다. 랜덤 포레스트는 최적화 모형을 튜닝하는 데7분 30초나 소요되었으나, GBM과 XGBoost의 최적화 모형을 모두 튜닝하는 데는 1분 41초가 소요되었다. 해당 예제를 코랩에서 수행한 결과는 위와 같지만, GBM과 XGBoost의 최적화 모형 튜닝 시간이 항상 랜덤 포레스트보다 짧다고 할 수는 없다. 자세한 내용은 공유 사이트의 '18장_5_ARIMA_기반_SCFI_예측_특성_중요도.ipynb' 파이썬 코드를 참조하기 바란다.

도표 20-19. GBM과XGBoost의 Min-Max 스케일링 적용 및 특성 중요도

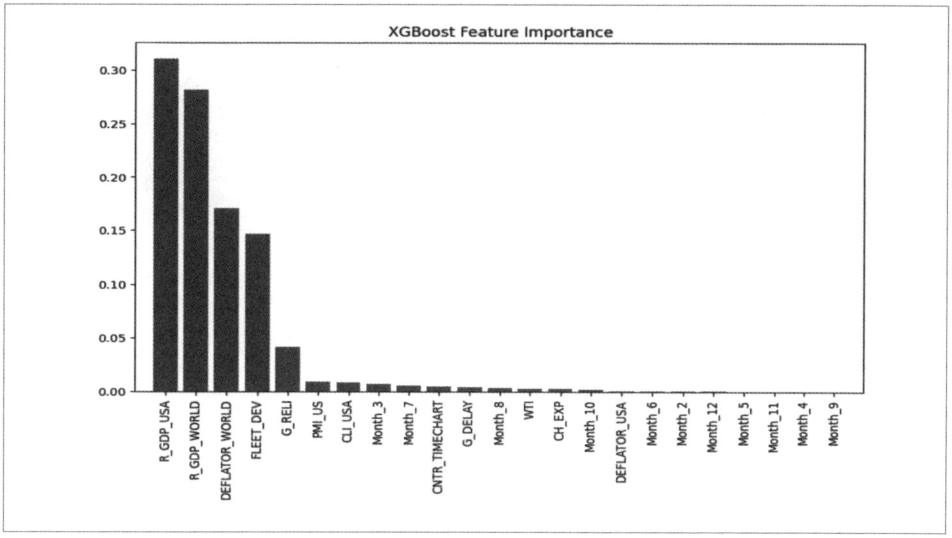

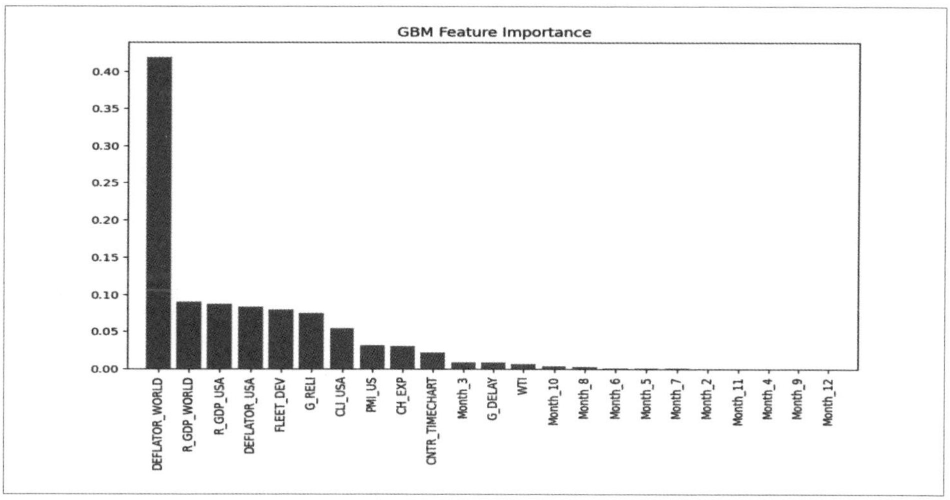

저자는 ChatGPT를 데이터분석 업무에 활용할 수 있을까 의심하였다. ChatGPT는 전자계산기가 아니고 말을 잘하는 녀석이다. 데이터분석 업무 중 일부는 전자계산기 기능이 필요하다. ChatGPT는 전자계산기로 활용하면 오류가 빈번이 발생하기 때문이다. 한편 데이터분석 업무에 필요한 역량 중 하나는 파이썬 코드의 활용 역량이다. ChatGPT 학습에 가장 많이 사용된 언어가 영어와 파이썬 코드이다. ChatGPT가 파이썬 코드를 생성할 수 있다면, 파이썬 코드에 익숙하지 않은 분은 도움이 될 수 있다고 생각하였다.

정의된 로직의 구현 업무(제3부의 후보충 모형 개발)과 머신러닝의 전처리 업무(21장의 복합 SCFI 예측을 위해 데이터 전처리)는 말을 잘하는 녀석보다는 전자계산기에 더 적합한 업무이다. ChatGPT의 도움 없이 엑셀과 파이썬 코드로 직접 구현하는 것이 더 빠르고 정확할 수 있다. 그럼에도 불구하고 ChatGPT를 활용하고 실습하는 이유는 ChatGPT의 한계를 이해하고, 파이썬 코드를 학습하기 위해서이다.

ChatGPT의 활용 범위는 이미 정해진 영역이 아니라 열린 주제이다. 누가 어느 분야에 어떻게 활용하는지에

따라 그 효용가치는 달라진다. ChatGPT는 추론이 가능하다. ChatGPT의 추론 기능을 활용하여 모델링에서 가장 중요한 후보 인자 및 대체 인자의 발굴 등에 활용할 수 있다. 데이터분석 업무는 상상력이 필요한 업무이다. ChatGPT를 통해 브레인스토밍이 가능하다. ChatGPT와 브레인스토밍을 통해 상상력을 증가시킬 수 있다. 이 책은 ChatGPT의 말 잘하는 기능을 데이터분석에 어떻게 활용할지는 서술하지 않는다. 이 책을 통해 이제까지 학습한 모델링 역량을 가지고 브레인스토밍이 가능한 이 녀석과 동행하면서 한 차원 높은 데이터분석 기법을 업무에 적용하는 것은 여러분에게 달려있다.

제5부

분석모형의 실무적용

제21장 분석과제 실무적용

제22장 글로벌 선진 사례

제21장

분석과제 실무적용

제5부에서는 실무에 적용한 분석과제를 소개한다. 이제까지 언급한 내용으로도 충분히 데이터분석을 진행할 수 있다고 생각하지만, 실습에 도움이 될 수 있는 추가적인 분석기법을 설명한다. 이 책에서 구체적으로 설명하지 않은 그랜저 인과관계 검정, 스태킹 등 고급 기능은 ChatGPT에 문의하거나 파이썬 전문서적을 참조하기 바란다. 개인차원이 아니라 기업차원에서 생성형 AI(Generative AI) 및 초거대 언어 모델(Large Language Model, LLM)를 적용한 글로벌 선진사례를 소개한다.

21장에서는 이제까지 학습한 내용을 기반으로 훈련데이터의 기간을 확장하여 복합 SCFI를 보다 현실적으로 예측한다. 이 장에서 소개한 세개의 분석 프로젝트를 앞에서 배운 분석기법을 활용하여 스스로 수행하고 토론하였으면 한다.

분석과제 방법론에 기반하여 분석과제를 수행하자

독자는 실무에서 데이터분석과제를 수행해야 하는 환경에 있고, 체계적인 방법론에 기반하여 분석과제를 수행해야 한다고 가정하자. 도표 21-1의 데이터분석 방법론은 저자가 SCFI 운임시황 예측모형을 구축할 때 적용한 내용이다. SCFI 운임시황 예측 사례를 가지고 도표 21-1의 데이터분석 방법론을 설명한다. 데이터분석 방법론은 1. 과제 정의 ▷ 2. 분석 ▷3. 개념 설계 ▷ 4. 모형 개발 ▷5. 모형 운영 단계로 진행된다. 독자는 모형을 사용할 사업부 실무자, 모형을 개발하는 데이터분석가 또는 모형의 개발 방향을 정하는 혁신 리더가 될 수 있다.

도표 21-1. 데이터분석 방법론 예시

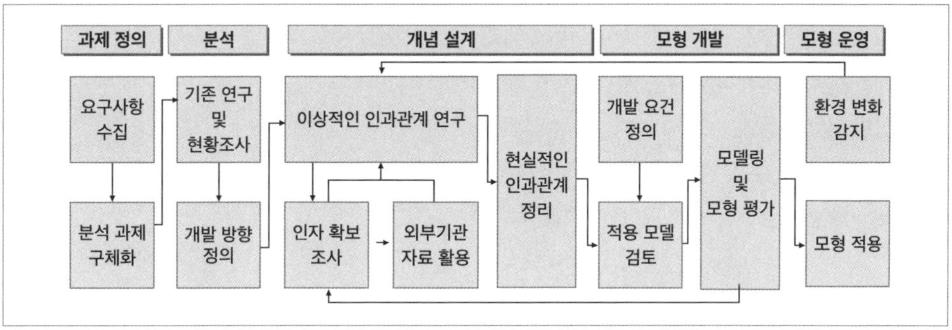

1. 과제 정의

1-1. 요구사항 수집

- 문제 인식: 해운 운임의 급격한 변동에 따른 대응 방안을 마련할 필요가 있다는 의견이 대두된다.
- 목표 설정: 주요 해운 노선(예, 상하이~미서안, 상하이~북유럽 등)에 대해 월간 SCFI 예측을 수행하여 전략적 의사결정 지원한다.
- 활용 방안: 해운 운임 전망에 대한 미래 가시성 확보, 선사 운임협상 및 물류비 경영계획 수립의 근거 자료로 활용한다.
- 요구사항 정의: 모형 개발 범위, 반드시 모형에 반영해야 내용, 예측 정확도 수준, 모형 개발 납기, 예측 결과 전달 형태 등에 대한 요구사항을 명확히 한다.

1-2. 분석과제 구체화

- 예측 문제 정의: 예측하고자 하는 전체 시간 범위, 예측 시간 단위, 예측 모형 운영 주기 등을 명확히 정의하고, 이에 따라 데이터 수집 방안과 수집 주기를 조정한다.
- 핵심 변수 선정: SCFI에 영향을 미칠 수 있는 변수들(경제 지표, 운임 시장 동향 등)을 도출한다.
- 기술적 검토: 요구사항이 기술적으로 가능한지 1차 검토하고 정리한다.
- 담당자 지정: 예측 모형 구축에 참여하여 요구 사항을 구체화하고, 모형 개발 방향 및 개발 내용 확인 및 예측 정확도를 평가할 실무 담당자를 지정한다.
- 과제 착수: 모형 개발과 관련된 이해관계자를 확인하고, 모형 개발 관련 보고 주기 및 보고 대상을 확정한다.

2. 분석

2-1. 기존연구 및 현황조사

- 문헌 조사: 관련 문헌과 연구(예, 성결대학교 전준우교수의 SCFI 예측 모형 관련 논문 등)를 통해 이론적 배경을 조사하고, SCFI 예측에 사용된 기존 방법론 및 예측 모형을 검토한다.
- 전문가 인터뷰: 도메인 이해를 목적으로 운임 시황 영향 인자 및 과거 운임 시황 변동 이력 등에 대해 사업부 프라이싱 실무자, 선사 관계자 등 운임시황 전문가와 인터뷰를 진행한다.
- 운임 전망 의견 청취: 사내 전문가 집단으로부터 향후 운임시황에 대한 의견 및 해당 근거를 청취한다. 선사, 리서치 기관 등 외부 전문기관의 운임 전망과 해당 근거를 조사한다.

2-2. 개발 방향 정의

- 개발 방법 선택: 요구사항에 부합하는 데이터분석 기법(시계열분석, 앙상블 알고리즘, 딥 러닝, 시스템다이나믹스 등)을 선정한다. 추후 데이터분석을 통해 최종 확정한다.

3. 개념 설계

3-1. 이상적인 인과관계 연구

- 인과지도 작성: 운임 시황에 대한 도메인 지식을 바탕으로 변수 간의 관계를 도식화하여 인과지도를 작성한다. 인과지도는 모형에 반영할 독립변수를 선정하고 커뮤니케이션하는 데 유용한 도구이다.
- 인과지도 공감대 형성: 작성한 인과지도는 실무 담당자와 공유하고 협의하면서 꾸준히 개선한다.

3-2. 인자 확보 조사

- 데이터 소스 식별: 인과지도에 근거하여 필요한 데이터를 제공할 수 있는 내부 및 외부 데이터 소스를 식별한다.
- 데이터 접근성 평가: 확보할 수 있는 데이터의 접근성 및 사용 가능성을 평가한다.

3-3. 외부기관 자료 활용

- 데이터 구매 가능성 확인: 외부기관의 샘플 데이터를 사전에 확보하여 내용을 확인한다. 구매 필요성에 대한 공감대를 형성하고 예산을 확보한다.
- 데이터 통합: 다양한 출처에서 얻은 데이터를 우선 엑셀로 통합하고 분석 준비를 한다. 본격적인 프로그램 구현에 착수하기 전에 엑셀을 통한 수작업 검증이 필요하다. 과제 참여인력이 모두 파이썬을 사용할 수 있는 환경이 아닐 수 있다.

3-4. 현실적인 인과관계 정리

- 변수 간 상관관계 분석: 독립변수와 종속변수 간의 상관관계 및 인과관계를 분석한다. 분석결과를 참조할 수 있지만, 통계적으로 유의하지 않더라도 예측 모형에 반영될 수 있다는 것은 유념하자.
- 가설 설정 및 검정: 모형 개발을 위한 주요 가설을 설정하고, 이를 논리적으로 검정한다.
- 인과지도 확정: 모형 개발을 착수하기 전에 사업부 실무자와 인과지도를 1차 확정한다.

4. 모형 개발

4-1. 개발 요건 정의

- 모형 사양 작성: 모형의 세부 사양(예, 수요와 공급 인자, 인자의 지연 효과 모형 반영 등)을 작성하고, 입력 변수와 출력 포맷을 정의한다.
- 데이터 관리 방안 정의: 내부 또는 외부 데이터의 확보 및 관리 프로세스를 정의한다.
- 예측 결과 공유 방안 정의: 예측 결과의 레포트 내용, 공유 방법, 공유 주기를 정의한다.

4-2. 적용 모형 검토

- 프로토타이핑: 초기 모형을 개발하고, 기본적인 성능을 평가한다.
- 상세 개발 범위 정의: 사업부 요구 사항 중 모형에 반영이 가능한 것가 불가능한 것을 구분한다. 반영 방식에 대해 사업부 실무자와 합의한다.

4-3. 모델링 및 모형 평가

- 데이터 전처리 및 모형 개발: 사업부 요구 사항이 모형에 반영되도록 데이터를 전처리하고 모형을 개발한다. 필요시 예측 결과 레포트도 개발한다.
- 요구 사항 반영 확인: 개발된 모형과 예측 결과에 대해 실무자의 의견을 받는다.
- 시나리오 도출: 모형에 포함할 수 없는 조건은 외부 시나리오도 정의하고 모형에 반영한다.
- 모형 튜닝: 모형의 하이퍼파라미터를 조정하여 최적의 성능을 도출한다.
- 교차검증: 다양한 데이터를 사용하여 모형의 견고함을 검증한다.
- 통합 테스트: 기준정보 관리, 예측 모형 및 예측 결과 레포트가 통합되어 운영될 수 있는지 점검한다.
- 테스 결과 확인: 테스트 결과에 대해 내부 보고를 하고, 모형 적용 여부를 의사결정한다.

5. 모형 운영

5-1. 모형 적용

- 실제 환경 테스트: 개발된 모형을 실제 비즈니스 환경에 적용하고, 성능을 모니터링한다.
- 운영 인력 교육: 모형을 운영하는 인력에게 관련 지식과 문서를 인계한다.

5-2. 환경 변화 감지

- 지속적 모니터링: 환경 변화를 지속적으로 감지하고, 모형을 주기적으로 수정할 내용을 취합한다.
- 모형 개선: 취합된 모형 개선 요청 사항을 시급도 및 중요도에 따라 분류하고, 모형 개선계획을 수립하고 모형을 개선한다.

많은 예측 모형 개발이 실패하는 이유 중 하나는 데이터과학자 중심의 4. 모형 개발에만 너무 집중한 측면도 있다. 기술적 데이터분석 및 모형 개발 업무는 전체 모형 구축 과정에서 일부에 지나지 않는다. 데이터과학자에게 너무 의존하지 말고 SCM/물류 혁신 리더는 모형 개발 전에 모형 개발에 대한 사내 공감대 형성, 모형에 대한 정의, 데이터 확보 방안, 인과지도 작성 등을 우선하여 주도적으로 고민할 필요가 있다.

복합 SCFI 예측을 위해 데이터 전처리를 하자

여기서는 데이터분석 방법론 중 4-3. 모델링 및 모형 평가를 설명한다. ChatGPT에 어떤 요청을 하면서 예측 모형을 개발할 것인지를 기술한다.

우선 데이터 전처리부터 시작한다. 데이터 전처리 단계는 ChatGPT를 활용하지 않고 엑셀 또는 파이썬으로 바로 처리하는 것이 신속하고 정확할 수 있다. 파이썬에 익숙한 독자에게는 ChatGPT가 도움이 되지 않을 수 있다. 모든 분석과제가 그러하듯이 문제의 복잡도 또는 실무자의 기술적 역량에 따라 활용하는 도구가 다르다. 파이썬에 익숙하지 않은 독자는 ChatGPT의 도움을 받을 필요가 있다. 데이터 전처리 경험이 부족한 독자의 입장에서 ChatGPT를 활용하는 방법을 설명한다. 일관성을 위해서 이제까지 논의한 "복합 SCFI 예측"을 기준으로 설명한다.

사전에 정리한 현실적인 인과관계, 구체화한 개발 요건, 잠재적인 적용 모형에 기반하여 데이터 전처리를 시작한다. 여기서는 모델링에 관련된 데이터는 확보하였다고 가정한다. 물론 데이터 전처리 과정에서 데이터를 추가 확보할 수 있다. 모델링 과정 및 모형 평가 과정에서 모형에 반영할 인자를 변경할 수도 있다. 그러나 변경되는 만큼 시간이 지연되고 추가 비용이 발생한다.

아래 내용의 기준정보는 공유 사이트를 통해 확보할 수 있다.

✓ 2014년 1월부터 2021년 9월까지의 운임시황 실적 기준정보(복합SCFI_2021-09.xlsx)
경제지표 관련 미래 전망(도표 21-2 참조, 외부기관의 중국수출량, 명목선복량, 미국외래관광객에 대한 전망.xlsx)

도표 21-2. 미래 전망 기준정보(분기 월 평균 전망)

YEAR	QUARTER	중국 수출량	명목선복량	미국 외래 관광객
2021	4Q	27,900,000	24,000,000	2.79
2022	1Q	25,100,000	24,800,000	2.67
2022	2Q	28,100,000	25,100,000	4.24
2022	3Q	27,000,000	24,800,000	5.26
2022	4Q	25,800,000	25,100,000	4.92
2023	1Q	23,300,000	25,200,000	4.46

데이터를 전처리하는 복잡한 전체 로직을 ChatGPT에 한 번에 요청하지 말고 나누어 요청하는 것을 추천한다. 물론 단순한 로직이라면 한 번에 요청할 수 있다. 전체 로직이 매우 복잡하다면 아래와 같은 방법을 수행할 것을 권고한다. "복합 SCFI 예측"을 기준으로 실습을 진행한다.

[단계 1] 스스로 ChatGPT에 데이터 전처리 관련 요청할 질의 내용을 정리한다.

[단계 2] 정리한 초안을 일단 ChatGPT에 질의한다.

[단계 3] ChatGPT와 인터엑티브한 방식으로 진행한다.

[단계 4] ChatGPT가 에러를 발생하는 내용을 파악한다.

[단계 5] 요청할 질의 내용을 재 정리한다.

[단계 6] ChatGPT와 인터엑티브한 방식으로 재 진행한다.
필요하다면 단계 5를 다시 진행한다.

[단계 7] 필요한 경우 ChatGPT가 제공한 파이썬 코드를 저장한다.

[단계 8] 데이터 전처리 결과를 검증한다.

저자는 위의 과정을 통해 작성한 분석요청서 초안을 ChatGPT에 재 정리하라고 요청하였다. 도표 21-4에서 도표 21-10까지의 질의 요청 내용은 ChatGPT가 재 정리한 분석요청서를 사용한 것이다. 도표 21-3은 최종 분석요청서의 주요 내용이다. 아래 내용을 참조하여 독자 스스로 분석요청서를 만들 수도 있다.

도표 21-3. 최종 분석요청서의 구성과 주요 내용

단계	요청 내용	주요 내용
1	기준정보 업로드	- 실적 데이터와 **중국수출량, 명목선복량, 미국 외래 관광객수**에 대한 분기 전망 데이터 확보
2	분기 월 평균 전망을 월별 데이터로 변환	- 분기 월 평균 전망 데이터를 월별 데이터로 전환하여 마트 테이블을 수정
3	선박의 글로벌 정시성 전망	- 미국 외래 관광객 예측치를 참조. 2차함수를 통해 선박의 **글로벌 정시성** 월별 전망치를 생성
4	수요공급비율과 실선복량 생성	- **수요공급비율**: 중국 수출량/명목선복량, **실선복량**: 선박의 글로벌 정시성×명목선복량
5	수요전망과 공급전망 생성	- 중국 수출량과 명목선복량을 참조하여 파생변수인 월별 **수요전망**과 **공급전망** 생성
6	전처리 데이터 생성 완료	- **복합 SCFI**를 실적과 전망을 업로드하여 마트 테이블에 추가하고 저장
7	데이터 검증	- 실적 데이터와 데이터 전처리한 데이터 간에 불일치하는 값이 있는지 검증

현재까지는 ChatGPT가 안정적인 서비스를 제공하지 못한다. ChatGPT를 장시간 사용하는 경우 처리 속도가 느려지거나 일정시간 이후에 사용하라는 메시지를 받는다. 복잡한 업무가 단일 요청으로 수행되다가 에러가 발생하기도 한다. 이런 경우 중간 처리결과를 다시 확인할 수 없다. 따라서 시스템에 과부하가 있는 경우는 중간 처리결과를 별도로 저장하거나, 복잡한 단일 요청을 단순한 다수의 요청으로 나누어 요청하는 것이 좋다.

이번 예제에서는 질의 [단계2]에서 단계2.xlsx 파일을 질의 [단계 4]에서 단계4.xlsx 파일을 만들도록 하였다. 그리고 복잡한 업무처리 중간에 사용자의 확인을 받고 진행하라는 문장을 삽입한다. 이렇게 하면 중간에 ChatGPT가 수행한 업무처리 결과를 확인할 수 있다. 데이터 전처리가 끝나면 처리 결과가 원하는 결과가 나왔는지를 반드시 확인해야 한다. ChatGPT에 검증을 요청하는 질문도 추가할 필요가 있다. 질의 [단계 7]에서 검증 결과에 대한 질의를 하였다.

ChatGPT를 통해 복합 SCFI 예측모형 개발을 위한 데이터 전처리를 진행하는 전 과정(요청과 답변 전문)은 도표 21-4에서 도표 21-10에서 확인할 수 있다. ChatGPT가 저자의 요청 내용을 최종 수정하였으므로 경어체로 작성되었다.

ChatGPT는 이러한 요청을 어떻게 해석하고 처리하는지 확인할 필요가 있다. ChatGPT가 최종 결과값은 동일하게 답할 수 있지만, 항상 처리과정은 다르게 답한다. 따라서 ChatGPT의 처리 과정에 대한 독자와 저자 사이의 일관성 있은 커뮤니케이션을 위해서라도 전문을 이 책에 수록한다. ChatGPT가 제공하는 그래프는 시간이 지나면 없어지고 다시 나타나기도 한다. 필요한 시점에 사용하기 위해서는 별도로 그래프를 캡쳐

를 할 필요가 있다. [예제 21-1. 전처리]에서 ChatGPT가 생성한 파이썬 코드는 공유 사이트를 통해 제공한다.

이번 예제는 엑셀이나 파이썬 코드에 익숙한 독자라면 직접 엑셀이나 파이썬 코드를 작성하는 것이 빠를 수 있다. 그런 독자는 이번 내용이 별도움이 되지 않을 것이다. 하지만 파이썬 코드에 익숙하지 않는 독자라면 적절한 선에서 ChatGPT의 도움을 받으면서 데이터 전처리를 하는 것이 유용하다.

[예제 21-1. 전처리]

단계 1. 기준정보 업로드

2014년 1월부터 2021년 9월까지의 과거 실적 데이터와 중국수출량, 명목선복량, 미국 외래 관광객수에 대한 분기 전망 데이터를 읽어 들인다.

도표 21-4. [단계1. 기준정보 업로드]의 요청과 답변

JA You

복합SDFI_2021-09.xlsx
Spreadsheet

외부기관의 중국수출량, 명목선복량, 미...
Spreadsheet

(단계 1)
여기에는 두 가지 주요 데이터 세트가 포함되어 있으며 각각 실적 데이터와 전망 데이터로 구분됩니다.
1) 실적 데이터 세트:
기간: 2014년 1월부터 2021년 9월까지
데이터 포함 내용: YYYYMM: 년월 (예: "2014-01"), 문자열 포맷 "YYYY-MM", CH_EXP: 중국 수출량, FLEET_DEV: 명목선복량, CNTR_TIMECHART: 용선료, WTI: 유가, R_GDP_WORLD: 글로벌 실질 GDP, DEFLATOR_WORLD: 글로벌 물가, R_GDP_USA: 미국 실질 GDP, CLI_USA: 미국 경기선행지수, PMI_US: 미국 구매자관리지수, DEFLATOR_USA: 미국 물가, G_RELI: 선박의 글로벌 정시성, G_DELAY: 선박의 글로벌 지연일수, INT_TOURIST_US: 미국 외래 관광객 수, SCFI_C: 복합 SCFI
2) 전망 데이터 세트:
기간: 2021년 4분기부터 2023년 1분기까지
데이터 포함 내용: CH_EXP: 중국 수출량 (분기별), FLEET_DEV: 명목선복량 (분기별), INT_TOURIST_US:미국 외래 관광객 수 (분기별)
두 데이터 세트는 현재 분리된 상태로 유지하며, 실적 데이터와 전망 데이터로 구분되어 있습니다. 각 데이터의 필드는 YYYY-MM 형태의 년월로 구분하며, 2021년 10월을 기점으로 그 이전은 실적, 이후는 전망으로 처리합니다. 데이터 분석 시 이 구분을 명확히 하여 분석에 반영해야 할 것입니다.

Data Analyst
파일 두 개를 성공적으로 업로드하셨네요. 데이터 세트의 내용을 확인하고 분석을 시작하기 전에, 각 파일에 어떤 데이터가 포함되어 있는지 살펴보겠습니다. 파일을 열어 데이터 구조를 확인한 다음, 어떤 분석을 진행하길 원하시는지 더 구체적으로 알려주시면 좋겠습니다.
첫 번째 파일인 "복합SCFI_2021-09.xlsx"에는 다음과 같은 열들이 포함되어 있습니다:

- **YYYYMM**: 년월 (예: "2014-01")
- **CH_EXP**: 중국 수출량
- **FLEET_DEV**: 명목선복량
- **CNTR_TIMECHART**: 용선료
- **WTI**: 유가
- **R_GDP_WORLD**: 글로벌 실질 GDP
- **DEFLATOR_WORLD**: 글로벌 물가
- **R_GDP_USA**: 미국 실질 GDP
- **CLI_USA**: 미국 경기선행지수
- **PMI_US**: 미국 구매자관리지수
- **DEFLATOR_USA**: 미국 물가
- **G_RELI**: 선박의 글로벌 정시성
- **G_DELAY**: 선박의 글로벌 지연일수
- **SCFI_C**: 복합 SCFI

이제 두 번째 파일 "외부기관의 중국수출량, 명목선복량, 미국외래관광객에 대한 전망.xlsx"의 내용도 확인해 보겠습니다. [>-]
두 번째 파일인 "외부기관의 중국수출량, 명목선복량, 미국외래관광객에 대한 전망.xlsx"의 열 구성은 다음과 같습니다:

- **YEAR**: 연도 (예: 2021)
- **QUARTER**: 분기 (예: 4Q)
- **CH_EXP**: 중국 수출량 (분기별)
- **FLEET_DEV**: 명목선복량 (분기별)
- **INT_TOURIST_US**: 미국 외래 관광객 수 (분기별)

이제 각 데이터 세트를 분석에 활용하기 위해 어떤 작업을 수행할지 알려주시면, 그에 따라 분석을 진행하겠습니다. 데이터 결합, 특정 변수 분석, 예측 모델 구축 등 다양한 분석 요청에 응할 수 있습니다. 어떻게 도와드릴까요? [>-]

단계2. 분기전망을 월별 데이터로 변환

분기 월 평균 전망 데이터를 월별 데이터로 전환하고 마트 테이블을 수정한다.

도표 21-5. [단계2. 분기 월 평균 전망을 월별 데이터로 변환]의 요청과 답변

You

(단계 2)

1) 데이터 형식 유지:

모든 YYYYMM 필드는 "YYYY-MM"의 문자형으로 저장하고 유지해야 합니다. 예를 들어 "2014-01"과 같이 처리합니다.

이 형식은 실적 데이터와 전망 데이터 모두에 적용됩니다.

2) 분기별 데이터를 월별 데이터로 변환:

2021년 4분기부터 2023년 1분기까지의 분기별 전망 데이터를 월별 데이터로 변환합니다.

변환된 데이터는 각 분기의 첫 달 값이 해당 분기의 모든 월에 적용됩니다. 예를 들어, 2021년 4분기의 데이터는 2021년 10월, 11월, 12월 모두에 적용됩니다.

3) 데이터 결합:

실적 데이터와 전망 데이터를 결합하여 하나의 테이블로 만듭니다.

결합 과정에서는 YYYYMM 필드를 키(key)로 사용하여 데이터가 올바르게 맞춰져 있는지 확인합니다.

결합된 데이터는 중국 수출량(CH_EXP), 명목선복량(FLEET_DEV), 미국 외래 관광객(INT_TOURIST_US)에 대한 정보를 포함해야 합니다.

4) 결합 데이터의 검증:

YYYYMM 필드가 모든 데이터 레코드에서 "YYYY-MM" 형식으로 일관되게 유지되었는지 확인합니다.

결합한 데이터 테이블을 MART 테이블로 명명하고, 결측치가 없는지 확인합니다.

5) 결과 저장:

최종 MART 테이블을 "2단계.xlsx" 파일로 저장합니다.

Data Analyst

이 작업은 여러 단계로 이루어져 있습니다. 저는 다음과 같이 진행하겠습니다:

1. **분기별 데이터를 월별 데이터로 변환:** 2021년 4분기부터 2023년 1분기까지의 전망 데이터를 분기에서 월별로 변경합니다.
2. **데이터 형식 통일:** 실적 데이터와 변환된 전망 데이터의 날짜 형식을 "YYYY-MM"로 통일합니다.
3. **데이터 결합:** 실적 데이터와 전망 데이터를 `YYYYMM` 필드를 기준으로 결합합니다.
4. **데이터 검증:** 결합된 데이터에서 `YYYYMM` 필드의 형식이 일관되게 유지되었는지 확인하고 결측치를 검사합니다.
5. **결과 저장:** 최종 MART 테이블을 "2단계.xlsx" 파일로 저장합니다.

먼저, 분기별 데이터를 월별 데이터로 변환해보겠습니다.

분기별 데이터를 월별 데이터로 변환하는 작업을 완료했습니다. 각 분기의 데이터가 해당 분기의 모든 월에 동일하게 적용되었습니다.

이제 실적 데이터와 이 변환된 전망 데이터의 날짜 형식을 통일하고, 두 데이터 세트를 결합하겠습니다. 그 후에는 데이터의 형식을 검증하고 결과를 저장하겠습니다. [>-]

Error analyzing

보이는 것처럼, 코드에서 `re` 모듈을 사용하려 했으나 이를 불러오지 않아 오류가 발생했습니다. 해당 모듈을 불러와 다시 시도해보겠습니다. 또한, 데이터 병합 결과를 다시 확인하여 올바르게 처리되었는지 검증하겠습니다. [>-]

병합된 데이터에서 `YYYYMM` 필드의 형식이 일관되게 "YYYY-MM"로 유지되고 있음을 확인했습니다. 또한, 결합된 데이터에 결측치가 없는 것으로 나타났습니다.

이제 마지막 단계로 이 데이터를 "2단계.xlsx" 파일로 저장하겠습니다. [>-]

데이터가 "2단계.xlsx" 파일로 성공적으로 저장되었습니다. 여기를 클릭하시면 파일을 다운로드하실 수 있습니다. 추가로 필요하신 분석이 있으시면 알려주세요! [>-]

[단계1]의 실적 데이터와 전망 데이터는 계속 분리된 상태로 유지할 필요가 있다. ChatGPT가 1단계에서 미리 데이터를 병합하는 경우, 추후 데이터 병합단계에서 데이터가 누락되거나 에러가 발생하는 경우가 자주 일어나기 때문이다. 따라서, [단계 3]의 선박의 글로벌 정시성 월별 전망치까지 만든 후에 데이터 병합작업을 수행할 것을 추천한다. ChatGPT가 데이터 병합작업을 할 때, 특히 YYYYMM 필드에서 에러가 자주 발생한다. 에러를 사전에 예방하기 위해서 예를 들어, "모든 YYYYMM 필드는 'YYYY-MM'의 문자형으로 저장하고 유지해야 한다"라고 명시할 필요가 있다.

단계 3. 선박의 글로벌 정시성 전망

조사결과 및 현장 실무자의 의견을 기반으로 선박의 글로벌 정시성은 미국 외래 관광객수의 예측치 패턴을 따른다고 가정한다. 미국 외래 관광객 예측치로부터 2차함수를 만들어서 선박의 글로벌 정시성에 대한 월별 전망치를 생성한다.

도표 21-6. [단계3. 선박의 글로벌 정시성 전망]의 요청과 답변

You

(단계 3-1)
1) 데이터 확보
선박의 글로벌 정시성(G_RELI)의 과거 실적은 "복합SCFI_2021-09 .xlsx"에 있다.
2023년 3월 미국 외래 관광객의 예측치는 "2단계.xlsx"에 있다.
2) 기초 데이터 계산:
B는 2014년부터 2019년까지의 선박의 글로벌 정시성 평균입니다.
F는 2023년 3월 미국 외래 관광객의 예측치입니다. "2단계.xlsx"에 산출
A는 2014년부터 2019년까지 미국 외래 관광객의 평균입니다.
X%는 F가 A에 대해 차지하는 비율입니다.
K는 B에 X%를 적용한 값으로, 2023년 3월 선박의 글로벌 정시성 예측치입니다.
3) 2차 함수 구성
선박의 글로벌 정시성을 전망하는 2차 함수는 다음과 같이 설정됩니다:
최저점인 2021년 9월(x=0)에서 y=0.339 (선박의 글로벌 정시성의 최저값)
2023년 3월(x=18)에서 y=K (계산된 예측치)
이를 통해, 두 점(0.339, K)을 통과하는 2차항의 계수가 양수인 2차 함수의 함수를 구성하고, 2차 함수식을 화면에 표시한다.
4) 전망치 계산:
위에서 구한 2차 함수를 사용하여 2021년 10월부터 2023년 3월까지 각 월(x값)에 대해 선박의 글로벌 정시성을 계산합니다.
5) 선박의 글로벌 정시성 실적과 전망 통합
"복합SCFI_2021-09 .xlsx"에서 2014년 1월부터 2021년 9월까지 실적을 다시 읽어오고, 2차함수에서 계산한 2021년 10월부터 2023년 3월까지의 전망치를 별도 하나의 필드로 통합한다. 즉, 2014년 1월부터 2023년 3월까지 하나의 필드로 구성한 선박의 글로벌 정시성(임시 Z)하고 결측치가 없는지 확인한다.
6) 데이터 병합
2단계.xlsx 파일을 기본 테이블로 설정하고, 해당 범위(2014년 1월부터 2023년 2월까지)에 맞는 선박의 글로벌 정시성 데이터(임시 Z)를 왼쪽 병합(left join)으로 추가하여 갱신된 Mart 테이블을 구성합니다.
병합된 데이터에서 YYYYMM 필드가 "YYYY-MM" 형식으로 일관되게 유지되었는지 확인합니다.
결합된 데이터에 결측치가 없는지 확인하고, 예측 데이터의 키(key)가 정확하게 매칭되었는지 검증합니다.
7) 데이터 시각화:
갱신된 MART 테이블을 사용하여 미국 외래 관광객과 선박의 글로벌 정시성의 추이를 시각화합니다.
2014년 1월 이후 두 개의 그래프를 별도로 생성합니다: 하나는 미국 외래 관광객 추이(파란색), 다른 하나는 선박의 글로벌 정시성 추이(빨간색).
X축은 2014년 1월부터 년도(예: "2014")만 표시하고, Y축은 각 데이터의 값을 표시합니다.
그래프는 한글이 깨지지 않도록 영문으로 표기합니다.
8) 사용자 입력 확인:
K값을 계산 결과를 제시한 후 사용자에게 계속 진행할지 여부를 확인합니다.

Data Analyst

우선, 필요한 데이터를 수집하고 계산을 수행한 다음, 2차 함수를 구성하여 선박의 글로벌 정시성 전망치를 계산하겠습니다. 절차는 다음과 같습니다:

1. **데이터 확보:** 필요한 데이터를 확인합니다.
2. **기초 데이터 계산:**
   - **B:** 2014년부터 2019년까지 선박의 글로벌 정시성(G_RELI) 평균을 계산합니다.
   - **F:** 2023년 3월 미국 외래 관광객의 예측치를 가져옵니다.
   - **A:** 2014년부터 2019년까지 미국 외래 관광객의 평균을 계산합니다.
   - **X%:** F를 A에 대한 비율로 계산합니다.
   - **K:** B에 X%를 적용하여 2023년 3월의 선박의 글로벌 정시성 예측치를 계산합니다.
3. **2차 함수 구성:** 주어진 조건을 만족하는 2차 함수를 구성합니다.
4. **전망치 계산:** 2차 함수를 사용하여 2021년 10월부터 2023년 3월까지의 선박의 글로벌 정시성을 계산합니다.
5. **데이터 통합 및 병합:** 실적 데이터와 전망치를 통합하고, 갱신된 데이터를 '2단계.xlsx' 파일과 병합합니다.
6. **데이터 시각화:** 미국 외래 관광객과 선박의 글로벌 정시성의 추이를 시각화합니다.
7. **사용자 입력 확인:** 계산 결과를 제시하고 사용자의 확인을 받습니다.

먼저 기초 데이터를 계산하기 위해 필요한 데이터를 확인하겠습니다.
계산 결과는 다음과 같습니다:

- **B (2014-2019 선박의 글로벌 정시성 평균):** 0.761
- **A (2014-2019 미국 외래 관광객 평균):** 6.471
- **F (2023년 3월 미국 외래 관광객 예측치):** 4.46
- **X% (F가 A에 대한 비율):** 68.92%
- **K (2023년 3월 선박의 글로벌 정시성 예측치):** 0.524

이제 주어진 두 점을 통과하는 2차 함수 $y = ax^2 + bx + c$ 를 설정하겠습니다. 최저점인 2021년 9월(x=0)에서 $y = 0.339$이고, 2023년 3월(x=18)에서 $y = K$입니다. 이 두 점을 이용하여 2차 함수의 계수 a, b, c를 구하고, 함수식을 확인하겠습니다. [>-]
2차 함수의 계수는 다음과 같이 계산되었습니다:

- $a = 0.000572$
- $b = 0.0$
- $c = 0.339$

ChatGPT는 요청내용을 수행할 때 마다 2차함수를 다르게 제시한다. 모델러가 판단하여 2차함수를 선정한다. 생성된 2차함수를 코랩에 저장하여 계수를 수정하면서 2차 함수를 확정할 수도 있다. 예측 결과에 대한 리뷰 과정에서 선박의 글로벌 정시성 전망에 대한 다른 의견이 있을 수 있다. 이를 반영하기 위해서 파이썬 코드로 서상한 2차 함수를 수정하여 데이터를 재 생성할 필요도 있다.

따라서 함수식은 $y = 0.000572x^2 + 0.339$입니다. 이제 이 함수를 사용하여 2021년 10월부터 2023년 3월까지 각 월에 대한 선박의 글로벌 정시성을 계산하겠습니다. [>-]
계산한 결과, 2021년 10월부터 2023년 3월까지의 선박의 글로벌 정시성 전망치가 다음과 같이 도출되었습니다:

- **2021년 10월:** 0.340
- **2021년 11월:** 0.341
- **2021년 12월:** 0.344
- **2022년 1월:** 0.348
- ...
- **2023년 3월:** 0.524

이제 이 전망치를 기존의 실적 데이터와 통합하고, 최종 데이터를 '2단계.xlsx' 파일과 병합하여 갱신된 MART 테이블을 구성하겠습니다. 이 과정을 완료한 후, 데이터 시각화를 진행하겠습니다. 먼저 실적 데이터와 전망치를 통합하겠습니다. [>-]
갱신된 MART 테이블은 성공적으로 구성되었으며, 모든 레코드에서 `YYYYMM` 필드의 형식이 "YYYY-MM"로 일관되게 유지되었음을 확인했습니다. 또한, 결측치가 없습니다.

이제 미국 외래 관광객 수와 선박의 글로벌 정시성의 추이를 시각화할 것입니다. 이 그래프는 2014년 1월부터 2023년 3월까지 각 변수의 월별 추이를 보여줄 것입니다. [>-]

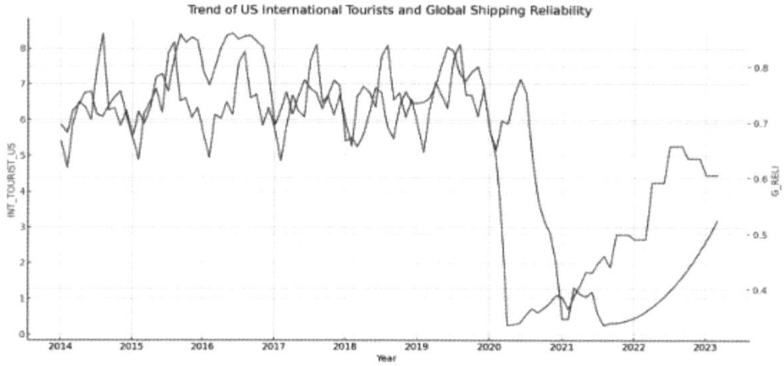

위 그래프는 2014년 1월부터 2023년 3월까지 미국 외래 관광객 수(파란색)와 선박의 글로벌 정시성(빨간색)의 추이를 보여줍니다. 두 데이터의 변동 패턴을 시각적으로 비교할 수 있습니다.

이제 모든 단계의 분석과 처리가 완료되었습니다. 계산된 K값과 시각화 결과를 확인하셨는데, 추가적으로 필요한 분석이나 다른 요청이 있으신가요? [>-]

미국 외래 관광객수 회복 패턴과 선박의 글로벌 정시성 회복 패턴을 그래프를 통해 보다 명확히 확인할 수 있다. 그래프를 통해 이해관계자와 협의하고 의견을 수렴하면서, 모형 개발에 반영할 필요가 있다.

단계 4. 수요공급비율과 실선복량 생성

파생변수인 수요공급비율(= 중국 수출량/명목선복량)과 실선복량(=선박의 글로벌 정시성×명목선복량)을 생성하여 마트 테이블에 추가한다.

도표 21-7. [단계4. 수요공급비율과 실선복량 생성]의 요청과 답변

You
(4단계)
1) 데이터 형식 및 일관성 유지:
모든 데이터와 테이블의 YYYYMM 필드는 "YYYY-MM"의 문자형으로 저장하고 유지합니다. 데이터 병합 시 이 필드를 키로 사용하여 데이터의 일치성을 확인합니다.
2) 새 지표 정의 및 계산:
수요공급비율 (DEMAND_SUPPLY_RATIO): 이는 중국 수출량(CH_EXP)을 명목선복량(FLEET_DEV)으로 나눈 값입니다.
실선복량 (ACTUAL_SHIP_CAPACITY): 선박의 글로벌 정시성(G_RELI)과 명목선복량(FLEET_DEV)의 곱으로 계산됩니다.
3) 데이터 병합:
기존의 MART 테이블(선박의 글로벌 정시성, 중국 수출량, 명목선복량 정보를 포함)에 수요공급비율과 실선복량을 왼쪽 병합(left join)하여 갱신합니다.
2021년 10월 이후부터 2023년 3월까지의 전망치가 이미 계산된 수요공급비율과 실선복량의 전망치를 검증하여 갱신된 MART 테이블에 올바르게 병합되었는지 확인합니다.
4) 데이터 검증 및 저장:
갱신된 MART 테이블에서 결측치를 확인합니다.
데이터의 정확성과 병합의 정확성을 검증한 후, 사용자에게 진행 여부를 확인합니다.
모든 검증이 완료되면, 최종 데이터를 "4단계.xlsx"로 저장합니다.
5) 그래프 생성:
수요공급비율의 추이와 실선복량의 추이를 각각 별도의 그래프로 시각화합니다.
X축에는 2014년 1월부터 년도("2014", "2015", ..., "2023")만 간단히 표시하고, Y축은 각 데이터의 값으로 설정합니다.
그래프는 영문으로 제작하여 언어 깨짐을 방지합니다.

Data Analyst
네, 4단계 작업을 진행하겠습니다. 단계별로 다음과 같이 처리할 예정입니다:

1. **새 지표 정의 및 계산:**
   - **수요공급비율(DEMAND_SUPPLY_RATIO):** 중국 수출량(CH_EXP)을 명목선복량(FLEET_DEV)으로 나눈 값입니다.
   - **실선복량(ACTUAL_SHIP_CAPACITY):** 선박의 글로벌 정시성(G_RELI)과 명목선복량(FLEET_DEV)의 곱으로 계산됩니다.
2. **데이터 병합:**
   - 새로 계산된 지표를 기존의 MART 테이블에 추가합니다.
3. **데이터 검증 및 저장:**
   - 결측치 확인 및 병합된 데이터의 정확성을 검증합니다.
   - 최종 데이터를 "4단계.xlsx"로 저장합니다.
4. **그래프 생성:**
   - 수요공급비율과 실선복량의 추이를 시각화합니다.

먼저 새로운 지표를 계산하고, 이를 기존의 MART 테이블에 추가하겠습니다.
새로운 지표인 수요공급비율과 실선복량이 갱신된 MART 테이블에 성공적으로 추가되었으며, 결측치는 없습니다. 데이터의 정합성이 확인되었습니다.

다음으로, 이 데이터를 "4단계.xlsx"로 저장하고, 수요공급비율과 실선복량의 추이를 시각화하겠습니다. [>-]

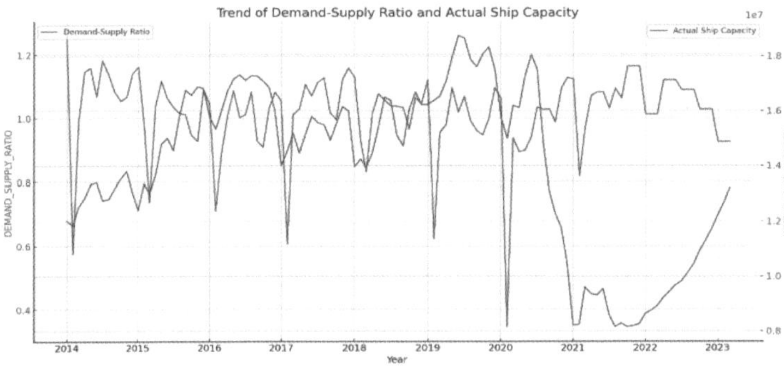

데이터를 "4단계.xlsx"로 저장하였고, 수요공급비율과 실선복량의 추이를 나타내는 그래프를 성공적으로 생성했습니다. 그래프에서 수요공급비율(파란색)과 실선복량(빨간색)의 추이를 확인할 수 있습니다.

모든 작업이 완료되었습니다. 여기를 클릭하시면 최종 데이터 파일을 다운로드하실 수 있습니다. 추가로 필요한 작업이 있으시면 언제든지 요청해 주세요! [>-]

도표 21-7에서 마트 테이블(선박의 글로벌 정시성, 중국 수출량, 명목선복량 정보를 포함)을 기준 테이블로 하여 수요공급비율과 실선복량을 왼쪽 병합(left join)하여 갱신하도록 분명하게 제시해야 병합과정에서 에러가 발생하지 않는다.

ChatGPT가 화면상으로는 성공적으로 수행한 것처럼 보이지만, 제공한 코드를 코랩에서 실행할 경우 에러가 발생하기도 한다. 이런 경우 당황하지 말고 ChatGPT에 에러 수정을 요청하여 수정하면 된다. 예를 들어, [단계2]와 [단계 4]에서의 에러는 pandas에서 더 이상 권장하지 않는 DataFrame.append() 메서드를 사용하였기 때문에 발생한 것이다. [4단계] 작업 결과를 단계 파일 4.xlsx에 저장한다. ChatGPT가 제공하는 파일 저장 경로가 "/mnt/data/4단계.xlsx"를 코랩에서 "/content/sample_data/4단계.xlsx"으로 수정한다. 이 경로는 모든 업로드 및 다운로드 경로에 적용된다.

단계 5. 수요전망과 공급전망 생성

중국 수출량과 명목선복량을 참조하여 파생변수인 월별 수요전망과 공급전망 생성하여 마트 테이블에 추가한다.

도표 21-8. [단계5. 수요전망과 공급전망 생성]의 요청과 답변

(5단계)
1) 데이터 형식 및 일관성 유지:
모든 데이터의 YYYYMM 필드는 "YYYY-MM"의 문자형으로 저장 및 유지합니다. 이 필드를 사용하여 데이터 병합 시 키(key)로 활용하며, 데이터의 형식 일관성을 확인합니다.
2) 새 지표 정의 및 계산:
☒ 수요전망 (DEMAND_FORECAST): 중국 수출량(CH_EXP)을 기반으로 하며, 해당 월부터 다음 분기의 마지막 월까지의 데이터를 사용하여 단순 평균으로 계산합니다.
2-1) 분기 정의:
1분기: 1월, 2월, 3월, 2분기: 4월, 5월, 6월, 3분기: 7월, 8월, 9월, 4분기: 10월, 11월, 12월
2-2) 계산 규칙:
각 월에 대해 해당 월을 포함하고 다음 분기의 마지막 월까지 데이터를 사용합니다.
예를 들어, 2월의 데이터를 계산할 때는 2월부터 다음 분기인 2분기의 마지막인 6월까지의 데이터를 사용하여 평균을 산출합니다.
- 분기의 끝에 해당하는 월(9월, 10월, 11월)의 계산: 해당 연도의 다음 분기 데이터가 부족하거나 없는 경우, 다음 해의 1사분기 데이터를 사용합니다. 예를 들어, 2014년 10월과 11월의 데이터를 계산할 때는 2015년 1사분기 데이터를 사용합니다.
- 데이터 세트의 끝부분에 해당하는 월(2023년 1월, 2월, 3월)의 계산: 다음 분기의 데이터가 전혀 없는 경우, 해당 연도의 남은 분기 데이터만을 사용합니다. 예를 들어, 2023년 1월, 2월, 3월은 2023년 1사분기 데이터만 사용하여 평균을 계산합니다.
2-3) 데이터 사용:
각 월별로 실적 및 전망 데이터가 합쳐진 칼럼에서 필요한 데이터를 추출합니다.
실적 데이터는 2021년 9월 이전, 전망 데이터는 2021년 10월 이후의 데이터를 포함합니다.
2-4) 에러 방지:
각 계산 전, 해당 월의 데이터가 전체 기간 동안 존재하는지 확인합니다. 데이터 누락이나 업데이트가 발생하지 않도록 주의합니다.
☒ 공급선망 (SUPPLY_FORECAST): 명목선복량(FLEET_DEV)을 참조하여 같은 방식으로 계산합니다.
3) 수요전망과 공급전망의 통합 확인:
수요전망과 공급전망 필드가 2014년 1월부터 2023년 3월까지 하나의 필드로 구성하고 결측치가 없는지 확인한다.
4) 데이터 병합 및 검증:
4단계.xlsx 파일을 기본 테이블로 설정하고, 수요전망 및 공급전망 데이터를 해당 파일에 왼쪽 병합(left join)하여 추가합니다.
병합 과정에서 실적 및 예측 데이터가 올바르게 결합되었는지, 특히 YYYYMM 필드의 형식이 일관되게 유지되었는지 확인합니다.
2021년 10월 이후의 전망치와 관련된 모든 데이터가 정확히 병합되었는지 검증합니다.
5) 수요전망 및 공급전망의 검증:
예를 들어, 2014년 2월의 수요전망과 공급전망 값을 계산하고, 이들 값이 각각 17,326,326 및 17,547,251인지 확인합니다.
6) 결측치 검사 및 진행 확인:
갱신된 MART 테이블에서 결측치 및 2014년 2월의 수요전망 17,326,326을 확인한 후, 사용자에게 진행 여부를 문의합니다.
7) 데이터 시각화:
수요전망과 공급전망 데이터를 기반으로 2014년 1월부터 2023년 3월까지 월별 추이를 나타내는 2개의 꺾은선 그래프를 생성합니다. X축에는 2014년 1월부터 년도("2014")만 표시하고, 그래프는 영문으로 작성하여 언어 깨짐을 방지합니다.

Data Analyst

방금 업로드한 `4단계.xlsx` 파일을 사용하여 데이터 처리를 진행하겠습니다. 여기에는 다음과 같은 단계를 포함합니다:

1. 엑셀 파일에서 데이터를 로드합니다.
2. 수요전망(DEMAND_FORECAST)과 공급전망(SUPPLY_FORECAST) 지표를 계산합니다.
3. 계산된 지표를 기존 데이터와 병합합니다.
4. 병합된 데이터의 정확성과 형식 일관성을 검증합니다.
5. 필요한 경우 추가적인 데이터 정제 및 결측치 처리를 수행합니다.
6. 최종적으로 데이터 시각화를 진행합니다.

먼저 파일을 로드하고 데이터의 구조를 확인해 보겠습니다.
데이터를 성공적으로 로드했고, 다음과 같은 열들이 포함되어 있습니다:

- `YYYYMM`: 연도와 월을 나타내는 필드
- `CH_EXP`: 중국의 수출량
- `FLEET_DEV`: 명목선복량
- `INT_TOURIST_US`: 국제 관광객 수 (미국)
- `G_RELI`: 선박의 글로벌 정시성
- `DEMAND_SUPPLY_RATIO`: 수요공급비율 (이미 계산됨)
- `ACTUAL_SHIP_CAPACITY`: 실선복량 (이미 계산됨)

이제 추가로 수요전망(DEMAND_FORECAST)과 공급전망(SUPPLY_FORECAST)을 계산하고, 기존 데이터와 병합하는 작업을 진행해야 합니다. 각 월에 대해 다음 분기까지의 평균을 계산하는 로직을 구현하겠습니다. [>_]
데이터에 수요전망(`DEMAND_FORECAST`)과 공급전망(`SUPPLY_FORECAST`)이 성공적으로 추가되었습니다. 이제 갱신된 데이터를 기반으로 두 가지 검증 작업을 수행해야 합니다:

1. 결측치가 있는지 확인하고, 있다면 처리합니다.
2. 2014년 2월의 수요전망과 공급전망 값이 각각 17,326,326 및 17,547,251인지 확인합니다.

먼저 결측치를 확인하겠습니다. [>_]
갱신된 데이터에 결측치가 없습니다. 이제 2014년 2월의 수요전망과 공급전망 값을 검증하겠습니다. [>_]
2014년 2월의 수요전망(`DEMAND_FORECAST`)은 17,326,326이고, 공급전망(`SUPPLY_FORECAST`)은 17,547,251로 나타나야 하는데, 반올림을 고려할 때 17,547,251로 확인됩니다. 따라서 데이터가 정확하게 계산되었습니다.

이제 데이터를 "4단계_업데이트.xlsx"로 저장하고, 수요전망과 공급전망의 추이를 그래프로 시각화하겠습니다. [>-]

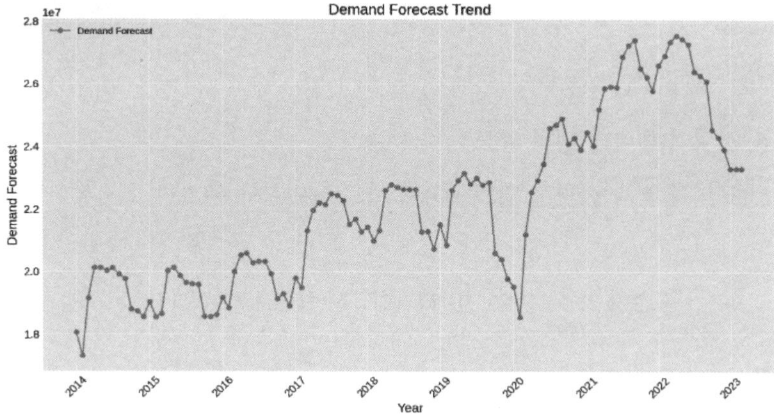

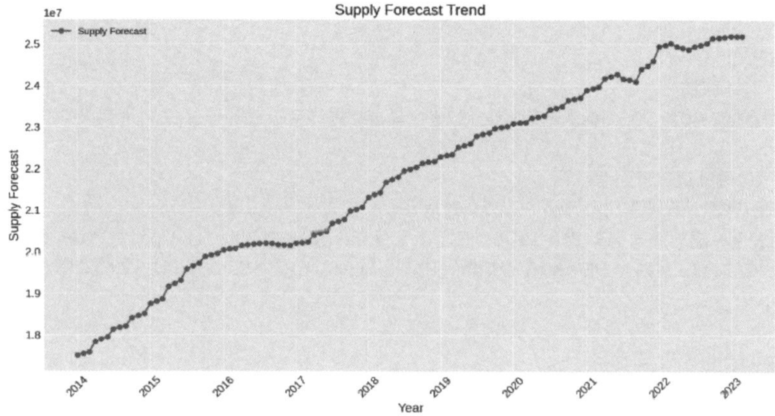

그래프를 통해 수요전망과 공급선망의 추이를 확인할 수 있습니다. 각 추이는 시간에 따라 변화하는 패턴을 보여주며, 세부적인 분석이 가능해 보입니다.

업데이트된 데이터 파일은 여기에서 다운로드할 수 있습니다: 4단계_업데이트.xlsx

추가적으로 필요한 작업이나 다른 데이터 분석 요청이 있으시면 알려주세요! [>-]

ChatGPT가 제시한 수요전망과 공급전망은 반드시 데이터 검증을 해야 한다. 특히, ChatGPT가 인식하는 평균과 분기에 대한 정의를 명확히 명시해야 한다. 평균은 단순 평균이고, 1분기는 1월, 2월, 3월로 구성된다는 구체적인 예시를 추가할 필요가 있다. ChatGPT는 연도가 바뀌는 경우에 다음 분기를 제대로 인식하지 못하기도 한다. "예를 들어, 2014년 10월과 11월의 데이터를 계산할 때는 2015년 1사분기 데이터를 사용한다"

와 같이 구체적 예시를 함께 기술할 필요가 있다. 그래프를 한글로 작성하면 한글이 깨지는 경우가 발생하므로 "그래프는 영문으로 작성하여 언어 깨짐을 방지한다"는 요청을 삽입한다.

단계 6. 전처리 데이터 생성 완료

복합 SCFI의 실적과 전망을 업로드하여 마트 테이블에 추가하고 저장한다.

도표 21-9. [단계6. 전처리 데이터 생성 완료]의 요청과 답변

You

복합SCFI2014_2023.xlsx
Spreadsheet

(6단계)
1) 데이터 읽기:
"복합SCFI2014_2023.xlsx"에서 2014년 1월부터 2023년 2월까지의 복합 SCFI 실적 데이터를 읽습니다.
2) 데이터 필드명 설정:
모든 엑셀 필드명은 영문으로 저장합니다.
최종 필드명으로 설정할 것은 10개 필드이다. YYYYMM, CH_EXP, ACTUAL_SHIP_CAPACITY, G_RELI, FLEET_DEV, DEMAND_SUPPLY_RATIO, DEMAND_FORECAST, SUPPLY_FORECAST, SCFI_C.
YYYYMM와 관련된 파생필드는 삭제합니다.
3) 데이터 병합 및 정리:
갱신된 MART 테이블을 기본 테이블로 설정하고, 복합 SCFI 필드를 왼쪽 병합(left join)하여 테이블을 갱신합니다.
년월 필드를 기준으로 데이터를 결합할 때 중복되지 않도록 주의합니다.
모든 데이터는 2021년 9월 이전을 실적, 2021년 10월 이후를 전망 데이터로 처리하며, 이는 하나의 필드에 저장됩니다.
4) 데이터 범위 및 필드 관리:
2023년 3월의 데이터는 제거하고, 2014년 1월부터 2023년 2월까지의 데이터만을 포함합니다.
모든 필드에서 결측치가 없는지 확인합니다.
5) 데이터 형식 유지:
년월 YYYYMM 필드는 "YYYY-MM" 형식으로 일관되게 저장하고 유지합니다.
6) 최종 데이터 저장:
검증된 데이터를 "전처리_SCFI.xlsx"로 저장합니다.

Data Analyst

알겠습니다! 이제 "복합SCFI2014_2023.xlsx" 파일에서 데이터를 읽고, 다음 단계에 따라 처리하겠습니다:

1. 복합 SCFI 실적 데이터를 읽습니다.
2. 필드명을 영문으로 설정하고, 필요한 필드만 포함하도록 데이터를 정리합니다.
3. 이전에 갱신된 MART 테이블과 병합합니다.
4. 데이터 범위를 2014년 1월부터 2023년 2월까지로 조정하고, 결측치를 확인합니다.
5. YYYYMM 필드 형식을 "YYYY-MM"로 일관되게 유지합니다.
6. 최종 데이터를 "전처리_SCFI.xlsx"로 저장합니다.

먼저 복합 SCFI 파일을 로드하고 데이터 구조를 확인하겠습니다.
SCFI 데이터는 두 개의 열, `YYYYMM`과 `SCFI_C`로 구성되어 있습니다. `YYYYMM`은 연-월을 나타내며, `SCFI_C`는 복합 SCFI 실적 값을 나타냅니다.

이제 이 데이터를 이미 로드한 MART 테이블과 병합하고, 필요한 데이터만을 포함하도록 정리하겠습니다. 또한 YYYYMM 필드가 "YYYY-MM" 형식을 유지하는지 확인하겠습니다. [>_]
데이터가 필요한 필드를 포함하여 성공적으로 필터링되었으며, 결측치가 없는 것으로 확인됩니다.
이제 최종 데이터를 "전처리_SCFI.xlsx" 파일로 저장하겠습니다. [>_]
데이터가 "전처리_SCFI.xlsx" 파일로 성공적으로 저장되었습니다. 이 파일은 다음 링크를 통해 다운로드할 수 있습니다: 전처리_SCFI.xlsx

추가로 필요한 작업이 있거나 다른 도움이 필요하시면 언제든지 말씀해 주세요! [>_]

단계 7. 데이터 검증

실적 데이터와 전처리한 데이터 간에 불일치하는 값이 있는지 검증한다. YYYYMM의 값이 "2014-01-01 12:00:00 AM"로 저장되는 경우도 있다. "2014-01"형태로 저장하기 위해 코렙에서 "전처리_SCFI.xlsx"파일을 저장하는 파이썬 코드 바로 앞에 다음 코드를 추가할 필요가 있다.

```
filtered_data['YYYYMM'] = filtered_data['YYYYMM'].dt.strftime('%Y-%m')
```

도표 21-10. [단계7. 데이터 검증]의 요청과 답변

You

복합SCFI_2021-09.xlsx
Spreadsheet

(단계 7)
2014년 1월부터 2021년 9월까지 아래 필드에 대해서 "복합SCFI_2021-09.xlsx"와 "전처리_SCFI.xlsx" 두 파일의 데이터가 모두 동일한지, YYYYMM 기준으로 정렬한 후 차이점을 확인합니다.
YYYYMM, CH_EXP, G_RELI, FLEET_DEV, SCFI_C

Data Analyst

먼저 "복합SCFI_2021-09.xlsx"와 "전처리_SCFI.xlsx" 두 파일을 로드하고, 필요한 필드에 대해 데이터를 비교하겠습니다. 데이터는 2014년 1월부터 2021년 9월까지만 포함되어야 하며, 필드는 `YYYYMM`, `CH_EXP`, `G_RELI`, `FLEET_DEV`, `SCFI_C`입니다. 이를 통해 두 데이터셋의 차이점을 확인할 수 있습니다.

먼저, 두 파일을 로드하고 요구된 필드만 추출하겠습니다.
두 데이터셋을 로드하고 필요한 필드와 날짜 범위로 필터링했습니다. 이제 두 데이터셋의 차이점을 확인하기 위해 각 데이터셋을 비교하겠습니다. [>_]
두 데이터셋 간에 차이점이 없습니다. 이는 2014년 1월부터 2021년 9월까지의 데이터가 "복합SCFI_2021-09.xlsx"와 "전처리_SCFI.xlsx" 파일 모두에서 동일하다는 것을 의미합니다.

추가적인 검토나 분석이 필요하시면 언제든지 요청해 주세요! [>_]

독자가 지금까지의 요청내용을 자신의 환경에서 수행할 때 에러가 발생할 수도 있다. 요청이 완벽하지 않을 수도 있지만, ChatGPT가 완벽하지 않을 수도 있다. 특히 전처리 단계는 화면에 원하는 결과가 제시되었다고 할지라도, 원하는 결과를 재현하기 위해서 해당 파이썬 코드를 코랩에서 재 실행하여 확인하고 저장할 필요가 있다. 입출력 파일과 전처리 파이썬 코드는 공유사이트에 저장되어 있다. 아래 파일을 코랩 작업 폴더에 업로드 한다.

- ✓ 복합SCFI_2021-09.xlsx
- ✓ 외부기관의 중국수출량, 명목선복량, 미국외래관광객에 대한 전망.xlsx
- ✓ 복합SCFI2014_2023.xlsx

최종적으로 전처리하여 생성된 아래 파일을 이용하여 예측모형을 개발하자.

- ✓ 전처리_SCFI.xlsx

복합 SCFI 예측모델링을 한다

모델링 시점은 2021년 10월 초이며, 2021년 10월부터 2023년 2월까지의 복합 SCFI를

예측해 보자 이를 위해 데이터 전처리 단계에서 확보한 독립변수 X와 종속변수 Y의 실적 그리고 X의 전망 데이터를 사용하여 Y를 전망하는 예측 모형을 개발한다(도표 13-6 모형개발방법의 3번 방식). 예측 모형의 평가를 위해 사용할 Y의 전망치는 "SCFI_전처리.xlsx"에 저장되어 있다.

[예제 21-2. 모형 개발]

도표 21-11. 복합SCFI 예측모형 개발 요청

전처리_SCFI.xlsx
Spreadsheet

복합 SCFI를 종속변수로 갖는 랜덤포레스트, GBM, SARIMA 모형을 개발한다.
- SCFI_C: 복합SCFI, 종속변수
- 아래 변수는 모두 독립변수 후보이다.
 YYYYMM 년월, CH_EXP 중국수출량, FLEET_DEV 명목선복량, G_RELI 선박의 글로벌 정시성,
 ACTUAL_SHIP_CAPACITY 실선복량, DEMAND_SUPPLY_RATIO 수요공급비율,
DEMAND_FORECAST 수요전망, SUPPLY_FORECAST 공급전망
- 계절성을 반영하기 위하여 YYYYMM에 대해 1월을 제외한 2월부터 12월까지 각각을 나타내는 원-핫 인코딩된 컬럼들을 생성하여 모델링
 1) data['Month'] = pd.to_datetime(data['YYYYMM'], format='%Y-%m').dt.month
 2) month_one_hot = pd.get_dummies(data['Month'], prefix='Month').iloc[:, 1:] # 첫 번째 열(1월) 제외
- 전체 데이터의 마지막 2021년 10월부터 2023년 2월까는 테스트데이터로 분리함
- 훈련 데이터를 가지고 각 모형을 만들고나서, 그 모형에 기반하여 훈련 데이터를 예측하고 모형별 훈련 데이터에 대한 RMSE를 계산
- 훈련 데이터를 가지고 각 모형을 만들고나서, 그 모형에 기반하여 테스트 데이터를 예측하고 모형별 테스트 데이터에 대한 RMSE를 계산
- 훈련 데이터를 가지고 각 모형을 만들고나서 전체 데이터 실적, 예측값을 세개 모형을 하나의 그래프로 그려줘
단, 그래프에서 훈련이터 예측값은 파란색, 테스트데이터 예측값은 빨간색, 실적은 검은색으로 그려줘(X축은 YYYYMM)
- 전체 데이터를 가지고 각 모형을 만들고나서, 그 모형에 기반하여 전체 데이터를 예측하고 모형별 RMSE를 계산
- 데이터 전처리 아래 코드 사용함

```
# Extract the month and create one-hot encoded columns
data['Month'] = pd.to_datetime(data['YYYYMM'], format='%Y-%m').dt.month
month_one_hot = pd.get_dummies(data['Month'], prefix='Month').iloc[:, 1:]
# Join the one-hot encoded columns with the original dataframe
data_with_months = data.join(month_one_hot)
# Prepare the data for modeling
X = data_with_months.drop(['YYYYMM', 'SCFI_C', 'Month'], axis=1) # Independent variables
y = data_with_months['SCFI_C'] # Dependent variable
```

우선 랜덤 포레스트, GBM, SARIMA 모형을 개발하고 RMSE를 비교한다. 이후 하이퍼파라미터를 튜닝한 모형의 RMSE를 비교한다. 다음으로 SARIMA 모형 대신 SARIMAX 모형을 추가로 개발한다. SARIMAX 모형도 하이퍼파라미터를 튜닝한다. 하이퍼파라미터 튜닝 작업은 ChatGPT에서 원활하지 않으므로, ChatGPT가 제공한 파이썬 코드를 코랩에서 직접 실행한다. 코랩에서 얻은 최적 하이퍼파라미터를 다시 ChatGPT에 전달하면, 원하는 RMSE 및 그래프를 확보할 수 있다.

도표 21-11의 요청에서 원-핫 인코딩 등 전처리 코드를 추가한 것은 요청할 때마다 ChatGPT가 동일한 변수명이나 코드로 답변하지 않기 때문이다. 이와 같이 코드 레벨에서 명확히 요청하면, 관련된 질문이나 신규 창에서 질의하더라도 코드의 일관성과 안정된 품질을 확보할 수 있다. 물론 일회성 업무라면 코드 레벨까지 언급할 필요는 없다.

도표 21-12의 하이퍼파라미터 튜닝 전 초기 모형 예측결과를 보면 GBM의 예측 성능이 가장 좋다.

도표 21-12. 하이퍼파라미터 튜닝 전 3개 모형의 예측 결과 비교

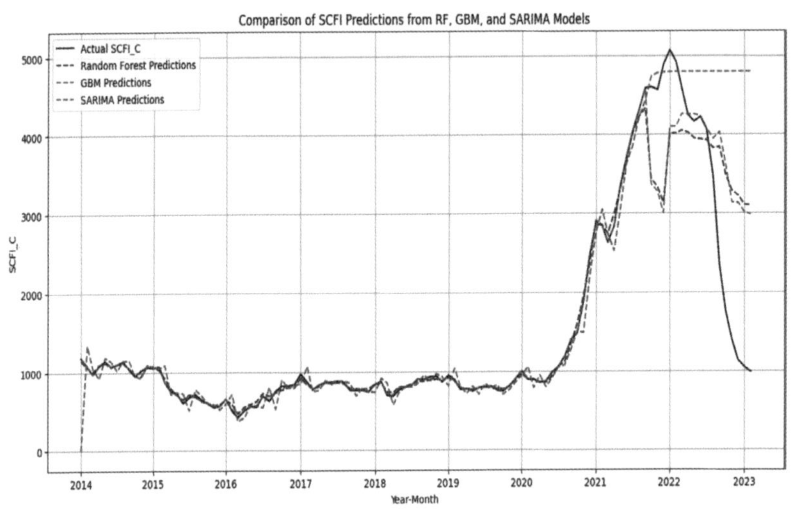

	Model	Training RMSE	Test RMSE
0	Random Forest	50.129179	1337.290144
1	GBM	15.239646	1326.110922
2	SARIMA	169.241049	2061.020163

그러나, 도표 21-13의 하이퍼파라미터 튜닝 후의 예측결과는 랜덤 포레스트가 테스트데이터에 대한 RSME값이 가장 좋다. GBM은 다소 과적합이 발생하였다. SARIMA는 훈련데이터에 대한 RMSE값은 조금 향상되었으나, 테스트데이터에 대한 RMSE값이 매우 나쁘게 나타났다. 그리고 운임은 지속적으로 상승하는 패턴을 보이고 있다. 운임이 지속적으로 상승하던 2021년 10월 시점에 랜덤 포레스트와 GBM의 전망치가 2022년 초를 정점으로 하락한다고 예측한 것은 높이 평가할 만하다. 2023년 2월까지의 가파른 운임 하락을 전망하지는 못했지만, 운임이 지속 하락한다고 전망하고 있다.

도표 21-13. 하이퍼파라미터 튜닝 후 3개 모형의 예측 결과 비교

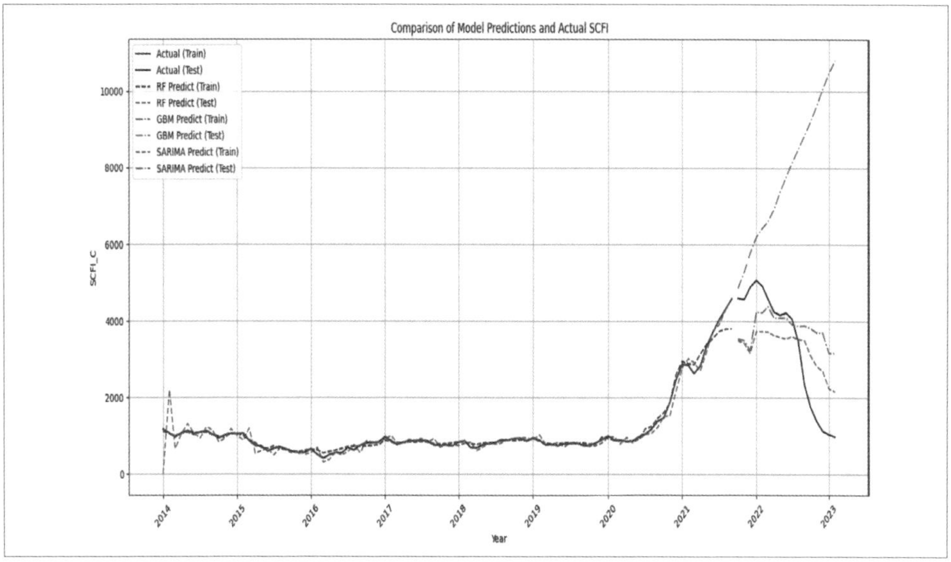

	Model	Train RMSE	Test RMSE
0	Random Forest	123.321876	1116.715662
1	Gradient Boosting	0.000003	1416.738286
2	SARIMA	205.025876	5487.670573

이번에는 SARIMAX를 추가로 개발하도록 ChatGPT에 요청한다. 반영할 외생변수는 모든 독립변수(경제지표)와 원-핫 인코딩된 월 데이터이다(1안: 이번 적용 안). SARIMAX 모형 자체가 계절적 요인을 파악할 수 있으므로, 원-핫 인코딩된 월 데이터를

외생변수에 포함하지 않을 수 있다(2안). 두가지 안 각각 장단점이 있어서 비즈니스 상황에 따라 유연하게 적용한다.

- ✓ 1안(외생변수: 원-핫 인코딩된 년월 정보 + 경제지표): 시계열 데이터에서 계절적 변동과 경제적 변동이 모두 중요한 역할을 할 때 유리할 수 있다. 그리고 데이터의 특정 시점의 이벤트나 변화를 더 정밀하게 이해할 수 있다 하지만 과적합으로 이어질 수 있으며, 모형의 일반화 능력이 떨어질 수 있다.
- ✓ 2안(외생변수: 경제지표): 경제지표만 사용하는 경우에는 계절 패턴이 덜 중요하거나 경제지표가 더 강한 예측력을 가지고 있을 때 적합할 수 있다. 하지만, 계절성과 같은 다른 중요한 시계열 패턴을 무시할 수 있으며, 특정 경제지표의 선택이 모형 성능에 큰 영향을 미칠 수 있다.

모형개발은 비즈니스에 대한 이해와 데이터를 바탕으로 한다. 적용 시점에 따라 모형의 성능은 항상 변할 수 있다. 이번 예제에서는 1안(외생변수: 원-핫 인코딩된 년월 정보 + 경제지표)을 적용한다.

ChatGPT는 train_data.drop(['YYYYMM', 'SCFI_C', 'Month'], axis=1) 함수를 이용하여 종속변수와 년월 정보를 제외하고 원-핫인코딩을 포함한 다른 독립변수를 외생변수에 포함하여 모델링한다. 초기 모형은 ARIMA(1,0,0)(1,0,0)[12]를 제안한다. 18장에서 언급하였듯이 초기 모형은 시뮬레이션 할 때마다 다를 수 있다. 이어서 ChatGPT는 auto_arima( ) 함수를 이용하여 AIC를 최소화하도록 하이퍼파라미터 튜닝을 하고, ARIMA(2,2,2)(1,0,1)[12]를 제안한다. 도표 21-14는 하이퍼파라미터의 튜닝 전후의 SARIMAX 예측결과이다. 튜닝한 모형이 초기 모형보다 테스트데이터의 RMSE가 매우 나쁘다. 해운운임이 계속 우상향한다고 전망한다. 하나의 훈련데이터에 대해서만 하이퍼파라미터를 최적화하였지만, 하이퍼파라미터 최적화 모형이 테스트데이터 및 미래 구간의 전망을 보장하지는 않는다.

도표 21-14. 하이퍼파라미터 튜닝 전후의 SARIMAX의 예측 결과 비교

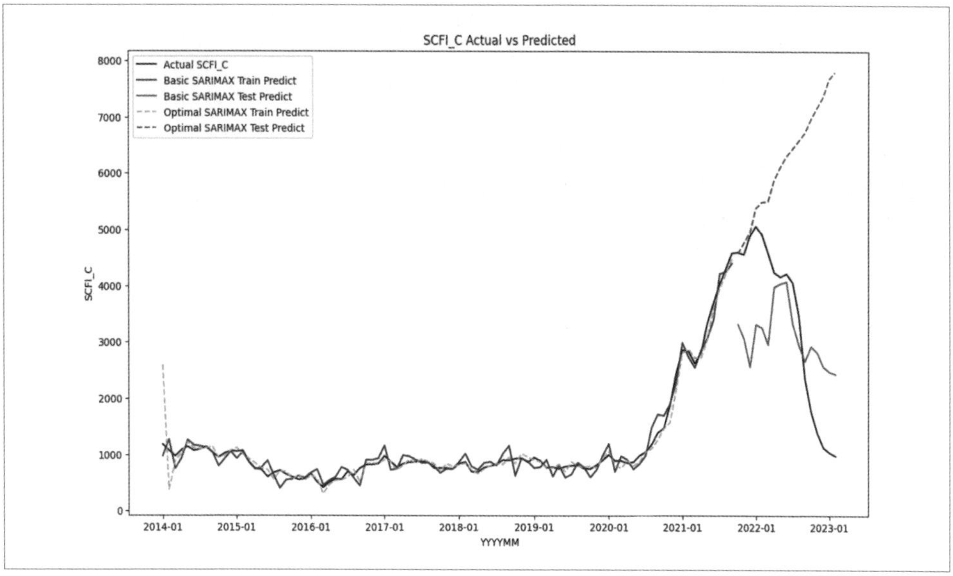


```
Basic SARIMAX Train RMSE: 141.17871731167105
Basic SARIMAX Test RMSE: 1290.6201022681707
Optimal SARIMAX Train RMSE: 184.98179985200417
Optimal SARIMAX Test RMSE: 3731.0046959596452
```

ChatGPT가 생성한 파이썬 코드를 코랩에서 실행하면 에러가 발생하기도 한다. 원-핫 인코딩을 한 칼럼은 Boolean 형태이다. Boolean 형태는 SARIMAX에서 외생변수 처리 시 에러가 발생한다. 따라서 코랩에서 원-핫 인코딩 데이터를 결합하고 나서 도표 21-15의 파이썬 코드를 추가하기 바란다. 또는 ChatGPT에 요청할 때 코드 레벨로 명시한다.

도표 21-15. 외생변수 에러 방지를 위해 원-핫 인코딩을 한 칼럼을 float형태로 변경(코랩)

```
# Boolean 칼럼만 선택
bool_cols = data_with_months.select_dtypes(include='bool').columns
# 선택한 Boolean 컬럼을 float 타입으로 변환
data_with_months[bool_cols] = data_with_months[bool_cols].astype(float)

# Boolean 칼럼만 선택
bool_cols = data_with_months.select_dtypes(include='bool').columns
# 선택한 Boolean 컬럼을 float 타입으로 변환
data_with_months[bool_cols] = data_with_months[bool_cols].astype(float)
```

```
# Boolean 칼럼만 선택
bool_cols = data_with_months.select_dtypes(include='bool').columns
# 선택한 Boolean 컬럼을 float 타입으로 변환
data_with_months[bool_cols] = data_with_months[bool_cols].astype(float)

# Boolean 칼럼만 선택
bool_cols = data_with_months.select_dtypes(include='bool').columns
# 선택한 Boolean 컬럼을 float 타입으로 변환
data_with_months[bool_cols] = data_with_months[bool_cols].astype(float)
```

ChatGPT로부터 원하는 답변을 얻은 후, 비슷한 내용을 재 요청하면 원하는 결과을 얻을 수 없는 경우도 있다. 예를 들어, 예측결과 그래프에서 X축이 모든 년월을 표시하고 있어 복잡하므로, ChatGPT에 년도만 표시하도록 수정을 요청하였으나 만족스러운 결과를 얻지 못하기도 한다. 코랩에서 다음 문장을 plt.show( ) 함수 앞에 추가한다. plt.xticks(data['YYYYMM'][::12], rotation=0) # 년도만 표시. 아니면 코드레벨에서 ChatGPT에 요청한다.

위의 관련 내용은 공유사이트의 첨부파일 '21장. 도표 21-14 복합 SCFI 예측모형 개발-SARIMAX ChatGPT 요청 내용.txt'에 있다. ChatGPT에 auto_arima( ) 함수의 이용, 외생변수 포함 범위, X축은 년도만 표기, 외생변수 에러 방지를 위해 원-핫 인코딩을 한 칼럼 float형태로 변경 등을 추가하여 SARIMX 모형을 개발하도록 요청한 내용이다.

이번 장 [예제 21-2. 모형 개발]에서 제시한 복합 SCFI 예측모형 개발 방식과 앞서 제4부의 복합SCFI예측모형 개발 방식의 가장 큰 차이는 "파생변수"와 "대체인자를 통한 미래전망 반영"이다. 실선복량, 수요공급비율, 수요전망, 공급전망 등 운임시황 도메인을 보다 잘 반영할 수 있는 파생변수를 도출해서 모형에 반영한 것이다. 선박의 글로벌 정시성에 대한 전망을 대체 변수인 미국 외래 관광객수 전망으로부터 산출한다. 미국 외래 관광객 수의 미래 전망을 이용하여 코로나-19 환경을 대변할 수 있는 선박의 글로벌 정시성의 미래 전망을 예측한 것이다. 하지만 코로나-19 환경이 종료되면 선박의 글로벌 정시성의 영향력은 감소한다. 새로운 비즈니스 환경에 맞는 독립변수로 지속적인 모형 개선이 이루어져야 한다.

선사는 실제 가용한 선복량의 수급을 조절하여 운임을 통제한다. 선사의 이런 조치와 관련된 인자에는 선박 속도의 변화, 항차 스케줄 변경 등이 있다. 운하 통제, 항만 파업 및 항만 폐쇄 등 주요 이벤트도 운임에 영향을 미친다. 이러한 주요 이벤트를 사전에 감지하고 영향도를 평가할 수도 있다. 실제 기업에서 활용하고 있는 SCFI 예측모형은 이러한 변수들을 포함하기도 한다. 기업이 차별화된 예측모형을 개발하기 위해서는 우선 데이터 확보가 전제되어야 한다.

이제 ChatGPT의 도움으로 예측모형을 쉽게 개발할 수 있게 되었다. 모형선정과 비교, 스케일링, 하이퍼파라미터 최적화 등은 파이썬에 익숙하지 않은 사람에게는 엄두도 내지 못한 영역이었다. 그러나 이제는 ChatGPT를 활용하면 누구나 머신러닝 모형개발을 할 수 있다. 하지만 모델링 이전에 변수 선정에 더 많은 고민이 필요하다. 도메인에 대한 이해를 바탕으로 인과지도의 작성을 추천한다. 모델링을 수행하는 것과 별개로 아래 내용을 기억하자.

1) 모형에 포함시킬 후보 독립변수의 선정이 가장 중요하다.
2) 신뢰할 수 있는 독립변수의 전망치를 가급적 확보하여 활용한다.
3) 파생변수의 활용을 적극 검토한다.

결국 변수 선정을 잘하기 위해서는 도메인 지식이 바탕이 되어야 한다. 따라서 개인의 데이터분석의 역량은 도메인 지식과 상상력에 좌우될 것이다.

조별 프로젝트를 수행하고 발표를 한다

이 책은 ChatGPT를 활용한 SCM/물류 데이터분석 전문서적이지만 학교, 공공 교육기관 또는 기업에서 데이터분석에 관심이 있는 학생 및 직장인을 대상으로 40시간 분량의 데이터분석 교육과 실습에 활용될 수 있다. 이 책을 이제까지 혼자서 공부하였거나, 강의를 청취한 독자는 다음 3개의 프로젝트를 스스로 수행할 수 있다.

이 책을 교재로 활용하는 강사님에게 적극적인 수강생의 참여 유도 및 상호 커뮤니케이션 강화를 목적으로 수강생의 프로젝트 수행 결과를 발표하는 시간을 갖도록 추천한다. 독자는 아래의 프로젝트를 수행하면서 각자가 직면하는 어려움을 상호 공유하고, 각 수행 프로젝트에 대해 강사가 직접 멘토링을 수행한다. 단방향 커뮤니케이션이 아니라 양방향 커뮤니케이션이 가능하다. 데이터분석 경진대회 형식으로 진행할 수도 있고, 자발적으로 참여하는 수강생을 위한 멘토링 프로그램을 운영할 수도 있다. 저자가 추천하는 방식은 아래와 같다.

전체 조는 6개 이상을 넘지 않는다. 각 조는 아래 세개의 프로젝트를 수행하고 발표한다. 각 조는 3명 ~ 4명으로 구성하고, 각 구성원은 아래 중 하나의 프로젝트를 발표한다. 참여하는 수강생 수, 멘토링 강도, 프로젝트의 난이도에 따라 발표 시간을 다르게 설정할 수 있다.

- ✓ 프로젝트1. [물류센터 설계] 과거 물동량 실적을 분석하여 미래의 입출고량과 재고량을 제시하시오.
- ✓ 프로젝트2. [재고통제 시스템] 과거 출하량과 공급 리드타임을 분석하여 안전재고, 발주점 및 발주량을 제시하시오.
- ✓ 프로젝트3. [운임시황예측] 물류비 경영계획 수립과 운임협상을 위한 미서안 SCFI 월별 전망치를 제시하시오.

논리력, 상상력, 커뮤니케이션 능력을 기준으로 멘토링을 진행한다. 일반적으로 데이터 확보에 어려운 것이 현실이다. 데이터 부족을 극복하고 현실을 대변할 수 있는 가설을 수립하는 "상상력"이 매우 중요하다는 것을 강조할 필요가 있다.

프로젝트 1 물류센터 설계를 위한 물동량 분석

가상의 기업 KR은 세탁기, 냉장고, TV를 판매한다. 매출 성장에 대응하기 위해 물류센터를 신축 또는 확장하고자 한다. 현 시점은 2024년 1월초이다. 물류센터 신축 및 확장의 규모는 매출 성장 속도에 따라 향후 3~5년의 매출 전망을 반영해야 한다. 2028년에는 완공하여 물류센터를 이용해야 한다. 2028년의 매출 전망을 반영하여 입고 Dock, 출고 Dock의 개수 및 재고를 보관할 면적을 산정한다. 이번 프로젝트 1은 Dock 개수 및 재고 면적을 산정하기 위해 처리할 물동량과 그 산정 근거를 제안하는 것이다.

아래의 내용은 실무에서 물류센터 설계를 위한 물동량을 분석할 때 작성하는 내용의 예시이다. 아래 항목에서 최소 2개 이상의 항목을 선택하여 물동량 분석 결과를 준비한다. 단위는 CBM이며, 제품군은 모델의 그룹을 의미한다.

1. 최근 2년간 월별 입고, 출고, 재고량의 추이(일 평균재고, 입출고 월 합계)
   - ✓ 재고는 막대형, 입출고는 꺾은선 그래프(단위: CBM)
   - ✓ 2022년, 2023년 물동량 정보(프로젝트1.xlsx '통계TEMPLATE' sheet참조)
2. 2028년 제품군별 재고 월별 추이(피크 3개월 표시)
   - ✓ 영역형 그래프(단위: CBM)
3. 2028년 제품군별 출고 월별 추이
   - ✓ 장표의 상단: 영역형 그래프, 장표의 하단: 제품군별 테이블(단위: CBM)
4. 2028년 일별 예상 출고 추이(서비스 수준: 95%, 목표 출고)
   - ✓ 꺾은 선 그래프, 목표 출고량 표시
5. 2028년 월별 평균 재고 추이(서비스 수준: 90%, 목표 재고, 년 평균 재고)
   - ✓ 월별 일평균 재고 막대 그래프, 목표 재고량 표시

별첨 1. 2023년 일별 입출고량 추이

✓ 꺾은 선 그래프(입고: 검은색, 출고: 파란색)

별첨2. 2028년 일별 제고 추이(서비스 수준: 90%)

✓ 회색 막대 그래프, 목표 재고량 표시

위에서 피크 3개월이란 재고가 가장 많은 월을 의미한다. 서비스 수준은 미래 물류센터가 일별 출고, 일별 재고를 차질없이 처리하는 비율을 의미한다. 미래 물류센터가 일별 출고량 중 95%에 해당하는 일자들의 출고량을 처리할 수 있도록 일 타겟 출고량을 설정한다는 것이다.

연도별 출고 전망은 모델별 전년 대비 증가 비율을 저장한 프로젝트1.xlsx의 '2024년2028년모델별출고수량증가비율' sheet를 참조한다. 입고 전망은 과거 2년간 전체 출고량 대비 입고량의 비율이 미래에도 적용된다. 2022년과 2023년 전체 연간 출고량 평균을 평균 연 출고량(A)이라고 하자. 2022년과 2023년 평균 일 재고량을 평균 일 재고량(B)이라고 하자. 평균 연 출고량 대비 평균 일 재고 비율 C는 B/A * 100 이다. C 값은 2027년 모델별 연말 재고를 추정할 때 적용된다. 모델별 2027년 12월 31일 연말 기말재고는 2027년 모델별 예상 출하량 합계에서 평균 연 출고량 대비 평균 일 재고 비율(C)

을 곱해서 구한다.

2022년과 2023년 전체 연간 입고량 평균을 평균 연 입고량(D)이라고 하자. 출고대비 입고비율 E는 D/A * 100 이다. E 값은 2028년 입고량 전망을 추정할 때 적용된다. 즉, 출고대비 입고비율 E값과 2028년 출고전망을 곱해서 2028년 모델별 입고전망을 산출한다. 2028년의 일별 입출고 패턴은 2023년의 일별 입출고 패턴을 따른다고 가정한다. 2023년의 연간 입출고 물량을 기준으로 일별 입출고 비중을 산출하여, 2028년의 해당 일자에 동일한 비중으로 적용한다. 일요일에도 입출고는 발생한다.

입출고 전망은 일반적으로 금액 또는 수량으로 제시한다. 여기서 제시한 수량을 기준으로 CBM으로 환산할 필요가 있다. 모든 분석은 CBM을 기준으로 분석한다. 입출고 수량은 0보다 크거나 같은 반올림 처리한 자연수이다. CBM 계산 결과도 반올림하여 0보다 크거나 같은 자연수로 표시한다. Model Master의 가로, 세로, 높이의 단위는 mm이다.

필요시 각자 합리적인 가정을 추가하여도 된다. 필요한 자료는 자료 공유 사이트에 업로드한 프로젝트1.xlsx 파일을 참조하기 바란다. 사용하는 데이터분석 도구에 대한 제약은 없다. 발표과정에서 작성 근거에 대한 고객과의 수월한 커뮤니케이션, 작성 근거에 대한 고객 제출 그리고 고객에게 데이터의 접근 용이성 제공 등을 고려하면 엑셀로 분석하는 것을 추천한다. 하지만 파이썬과 ChatGPT의 학습을 목적으로 파이썬과 ChatGPT로 개발하여도 무관하다. 일반적으로 실무에서는 파워포인트에 근거자료를 복사하거나 객체 삽입하는 형태로 보고서를 작성한다.

프로젝트 2 수요와 공급의 변동성을 고려한 후보충 모형 개발

아래의 내용을 ROP/OUTL 모형에 기반하여 1일차부터 10일차되는 날까지 일자별로 수요, 안전재고, 최대재고, 발주점, 기초재고, 가용재고, 기말재고, 발주량 순으로 테이블 형태로 표시한다. 결과는 파일명 프로젝트02_결과.xlsx로 하여 저장한다.

세탁기를 보관하는 물류센터의 과거 3개월의 세탁기 출하실적정보는 프로젝트2.xlsx 파일의 'GI02' sheet에 저장되어 있다. 공장에서 물류센터로 발주 후 입고까지의 공급 리드타임의 평균은 3일이고, 표준편차는 1일이다. 출하량과 공급 리드타임은 모두 정규분포를 갖는다. 세탁기 출하전망은 과거 출하실적 정보를 이용하여 전망한 예측치이다. 이때 적용 모형은 시간을 독립변수로 한 최소자승법이다. 출하량을 수요로 간주하며 서비스 수준을 95%로 유지하고자 한다.

- ✓ 과거 출하실적정보에는 이상치 데이터가 포함되어 있다.
- ✓ IQR(Inter Quantile Range)을 이용하여 이상치 데이터를 검출한다. 이상치 데이터의 기준은 IQR에 1.5를 곱해서 생성된 범위를 이용한다. 최댓값은 3/4분위수(Q3)에 IQR × 1.5를 더한 값이다. 최솟값은 1/4분위수(Q1)에서 IQR × 1.5를 뺀 값이다. 이렇게 구한 최댓값보다 큰 값 또는 최솟값보다 작은 값을 이상치 데이터로 간주한다.
- ✓ 이상치는 이상치를 제거한 데이터의 평균값으로 대체한다. 반올림하여 자연수로 만든다.
- ✓ 출하전망을 예측할 때 이상치를 보정한 데이터를 사용하고, 시간변수는 상대적 시간변수를 사용한다. 예측치는 반올림하여 자연수로 만든다.
- ✓ 오더주문간격과 재고점검주기는 모두 1이다. Review Time Factor는 1로 설정한다.
- ✓ 출고전망 시작일의 기초 재고, 입고 예정량 등 정보는 프로젝트2.xlsx 파일의 '기준정보' sheet에 저장되어 있다.
- ✓ 최대재고, 발주점, 안전재고, 기초재고, 가용재고, 발주량은 산출 후 반올림하여 0보다 크거나 같은 정수로 만든다.
- ✓ Backorder 등 추가 요소의 고려여부는 프로젝트2.xlsx의 'Backorder' sheet를 참조한다. Backorder가 추가된다면 안전재고 산출 시 고려하지 않는다. 단, 특정일에 Backorder가 발생한다면 다음날 수요 전망에 추가하여 최대재고와 발주점 산출에 반영한다.

공유 사이트에 업로드한 프로젝트2.xlsx 파일을 참조한다. ChatGPT 또는 파이썬을 사용하여 데이터를 분석하고 프로젝트02_결과.xlsx와 최종 파이썬 코드도 같이 제출한다.

프로젝트 3 미서안 SCFI 예측 모형 개발

코로나19환경에서 해상 운임이 급격히 상승하였다. 이러한 환경에서2021년 10월 현재 물류비 경영계획을 수립해야 한다. 그리고 중국 현지 공장에서 미국 서안(서쪽 해안)으로 수출을 하는 기업이므로, 미서안 SCFI에 근거하여 2021년말에 선사와 해운 운임

협상을 해야 한다. 과거에 개발한 해상 운임예측 모형은 코로나19환경에서는 적용이 불가능하다. 따라서 경영계획 수립과 연말 운임협상에 활용하기 위하여, 2021년 10월부터 2023년 2월(테스트 구간)까지의 월별 미서안 SCFI를 전망하도록 예측 모형을 개발하고자 한다.

2014년 1월부터 2021년 9월까지의 미서안 SCFI와 경제 인자 데이터를 확보하고 있다(프로젝트3.xlsx 파일의 '경제자료' sheet 참조). 4부에서 사용한 경제지표에 글로벌 선박 지연일수(G_DELAY_DAYS)와 극동에서 북미간 국제선 RPK(RPK_US)가 추가되어 있다. 여기서 RPK(Revenue Passenger Kilometers, 유상승객 킬로미터)는 항공사의 여객 운송실적을 나타내는 것으로 유상 탑승객 × 운송거리를 나타낸 것이다. 두 자료 모두 2014년을 100을 기준으로 변환한 지표이다. 그리고 외부 조사기관으로부터 확보한 중국수출량, 명목 선복량, 미국 외래 관광객 전망 데이터가 주어진다(프로젝트3.xlsx 파일의 '미래전망' sheet 참조). 추가인자가 필요하다면 추가인자를 발굴하여 모형에 반영한다. 단, 모형에 추가하기 위해서는 합리적인 논리가 제시되어야 한다.

미서안 SCFI를 예측하는 모형의 개발 결과를 제출한다. 단, 아래의 내용은 반드시 포함되어야 한다.

- ✓ 다중회귀 또는 규제회귀 중 택일, SARIMAX, 앙상블 모형은 반드시 포함한다. 즉 언급한 최소 3개 모형은 개발해야 한다.
- ✓ 다중회귀모형을 사용하였다면 다중 공선성, 잔차분석 등 모형에 대한 검증을 한다.
- ✓ 규제회귀는 왜도의 절대값이 1보다 큰 독립변수는np.log1( ) 함수를 사용하여 로그변환한다. 이를 모형 개발에 반영한다.
- ✓ SARIMAX 모형 개발 시, 1안(외생변수: 원-핫 인코딩된 년월 정보 + 경제지표)과 2안(외생변수: 경제지표)의 예측 결과를 비교한다.
- ✓ 최종 독립변수를 선택한 배경과 최종 독립변수의 영향력 또는 중요도를 설명한다.
- ✓ 테스트 구간에 대한 개발 모형들의 SCFI 예측치 추이를 하나의 그래프로 비교한다.
- ✓ 테스트 구간에 대해 예측 정확도를 표시하고 최종 모형을 제안한다.
- ✓ 제시하는 최종 모형의 장단점을 기술한다.

관련 자료는 자료 공유 사이트에 업로드한 프로젝트3.xlsx 파일을 참조하기 바란다.

독자는 이번 프로젝트 수행함으로써 기업 실무에서 예측모형을 개발할 때 고민하는 내용도 간접적으로 체험하였으면 한다.

- ✓ 환경 변화에 따라서 모형은 지속적으로 개선되어야 한다
- ✓ 과거의 데이터에만 집착하지 않고 환경 변화를 잘 반영하는 인자 도출이 중요하다.
- ✓ 과도한 인자를 사용하는 경우, 데이터 구매 비용 및 데이터와 모형의 유지보수 비용이 증가한다.
- ✓ 논리적 설명에 부합하는 핵심적인 인자를 사용한 단순화된 모형으로 개발한다.
- ✓ 단순히 데이터분석 결과가 아니라 도메인 지식을 결합하여, 개발한 모형의 가치를 타인에게 합리적으로 설명할 수 있어야 한다.

이번 프로젝트는 정답이 없는 열린 주제이므로 프로젝트에 대한 해답과 파이썬 프로그램은 이 책에 포함되어 있지 않다. 독자는 프로젝트 수행, 프로젝트 발표, 토론 및 멘토링을 통해 데이터분석 역량이 향상되는 것을 느낄 수 있을 것이다.

제22장
글로벌 선진 사례

최근 몇 년 사이 인공지능 기술의 발전과 함께 등장한 생성형 AI는 기업들이 해당 기술에 대한 관심을 급격히 증가시켰다. 대규모 연산을 필요로 하는 GPU와 CPU의 발전은 인간의 개입 없이 스스로 학습할 수 있는 생성형 AI와 같은 기술과 초거대 언어 모델(LLM)의 발전을 빠르게 성장시켰다. 이러한 생성형 AI 기술을 통해 기업은 인공지능 활용 진입장벽을 낮추고, 산업 내 다양한 밸류 체인의 효율화를 이끌어내는 것을 통해 비용 절감 및 신규 수익 확보를 달성하며, 업무 효율화를 이루는데 적극적으로 활용하고 있다. 특히, ChatGPT의 등장은 이러한 변화에서 핵심적인 역할을 하였는데, 많은 기업들이 생성형 AI를 통해 다양한 산업에서 비즈니스 모델의 재구성을 촉진하는데 더욱 힘을 불어넣고 있다. 이처럼 최근 생성형 AI관련 기술들은 기업들이 고객들에게 전통적인 서비스 방식을 넘어 새로운 경험을 제공하는데 혁신적인 역할을 하고 있다.

최근 기업들은 ChatGPT를 챗봇의 기능으로 활용하여 고객이 해당 기업의 서비스를 더욱 편리하게 사용할 수 있도록 돕고 있다. 이는 기업이 고객의 관점에서 편의를 통한 고객 지향적 서비스를 강화하고 있다는 의미이다. 또한 어떤 기업들은 내부 업무의 효율성을 높이기 위해 자체 제작된 특정 기업의 업무에 특화된 생성형 AI 기술의 모듈을 제공하는 B2B 사업을 진행하고 있다. 이를 통해 외부 시스템을 사용 시 발생할 수 있는 보안 문제를 해결함과 동시에 기업 내부 업무 수행에 필요한 차별화된 기능을 제공하는 것으로 그 사업 영역을 확장하고 있다.

이러한 움직임 속에서 2023년 말에 출시된 GPT 스토어는 기업들의 AI 혁신 활동을 더욱 활성화시키는 계기가 되었다. 오픈AI가 제공하는 GPT 스토어를 통해 개발자들은 자신들의 특정 필요에 맞는 자체적인 플러그인을 ChatGPT 환경 내에서 개발하고 배포할 수 있게 되었으며, ChatGPT를 통해 개발자의 특화된 기능들을 생성형 AI와 함께 사용할 수 있게 되었다. 이는 기업들이 더욱 쉽게 ChatGPT와 같은 대화형 생성형 AI 기술을 자체 소프트웨어에 접목시킬 수 있는 환경을 맞이하게 된 것이다. 이러한 대화형 시스템은 사용자들이 특정 작업을 더욱 효율적으로 수행할 수 있도록 한다. 또한 기업들은 생성형 AI를 통해 더욱 강화된, 맞춤형 서비스를 고객에게 제공할 수 있는 기회를 얻었다.

본 장에서는 이처럼 최근 각광받고 있는 생성형 AI 기술들이 SCM 및 물류 분야에서 차별화된 비즈니스 애플리케이션을 제공하는데 어떻게 활용되고 있는지 글로벌 선진 기업들의 사례들을 통해 살펴보도록 한다. 이를 통해 이들 기업이 어떠한 방식으로 생성형 AI 기술을 활용하여 시장 경쟁력을 강화하고, 차별화된 서비스를 제공하며, 고객 만족도를 높이는지를 살펴볼 것이다. 이러한 사례들을 통해 독자들은 SCM 및 물류 분야에서 생성형 AI의 현재와 미래의 적용 가능성을 보다 구체적으로 생각해 볼 수 있을 것이다.

삼성 SDS - 첼로스퀘어

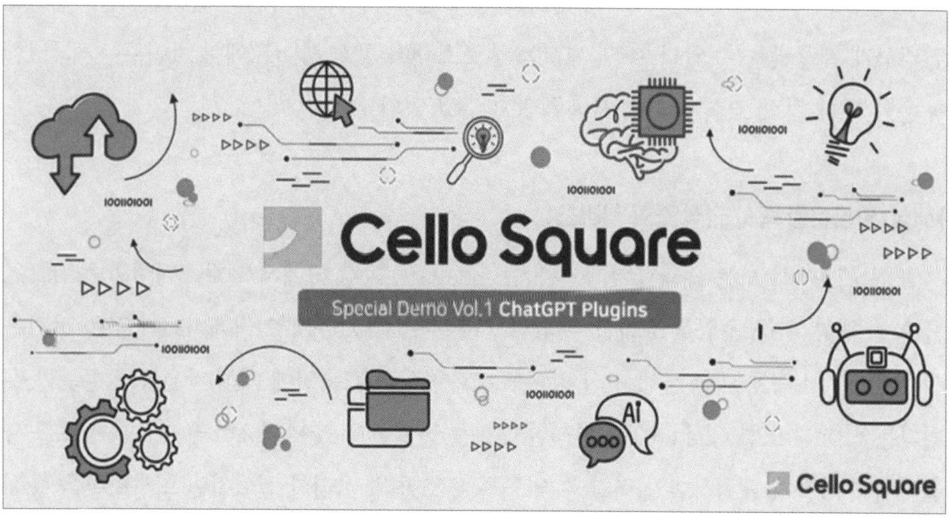

출처: 첼로스퀘어 공식 홈페이지 (https://www.cello-square.com/kr/news/view-165.do)

첼로스퀘어는 삼성SDS가 개발한 혁신적인 디지털 물류 플랫폼으로 2021년 8월에 공개되었다. 이 플랫폼은 물건 배송의 전체 과정을 포장부터 배송까지 모니터링 하고 이러한 과정에서 필요한 업무를 간편하게 처리할 수 있도록 지원하는 시스템이다. 특히 물류 담당자가 자신의 업무 범위에 맞게 맞춤형 기능들을 구성할 수 있으며, 물류 현황, 예상 도착 시간, 변동 사항, 지연 현황 등의 물류 배송 과정에서 발생하는 주요 정보를 실시간으로 확인할 수 있도록 지원한다. 또한, 첼로스퀘어는 광학문자인식(OCR) 기술을 활용하여 선적 서류 정보를 자동으로 인식 및 추출하고 필요한 서류를 생성하는 등의 자동화 기능을 갖추고 있으며, 드론을 이용한 창고 재고 조사와 같은 첨단 기술을 물류 과정에 통합해 높은 효율성을 제공한다. 이러한 기능들은 물류 담당자가 보다 정확하고 신속하게 물류 관련 작업을 수행할 수 있게 지원함으로써 차별화된 서비스를 제공한다.

최근 삼성SDS는 GPT 스토어에 첼로스퀘어 플러그인을 공개하고 시범 운영을 시작하였다. GPT 스토어에서 'Cello Square - Logistics Service'를 검색하면 해당 서비스의 이용이 가능하다. 이로써 사용자는 ChatGPT에서 사용 가능한 자연스러운 대화를 통해 첼로스퀘어 플러그인에 접속하여 필요한 기능들을 사용할 수 있게 되었다. 간단한 대화형 질문을 통해 견적 조회나 화물 트래킹이 가능하고 보다 면밀한 업무도 가능하다. 예를 들어, 필요한 실시간 견적 정보를 주고, 해상운임과 항공운임을 쉽게 비교할 수 있다. 또한, HBL 번호를 통해 화물 위치 추적도 간단히 처리할 수 있으며, 트래킹 사이트를 통해 예상 도착 시간과 지연 정보 등 단계별 상세 정보 와 지도 기반의 실시간 위치 정보를 편리하게 제공받을 수 있다. 아래 예시는 첼로스퀘어 공식 사이트에서 보여주는 해상/항공운임 즉시 견적 조회 서비스 사례를 보여주고 있다.

[해상/항공운임 즉시 견적 조회 서비스]

도표 22-1에서 보는 것과 같이 사용자는 ChatGPT환경 하에서 첼로스퀘어의 플러그인을 통해 해상/항공 운임을 조회할 수 있다. 사용자는 ChatGPT 인터페이스가 갖는 장점은 사용자가 시스템에 대한 사전 지식 없이도 대화형식으로 운임에 대해 자유롭게 질문할 수 있다는 점이다. 또한 ChatGPT는 이러한 대화를 진행함에 있어 필요한 추가적인 정보를 사용자에게 적절히 요청하여 입력할 수 있도록 유도한다. 이러한 언어적인 의사소통을 통해

사용자는 보다 정확한 정보를 편리하게 얻을 수 있다는 장점을 갖게 된다.

[화물 위치 실시간 트래킹]

첼로스퀘어의 또다른 기능으로 화물 위치 트래킹 서비스가 있다. 여기에서도 사용자는 ChatGPT의 인터페이스를 통해 대화형 방식으로 택배 송장번호(HBL 번호)를 입력하고 화물 위치를 손쉽게 추적할 수 있다. 더불어, ChatGPT가 첼로스퀘어에서 제공하는 트래킹 사이트로 연결하여 이를 통해 예상 도착시간(ETA), 지연 정보 등의 단계별 상세 정보부터 지도 기반의 실시간 위치 추적과 같은 보다 정교한 결과를 첼로스퀘어의 자체 사이트에서 확인할 수 있도록 하고 있다.

도표 22-1. ChatGPT를 통한 첼로스퀘어 플러그인 운임 견적 시연 사례

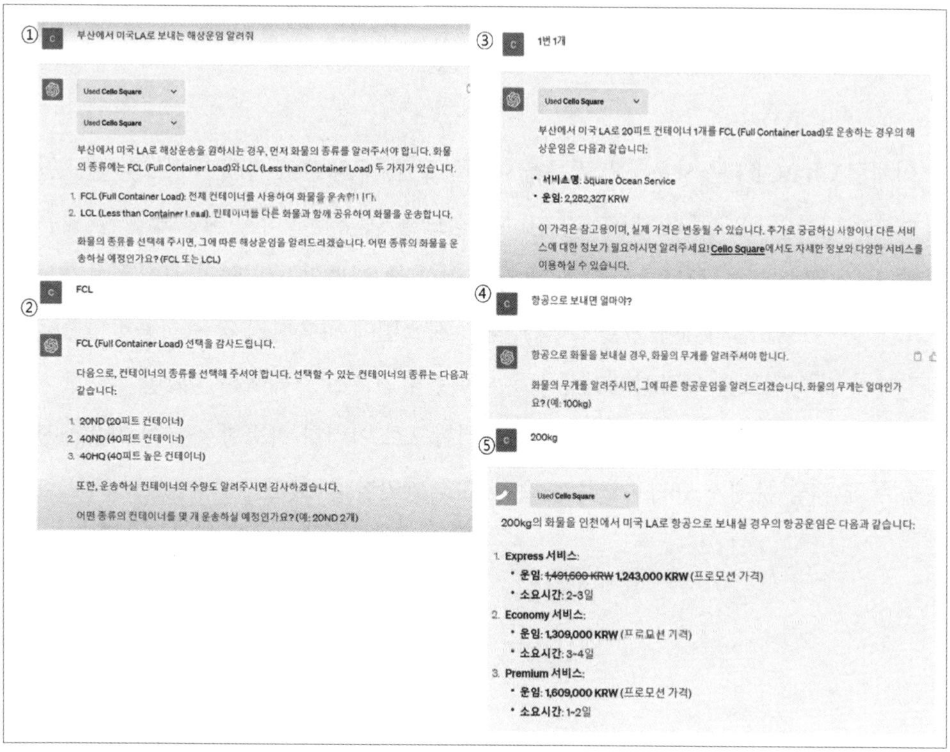

출처: 첼로스퀘어 공식 홈페이지(https://www.cello-square.com/kr/news/view-165.do)

도표 22-2. ChatGPT와 자체 사이트를 통한 실시간 화물 정보 확인 시연 사례

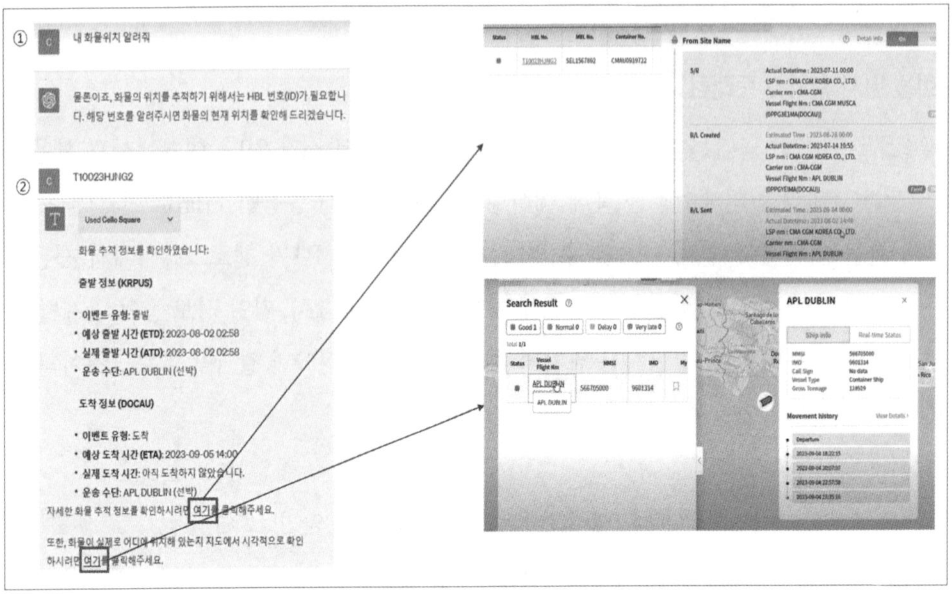

출처: 첼로스퀘어 공식 홈페이지(https://www.cello-square.com/kr/news/view-165.do)

이처럼 ChatGPT는 사용자의 질문을 이해하고 이에 대한 추가적인 정보가 필요할 때 적절하게 되물어 봄으로써 사용자가 원하는 정보를 보다 정확하게 제공해 줄 수 있는 양방향 커뮤니케이션을 가능하게 한다. 만약 이러한 챗봇의 기능이 없었다면, 사용자는 스스로 모든 정보를 입력해야 했을 것이다. 특히 시스템에 익숙하지 않은 사용자가 이러한 과정에서 필수 정보를 누락시키거나 잘못 입력한다면 첼로스퀘어는 정확한 정보를 제공하기 어려웠을 것이다. 허나 ChatGPT와의 결합으로 이러한 양방향 소통이 가능해졌고, 이를 통해 해당 문제가 효과적으로 해결된 것을 확인할 수 있다.

아마존 AWS - 아마존 Q

출처: 아마존 AWS 공식 홈페이지 (https://aws.amazon.com/ko/developer/)

많은 해외 IT 선도 기업들 역시 최근 생성형 AI를 통한 비즈니스 혁신의 흐름에 동참하고 있다. 대표적인 예로 최근 아마존AWS는 자체적으로 개발한 생성형 AI 모듈과 결합된 맞춤형 비즈니스 솔루션을 선보였다. 아마존 AWS가 최근 출시한 아마존 Q는 기업용 인공지능 서비스로, 기업들이 초거대언어모델(LLM) 기반의 생성형 AI을 활용하여 업무 프로세스를 자동화하고, 보다 정밀한 데이터 분석을 가능하게 하여 신속한 의사결정을 할 수 있도록 설계되어 있다. 아마존 Q는 클라우드 기반으로 제공되며, 개인화된 AI 모델을 생성할 수 있는 플랫폼을 통해 기업의 내부 데이터를 활용하지 않고도 고도의 맞춤화를 가능하게 한다. 이는 기업 비밀을 보호하면서도 고도의 맞춤화를 가능하게 한다는 점에서 큰 장점을 가진다.

아마존 AWS는 디지털 변환의 가속화와 함께 기업들이 데이터 및 입무 프로세스 관리에서 보다 효율적인 솔루션을 요구하는 상황에 대응하여 아마존 Q를 개발했다. 아마존 Q를 통해 기업들이 내부 리소스를 최적화하고 신속한 의사결정을 지원할 수 있는 LLM 기반의 AI를 클라우드를 통해 쉽게 접근하고 활용할 수 있다. 아마존 Q는 특히 개발자와 비즈니스 사용자들이 복잡한 코딩 없이도 AI의 이점을 누릴 수 있게 하여, 기술적 장벽을 허물고 비즈니스 혁신을 촉진하는 데 그 목적을 두고 있다.

특히SCM 및 물류 관리 플랫폼인AWS Supply Chain 공급망 관리 비즈니스 애플리케이션에 아마존Q가 적용될 예정이다. AWS Supply Chain은 클라우드 기반의 애플리케이션으로, 기업이 데이터를 쉽게 통합하고, 기계 학습을 통해 공급망 관리에 필요한 다양한 기능들을 제공하고 있다. 데이터 레이크를 통해 서로 호환되지 않는 데이터를 분석하고, 통합 데이터 모델로 변환하여, 실시간으로 재고 상태를 시각화하고 재고 위험을 파악할 수 있게 한다. 또한, 공급망의 리스크를 식별하고, 이에 대응하는 최적의 조치를 제안하여 재고 관리자와 계획 담당자가 효과적인 결정을 내릴 수 있도록 지원한다. AWS Supply Chain은 또한 외부 거래 파트너와의 협업을 강화하고 지속 가능성을 관리하는 기능을 제공하여 공급망의 효율성과 투명성을 높인다. 곧 도입될 아마존Q는 이러한 기능들을 한층 강화하여, 공급망 관리에 필요한 지능적인 답변과 심층적인 분석을 대화형 의사소통을 통해 제공할 것이다. 도표 22-3은 아마존Q를 통해 AWS Supply Chain의 재고 품절의 현황을 확인하는 시연 화면을 보여준다.

도표 22-3. 아마존Q를 통한 재고 품절 현황 확인 시연 사례

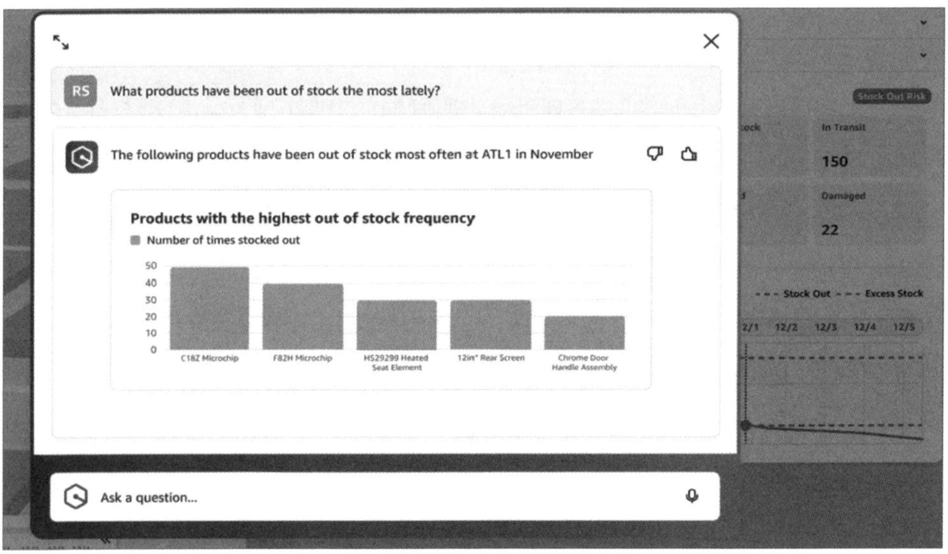

출처: 아마존 AWS 공식 홈페이지 (https://aws.amazon.com/ko/aws-supply-chain/features/)

이처럼 아마존 Q의 도입은 기업에 다양한 긍정적 효과를 가져올 것으로 기대된다. 우선, 이 서비스를 통해 비즈니스 프로세스의 자동화와 데이터 분석 강화를 통해 업무 효율성을 크게 증진시킬 수 있다. 기업은 복잡한 데이터를 더 빠르고 효과적으로 처리할 수 있게 되어, 의사결정 과정을 개선하고 전략적 인사이트를 얻을 수 있다. 더욱 중요한 점은 아마존 Q는 사용자 친화적인 인터페이스를 제공하여 기술적 지식이 없는 사용자도 대화형 방식을 통해 쉽게 사용할 수 있게 함으로써, 전체 조직의 생산성을 향상시킬 수 있다. 또한, 아마존 Q의 생성형 AI 기능은 콘텐츠 생성, 문서 작성, 질문에 대한 답변 제공 등의 작업을 자동화함으로써 시간이 많이 소요되는 반복적인 작업에서 직원들을 해방시키고, 더 창의적인 업무에 집중할 수 있게 한다. 이로써 아마존 Q는 기업의 디지털 전환을 가속화하고, 기업 경쟁력을 강화하는 데 중요한 역할을 할 수 있을 것이다.

SK C&C - AI 오케스트레이션 플랫폼

출처: SK C&C 공식 홈페이지 (https://www.skcc.co.kr/generative-ai)

국내 IT 기업들도 자체적으로 개발한 생성형 AI 플랫폼을 활용하여 다양한 서비스들을 제공하고 있다. 최근에는 SK C&C가 거대언어모델(LLM)과 연동하여 기업이 바로 사용할 수 있는 13가지 맞춤형 AI 서비스를 출시하며 시장 확대에 주력하고 있다. 이러한 서비스들은 ChatGPT를 포함한 국내외 LLM을 사용하면서도 보안 문제를 해결하고 기업에 특화된 AI 솔루션을 구축할 수 있는 토대를 제공하고 있다. 이 AI 플랫폼은 AI 프롬

프트, 내부 데이터 저장소, AI 오케스트레이터를 포함하여 AI 기반의 대화, 코딩, 보고서 작성 등의 범용 서비스뿐만 아니라 기업의 경영 지원에 필수 기능인 재무/회계, 구매/물류, 연구개발, 마케팅, 인사관리, 법무 등의 전문 분야별 서비스를 제공하고 있다.

SK C&C 또한 마이챗 이라고 하는 AI 채팅 서비스를 도입하여 앞선 사례들과 같이 사용자가 대화형 인터페이스를 통해 업무를 진행할 수 있는 기능을 제공하고 있다. AI 오케스트레이션 플랫폼에서 제공하는 다양한 기능들과 결합하여 대화형 방식을 통해 사용자는 업무에 필요한 주요 정보들에 손쉽게 접근할 수 있다. 이러한 기능은 사용자가 필요한 기업의 재무 정보 또는 시장 정보와 같은 여러 동향을 쉽게 조회할 수 있도록 도와준다. 특히 생성 AI의 능력은 보고서 작성이나 문서 요약 그리고 외국어 변역과 같은 문서작업들을 대신해 줄 수 있다. 이러한 기능들은 기업에 특화된 사내 시스템과의 연계를 통해 기업 내부의 지식이나 정보가 외부로 유출되는 것을 막음과 동시에 기업에 특화된 기능으로 보다 쉽게 확장될 수 있을 것으로 기대된다. 이를 통해 마이챗은 단순한 챗봇의 기능에서 더 나아가 다양한 생성형 AI로써 그 영역을 확장할 수 있을 것으로 기대된다.

[공급망 관리 효율화]

다양한 맞춤형 서비스 중에서 생성형 AI를 이용한 공급망 관리의 최적화 및 향상은 AI를 활용하여 주문 및 재고 관리, 그리고 물류 시스템의 효율화를 통해 비용을 낮추고 효율을 극대화하는 자동화된 SCM 솔루션을 제공한다. 이 서비스는 공급업체 정보와 시장 동향을 분석하여 구매 및 조달 계획을 세우고, 발주 문서를 자동으로 작성, 그리고 AI 기반 재고 관리 시스템을 통해 창고 운영의 효율을 증가시키는 등의 기능을 포함한다. 또한, 다양한 산업에 적용될 수 있는 공급망 자동화 시스템으로 작업 효율을 개선하고 비용을 절감할 수 있다. 발주 자동화와 이력 추적을 통해 발주 효율이 향상되며, AI 기반 실시간 수요 예측으로 생산 계획과 재고 조절을 가능하게 할 수 있다. 추가로, 물류 최적화와 운송 일정 조정을 통해 비용을 절감하고 리드 타임을 단축시켜 서비스 품질과 고객 만족도를 높일 수 있다. 생성형 AI를 활용한 내부 데이터와 시장 동향 분석을 통해 정확한 수요 예측이 가능하며, 이를 바탕으로 효과적인 재고 및 주문 관리를 할 수 있다. 이를 통해 재고 상황과 리드 타임을 고려하여 적정 제품 수준을 유지하는 것을 목적으로 한다. 즉,

첨단 생성형 AI 기술을 도입하여 공급망 관리의 효율성을 더욱 높이고, 물류 및 운송 경로를 최적화하여 비용 절감 및 배송 시간을 최소화하는 것을 목표로 하고 있다. 실시간으로 변화하는 트래픽과 날씨 정보를 활용하여 이동 경로 및 일정을 조정함으로써, 효율성을 극대화하고 다양한 사고 상황에 대비하는 것이다. 또한 고급 물류 및 운송 시스템을 활용하여 고객 서비스의 질을 향상시키고 자연어 처리를 기반으로 한 AI 시스템을 통해 실시간으로 물류 상황을 추적하며 정확한 정보 제공으로 배송 중 발생할 수 있는 문제를 줄일 수 있다. 특히 해당 AI 시스템을 통해 사용자는 일상 언어로 물류 정보를 요청하고 신속하게 답변을 받을 수 있으며, 복잡한 배송 데이터를 쉽게 해석하여 불확실한 상황을 신속하게 파악하며 효과적으로 소통할 수 있다.

[품질 모니터링 및 시스템 자동화]

물류 및 SCM 분야에서 품질 문제는 매우 중요한 과제이다. 특히 물류 프로세스 과정에서 물품의 다양한 품질 이슈들이 발생할 수 있는데 이동하는 물품의 특성상 이를 신속하게 감지하고 처리하는 일은 매우 까다로운 작업이다. 생성형 AI 기술은 이러한 물류 운영 과정에서 발생할 수 있는 품질 이슈들을 효과적으로 관리하기 위한 다양한 기능들을 제공할 수 있다. 기본적으로 품질에 대한 이슈를 신속하게 감지하기 위한 모니터링 기능이다. 예를 들어 실시간으로 생산 결함을 탐지하고 알림을 제공하는 것이다. AI 자동화 시스템은 이미지, 음성 등 다양한 데이터 타입의 정보를 수집하여 제품의 시각적 또는 구성적 결함을 실시간으로 감지한다. 궁극적으로 생성형 AI를 통한 품질 관리는 결함 발생 시 즉각적인 알림을 제공하며, 신속한 대응을 가능하게 하여 제품 결함을 줄이고 전반적인 품질을 향상시키고 있다. 이처럼 AI의 빠른 처리와 정확한 분석은 작업 시간을 단축하고 자원을 최적화하여 품질 관리 비용을 절감하는 효과도 가져올 수 있다.

또한, 고객과의 의사소통 기능을 강화하기 위해 생성형 AI 기술을 접목하여 고객 서비스에서 AI 챗봇과 음성 인식 기능을 통해 고객 응대의 질을 개선할 수 있다. 고객은 품질 문제 발생 시 빠르고 간편하게 챗봇을 통해 질문할 수 있다. 이처럼 생성형 AI 기반의 챗봇은 정해진 질문에 대한 답변뿐 아니라 고객 개개인에 특화된 질문에 대해서도 시스템에 존재하는 정보를 종합하여 마치 사람이 대답하는 것처럼 응대할 수 있을 것이다.

추가적으로, 이러한 생성형 AI는 고객의 관점에서 의사소통을 편리하게 할 뿐만 아니라 기업의 작업자들이 본인의 전문 분야가 아닌 부분에서도 업무를 수행할 때 진입 장벽을 낮추는 효과를 준다. 예를 들어 코딩에 대한 지식이 없는 생산 엔지니어가 생성형 AI를 통해 자연어 기반의 코딩을 가능하게 함으로써 제조 라인의 제어 장비를 직접 조작하고 최적화할 수 있게 되는 것이다. 이러한 기술적 진보는 작업자 간의 업무적 장벽을 허물고 업무의 다양성을 가능하게 하여 생산 효율을 증가시키고 운영상의 문제를 신속하게 해결하는 데 기여할 수 있다.

위의 사례들에서 살펴본 바와 같이 특히 제조업에서 생성형 AI의 도입은 여러 이점을 제공할 것이다. 앞서 언급한 바와 같이 생성형 AI는 생산 라인과 프로세스 분석 및 최적화를 손쉽게 가능하게 하여 생산 라인의 효율을 향상시킨다. 이는 운영 상의 불필요한 재고 수준을 최소화하여 비용을 절감하는 효과를 가져온다. 또한, 실시간 모니터링 및 데이터 처리를 통해 장비의 고장을 신속하게 탐지하고 나아가 정확한 예측을 통해 예방함으로써 의도치 않은 생산 중단을 최소화하고 이로 인한 손실을 줄일 수 있다. 궁극적으로, 기능상 분산된 데이터를 통합하여 데이터 기반의 의사결정을 가능하게 하고 생산 효율을 더욱 향상시킬 수 있는 장점이 있다.

세일즈포스 - 아인슈타인 코파일럿

출처: 세일즈포스 공식 홈페이지 (https://www.salesforce.com/einsteincopilot?d=cta-body-promo-8)

세일즈포스는 최근 자사의 CRM 솔루션을 보다 지능적으로 만들기 위해 아인슈타인 코파일럿(Einstein Copilot)의 개발을 완료하였다. 아인슈타인 코파일럿은 대화형 AI 챗봇으로, 사용자의 질문에 응답하며 업무 관련 정보와 콘텐츠를 자동으로 생성한다. 이를 통해 인공지능(AI) 기술을 CRM에 통합하여 사용자가 업무를 보다 스마트하고 효율적으로 수행할 수 있도록 지원한다. 세일즈포스 애플리케이션 내에서 사용 가능하며 자연어 대화를 통해 상호 작용할 수 있다. 세일즈포스 CRM을 통해 사용자가 영업, 서비스, 마케팅, 상거래, IT 상호작용 전반에서 AI가 생성한 콘텐츠를 신속하고 용이하게 생성할 수 있도록 지원한다. 아인슈타인의 구체적인 기능은 다음과 같다.

- ✓ 판매를 위한 아인슈타인: 자동 이메일 작성, 회의 일정 조정, 다음 화의 준비와 같은 작업을 지원하여 판매 팀의 작업 흐름을 원활하게 하고 고객과의 연결을 강화하여 전반적인 판매 성과를 향상시킴.
- ✓ 서비스를 위한 아인슈타인: 과거 사례를 통해 기사를 생성하고, 맞춤형 채팅 응답을 자동 생성하여 고객 서비스 효율을 증가시키고 응답 시간을 단축하여 고객 만족도를 극대화함.
- ✓ 마케팅을 위한 아인슈타인: 모바일, 웹, 광고, 이메일 등에 개인화된 콘텐츠를 생성하여 고객들에게 맞춤형 마케팅을 제공하고 고객 반응률을 높여 마케팅 효율을 극대화함.
- ✓ Slack 고객 360 앱을 위한 아인슈타인: AI 기반으로 고객 인사이트를 제공하고 지식 기사 업데이트와 같은 사용자 작업을 표변화하여 실시간 데이터를 기반으로 한 지원을 통해 팀의 협업과 의사결정 과정을 개선함.
- ✓ 개발자를 위한 아인슈타인: 대형 언어 모델을 사용하여 코드 생성 및 질문 작성을 통해 개발 업무의 생산성을 향상시킴.

이러한 기능들을 통해 사용자는 고객 관리에 필요한 다양한 업무를 수행할 수 있다. 예를 들어, 세일즈 직원은 생성형 AI 기능을 통해 개인화된 고객 이메일을 자동으로 작성할 수 있다. 또한 고객 서비스를 담당하는 지원은 고객 문의에 대해 직접 답변할 필요 없이 챗봇이 알아서 신속하고 구체적인 답변을 제공할 것이다. 마케팅을 담당하는 직원은 과거 사례들을 시스템에 입력하고 해당 시스템은 입력된 정보를 바탕으로 고객 반응률을 높이는 개인화된 콘텐츠를 생성할 수 있을 것이다. 개발자는 코드를 프로그램 언어에 제한 없이 자동으로 생성하는 데 도움을 받을 수 있을 것이다. 이러한 통합된 생성형 AI 기능은 직원들 사이의 업무 장벽을 허물고 보다 강화된 데이터 기반 의사결정을 가능하게 할 것이다. 이를 통해 방대한 데이터를 활용하여 고객의 행동 패턴과 선호도를 분석하고, 맞춤형 콘텐츠와 제안을 생성함으로써 각 고객에게 개인화된 피드백을 제공하여 고객 만족도와 충성도를 높일 수 있다. 또한 이러한 기능들은 영업 및 마케팅 뿐 아니라 여러 일상적인 작업들을 자동화하여 전반적인 업무 효율을 증진시키는 데 중요한 역할을 할 것이다.

도표 22-4. 아인슈타인 코파일럿 시연 사례

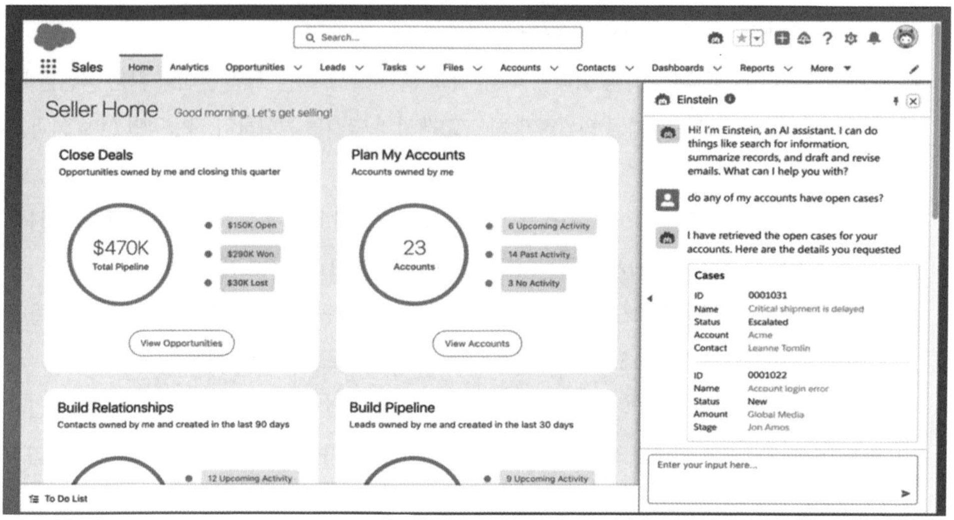

출처: 세일즈포스 공식 홈페이지 (https://www.salesforce.com/einsteincopilot?d=cta-body-promo-8)

아인슈타인 코파일럿은 CRM 환경에서 AI 기술을 활용하여 기업들이 고객 관리를 더욱 지능적이고 효율적으로 수행할 수 있게 해줄 것이다. 고객 데이터를 깊이 있게 분석하여 각 고객에 맞는 맞춤형 상호작용을 제공하고, 이를 통해 고객 만족도와 장기적인 충성도를 높이는 데 기여할 것이다. 앞서 언급한 다양한 기능들은 기업이 시장 변화에 빠르게 대응하고 경쟁 우위를 확보하는 데 중요한 역할을 할 것이다.

앞서 언급한 사례들에서 볼 수 있듯이 많은 국내외 기업들이 생성형 AI를 통해 다양한 비즈니스 혁신을 시도하고 있다. 하지만 해당 사례들에서 기대되는 효과들은 기업의 홍보 자료와 저자의 기대가 많이 반영된 것임을 밝혀두고 싶다. 현재 기술적으로 많은 것이

가능해 보일지라도 이는 단지 시작 단계에 불과하다. 현재까지 생성형 AI는 사용자에게 서비스를 제공할 때 실제 사람과 소통하듯이 편안한 대화를 통해 정보를 전달하여 더욱 정확하고 효과적인 커뮤니케이션이 가능하도록 하는 데 초점을 맞추고 있다. 삼성 SDS의 사례에서 기존 시스템인 첼로스퀘어에 ChatGPT를 적용하여 챗봇으로 활용하고 실제 물류 관련 결과는 첼로스퀘어 자체 플러그인에서 산출되는 것처럼 말이다.

하지만 앞으로의 생성형 AI 활용 분야는 단순한 챗봇 기능을 넘어 실질적인 생성 기술을 통해 복잡하고 다변화하는 글로벌 경영 환경에서 발생할 수 있는 다양한 문제에 대해 창의적인 접근과 효과적인 해결책을 제공하는 방향으로 나아갈 것이다. 즉, 궁극적인 생성형 AI의 목적은 창의적인 지식을 생성하는 것이다. ChatGPT가 기존 정보의 학습을 통해 새로운 지식을 생성하는 것처럼 기업의 특정 전문 분야의 시스템에 존재하는 지식을 학습하여 단순히 기존 기능을 전달하는 것을 넘어 실질적으로 창의적인 지식을 생성하는 것이 필요할 것이다.

따라서 데이터 분석과 생성형 AI의 발전이 마치 모든 문제를 해결할 수 있는 만능 열쇠인 것처럼 생각하는 것은 경계해야 한다. 현재 우리가 목격하고 있는 기술의 진보는 단지 빙산의 일각일 뿐이다. 데이터 분석의 잠재력을 최대한 활용하려면, 단순히 표면적인 기술 활용을 넘어 사용자의 깊이 있는 이해와 지속적인 학습이 필수적이다.

개인들도 이러한 변화에 발맞추어 데이터 분석에 대해 더 깊이 이해하고 새로운 시도를 통해 새로운 기술에 적응할 필요가 있다. 데이터 분석은 가지고 있는 분석 도구와 기능을 어떻게 활용하느냐에 따라 그 효과가 달라지는 복잡한 분야다. 따라서 개인들이 데이터 분석의 기본 원리와 기법을 철저히 이해하고 이를 바탕으로 다양한 데이터 분석 도구와 기술을 적절하게 활용할 수 있어야 한다. 이는 단순히 데이터 분석 도구를 배우고 사용하는 것을 넘어 데이터에 대한 깊이 있는 통찰을 통해 의미 있는 인사이트를 도출할 수 있는 능력을 기르는 것을 의미한다.

또한, 새로운 기술과 방법론에 대한 개방적인 자세도 필수적이다. 데이터 분석 분야는 매우 빠르게 변화하고 있으며 새로운 도구와 기술이 끊임없이 등장하고 있다. 이러한 변화에 빠르게 적응하고 새로운 시도를 통해 끊임없이 학습하는 자세가 필요하다. 결국 데이터 분석의 진정한 힘은 그 깊이 있는 이해와 지속적인 학습, 그리고 새로운 시도와 기술에 대한 개방적인 자세에서 나온다. 개인들이 이러한 요소들을 충족시킬 때 비로소 생성형 AI와 같은 고도화된 기술들을 통해 데이터 분석을 통한 진정한 비즈니스 혁신을 이룰 수 있는 기반이 될 것이다.

참고 문헌

1. 곽상만, 유재국, 시스템 다이내믹스 모델링과 시뮬레이션 Vensim®의 활용, 북코리아, 성남시, 2020.
2. 권철민, 파이썬 머신러닝 완벽 가이드, 위키북스, 서울, 2021.
3. 남준우, 허인, 계량 경제학, 홍문사, 서울, 2021.
4. 마틴 크리스토퍼, 세계화시대 물류혁신 전략, 이동열 역, 21세기북스, 서울, 1995.
5. 박성칠, SCM 경쟁력 향상을 위한 SUPPLY CHAIN 프로세스 혁신, 서울, 2007.
6. 황종원, 효율적인 연관규칙/순차패턴 탐사 알고리즘 개발과 웹 환경의 데이터베이스 마케팅에 응용, 한양대학교 대학원 박사학위논문, 1998.
7. 황종원, 하이브리드 SCM, 퍼플, 서울, 2024.
8. Silver, Edward A. and Rein Peterson, Decision Systems for Inventory Management and Production Planning, John Wiley & Sons, 1985.
9. Scott Fortmann-Roe, "Understanding the Bias-Variance Tradeoff," https://scott.fortmann-roe.com/docs/BiasVariance.html, 2012.